btb

Aus Freude am Lesen

btb

Buch

»Bürgertum in Deutschland« ist die erste große Darstellung des deutschen Bürgertums. Lothar Gall erzählt darin die Geschichte eines Geschlechts durch neun Generationen und schafft damit einen neuen Typ der Familienbiographie, in deren Vertretern sich der Geist der jeweiligen Epoche spiegelt.

Die weitverzweigte Familie der Bassermanns verkörpert Entstehung, Höhepunkt und Verfall des Bürgertums, das der eigentliche »Held« dieses Buches ist. Die Bassermanns sind das reale historische Pendant zu Thomas Manns »Buddenbrooks«: Wie diese die norddeutsch-hanseatische Patrizierwelt darstellten, so schildert Lothar Gall das süddeutsche Handels- und Wirtschaftsbürgertum, das auch in politischer Hinsicht so wichtig für das Entstehen des modernen Deutschlands gewesen ist.

Lothar Galls Geschichte vom Aufstieg und Niedergang der bürgerlichen Welt ist ein ungewöhnliches Kunstwerk.

Es gelingt ihm, der figurenreichen Geschichte mehrerer Jahrhunderte unverwechselbare Helden zu geben und das Leben jener Müller, Gastwirte, Kaufleute, Politiker, Gelehrten und Künstler eindrucksvoll nachzuzeichnen, die seit dem 17. Jahrhundert aus der süddeutschen Familie der Bassermanns hervorgegangen sind.

Autor

Lothar Gall wurde 1939 geboren und ist heute ordentlicher Professor für Mittlere und Neuere Geschichte an der Johann-Wolfgang-Goethe-Universität in Frankfurt am Main. Einem breiteren Publikum wurde er spätestens mit seiner epochalen Biographie über den deutschen Reichskanzler Bismarck bekannt. Seit 1975 fungiert er auch als Herausgeber der »Historischen Zeitschrift«, der wichtigsten deutschen Fachzeitschrift der Geschichtswissenschaft.

Lothar Gall

Bürgertum in Deutschland

btb

Umwelthinweis:
Alle bedruckten Materialien dieses Taschenbuches
sind chlorfrei und umweltschonend.

btb Taschenbücher erscheinen im Goldmann Verlag,
einem Unternehmen der Verlagsgruppe Bertelsmann.

1. Auflage
Genehmigte Taschenbuchausgabe September 1996

Umschlaggestaltung: Design Team München
Umschlagmotiv: Heidelberger Schloß; AKG, Berlin
Satz: Bongé + Partner, Berlin
T. T. · Herstellung: Augustin Wiesbeck
Made in Germany
ISBN 3-442-72044-3

Das Ideal. Es gibt keins,
als die verschwundene Realität
der Vergangenheit.

Friedrich Hebbel

Dem Andenken an Franz Schnabel
(1887–1966)

Inhalt

Einleitung

»Mit dem Besten, was in mir ist«, so zog einer der berühmtesten deutschen Gelehrten des 19. Jahrhunderts, der Berliner Althistoriker Theodor Mommsen gegen Ende seines Lebens, Ausgang des 19. Jahrhunderts, Bilanz, »bin ich stets ein animal politicum gewesen und wünschte, ein Bürger zu sein. Das ist«, fuhr er düster fort, »nicht möglich in unserer Nation, bei der der einzelne, auch der Beste, über den Dienst im Gliede und den politischen Fetischismus nicht hinauskommt.« Diese »innere Entzweiung mit dem Volke, dem ich angehöre«, habe ihn »bestimmt, mit meiner Persönlichkeit, soweit mir dies irgend möglich war, nicht vor das deutsche Publikum zu treten, vor dem mir die Achtung fehlt«. So sollten es auch seine Erben, die Verwalter seines Nachlasses, halten und jedem Fremden den Einblick in seine persönlichen Papiere verwehren.

Über diese Sätze des weltweit gefeierten Autors der »Römischen Geschichte« und späteren Literaturnobelpreisträgers, des berühmtesten Altertumswissenschaftlers seiner Zeit, ist, seit sie nach dem Zweiten Weltkrieg bekannt geworden sind – es handelt sich um eine ergänzende Testamentsklausel aus dem Jahre 1899 –, viel spekuliert worden. Man hat sie in ihrer Schroffheit zu mildern, aus augenblicklichen Stimmungen abzuleiten, sie auf den immer galliger werdenden Charakter des großen Gelehrten zurückzuführen gesucht. Aber der Kern bleibt davon doch unberührt: Die Hoffnungen, die Lebenserwartungen, von denen er, Mommsen, einst im Hinblick auf die Politik, auf das Gemeinwesen ausgegangen war, sie hätten sich nicht erfüllt. Ein wirklicher Bürger zu sein, das sei, so Mommsen, in dieser Nation »nicht möglich«.

Zwischen dem, was dem großen Gelehrten als das Ideal eines Bürgers vorschwebte, und der Wirklichkeit der bürgerlichen Gesellschaft seiner Zeit bestand also nach seiner Einschätzung ein schroffer Gegensatz. Die Entfaltung der bürgerlichen Gesellschaft, der Siegeszug ihrer Grundsätze und das Emporkommen ihrer Vertreter in Gesellschaft und Wirtschaft, in Kultur und Wissenschaft, in

Presse und Publizistik und in vielen Bereichen der staatlichen Verwaltung und Rechtsprechung hätten am Ende dann doch nicht jenen Typus des Bürgers freigesetzt, auf den er und so viele seiner Generation, der Generation der 48er, gehofft, auf den sie ihr Bild der Zukunft gegründet hätten. Im Gegenteil, so wie die Dinge sich in Deutschland entwickelt hätten, handele es sich offenbar um eine gegenläufige Bewegung: Das, was man bürgerliche Gesellschaft nenne, ersticke mehr und mehr die echte Bürgerlichkeit, das wirkliche Bürger-Sein.

Daß dies in der Natur der bürgerlichen Gesellschaft liege, oder, andersherum gesagt, daß das Bürgerideal, von dem er sich leiten ließ, an der sozialen und politischen Realität der modernen Welt vorbeigehe, hat Mommsen, bei aller Nüchternheit und bei allem höchst skeptischen Realitätssinn im einzelnen, bis zuletzt nicht anerkennen wollen. Er war auch in dieser Hinsicht eine, wie man gesagt hat, »eminent statische Natur«, die an den einmal gewonnenen Überzeugungen und Grundpositionen zäh festhielt. Gerade das bewahrte ihn jedoch zugleich auch vor der Versuchung, jedwede Wirklichkeit nicht nur für »vernünftig« im Sinne rationaler Erklärbarkeit, sondern auch für »vernünftig« in einem höheren, moralisch-lebenspraktischen Sinne zu halten und sich ihr damit faktisch auszuliefern. Er beharrte darauf, daß die Ratio, das letzte Ziel der bürgerlichen Gesellschaft, eine Gesellschaft der »Freien«, der geistig und materiell, moralisch und politisch wirklich Unabhängigen sei und daß die bürgerliche Gesellschaft in ihren konkreten historischen Erscheinungsformen daran gemessen werden müsse, wie weit sie dieses Ziel jeweils erreicht habe.

Eine solche Position war schon in Mommsens späten Jahren, Ausgang des 19. Jahrhunderts, altmodisch geworden, um ein mildes Wort zu wählen. Sie hat seither, auch und gerade bei jenen, die sich als Vertreter der bürgerlichen Gesellschaft verstanden, mehr und mehr einer Haltung und Anschauungsweise Platz gemacht, die man zugespitzt als Pathos des Zynismus oder doch der Entlarvung, der ideologiekritischen Enthüllung bezeichnen kann. Vor allem Max Weber hat in dieser Hinsicht, eine Art bürgerlicher Marx, bahnbrechend gewirkt – er noch mit dem Ziel, die bürgerliche Klasse durch die Aufdeckung ihrer politischen und gesellschaftlichen Illusionen gleichsam neu zu erwecken und zu realitätsgerechterem Handeln zu führen. Darüber ist freilich die Frage weitgehend zurückgetreten, wie die historische Entwicklung und die eigene Position zusammenhingen, wie also das, was Mommsen das Versagen des deutschen Bürgertums nannte, mit der sehr verallgemeinernden Deutung verknüpft war, die dieser Vorgang durch einen Teil seiner Vertreter dann erfuhr. Wie so oft, machte die Ideologiekritik vor der eigenen Position halt, ja, sicherte sie durch den ideologiekritischen Ansatz noch zusätzlich ab.

Mommsen hat sich solche Rückzugslinien ins Allgemeine und Verallgemeinernde, in übergreifende, nationalhistorisch in vieler Hinsicht unspezifische Deutungen der sogenannten bürgerlichen Gesellschaft und ihrer »normalen« Entwicklungstendenzen nicht offengehalten, sie jedenfalls nicht benutzt. Das Problem war für ihn ein sehr konkretes, klar und scharf zu benennendes: Warum war das deutsche Bürgertum, trotz aller äußeren Erfolge, trotz eines beispiellosen materiellen Aufschwungs und Aufstiegs, im Eigentlichen gescheitert, nämlich in dem, was einst sein politisches und gesellschaftliches Zukunftsideal gewesen war? Warum war die bürgerliche Welt schließlich nur ein Zerrbild dessen geworden, was ihre Propheten und Wortführer seit dem 18. Jahrhundert mit dem Begriff beschworen hatten?

Mommsen glaubte die Antwort zu wissen, sie in einem langen, zuzeiten auch politisch höchst aktiven Leben, als ein geradezu klassischer Vertreter und Repräsentant des deutschen Bürgertums, vor allem des sogenannten Bildungsbürgertums, unmittelbar erfahren zu haben. Formuliert hat er sie jedoch nicht oder doch nur in einzelnen Aspekten. Und auf einfache Formulierungen wird sie sich auch schwerlich bringen lassen, geschweige denn auf glatte Formeln. Die Entwicklung, die dann zu so unbefriedigenden Resultaten führte, war höchst kompliziert und verschlungen. Eine Fülle ganz unterschiedlicher Faktoren, Vorgänge und Ereignisse wirkte auf sie ein. Verantwortlichkeiten und schicksalhafte Verstrickungen, persönliche Entscheidungen und überpersönliche Konstellationen verbanden sich in ihr in nur konkret, historisch-individuell, und nicht abstrakt aufzulösender Weise. An dem Charakter ihrer Ergebnisse aber wird man heute noch weniger als Mommsen am Ausgang des 19. Jahrhunderts zweifeln können.

Vom Ende her gesehen, waren Aufstieg und Niedergang in der Geschichte des deutschen Bürgertums schon früh in höchst eigentümlicher Weise miteinander verbunden, ja, verschränkt. Erfolg und Mißerfolg gingen, zunehmend Illusionen begünstigend, Hand in Hand, und als sich am Ende die politische und vor allem auch die geistig-moralische Kraft des deutschen Bürgertums definitiv als längst innerlich morsch und brüchig erwies, da stürzte die ganze Fassade binnen weniger Jahre krachend zusammen.

Wie die Dinge dabei im einzelnen zusammenhingen, wie Mentalität und konkrete Lebenswelt aufeinander wirkten, wie sich soziales und politisches Verhalten verbanden und unter den Bedingungen eines säkularen Wandels des wirtschaftlichen, des gesellschaftlichen, des politischen und des geistig-kulturellen Umfeldes wechselseitig bestimmten, darüber wissen wir freilich bisher noch vergleichsweise wenig. Im Unterschied zu der Geschichte der Arbeiterschaft und der Arbeiterbewegung ist die Geschichte des deutschen Bürgertums mit allen ihren, oft sehr tiefgehenden regionalen, ja, lokalen Unterschieden bisher nur fragmentarisch erforscht. Für den Versuch einer zusammenfassenden Darstellung, einer übergreifenden, allgemeinen Geschichte des deutschen Bürgertums fehlen demgemäß bisher entscheidende Voraussetzungen. Vielleicht wird eine solche Darstellung in in sich geschlossener und lesbarer Form überhaupt nie wirklich zu leisten sein. Zwänge sie doch zu sehr starken Abstraktionen und Verallgemeinerungen, hinter denen die Realität der geschichtlichen Entwicklung, der konkreten Umstände und der in ihnen handelnden lebendigen Personen dann leicht zu versinken droht. Wohl aber kann man versuchen, die zentralen Fragen, die die Geschichte des deutschen Bürgertums aufwirft, an eine seiner großen Familien zu stellen, also eine Familiengeschichte in allgemeiner Absicht zu schreiben.

Ein solcher Versuch findet seine natürlichen Grenzen selbstverständlich in dem jeweils Besonderen, in der Individualität des gewählten Beispiels. Es gibt in der Geschichte keine exemplarischen, keine in einem zugespitzten Sinne repräsentativen Fälle, und wer ein Beispiel in dieser Hinsicht überfordert, verfehlt mit dem Allgemeinen auch leicht die Wirklichkeit des Besonderen. In diesen Grenzen eröffnet sich jedoch ein weites Feld für die Entfaltung allgemeiner

Fragestellungen am individuellen Beispiel, für den sowohl individualisierenden als auch generalisierenden Vergleich, kurz, für die konkrete, lebensweltliche Verknüpfung von Allgemeinem und Besonderem, die das eigentliche Element aller Geschichtsschreibung ausmacht.

Auch wenn man die Grenzen der Vorgehens- und Betrachtungsweise von vornherein scharf markiert, so enthält sie doch einen weit über den konkreten Gegenstand der Darstellung, das gewählte Beispiel, hinausreichenden Anspruch. Im Hinblick hierauf stellt die Wahl des Beispiels als solche eine Vorentscheidung von großer Bedeutung dar. Ganz abgesehen davon, daß es nicht allzuviele große, also weitverzweigte und sich über mehrere Generationen in hervorgehobener Stellung mit jeweils einzelnen markanten Vertretern erfolgreich behauptende bürgerliche Familien in Deutschland gibt, spielen hierbei naturgemäß auch ganz pragmatische Gesichtspunkte eine Rolle: vor allem die Quellenüberlieferung, die auf diesem Felde alles andere als gut ist; daneben der relative Bekanntheitsgrad einzelner Familienmitglieder; weiter die Nähe des Autors zu der speziellen Umwelt und darüber hinaus der Stand der wissenschaftlichen Erschließung dieser Umwelt und nicht zuletzt das ganz individuelle Interesse an einzelnen Personen und Lebensschicksalen sowie an bestimmten Lebenshaltungen. Aber von all dem abgesehen, wird die Auswahl doch von allgemeineren, übergreifenden Gesichtspunkten bestimmt, die der Erläuterung bedürfen.

Unter Bürgertum kann man sehr Verschiedenes verstehen, und so wenig ergiebig bei historisch begründeten Phänomenen der Streit um Begriffe ist, so ist es doch nötig, klar zu sagen, welches Bürgertum hier gemeint ist und worauf sich die Suche nach einem geeigneten Beispiel demgemäß von vornherein konzentrierte. Die Aufmerksamkeit gilt jener Schicht von Kaufleuten und vorindustriellen »Unternehmern« unterschiedlichster Art, von Beamten, Angehörigen der freien Berufe und »Gebildeten« in den verschiedensten Stellungen, deren Mitglieder ihre wirtschaftliche und vor allem auch gesellschaftliche Stellung zunächst im wesentlichen ihrer individuellen Leistung und Initiative verdankten. Teils aus dem alten Stadtbürgertum, teils aber auch aus ganz anderen sozialen Gruppen aufsteigend, suchten sie dieses die Stände übergreifende Prinzip individueller Leistung und Qualifikation schließlich – in mehr oder weniger ausgeprägter Opposition zu der überlieferten geburtsständisch-korporativen Ordnung - zum Hauptprinzip aller wirtschaftlichen, gesellschaftlichen, politischen und geistig-kulturellen Ordnung zu erheben.

Wie das im einzelnen aussah, welche - zum Teil sehr erheblichen - Einschränkungen dabei zu machen sind, wird sich bei der Beobachtung des Verlaufs der Dinge zeigen. Zur zunächst ganz groben Bestimmung der hier unter dem Begriff Bürgertum ins Auge gefaßten gesellschaftlichen Gruppe genügt erst einmal die Umschreibung dieser Schicht als eine neue Leistungselite, die den vorhandenen Geburtseliten konkurrierend entgegentrat und - da sie ihre Ansprüche nicht individuell begrenzte, sondern auf übergreifende Prinzipien gründete - am Ende in allen Lebensbereichen eine revolutionäre Dynamik entfaltete.

Eines allerdings muß man hier gleich hinzufügen: Anders als in Westeuropa, in England, Frankreich oder den Niederlanden, war diese Gruppe in Mitteleuropa zunächst zahlenmäßig sowie nach Einfluß und Stellung sehr klein. An eine Herrschaftsteilung mit den traditionellen Eliten des grundbesitzenden Adels, zu der es im westlichen Europa, bei allen fortbestehenden Gegensätzen, schon relativ früh gekommen ist, war in Deutschland lange nicht zu denken. Von einer Annäherung im Lebensstil, in der Mentalität, in den Grundauffassungen teilweise auch des politischen Lebens, kurz, von Formen einer Symbiose, wie sie sich im Westen des Kontinents im Verlauf des 18. Jahrhunderts ausbildeten, konnte kaum die Rede sein. Im Gegenteil, das neue Bürgertum ist in Mitteleuropa in schroffem Gegensatz zu dem sich seinerseits vielfach streng abschließenden Adel emporgekommen und hat diesen antiaristokratischen Grundzug bis tief ins 19. Jahrhundert bewahrt. Noch in den Vorwürfen einer angeblichen »Feudalisierung« des deutschen Bürgertums im neuen Kaiserreich, wie sie von Zeitgenossen formuliert und von der Geschichtswissenschaft aufgegriffen worden sind, spiegelt sich etwas von dieser Haltung.

Parallel zu dieser entschiedenen Abgrenzung vom Adel hat das aufstrebende neue Bürgertum in Mitteleuropa, wiederum stärker als dasjenige in Westeuropa, die Verbindung zu den übrigen sozialen Gruppen betont. Es hat sich als »Mittelstand« zwischen der bäuerlichen Bevölkerung auf der einen, dem Adel auf der anderen Seite präsentiert und sich dabei als Vorhut verstanden nicht nur dieses Standes, sondern der schließlich in diesem Stand mehr und mehr aufgehenden Gesellschaft der Zukunft insgesamt – eben der bürgerlichen Gesellschaft.

Diese ausgesprochene Mittelstandsideologie mit dem darin enthaltenen Anspruch, die neue Gesellschaft und die werdende Nation insgesamt zu repräsentieren, hat das deutsche Bürgertum im weiteren Verlauf politisch in erhebliche Schwierigkeiten gebracht, eine Reihe schwerwiegender und folgenreicher Glaubwürdigkeitskrisen ausgelöst. Sie hat ihm freilich auf der anderen Seite jenen idealistischen, auf die Menschen und auf die Menschheit, auf das gesellschaftliche Ganze zielenden Elan vermittelt, der zum Ausgangspunkt und prägenden Element bedeutender Leistungen in der Kunst, in der Wissenschaft, in allen Bereichen der Kultur wurde. Es waren dies bezeichnenderweise diejenigen Gebiete, auf denen das Bürgertum wirklich schöpferisch und stilbildend geworden ist.

Aus der sozialen Gruppe jenes neuen Bürgertums also war das Beispiel zu wählen, wobei der Aufstieg der Familie sich möglichst in der eigentlichen Formationsphase jenes Bürgertums, den letzten Jahrzehnten des 18. Jahrhunderts, vollziehen sollte. Auch schien es wünschenswert, daß es sich um wirkliche »Newcomer« handelte ohne breitere Basis im alten, gar patrizischen Stadtbürgertum. Im Gegensatz zu neueren Versuchen einer nostalgischen Traditionsbildung charakterisierte das die Mehrzahl gerade auch der dann führenden Vertreter und Familien des neuen Bürgertums. Schließlich sollte es sich nicht um eine von früh auf zum »Bildungsbürgertum« zählende, also um eine Gelehrten- und Beamtenfamilie handeln, so wichtig dieses Element gerade innerhalb des deutschen Bürgertums unstreitig gewesen ist. Der Blick sollte sich vielmehr auf eine Familie richten, deren Aufstieg sich zunächst auf den wirtschaftlichen Erfolg, auf die schöpferische Ausnützung neuer Möglichkeiten und Chancen in diesem Bereich gründete und die von daher geneigt war, der schöpferischen Kraft des Individuums bei der Gestaltung aller Lebensverhältnisse, auch der politischen, den unbedingten Vorrang einzuräumen, Distanz zu pflegen zu allen Mächten der alten Ordnung, also auch zum Staat in seiner überlieferten Form. Das Wirken der einzelnen Mitglieder der Familie durfte allerdings in der Folgezeit nicht im wirtschaftlichen Bereich aufgehen; wichtig war, daß es in ihr wenn auch nicht unbedingt originelle, so doch repräsentative Vertreter des politischen, des gesellschaftlichen und des geistig-kulturellen Lebens ihrer Zeit und ihrer sozialen Gruppe gab, denn eben das macht ja diese Form von Bürgerlichkeit repräsentativ.

Die Familie, auf die aufgrund dieser Kriterien – und natürlich auch aufgrund der Quellenlage – schließlich die Wahl fiel, ist nicht durch eine einzelne überragende Figur bekannt geworden. Dies war ein weiterer wichtiger Gesichtspunkt: eine Konzentration und Verengung des eigenen und des Interesses anderer auf eine einzige Person sollte bewußt vermieden werden. Die Familie, der dieser Versuch gilt, erschien vielmehr auch deswegen als besonders geeignet, weil während der historisch faßbaren neun Generationen auch ihre herausragenden Mitglieder, bei aller ausgeprägten Individualität und persönlichen Lebensleistung, vor allem in ihren jeweils typischen Zügen, Verhaltensweisen und Auffassungen bemerkenswert sind. Gerade diesen typischen Zügen verdankten sie zum nicht unerheblichen Teil ihren Erfolg.

Es geht um die seit dem 17. Jahrhundert im Hanauischen, seit dem 18. Jahrhundert im Heidelberg-Mannheimer Raum ansässige Familie Bassermann, die sich dem allgemeinen Bewußtsein bisher wohl vor allem in den Namen Friedrich Daniel Bassermann, einem führenden Liberalen von 1848, Ernst Bassermann, dem Vorsitzenden der nationalliberalen Partei und Reichstagsfraktion in den Jahren vor dem Ersten Weltkrieg, und nicht zuletzt Albert Bassermann eingeprägt hat, dem großen Schauspieler der Zeit vor und nach dem Ersten Weltkrieg. Diese Bassermanns findet man in jedem Konversationslexikon. Wenn man das, was bereits über die ökonomischen Grundlagen gesagt worden ist, hinzunimmt, deuten diese Namen schon etwas von der Spannweite der Familie an, von ihrer Entfaltung in den unterschiedlichsten Bereichen, auch von den Entfaltungsmöglichkeiten, die sie ihren Mitgliedern gewährte: Es waren die Zeitungen, die von Albert Bassermann gern als von dem Sohn aus großbürgerlichem, ja, »patrizischem« Hause sprachen und damit ein Element der Spannung suggerierten. In der Familie selbst war davon keine Rede. Im Gegenteil, das eigene Selbstbewußtsein umschloß gerade auch diese Welt, kannte hier keine quasiaristokratische soziale Distanz, aus der sich bei dem lübischen Bürgersohn Thomas Mann jenes immer wieder formulierte Grundgefühl einer letztlich unüberwindlichen Spannung zwischen Bürgerwelt und Kunst nährte.

Das verweist bereits auf den prägenden Charakter des historischen Raumes, der spezifischen geschichtlichen Bedingungen, unter denen sich der Aufstieg und auch die weitere Entwicklung der Familie Bassermann vollzogen. Diese Bedingungen waren grundverschieden von denen einer stark patrizisch geprägten Hansestadt wie Lübeck mit ihrer ständisch-aristokratischen, von Landadel und Gutsherrschaft bestimmten Umwelt. Von diesem Raum und von diesen Bedingungen wird noch eingehend die Rede sein.

Zunächst jedoch ist von der Herkunft der Familie zu handeln und vor allem von den allgemeineren Voraussetzungen für den Aufstieg des neuen Bürgertums, vorgeführt am Exempel dieser einen repräsentativen und doch unverwechselbaren Familie.

Ursprünge und Anfänge

Nur ein verhältnismäßig kleiner Teil bürgerlicher Familien läßt sich in Deutschland über die Mitte des 17. Jahrhunderts hinaus aufgrund sicherer Zeugnisse zurückverfolgen. So treten auch die Bassermanns erst in dieser Zeit klar nachweisbar und als Individuen deutlich faßbar hervor. Mitte des 17. Jahrhunderts - das bedeutete das Ende des Dreißigjährigen Krieges, die Wiederherstellung einer leidlich stabilen politischen wie kirchlichen Ordnung bei neuer Seßhaftigkeit. Das bedeutete auch die Wiederbefestigung der familiären Zusammenhänge und damit die Feststellbarkeit genealogischer Kontinuität in den nun wieder regelmäßig geführten und sicher aufbewahrten Kirchenbüchern. Aber nicht nur in dieser eher äußerlichen Hinsicht stellt das Ende des Dreißigjährigen Krieges eine scharfe Zäsur dar. Dieses Datum bildet vielmehr für Mitteleuropa in vielfältiger Hinsicht einen Einschnitt von säkularer Bedeutung. Gerade auch für das deutsche Bürgertum schufen der Krieg und seine Folgen die entscheidende Ausgangskonstellation, die seinen Charakter, seine Entwicklung und seine Zukunft sehr wesentlich bestimmen sollte.

Kriege, so hat man unter Berufung auf das bekannte Wort des Heraklit oft hervorgehoben, seien, unbeschadet der von ihnen freigesetzten Vernichtungskräfte und des mit ihnen verbundenen Elends und Leids, stets die großen Beschleuniger des historischen Prozesses gewesen, Geburtshelfer ganz neuer Entwicklungen, von denen sich die, die sie entfesselten, oft nichts hätten träumen lassen. Für den Krieg, der 1648 nach dreißig Jahren fast ununterbrochener Feldzüge und militärischer Zusammenstöße mit einer bis dahin unbekannten Zahl von Opfern unter der zivilen Bevölkerung nach langen Verhandlungen im Frieden von Münster und Osnabrück seinen Abschluß fand, gilt das nur in sehr begrenztem Maße. Betrachtet man das Ergebnis und die Folgen nicht so sehr von den beteiligten Staaten, sondern von der gesellschaftlichen und wirtschaftlichen Entwicklung her, so kann man im Gegenteil sagen, daß er in Mitteleuropa zu einem entscheidenden Hemmschuh des historischen Prozesses geworden ist. Hier wurde der in den vorausgehenden Jahrzehnten und Jahrhunderten durchaus vorhandene Gleichtakt mit dem Gang der Dinge in den Gebieten Westeuropas unterbrochen. Alles, was man mit Blick auf das westliche Europa von der »Verspätung« Deutschlands gesagt hat, hat hier eine zentrale Wurzel.

Faßt man jene drei gesellschaftlichen Gruppen ins Auge, die einhundertvierzig Jahre später, 1788/89, im westlichen Europa, in Frankreich und in weniger dramatischer Form auch andernorts, in revolutionäre Bewegung gerieten und grundlegende Veränderungen in der staatlichen wie in der wirtschaftlich-gesellschaftlichen Verfassung ihrer Länder erzwangen - die bäuerliche, dann auch die unterbäuerliche Bevölkerung, das städtische Handwerk und Kleingewerbe und vor allem das besitzende und gebildete Bürgertum -, so gilt für alle drei, daß sie in Mitteleuropa durch den Dreißigjährigen Krieg entscheidend geschwächt worden sind und hier daher dann auch keine vergleichbare Dynamik und schließlich siegreiche Kraft entfaltet haben.

Geschwächt bedeutet dabei zunächst einmal ganz konkret: Sie wurden zahlenmäßig in einer Weise dezimiert, die auch nach den Erfahrungen zweier Weltkriege kaum vorstellbar ist. Vieles ist hier Schätzung, Hochrechnung aus den wenigen wirklich gesicherten Zahlen. Aber das Bild, das sich daraus ergibt, ist doch in seinen Grundlinien sehr eindeutig und wird durch jeweils neu bekanntwerdende Daten regelmäßig gestützt. Die ländliche Bevölkerung Deutschlands - und das waren achtzig bis neunzig Prozent der Gesamteinwohnerschaft - wurde danach während des Krieges auf rund die Hälfte reduziert. Die Bevölkerung der Städte und befestigten Orte verzeichnete aufs Ganze gesehen, da sie sich gebietsweise besser zu schützen vermochte und zudem ständig Zuzug von Flüchtlingen aus dem flachen Land erhielt, etwas geringere Verluste. Im Durchschnitt aber überstiegen diese auch hier überall ein Drittel. Ein Ort wie Kaiserslautern etwa ging binnen anderthalb Jahrzehnten von 3 200 auf 200 Einwohner zurück, das von Tilly verheerte Magdeburg binnen weniger Jahre von über 30 000 auf eben 2 500; das 1606 von Kurfürst Friedrich IV. von der Pfalz als Festungs- und Bürgerstadt gegründete Mannheim verödete am Ausgang des Dreißigjährigen Kriegs vollständig und wurde erst vier Jahre nach dessen

Ende wiederaufgebaut und neubesiedelt. Welch einen Aderlaß der Krieg bedeutete, belegen besonders kraß die Zahlen für das Herzogtum Württemberg: Gab es hier 1618 noch 450 000 Einwohner, so waren es zwanzig Jahre später nur noch 100 000. Erst 1750 wurde die Zahl von 1618 wieder erreicht und übertroffen.

Hand in Hand damit ging als weitere Folge des Krieges und seiner Verwüstungen eine radikale Verarmung sowohl der ländlichen als auch der städtischen Bevölkerung. Schwer auszumachen ist, wie in dem Prozeß des wirtschaftlichen Niedergangs, der seit den zwanziger Jahren des 17. Jahrhunderts greifbar ist, der Einfluß des Krieges und jene langfristige ökonomische Abschwungphase ineinanderwirkten, die die Hochkonjunktur vor allem des früheren 16. Jahrhunderts ablöste; auch die Verlagerung der Handelswege im Gefolge der großen Entdeckungen spielte eine erhebliche Rolle. Jedenfalls büßte Mitteleuropa, mit Ausnahme des vom Krieg weniger betroffenen nordwestdeutschen Raumes mit den vor allem auch aufgrund ihrer Seelage unverändert prosperierenden Hansestädten an der Spitze, in den folgenden Jahrzehnten seine bis dahin wirtschaftlich führende Stellung mehr und mehr ein - auch was die Modernität der Fertigungsmethoden, der Technik und der Handels- und Absatzorganisation betraf. Städte wie Augsburg, Nürnberg oder Mainz hatten im 15. und 16. Jahrhundert in vielen Bereichen den materiellen und technischen Fortschritt bei einem hohen Stand der geistigen und künstlerischen Kultur repräsentiert. Jetzt sanken sie und viele der mit ihnen einst konkurrierenden mitteleuropäischen Städte im europäischen Vergleich wenn nicht in die Bedeutungslosigkeit, so doch in die zweite und dritte Reihe ab. Deutschland wurde aus einem einst wirtschaftlich wie geistig führenden Gebiet Europas binnen weniger Jahrzehnte zu einem eher rückständigen Land, das sich mit Frankreich, mit England, mit den Niederlanden kaum noch zu messen vermochte.

Am stärksten hatten darunter diejenigen zu leiden, die bis dahin zu den aufsteigenden, den dynamischen sozialen Gruppen gehört hatten: das wohlhabend gewordene Bürgertum in den Städten, sowohl das Patriziat als auch das neue Zunftbürgertum, aber auch das ländliche Gewerbe und mancher wirtschaftlich etwas wagemutigere Bauer, der bisher als Vorbild und Ansporn in seiner

Gemeinde gewirkt hatte. Der Rückschlag nach dem Bauernkrieg von 1525 war zwar in vieler Beziehung bereits dramatisch gewesen; aber in eine weithin gedrückte Existenz ist die bäuerliche Bevölkerung auf breiter Front doch erst durch den Dreißigjährigen Krieg geraten.

Mit der wirtschaftlichen veränderte sich auch die soziale Stellung dieser Gruppen rasch im negativen Sinne. Sie zogen sich, weit stärker als im 16. Jahrhundert, wieder auf ihren Stand zurück, auf die Abwehr von Konkurrenz, auf die Sicherung des Auskommens, der »Nahrung«, auf Rechtspositionen, die man Jahrzehnte vorher noch als Hemmnisse empfunden hatte, als Schranken, die den eigenen Möglichkeiten, der eigenen Kraft, dem eigenen Entfaltungsdrang entgegenstanden. Die überlieferte ständisch-korporative Ordnung, die bereits in vielen Bereichen angefochten und in Frage gestellt worden war, verfestigte sich aufs Neue. Und nicht nur das. Es gab überall Versuche, sie im Sinne nicht nur der aufstrebenden fürstlichen Zentralgewalten, sondern auch des grundbesitzenden Adels und der Kirchen - zumal der zunehmend von der Aristokratie beherrschten katholischen Kirche - aus- und umzugestalten. Das feudale Element, Dienste und Abhängigkeiten, Grundsätze der sozialen Hierarchie wurden zunehmend betont.

Der monarchische Staat, in seiner Frühzeit materiell, geistig wie auch von seinem Personal her vielerorts in enger Verbindung mit den bürgerlichen Kräften, den Städten und den Universitäten, stellte sich jetzt sehr bewußt wieder auf eine ständisch-aristokratische Basis. Politische Mitwirkungsansprüche der nicht privilegierten Stände wurden, wo sie wie im Reich und in einzelnen Territorien noch eine Rechtsbasis hatten, planmäßig zurückgedrängt. Wo die zum Absolutismus aufsteigenden Fürsten auch den heimischen Adel schrittweise politisch entmachteten, vermieden sie es mit Hilfe vor allem kompensatorischer Gewährung zusätzlicher Privilegien - in der Armee, bei Hof, in der Verwaltung, im Bereich der grund- und gutsherrlichen Rechte - peinlich, ein Bewußtsein gemeinsamer Untertanenschaft entstehen oder gar dominierend werden zu lassen. Im Gegenteil, alles wurde zunehmend darauf abgestellt, die sozialen Unterschiede herauszuheben, die Geburtsstände voneinander abzuschotten, Übergänge vor allem in die aristokratischen Führungsschichten einschließlich des städtischen Patriziats so gut wie unmöglich zu machen.

In England, in den Niederlanden, auch in Frankreich blieben die Standesgrenzen hoch, aber nicht unüberwindlich – in Frankreich vollzog sich der Aufstieg an die Spitze der sozialen Hierarchie vor allem über die »noblesse de robe«, den Amtsadel; in Deutschland aber war er nach 1648 im Unterschied zu den vorangehenden Jahrhunderten weitgehend blockiert. Die »Ahnenprobe«, die Beschränkung des Zugangs zu einer Vielzahl staatlicher und kirchlicher Ämter auf die nachweisbar alten aristokratischen Familien wurde zum Signum einer sich vor allem an der Spitze der sozialen Pyramide kastenmäßig abschließenden Gesellschaft.

Das setzte sich auch nach unten fort. Niemals wieder ist die deutsche Gesellschaft sozial so zersplittert, so sehr in viele kleine und kleinste Teile zerrissen und voneinander abgekapselt gewesen wie im späten 17. und im frühen 18. Jahrhundert. Jede noch so winzige Gruppe bestand auf ihren speziellen Rechten, dem ihr Zukommenden bis hin zu Kleidung, Insignien, traditionellen Auftritten und Zeremonien, auf dem einmal errungenen Platz in der Gesellschaft, und sei es nur in der Kirchenbank.

Hinter diesen sorgsam gehegten Abstufungen und Differenzierungen gab es allerdings bei genauerem Hinsehen viel Gleichheit, Gleichheit der Armut, Gleichheit eines kargen Auskommens, eines bedrückten Daseins, das wenig Hoffnung und Zukunft verhieß. Die materiellen Unterschiede waren weit weniger ausgeprägt als in vielen Ländern Westeuropas, und bei allen bestehenden Abgrenzungen, geburts- und berufsständischen Trennungen und gesellschaftlichen Differenzierungen konnte sich der Weg zu einer ständeübergreifenden Solidarität, zu einem Gemeinsamkeitsbewußtsein der nicht oder doch nur gering Privilegierten auch einmal als sehr kurz erweisen.

Darin liegt begründet, daß sich, scheinbar sehr plötzlich, Mitte des 18. Jahrhunderts in Deutschland ein neuer Geist regte und sogleich ein breites Echo fand. Er appellierte an die Nation als an eine neue soziale Gemeinschaft und beschwor die Gemeinsamkeit menschlicher Existenz in allen Lebensbereichen. Hauptträger war zunächst eine geistig-literarische Bewegung. Als solche ist sie dem allgemeinen Bewußtsein unmittelbar präsent geblieben: in ihren Gestalten und Strömungen vom Sturm und Drang bis zum Deutschen Idealismus, von Lessing über Goethe, Schiller und Kant bis zu Fichte und Hegel. Was darunter lag, was die sich zunächst mehr und mehr verfestigende, förmlich versteinernde ständische Welt schrittweise aufbrach und zunehmend ein neues Bewußtsein erzeugte, ist sehr viel weniger deutlich. Versuche, diese geistig-literarische Bewegung als eine spezifisch bürgerliche Bewegung zu deuten, sind zumeist sehr allgemein ausgefallen und blieben oft in ausschließlich geistes- und ideengeschichtlichen Bezügen und Zusammenhängen stecken.

Und doch ist unübersehbar, daß das Fundament – nicht die Substanz! – dieser Bewegung in einer sozialgeschichtlichen Entwicklung liegt, die auf die Überwindung der ständischen Gesellschaft und ihrer Ordnungen hinauslief, daß den Motor dieser Entwicklung Kräfte bildeten, die, nach Interessenlage und Selbstverständnis eher am Rande der traditionellen, innerlich verfestigten sozialen Gruppen angesiedelt, ihre Zukunft außerhalb und jenseits des herkömmlichen wirtschaftlich-sozialen und dann auch politischen Gefüges und Systems sahen. Aus ihnen formte sich schließlich das, was die Zeitgenossen des ausgehenden 18. Jahrhunderts – oft damit zugleich den eigenen Stand und die eigene Stellung umschreibend – als eine ganz neue soziale Schicht bezeichneten, die in sich die Gesamtgesellschaft der Zukunft vorwegnehme: das neue Bürgertum.

Der erste Bassermann, der als Person deutlich greifbar Mitte des 17. Jahrhunderts aus dem Dunkel der Geschichte tritt, Dietrich Bassermann, gehört bezeichnenderweise sogleich jener Zwischenschicht zwischen den traditionellen, ständisch verfaßten gesellschaftlichen Gruppen an, aus der das neue Bürgertum zu einem wesentlichen Teil hervorging. 1615 an einem unbekannten Ort geboren, betrieb er in den dreißiger Jahren zeitweilig eine Mühle in Gronau bei Bergen in der Wetterau, einem damals achtundzwanzig Haushaltungen umfassenden Flecken, der zur Grafschaft Hanau gehörte. Reformiert und im Bündnis mit der Kurpfalz und Wilhelm von Oranien hatte die Grafschaft im Dreißigjährigen Krieg immer wieder auf das Schwerste zu leiden – »das elende verwüstete und desolate Land,

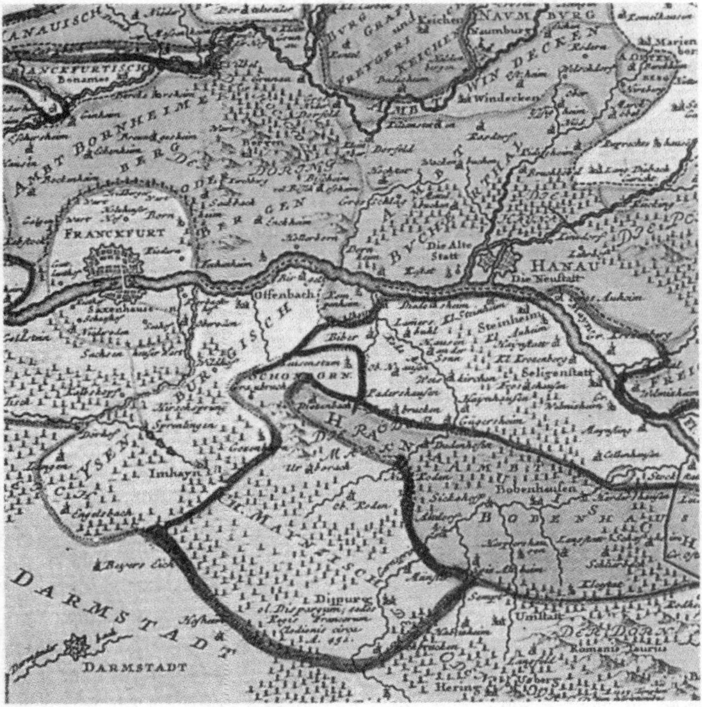

Ausschnitt aus einer Karte der Grafschaft Hanau von 1728

über welches dieser Zeit alle Wetter und trübe Wolken gingen«, hieß es zu Recht in Merians »Theatrum Europaeum« über die »arme Wetterau«.

Dietrich Bassermann war also wohl ein gelernter Müller, konnte seinen Beruf aber angesichts der ständigen Verwüstungen vor allem des flachen Landes, deren Ziel immer auch die örtliche Mühle war, zunächst nur mit Unterbrechungen ausüben. Immer in Unsicherheit und bereit zur Flucht in den nächstgelegenen befestigten Ort hat er sich mit seiner wahrscheinlich aus Gronau selbst stammenden Frau Christine und seinem dort zwischen 1637 und 1639 geborenen ältesten Sohn Johann Weygel über Jahre wie viele andere eben so durchgeschlagen. Erst 1644, als die Kriegsstürme langsam abflauten, fand er in Windecken, einem mit Mauern versehenen Flecken im nördlichsten Teil der Grafschaft, festeren Grund.

In der Kommunikantenliste, die der Pastor zu Pfingsten dieses Jahres aufstellte, notierte er, ohne noch den Namen des Neuankömmlings zu kennen, der auf Grund seines Berufes und der daraus resultierenden sozialen Stellung sogleich zu den Honoratioren der Gemeinde zu zählen war: »Hochmüller N. et uxor« (und Frau); Ostern des folgenden Jahres wußte Pastor Hermanni dann, wer nun die Hochmühle an der Straße nach Ostheim betrieb, die Eintragung lautete jetzt: »Diedz der Hochmüller und sein Weib«. Wenig später, am 8. Juni 1645, meldet das Windecker Taufbuch die Geburt eines in der Hanauer Hospital-Kirche getauften Sohnes Wilhelmus - die Kirche von Windecken war im Dreißigjährigen Krieg mehrfach schwer beschädigt worden, so daß die Taufen in Hanau stattfinden mußten - und am 8. März 1648 eines weiteren Sohnes, des am 1. Februar 1648 geborenen Johann Dietrich, der im Unterschied zu seinem älteren Bruder Wilhelm, der mit elf Jahren starb, das Kindesalter überlebte und die Hauptlinie der Familie weiterführen sollte.

Ob Dietrich Bassermann die Hochmühle in Windecken erworben oder nur gepachtet hatte, ist nicht bekannt. Jedenfalls entschloß er sich, zehn Jahre nachdem er nach Windecken gekommen war, 1654, in das benachbarte Ostheim zu ziehen und dort die im Krieg zerstörte Mühle wieder aufzubauen. Dieser abermalige Neuanfang, der zunächst als ein einigermaßen riskantes Unternehmen, als ein Aufbruch ins Ungewisse aus relativer Sicherheit erscheinen mußte, erwies sich als höchst erfolgreich. Er verhalf ihm und seiner rasch wachsenden Familie binnen weniger Jahre in dem gegebenen, ganz kleinen und höchst bescheidenen Rahmen zu einer angesehenen sozialen Stellung und zu gewissem Wohlstand.

Es war das, wie vieles in dieser Familiengeschichte, ein bezeichnender Neuanfang, bezeichnend für den Aufstieg jener Kräfte, aus denen sich dann das nicht mehr ständisch gebundene Bürgertum bilden sollte. Unter den vergleichbaren kleineren Gemeinden hatte der Ort Ostheim durch den Dreißigjährigen Krieg besonders gelitten. Vor dem Krieg ein wohlhabender Flecken mit eigenen Ring-

Die Mühle in Ostheim

mauern und Toren, war er 1635 zuerst von weimarischen, dann von kaiserlichen Truppen überrannt, geplündert und gebrandschatzt worden und lag seither verödet da. Zwei Regimenter »Crabaten« (Kroaten), heißt es in Merians »Theatrum Europaeum«, hätten nicht nur alles verwüstet und in Brand gesteckt, sondern, »als etlich Krancken dem Feuer zu entweichen, auf den Händ und Füßen auß den Häusern kriechen wöllen, und jämmerlich geschryen und gewimmert, dieselbigen ohne alle Erbarmnuß mit Gewalt ins Fewer geworffen und also mit verbrandt«.

Zwar hatte sich der offenbar sehr rührige Ortspfarrer seit den frühen vierziger Jahren bemüht, den Wiederaufbau in die Wege zu leiten. Aber erst nach 1648, nach dem Friedensschluß, kehrte ein Teil der Bewohner in den Ort zurück, wo neben dem Pfarrhaus nur noch ein Bauernhaus von einst 86 Häusern und 83 Scheunen stand. Die Äcker waren zugewachsen, ein Morgen Ackerland war in diesen

Jahrzehnten für den Gegenwert eines Laibes Brot zu haben – ein ganzer Bauernhof mit entsprechenden Wirtschaftsgebäuden kostete um 1640 in der Gegend rund fünfzig Gulden, während für einen Malter Korn mehr als dreißig zu zahlen waren.

Hier nun, in einer Art innerem Kolonialgebiet mit zunächst eher geringen Zukunftschancen, begründete Dietrich Bassermann eine neue Existenz – vergleichbar, wenngleich auf einer ganz anderen Ebene, mit dem Entschluß seines Nachfahren Friedrich Ludwig Bassermann fünf Generationen später, Ausgang des 18. Jahrhunderts, in der von ihrem Fürsten verlassenen, politisch-territorial an den Rand geratenen und scheinbar zum Niedergang verurteilten ehemaligen Residenzstadt Mannheim seine Zukunft als Kaufmann zu suchen. Dietrich Bassermann erwarb von dem früheren Besitzer der Ostheimer Mühle, Conrad Weineimer, den Mühlengrund in der Nähe der Straße nach Windecken in der Hoffnung, daß es bei den eben fünfzig Rückkehrern und Neuansiedlern nicht bleiben und die trotz günstigem Preis angesichts der allgemeinen Armut und der schlechten Zukunftsperspektiven recht riskante Investition für Erwerb und Neubau sich lohnen werde.

Die Mühle war seit alters her der Pfarrei zinspflichtig, von deren höher gelegenem Teich sie die Wasserkraft bezog. Das brachte den neuen Mann sogleich in enge Beziehung zu dem Pfarrer, dessen Dynamik und stetigem Werben und Drängen der Ort seine Wiederentstehung ganz wesentlich zu verdanken hatte. Offenbar ergänzten sich beide auf das beste. Jedenfalls übernahm Dietrich Bassermann schon wenig später, 1656, nach dem Amt des Kirchenältesten auch das des »Kirchenbaumeisters«, das heißt desjenigen, der für die Organisation des Wiederaufbaus der gleichfalls völlig verwüsteten Kirche einschließlich der besonders schwierigen Frage der Finanzierung zuständig war.

Der Pfarrer und er waren wesentlich auf die Spendenbereitschaft der langsam wieder wachsenden Kirchengemeinde angewiesen, da die Einkünfte der Pfarrei auch bei bescheidensten Ansprüchen und strengster Kalkulation für den Kirchenbau nicht ausreichten. Man wandte sich mit der Bitte um Spenden nicht nur immer wieder an die eigene, sondern auch an die benachbarten Kirchengemeinden, »colligirte« bei ihnen. Anfang Februar 1668 verzeichnete die Pfarrchronik eine entsprechende sechsköpfige Delegation nach Hanau und Frankfurt; zu ihr gehörte auch Dietrich Bassermann. Schrittweise gelang so der Wiederaufbau. 1669 konnte der erneut gewählte »Kirchenbaumeister« von dem Hanauer Silberschmied Johann Michael Peltzer einen vergoldeten Silberkelch für die Kirche anschaffen - zum Preis von 15 Gulden, einem kleinen Vermögen für die damalige Zeit und die Verhältnisse der Gemeinde.

Dietrich Bassermann selber zahlte rund eineinhalb Gulden jährlich an Steuer und seit Beginn der siebziger Jahre etwa noch einmal so viel an Mühlenzins, nachdem dieser für mehr als zwanzig Jahre, dem geminderten Ertrag entsprechend, auf zwei Drittel der Vorkriegssumme ermäßigt worden war. Auf die Aufforderung des Pfarrers, im Hinblick auf den immer noch nicht abgeschlossenen Wiederaufbau der Kirche - und wohl auch die bessere wirtschaftliche Situation - einer Erhöhung des Zinses zuzustimmen, reagierte der Ostheimer Müller 1674 in sehr bezeichnender Weise. Als Kirchenältester und »Kirchenbaumeister« hatte er sich um die Gemeinde und ihre Kirche inzwischen große Verdienste erworben, auch selber immer wieder freiwillig gespendet, 1663 etwa mit fünf Batzen einen der höchsten Beträge, mehr als ein Fünftel seiner Jahressteuer. Aber um den Mühlenzins wie auch um die Pacht für einen kirchlichen Acker hatte er sich immer wieder gestritten, es 1668 sogar auf einen Spruch der hochgräflichen Kanzlei in Hanau ankommen lassen.

Die Summen, um die es sich dabei handelte, gelangten zwar letzten Endes in die gleiche Schatulle, und über die Verwendung der Gelder, der gespendeten und der über die Steuer erhobenen, wußte der »Kirchenbaumeister« nur zu gut Bescheid. Das eine jedoch war ein freiwilliger Akt, das andere Verpflichtung und Zwang und außerdem, modern gesprochen, eine ertragsunabhängige Erhöhung der Geschäftsunkosten. Das gehörte nicht auf das gleiche Blatt, berührte die eigene Stellung als Kirchenbürger, als Handwerker-Kaufmann, auch als Untertan. Nüchtern antwortete er auf das Ersuchen des Pfarrers: »Er bleibe bei dem, waß die Hochgräfl. Canzlei dießfalls dictirt und daß Er dem Kirchbau nicht schuldig sei mehr zu geben, als Gn. Herrschaft, die da Oberbaumeister sei.«

Die Dinge, so hieß das, müßten ihre Ordnung haben, auch und

gerade in finanzieller Hinsicht: Wenn es ein landesherrliches Kirchenregiment gebe – das war die rechtliche Situation in allen protestantischen und reformierten Herrschaften –, dann habe dieses hier wie anderswo für die normalen und regelmäßigen Belastungen aufzukommen. Dafür zahle der Untertan Steuer. Versuche man die Lasten zu verschieben, ohne die rechtlichen Verhältnisse zu verändern, dann herrsche statt Berechenbarkeit Willkür, und auf das Chaos des Krieges folge ein Chaos der inneren Ordnung, also das Gegenteil von dem, was man so sehr herbeigesehnt habe und was man für den Wiederaufbau so dringend benötige.

So hat es der Ostheimer Müller, der nun auf die Sechzig zuging, natürlich nicht ausgedrückt. So hätten es vielleicht, in den komplizierten Wendungen des barocken Deutsch, gelehrte Räte einer in ähnlicher Weise betroffenen Stadtgemeinde formuliert. Aber im Kern, in der Grundrichtung, wäre man sich rasch einig geworden: Herrschaft mußte Ordnung und Berechenbarkeit bedeuten, und in diesem Sinne waren *ein* Herr und *eine* Ordnung jedenfalls besser als viele Herren und viele einander überschneidende und nicht selten einander widersprechende Ordnungen.

Von daher ist der wirtschaftende und kalkulierende, seinen Einsatz, die Gewinnchancen und Verlustmöglichkeiten berechnende Mensch – derjenige also, der bis hinab zum kleinen Dorfmüller auf abschätzbare Entwicklungstendenzen, auf gewisse Regelmäßigkeiten, auf einen voraussehbaren Gang der Dinge setzte – von früh an ein Bündnispartner einer vereinheitlichenden und die Verhältnisse verrechtlichenden, rational planenden und organisierenden politischen Gewalt gewesen. Er war der natürliche Parteigänger des entstehenden modernen Staates; nicht zufällig fand dieser im wirtschaftenden Bürgertum im 17., im 18. und auch im 19. Jahrhundert den Hauptanteil seines Personals, diejenigen, die im Fürsten- und Staatsdienst nicht nur ihr Brot, sondern auch eine ihrem – speziell bürgerlichen – Weltbild und ihren Überzeugungen entsprechende Aufgabe fanden. Als ihren natürlichen Gegner sahen die Vertreter dieses Bürgertums alle jene an, die die innere Ordnung – sprich das, was die jeweilige Krongewalt dafür erklärte und zu garantieren versprach – durch ihre Machtansprüche bedrohten; das war vor allem der Adel, soweit er sich noch nicht definitiv unterordnete, und daneben auch die Kirche.

Als das zerstörerische Element schlechthin aber erschien diesem Bürgertum im Unterschied zu den alten agrarischen Führungsschichten - die, Ruhm und Machtgewinn vor Augen, nach wie vor auf diesen Faktor setzten - der militärische Konflikt, der Krieg. Er galt - in der Aufklärung ist das dann immer wieder abgehandelt worden, in Deutschland gipfelnd in Kants berühmter Schrift »Zum Ewigen Frieden« aus dem Jahre 1795 - als das eigentlich Rückschrittliche, Archaisch-Destruktive, als tödliche Bedrohung aller Ordnung und ruhigen, emporführenden Entwicklung in Gesellschaft, Wirtschaft und Staat.

Freilich - innere und äußere Friedensordnung als Rechtfertigung einer starken, in ihren Ansprüchen zunehmend unumschränkten Staatsgewalt, das blieb in der Realität vielfach Utopie, ideale Zielvorstellung derjenigen, die dem sich ausbildenden modernen Staat in diesem Sinne dienten. Die Wirklichkeit sah auch nach 1648, nach dem Ende des Dreißigjährigen Krieges, ganz anders aus. Innere Auseinandersetzungen in den einzelnen Herrschaftsgebilden bis hinab zu den kleinsten, oft nur wenige Dörfer und Quadratkilometer umfassenden Territorien setzten sich, über Erbdispute, oft fast bruch- und übergangslos auf der zwischenstaatlichen Ebene fort: Auseinandersetzungen um einzelne Herrschaftsrechte, um das Finanzaufkommen, um das Ausmaß des Macht- und Gewaltmonopols des Fürsten, Streitigkeiten über eine seiner wesentlichen Grundlagen, den fürstlichen Grundbesitz und seine verschiedenen Erb- und Rechtstitel. Dem ungefestigten Charakter von Herrschaft, modern gesprochen aller staatlichen Verhältnisse - das galt damals vor allem für Mitteleuropa -, dem ständigen inneren und äußeren Kampf um ihre Ausdehnung und ihre Grenzen entsprach die Unsicherheit der Lebensverhältnisse und Zukunftsperspektiven der Untertanen.

Da Herrschaft dynastische Herrschaft war, also an Erbfolge und Erbverträge gebunden, konnte sie praktisch jederzeit, durch plötzlichen Tod, nicht bloß in andere Hände, sondern auch in ganz andere Zusammenhänge übergehen, konnte also das betreffende Land in einen anderen territorialen und rechtlichen, damit auch wirtschaftlichen Rahmen eingefügt werden. Zwischen den Grafen von Hanau, zu deren Territorium Ostheim gehörte, und den Landgrafen von

Hessen-Kassel beispielsweise bestand schon seit 1643 ein Erbvertrag, von dem niemand sagen konnte, wann und wie er wirksam werden würde - es dauerte dann noch bis 1736. Außerdem wurden die einzelnen Territorien durch das System der dynastischen Verbindungen und Verflechtungen - bei den kleineren Gebilden in kaum je genau voraussehbarer und vorausberechenbarer Form und Richtung - fast ständig in kriegerische Auseinandersetzungen hineingezogen, die in den meisten Fällen gleichfalls auf dynastischen Erbfragen und Erbstreitigkeiten beruhten.

Das galt auch für die Grafschaft Hanau. Sie wurde damals von dem Grafen Friedrich Kasimir regiert, einem sehr umtriebigen Herren, der geradezu ein Musterbeispiel eines in vieler Hinsicht über seine Verhältnisse lebenden absolutistischen Duodezfürsten darstellte; seine Untertanen nannten ihn spöttisch den »König von Schlaraffenland«. Seit 1674 als Bundesgenosse Hessen-Kassels Partner eines größeren, freilich in vielem eher lockeren und schwankenden Bündnisses gegen das Frankreich Ludwigs XIV. und seine Ansprüche auf die holländischen Generalstaaten und das Elsaß, wurde das Land durch seine Politik erneut zum Kriegsschauplatz. Für die Bevölkerung machte es dabei kaum einen Unterschied, ob Söldnertruppen von Freund oder Feind, die Kaiserlichen unter Montecuccoli oder die Franzosen unter Turenne, das Gebiet durchzogen, sich aus ihm versorgten oder gar dort Quartier nahmen. Im Gegenteil, die französische Einquartierung in Ostheim und Windecken 1674 erwies sich als geradezu harmlos gegenüber dem Vierteljahr, während dem braunschweigisch-lüneburgische Truppen - deren Stellung zwischen den streitenden Parteien zu diesem Zeitpunkt wenig klar war - in Ostheim und Umgebung lagen. Ein Teil der Einwohner einschließlich des Pfarrers floh damals in das befestigte Windecken. Die Bassermannsche Mühle wurde zu dreiviertel zerstört, so daß sie für ein Jahr ausfiel.

Dietrich Bassermann traf dies in einer Phase des Umbruchs, die es ihm erlaubte, den neuerlichen Schlägen, was seine persönliche Existenz und Zukunft betraf, teilweise auszuweichen. Noch bevor der Krieg die Wetterau erreichte, war seine Frau Christine, neunundfünfzig Jahre alt, am 8. Januar 1674 gestorben. Wenig später, Anfang Juli 1674, hatte er die Witwe eines Hanauer Bürgers geheiratet. Die so rasch und wohl sehr nüchtern, auf einem Fundament sich ergänzender Interessen geschlossene Ehe dauerte allerdings nur wenige Monate. Seine zweite Frau starb bereits zu Beginn des nächsten Jahres. Schon wenig später, Anfang Mai 1675, ging Bassermann mit Katharina Appel, ebenfalls Witwe eines Hanauer Bürgers, eine dritte Ehe ein und erwarb damit zugleich erneut das Anrecht, selber ohne viele Umstände und ohne längere Fristen Hanauer Bürger zu werden – geordnete wirtschaftliche Verhältnisse und ein gesichertes Einkommen vorausgesetzt, was offenkundig der Fall war, da er Ende September 1675 anstandslos das Bürgerrecht erhielt.

Er hatte inzwischen sein Haus bestellt und sich auch formell aufs Altenteil zurückgezogen. Am 16. April 1675 hatte er seinen jüngsten Sohn, Velten Bassermann, der am 25. Juni 1654 schon in Ostheim zur Welt gekommen war – von seinen sieben Kindern, drei Töchtern und vier Söhnen, war nur eines, eine große Seltenheit in dieser Zeit, im Kindesalter gestorben –, mit der Tochter des Schultheißen Franz Brod verheiratet, seinem Vorgänger als »Kirchenbaumeister« und gleich ihm ein Mann der ersten Stunde beim Wiederaufbau von Ostheim. Wenig später hatte er dem Sohn die Mühle übergeben, wobei sicher eine Art vorsorgliche Erbteilung – Unterlagen darüber haben sich allerdings nicht erhalten – mit den übrigen Kindern stattgefunden hat.

Außer Velten waren noch vier Kinder zu versorgen gewesen, nachdem der bei weitem älteste, noch in Gronau geborene Sohn Johann Weygel, erst Bäcker, dann Schullehrer, 1671, gerade Anfang dreißig, im nahegelegenen Bönstadt gestorben war. Von diesen vieren war eine Tochter, die 1650 geborene Anna Regina, seit 1671 mit einem Ostheimer Bürger verheiratet, zwei, die jetzt dreiundzwanzigjährige Elisabeth und die sechzehnjährige Anna Margaretha, zogen mit dem Vater nach Hanau, wo Elisabeth zwei Jahre später, fünfundzwanzigjährig, starb. Der älteste noch lebende Sohn Johannes schließlich, der mittlerweile siebenundzwanzig Jahre alt war, hatte inzwischen in dem gleichfalls hanauischen, südlich des Mains gelegenen Babenhausen eine solide Existenz gegründet – wie vielfach üblich durch Einheirat, die ihm, dem wandernden Bäckergesellen, Meister- und Bürgerrecht verschaffte.

Allerdings hätte man ihn wohl auch sonst mit offenen Armen

Ortsansicht von Babenhausen

Das Bassermannsche Haus am Kirchtor in Babenhausen

empfangen: Babenhausen hatte wie so viele kleine und mittlere Städte in diesem Gebiet durch den Dreißigjährigen Krieg aufs schwerste gelitten. Viele Häuser waren verödet. Noch über Jahre überstieg die Zahl der Verstorbenen die der Neugeborenen, und die Regierung hatte die Beamten und die »Torschreiber« ausdrücklich angewiesen, »reisende Handwerksburschen und andere Fremdlinge zu bereden, sich niederzulassen«. Der zuwandernde Geselle war also nicht nur im Hause des Bäckermeisters Thomas Stein, dessen neunzehnjährige Tochter Amalie er 1669, selber eben einundzwanzig, heiratete, hochwillkommen, sondern auch in der Zunft und in der Stadt insgesamt.

Mit der Verbesserung der allgemeinen Lage und der wirtschaftlichen Situation im letzten Viertel des Jahrhunderts kam der Neuankömmling verhältnismäßig rasch zu einigem Wohlstand – der Bäckerei war noch eine kleine Gastwirtschaft angeschlossen. Unmittelbar am Kirchtor baute er noch in den siebziger Jahren ein für die damaligen Verhältnisse recht groß dimensioniertes Haus, in dem neben der Backstube die schnell wachsende, schließlich acht Kinder umfassende Familie bequem Platz fand.

So waren Vater und Sohn Bürger geworden, Stadtbürger im korporativen, ständischen Sinne. Auch Velten, der zweite noch lebende Sohn, der Nachfolger Dietrichs als Ostheimer Müller, zog 1682/83, nach dem Tod des Vaters am 4. Dezember 1682, als dessen Erbe nach Hanau und erwarb dort gleichfalls das Bürgerrecht: Die Ostheimer Mühle, die er 1695 verkaufte, scheint er wie später die Meisenmühle in Langenselbold bei Gelnhausen, die er 1698 dafür erwarb – er starb 1703 –, seither mit Gehilfen, als eine Art Kleinunternehmer betrieben zu haben. Ein Großneffe von ihm, Egidius Bassermann, ein Nachkomme seines ältesten Bruders Johann Weygel, wurde 1756 sogar unter die »Ratsverwandten«, die ratsfähigen Geschlechter von Hanau, aufgenommen und 1765 Bürgermeister der Stadt.

Bürger zu sein, das hieß: »gesicherte Nahrung«, Schutz des Einkommens durch die jeweilige Korporation, auch Fürsorge durch sie bei Alter und Krankheit und plötzlicher Not, hieß Mitbestimmung bei der Gestaltung des unmittelbaren Lebensraumes, hieß auf Herkommen beruhende Ordnung in diesem Raum und – freilich letztlich immer nur begrenzte – Sicherheit in den Mauern der Stadt und unter dem Schutz des städtischen Rechts. Es hieß aber auch: Enge, Begrenzung, wirtschaftliche und soziale Immobilität, Bindung an den einen Ort, der einem Rechte verlieh, die anderswo nichts galten, hieß: Sorge vor Konkurrenz, zähes, oft halsstarriges Festhalten an dem Hergebrachten, Mißtrauen gegenüber allem Fremden und Neuen, Eindämmung jeder Bewegung und Veränderung.

Der große Krieg und seine Folgen hatten zunächst noch vieles in Bewegung gebracht. Manches von dem hatte sich verbreitet, was das ausgehende 15. und das 16. Jahrhundert in den großen Städten an Veränderungen auf geistig-kulturellem wie vor allem auch auf wirtschaftlich-praktischem Gebiet in Gang gesetzt hatte – mit vielfältigen Rückwirkungen auf die unmittelbare Lebenswelt, die alltäglichen Daseinsformen. Nun aber, Ausgang des 17. Jahrhunderts, begann vieles wieder zu erstarren, begann – von der fürstlichen Zentralgewalt und ihren sich immer stärker ausbildenden Organen nachdrücklich gefördert - jene ständisch-korporative Reaktion, von der bereits kurz die Rede war. Für zwischen- und außerständische Existenzen blieb schon bald in ganz konkretem Sinne, in wirtschaftlicher und sozialer Hinsicht, kein Raum mehr, und dem entsprach es, daß der alte Bassermann wie seine Söhne nun ins städtische Bürgerrecht drängten.

Das ständisch-korporative System tendierte jetzt immer mehr zu Erstarrung und Abschließung - das Bürgerrecht zu erwerben wurde zunehmend schwerer, und die Zahl der Bürger ging gegenüber der Zahl der Gesamteinwohner der Städte laufend zurück. Allerdings enthielt dieses System in den Städten doch auch weiterhin, anders als auf dem Lande, eine spezielle Dynamik, von der Mobilität und Bewegung und schließlich - als mit wachsender Bevölkerungszahl auch die Zahl der Qualifizierten, die ihre Chance suchten, ständig zunahm - Anfechtung und wachsende Bedrohung des Systems ausging.

Da im Interesse der »gesicherten Nahrung« die Zahl der Meister wie der Gesellen bewußt begrenzt, die Konkurrenz damit wenn auch nicht stillgelegt, so doch stark reduziert war, mußten auch die Söhne der Meister wie alle anderen auf »Wanderschaft« gehen, das heißt, auch sie mußten Arbeit, Brot und ihre Zukunft, Bürger- und Meisterrecht, anderswo suchen. Erbteilung kam im Handwerk, in den meisten kleinen Gewerben und natürlich auch in den »Ämtern« - die sich in der Praxis durchaus nicht selten vom Vater auf den Sohn vererbten - nicht in Frage. Der nachgeborene Meistersohn - und oft auch der erstgeborene, wenn die Mutter, verwitwet, den ersten Gesellen heiratete - war, ganz wie der nachgeborene Sohn des kleinen und mittleren Adels, gezwungen, in »fremde Dienste« zu gehen und zu sehen, wie er hier sein Glück machte.

Auf diese Weise verband sich relative Starrheit des Systems mit großer Beweglichkeit seiner jeweils nachrückenden Träger - eine Tatsache, die nicht zuletzt erklärt, warum das Handwerk nicht auch innerlich erstarrte, im Gegenteil künstlerisch und technisch eine Blüte erlebte, die es nie mehr erreichen sollte. Man kann geradezu von einer Art institutionalisierter Dialektik sprechen: Der Zwang, sich räumlich und geistig zu bewegen, sich neuen Umständen und Verhältnissen anzupassen, brachte ständig Neues hervor, das dann jedoch sehr rasch in die Bahnen des Herkommens einmündete, zu nicht minder starren Synthesen mit ihm gerann.

Dieses Wechselspiel von Bewegung und Erstarrung, von Modernität und Rückbindung an das Überlieferte hat die bürgerliche Welt hervorgebracht. Sie hat ihre Struktur und die Mentalität und die Lebensformen ihrer Träger bis hinein in den Alltag, bis hin zur Kleidung und zu der Art, sich je nach Alter bzw. korporativer Stellung zu geben, oft selbst dort noch bestimmt, wo einzelne ihrer Vertreter auf die radikale Überwindung dieser Welt hinarbeiteten.

Die Notwendigkeit, die eigene Existenz in jeder Generation aufs neue in der Fremde, fern der ursprünglichen Heimat und vertrauten Lebenswelt, zu suchen und in der Fremde doch gleichzeitig auf im Kern bekannte Verhältnisse und Strukturen, auf Zunft und Rat, auf ganz ähnliche Formen, Bräuche und Zeremonien zu treffen – das enthielt Herausforderung und Geborgenheit zugleich, vermittelte das Gefühl und Bewußtsein, auf sich selbst gestellt und doch nicht orientierungslos dem ganz Anderen ausgeliefert zu sein. Wanderschaft war immer auch Heimkehr in eine in den Grundzügen vertraute Welt, in der man nach der »Väter Art« leben konnte. Anders gewendet: Die neu Hinzukommenden brachten das Gefühl für die Grundzüge der bestehenden wirtschaftlich-sozialen und politischen Ordnung der jeweiligen Stadt gleich mit, mußten nicht erst mühsam in dieselbe eingewöhnt werden. »Wahrhaftig, ich bin hier wie zu Hause. Im schwarzen Kleide ohne allen Pomp durchwandere ich die Gassen und finde bei jeden 20 Schritten einen, mit dem ich sprechen muß«, faßte der Hamburger Kaufmannssohn Hieronymus Schramm 1769 seine Eindrücke von einem Aufenthalt in Amsterdam, der führenden Handelsstadt Hollands, zusammen.

Auf der anderen Seite wußten Besucher und Zuziehende in ihrem Gewerbe und auch allgemein manches Neue, waren beweglicher und interessanter als diejenigen, die bisher nur an einer Stelle gesessen hatten und lieferten der neuen Umwelt einen zusätzlichen Impuls, sich in Bewegung zu setzen. Zu »verhocken« galt in dieser scheinbar so starren, so festgefügten Welt als Makel, und das wachsende Überlegenheitsgefühl des Städters gegenüber der bäuerlichen, der ländlichen Bevölkerung gründete nicht zuletzt darin, daß man eben nicht wie diese an der Scholle klebte, sondern sich »Welt« aneignete, ohne in ihr verloren zu gehen.

So ist auch der älteste Sohn des Babenhausener Bäckermeisters Johannes Bassermann, der am 6. November 1677 geborene Johann Philipp, sowenig wie der Vater an seinem Geburtsort geblieben. Zwar ist er beruflich wie auch sein vier Jahre jüngerer Bruder Johann Israel in die väterlichen Fußstapfen getreten. Das bot sich unmittelbar an, ja, war bei Handwerkersöhnen in dieser Zeit vielfach die Regel. Aber nach der Lehr- und ersten Gesellenzeit - beides wohl in der väterlichen Bäckerei am Kirchtor - machte er sich kurz nach der Jahrhundertwende, vierundzwanzigjährig, selbständig: Er zog nach Frankfurt am Main und begründete dort einen Mehlhandel; Bäckerei und Wirtschaft in Babenhausen übernahm später, nach dem Tod des Vaters Anfang 1704, der jüngere Bruder, der dort, vermutlich nach längerer Wanderschaft, eine Meisterwitwe heiratete. Von seinen zahlreichen Nachkommen sind viele im 18. Jahrhundert nach Amerika ausgewandert, vor allem in das Gebiet um New York und New Haven. Viele aber blieben nicht nur im Hanauischen, sondern auch im väterlichen Beruf: Bis zu Beginn unseres Jahrhunderts gab es eine Bassermannsche Bäckerei in Babenhausen.

Unmittelbarer Anstoß für Johann Philipp, nach Frankfurt zu ziehen, war wohl der Ausbruch des spanischen Erbfolgekrieges und die neuerliche militärische Bedrohung auch des Rhein-Main-Gebiets, die davon ausging. Dabei war es freilich wohl weniger die Sorge um seine Sicherheit und die seiner damals bereits vierköpfigen Familie - er hatte 1695 die Tochter eines Frankfurter Schreinermeisters geheiratet -, die seinen Entschluß bestimmte, als das Kalkül, der Mehlhandel, dessen Quellen und Wege dem Bäcker vertraut waren, werde in einer solchen Zeit ein einträgliches Geschäft sein.

Die Herkunft seiner Frau und deren verwandtschaftliche Beziehungen ebneten ihm offenkundig den Weg nach Frankfurt und die Aufnahme als zu solchen Geschäften zugelassener »Beisasse«. Jedenfalls gelangte er binnen weniger Jahre zu einigem Wohlstand. Als die Reichsstadt Worms, 1689 wie Mannheim und Heidelberg durch Mélac fast völlig zerstört, im ersten Jahrzehnt des 18. Jahrhunderts - wie seinerzeit das hanauische Babenhausen nach dem Dreißigjährigen Krieg - verstärkt um Neubürger warb und nun auch, bisher streng lutherisch, die Niederlassung von Reformierten erlaubte, da konnte er sich mit einem soliden Startkapital als Meister und Bürger bewerben. Sein Vermögen ermöglichte ihm, schon bald nach der Annahme des Gesuchs Ende April 1707 in der Hafergasse in unmittelbarer Nähe des alten Kaiserdoms ein geräumiges zweistöckiges Haus zu bauen, in das die Familie im Herbst einzog.

Wie sein Großvater Dietrich Bassermann trat auch Johann Philipp sogleich in engste Verbindung zur Kirchengemeinde: Bereits kurz nachdem er das Bürgerrecht erlangt hatte, wurde er zum Vorsteher und Ältesten, zum Presbyter der 1699 gegen eine Zahlung von zehntausend Gulden zugelassenen reformierten Gemeinde gewählt. Die Gemeinde wurde unter anderem in ihren Anfangsjahren durch große Schenkungen eines Glaubensgenossens, des Kaufmanns Christoph Schmidt, unterstützt, der auch wiederholt Sammlungen in Frankfurt und bei den benachbarten Gemeinden veranlaßte. Von daher und von den Verbindungen, die zwischen der Wormser und reformierten Gemeinden im Hanauischen bestanden - der hanauische Kirchenrat Jüngst hielt in Worms den ersten Gottesdienst -, spricht einiges dafür, daß der Entschluß Johann Philipps, sich in Worms niederzulassen, stark von hier aus inspiriert war und vielleicht sogar von dem reichen Kaufmannskollegen Christoph Schmidt wesentlich mitbestimmt war: Seine Förderung und Protektion würde hier wie auch im Wirtschaftlichen vieles erklären und entspräche durchaus dem Verhalten von Glaubensgenossen religiöser Minderheiten.

Johann Philipp war nun also reichsstädtischer Bürger, zwar nicht in dem reichen und mächtigen Frankfurt, der Stadt der Messen, des Fernhandels und nicht zuletzt der Kaiserwahl und Kaiserkrönung, aber doch in einer Stadt mit großer historischer Tradition und rasch auch auf Neubürger ausstrahlendem Selbstbewußtsein. Seit dem ausgehenden 11. Jahrhundert mit kaiserlichen »Freibriefen« versehen, war Worms eine Art Urbild einer freien, einer »reichsunmittelbaren« Stadt. Sie war Tagungsort bedeutender Reichstage gewesen, so vor allem desjenigen von 1495, der den Ewigen Landfrieden Maximilians I. verkündet und die Errichtung des Reichskammergerichts beschlossen hatte, und desjenigen von 1521, der das berühmte Verhör Luthers sah - insgesamt fanden mehr als hundert Reichstage in den Mauern von Worms statt.

Worms hatte sich, von früh auf im Streit mit dem Stadtherrn,

Die Bäckerei in der Hafergasse in Worms

Worms, Kupferstich von Joseph Friedrich Leopold, entstanden um 1720

dem Wormser Bischof, dessen Kathedrale, der Dom, seit dem Ende des 12. Jahrhunderts das Stadtbild beherrschte, zu immer größerer Selbständigkeit emporgerungen und war im hohen und späten Mittelalter bis in die zweite Hälfte des 16. Jahrhunderts auch wirtschaftlich eine der ersten Städte des Reichs gewesen. Noch 1559 hatte die Bürgerschaft das Angebot des Kurfürsten von der Pfalz stolz abgelehnt, die Stadt zu seiner Residenz zu machen - ein Beschluß, dem das für die Bassermanns so wichtige Mannheim indirekt seine Existenz verdankt. Den Verwüstungen des Dreißigjährigen Krieges und der endgültigen Zerstörung 1689 folgte jetzt, seit Beginn des 18. Jahrhunderts, der langsame Wiederaufstieg der wie an ihren Traditionen auch an ihren Rechten und Freiheiten zäh festhaltenden Kaiserstadt.

Nach wie vor war der Bischof, der nunmehrige Fürstbischof, der politische Kontrahent, besaß er in der zur Reformation übergetretenen Stadt bestimmte stadtherrliche Rechte, unter anderem bei der Besetzung einzelner Ämter. So wurde der Presbyter der neuen reformierten Gemeinde, der »Haferbäcker«, wie er nach seiner Straße schon bald hieß, bereits wenige Jahre nach seiner Aufnahme ins Bürgerrecht fürstbischöflicher Waagmeister an der Mehlwaage – eine Ernennung, die zugleich dokumentiert, welches Ansehen sich der Neubürger binnen kurzem in Stadt und Zunft erworben hatte.

»In ihrem Leben und Wandel«, so attestierte der Wormser Magistrat in dem unbeholfenen Ratsdeutsch des 18. Jahrhunderts 1735, hätten die Bassermanns sich, »wie Ehrlichen und honetten Leuten gebühret, dermaßen aufgeführet, daß daher Jedermann Sie lieb und Werth gehabt«. Die Bassermanns – das war insofern zu betonen, als Johann Philipp, das Familienoberhaupt, offenkundig neben der Wormser Bäckerei auch noch den Mehlhandel weiterbetrieb, den er 1702 in Frankfurt begründet hatte. Jedenfalls war er immer wieder längere Zeit von Worms abwesend, hat zeitweise wohl sogar mit seiner Frau wieder in Frankfurt gewohnt. 1721 wurde ihm auf entsprechenden Antrag sogar die »Aufhaltung« des Wormser Bürgerrechts gegen eine jährliche Gebühr durch den Rat zugesagt: Seine Abwesenheiten scheinen sich also ausgedehnt zu haben. Während dieser Zeit führte sein ältester, 1697 noch in Babenhausen geborener Sohn Johann Eberhard, der im Juli 1721 den Meisterbrief erhielt, die Bäckerei.

Was nach Ausgreifen ins Weitläufigere, in geschäftlich größere Zusammenhänge, nach wachsender Dynamik aussah, endete dann allerdings jäh. 1727 starb Johann Philipp, noch nicht fünfzigjährig, fern von Worms, an einem unbekannten Ort. Drei Jahre später folgte ihm sein ältester Sohn mit gerade dreiunddreißig. Die Witwe bemühte sich, die Bäckerei mit Hilfe ihrer beiden jüngeren Söhne weiterzuführen, mit dem 1705 in Frankfurt geborenen Johann Heinrich und mit Johann Christoph, der im April 1709, schon in Worms, zur Welt gekommen war – beide waren gelernte Bäcker.

Aber die Söhne strebten natürlich nach Selbständigkeit und eigener Existenz, die ihnen die nun der Mutter gehörende Bäkkerei nicht versprach. Der eine, Johann Heinrich, heiratete nach Hanau, kam jedoch – ihm galt, adressiert an den Hanauer Rat, das so günstige Votum der Wormser über die Familie Bassermann – mit der dort erworbenen Bäckerei nicht zurecht: Er verließ Hanau um 1740, und von da an verliert sich seine Spur – ein Zeugnis dafür, daß das Zunftsystem, das System der Konkurrenzbeschränkung und der »gesicherten Nahrung« zwar das Risiko minderte, aber eben doch nicht ausschloß, kein Garantieschein war für eine auf Dauer ökonomisch ungefährdete Existenz. Inzwischen war, mit Anfang sechzig, auch die Mutter gestorben und die Wormser Bäckerei in fremde Hände übergegangen. An Besitz, an existenzsichernder oder auch nur existenzbegründender Erbschaft, war nichts geblieben.

Der Aufstieg der Familie, so konnte es zu diesem Zeitpunkt scheinen, endete, noch ehe er recht begonnen hatte. Man hatte nach den Wirren des Dreißigjährigen Krieges als Müller, dann als Bäcker sicheren Boden und Stand gewonnen, war ins städtische, schließlich sogar ins reichsstädtische Bürgerrecht gelangt, hatte in Kirchengemeinde und Zunft Ämter und Ansehen erworben – »honette Leute«, wie der Wormser Rat es formulierte. Aber all das war eben nicht erblich wie ein Bauernhof, ein Adelstitel, in Grenzen auch die Ratsfähigkeit als Mitglied eines patrizischen Geschlechts. Es mußte stets aufs neue errungen werden, oft an einem anderen Ort, gegen erhebliche Konkurrenz und weitgehend ohne Protektion, auf sich allein gestellt, auf die eigene Tüchtigkeit und Beweglichkeit. Kamen Schicksalsschläge dazwischen, Krankheiten, früher Tod des Vaters, der vielleicht doch in dem einen oder anderen Fall helfen, zumindest Starthilfen geben konnte, oder eine unglückliche geschäftliche Konstellation, dann brach alles ab. Sicherheit der sozialen Stellung und der wirtschaftlichen Existenz über eine Generation hinaus waren auf dieser Ebene nur schwer zu erlangen, und es bedurfte neben begünstigenden Umständen schon eines Erbteils an Zähigkeit, an Lebensenergie, an Kraft zum Durchhalten und an Fähigkeit zum genauen Kalkül zwischen Wagnis und Vorsicht, damit sich schließlich eine Kette individuellen Lebenserfolgs durch die Generationen einer Familie bildete.

Bei den Bassermanns stand in den dreißiger Jahren des 18. Jahrhunderts praktisch alles nur mehr auf zwei Augen. Wieder war es, wie schon durch zwei Generationen, ein nachgeborener, diesmal der jüngste Sohn, mit dem der Aufstieg der Familie weiterging, dann doch weiterging, wie man in dieser Phase sagen muß. Mit Johann Christoph Bassermann wurde dabei nicht nur der Grund gelegt für eine Art Verstetigung und Sicherung dieses Aufstiegs durch die Bildung eines vererbbaren Vermögens und vor allem eines auf dieses Vermögen gegründeten vererbbaren Berufes. Mit Johann Christoph, sozusagen dem ökonomischen Gründervater, verläßt die Geschichte der Familie zugleich, wenn auch zunächst nur langsam, das Gebiet einer aus vergleichsweise wenigen Fakten und äußeren Daten oft nur mühsam und in manchem bloß fragmentarisch zu rekonstruierenden Entwicklung. Sie wird jetzt schrittweise plastischer, detailreicher, farbiger und erlaubt so auch gezieltere Ausblicke auf die Umwelt, auf vergleichbare Vorgänge und Entwicklungslinien, kurz, auf das gesamte soziale und kulturelle Milieu, aus dem das neue Bürgertum hervorwuchs und in dem es sich mehr und mehr entfaltete.

Vom zünftigen Handwerk zum freien Gewerbe

An einem Kreuzweg, so die Familientradition, hätten Johann Christoph und sein mit ihm »wandernder« Vetter Peter Bassermann, ein Seidenstrickergeselle aus Hanau, die Mützen geworfen, um die Richtung zu bestimmen, die jeder von ihnen einschlagen sollte. Peter gelangte auf diese Weise schließlich nach Wien, wo er ein kleines Seidenweberunternehmen gründete, das bald recht gut florierte,

Bretten, Ortsansicht um 1730

Johann Christoph in das weit näher gelegene pfälzische Bretten, den Geburtsort Philipp Melanchthons zwischen Bruchsal und Pforzheim, zwanzig Kilometer vor den Toren der neuen baden-durlachischen Residenz Karlsruhe.

Am Anfang des Erfolges, so sollte das heißen, stand gerade in dieser Zeit des Aufbruchs, einer sich langsam ankündigenden ganz neuen Entwicklung oft der Zufall. Der Zufall, der den noch nicht fünfundzwanzigjährigen Bäckergesellen dann auch nicht, was zunächst sicher sein Ziel war, zu einem Meister seines im väterlichen Worms erlernten Gewerbes, sondern in die Dienste des Brettener Gastwirts Alexander Paravicini gelangen ließ, der dort, in dem nach seiner vollständigen Zerstörung durch die Franzosen im Jahre 1689 inzwischen wieder knapp zweitausend Einwohner umfassenden Ort, das Gasthaus »Zur Krone« betrieb. Was Johann Christoph veranlaßte, sich als Gehilfe eines Gastwirts zu verdingen, ob es nur eine Durchgangsstation, ein Ausflug ins »Unzünftige« sein sollte, ist nicht bekannt. Jedenfalls wurde der Entschluß von größter Tragweite.

Der Gasthof »Zur Krone« in Bretten um 1910, Aufnahme W. Kratt

Bereits Anfang 1735 starb Paravicini und hinterließ mit seiner damals 35jährigen Frau vier unmündige Kinder. Der zehn Jahre jüngere Gehilfe nahm sich ihrer an und heiratete ein Jahr später, im April 1736, die Witwe.

Ein Akt der sozialen Verpflichtung war das freilich gerade nicht. Sarah Katharina Paravicini, geborene Lang, war eine Partie – nicht als »Kronenwirtin«, wohl aber als Tochter des Karl Giesbert Bernhard Lang, Besitzer eines an der dortigen Hauptstraße gelegenen großen Heidelberger Gasthofes, des Gasthofes »Zu den drei König«. Der Vater Lang, der aus Westfalen stammte, war Ende des 17. Jahrhunderts mit vielen anderen aus den unterschiedlichsten Gegenden Deutschlands, ja, Europas in das fast völlig zerstörte Heidelberg gekommen. Er hatte hier die Heidelberger Bürgertochter Anna Felicitas Dahlmann, die Tochter eines Küfermeisters, geheiratet und schon bald nach seiner Ankunft, 1698, dem Jahr, in dem er das Bürgerrecht erwarb, mit dem Bau des von vornherein sehr großzügig dimensionierten, auf »Reisende von Stand« berechneten

Gasthofes begonnen. Dabei war er durch Regierung und Stadt nachhaltig begünstigt und auch materiell unterstützt worden, die die niedergebrannte kurfürstliche Residenz wieder auf den alten, ja, womöglich auf einen besseren Stand zu bringen bestrebt waren.

Als Lang, ein stadtbekannter Choleriker, der unliebsame Gäste mit eigener Hand vor die Tür zu befördern pflegte, Ende November 1731 starb – er war, obwohl Neubürger, 1707/08 sogar für eine Amtszeit Bürgermeister gewesen –, da hinterließ er seiner Witwe ein Unternehmen, das trotz der Verlegung des kurfürstlichen Hofes nach Mannheim im Jahre 1720 seinem Besitzer ein solides Auskommen bot, auch wenn die Perspektiven sicher weit weniger rosig waren als vor 1720. Anders als ihre Tochter in Bretten die »Krone«, hat Felicitas Lang den »Drei König« zunächst selbständig weitergeführt, dann aber, inzwischen Mitte fünfzig und kränkelnd, deren Wiederverheiratung zum Anlaß genommen, die Leitung des Hauses aufzugeben. Sie entschloß sich, ihrem neuen Schwiegersohn, der offenbar sein Geschäft verstand und das Risiko nicht scheute, den Gasthof, ihr Privathaus an der Schießgasse und drei Morgen Weinberg nebst Obstgarten für dreizehntausend Gulden »guter genehmer Landeswährung, den Gulden zu 15 Batzen oder 60 Kreuzer gerechnet« zu verkaufen. Sechstausend Gulden waren sofort zu zahlen, weitere sechstausend zinslos über vier Jahre verteilt, und die restlichen eintausend sollten, gleichfalls zinslos, bis zum Tode der bisherigen Drei-König-Wirtin stehenbleiben. Für diese überaus günstigen Konditionen – günstig sowohl was den Kaufpreis als auch was die Zahlungsweise anging – wurde ihr ein freier »Witwensitz« eingeräumt.

All das geschah noch im Jahr der Hochzeit Johann Christophs mit der Lang-Tochter Sarah Katharina, dokumentiert in einer mit dem großen Ratssiegel bekräftigten, auf den 23. Dezember 1736 datierten Urkunde. Am 20. Februar 1737 zahlte der neue Drei-König-Wirt für sich, seine Frau und deren vier Kinder das Aufnahmegeld als neue Bürger der damals rund eintausend Familien umfassenden Stadt – es betrug dreiundzwanzig Gulden –, und Ende des Jahres, Anfang November, trug er seine Vorgängerin und Schwiegermutter zu Grabe, nun mit seiner Frau zugleich Erbe der eigenen Schulden und auch des Anteils an dem bereits entrichteten, noch kaum angerührten Kaufpreis.

Der »Drei König« in Heidelberg

Es ist im einzelnen nicht überliefert, wie Johann Christoph und seine Frau, die als Mitkäuferin aufgetreten war, die sich jetzt zwar reduzierende, aber immer noch gewaltige Summe aufgebracht haben – zum Vergleich: die Gesamteinnahmen der Vaterstadt Johann Christophs, der Reichsstadt Worms, betrugen zehn Jahre später, 1746, rund zwanzigtausend Gulden, 1707, in dem Jahr, in dem sein Vater von Frankfurt nach Worms kam, vierzehntausend. Ein Teil dürfte aus der Brettener »Krone« geflossen sein, die die Bassermanns dem Vetter des ersten Ehemanns Sarah Katharinas, Johann Martin Paravicini, überließen, der seinerseits eine jüngere Schwester seiner ehemaligen Schwägerin, Helene Felicitas Lang, geheiratet hatte. Nur zu vermuten ist, daß auch die Stadt hilfreich war, der alles daran gelegen sein mußte, daß der einst auf den Hof zugeschnittene repräsentative Gasthof erhalten blieb und in junge, dynamische Hände geriet.

Wie dem auch sei – die Finanzierung ist offenbar in jeder Hinsicht glatt gelaufen. Der »Drei König« behauptete sich über den Wechsel, unter der Leitung eines Fremden, eben erst Eingebürgerten, in seiner bisherigen Stellung; er erlebte sogar einen starken Aufschwung, sowohl als, um moderne Begriffe zu gebrauchen, erstes Hotel am Platz als auch als Restaurant, als ein für seine Küche wie für seinen Weinkeller berühmtes Haus. Was noch an hypothekarischen Belastungen des Gasthofes und des Wohnhauses übernommen worden war, wurde schon bald abgetragen, Äcker und Weinberge zusätzlich erworben, ein größerer Umbau im Jahre 1743 ohne weiteres finanziert, schließlich auch, ein erster Vorgriff auf die Zukunft, Kapital in kleineren Summen ausgeliehen, so beispielsweise zweihundert Gulden an die Dreherzunft.

Das war sicher das Ergebnis persönlicher Tüchtigkeit, der Fähigkeit, sich auf die sehr vielgestaltigen Anforderungen des neuen Gewerbes, die Dispositions- und Organisationsprobleme, die Personalfragen, aber auch die Einschätzung und Behandlung der Gäste sehr unterschiedlicher Art und Herkunft, verschiedenartiger Ansprüche und Wünsche beweglich einzustellen. Aber vor allem war es doch die allgemeine Situation und Entwicklung, die das Unternehmen begünstigte. Im Jargon unserer Tage gesprochen: Das Hotel- und Gaststättengewerbe der damaligen Zeit war eine ausgesprochene Wachstumsbranche, und wer wie der neue Drei-König-Wirt mit solchen Voraussetzungen hinsichtlich Lage, Größe, moderner Ausstattung und Qualität des Angebots antrat, der konnte eigentlich nur gewinnen, der besaß eine Goldgrube im Zeichen steigender Goldpreise.

Das hatte vielfältige Ursachen. Die allgemeinste war das, was man die Verdichtung der inner- wie der zwischenstaatlichen und der gesellschaftlichen Beziehungen nennen kann, eine wachsende »Verflechtung« (N. Elias) aller Lebensverhältnisse. Sie veranlaßte vor allem diejenigen, die in Handel und Verwaltung, im Heer und in der Diplomatie, in Rechtsprechung und Finanzwesen mit der Organisation und Leitung dieser Verhältnisse betraut waren, sich immer häufiger auf Reisen zu begeben. Aber auch jene, die in den Künsten und in den Wissenschaften den sich steigernden und verfeinernden, sich gleichsam internationalisierenden Wünschen und Ansprüchen dienten, wurden jetzt zunehmend mobiler.

Wer Biographien von Kaufleuten und Beamten, von Offizieren und Kirchenmännern, von Künstlern und Gelehrten aus den beiden letzten Dritteln des 18. Jahrhunderts durchsieht, der stößt auf eine beträchtliche, schon sehr modern anmutende Mobilität, ungeachtet der damaligen Verkehrsverhältnisse und der damit verbundenen außerordentlichen Strapazen des Reisens. Die Reiserouten des jungen Mozart und seiner Schwester etwa, die binnen weniger Jahre das ganze westliche und mittlere Europa umspannten, fügen sich durchaus in das allgemeine Bild einer von der Spitze her auch rein physisch in immer stärkere Bewegung geratenden Gesellschaft.

Zu den geschäftlichen Anlässen unterschiedlicher Art trat dabei immer stärker auch die Bildungs- und Vergnügungsreise. Was, aus älteren Traditionen stammend, die Kavalierstour des Adels gewesen war, das setzte sich jetzt in immer größerer Breite fort, erfaßte die Söhne des reicheren Stadtbürgertums, die zunehmend auch entferntere Universitäten bezogen – Goethe ist für beides wohl das bekannteste Beispiel. Gelehrte besuchten einander, Künstler wurden von ihren Mäzenen und Auftraggebern auf Studienreisen geschickt. Die Ausbildung durch Reisen zu ergänzen, wurde in vielen Bereichen bis hin zur Landwirtschaft, in der man Mustergüter und als besonders fortschrittlich geltende Länder besuchte, mehr und mehr die Regel.

Die »Walz« des Handwerksgesellen entwickelte sich sozusagen zum allgemeinen Prinzip.

Eine bedeutende Rolle spielten bei all dem die Höfe. Von ihnen ging ein guter Teil der Impulse aus, die die Menschen immer häufiger und über immer weitere Strecken in Bewegung setzten, und sie bildeten zugleich ein Netz von Anziehungspunkten, von magnetischen Polen, die jene Bewegung steuerten und strukturierten. Zumindest zeitweilige Präsenz bei Hof wurde für die Vertreter der gesellschaftlichen Führungsschichten zunehmend unerläßlich, und das gleiche galt für alle diejenigen, die in Kunst und Wissenschaft, in Handel und Gewerbe nach Höherem strebten, in größere Dimensionen hineinzugelangen versuchten. Der Hof war der Schlüssel zum sozialen, zum wirtschaftlichen und zum politischen Aufstieg. Auch in den Künsten, in den Wissenschaften, in der Literatur führte der Weg nach oben fast nur noch über einen der in Mitteleuropa so zahlreichen Höfe; nicht die Universitäten, sondern die neuen fürstlichen Akademien wurden denn auch mehr und mehr zu den eigentlichen Zentren des wissenschaftlichen Lebens und des wissenschaftlichen Fortschritts.

Die Chancen, die die Höfe eröffneten, waren nicht zuletzt materielle Chancen, und hier lag zugleich der, wie die gelehrten Zeitgenossen es formulierten, »nervus rerum«, der »Nerv der Dinge«, die Voraussetzung der ganzen Entwicklung: wachsender Wohlstand, Steigerung der von diesem wachsenden Wohlstand abgeschöpften Steuern und Abgaben und ihre Konzentration bei der jeweiligen fürstlichen Zentralgewalt. Die Tendenz zur zentralen Steuerung möglichst aller Lebensbereiche der einzelnen Staatsgesellschaften, die das Wesen des sich jetzt auch in Mitteleuropa im jeweiligen territorialen Rahmen immer mehr entfaltenden und durchsetzenden absolutistischen Staatsprinzips ausmachte, fand hier ihre entscheidende praktische Voraussetzung, aber auch Grenze. Sie bestimmte und steuerte im letzten den Prozeß der Mobilisierung der Gesellschaft von oben, nämlich von ihren obersten Gruppen her – die neben dem Staat von dem wirtschaftlichen Aufschwung der Zeit am meisten profitierten. Im Reisen, in der zunehmenden räumlichen Mobilität fand diese Entwicklung ihren greifbaren Ausdruck.

Solche Zusammenhänge lagen dem jungen Johann Christoph

Bassermann natürlich ganz fern, als er 1736, im Alter von siebenundzwanzig Jahren, die Chance ergriff, die sich ihm durch seine Heirat eröffnete. Er übersah damals wohl kaum die speziellen Heidelberger Verhältnisse, von den kurpfälzischen und den sie übergreifenden Bedingungen ganz zu schweigen. Von einem bewußten Kalkül konnte also schwerlich die Rede sein – zu seinem Glück, denn die Faktoren, die er hierbei aus seiner Perspektive bestenfalls hätte in Rechnung stellen können, waren zunächst so, daß er in seinem speziellen Fall doch eher abgeschreckt worden wäre.

Sechzehn Jahre war es, wie gesagt, her, daß Heidelberg seine Stellung als kurfürstliche Residenz eingebüßt hatte. Ursache war ein Streit zwischen der protestantischen Stadt und dem seit 1716 regierenden Kurfürsten aus der katholischen Linie Pfalz-Neuburg; es ging um die Nutzung der Heiliggeistkirche, der zentralen Kirche der Stadt. Da der Rat nicht nur das Corpus Evangelicorum, die evangelischen Reichsstände, sondern auch ausländische protestantische Mächte wie England und Holland um Hilfe angerufen hatte, war zeitweise nicht auszuschließen gewesen, daß sich an der Auseinandersetzung ein Konflikt größeren Ausmaßes entzündete. In der Sache hatte der ehemalige kaiserliche Generalfeldmarschall, Kurfürst Karl III. Philipp, schließlich nachgeben, den Protestanten wieder das alleinige Nutzungsrecht der Kirche einräumen müssen.

Der Kurfürst hatte dann jedoch wider Erwarten seine während des Streits formulierte Drohung wahr gemacht, die Residenz nach Mannheim zu verlegen – schon am 20. Juli 1720 fand in Mannheim die feierliche Grundsteinlegung für ein neues kurfürstliches Schloß statt, das dreißig Jahre später, 1751, als einer der größten Schloßbauten Mitteleuropas – mit mehr als vierhundert Räumen – vollendet wurde.

Welche Bedeutung ein Hof und alles, was an ihm hing, für eine Stadt besaß, war jedermann klar. Und so schien es nicht ganz aus der Luft gegriffen, wenn der Kurfürst sich von den Heidelbergern mit der Prophezeiung verabschiedete, bald werde »Gras vor ihren Häusern« wachsen und die Stadt »einem Dorfe ähnlich« werden. So schlimm war es nicht gekommen. Aber die Einbußen, die die Stadt und ihre Bürger auf den verschiedensten Gebieten zu verzeichnen hatten, waren doch beträchtlich gewesen, angefangen von Dienstleistungen unterschiedlichster Art über das, was Hofstaat, Beamtenschaft und Heer brauchten und verzehrten - die Kosten für die Hofhaltung verschlangen seit den zwanziger Jahren des 18. Jahrhunderts in der Kurpfalz fünfzig Prozent der regulären Staatseinnahmen im Unterschied zu zehn Prozent in Preußen -, bis hin zu den bis dahin sehr bedeutenden Impulsen für das Bauwesen.

Als Montesquieu auf seiner großen Deutschlandreise im August 1729 Heidelberg besuchte, da notierte er in sein Reisetagebuch, die Bürger seien »alle elend, seitdem der Kurfürst die Stadt verlassen hat«. Der Fortzug des Hofes habe »die Stadt Heidelberg so heruntergebracht, daß man dort kein Geld sieht. Die Häuser, die einen Wert von 3 000 Gulden hatten, gelten jetzt kaum 1 000 bis 1 100«.

Zu den Leidtragenden gehörten nicht zuletzt, ja, in besonderem Maße alle diejenigen, die mit Beköstigung und Unterbringung der vielen Reisenden zu tun hatten, die speziell durch die Existenz des Hofes nach Heidelberg geführt worden waren. Zwar fehlen hier wie anderswo genauere Zahlen. Aber es liegt auf der Hand, daß gerade ein anspruchsvolleres Unternehmen wie der »Drei König« zu jenen gehörte, vor denen als ersten nach dem Wort Karl Philipps Gras zu wachsen drohte.

Daß die Verluste durch die Reisewelle, die gerade die obersten Schichten der Gesellschaft erfaßte, binnen vergleichsweise kurzer Zeit mehr als ausgeglichen werden würden, konnte zunächst niemand ahnen. Als Johann Christoph Bassermann den »Drei König« erwarb, da riskierte er es eben, mit jener Unbekümmertheit, mit der er, der Bäckergeselle, ins Unzünftige gewechselt war und mit der er dann das Heidelberger Unternehmen - und später weitere - vorantrieb.

Grundlage seines Erfolges war über die allgemeinen Entwicklungstendenzen hinaus vor allem der Aufschwung, den die Kurpfalz in jenen Jahrzehnten nahm. Von ihm profitierten naturgemäß jene mit am raschesten und unmittelbarsten, deren Gewerbe mit der Beschleunigung und Vermehrung des Stroms von Personen und Waren direkt verknüpft war. Nachfolger jenes Karl Philipp, der den kurfürstlichen Hof 1720 zunächst nach Schwetzingen und dann nach Mannheim verlegt und 1724 den jahrhundertealten Streit mit Bayern durch eine Familienvereinbarung beendet hatte, war 1742 Karl

Theodor aus dem Sulzbacher Zweig des Pfälzischen Hauses geworden. Mit ihm hatte ein Fürst den kurpfälzischen Thron bestiegen – er war beim Tod seines Vorgängers eben achtzehn –, der von seiner Rolle als Selbstherrscher ebenso durchdrungen wie entschlossen war, seinen Namen vor allem auch dadurch zu verewigen, daß er den von ihm jetzt regierten und mit höchstem Anspruch repräsentierten Staat zu einem europäischen Kulturzentrum ersten Ranges erhob.

Unbestrittenes Muster und Vorbild solcher Bestrebungen waren das französische Königtum und der französische Hof. Gerade dieses Vorbild lehrte in seiner Krise und in seinen Gefährdungen seit dem Tode Ludwigs XIV. freilich auch, daß dabei alles auf ein geordnetes Finanzwesen ankam. Als dessen entscheidende Grundlage sahen die einen eine blühende – und entsprechend zu begünstigende – Landwirtschaft an, gipfelnd in den sechziger Jahren in der Schule der sogenannten Physiokraten um François Quesnay; die anderen verstanden Handel und Gewerbe und eine entsprechend handels- und gewerbefreundliche Wirtschaftspolitik als Quelle des Wohlstands.

Karl Theodor und seine Regierung haben sich eindeutig für das zweite entschieden. Sie sind in dieser Beziehung vor allem in den ersten zweieinhalb Jahrzehnten der sechzig Jahre, die der neue Kurfürst auf seinem Thron saß, denn auch sehr konsequent vorgegangen: Die Landwirtschaft wurde als reine Einnahmequelle behandelt; von Förderung war kaum die Rede. Im Gegenteil, die Lasten und Abgaben wurden laufend erhöht. Von ihrem Ausmaß liefert das in der Zeit Karl Theodors, im Jahre 1751, in Aufnahme einer alten Tradition mit einer Kapazität von rund zweihundertdreißigtausend Litern gebaute dritte »Große Faß« in Heidelberg einen unmittelbar anschaulichen Eindruck. In ihm fand der Weinzehnt der Weingärtner der Gegend Aufnahme. Hingegen wurden, dem sogenannten Merkantilsystem folgend, die gewerbliche Wirtschaft, insbesondere alle Formen der Veredelungswirtschaft, nach Kräften unterstützt: durch hohe Einfuhrzölle auf Fertigprodukte und Begünstigung des Imports von Rohstoffen – was zum Teil wieder auf Kosten der heimischen Landwirtschaft ging –, durch Privilegien, durch Infrastrukturmaßnahmen wie den Bau von Kanälen, durch die Errichtung förmlicher Staatsbetriebe. Frankenthal, das damals binnen kurzer Zeit zum drittgrößten Ort der Pfalz aufstieg, war eines der Zentren einer solchen gezielten Gründungs- und Begünstigungspolitik; seine Porzellanmanufaktur und seine Glockengießerei erlangten gegen schärfste internationale Konkurrenz binnen weniger Jahre Weltruhm.

Besonders typisch für die Art der Wirtschaftspolitik war hier wie anderswo die Behandlung der Seidenproduktion, die für den Hof und die an der Spitze wohlhabender werdende Gesellschaft eine ständig zunehmende Rolle spielte. Der Staat zwang der Landwirtschaft, wo er irgend konnte, die Maulbeerbaumpflanzung und die Seidenraupenzucht auf und suchte gleichzeitig die Seidenspinnerei und Seidenweberei im Land zu monopolisieren. In Jean Pierre Rigal, bis dahin Direktor der herzoglich württembergischen Seidenmanufakturen, glaubte die kurfürstliche Regierung Mitte der fünfziger Jahre dafür den geeigneten Mann gefunden zu haben. Wohl durch entsprechende Angebote und Perspektiven ermuntert - Abwerbung war auf diesem und vergleichbaren Gebieten wie etwa dem der Porzellanherstellung allgemein üblich –, hatte sich Rigal 1754 in Heidelberg niedergelassen. Mit Vorschüssen aus der kurfürstlichen Kasse und mit der Garantie weitgehender Steuerbefreiung war er sogleich daran gegangen, ein entsprechendes Unternehmen aus der Taufe zu heben.

Es sollte kein Staatsbetrieb, sondern ein Privatunternehmen werden, eine Kompanie, unter Beteiligung auch anderer kapitalgebender Untertanen, freilich unter entscheidender Minderung des Risikos durch Abwehr jeder Konkurrenz und durch Absatzgarantien: 1758 wurde der Firma Rigal & Cie. das Recht der Alleinfabrikation auf dem nach außen durch entsprechende Einfuhrbestimmungen abgeschirmten Gebiet der Kurpfalz übertragen und Hofschneider wie Theater angewiesen, nur Rigalsche Ware zu verwenden; selbst die Opernauszüge waren in Rigalsche Seide zu binden.

Allerdings: Gänzlich risiko- und gefahrlos wurde das Unternehmen dadurch keineswegs. Vielmehr gab es zahlreiche Beispiele dafür, daß solche Unternehmungen trotz wiederholter Zuschüsse und ständiger Begünstigung nur ein sehr kümmerliches Dasein fristeten und bei der ersten größeren Belastung zusammenbrachen.

Einer der spektakulärsten Fälle war der Konkurs der Firma Gotzkowsky in Berlin in den sechziger Jahren. Er konnte auch durch die persönliche Intervention des preußischen Königs auf Dauer nicht aufgehalten werden und brachte ihren Gründer Johann Ernst Gotzkowsky, der 1761 auch die Berliner Porzellanmanufaktur ins Leben gerufen hatte - sie wurde dann als Königlich Preußische Porzellanmanufaktur von der Krone übernommen -, an den Bettelstab.

Der Rigalsche Betrieb jedoch florierte. Auf der Grundlage von außerordentlich niedrigen Festpreisen für die Seidenkokons - dreißig Kreuzer das Pfund, was ein weiteres Zeugnis für die stiefmütterliche Behandlung der Landwirtschaft durch die kurfürstliche Regierung war, die andererseits den Maulbeerbaumanbau gesetzlich erzwang - war er bei hohen Qualitätsstandards auch außerhalb der Kurpfalz auf einem heißumkämpften Markt durchaus konkurrenzfähig. Bereits seit 1758 im Besitz von eigenen Krapp-Anlagen zur Erzeugung von Farbstoffen, betrieb er Mitte der sechziger Jahre neben der Seidenspinnerei und Seidenfärberei eine Seidenstrumpfweberei mit elf und eine Seiden- und Samtweberei mit acht Stühlen; auf dem Höhepunkt, Mitte der achtziger Jahre, zählte das Unternehmen 443 Mitarbeiter. Den ganzen Rhein hinunter und bis hinüber nach London, in die Häuser einer höchst anspruchsvollen Kundschaft, fanden sich Abnehmer der Rigalschen Produkte.

Auch eine Konkurrenz im eigenen Lande, die 1766 in Form einer eigenen kurfürstlichen Gründung in Mannheim auf der Bildfläche erschien - die Motive dafür sind nicht recht klar -, wurde rasch überwunden. »Der Kaufleute sträfliche Mißgunst«, notierte die kurfürstliche Regierung, habe das neue Unternehmen nicht aufkommen lassen. Ein Menschenalter später entzog dann freilich die Entwicklung der allgemeinen Umstände der Firma die Grundlage: Mit der Verlegung des Hofes nach München 1778 und dann vor allem mit der Französischen Revolution und den Revolutionskriegen brachen entscheidende Voraussetzungen für Produktion und Verkauf binnen weniger Jahre zusammen. Immerhin konnten die Erben in Verhandlungen mit der nunmehrigen pfalz-bayerischen Provinzialregierung und schließlich mit der Münchener Zentrale und Karl Theodor selbst für den Verzicht auf die Privilegien der Firma und die Abtretung der Produktionsstätten - ohne die Warenvorräte - im

November 1793 noch annähernd zweihunderttausend Gulden erlösen.

Als sich Rigal 1754 in Heidelberg niederließ, da hatte er im Kreis der wohlhabenderen Bürger sogleich um Unterstützung und vor allem um Beteiligung geworben - er besaß wenig eigenes Vermögen und war, wie seine Eingaben an die kurpfälzische Regierung zeigen, ständig in Geldnöten. Allzuviele geneigte Ohren hatte er jedoch zunächst nicht gefunden. Das Ganze war wenig populär. Die Landbesitzer, zu denen ja auch viele Bürger gehörten, klagten über den zeitaufwendigen und, trotz aller Versprechungen, wenig Gewinn verheißenden Zwang zum Maulbeerbaumanbau. Auch die Nachrichten, die über diese neue Marotte der Landesherren zirkulierten, waren nicht gerade günstig: Von windigen Projektemachern in der Umgebung der Fürsten war in diesen Kreisen, die sich etwas auf ihre Solidität und Seriosität auch in wirtschaftlichen Dingen zugute hielten - was zumeist das Vertrauen auf das Bewährte und Althergebrachte meinte -, sowieso gern die Rede. Schließlich hatte man es schon des öfteren erlebt, daß am Anfang große Versprechungen, Zusicherungen von Kapitalhilfe und Steuerbegünstigungen standen, und wenn die Dinge dann nicht so liefen, wie die Regierung gehofft hatte, dann war von all dem schon bald nicht mehr die Rede gewesen und der eigene Einsatz verlorengegangen.

Bei einem jedoch war Rigal rasch auf großes Interesse gestoßen und auch auf die Bereitschaft, sich in ansehnlicher Weise finanziell zu beteiligen: bei dem Drei-König-Wirt. Der hatte täglich vor Augen, wie auch in der Kleidung der Aufwand, den die »Leute von Stand« unter seinen Gästen trieben, ständig wuchs, wie das, was gestern noch fürstlicher Luxus war - Seidenkleider und Seidenstrümpfe, Mäntel, Hüte, Fräcke, Hosen aus Seide und Seidensamt -, fast schon zu etwas Alltäglichem geworden war, in Gesellschaft und natürlich bei Hof. Das alles kam, sündhaft teuer, zumeist aus Frankreich. Es hatte Hand und Fuß, so mußte es dem stets nüchtern rechnenden, aber immer auch unternehmungslustigen und wirtschaftlich damit bisher so erfolgreichen Heidelberger Gastwirt erscheinen, wenn man die Herstellung des Ausgangsproduktes ins Land zog und die Gewinne, die bis dahin etwa die Lyoner Seidenspinner und -weber machten, selbst einsteckte.

So kam man rasch zusammen, und es spricht vieles dafür, daß Johann Christoph Bassermann, der »Gastgeber«, wie er sich jetzt gern vornehmer nannte, darüber hinaus die Verbindung zu weiteren Kompagnons hergestellt hat. Bildete doch dessen Haus wie andere Gasthöfe eine Art natürliche Nachrichtenbörse - Zeitungen gab es ja noch kaum - und ein Relais für Kontakte aller Art, nicht zuletzt auch geschäftlicher. Jedenfalls hat sich für ihn persönlich auch hier wieder die alte Unternehmungslust und Risikobereitschaft gelohnt. Sie gründeten jetzt freilich in jeder Beziehung auf sehr viel sichereren Fundamenten als zwanzig Jahre vorher, 1736, als er den »Drei König« erwarb. Der Wohlstand des einstigen Bäckergesellen, der nun auf die fünfzig zuging, erhielt auf diese Weise in den nächsten Jahren eine weitere Säule.

Mit vier angeheirateten Kindern war er seinerzeit nach Heidelberg gezogen. Nun waren diese Kinder schon alle aus dem Haus, zwei der drei Töchter gut verheiratet, die eine mit einem Heidelberger Bierbrauer, die andere mit einem baden-durlachischen Hofgerichtsadvokaten, der Sohn wohl weggezogen - über ihn fehlen wie über die dritte Tochter weitere Nachrichten. Inzwischen hatte Johann Christoph fünf eigene Kinder, zwei Töchter und drei Söhne, von denen die zweite Tochter noch im Kindesalter gestorben war. Die älteste, Katharina Christine, im März 1737 in Heidelberg geboren und nun schon erwachsen, heiratete im April 1757 einen reformierten Pfarrer aus dem Zweibrückischen - die Enkelin des Wormser Presbyters wurde mit ihm, Johann Georg Erb, einem Lehrersohn aus Wiesloch, zur Ahnherrin einer ganzen Dynastie von Pfarrern; schon zwei ihrer drei Söhne traten in die Fußstapfen des Vaters, der eine schließlich als erster Pfarrer der reformierten Gemeinde in Mannheim.

Von den drei Söhnen war der älteste, der am 5. Juli 1738 geborene Friedrich Daniel, von vornherein - das war das Neue eines auf Vermögen und Besitz gründenden Berufes gegenüber der Stellung eines zünftigen Handwerksmeisters - zum Erben und Nachfolger als Drei-König-Wirt bestimmt. Die beiden anderen, der am 12. März 1740 geborene Johann Adam und Johann Wilhelm, der am 25. Oktober 1744 zur Welt kam, bewegten sich jedoch insofern gleichfalls in den Bahnen des Vaters, als sie ihr Glück im Seiden- und Seidenwarenhandel und dann allgemein im Tuchhandel suchten. Als

Der zweite Drei-König-Wirt, Friedrich Daniel Bassermann (1738–1810)

Kaufleute, gestützt auf den väterlichen Vermögensanteil, durchaus erfolgreich, betrieben sie zeitweise gemeinsam eine Tuch- und Seidenwarenfirma und zählten unbestritten, ohne aus ihr besonders herauszuragen, zu der sich aus Kaufleuten, Beamten und Professoren neu bildenden, nicht mehr ständisch-zünftig gebundenen Honoratiorenschicht der Stadt: Johann Wilhelm - sein älterer Bruder starb Anfang 1785, im Alter von vierundvierzig Jahren - brachte es wie sein Wormser Großvater, nun freilich in einer überwiegend reformierten Stadt, zum Kirchenvorsteher und zum Assessor der Almosen- und Hospital-Deputation, einem wichtigen städtischen Amt.

Dabei spielten Heiratsverbindungen und die daraus resultierenden vielfältigen Verschwägerungen eine ganz zentrale Rolle. Das war in vieler Hinsicht natürlich immer schon so gewesen. Der Vater, Johann Christoph, hatte seine ganze Zukunft der Verbindung mit der Lang-Tochter zu verdanken gehabt, und auch dessen Vater wäre ohne die Heirat mit einer Frankfurter Bürger- und Meisterstochter wohl kaum so leicht in die reichsstädtische Beisassenstellung und damit zur Handelsberechtigung und all dem gelangt, was sich daran knüpfte. Aber hier wie generell war doch das Element des Zufalls noch von weit größerer Bedeutung, und die Wanderschaft der Handwerker, die »Walz«, enthielt auch in dieser Hinsicht ein Moment zusätzlicher Bewegung, stärkte den Faktor des Unkalkulierten, des Unberechenbaren.

Nun jedoch wurden Heiratsverbindungen - während die Literatur die von allen ständischen Schranken und allen Absprachen Dritter befreite Partnerwahl in Hunderten von Variationen feierte - immer gezielter zur Stabilisierung und inneren Befestigung der sich neu formierenden bürgerlichen Schicht, der Erben von Bildung und Besitz, eingesetzt. Gleichzeitig dienten sie zur Verknüpfung dieser neuen Schicht mit den alten, geburtsständisch fundierten Führungsgruppen in den Städten - der landsässige Adel schloß sich, im Unterschied zu Frankreich und vor allem zu England, nach wie vor fast völlig ab.

Als Sarah Katharina Bassermann geborene Lang Ende Dezember 1754 starb und der Drei-König-Wirt mit der Witwe des Speyerer Arztes Carl Zeller die Tochter des Heidelberger Apothekers Johann Nicolaus Frey heiratete, handelte es sich zwar auch um eine »standesgemäße« Heirat, die Heirat in eine soziale Schicht, der er nach Vermögen und gesellschaftlicher Stellung jetzt zugehörte. Aber es war dies bei einem Mann von nun siebenundvierzig Jahren, einem klassischen Selfmademan, der nichts mehr erheiraten mußte, doch zugleich eine ganz individuelle Entscheidung. Die Tochter und die Söhne heirateten jedoch bereits ganz selbstverständlich - und vielleicht ohne daß ihnen das als einzelnen in dieser Form bewußt war - »nach Stand«: Katharina Christine den reformierten Pfarrer Johann Georg Erb, einen studierten Mann also. Ihr Bruder Johann Adam die Tochter des Heidelberger »Ratsverwandten« und »Handelsmannes« Adam Gabel, Katharina Elisabeth Gabel, mütterlicherseits eine Enkelin des ersten Drei-König-Wirts und Heidelberger Bürgermeisters Giesbert Bernhard Lang, sprich eine Cousine. Und Johann Wilhelm, der jüngste Bruder, verband sich zunächst mit einer Tochter aus der ersten Ehe seines Schwagers und dann, nach deren frühem Tod, mit dessen nachgeborener Schwester und knüpfte auf diese Weise, wie dann noch mancher Bassermann, Querverbindungen im eigenen Familienverband - auch dies ein nicht seltenes Muster in der sich neu bildenden bürgerlichen Schicht.

Auch der älteste Sohn und Erbe des »Drei König«, Friedrich Daniel Bassermann, wich nicht von dieser Linie ab. Er heiratete im September 1765 mit Maria Katharina Kissel gleichfalls die Tochter eines Heidelberger »Ratsverwandten«, des Mitgliedes eines ratsfähi-

Der zweite Drei-König-Wirt, Friedrich Daniel Bassermann, und seine Frau, Maria Katharina, geb. Kissel (1739–1808)

gen Geschlechts also, der als Inhaber einer etablierten Bierbrauerei, zu deren Kunden auch der »Drei König« gehörte, seiner Tochter zugleich eine ansehnliche Aussteuer mitgeben konnte. Sie ging freilich nicht an den Sohn und künftigen Erben eines Geschäftsfreundes, sondern bereits an einen vollberechtigten Geschäftspartner: Johann Christoph, der Vater Friedrich Daniels, war schon drei Jahre früher, am 16. September 1762, erst dreiundfünfzigjährig, gestorben.

Eben vierundzwanzig geworden, noch drei Jahre jünger als einst der Brettener Gastwirtsgehilfe zu dem Zeitpunkt, als er den »Drei König« übernahm, hatte Friedrich Daniel das Erbe ordnen und die Leitung des Hauses selbständig übernehmen müssen – eine Zeitlang hatten die Brüder an Verkauf gedacht, wie aus einer entsprechenden Anzeige im »Mannheimer Frag- und Kundschaftsblatt« vom 17. Februar 1765 hervorgeht.

An Heirat war da zunächst nicht zu denken gewesen. Auch wenn der »Drei König« bestens eingeführt war, so kam doch gerade in dem Bereich der Beherbergung Fremder, von dem das Unternehmen vor allem lebte, bei dem damaligen Stand überregionaler

Informationen und den begrenzten Möglichkeiten überregionaler Werbung und darauf gestützter Vorbuchungen sehr viel auf die Person des Wirtes an. Zu seinen wichtigsten Aufgaben zählte es, durch Anpreisung der eigenen Möglichkeiten, der Bequemlichkeit des Hauses, der Qualität der Küche und vor allem auch des Kellers Gäste direkt zu gewinnen - der vor seinem Haus nach Kunden ausschauende Wirt war ein die Lebenswelt unmittelbar widerspiegelndes beliebtes Bildmotiv der Zeit.

Hinzu kam eine Fülle weiterer Aufgaben. Alles, was das Haus zur Versorgung der Gäste benötigte - die bei einem Unternehmen dieser Qualität oft sehr hohe, auch ausgefallene Ansprüche hatten -, mußte eigens ausgesucht, oft von weit her bestellt und herangeschafft werden: Von spezialisierten Lieferanten konnte zu diesem Zeitpunkt noch keine Rede sein. Darüber hinaus verlangten gerade Gäste »von Stand« vielfach besondere Dienstleistungen: die Bereitstellung von Kutschen, von Pferden, von Aushilfszofen und sonstigem Personal bis zum Diener und Reitknecht, die Übermittlung von Nachrichten, die Ausführung spezieller Besorgungen und nicht zuletzt Informationen aller Art - über die Verhältnisse in der Stadt, über Position und Renommee einzelner Personen, über den Stand der Geschäfte in den verschiedensten Bereichen und, wenn möglich, über den letzten Hofklatsch. Wenn eine Gesellschaft fremder Offiziere oder eine einheimische Korporation feiern wollte, dann hatte der Wirt für die Musikanten zu sorgen und die entsprechende Erlaubnis, den »Spielzettel«, einzuholen, im ersteren Fall sich wohl auch darum zu kümmern, daß junge »Damen« rechtzeitig von dem Vorhaben erfuhren. Wurde jemand krank, dann war es in erster Linie an dem Wirt, sich um Versorgung und Arzt zu bemühen. Kam jemand, der prinzipiell für kreditwürdig gelten konnte - auch das mußte der »Gastgeber« jeweils herauszufinden suchen -, in finanzielle Engpässe, dann wandte er sich vielfach zunächst an ihn: Viele junge Herren sind auf diese Weise treue Gäste des Hauses geworden, viele freilich auch auf Nimmerwiedersehen verschwunden. Zogen einmal wieder als Ergebnis der Bündnisverpflichtungen des Kurfürsten Hilfstruppen durchs Land - und die ständigen Kriege sorgten dafür, daß dies nicht allzu selten der Fall war -, dann hatte der »Drei König« nicht nur einen Teil der Offiziere zu beherbergen,

Der Kornmarkt in Heidelberg mit Blick auf die Hauptstraße, 1763

sondern sein Wirt mußte auch sehen, wie er bei der Stadt beziehungsweise bei der kurfürstlichen Kasse zu seinem Geld kam.

Alle diese Aufgaben vermehrten sich mit dem ja höchst erfreulichen Anwachsen der Zahl der Reisenden und Gäste ständig, ohne daß ihre Last zunächst durch die sich dann im weiteren immer stärker durchsetzende Anonymisierung und Rationalisierung abgefangen und erleichtert worden wäre: Noch erwartete jeder Gast, so rasch wie irgend möglich in seiner vollen Individualität oder besser gesagt in seiner spezifischen sozialen Stellung, in den Rechten und der Bedeutung, die ihm von daher zukamen, gewürdigt, als Person behandelt zu werden, deren Lebensgewohnheiten und Lebensverhältnisse in Rechnung gestellt wurden und die sich von daher auch in der Fremde in gewisser Weise »zu Hause« fühlen konnte.

Von daher waren gelegentliche Konflikte fast unvermeidbar, wenn sich die unterschiedlichen Ansprüche, die in der heimischen Lebenswelt akzeptiert oder auch relativiert waren, aneinander rieben. Auch hier mußte der Wirt sich bewähren, mußte ausgleichen und vermitteln, worüber er freilich selber leicht ins Kreuzfeuer geraten, die Beschwerden beider Seiten auf sich ziehen konnte. Schilda lag hier im übrigen dann oft sehr nahe. So beschwerte sich 1761 ein »Oberzollinspecteur« bei der zuständigen Aufsichtsbehörde, der »Mannheimer Hospital Commission«, der Drei-König-Wirt halte, ohne generelle Erlaubnis und ohne einen speziellen »Spielzettel« gelöst zu haben, Musikanten, die ihn, den Inspektor, gestört hätten.

Der Wirt – es war noch Johann Christoph – wurde zur mündlichen Stellungnahme aufs Rathaus gebeten und ließ sich eingehend über den »Fall« aus: Es habe sich bei den Musikanten um üblicherweise in diesen Tagen, vor dem 6. Januar, in der Stadt herumziehende junge, »das bekannte Dreikönigsspiel vorstellende Burschen« gehandelt, die von zwei Offizieren »des hiesigen Regiments« und einem bei ihm übernachtenden Nürnberger »Handelsmann« und seiner Frau in die Gaststube gerufen worden seien, um dort ihr Spiel aufzuführen. Er selber »habe sich hierüber ins Bett begeben«: »Andern Tags« aber hätte ihm sein Kellner erzählt, »daß gedachter Herr Oberzollinspektor im Schlafrock und in der Nachtkappe da gewesen und ihn gefragt, warum sein Herr Musicanten hielte« und bei ihm getanzt werde. In der Tat habe »der Herr Hauptmann Martini aus Gespaß mit der anwesenden Kaufmannsfrau etliche Pas von einem Menuett, der [sic] unter dem Spiel aufgemacht worden, getanzet« – aber das sei Sache der Gäste, falle nicht in seine Verantwortlichkeit, und von einem von ihm veranstalteten »ordentlichen Tanz« könne keine Rede sein: »Das was aus Gespaß geschehen«, habe »ohne Wissen seiner sich zugetragen, er auch solches nicht verhindern können«. »So bäte er«, notierte der Ratsprotokollant, »die [sic] Mannheimer wohlöbl. Hospital Commission dies einzuberichten, nicht zweifelnd, daß dieselbe seine Ohnschuld von selbsten erkennen und ihn von aller Strafe freisprechen werde«. – Der Rat schickte den Protokollauszug an die Kommission »mit dem Berichte, daß man bewandten Umständen nach den Bassermann gar nicht straffällig erkennen könne«.

Es war eine reine Posse, die aber doch auch zeigt, wie eng die Verhältnisse waren. Das galt für die nun bald zehntausend Einwohner zählende Stadt wie für den Kurstaat insgesamt, mit seiner Reglementierungssucht, mit seiner hier wie anderswo vor allem von den unternehmenden Kräften des neuen Bürgertums vielbeklagten

»Vielregiererei«, mit dem Wichtigtun von Beamten und Behörden, die viele Förderungsinitiativen zugunsten von Handel und Gewerbe oft mit eigener Hand wieder erstickten. Auch damit hatte der Drei-König-Wirt, der als Organisator seines Gastbetriebes, im Seidenhandel, im Geldgeschäft zugleich eine Art freier Unternehmer war, fertig zu werden. Die ganz konkreten Erfahrungen, die er und sein ältester Sohn und Haupterbe dabei machten, haben schon ihre Vorfahren zu jener skeptischen Grundhaltung gegenüber dem bürokratisch-zentralistischen Anstaltsstaat geführt, die für die folgenden Generationen der Familie fast durchgehend charakteristisch war – so sehr man von manchen Initiativen dieses Staates, wie etwa auf dem Gebiet der Seidenproduktion, von früh an direkt profitierte.

Es war dies eine Haltung, die weit über den individuellen Rahmen und den speziellen Erfahrungshorizont hinausreicht. Sie bestimmte, gründend auf gleichsam überindividuellen, aus der Struktur der Verhältnisse resultierenden Erfahrungsmustern, die Einstellung und die Handlungsweise des sich ausbildenden Bürgertums vor allem dort, wo dieses wirtschaftlich auf eigenen Füßen stand – auch wenn es dabei vielfältige Hilfe und Unterstützung durch den Staat fand. Es galt dies also insbesondere für den Teil des Bürgertums, der seine materielle und soziale Existenz, anders als etwa das nun gleichfalls rasch wachsende Beamtenbürgertum, vielfach auch von den Grundlagen her ganz der eigenen Kraft verdankte.

1743 hatte der Großvater, der ehemalige Bäckergeselle, das wappenähnliche Familiensymbol, einen Mann mit einer Brezel, in Stein hauen lassen. Als Friedrich Ludwig Bassermann, der einzige das Kindesalter überlebende Sohn des zweiten Drei-König-Wirts, zu Beginn des 19. Jahrhunderts, einer Mode der neuen, im Verlauf der letzten hundert Jahre zu Wohlstand und Ansehen gelangten bürgerlichen Familien folgend, sich ein Wappen und einen Wahlspruch wählte, da fügte er dem Mann mit der Brezel den Zweizeiler bei: »Sey dein eigner Herr und Knecht / Das ist des Mittelstandes Recht.« Das war einem Gedicht von Magnus Gottfried Lichtwer entnommen, einem aufklärerischen Poeten in der Tradition Wolffs und Gellerts, der im bürgerlichen Leben Richter in Halberstadt war. Der zum Wahlspruch erhobene Satz spiegelt sehr genau die Grundhaltung wider, aus der Selbstbewußtsein, Anspruch und dann auch politische Position dieses Bürgertums resultierten.

Das entscheidende Stichwort hieß: Selbständigkeit. Das war auch in der ständisch-korporativen Welt des alten Handwerks nicht anders gewesen, faßt man die Sphäre der Meister, der »Hausväter« ins Auge, die die »bürgerliche Gesellschaft«, das »Gemeinwesen« im engeren Sinne bildeten. Aber wenn hier auch manches, ja, sehr vieles wurzelte, so hatte man doch inzwischen diese Welt in vielfältiger

Sey dein eigner Herr vnd Knecht,
Das ist des Mittelstandes Recht.

Familienwappen der Bassermanns

Hinsicht hinter sich gelassen - in wirtschaftlicher, in gesellschaftlicher Beziehung, im Hinblick nicht zuletzt auf Zugangschancen und Aufstiegsmöglichkeiten.

An die Stelle des korporativ-geburtsständischen Prinzips war zunächst in einzelnen Bereichen von Handel und Gewerbe, auch in manchen - durchaus nicht allen - der sogenannten freien Berufe, schließlich und nicht zuletzt durch die Praxis innerhalb des Fürsten- und Staatsdienstes mehr und mehr das Prinzip getreten, daß die individuelle, sich im Erfolg beweisende Qualifikation und Leistung das Entscheidende sein und alle Ordnung daraufhin ausgerichtet werden müsse. Gerade der absolutistische Staat, zumal der Staat des sogenannten aufgeklärten Absolutismus - ein Typus, zu dem neben dem Preußen Friedrichs II. und dem Österreich Josephs II. auch die badischen Markgrafschaften Karl Friedrichs und die Pfalz Karl Theodors zählten -, hat zur schrittweisen Durchsetzung dieses Prinzips Wesentliches beigetragen. Dann wurde es durch die Französische Revolution zum Grundprinzip der gesamten Wirtschafts- und Gesellschaftsordnung erhoben: Nicht zufällig haben die Männer von 1789 Joseph II. und vor allem Friedrich den Großen als eine Art Vorläufer empfunden, als »Revolutionäre von oben«.

In den betreffenden Ländern selbst freilich sah man, sogar im Kreis der Begünstigten, stärker das damit einhergehende Element der Bevormundung, der Gängelung; die Grenzen der Bewegungsfreiheit waren ebenso offenkundig wie der Widerspruch zwischen Mitteln und Zwecken, also die Tatsache, daß die Durchsetzung freiheitlicher Grundsätze in Wirtschaft und Gesellschaft - liberaler Prinzipien, wie man später sagen sollte - ganz anderen, etatistischen, fiskalischen, machtpolitischen Zielen diente. Die Förderung des Neuen ging unübersehbar einher mit einer Verstärkung der Herrschaft des Staates und seines Apparats, der Ausdehnung der Ansprüche und Rechte der Zentralgewalt.

Diejenigen, die daran unmittelbar mitwirkten, die fürstlichen Ratgeber oft bürgerlicher Herkunft und das stürmisch anwachsende Heer der übrigen »Fürstendiener«, der Beamten, aber auch diejenigen, die an den Universitäten, vor allem jedoch an den neuen Akademien, in Kunst, Literatur und Wissenschaft auf den jeweiligen Hof hin ausgerichtet waren, haben diese Verbindung in vielfältiger Hinsicht gefeiert – bis hin zu einer förmlichen Idolisierung des Staates, des mehr oder weniger absolutistischen Fürstenstaates, als fortschrittstiftende Macht schlechthin. Was Hegel dann nach 1815 in Berlin auf seinen Höhepunkt führte, das war von vielen Vertretern der Aufklärung des 18. Jahrhunderts, auch und gerade im Musterland des Absolutismus, in Frankreich – man denke nur an Diderot und Voltaire –, vorbereitet worden. Und selbst nach der Revolution, die dem Regime den Totenschein ausgestellt hatte, blieben hier viele auch weiterhin der Überzeugung, daß der völlige Bankrott des Absolutismus und des absolutistischen Staatsprinzips unter Ludwig XV. und Ludwig XVI. im wesentlichen individuelle Gründe gehabt habe; vor allem das Versagen einzelner Personen, zumal der beiden Monarchen, sei dafür verantwortlich gewesen.

Andere freilich sprachen schon früh von einem beispielhaften, einem exemplarischen Versagen. Es habe die prinzipielle Unvereinbarkeit einer auf individueller Freiheit und Selbständigkeit gründenden wirtschaftlichen und gesellschaftlichen Ordnung – von der allein der materielle wie auch der geistig-kulturelle Fortschritt zu erwarten sei – mit einem politischen System dokumentiert, das auf der Unmündigkeit und einem ganz einseitig interpretierten und definierten Machtinteresse beruhe. Das fanden auch erhebliche Teile des neuen Bürgertums in Mitteleuropa. Dies galt vor allem für jene Gebiete, in denen dieses Bürgertum nach Zahl und wirtschaftlichem Gewicht schon früh – relativ – an Bedeutung gewann und in denen der Staat, die fürstliche Zentralgewalt, allein schon im Hinblick auf die Größe der Territorien und die ihr entsprechenden materiellen Machtmittel eine in jeder Hinsicht überschaubare und damit zugleich leichter zu relativierende Dimension hatte, also vor allem für den Süden und Westen des Alten Reiches.

So sehr man gerade in diesen Regionen zunehmend aus den Fesseln und Bindungen der alten, zünftig-korporativen Ordnung der eigenen wirtschaftlichen und gesellschaftlichen Entfaltungsmöglichkeiten wegen herausdrängte, so sehr war man angesichts der absolutistischen Kleinfürsten und ihrer Beamten geneigt, an dem festzuhalten beziehungsweise bewußt an das wieder anzuknüpfen, was diese Ordnung an politischen Grundprinzipien enthielt. So fand man sich auch in wirtschaftlich-sozialer Hinsicht zu manchen Kompromissen bereit: Nicht zufällig ist etwa die Gewerbefreiheit im Süden Deutschlands erst in den sechziger Jahren des 19. Jahrhunderts definitiv und vollständig eingeführt worden.

Politische Grundprinzipien der alten Ordnung – das hieß vor allem Selbstregierung, Selbstverwaltung, Besorgung der eigenen Angelegenheiten durch gewählte Vertreter bei gleichzeitiger Ausdehnung jenes Bereiches, in dem der einzelne autonom, ganz sein eigener Herr und niemandem Rechenschaft schuldig war. Das waren die eigenständigen Wurzeln des konstitutionellen, des repräsentativstaatlichen Systems, das später, nach 1815, den westeuropäischen Beispielen und Vorbildern folgend, von den Monarchen und ihren Regierungen in den süddeutschen Staaten eingeführt wurde. Aus jenen Wurzeln gewann dieses System in überraschend kurzer Zeit innere Lebenskraft, weit größere, als es jenen lieb war, die in den Verfassungen eher ein zusätzliches Integrations- und Herrschaftsinstrument gesehen hatten.

Die politischen Vertreter des Bürgertums in den süddeutschen Staaten, zu denen schon bald auch zwei Bassermanns gehören sollten, bewiesen ein sehr klares Gespür für diese Zusammenhänge, wenn sie immer wieder darauf hinwiesen, daß die gemeindliche Selbstverwaltung, die alte »Städtefreiheit«, die Wurzel und Grundlage jeder wirklich freiheitlichen Ordnung, Pflanzschule und Lebensnerv des repräsentativstaatlichen Systems sei.

»Der Mensch lebt zuerst in seiner Familie, dann in seiner Gemeinde und endlich im Staate«, hieß es 1819 in einem Kommissionsbericht der badischen Zweiten Kammer, der Volksvertretung: »In jenem mittleren Kreis ist es aber eigentlich, wo das gesellschaftliche Leben sich in ihm entfaltet durch tausendfache Bemühungen, von deren Beschaffenheit seine Richtung abhängt, und der Sinn, den er mit sich in das Staatsleben hinüberträgt. Ist dieser einmal erschlafft, niedergedrückt oder in unnatürliche Formen verkrüppelt, so wird es nie mehr in freier Richtung zu einer kräftigen Bewegung sich aufschwingen.«

Gern beschwor man dabei, dem Geist der Zeit, einer romantisch-nostalgischen Verklärung längst vergangener Epochen entsprechend – die freilich in der Wiederentdeckung des vorabsolutistischen »Mittelalters« durchaus auch politische Züge und Elemente enthielt –, Traditionen und Beispiele aus weit zurückliegenden Jahrhunderten. Ihre fortwirkende Lebenskraft aber verdankten diese Traditionen fraglos der besonderen Konstellation und Entwicklung des 18. Jahrhunderts. Die wachsende Opposition gegen den Absolutismus hatte auch im Lager derer, deren wirtschaftlichen Interessen und gesellschaftlichen Ansprüchen dieser mit seiner Wirtschafts-, Gesellschafts- und Rechtspolitik durchaus entgegenkam, in zunächst kaum zu erwartender Weise die Städte und Gemeinden als politische Körperschaften begünstigt. Beherrscht von den Korporationen, den patrizischen »Gesellschaften« und den Zünften, die politisch, wirtschaftlich und sozial zäh am Althergebrachten festhielten, erschienen sie erst einmal als ein Haupthindernis für alle dynamischen und vorandrängenden Kräfte. Die Monarchen und ihre Berater haben sich das zunutze gemacht, um die vitalen Elemente durch spezielle Privilegien, durch Konzessionen, durch Schaffung von Freiräumen und gezielte Förderung an sich zu binden. Nirgends sei, so hat Karl Biedermann, einer der führenden Liberalen von 1848, von der Höhe des 19. Jahrhunderts die damaligen Verhältnisse charakterisiert, der »Mangel an Tatkraft und Gemeinsinn« so deutlich hervorgetreten, »als auf dem Gebiet des Gemeindewesens, wo doch, sollte man meinen, das unmittelbare Interesse den einzelnen am ersten zu selbständigem Eingreifen hätte anregen müssen und wo ein solches auch, wenigstens in manchen Beziehungen, möglich gewesen wäre«. Dann aber kam der Gegenschlag; die Gemeinden öffneten sich, wenngleich zunächst oft nur sehr zögernd und in einzelnen Teilbereichen, den neuen Kräften und machten sich deren Enttäuschung durch das absolutistische System zunutze, das ja ungeachtet aller Förderungsmaßnahmen an dem ständisch-korporativen Gesellschaftssystem festhielt und es in mancher Hinsicht sogar neu befestigte.

Die Brücke, über die der Ausgleich erfolgte, bildete das Prinzip der »Selbständigkeit«. Der Königsberger Philosoph Immanuel Kant bewies ein ganz außerordentliches Gespür für die politische Situation und die realhistorischen Zusammenhänge, als er dieses Prinzip zur Grundlage seiner ganz allgemein und dementsprechend auch allgemeinverbindlich gefaßten Theorie der »Republik«, des »Rechtsstaats«, des repräsentativstaatlichen Systems machte. Es verklammerte das Alte und das Neue – die alte, ständisch-korporative Selbständigkeit des Stadtbürgers und Zunftmeisters oder Handelsmanns und die neue, nicht so sehr rechtlich als vielmehr ökonomisch fundierte des Wirtschaftsbürgers, der aus den alten ständisch-korporativen Zusammenhängen mehr und mehr herausgelöst war, aber auch des Beamten- und des Bildungsbürgers, soweit er sich in Stellung und Brot befand.

Auf diese Weise verband jenes Prinzip die verschiedenen Gruppen des Bürgertums zunächst in den Städten, dann weit über diese hinaus, ja, bezeichnete und artikulierte für ein Jahrhundert und mehr die eigentliche Grundlage der Gemeinsamkeit dieser Gruppen und konstituierte damit in gewisser Weise ihre Einheit – als soziale Schicht wie als Aktionsgemeinschaft. Und da gleichzeitig »Selbständigkeit« zum Ziel aller gesellschaftlichen Entwicklung und allen politischen Handelns erklärt wurde, konnte man das Bürgertum, die »bürgerliche Gesellschaft« schon früh als Vorhut, als Muster, als Modell der Gesellschaft der Zukunft bezeichnen, mit sehr weitreichenden Konsequenzen für das eigene Selbstverständnis und das eigene politisch-gesellschaftliche Verhalten und Handeln.

Selbständigkeit war danach das eigentlich qualifizierende Moment des »Bürgers«, in ökonomischer, aber auch, zunächst und vor allem im Rahmen der jeweiligen Gemeinde, in politischer Hinsicht, in gesellschaftlicher und nicht zuletzt in geistig-kultureller. Dieses ständeübergreifende, aber das ständische Element und seine Grundlagen über längere Zeit gleichzeitig in sich aufnehmende und auch erhaltende Prinzip hat sich in der zweiten Hälfte des 18. Jahrhunderts Schritt für Schritt aus den realhistorischen Verhältnissen, aus der spezifischen Konstellation und den in ihr wirksam werdenden Tendenzen entwickelt. Lebensschicksal, Einstellungen und Verhalten der drei Söhne Johann Christoph Bassermanns, des ersten Drei-König-Wirts, machen dies, soweit es sich aus den immer noch recht spärlich fließenden Quellen entnehmen läßt, exemplarisch deutlich.

Von den Heiratsverbindungen war schon die Rede. Sie verknüpften die Familie immer fester mit dem altständischen, dem zünftig-korporativen Bürgertum der Stadt und untermauerten ihre Zugehörigkeit zu der gesellschaftlichen und politischen Führungsschicht der damals rund zehntausend Einwohner zählenden Gemeinde. Andererseits aber machten sie zugleich die Umgestaltung und Neuformierung dieser Schicht offenbar. Denn so bedeutsam und charakteristisch solche Verbindungen in sozialer und in politischer Hinsicht auch waren - ein Zurücklenken in ständische und zünftige Bahnen signalisierten sie, was die eigene berufliche Existenz anging, in keiner Weise, auch wenn man formal der entsprechenden Zunft angehören mochte. Ganz im Gegenteil nahm man auch weiterhin die neuen Chancen, die sich boten, mit Wagemut und Risikobereitschaft wahr, wobei man sehr nüchtern in Rechnung stellte, wie sich die Verhältnisse und allgemeinen Rahmenbedingungen änderten.

Der Anteil an dem zunächst immer mehr aufblühenden und florierenden, vom Kurfürsten garantierten Seidenmonopol - um 1770 wurde an sechsundvierzig Orten der Kurpfalz Seide produziert und ein Ertrag von rund achttausend Pfund Kokons an die Monopolgesellschaft abgeliefert - verführte die beiden jüngeren Söhne nicht dazu, allein hierauf zu setzen. Vielmehr sahen sie sehr zu Recht und wohl noch vom Vater ermuntert, der sie in diesem Bereich in die Lehre gegeben hatte, im allgemeinen Tuchhandel auf Dauer die weit größeren Chancen. So begründeten sie gemeinsam ein Geschäft in »Tuchen« und »Cottons«, sprich Woll- und Baumwollstoffen, sowie Seidenwaren en gros. Damit machten sie, zunächst als Kompagnons, dann, nach dem Tod des älteren Bruders Johann Adam, der jüngere Johann Wilhelm allein, ungeachtet aller Veränderungen und hoher äußerer Belastungen - dem Wegzug des Hofes nach München, den Revolutionskriegen, dem Übergang Heidelbergs und der alten Hauptstadt Mannheim an Baden - so gute Geschäfte, daß Johann Wilhelm bei seinem Tod Anfang Mai 1811 seinen beiden Söhnen ein stolzes Vermögen von jeweils vierzigtausend Gulden hinterlassen konnte. Da der ältere, der damals bereits fast dreißigjährige Johann Ludwig - von ihm, dem Begründer der Linie der sogenannten Eisen-Bassermann, wird noch ausführlich die Rede sein -, schon ein eigenes Geschäft hatte, übernahm sein jüngerer Bruder, der zweiundzwanzigjährige Karl Ludwig, die Heidelberger Firma. Zu ihr gehörte das 1797 erworbene stattliche Haus an der Heidelberger Hauptstraße, die ehemalige »Rübenische Handlung«, wenige Schritte vom Mitteltor entfernt.

Auf dem Fundament des Anteils an einem staatlichen Monopol, dem Rigalschen Seidenmonopol, war dieses Vermögen bezeichnenderweise nicht zuletzt im Kampf gegen ein ähnliches monopolartiges Unternehmen erworben worden, nämlich gegen eine von Karl Theodor 1765 privilegierte Zitz- und Kattunfabrik in Heidelberg, die die Handelsinteressen der dortigen Tuchhändler empfindlich berührte. Dieser Kampf hatte denn auch nahezu alle dortigen Tuchhändler zusammengeführt, wobei die Gebrüder Bassermann sozusagen in vorderster Front standen und sich von der Tatsache nicht weiter beeindrucken ließen, daß sie selber Anteilseigner eines kurfürstlichen Monopols waren.

Es war eine Auseinandersetzung, der hier wie anderswo eine Fülle vergleichbarer Konflikte zur Seite stand. Sie zeigen ein sowohl an Zahl als auch an wirtschaftlicher Kraft zunehmendes und von daher mit wachsendem Selbstbewußtsein erfülltes Bürgertum. Es begann, sich dem Dirigismus der Regierungen zu widersetzen, und drängte darauf, in den eigenen Gestaltungs- und Entfaltungsmöglichkeiten nicht beschränkt zu werden. Zum Bündnispartner wurden dabei, über manche Interessengegensätze hinweg, immer mehr die bisher politisch tonangebenden Kräfte aus den ratsfähigen Geschlechtern und aus den Zünften: Die gemeinsame Opposition gegen die immer weiter ausgreifenden Ansprüche der Landesherren und ihrer Bürokratien drängte nicht nur die alten Konfliktpunkte in den Hintergrund, sondern schuf auch ein neues Bewußtsein der Gemeinsamkeit, ein Zunft und Stand übergreifendes Bürgergefühl, das auch die unterschiedlichen wirtschaftlichen Verhältnisse des einzelnen überspielte.

Friedrich Daniel, der junge Drei-König-Wirt der zweiten Generation, konnte das sehr unmittelbar beobachten. Ein Haus wie das seine, ein typischer »Honoratiorengasthof« des 18. Jahrhunderts, der »die enge Zunft- und Gildengeselligkeit« der Vergangenheit durchbrach, war einer der natürlichen Vermittlungsorte im politischen, im gesellschaftlichen, auch im wirtschaftlichen Leben der Stadt, ganz ähnlich, wie es der Hof auf der höheren Ebene des Staates war. Und man kann sich unschwer vorstellen, wie auch die Aktionen der Brüder im Streit der Tuchhändler mit der Regierung hier besprochen und vorbereitet, hier die nötigen Kontakte geknüpft und Absprachen mit anderen Kräften getroffen worden sind.

Von da aus war es stets nur ein Schritt zum Allgemeineren, zum größeren Zusammenhang, der die spezielle Situation, das besondere Problem übergriff, kurz: zur Politik, wenn auch zunächst vor allem in der Form des politischen »Räsonnements«, der »Gedankenpolitik«. Ihr Forum war eine neue »Öffentlichkeit«, die, in unmittelbarer Wechselwirkung mit der wirtschaftlichen und gesellschaftlichen Entwicklung, die alten ständisch-korporativen Begrenzungen von Diskussion und Meinungsbildung zunehmend überwand und so in Konkurrenz zu der von Grundadel, Militär und Beamtenschaft geprägten »Öffentlichkeit« der Höfe trat. Man hat diese neue Form der »Öffentlichkeit« zu Recht »bürgerliche Öffentlichkeit« genannt – ihren Honoratiorencharakter, die Abgrenzung von den unteren sozialen Schichten betonend, aber auch ihren von der altständischen Gesellschaft her gesehen ständeübergreifenden Charakter in dem Sinne, daß ihre Träger den selbständigen, den geistig wie wirtschaftlich und gesellschaftlich unabhängigen Bürger zum Ideal erhoben.

Diese vor allem mit der höfischen »Öffentlichkeit« konkurrierende bürgerliche »Öffentlichkeit« manifestierte sich auf den verschiedensten Gebieten: in der Literatur, in der nun rasch anwachsenden Zahl der Zeitschriften und langsam auch der Zeitungen, in der bewußten Pflege eines allgemeineren Themen, dem »Diskurs«, gewidmeten Briefaustauschs, in der Gründung ständeübergreifender Gesellschaften – den »teutschübenden Gesellschaften«, den »patriotischen Gesellschaften«, den ökonomischen Gesellschaften, den Lesegesellschaften –, nicht zuletzt in den Freimaurerlogen. Geformt und geprägt aber wurde sie in einer noch ganz überwiegend lokal gebundenen und bestimmten Gesellschaft vor allem durch den persönlichen Austausch, das sozusagen beiläufige Gespräch, das keinen bestimmten Anlaß hatte.

Gleichsam der natürliche Ort dafür war bei der vorherrschenden Enge der häuslichen Verhältnisse das Gasthaus und daneben eine Institution, die seit dem späten 17. Jahrhundert, zuerst in Hamburg und Wien und an den Messeplätzen Frankfurt und Leipzig, dann aber in allen größeren Städten pilzgleich aus dem Boden schoß: das Kaffeehaus. Hier – Wien besaß 1787 bereits achtundsechzig Kaffeehäuser – und in den größeren Gasthäusern konnte man das Neueste erfahren, Fremde kennenlernen, Geschäftsfreunde treffen, den Markt erkunden, ein Bild von den Meinungen über diese und jene Frage, aber auch von der allgemeinen Stimmung gewinnen, kurz, teilhaben an jenem Prozeß der öffentlichen Bewußtseinsbildung, der in seinem Ablauf ebenso vielgestaltig und ungreifbar ist, wie er schon damals von unübersehbarer und ständig wachsender Bedeutung war.

Kaum jemand gewann von den öffentlichen Dingen naturgemäß ein so klares Bild und war dementsprechend stets so gut informiert wie derjenige, der auf jener Meinungsbörse fast stets zugegen war: der Gastwirt. Es ist denn auch kein Zufall, daß Gastwirte und »Posthalter« – die Betreiber von Poststationen und Gasthöfen auf dem Lande – auch bei der politischen Vertretung der frühen »bürgerlichen« Gesellschaft eine große Rolle spielten: Die ersten Bürgermeister der zu Beginn des 18. Jahrhunderts neugegründeten Residenzstädte Ludwigsburg und Karlsruhe beispielsweise waren beide Gastwirte, und in der ersten gewählten Volksvertretung des neuen Großherzogtums Baden, die 1819 zusammentrat, waren von einundsiebzig Abgeordneten nicht weniger als neun, also fast ein Siebtel, Gastwirte und »Posthalter«.

Friedrich Daniel Bassermann, der zweite Drei-König-Wirt, war, so kann man sagen, eine Art Prototyp eines solchen – bürgerliche »Öffentlichkeit« in ihrer ursprünglichsten Form vermittelnden und zugleich repräsentierenden – Gastwirts. Von großer Verbindlichkeit und einem sanguinischen Temperament, besaß er die Begabung, jeden seiner Gäste nach seinem »Stand« zu behandeln und zugleich ein Klima zu erzeugen, in dem selbst der Empfindlichste sehr rasch die Sorge verlor, sich etwas zu vergeben. Die Feste in seinem Haus waren berühmt, und Jahr um Jahr erhielt er schon bald das vielbegehrte Privileg zur Abhaltung der Bälle während der Fastnacht. 1785 war das aufgrund einer persönlichen Intervention des Kurfürsten geschehen, dessen heimischer Adel – die Edelsheim, La Roche, Göler, Gemmingen, Dalberg oder Berlichingen – zu den ständigen Gästen des Hauses zählte und offenkundig nicht nur seine Qualität, sondern auch seine besondere Atmosphäre bei Hof bekannt gemacht hatte.

Aus eben diesem Jahr 1784/85 hat sich ein Wirtschaftsbuch erhalten mit der Aufstellung von Verzehr, Übernachtungskosten

Aus dem Wirtschaftsbuch des »Drei König«

und »Extras« für die einzelnen Gäste. Es läßt die ganze soziale Skala erkennen, innerhalb derer sich die Gäste bewegten, angefangen bei Prinz Heinrich von Preußen, dem Bruder Friedrichs des Großen, der am 17. November 1784 unter dem ganz lockeren Inkognito eines Grafen von Oels mit fünfköpfigem Gefolge und vier Offizianten, drei Bedienten und sechs Postillions im »Drei König« abstieg, bis hin zum Studenten, der einmal eine Nacht in der »Uhrstub« nächtigte, bis sich etwas Preiswerteres gefunden hatte. Dazwischen finden sich in der Liste badische und kurpfälzische Beamte verschiedenster Stellung, Offiziere aller Dienstgrade und Nationalitäten - die weiterhin große Löcher in die Kasse rissen -, Künstler, Pfarrer und Gelehrte und vor allem »Handelsleute« jeder Provenienz. Viele erschienen unter Stichworten - »der Schulz von Neckargemünd«, »Frau Posthalter von Grünsfeld«, »Madame Bethman von Franckfurth« -, die erkennen lassen, daß es sich um häufige, dem Wirt lange bekannte Gäste handelte.

Die Kosten für »Logis« - bei den vornehmeren Gästen stets mit »Wachslichtern« - betrugen dabei oft nur ein Bruchteil derjenigen für das Essen und vor allem auch für den Wein. Dieser kam nicht selten in ganz außerordentlichen Mengen auf den Tisch, und das nicht nur bei den Offizieren. Nach den Preisen zu schließen, vielfach auch in höchsten Qualitäten: »Madame Bethman« etwa ließ sich »eine Boutteille Rheinwein« kredenzen, für die auf der Rechnung mehr als das Sechsfache von dem erschien, was das Essen eines ihrer drei Bedienten kostete - an dem sie durchaus nicht sparte.

Der Umsatz, der sich aus all dem ergab, war außerordentlich, und wenn sich, bei vergleichsweise noch sehr geringen Löhnen für Bediente, Zimmermädchen, Kellner, Fuhrleute, Köche und Küchengehilfen, auch die Kosten für »Materialien« und Transport zu gewaltigen Summen addierten, so blieb doch unter dem Strich im Lauf der Jahre Beträchtliches. Bei allem Understatement in diesen Dingen, das vor der Wilhelminischen Epoche auch in Deutschland in den bürgerlichen Familien zum guten Ton gehörte, räumte man in der Familie später stets ein, daß Friedrich Daniel darüber »ein reicher Mann« geworden sei. Bei allem Ansehen, das sich der stets liebenswürdige und spontan-temperamentvolle Drei-König-Wirt erwarb - auch seine wenigen erhaltenen Briefe spiegeln in ihrer erstaunlichen Leichtigkeit und Genauigkeit des Ausdrucks diese Direktheit unmittelbar wider -, hat das doch auch die Neider auf den Plan gerufen, vor allem im eigenen Metier.

Mit dem »Engelwirt« und dem Inhaber der »Stadt Düsseldorf«, eines Gasthofes direkt gegenüber dem »Drei König«, muß es schließlich zu förmlichen Schlachten gekommen sein. Jedenfalls wurden beide auf Friedrich Daniels Klage hin »propter iniuriarum verbalium atrocissimarum« - wegen abscheulichster Verbalinjurien

– außer der Verpflichtung zum Widerruf der Beleidigungen zu vierundzwanzig Stunden bei Wasser und Brot verurteilt. Auf der anderen Seite fuhr auch der Drei-König-Wirt selber schweres Geschütz auf, wenn er unlautere Konkurrenz vermutete. So verklagte er 1780 den »Administrationsrat« Bettinger, weil »der in seinem Privathause Konzerte abhalten« wolle und »Wein verzapft«: Beides verstoße gegen das ihm, Bassermann, erteilte Privileg.

Wie der »Drei König«, seine Küche und der Keller – dessen Bestände der König von Württemberg, der »dicke Friedrich«, aufkaufen ließ, als der Gasthof nach dem Tode Friedrich Daniels 1810 versteigert wurde –, so war auch sein Wirt eine weit über Heidelberg hinaus bekannte Institution. Fast jedermann in der Gegend kannte den mittelgroßen Mann mit der kurzen dicken Nase und den wasserblauen Augen in dem runden breiten Gesicht, stets à la mode gekleidet mit Spitzenjabot und kleiner Perücke, und seine Frau Maria Katharina, die höchst aktive und energische »Gastgeberin«, nach Typus, Habitus und Temperament die Verkörperung der weltzugewandten und weltoffenen Pfälzerin, wie sie Liselotte von der Pfalz berühmt gemacht hat. Sie waren geradezu Bilderbuchfiguren des populären, des volkstümlichen Bürgers, hochangesehen, aber ohne jede Attitüde, erfolgreich und durchaus auch streitlustig, aber nie auftrumpfend, und so wenig überheblich oder gar hochmütig im Verkehr mit weniger Wohlhabenden und Erfolgreichen wie untertänig gegenüber »Standespersonen«. Das hatte sein Fundament in beider Persönlichkeit, aber auch im Lebensstil einer kleinen, engverzahnten, zugleich jedoch bereits politisch, wirtschaftlich, gesellschaftlich, auch geistig und nicht zuletzt konfessionell in Bewegung geratenen Bürgergemeinde, die bestimmte Eigenschaften und Verhaltensweisen sozusagen prämierte.

Solche gelassene Selbstsicherheit hatte ihr Fundament freilich auch im Erfolg selber, in der ererbten, ausgebauten und verteidigten materiellen Lebensstellung, sprich in den wirtschaftlichen Grundlagen der eigenen Existenz. Und diese Grundlagen waren gerade in dieser Zeit des Umbruchs, ständiger Veränderungen der politischen, der ökonomischen, der sozialen Rahmenbedingungen, höchst schwankend. Starke Aufschwünge, große Erfolge standen neben dramatischen Niedergängen und plötzlichen Abstürzen. Und mit ihnen brach dann alles zusammen.

Das war der Preis der Unabhängigkeit, der wachsenden gesellschaftlichen Selbständigkeit, des rasch erworbenen Ansehens der materiell Erfolgreichen. Niemand hat das so deutlich empfunden wie diese erste »Gründergeneration« des 18. Jahrhunderts. Die Erfahrung des modernen Kaufmanns, auch gesellschaftlich so viel wert zu sein wie sein Kredit - sie stand ihnen bereits unmittelbar vor Augen, und das in einer noch weithin ständisch-korporativ geprägten Gesellschaft, in der wirtschaftlicher Erfolg und soziale Stellung, von völligem Versagen abgesehen, eben noch nicht so unmittelbar miteinander verknüpft waren. Jemand konnte hier in seinem Stand, in seiner Korporation hohes Ansehen genießen, dem wirtschaftlich, in seinem Beruf, in der praktischen Tätigkeit vieles nicht recht nach Wunsch gelang. Seine verbriefte Rechtsstellung, das System der »gesicherten Nahrung« mit seinen Beschränkungen der Konkurrenz, der Garantie der in vieler Hinsicht autarken Ordnung des »ganzen Hauses« als Produktions- und Lebensgemeinschaft, das Netz des Standes und der verwandtschaftlichen Beziehungen, sie umhegten seinen Platz in der Gesellschaft und bewahrten ihn vor allzu plötzlichen Veränderungen oder gar vor jähen Zusammenbrüchen, verhinderten freilich auch in den meisten Fällen spektakuläre Aufstiege.

Wo solche Karrieren am Rand, an den Grenzen der ständisch-korporativen Welt möglich wurden, wo sich bisher unbekannte, ganz neue Chancen eröffneten, dort war auch die Gefahr weit größer. Hier bewegte man sich freier, aber auch ohne das traditionelle Netz. Oder, besser gesagt: auch dieses Netz war ganz selbstgefertigt. Es bestand in erster Linie aus verfügbarem Kapital, aus Geld oder aus rasch realisierbaren Gegenwerten von Geld. Es hatte nichts mit altväterlichen Formeln, mit bürgerlichen »Moralprinzipien« zu tun, sondern mit ganz nüchterner Einschätzung der eigenen Existenzbedingungen, der Daseinsgrundlagen des nachständischen Bürgertums, wenn Friedrich Daniel seinem einzigen Sohn Friedrich Ludwig nach dessen Heirat 1805 schrieb, neben den »Grund-Pfeilern« allgemeiner Tugenden wie »Liebe, Achtung, Offenherzigkeit und Eintracht« - »wann sie mit Redlichkeit vereint sind« - gehöre zu dem, was das »fernere Glück« des Sohnes »fest gründen« könne, ganz entscheidend: »den Werth des Geldes zu kennen und dabei zu bedenken, wie schwer es zu erwerben ist, noch schwerer aber zu erhalten«.

Geld, Kapital nicht nur als ein wichtiges, sondern als das schlechthin entscheidende Fundament der eigenen gesellschaftlichen Existenz – das galt bisher nur für sehr wenige und dann oft nur phasenweise. Nun jedoch nahm ihre Zahl rasch zu und mit ihr das Problem neuer Formen der Daseinsvorsorge, existenzsichernder Kapitalbildung neben dem Einsatz von Kapital für Investitionen, für Waren, für Risiken aller Art. Das klassische Modell dafür, von dem sich das westeuropäische Bürgertum, in England, in Frankreich, in den Niederlanden, in den letzten zweihundert Jahren in immer stärkerem Maße hatte leiten lassen, war der Landkauf, der Erwerb von Grund und Boden mit einer entsprechenden Bodenrendite – bei den Erfolgreichsten mit der Perspektive, sich eines Tages und zwar nicht erst als Greis, sondern vielleicht mit fünfzig auf dem Land niederlassen, dort als ländlicher Rentier ein beschauliches Dasein nach dem Vorbild »adeligen Landlebens« führen zu können.

Das war ein weit verbreitetes Wunschziel, und vergleichsweise viele haben es im 17. und 18. Jahrhundert in dem reicheren Westeuropa erreicht; noch bei dem Verkauf des Kirchenguts nach 1789 in Frankreich haben in diesem Sinne – und nicht etwa nur aus agrarkapitalistischen Erwägungen – viele Bürger zugegriffen, und ähnliches gilt für viele bürgerliche Landkäufe auch noch im 19. Jahrhundert. Wo ein großer ländlicher Besitz außerhalb der Reichweite lag, wo man an eine auskömmliche Altersexistenz auf dem Lande nicht denken konnte – oder auch nicht mochte –, da hat man sich doch, wenn es einem nur irgend möglich war, einige Äcker und Wiesen, einen Obstgarten oder den Teil eines Weinbergs zu sichern versucht: Der Ertrag mochte klein sein, aber er schien doch unendlich viel sicherer als jede Anlage im nichtagrarischen Bereich.

Zu ihr entschlossen sich außerhalb des Kreises der hier unmittelbar Beteiligten und Engagierten nur sehr wenige, und es konnte stets als ein Zeichen außerordentlicher Bonität, höchsten Ansehens eines Unternehmens und entsprechender Einschätzung seiner Zukunftsaussichten gelten, wo dies einmal geschah. In diesem Sinne unterstrich der kurpfälzische Geheimrat und Vizekanzler von Sußmann nachdrücklich und vor aller Öffentlichkeit, was von dem Heidelberger »Drei König« und seinem neuen jungen Wirt zu halten sei, als er ihm Ende 1766 die stolze Summe von achttausend Gulden lieh – und das zu dem eher mäßigen, für begrenzte Risiken üblichen Zinssatz von fünf Prozent. Die Sicherheiten, die ihm dafür in einer mit dem großen Ratssiegel bekräftigten Urkunde garantiert wurden, zeigen freilich zugleich auch, welche Bedingungen akzeptiert werden mußten, damit sich selbst bei unbestrittener Kreditwürdigkeit überhaupt jemand mit größeren Summen in diesem Bereich engagierte: Neben einer »angreiflichen ersteren special Hypothec« auf den »Drei König« unter Hintansetzung aller anderen bestehenden Rechte wurde ein entsprechendes Pfandrecht auch auf das Bassermannsche Wohnhaus ausgedehnt und das Kapital zugleich auf vierteljährliche Kündigung gestellt, wobei die Ausdehnung der Schuldnerschaft auf die Ehefrau und auf Erben und Nachkommen sich von selbst verstand. Nicht belastet wurde hingegen der Grundbesitz, den schon der Vater Johann Christoph erworben und den Friedrich Daniel dann kontinuierlich vermehrt hatte: Er galt offenkundig als Rücklage, als eiserne Reserve, die man auch als Sicherheit – etwa im Austausch gegen das Wohnhaus – nicht ohne Not in den Geschäftskreislauf bringen wollte.

Und Not war nicht am Mann. Am 1. September 1783 bestätigte Frau von Sußmann, die achttausend Gulden seien jetzt »nebst denem verfallenen Interesse vollständig abgeführet worden«. Der Gasthof florierte immer besser. Auch das Seidengeschäft – aus dem man dann 1793, sozusagen fünf vor zwölf, durch höchst geschicktes Verhandeln mit der kurbayerischen Regierung, noch recht gut herauskam – lief sehr befriedigend, und eigene kleinere Geldgeschäfte zeigten, daß der Drei-König-Wirt Risiko und Ertragsmöglichkeiten nüchtern gegeneinander abzuwägen verstand. Der Übergang des Hofes von Mannheim nach München, die Revolutionskriege, die tiefgreifenden territorialen und politischen Veränderungen in ihrem Gefolge, der Übergang Heidelbergs wie Mannheims an Baden, die ständigen Besetzungen und die materielle Auszehrung des Landes unter Napoleon – all das waren Belastungen, die Friedrich Daniels Satz, zu erwerben sei Geld schon schwer, »noch schwerer aber zu erhalten«, erst richtig verständlich machen, ihn aus der Sphäre allgemeiner Lebensweisheiten in die der konkreten Lebenserfahrungen rücken.

Er selber freilich konnte diese Erfahrungsbilanz sehr gelassen, ja, zufrieden ziehen: Als 1810, nach seinem Tode am 28. August, in einem sicher nicht sehr günstigen Augenblick - die Auswirkungen der Kontinentalsperre und vor allem auch der napoleonischen Aussaugungspolitik belasteten das rheinbündische Mitteleuropa schwer, und ein neuer kriegerischer Konflikt stand ins Haus - für die Erbteilung alles zu Geld gemacht wurde, weil keines der Kinder den »Drei König« übernehmen wollte oder konnte, da stand schließlich unter dem Strich ein Vermögen von über hundertfünfzigtausend Gulden - nicht gerechnet das, was bisher schon an Mitgift für die Töchter und an Starthilfen für den Sohn »mit der warmen Hand«, noch zu Lebzeiten Friedrich Daniels, ausgegeben worden war. Es war, vergleicht man den Betrag mit dem, was der Vater Johann Christoph zwei Menschenalter früher, 1736, ohne eigenes Vermögen hatte aufbringen müssen, um den »Drei König« zu erwerben, eine gewaltige Summe, eine Verzehnfachung des Ausgangskapitals auch unter Berücksichtigung der Geldentwertung - die Erbteilungen beim Tod des Vaters nicht gerechnet.

Die jetzige Teilung erfolgte nach Abzug der Erbschaftssteuer und sonstiger Kosten - die zusammen knapp 1,5 Prozent betrugen - streng nach dem neuen, mit dem französischen bürgerlichen Gesetzbuch, dem Code Napoléon, auch in die Rheinbundstaaten gelangten Erbrecht der Revolution. Es knüpfte in dieser Hinsicht allerdings an das an, was in der Pfalz schon seit langem üblich war. Jedes der Kinder, Söhne wie Töchter, erhielt den gleichen Anteil. Dreizehn Kinder hatte die Drei-König-Wirtin, die Anfang 1808, zwei Jahre vor ihrem Mann, gestorben war, auf die Welt gebracht, zunächst fünf Töchter, von denen die mittlere nur ein knappes halbes Jahr alt wurde, die anderen vier jedoch alle überlebten. Dann aber, als im Oktober 1773 - der Abstand der Geburten lag zwischen zwölf und einundzwanzig Monaten - der langersehnte männliche Nachkomme und potentielle Erbe des »Drei König« zur Welt gekommen war, hatte eine selbst für die damalige Zeit ungewöhnlich unheilvolle Serie begonnen: Von den fünf Kindern, die diesem Sohn, der nach drei Wochen starb, in den nächsten knapp sechs Jahren folgten - drei weitere Söhne und zwei Töchter - wurde nur eines, der Ende November 1774 geborene Johann Wilhelm, älter als ein halbes Jahr, und auch er erreichte dann nicht einmal das sechste Lebensjahr. Erst 1780 -

Maria Katharina Bassermann war inzwischen zweiundvierzig Jahre alt – verschwand der Unstern, der in dieser Hinsicht bald ein Jahrzehnt lang über dem Haus gestanden hatte. Im August wurde als zwölftes Kind eine siebte Tochter geboren, Johanna Maria, die überlebte – freilich dann auch nur vierundzwanzig Jahre alt wurde. Und am 11. Februar 1782 schließlich kam als letztes Kind doch noch der Sohn, den man durchbrachte und auf dem fortan alle Hoffnungen ruhten: Friedrich Ludwig. Er sollte dreiundachtzig werden und all das weit übertreffen, was sich seine Eltern für seine Zukunft erträumt hatten.

Sechs Kinder also teilten sich 1810 das Vermögen des zweiten Drei-König-Wirts und seiner Frau. Sie alle waren bereits verheiratet, die älteste, Anna Elisabeth, und Maria Magdalena, die vierte, die 1770 zur Welt gekommen war, mit Gastwirten wie ihr Vater – der eine in Heidelberg, Inhaber des nach dem »Drei König« bedeutendsten Hauses, des »Zum Karlsberg«, der andere in Heilbronn, Besitzer der dortigen »Sonne«, die Goethe als ihr Gast auf seiner dritten Reise in die Schweiz 1797 mit den großen Hotels seiner Vaterstadt gleichsetzte. Maria Katharina, die zweite, hatte sich mit einem Kaufmann in Ulm verbunden, war jedoch schon vor Jahren mit schweren Depressionen in eine Anstalt bei Göppingen gekommen, wo sie bis zu ihrem Tode 1832 fast dreißig Jahre zubrachte. Die fünfte der älteren Töchter schließlich, die 1772 geborene Johanna Elisabeth, war wie ihre Schwester Maria Magdalena nach Heilbronn gezogen, als Frau eines dortigen Rechtsanwaltes, während Johanna Maria, die Jüngste, mit der der nachgeborene Friedrich Ludwig aufgewachsen war, den Domänenverwalter des ehemaligen Klosters Lobefeld bei Neckargemünd geheiratet hatte.

Das alles waren gute Partien, die, wie in der vorangegangenen Generation, die inzwischen erlangte soziale Stellung befestigten und absicherten – von den Eltern entsprechend geplant und vorbereitet und dann mit einer ansehnlichen Mitgift von jeweils rund fünftausend Gulden versehen, denen jetzt nochmals je fünfundzwanzigtausend folgten. Es war ein Erbe, das in dieser sozialen Schicht nicht gerade alltäglich war, wenn man bedenkt, daß ein, modern gesprochen, Geschäftsführer eines mittleren Betriebs damals rund zwölfhundert Gulden im Jahr verdiente, also den mittleren Jahreszins aus einem solchen Betrag.

Friedrich Ludwig Bassermann (1782–1865), Jugendportrait und Wilhelmine Reinhardt (1787–1869), Jugendportrait

Die eigentliche Partie aber hatte, ebenfalls noch zu Lebzeiten beider Eltern, der heißgeliebte Nachkömmling und einzige überlebende Sohn Friedrich Ludwig gemacht, und das ganz ohne elterliche Mithilfe und gegen anfangs heftigen Widerstand seines künftigen Schwiegervaters. Mit Wilhelmine Reinhardt heiratete er 1805 die jüngere der beiden einzigen Töchter und Erben eines 1767 von Neuwied nach Mannheim eingewanderten Tuch- und Weinhändlers. Er zählte inzwischen zu den wohlhabendsten Kaufleuten der Stadt und überließ seiner Tochter neben einer unmittelbaren Aussteuer von dreitausend Gulden eine Mitgift von nicht weniger als dreißigtausend, die, da der Schwiegersohn in die Firma eintrat, hier stehen blieb. Sechzehn Jahre später, 1821, erhöhte er die Mitgift, mittlerweile Inhaber einer Firma durchaus überlokalen Zuschnitts, um einhundertfünfzigtausend auf einhundertachtzigtausend Gulden.

Die Verbindung zwischen dem einzigen Sohn des Heidelberger Drei-König-Wirts und der Reinhardt-Tochter war das, was man eine Liebesheirat nennt. Die Umstände, die anfängliche entschiedene Ablehnung durch den Vater der Braut, die heimliche Begünstigung durch ihre Mutter, der schließliche Sieg der Tochter, die sich als noch sehr viel energischer erwies als ihr höchst energischer und tatkräftiger Vater, sie sind in der Familie über Generationen immer wieder erzählt und vielfach ausgeschmückt worden.

Wenn der Vater, der, was Herkunft und finanziellen Hintergrund seines künftigen Schwiegersohns betraf, ursprünglich andere Vorstellungen gehabt hatte, schließlich nachgab, so lag das freilich nicht allein an der Entschiedenheit und Willenskraft seiner Tochter. Bei näherer Prüfung hatte sich nämlich ergeben, daß der junge Mann, der da - Anfang zwanzig - auch das war inzwischen gegen die Regel besserer Kaufmannsfamilien - um die Tochter warb, eine ungewöhnlich sorgfältige und vielseitige Ausbildung genossen hatte, daß er in der Welt herumgekommen war und zudem von einem Geschäft besonders viel verstand, auf das Reinhardt zunehmend zu setzen gedachte: vom Weinhandel. Da der Vater zweier Töchter in dem Schwiegersohn zugleich den möglichen Partner und schließlichen Erben des Geschäfts suchte, waren das Faktoren, die den Wunsch der Tochter dann doch auch und gerade in der Perspektive nüchterner, lebenspraktischer Überlegungen - zu denen Wilhelmine, wie es dem Vater zunächst schien, gegen ihre sonstige, schon früh bewiesene Gewohnheit nicht mehr fähig war - in ein neues Licht rückten.

Die letzten Vorbehalte beseitigte, daß Friedrich Daniel, der Drei-König-Wirt, sich sofort bereit erklärte, dem Sohn mit fünftausend Gulden unter die Arme zu greifen, und dieser selber die Summe wie auch die Mitgift seiner künftigen Frau ins Geschäft zu stecken und sofort in dieses einzutreten versprach. So wurde mit der Ehe eine geschäftliche Partnerschaft zwischen Schwiegersohn und dem dreißig Jahre älteren Schwiegervater begründet, deren außerordentlicher materieller Erfolg verbunden war mit einem, nach anfänglichen Schwierigkeiten, immer enger werdenden Vertrauensverhältnis und kaum je getrübten menschlichen Beziehungen. Der junge Bassermann habe Glück gehabt, sagten die Mannheimer, fügten aber sehr bald hinzu: der alte Reinhardt, ihr Oberbürgermeister seit 1810, nicht minder.

Sehr ähnlich verlief, in merkwürdiger und von der Familie im Rückblick dann oft hervorgehobener Parallelität, der Lebensweg des ältesten Sohnes des Bruders des Heidelberger Drei-König-Wirts, der Lebensweg Johann Ludwig Bassermanns, des nur wenige Monate älteren Vetters Friedrich Ludwigs. Er hatte 1803, zwei Jahre vor seinem Vetter, die damals einundzwanzigjährige Tochter des

Mannheimer Eisenhändlers Johann David Frohn, Susanna Elisabetha, geheiratet – in diesem Fall starb der Schwiegervater allerdings bereits drei Jahre später – und das erheiratete Geschäft dann gleichfalls zu großer Blüte gebracht.

Beide Bassermanns waren in einem Mannheimer Internat zur Schule gegangen, beide hatten sie dann planmäßig und in einem ausgedehnten Ausbildungsgang die »Handlung« gelernt, also eine umfangreiche kaufmännische Lehre absolviert, und beide wurden sie schließlich, jeweils höchst erfolgreiche Kaufleute, zu Begründern zweier großer, in jeder Hinsicht weitgefächerter Familien, zu denen nun in der nächsten und übernächsten Generation neben vielen Kaufleuten und Unternehmern in zunehmendem Maße Politiker, hohe Beamte, Gelehrte und Künstler zählten, angefangen von Friedrich Daniel über Ernst Bassermann und seinen Vater, den Oberlandesgerichtsdirektor Anton Bassermann, über den Heidelberger Theologen Heinrich Bassermann bis zu dem Mannheimer und Karlsruher Schauspieldirektor August und dessen Neffen, dem Schauspieler Albert Bassermann.

Für sie alle bildeten die beiden Familienunternehmen, die die Vettern Friedrich Ludwig und Johann Ludwig Bassermann durch Einheirat zu Beginn des 19. Jahrhunderts in Mannheim begründet hatten, den Ausgangspunkt, den materiellen Hintergrund und Rahmen. Beide Unternehmungen waren das Werk selbständiger, für alles selbst verantwortlicher Kaufleute, die vor allem auf sich selbst vertrauten. Und diesen Geist der Selbsthilfe, der Eigenverantwortung, des Vertrauens auf die eigene Kraft suchte man nun zunehmend auf immer weitere Bereiche der Gemeinschaft zu übertragen, nicht zuletzt auf die Politik, die, auch wenn mancher sich darüber hinwegzutäuschen versuchte, nun auch für das Bürgertum als der aufsteigenden Schicht mehr und mehr zum Schicksal wurde.

Friedrich Daniel Bassermann, der älteste Sohn Friedrich Ludwigs, sollte das sehr unmittelbar und mit für ihn persönlich höchst tragischem Ausgang erfahren. Über allem, dem Geschäftlichen wie insbesondere auch dem, was darüber hinaus führte, Lebensziel und Lebensideal ausmachte, stand dabei die Devise, die Friedrich Ludwig Bassermann sich bald nach seiner Heirat als Wahlspruch für sich und seine Familie ausgesucht hatte: »Sei dein eigner Herr und Knecht / Das ist des Mittelstandes Recht.«

»Sei dein eigner Herr und Knecht«

»Du weißt, mit was vor schweren Kosten und was vor banger Sorgfalt wir Dich zu Deinem jetzigen Glück vorbereitet haben«, schrieb Friedrich Daniel, der zweite Drei-Königs-Wirt, Ende Juli 1805 an seinen Sohn, zwei Tage nach dessen Hochzeit in Schwetzingen: »Gott hat uns dafür entschädigt, Dich glücklich zu sehen, geniesse es, wie es einem redlichen Mann zukommt und mache dem Bassermännischen Haus durch Deine Aufführung Ehre.«

Es war in der Tat eine recht kostspielige und zugleich ungewöhnlich sorgfältige Ausbildung, die der Heidelberger Gastwirtssohn erhalten hatte. Bei Vater und Großvater war von systematischer Schulbildung und außerhäuslicher Erziehung noch wenig die Rede gewesen - beide konnten freilich geschickt und routiniert mit der Feder umgehen und hatten ihren Betrieb auch in formaler Hinsicht, was Bestellungen, Buchhaltung und dergleichen betraf, von vornherein und ohne weiteres im Griff gehabt. Friedrich Ludwig aber wie auch sein Vetter Johann Ludwig, der Sohn des Tuchhändlers Johann Wilhelm Bassermann, waren durch eine Schulung gegangen, die in ihrer Schicht, dem neuen Bürgertum, den höchsten, eben erst erreichten Standards entsprach und sich in ihrem allgemeinen, nicht spezifisch berufsbezogenen Teil mit der des Adels und der der Söhne akademisch gebildeter Beamter vollständig messen konnte.

Beide Söhne sollten nach dem Wunsch der Eltern Kaufleute werden, und für diese gab es, wenn man dabei Weitläufigeres, die größere »Handlung« vor Augen hatte, schon seit geraumer Zeit so etwas wie eine normierte Ausbildung. War der Vater selber Kaufmann und entsprechend gestellt, so suchte man nach Möglichkeit zunächst die praktische, kaufmännische und die »theoretische« Ausbildung, auf die zunehmend Wert gelegt wurde - neben Lesen, Schreiben und Rechnen und der religiösen Unterweisung vor allem Französisch und Latein -, im eigenen Haus, durch Anstellung eines Hauslehrers zu vereinen, bevor der Heranwachsende dann als

»Lehrjunge« zu einem anderen, oft befreundeten Kaufmann in einer anderen Stadt gegeben wurde. Dabei machte man sich nicht nur über das Was, sondern auch über das Wie der Erziehung zunehmend Gedanken.

Die in Hamburg in den zwanziger Jahren des 18. Jahrhunderts erscheinende »moralische Wochenschrift« »Der Patriot« – sie wurde in Buchform bis in die sechziger Jahre mehrfach nachgedruckt, also offenbar viel gelesen – enthielt unter anderem »Regeln zu einer löblichen Kinderzucht«. Diese empfahlen, die Kinder möglichst von früh an »um sich« zu halten, ihre Neigungen und Begabungen zu studieren, sie nicht nach abstrakten Modellen zu dressieren, sondern sie stets lebensweltlich und praxisorientiert zu führen, auf ihrer natürlichen »Neugierde« aufzubauen und überhaupt die Selbsttätigkeit, das Bewußtsein des Lernens »zu eigenem Nutzen« nach Kräften zu fördern.

Ganz unabhängig von den »Gelehrtenschulen«, der planmäßigen Vorbereitung für Studium und Universität, insbesondere Theologie, Medizin und Jurisprudenz, entwickelte sich hier nicht neben, sondern aus dem Gedanken der fachbezogenen Ausbildung der der übergreifenden, den ganzen Menschen erfassenden, allgemeinen Bildung. Neben dem individuellen »Glück« des zu sich selbst gelangenden, seine Fähigkeiten frei und selbständig entfaltenden einzelnen diene eine solche Bildung zugleich dessen praktischem Lebenserfolg. Denn gerade jemandem, der es so sehr mit Menschen, mit Personen verschiedenster Art und Herkunft zu tun habe wie ein Kaufmann, werde die Ausbildung und Entfaltung des Allgemeinmenschlichen, allgemeinmenschlicher Qualitäten und Begabungen auch ganz unmittelbar zugute kommen.

In diesem Sinne ist die sich immer breiter entfaltende pädagogische Diskussion des 18. Jahrhunderts auch und gerade von dem neuen Wirtschaftsbürgertum mit großer Aufmerksamkeit verfolgt, ja, von ihm selbst vorangetrieben und in vieler, nicht zuletzt in praktischer Beziehung begünstigt und gefördert worden. Da sich einen Hauslehrer nur wenige leisten konnten – er kostete beispielsweise in Nürnberg zu Beginn des 18. Jahrhunderts jährlich hundert Gulden bei freier Kost und Station –, entstanden neben den von der Kirche oder vom Fürstenstaat, zum Teil auch von den größeren Städten getragenen »Gelehrtenschulen« entsprechende private Institute insbesondere für die Söhne dieser neuen gesellschaftlichen Gruppe. Neben einer ganzen Reihe ähnlicher Institute in anderen Städten Mitteleuropas war ein solches 1783 auch in Mannheim gegründet worden, und zwar mit der Zielsetzung, es solle, zugänglich für »männliche Zöglinge aller Religionen und Religionsparteien«, der Vorbereitung für die nicht gelehrten, also nicht eines Universitätsstudiums bedürfti-

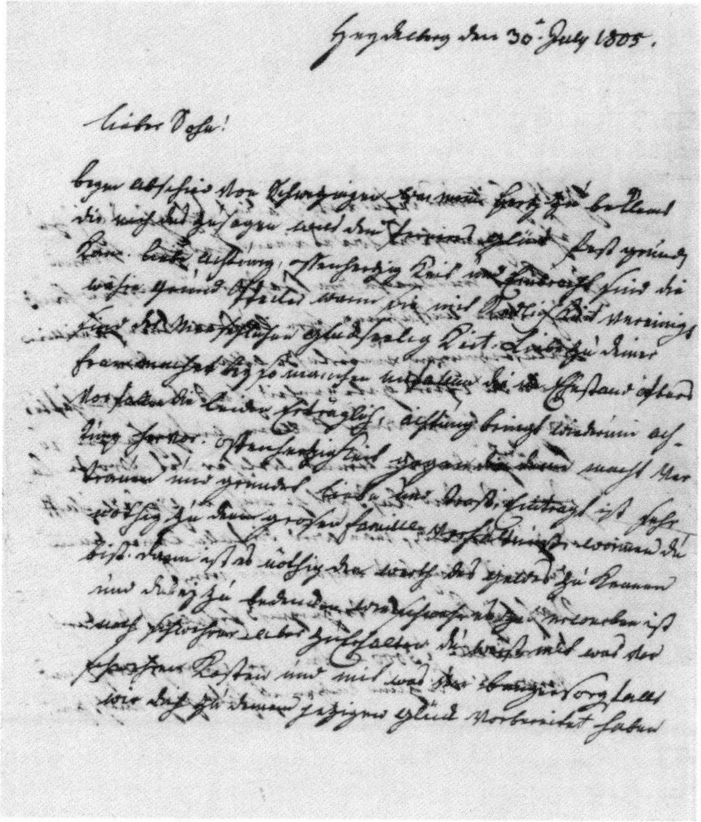

Heydelberg den 30. July 1805.

Lieber Sohn!

Brief Friedrich Daniel Bassermanns an seinen Sohn Friedrich Ludwig

gen höheren Berufe aus den Bereichen »Militär, Kunst und Handel« dienen.

Der Gründer des Instituts, Johann Jakob Winterwerber, ein ehemaliger Theologiestudent, orientierte sich im Grundsätzlichen weitgehend an den Ideen Johann Bernhard Basedows, des vor Pestalozzi bekanntesten deutschsprachigen Aufklärungspädagogen der Zeit, und mit ihm zugleich an Jean Jacques Rousseau und dessen 1762 erschiene-

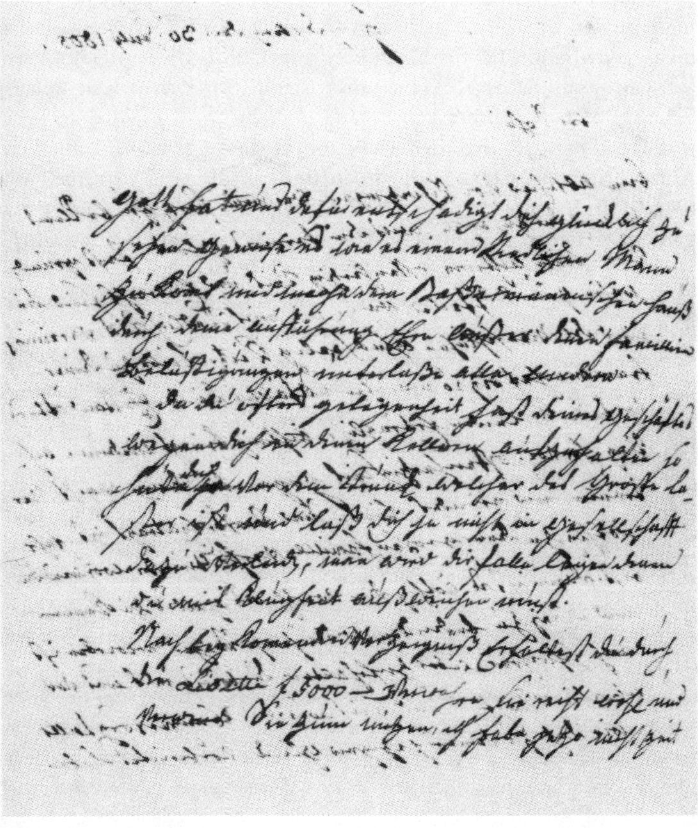

nem »Emile«, der Bibel aller zeitgenössischen Reformpädagogik. So stand auch sein Institut in unmittelbarer Nachfolge des sogenannten Philanthropinums, das Basedow, 1771 von Fürst Leopold Franz Friedrich in das kleine Fürstentum Anhalt-Dessau berufen, im Jahre 1774 unter allgemeiner Anteilnahme des gebildeten und »aufgeklärten« Deutschland, sprich der sich formierenden »Öffentlichkeit«, gegründet hatte.

Allerdings unterschied sich das Winterwerbersche Unternehmen in der Praxis schon bald von seinem Dessauer Vorbild: Es diente, wie bereits bei der Gründung angekündigt, sehr viel konkreter den unmittelbaren Lebenszielen und der Lebenswelt seiner Schüler. »Unsere bisherigen Schulanstalten«, hieß es in dem sehr positiven Bericht, den der Geheime Regierungsrat Grimmeißen Anfang November 1785 vorlegte, »hatten nur die zwei Extrema zum Gegenstand, entweder Gelehrte zu bilden oder den zum ganz gemeinen Leben bestimmten Menschen bei Erlernung des Christentums auch im Lesen, Schreiben und Rechnen zu unterrichten. An einer solchen Mittelanstalt aber, wo der künftige Soldat, Künstler und Handelsmann die zu seinem Stande notwendig erforderlichen, teils sehr nützlichen Grundwissenschaften erlernen könnte und auf der einen Seite mit dem für sie überflüssigen Schwalle der Lateinischen Schule verschonet, auf der anderen Seite aber weit über die Grenzen der sogenannten Deutschen Schulen hinübergebracht werden könnte, hat es bisher gänzlich gefehlet.« »Theorie der Handwerke«, der »Manufakturen und Fabriken«, der »Handlung und Schiffahrt«, der »Künste und Wissenschaften« standen neben Tanzen, Reiten, Fechten, Schwimmen und vielerlei sportlichen Übungen im Zentrum der Ausbildung, die auch die doppelte Buchführung einschloß. Unter der Rubrik »Tugendlehre« gab unter anderem ein Mannheimer Arzt eine Wochenstunde »Gesundheitslehre«, also wohl eine Art medizinischen Grundkurs. So entsprach es einer gewissen Logik, daß sich der von Winterwerber programmatisch gewählte Name »Philanthropin« nicht durchsetzte, sondern jedermann schon bald nur noch von dem »Winterwerberschen Institut« sprach.

Bei aller Praxisorientiertheit, die ja auch von Basedow gefordert – wenngleich dann nicht in dem Maße verwirklicht – wurde, blieb das als Internat geführte Institut zugleich ein ausgeprägtes Zentrum der Reformpädagogik. Vor allem sein überkonfessioneller Charakter war in einer Zeit, in der mit den Elementarschulen auch die meisten weiterführenden Schulen noch ganz von der Kirche und Kirchengemeinde bestimmt waren, etwas durchaus Neues mit nicht zu unterschätzenden Folgewirkungen. Das galt insbesondere für das in spezifischer Weise gemischt-konfessionelle Mannheim, wo die Oberschicht des Adels und der hohen Beamtenschaft des Kurstaates meist katholisch, die bürgerliche Mittelschicht – zum Teil in sehr betonter Weise – reformiert und das Kleinbürgertum und vor allem die unterbürgerlichen Schichten vielfach wieder katholisch waren. Neben einem in allen Schichten vertretenen lutherischen Element gab es seit dem Ausgang des 17. Jahrhunderts außerdem noch einen nicht unerheblichen, ständig wachsenden jüdischen Bevölkerungsanteil; 1871, im Jahr der Reichsgründung, betrug er schließlich annähernd acht Prozent.

Überkonfessionell hieß unter solchen Bedingungen zugleich überständisch, und dieses ständeübergreifende Prinzip wurde auch in der strikten Gleichbehandlung aller Schüler – daher auch die allen gemeinsame Internatsuniform –, in der Gemeinsamkeit aller Ausbildungsschritte, in der Hervorhebung der Grundsätze einer »allgemeinen« Bildung nachdrücklich betont. Auch mit der Etablierung eines allwöchentlich tagenden »Erziehungsgerichtes«, in dem jeder Lehrer und jeder Schüler Sitz und Stimme hatte und das – mit förmlichen abschließenden »Urteilen« wie »Putzgeck« oder »Anbringer und Verleumder« – über die kleinen Fehler und Vergehen jedes einzelnen ohne Ansehen der Person, also vor allem des Standes, »Gericht« hielt, wurde, so kurios die Einrichtung war, ebenfalls »Gleichheit«, Allgemeingültigkeit von Verhaltensprinzipien vorgeführt und eingeübt.

Das Winterwerbersche Unternehmen stieß zunächst auf so viel Zuspruch, daß die Gymnasien der Stadt, das lutherische, das reformierte und das gleichfalls streng konfessionelle ehemalige Jesuitengymnasium, das nach der Aufhebung des Jesuitenordens von den französischen Lazaristen weitergeführt wurde, über wachsenden Schülermangel klagten: Das lutherische Gymnasium etwa zählte 1796 nur noch ganze sechs Schulanfänger. Als dann freilich zu Beginn des

19. Jahrhunderts die Reform der »Gelehrtenschulen«, des Gymnasiums, aus dem Geist des Neuhumanismus mit ganz ähnlichen überkonfessionellen, ständeübergreifenden, auf die »allgemeine Bildung« abhebenden Prinzipien einsetzte – Mannheim wurde schon sehr früh zu einem Zentrum des Neuhumanismus und blieb es das ganze 19. Jahrhundert hindurch –, da kehrte sich die Entwicklung rasch wieder um. Sowohl das Winterwerbersche Institut als auch das seit Mitte der neunziger Jahre mit ihm erfolgreich konkurrierende parallele Unternehmen von Johann Heinrich Bürmann – dieser war zunächst mehrere Jahre Lehrer für Mathematik und »Handelswissenschaften« bei Winterwerber gewesen – verschwanden binnen weniger Jahre von der Bildfläche.

Als jedoch die beiden Heidelberger Vettern Friedrich Ludwig und Johann Ludwig Bassermann Mitte der neunziger Jahre wie kurz zuvor der Frankfurter Kaufmannssohn Clemens Brentano Schüler des Winterwerberschen Instituts wurden, da befand es sich auf dem Höhepunkt seiner Entwicklung. Mit einem eigenen Haus im Zentrum der unteren, der Bürgerstadt, in der Nähe des Marktes, an dem sich Friedrich Ludwig fünfunddreißig Jahre später auf den Grundstücken dreier älterer Bürgerhäuser sein Haus errichten sollte, war das Institut zu diesem Zeitpunkt geradezu ein Symbol für den – freilich noch zögernden und tastenden – Aufbruch Mannheims in eine neue Welt. Aus der Residenzstadt, die sie seit 1778, seit dem Wegzug des kurfürstlichen Hofes nach München, nicht mehr war, wurde eine Stadt, die in Handel und Gewerbe ihren neuen Schwerpunkt suchte, suchen mußte, wollte sie nicht in die Bedeutungslosigkeit versinken.

In den äußeren Formen, die das Erscheinungsbild der Schule und der Schüler prägten, erinnerte noch vieles an die bereits zur Legende werdende »Karl-Theodor-Zeit«. Die Zöglinge traten mit schwarzer Hose, dunkelblauem Frack und dunkelblauer Weste, hellrotem Samtkragen, weißen Strümpfen, weißer Halsbinde, silbernen Schnallen und weißmetallenen Knöpfen sowie einem schwarzen Hut wie kleine Kavaliere auf. Und auch in der Ausbildung war vieles mit der Betonung von Tanzen, Reiten, Schwimmen, Fechten und überhaupt viel sportlicher Betätigung ganz kavaliermäßig, zielte auf das in der Praxis bisher weitgehend von den Auffassungen und

Verhaltensweisen des Adels bestimmte Gentlemanideal mitteleuropäischer Prägung.

In den Inhalten jedoch dominierten neben den allgemeinbildenden Fächern und dem regelmäßigen Besuch von Theater, Konzerten und Museen die sich immer deutlicher ausbildenden Bedürfnisse der bürgerlichen Erwerbsgesellschaft. Eigentliches Erziehungsziel, konkretes Leitbild also war, auch wenn bei der Werbung für das Institut viele andere »nichtgelehrte« Berufsziele beschworen wurden, der gebildete, gesellschaftlich geschliffene, in weitläufigere Zusammenhänge eingeführte und über sie unterrichtete Kaufmann, der, von der Kirchturmsperspektive befreit, nicht zögern würde, auch bei seinen künftigen Geschäften ins Größere und Weitere zu zielen. Weltläufigkeit, in einem allgemeinen, aber zugleich auch in einem durchaus praktischen, handfesten Sinne - darauf war alles abgestellt bis hin zu der Vorschrift, daß an drei Tagen in der Woche bei Tisch französisch gesprochen werden sollte. Und das Beispiel der beiden Bassermann macht deutlich, daß es nicht bei der Theorie, bei der bloßen Absicht blieb, sondern daß in der Tat vieles davon erreicht wurde.

Zumal an der Korrespondenz von Friedrich Ludwig Bassermann läßt sich im einzelnen ablesen, wie diese Erziehung praktisch gewirkt hat. Die Distanz, die noch zu Beginn und auf der Höhe des Jahrhunderts den Kaufmann, den Mann des praktischen Gewerbes, einen Selfmademan wie Friedrich Ludwigs Vater und seinen Großvater vom Bildungsbürger, vom Beamten trennte - vom Adel ganz zu schweigen -, sie ist, was den Bildungshorizont wie die äußeren Formen, den Lebensstil wie auch und vor allem die Ansprüche an sich selbst und an andere angeht, fast völlig verschwunden. Das Interesse an Kunst, Literatur und Musik, die Beschäftigung mit den größeren Zusammenhängen des politischen und gesellschaftlichen Lebens - sie erscheinen nun auch hier als ganz selbstverständlich, als natürliche Attribute, ja, als Wesensbestandteile des »gebildeten Menschen«, wie die verbindende Formel jetzt lautete.

Der Sinn für jene Zusammenhänge galt zugleich als Fundament für den praktischen Erfolg auch als Kaufmann, als »Handelsmann«, jedenfalls dort, wo es um die »größere Handlung«, um Geschäfte ging, zu denen außer Unternehmungsgeist und Risikobereitschaft noch mehr nötig war: weitläufigere Kenntnisse, größerer Überblick, ein schärferes Auge für die Rahmenbedingungen und die allgemeineren Entwicklungstendenzen, also das, was Goethe in einem Brief aus dem Jahre 1793 »das reelle Verhältniß« nannte, »das große Kaufleute als kleine Puissancen zu den Welthändeln haben«. Kultur und Kommerz – das seien, so die sehr nüchtern begründete Überzeugung, keine Gegensätze. Im Gegenteil, das eine fördere das andere, der gebildetere Kaufmann werde in Zukunft auch der erfolgreichere Kaufmann sein – und er habe von daher denn auch eine dauernde Dankesschuld gegenüber Kunst und Wissenschaft, sei aufgerufen, sie nach Kräften zu fördern: Der Mäzenatengeist des neuen Bürgertums, dem im 19. Jahrhundert dann so vieles zu verdanken war, fand hier neben allen anderen Motiven eine sehr handfeste Begründung.

Der gebildete, auf Bildung in einem nicht bloß theoretischen, sondern ganz lebenspraktischen Sinne verpflichtete Kaufmann: Diese Leitvorstellung nahmen die Bassermannschen Vettern aus dem Winterwerberschen Institut mit – gleich vielen anderen Mannheimer Bürgersöhnen, mit denen sie dann in vielfältigem geschäftlichen Verkehr, in der Bürgerwehr, als Mitglieder des »Casinos« und des »Museums«, den beiden 1803 beziehungsweise 1808 gegründeten geselligen Vereinen der Stadt, die Gesellschaft des bürgerlichen Mannheim, seine »bürgerliche Öffentlichkeit« bildeten. Beide sind davon in ihrem Lebensstil, in ihrem Verhältnis zum kulturellen, zum geistigen Leben entscheidend geprägt worden.

Friedrich Ludwig entwickelte ein intensives Verhältnis zur Literatur und zum Theater – das in Mannheim seit Begründung des »Nationaltheaters« 1776/77 eine ganz zentrale Rolle spielte: Jeder feierliche Anlaß, jeder Fürstenbesuch und besondere Jahrestag wurde mit einer Festaufführung begangen, und das Theater bildete das ganze 19. Jahrhundert hindurch den vielleicht wichtigsten Ort des gesellschaftlichen Lebens der Stadt. Auch für Musik und Malerei hatte er mehr als nur ein oberflächliches Interesse. Er spielte selber Flöte und Geige, zeichnete, malte auch gelegentlich und versuchte sich – eine damals sehr beliebte Kunstübung – im Alabasterschneiden. Als Bauherr nahm er intensiv an den Planungen seines Hauses am Markt teil, das ihm Jakob Friedrich Dyckerhoff entwarf: Dyckerhoff, ein Schüler der Königlichen Bauschule in Berlin und

Freund Gillys, war ein gebürtiger Mannheimer, der in engem Kontakt mit Weinbrenner Elemente des Klassizismus spezifisch preußisch-norddeutscher Prägung in den Süden vermittelte. Durch ihn hat Friedrich Ludwig auch ein tieferes Verständnis für die zeitgenössische Architektur entwickelt. Schließlich fiel auch die »kavaliermässige« Ausbildung im Winterwerberschen Institut bei dem jungen Bassermann auf fruchtbaren Boden: Er blieb bis ins hohe Alter ein leidenschaftlicher Tänzer, versuchte hierbei stets – das Ideal gravitätischer Würde war damals noch sehr viel weniger ausgeprägt, das höfische Zeitalter noch weit näher – »à la mode« zu bleiben. Darüber hinaus schwamm er viel und gern – 1835 rettete er, dreiundfünfzigjährig, einem zwölfjährigen Bauernjungen, der beim »Schwemmen« der väterlichen Pferde im Rhein von der Strömung erfaßt worden war, das Leben; und er ritt, seit 1811 »Obristleutnant« der Kavallerieschwadron der Bürgerwehr, bis in seine hohen Jahre bei jeder sich nur bietenden Gelegenheit.

Bei alledem konnte freilich weder bei ihm noch bei seinem Vetter Johann Ludwig davon die Rede sein, daß das neue bürgerliche Gentlemanideal, das das Winterwerbersche Institut seinen Beamten- und Kaufmannssöhnen zu vermitteln suchte, sie irgendwie von ihrem eigentlichen Berufsweg, ihren Berufszielen und -wünschen abgezogen, diese etwa in ein trüberes Licht gerückt hätte. Im Gegenteil: Dieses Ideal stärkte offenkundig noch das Selbständigkeitsstreben, ließ die auf die eigene Leistung und den eigenen Erfolg gegründete Unabhängigkeit als höchstes Lebensziel erscheinen und ließ diese Bürgersöhne auf den adligen Kavalier – dessen Lebensformen man sich ansonsten ja durchaus anzueignen bestrebt war – im Zentralen, nämlich im Hinblick auf dessen Lebensauffassung, durchaus herabsehen. Der erfolgreiche Bankier hat später mit seinem Spott über die bei ihm borgenden Söhne des pfälzischen Adels kaum zurückgehalten, die ihre eigenen Ansprüche und die Grundsätze von Soll und Haben so schwer auf einen Nenner zu bringen vermochten und das dann noch »adlige Lebensart« nannten.

Allerdings: Der wirtschaftliche, der berufliche Erfolg wurde von ihnen dabei keineswegs als Lebenszweck schlechthin angesehen, sondern, bei allem Interesse an den jeweiligen Inhalten, stets zugleich auch als Mittel zum Zweck. Der Mensch und der Bürger durften nicht im Beruf aufgehen, so wichtig und lebensbestimmend dieser war – auch das gehörte zu dem neuen bürgerlichen Gentlemanideal. Als der eigentlich Erfolgreiche galt hier noch der, der sich schließlich »zurückziehen« konnte, möglichst noch bevor er wirklich alt wurde, in den späten Fünfzigern, damit er noch etwas »vom Leben hatte«. Das war die höchste Dokumentation jener Unabhängigkeit, jener Selbständigkeit, um die es im Letzten ging und für die man dann in allen Lebensbereichen kämpfte – bis hin zum Staat, zur Politik.

Als die Heidelberger Brüder Bassermann, der Drei-König-Wirt und der Tuchhändler, sich entschlossen, ihre Söhne in das Mannheimer Institut zu geben, da ging es ihnen, neben der Ausbildung für die Zukunft, allerdings nicht zuletzt auch darum, allzu grosser und allzu früher Selbständigkeit Grenzen zu setzen: Daß der eben dreizehnjährige Friedrich Ludwig sich aufgemacht hatte, um den militärischen Zusammenstoß zwischen den Österreichern und den Revolutionstruppen am 24. September 1795 bei Handschuhsheim unmittelbar und aus möglichst großer Nähe zu beobachten, war denn doch ein Alarmzeichen gewesen. Hinzu kam, daß die in diesen Jahren immer wieder aufflammenden kriegerischen Konflikte mit ihrem ständigen Hin und Her, mit Einquartierungen, Requisitionen, Übergriffen aller Art jede geregelte Ordnung, vor allem jede gleichmäßige Ausbildung und Erziehung in Frage stellten, und es sich auch von daher empfahl, die Söhne außer Haus zu geben.

Regelmäßigkeit, Ordnung und stärkere Kontrolle sollten jedoch keinesfalls Domestizierung bedeuten. Kaufleute waren keine Kadetten, und als die Zöglinge unter Friedrich Ludwigs Führung einmal Französische Revolution probten – Stein des Anstoßes waren die ständig wiederkehrenden gelben Rüben auf dem Speiseplan – und mit dem Schlachtruf »Hungerpension« zu Felde zogen, da lachte man nur; im übrigen konnte man für stolze dreihundertsechsundsechzig Gulden Pensionsgeld jährlich, mehr als dreimal soviel wie ein kurfürstlicher Gärtner erhielt, ja auch in dieser Hinsicht einiges erwarten.

Die beiden verließen die Schule 1798, mit sechzehn Jahren. Zu dieser Zeit war das linke Rheinufer bereits an Frankreich abgetreten, die sogenannte Rheinschanze nach der Bombardierung und zeitweiligen Beschießung der ganzen Stadt Ende 1795 von französischen Truppen besetzt, man munkelte von einer bevorstehenden inneren Eroberung der Stadt durch republikanisch-revolutionäre Kräfte in der Bevölkerung. Nun folgte die praktische kaufmännische Lehre. Beide gingen zunächst in die süddeutsche Handelsmetropole, nach Frankfurt, wo der Urgroßvater einst als Mehlhändler den ersten Schritt in die kaufmännische Selbständigkeit unternommen hatte. Während Johann Ludwig nach der Jahrhundertwende von dort nach Mannheim zurückkehrte und hier seine Ausbildung fortsetzte – er heiratete, wie gesagt, 1803 eben zweiundzwanzigjährig die ein halbes Jahr jüngere älteste Tochter des Mannheimer Eisenhändlers Johann David Frohn und trat in das Geschäft des Schwiegervaters ein –, ging Friedrich Ludwig zunächst nach Basel und dann, sich auf den Weinhandel spezialisierend, über das südfranzösische Béziers nach Mâcon, der Hauptstadt des im Zuge der Verwaltungsreform der Französischen Revolution neugeschaffenen Departements Saône-et-Loire am Südrand Burgunds. Hier endete seine Lehrzeit. Er wurde »commis«, Handlungsgehilfe, und dann sehr rasch »commis voyageur«, Handlungsreisender seiner Firma, die Kunden in ganz Europa bis hinauf in die skandinavischen Staaten, nach Finnland und nach Rußland hatte.

»On ne crache nulle part, mais on crache sur un commis voyageur«, »man spuckt nirgendwohin, aber man spuckt auf einen Handelsvertreter«, so hat Friedrich Ludwig später gern den Ausspruch eines der von ihm besuchten – und wahrscheinlich nicht sehr zahlungswilligen – Kunden zitiert. Es war in der Tat kein leichtes Geschäft, mit dem er es da zu tun hatte bei den örtlichen Kleinhändlern und vor allem auch den Direkteinkäufern. Wein, insbesondere ausländischer, französischer Wein, war ein Luxusartikel, den sich nur wenige leisten konnten, der Adel und die obersten Schichten des Bürgertums, reichere Kaufleute, staatliche und städtische Beamte, Männer der Kirchen. Und zumal der Adel war geneigt, mit Lieferanten und Lieferantenrechnungen sehr sorglos umzugehen – mit denen, die nicht am Ort oder in der Nähe ansässig waren, ohnehin. Von den Behörden, von Staat und Justiz, konnten die Gläubiger wenig erwarten. Das änderte sich zwar mit dem inneren Ausbau des Staates seit dem späten 18. Jahrhundert ein wenig, vor allem in

Frankreich, das hier mit der Einführung eines ganz neu gestalteten Handels- und eines Bürgerlichen Gesetzbuches, des Code Napoléon, zum Vorbild wurde. Aber außerhalb der jeweiligen Staatsgrenzen, bei Forderungen, die Ländergrenzen überschritten, blieb alles beim alten. Hier kam es entscheidend auf das Geschick des jeweiligen Beauftragten, des »commis voyageur«, an.

Solches Geschick besaß der noch nicht zwanzigjährige Friedrich Ludwig Bassermann offenbar in erheblichem Maße, wobei neben Naturell und Begabung wohl wesentlich auch die formale Ausbildung, der gesellschaftliche Schliff des Winterwerberschen Instituts zu Buche schlugen. Nach den ersten Reisen in die bereits ganz von dem Frankreich des ersten Konsuls beherrschten Niederlande, vor allem nach Ostende und Antwerpen – beide Städte gehörten damals zum französischen Staatsgebiet –, dann durch Nordwestdeutschland bis hinauf nach Hamburg schickte ihn seine Firma 1802 auf eine große Nordlandtour.

Friedrich Ludwig hat auf dieser Reise ein ausführliches Tagebuch geführt, das weniger die geschäftlichen Details als vielmehr die persönlichen Erfahrungen, Menschen und Umwelt, das »Bildungserlebnis« des Unternehmens festhielt – auch das war neu und Ausdruck des gewandelten Selbstverständnisses und Bildungsgedankens des Bürgertums der Zeit, wie sie ihm bei Winterwerber vermittelt worden waren. Von der Landschaft, von dem Erscheinungsbild der verschiedenen Häfen mit ihren oft exotischen Elementen – in Kopenhagen etwa der großen Zahl der dort ansässig gewordenen Schwarzen unter den »Ostindienfahrern« –, von den Lebensgewohnheiten der Menschen, ihren Speisen, ihren Trinksitten, ihrem Verhalten gegenüber Fremden ist ausführlich die Rede, aber auch von Bibliotheken und »Kunstkabinetten«, von politischen und gesellschaftlichen Zuständen, speziellen Sehenswürdigkeiten, von Naturereignissen und nicht zuletzt vom Klima, vom Wetter und seiner Bedeutung für das tägliche Leben. Es ist ein Reisetagebuch, das, ohne Prätention und Künstlichkeit, von der Struktur, vom Aufbau, von den Akzentsetzungen und vom Standpunkt der Beobachtungen her eher aus der Feder eines aufgeschlossenen und gebildeten adligen »Lustreisenden« des 18. Jahrhunderts zu stammen scheint als aus der eines hart um sein Brot kämpfenden, mancherlei Demütigungen und Mißerfolgen ausgesetzten jungen Handlungsreisenden.

Mit Verbrämung oder Verdrängung hatte das wenig zu tun. Es war Ausdruck einer Grundhaltung, der das Leben nicht im Beruf aufging, der bei allem Ernst und bei aller Konzentration auf das Kaufmännische, auf das Geschäftliche und auf die Zukunftsperspektiven, die sich von hierher eröffneten, viele andere Bereiche ebenso wichtig waren. Daß der Nur-Kaufmann, der Nur-Geschäftsmann, der für nichts anderes Augen und Sinn hatte als für seine Geschäfte, auch der schlechtere Kaufmann sei, da es ihm im entscheidenden Augenblick an »Einsicht«, an Blick für die Verhältnisse und Zusammenhänge fehlen werde – das war inzwischen zur festen eigenen Überzeugung, zu einem Lebensführung und Lebenshaltung durchdringenden und bestimmenden Gedanken geworden. So betrachtet, gehörten Geschäftsbuch und Tagebuch, die Einträge des Handelsreisenden und die Aufzeichnungen eines weltzugewandten, vielfältig interessierten jungen Mannes auf dem Weg durch das nördliche Europa unmittelbar zusammen: Beides waren Zeugnisse einer »Bildungsreise«, die »Bildung« und »Ausbildung« bruchlos vereinigte und die noch nichts wußte von der fatalen Trennung von Beruf und privater Existenz, die Kultur und Lebenswelt später auf so verhängnisvolle Weise auseinanderreißen sollte.

Von Hamburg war er im Sommer 1802 aufgebrochen, zunächst mit der Postkutsche nach Kiel, dann mit dem Paketboot nach Kopenhagen. Hier geriet er, der Binnenländer, erstmals in einen schweren Sturm mit Mastbruch und gefährdeter Landung. Von Kopenhagen ging es dann über Land via Helsingborg und Göteborg nach Stockholm, einer damals noch sehr kleinen Stadt mit meist aus Holz erbauten Häusern. »Die Einwohner, wie überhaupt die junge schwedische Nation, sind sehr höfliche Leute«, notierte er. Das Essen sei allerdings entsetzlich schlecht: »Gedörrte Fische, Schiffszwieback und Branntwein, von welchem letzteren die Schweden große Liebhaber sind.« Mitte November 1802 brach er von Stockholm auf, um über die Ålandinseln nach Åbo in Finnland zu gelangen. Auch hier geriet er wieder in schwere Wetter, sein Schiff war zu einer Notlandung gezwungen, ein anderes entging, wie er vom Ufer aus beobachten konnte, nur mit knapper Not einer Katastrophe. Über Helsingfors und Viborg führte ihn seine Reise schließlich erst nach St. Petersburg, dann nach Moskau und von da im Januar und Februar 1803 zunächst im offenen Schlitten, später wieder in der Postkutsche über Tausende von Kilometern zurück nach Mâcon.

Überall hatte er – möglichst ohne großen Zeitverlust, um die Kosten niedrig zu halten – Geschäfte abzuwickeln: Außenstände zu kassieren, Neubestellungen einzuwerben, Reklamationen anzunehmen und, wenn es sich irgend verantworten ließ, vor Ort zu entscheiden, Lieferschwierigkeiten nachzugehen, Kontakte mit Geschäftspartnern zu pflegen und nicht zuletzt bei jeder sich nur bietenden Gelegenheit für die Firma und ihre Waren zu werben. Die Gasthöfe, in denen er abstieg, waren sehr unterschiedlich, keiner zu vergleichen mit dem väterlichen »Drei König«. Oft bemühte er sich um ein privates Quartier. Auch sonst war das Reisen in jeder Hinsicht alles andere als komfortabel, das Ganze bei dem eingeschlagenen Tempo eine außerordentliche Strapaze.

In den Tagebuchaufzeichnungen ist davon freilich nur ganz am Rande die Rede. Es dominieren die ständig neuen Eindrücke, das Erlebnis der Fremde, das Abenteuer, das Gefühl, einen höchst aufregenden und abwechslungsreichen, weltverbundenen Beruf gewählt zu haben.

Eines allerdings war als Erfahrung so eindeutig, so überwältigend, daß er es gar nicht zu formulieren brauchte: Wo der Handel den lokalen beziehungsweise den eng begrenzten regionalen Rahmen überschritt, wo er über mehrere Länder ging, europäische Dimensionen erreichte, da nahm er sozusagen eine andere Gestalt an, wurde er selbst zu einem großen Abenteuer, dem nur ein bestimmter Typus gewachsen war. Mit enger Rechenhaftigkeit, mit überängstlichem Kalkül war hier nichts auszurichten, aber auch nicht mit leichtsinniger Waghalsigkeit, mit einer Spielermentalität, die nur auf das eigene Glück vertraut und in der steten Hoffnung auf den ganz großen Gewinn den Grundsatz aus dem Auge verliert, daß fast jedes Risiko, spielt man nicht »Alles oder Nichts«, sich auch rechnen läßt. »Nec temere, nec timide«, nicht zu kühn und nicht zu ängstlich, wie der Wahlspruch der alten Kaufmannsstadt Danzig lautete, der dort, mahnend oder ermunternd, vielerorts in Stein gehauen oder in Holz geschnitzt zu lesen war, über Hauseingängen, an Toren, in Handelskontoren und in Kirchen; noch Günter Grass'

»Rättin« buchstabiert ihn höhnisch in der nach der großen Katastrophe menschenleer gewordenen Stadt.

Wie es mit dem Verhältnis von Kalkül und Risiko aussah, darüber konnte sich jeder, der damals etwa eine Ladung verschiffte, nicht nach Übersee, sondern über die Nord- oder die Ostsee, rasch ein Bild machen, wenn er nach Wegen suchte, zumindest seinen Einsatz zu sichern: Als beispielsweise der Hamburger Kaufmann Johann Georg Eggeling Ende 1809 sechzehn Ballen Hopfen im Wert von zweitausendfünfhundert Reichstalern auf der »Aurora« »unter schwedischem Convoy« von Wismar nach Königsberg verschiffen ließ, da schloß er mit dem 1805 in Hamburg neubegründeten Bankhaus der Gebrüder Mendelssohn aus Berlin einen Versicherungsvertrag »für alle Gefahr von See, Sturm und Ungewitter, Schiffbruch« – »Strandung« war in diesem Fall, sonst vorgesehen, ausdrücklich ausgeschlossen –, »Übersegelung, Werfung, Feuer, Arresten und Bekümmerung von Königen, Fürsten und anderen Puissancen, feindlicher Nehmung, Aufbringung, Confiscation und Repressalien, auch für gewaltsame Spolirung der Kaaper und See-Räuber, und für alle andere Periculn, so auf dieser Reise diesen Gütern durch äusserliche Gewalt zustossen mögten«. Als Versicherungssumme für die Übernahme des Risikos »von dem Moment an, dass diese Güter vom Lande geschieden, um an Bord gebracht zu werden, bis dieselben zu Königsberg frey und unbeschädigt wieder an Land gebracht seyn«, wurden zwanzig Prozent des Warenwerts vereinbart – heute beträgt die Summe für entsprechende Risiken im weltweiten Verkehr höchstens 0,2 Prozent, also ein Hundertstel.

Gefährdungen und Chancen des überregionalen Handels jener Zeit sind hier in einer einzigen dürren Zahl zusammengefaßt, und Daten dieser Art dürfte der junge Bassermann bei seinen Reisen durch Europa in großer Fülle kennengelernt haben. Oft waren die – versicherbaren oder auch nicht versicherbaren – Risiken je nach politischer Lage, wirtschaftlicher Situation und gesellschaftlichen Verhältnissen und der konkreten Macht des Staates in dem jeweiligen Gebiet noch sehr viel höher. Ihnen konnte man durch Verteilung dieses Risikos, durch Vielfalt der Engagements auszuweichen versuchen, vor allem aber durch rationales Kalkül, durch sorgfältige Analyse der Gesamtsituation und der auf sie einwirkenden vielfältigen Faktoren und Elemente, durch Beobachtung aller Umstände, sprich durch »Weltklugheit«, durch nüchterne Berücksichtigung all dessen, was das Leben und das Verhalten des einzelnen wie des Gemeinwesens formte und bestimmte – hier schloß sich der Kreis von allgemeinem Bildungsideal und speziellem Bildungsziel endgültig.

Wer mit dem überregionalen Handel, der »größeren Handlung«, auf Dauer Erfolg haben wollte, das war die vielleicht wichtigste, lebensweltlich untermauerte Einsicht dieser Reise, der brauchte mehr als Glück und Risikobereitschaft, der brauchte alle jene Eigenschaften, die bisher als spezifische Qualitäten einer kleinen, entsprechend ausgebildeten und erzogenen Führungsschicht galten. Und lehrte der Erfolg, daß er sie tatsächlich besaß, dann, diese Schlußfolgerung drängte sich unmittelbar auf, gab es auch in dieser Hinsicht keinen Grund mehr, daß das Führungsprivileg in den öffentlichen Dingen, im Leben der Gemeinschaft anderen vorbehalten blieb.

Bis dahin war es freilich, wie zum dauerhaften beruflichen Erfolg, noch ein weiter Weg. Zunächst galt es, in einer Zeit des dauernden Umbruchs, sich ständig ändernder politischer und damit auch wirtschaftlicher Rahmenbedingungen, einen eigenen Boden zu finden, die Grundlagen für eine selbständige Existenz zu schaffen. Noch im Jahre 1803, dem Jahr des endgültigen Übergangs seiner kurpfälzischen Heimat an das neue Kurfürstentum Baden, den engen Bündnispartner des revolutionären und jetzt napoleonischen Frankreich am Oberrhein, wechselte Friedrich Ludwig von dem Haus in Mâcon zu der Firma Philipp Jacob Franck in Straßburg, in eine Position, die ihm, seiner bisherigen Ausbildung und seinen bisherigen Erfahrungen entsprechend, einen größeren Kompetenzbereich und größere Selbständigkeit bot.

Es sollte seine letzte Stellung als »commis«, als angestellter Kaufmann sein, und aus allen seinen Äußerungen dieser Zeit ist zu entnehmen, daß er, obwohl in Straßburg nicht unzufrieden, massiv in die Unabhängigkeit drängte. Unabhängig waren sowohl sein Vater als auch sein Großvater gewesen, in kleinerem Rahmen auch deren Väter, und es gab für ihn nie einen Zweifel, daß die abhängige Stellung in Lehre und erster Berufszeit nur ein Durchgangsstadium sein würde. »Sein eigner Herr und Knecht« – das stand als Lebensziel nie zur Debatte.

Illusionen hat sich Friedrich Ludwig dabei zu keinem Zeitpunkt hingegeben, ebensowenig wie sein Vetter Johann Ludwig, der im gleichen Jahr, 1803, in dem der Sohn des Drei-König-Wirtes nach Straßburg wechselte, mit dem Eintritt in das Eisengeschäft seines Schwiegervaters Johann David Frohn zu kaufmännischer Selbständigkeit gelangte. Zu nah waren überall, wohin sie blickten, noch die Mühseligkeiten des Aufstiegs, zu ungefestigt die geschäftlichen Situationen und Existenzen, zu prekär die Bedingungen in der Politik, in den Institutionen, im Verkehrswesen, in allen Lebensverhältnissen, unter denen sich Handel und Gewerbe zu behaupten hatten. Von Sicherheit, von bequemem Auskommen konnte nur bei ganz wenigen die Rede sein, und auch hier erlebte man nur zu oft, wie es binnen kurzer Zeit wenn nicht zu Zusammenbrüchen, so doch zu bedrohlichen Einbrüchen kam. Auch wer sich scheinbar in ein gemachtes Bett legte, indem er in eine erfolgreiche Kaufmannsfamilie einheiratete, konnte durchaus nicht sicher sein, daß er nicht höchst unsanft erwachte. Manche solche Einheirat erwies sich schon bald als die größte geschäftliche Fehlspekulation im Leben des jungen Kaufmanns - infolge der Umstände, gelegentlich aber auch infolge der geschickten Verschleierung und erfolgreichen Beschönigung der wahren geschäftlichen Situation seitens der Schwiegereltern.

Unbeschadet dessen aber war Einheirat in jener Zeit einer der Hauptschlüssel zur Selbständigkeit - jedenfalls im Rahmen des Geschäfts des Schwiegervaters -, wie sie auf der anderen Seite, von seiten der Elterngeneration, ein immer gezielter eingesetztes Mittel zur Befestigung, finanziellen Konsolidierung und Erweiterung des eigenen Geschäfts darstellte. Was sich auf der Ebene der Fürstenhäuser, im Zuge der dynastischen Machtbildung auf dem Wege über Mitgift und Erbschaft, seit Jahrhunderten ausgebildet und zu einem immer virtuoser gehandhabten System verfestigt hatte, das wurde nun auch hier mehr und mehr die Regel, mit ganz ähnlichen »Ebenbürtigkeitsnormen« und weit in die Zukunft vorausrechnenden Planungen. Im Falle Frohns paßte der Sohn des Heidelberger Tuchhändlers, der eine Erbschaft von vierzigtausend Gulden zu erwarten hatte, auf das beste in solche Planungen. Im Falle Reinhardt hingegen störte der Sohn des Heidelberger Drei-König-Wirts, auch wenn man

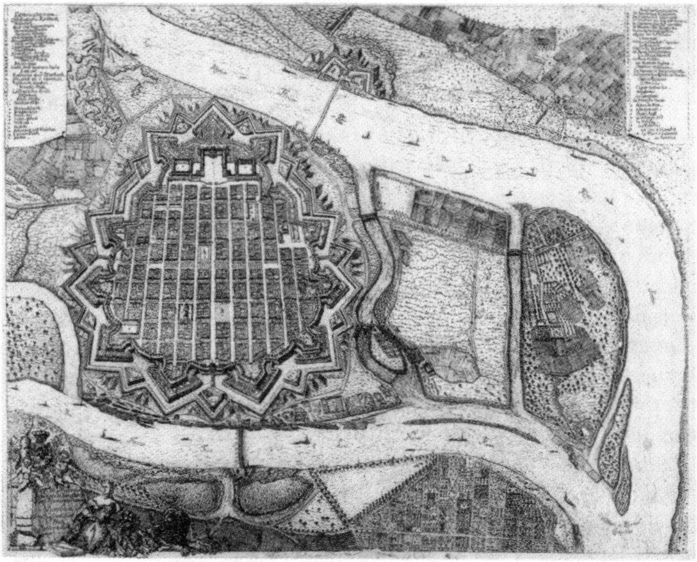

Vogelschauansicht Mannheims von Josef Anton Baertels, 1758

die Eltern persönlich kannte und in jeder Hinsicht schätzte, diese Planungen empfindlich.

Frohn und Reinhardt – das waren zwei Mannheimer Kaufmannsfamilien, deren Aufstieg und Schicksal jeweils bezeichnend waren für bestimmte Aspekte der Geschichte und Entwicklung des Wirtschaftsbürgertums in der einstigen kurfürstlichen Residenzstadt, die sich anschickte, zu einer geradezu klassischen Handels- und Wirtschaftsmetropole des 19. Jahrhunderts, des bürgerlichen Zeitalters zu werden. Die Frohns waren, was die Zeit, die sie in Mannheim ansässig waren, und auch was ihre kaufmännische Karriere anging, die älteren. Aus dem seit Beginn des 18. Jahrhunderts kurpfälzischen Kreuznach stammend – schon im 17. Jahrhundert figurieren Mitglieder der Familie hier als »Ratsherren« und »Handelsleute« –, hatte sich ein erster Vertreter der Familie in den dreißiger Jahren des 18. Jahrhunderts in der aufsteigenden neuen Residenzstadt niedergelassen: Er übernahm hier einen seit 1726 bestehenden »Eisenkramladen« und heiratete 1738 mit Maria Elisabeth Kußell die Tochter des »Gastgebers« »Zum silbernen Anker«, eines renommierten Mannheimer Gasthofes.

Dieser erste Mannheimer Frohn, Johann Jakob, der 1739, selber erst sechsundzwanzigjährig, in der Weinheimer Gasse ein schönes Haus für die stattliche Summe von fünftausend Gulden erwarb – Grundlage dafür war ein »Heiratsgut« von fast sechstausend Gulden, das ihm von seiner früh verwitweten Mutter in Kreuznach geschenkt worden war, die dort den Eisenhandel ihres Mannes erfolgreich weiterführte –, profitierte im weiteren von dem Aufschwung der Karl-Theodor-Zeit mit ihren vielfältigen Impulsen für das Wirtschaftsleben, insbesondere auch auf dem Gebiet des Bauwesens, das für den Eisenwarenhandel so wichtig war.

Zunächst allerdings hatte er noch mit den Widersprüchen der Politik Karl Philipps, des Residenzgründers, zu kämpfen gehabt. Dessen Regierung hatte zwischen fiskalischen Interessen, weit ausgreifenden Plänen zur Förderung von Handel und Gewerbe und ständiger Reglementierungssucht und Vielregiererei schließlich kaum noch einen Weg gefunden. Einerseits hatte sie die 1690 als Anreiz für die Wiederbesiedelung der fast ganz zerstörten Stadt erteilten Zollfreiheitsprivilegien – sie waren in dem ursprünglichen Ausmaß zeitlich begrenzt, aber auch nach dem Ablauf der betreffenden Fristen, nach 1707 beziehungsweise Mitte der zwanziger Jahre, bedeutend – immer weiter einzuschränken und mit sophistischen Interpretationen auszuhöhlen versucht. Andererseits war man mit Plänen umgegangen, Mannheim zu einem mit Frankfurt konkurrierenden Messezentrum auszugestalten und »Handel und Wandel in dero Landen und absonderlich in dero Residentz-Stadt Mannheim zu vermehren«. Man hatte entsprechende Initiativen entfaltet, auswärtige Kaufleute dafür auf vielerlei Wegen zu interessieren versucht und war vor allem bestrebt gewesen, ein entsprechendes Handels- und Messezentrum, ein großes »Kaufhaus« mitten in der Stadt zu errichten, das Messehallen, Zentrallager, eine Art Börse und die Stadtwaage in sich vereinen und ein Motor des regionalen wie des überregionalen Handels werden sollte.

Johann Jakob Frohn (1713–1770)

Wußte schon hier die Rechte nicht, was die Linke tat, so ergab sich ein noch tieferer Widerspruch aus der Sympathie, mit der die Räte Karl Philipps Bestrebungen verfolgten, den Handel, und zwar den Groß- und Fernhandel wie den Detailhandel, »Handelsleute und Krämer«, und auch alle anderen Gewerbe wieder einer festen

Zunftordnung und Zunftorganisation zu unterwerfen, sprich sie in das System der Konkurrenzbeschränkung und »gesicherten Nahrung« einzubinden. Seit dem Privileg vom 1. September 1652 hatte im Sinne der Wiederansiedlungspolitik des Kurfürsten Karl Ludwig gegolten: »Kein Handwerk oder Handwerksleut sollen zu Mannheim unter Zünften stehen, sondern mag ein jeder allda arbeiten nach seinem Belieben und zwar mit soviel Knechten und Instrumenten, als er gutfinden wird.« Das sollte nun beseitigt werden. Eine solche Politik aber vertrug sich in keiner Weise mit den Plänen einer gezielten Begünstigung des Handels, dessen eigentlich dynamisches Prinzip das der freien Bewegung, der Konkurrenz, des sich öffnenden Marktes war. Und niemand unter den Ratgebern des Kurfürsten konnte behaupten, über die Zusammenhänge nicht aufgeklärt worden zu sein: Als sich die kurpfälzische Regierung 1723 in dieser Sache an den Frankfurter Rat wandte und um Auskunft über die Verhältnisse bat, die dort, in dem großen Vorbild einer Handels- und Messestadt, herrschten und um Übersendung der entsprechenden Zunftordnung ersuchte, da antworteten die Frankfurter trocken, »daß in Frankfurt für die Handelsleute und Krämer keine Zunftordnung oder Artikel, deren letztere sonsten die Handwerker, nachdem vor hundert Jahren die Zünfte allhier abgestellet worden, für sich haben, eingeführet sind«.

Bestrebungen zur Wiedereinführung von Zunft- und Handelsschranken, wie sie in Mannheim vor allem von einer Reihe von Einzelhandelskaufleuten, von »Krämern«, getragen wurden, entsprachen jedoch der allgemeinen Tendenz zur Reglementierung und Disziplinierung der Gesellschaft insbesondere über die Befestigung der ständischen Verhältnisse und Institutionen. Daher schlug die kurpfälzische Regierung in den Wind, was sich als Schlußfolgerung aus der Auskunft der Frankfurter aufdrängte. Im August 1728 erhielten die – christlichen – »Handelsleute und Krämer« ihre Zunftordnung, die Karl Philipps Nachfolger, Karl Theodor, in seinen Anfangsjahren – 1745 gab es in Mannheim bereits wieder dreißig Zünfte – noch einmal ausdrücklich bestätigte, um sie dann freilich im weiteren mit Ausnahmegenehmigungen und Privilegien in vielfältiger Weise zu durchlöchern.

Kein Wunder, daß unter diesen Umständen der Bau des »Kauf-

Der Paradeplatz mit dem »Kaufhaus« in Mannheim, Radierung von Georg Wissger nach einer Zeichnung von Josef Anton Baertels, um 1760

hauses« und alles, was damit zusammenhing, nur sehr mühsam und ohne die Resultate und Wirkungen vorankam, die man sich davon versprochen hatte. Bereits 1725 war der förmliche Gründungsbeschluß gefaßt worden. Die Fundamente der gewaltigen Anlage waren bereits gelegt. Aber erst Mitte der vierziger Jahre kam der Bau zum Abschluß, begleitet von ständigen Streitereien über die Finanzierung, über Höhe und Verteilung der Gebühren, über die Verwendung der einzelnen Bereiche und Räume und von Zweifeln über den Wert und den praktischen Nutzen des Ganzen. Diese Zweifel wurden vor allem von seiten der Handelszunft genährt und formuliert. So entstand schließlich am Paradeplatz zwar eines der schönsten und architektonisch großzügigsten Gebäude des alten Mannheim, des Mannheim des 18. Jahrhunderts. Aber seine Funktion hat es in keiner Weise erfüllt. Statt zu einer Hochburg des Handels wurde es mehr und mehr zu einem Behördenzentrum: Das Rentamt, die Polizeikommission, das Wechselgericht, eine aus Vertretern von Stadt und Staat gebildete gemeinsame Kommission zur Förderung von Handel und

Gewerbe, der »Kommerzienrat«, fanden darin Platz, schließlich die Regierung, das »Regierungskollegium« selber.

Das war zugleich ein symbolischer Vorgang, das »Kaufhaus« sozusagen ein steingewordenes Zeugnis für die Entwicklung Mannheims in jenen Jahrzehnten insgesamt. Statt zu einer Handelsmetropole, die etwa gar mit Frankfurt hätte konkurrieren können, wurde die Stadt mehr und mehr zu einer Beamten-, Behörden- und Garnisonsstadt. Vergleichbar war die Entwicklung des Hofes, der nicht, wie mancher zunächst gehofft hatte, zum Zentrum einer ganz neuen, mit den dynamischen Kräften in Handel und Gewerbe verbündeten Politik wurde, sondern zum Mittelpunkt eines Systems, das unter Voranstellung machtpolitischer und fiskalischer Interessen in den zentralen Bereichen auf die überlieferte Ordnung und die traditionellen Verhältnisse und Faktoren setzte: auf den Adel, auf die ständische Hierarchie, auf Privilegien, auf Zünfte und Korporationen, mit einem Wort auf die Welt der Vergangenheit, wo sie nicht mit den sehr eng definierten aktuellen Interessen des Fürsten und des Fürstenstaats kollidierte.

Als Johann Jakob Frohn in den dreißiger Jahren nach Mannheim kam, da hatte er fraglos noch andere Erwartungen gehabt. Er war in Frankfurt, wo zwei Brüder seines Vaters als Kaufleute das Bürgerrecht erlangt hatten, in die Lehre gegangen. Hier jedoch drängten sich viele, und im heimischen Kreuznach waren die Verhältnisse höchst beengt. Das eben zur Residenzstadt aufgestiegene Mannheim hingegen mit seinen Zollfreiheitsprivilegien schien Zukunft zu haben und einem jungen Kaufmann erfreuliche Perspektiven zu bieten, zumal man gerade damals von großen Plänen des Kurfürsten auf wirtschaftspolitischem Gebiet munkelte. Als sich Johann Jakob in Mannheim niedergelassen hatte, da ist ihm zwar rasch klar geworden, wie die Verhältnisse wirklich waren. Aber er setzte offenkundig zunächst noch auf einen Wandel, etwa nach dem Tode des damals schon über fünfundsiebzigjährigen Karl Philipp: Als er zum Beitritt in die 1728 begründete Händler- und Krämerzunft aufgefordert wurde, sträubte er sich erst einmal und ließ sich auch durch mehrmalige Vorladung und die Drohung nicht einschüchtern, daß die »Handlensohnzünftigen« »allenfalls« gezwungen werden würden, »die Handelschaft ... nieder zu legen«. Dann freilich, als immer deutlicher wurde, daß die kurfürstliche Regierung auf dem 1733 im Grundsatz statuierten allgemeinen Zunftzwang nachdrücklich und auf Dauer zu beharren gedachte, lenkte er ein. Mitte 1741 wurde er, nach längeren Auseinandersetzungen über die Höhe des zu leistenden »Zunftgeldes«, der Aufnahmegebühr – er hatte schließlich als gebürtiger Kreuznacher, als Pfälzer Landeskind, zwölfeinhalb Gulden zuzüglich drei Gulden »Einschreibgeld« zu entrichten –, in die Zunft aufgenommen.

Der jetzt zünftige »Eisenkrämer« hat in den folgenden Jahren und Jahrzehnten eines enormen Aufschwungs vor allem des Bauwesens und aller Dienstleistungsgewerbe in der Hof- und Residenzstadt ausgezeichnet verdient. Die in der Familie erhaltenen Ölporträts des Ehepaars – man ließ sich, Symbol des Wohlstands und der eigenen Position, nach dem Vorbild der Oberschicht malen – zeigen behäbige, zufriedene Gesichter und eine Kleidung, die in jedem Detail dokumentiert, wie weit man es gebracht hatte: der Mann mit blausamtenem Rock, weißem Spitzenjabot und Spitzenmanschetten und weißgepuderter Perücke, die Frau mit blau-weiß gefaßter Spitzenhaube, darüber ein unter dem Kinn geknöpftes schwarzes Spitzenkopftuch und einen mit Pelz verbrämten schwarzen Überwurf. Auch bei der Auswahl des Malers ließ man sich nicht lumpen. Man saß dem »Kabinettsportraitmaler« des Kurfürsten, Heinrich Carl Brandt, Modell, der zugleich Professor an der 1769, dem Jahr der Entstehung des ersten der beiden Gemälde, neugegründeten Maler- und Bildhauerakademie war. Als Johann Jakob Frohn, seit zwanzig Jahren als »Senior« Mitglied des Vorstandes der von ihm einst bekämpften Zunft, 1770 starb, da hinterließ er seine Frau und seine fünf überlebenden Kinder in den besten Verhältnissen: Die Erbteilung beim Tod seiner Witwe, sechs Jahre später, ergab, bei durchaus nicht besonders sparsamer Lebensführung, einen Zugewinn in der Zeit der Ehe von mehr als einunddreißigtausend Gulden.

Das war weit mehr als die vom Zunftwesen versprochene »gesicherte Nahrung« gewesen. Man staunt, wenn man die höchst detaillierten Inventarlisten durchsieht, die aus Anlaß dieser Erbteilung erstellt wurden, welchen Lebensstil ein Einzelhandelskaufmann, ein »Krämer«, mit seiner Familie in der kurfürstlichen Residenzstadt zu entwickeln in der Lage war. Vieles auch von den Dingen des täglichen Gebrauchs war aus Silber: Das Inventar nennt im einzelnen zwölf silberne Leuchter, silberne Milchkannen, Kaffeekannen, Teekannen und Teeflaschen, Zuckerschalen und Zuckergestelle, Karaffengestelle für Essig und Öl, Salzfässer, Kredenzteller, Vorlege- und Eßlöffel, Konfekt- und Teelöffel, Gabeln, Dosen, eine Sauciere mit vergoldetem Rand. Man aß von Zinntellern, aus Zinnschüsseln und von Zinnplatten, man nahm die Schokolade und den Kaffee aus sächsischem und Frankenthaler Porzellan oder auch aus holländischen Tee- und Kaffeeschalen. Porzellanfiguren aus Meißen und aus Frankenthal gehörten ebenso zur Ausstattung des Hauses wie vergoldete Spiegel, silber- und goldbeschlagene Bücher und ein ausgedehnter Bestand an Kupfer- und Messinggeräten. Das Verzeichnis nennt nicht weniger als siebzehn Gemälde, eine Reihe von Kupferstichen – und Friedrich II. von Preußen in Wachs.

Auch das Mobiliar war überaus reichhaltig und, nach den beigefügten Schätzwerten zu schließen, vielfach von erster Qualität. Das galt nicht nur für den in bürgerlichen Familien seit langem üblichen Prachtschrank, in dem die – stets möglichst üppig bemessene – Leinenwäsche Platz fand: in Nußbaum mit gedrehten Füßen und silbernen Beschlägen, also in der Art des bekannten »Frankfurter Schrankes«. Es galt auch für die zwei Dutzend Sessel, von denen sechs besonders aufwendig gearbeitete mit je fast sechs Gulden geschätzt wurden, für die marmornen Konsoltische, darunter einen mit vergoldetem Fuß, für mit Juchtenleder bezogene Fauteuils, für die zahlreichen Spiel- und Kaffeetische, für Gueridons und Kommoden, für die mit fünfzig Gulden veranschlagte Tischuhr. Schmuck und Juwelen addierten sich zu bald elfhundert Gulden, darunter »Brazzelets«, Gürtelschnallen, Diamanten, eine goldene Repetieruhr.

Dazu kam eine ansehnliche Waffensammlung, die von Pistolen und Terzerolen über Büchsen und Degen bis zu den verschiedenartigsten Hirschfängern reichte und wohl kaum nur praktischen Bedürfnissen diente. Schließlich war das, was Johann Jakob Frohn im Lauf der Jahre an Weinen zusammengekauft, teilweise wohl auch geerbt hatte, zwar im wesentlichen Kapitalanlage und Handelsgut – die insgesamt sechsundfünfzig Fuder, das heißt rund sechsundfünfzigtausend Liter, umfaßten Weine aus fast fünfzig Jahren von zum Teil höchster Qualität und wurden auf mehr als vierzehneinhalbtausend Gulden geschätzt, was sie bei einer späteren Versteigerung dann auch in etwa erbrachten. Aber man kann sich leicht vorstellen, daß es im Hause Frohn auch in dieser Hinsicht nicht gerade knauserig zuging.

So lebte natürlich nicht jeder zünftige »Krämer«, der ein gut eingeführtes Geschäft in einer florierenden Branche besaß. Mancherlei kam in diesem Fall hinzu: eine Reihe von Erbschaften, vor allem aber Nebengeschäfte vielerlei Art, die nur sehr begrenzt etwas mit dem von der Zunft fixierten und geschützten Gewerbe zu tun hatten – neben dem Weinhandel insbesondere und in zunehmendem Maße Geldgeschäfte, Kreditvergabe auf Hypotheken oder gegen Wechsel, im ersteren Fall zu durchschnittlich fünf Prozent, im zweiten, wesentlich riskanteren, zu sechs.

Auch hier liefert der »status massae«, die Aufstellung aller Vermögensbestände beim Tode Maria Elisabetha Frohns, der Witwe Johann Jakobs, im Juli 1776 ein recht genaues Bild. Insgesamt wurden Hypotheken und Wechsel von über sechzigtausend Gulden verzeichnet, so gut wie alle konzentriert auf den Mannheimer Raum. Einen nicht unerheblichen Anteil unter den Schuldnern bildeten Mitglieder des kurpfälzischen Adels, Offiziere und hohe Beamte des Kurstaates, die aus dem Lande selbst oder auch von außen, aus Adelsfamilien anderer Territorien stammten. Die von Leiningen, von Pfeiffer, von Scherer, von Sickingen, von Sturmfeder, von Taxis oder von Wiesser figurieren neben vielen anderen in den Registern des Mannheimer Eisenhändlers.

Auch wenn Johann Jakob Frohn sich in dieser Hinsicht, im Hinblick auf solche auf Dauer höchst lukrativen Nebengeschäfte, zu denen ihm ererbtes Vermögen und persönliches Geschick den Zugang eröffneten, von der Mehrzahl seiner Zunftgenossen unterschied – gemeinsam war den allermeisten von ihnen, daß sie ganz wesentlich von der Residenz und vom Hof, von seiner Beamtenschaft, seiner Armee, der höfischen Gesellschaft lebten und allem, was daran hing. Hier fanden sie einen großen Teil ihrer Auftraggeber, ihrer Käufer, ihrer potentiellen Schuldner. Und von hier, von den Moden, Vorlieben, sich rasch wandelnden Verhaltensweisen und Normen des Lebensstils bis hin zu Wohnung und Kleidung, auch von den gerade vorherrschenden Anschauungen über das Wirtschaftsleben und seine besonders zu fördernden Elemente und Bereiche, waren sie auch sonst in sehr weitgehendem Maße abhängig.

Es waren sehr spezielle Bedingungen, unter denen man lebte, unter denen man Erfolg hatte und an denen man sich dementsprechend auch über das rein wirtschaftliche Kalkül, im eigenen Lebensstil und in den gesellschaftlichen Grund- und Wertvorstellungen orientierte. So war in zunehmendem Maße ein nicht nur in wirtschaftlicher Hinsicht am Hof orientiertes Bürgertum entstanden, das sich fundamental von jenem selbstbewußten, auf seine innere und äußere Selbständigkeit pochenden Handelsbürgertum unterschied, wie es Johann Jakob Frohn in seiner Jugend in der Reichsstadt Frankfurt kennengelernt hatte.

Für dieses höfisch orientierte, sehr weitgehend vom Hof abhängige Bürgertum markierte das Jahr 1778, die Übersiedlung Karl Theodors und fast des gesamten Hofstaates einschließlich der Armee und großer Teile der Verwaltung nach München, einen Einschnitt von entscheidender Bedeutung. Es verlor nicht nur beträchtliche Teile seiner bisherigen Kundschaft, in vielen Bereichen seinen Hauptauftraggeber. Vielmehr wurde durch den Weggang des Hofes das gesamte Gefüge der wirtschaftlichen wie der sozialen Beziehungen auf das empfindlichste gestört. Zurück blieb eine Bürgerschaft, der mehrheitlich das Zentrum und die Zukunftsperspektive abhanden gekommen waren und deren stark geminderte wirtschaftliche Erwartungen sogleich auf die geschäftlichen Verbindungen untereinander durchschlugen, hier zusätzlich ein Klima des Pessimismus und der ängstlichen Zurückhaltung erzeugten.

Das war die Situation, mit der sich Johann David Frohn, der beim Tode der Mutter 1776 dreißigjährige zweite Sohn und Geschäftsnachfolger Johann Jakobs, schon bald nach Antritt seines Erbes konfrontiert sah – der Älteste, Johann Heinrich, hatte Mannheim, wohl nicht zuletzt unter dem fortwirkenden Schock eines tragischen Unfalls beim Spielen mit einer väterlichen Waffe, dessen Opfer ein jüngerer Bruder wurde, schon seit längerem verlassen und leitete inzwischen eine Firma in Triest. Hinzu kam, daß Johann David zwar ein gut eingeführtes Geschäft übernahm, die Kapitaldecke jedoch durch die sehr rigoros durchgeführte Erbteilung sogleich und noch dazu im Vorfeld der Krise von 1778 reichlich knapp wurde.

Das in allen Einzelheiten genau festgestellte und bewertete Gesamterbe von rund einhundertsiebenunddreißigtausend Gulden wurde unter den vier überlebenden Kindern - neben den zwei genannten Söhnen noch je ein Sohn und eine Tochter - und zwei Enkeln, Kindern einer früh verstorbenen weiteren Tochter, auf Heller und Pfennig verteilt. Da der Schätzwert des Hauses und Geschäftssitzes in der Weinheimer Gasse, den Johann David übernahm, ihm ebenso von seinem Erbe abgezogen wurde wie Inventar und Geschäftsaktiva, die an ihn fielen, verblieb ihm schließlich nur eine disponible Summe von rund zwanzigtausend Gulden, und auch sie mußte durch Versteigerungen und Verkäufe erst realisiert werden. Das war immer noch ein recht ansehnlicher Betrag. Aber umfangreichere Nebengeschäfte im Stil des Vaters ließen sich damit kaum noch betreiben, ganz abgesehen davon, daß auch hierfür nach 1778 wesentliche Voraussetzungen entfallen waren: Die Zahl der potentiellen Konsumenten alter und teurer Weine ging sprunghaft zurück, und das gleiche galt für die Bezieher fester staatlicher Einkommen, einen Hauptstamm der Kunden im Kreditgeschäft.

Der klassische Weg, sich besser zu »fundieren«, war auch hier die Ehe, eine Heirat auf der Ebene zumindest gleicher Vermögensverhältnisse. Wo die Eltern eine solche Partie nicht mehr, wie sonst meist üblich, zu vermitteln vermochten, übernahmen andere diese Funktion, von Schwestern, Tanten, Schwägern und Schwägerinnen angefangen bis hin zu mehr oder weniger professionellen Heiratsvermittlern, wie sie zum klassischen Bestand vieler Theaterstücke und Lustspiele der Zeit gehörten.

Auf welchem Wege die Verbindung zwischen Johann David Frohn und der jungen Frankfurter Kaufmannswitwe Maria Dwerhagen zustande gekommen ist, ob entfernte Verwandte in Frankfurt dabei eine Rolle gespielt haben oder ob Johann David die Dienste eines auch »überregional« arbeitenden Heiratsvermittlers in Anspruch genommen hat, wissen wir nicht. Jedenfalls heiratete er Ende November 1778, und zwar in Frankfurt, nicht in Mannheim, die damals dreiundzwanzigjährige Tochter eines Frankfurter Kaufmanns, deren erste, 1773 geschlossene Ehe nur wenige Monate gedauert hatte. Die Summe, die sie, nicht als Mitgift, sondern als eigenen, von ihrem ersten Mann ererbten Besitz in die Ehe einbrachte, betrug knapp einundzwanzigtausend Gulden, und das verbesserte die Situation des Mannheimer Eisenhändlers, so ungünstig sich die Rahmenbedingungen inzwischen auch entwickelt hatten, mit einem Schlag erheblich.

Wie sein Vater hat auch Johann David zunächst lange gezögert, der »Handlungszunft« beizutreten, obwohl damit faktisch zugleich auch das Bürgerrecht verbunden, er als »Unzünftiger« also auch nicht Bürger war. Solange die Mutter lebte, konnte er darauf hinweisen, daß er, obwohl sie ihm das Geschäft 1771 formell übergeben hatte, nur halb selbständig sei: Er hatte seiner Mutter weiterhin für Kost und Logis eine feste Summe zu bezahlen, ebenso für den Lehrjungen, den er angestellt hatte. Aber auch nach dem Tode der Mutter zögerte er den Beitritt zur Zunft, trotz nachdrücklichen Drängens ihrer Vorsteher, der »Genossen« seines Vaters, immer wieder heraus; noch bei seiner Heirat war er ein unzünftiger Kaufmann »von« Mannheim, nicht ein »Mannheimer Bürger und Handelsmann«.

Offenbar gedachte Johann David zu diesem Zeitpunkt noch, auf die Chancen des freien Handels zu setzen, wie er sie, so wie einst der Vater, nicht zuletzt in Frankfurt kennengelernt hatte. Dann aber strich auch er die Segel. Anfang April 1780 wurde er auf seinen Antrag hin als Bürger angenommen, und Ende desselben Monats bat er, wie das Zunftprotokoll verzeichnet, als »hiesiger Handlungs Verwandter Sohn«, »Ihne nunmehro auch der Handlung einverleiben zu mögen«. Als Sohn und Geschäftsnachfolger eines einstigen Mitglieds und Seniors der »Innung«, wie sich die Zunft jetzt auch nannte, hatte er nur eine sehr verminderte »Ein- und Ausschreibgebühr« und »Innungsaufnahmsgebühr« von insgesamt sechs Gulden zu entrichten, »für Einkaufung dessen Frau Eheliebsten« allerdings das zweieinhalbfache, fünfzehn Gulden.

Nachdem er sich so in Stadt und Zunft, in das System von Herkommen und »gesicherter Nahrung« eingefügt hatte, ist Johann David respektabel über die nächsten Jahre und Jahrzehnte gekommen, die mit Krieg, Einquartierungen und Requisitionen, schließlich mit einschneidenden territorialen Veränderungen in diesem Raum immer schwieriger wurden. Als Ende Oktober 1806 bei seinem Tode zur Feststellung des Erbes erneut Bilanz gemacht wurde, blieb nach achtundzwanzigjähriger Ehe und der Ausstattung der beiden, 1782 und 1784 geborenen Töchter ein Reingewinn von rund zwölftausend Gulden, wobei man allerdings die sehr starke Geldentwertung der vergangenen fünfundzwanzig Jahre in Rechnung stellen muß.

Es hatte gereicht. Man hatte ein solides, durchaus nicht knappes Auskommen gehabt - der Lebensstil der Eltern war deutlich prägend gewesen. Aber von einem Ausbrechen aus den eng begrenzten Verhältnissen oder auch nur von einem Anrennen gegen sie, von weiter ausgreifenden geschäftlichen Initiativen konnte nach den Anfangsjahren keine Rede mehr sein. Man duckte sich, klagte über die Zeitumstände und sah, daß man über die Runden kam. Dabei ahnte man insgeheim, daß die Zeit der »gesicherten Nahrung« endgültig zu Ende ging, daß nur der als Kaufmann eine wirkliche Zukunftschance besaß, der auf eigene Faust etwas wagte, der sich der Konkurrenz stellte, ja, sie herausforderte. Selber konnte man von dergleichen freilich meist nicht einmal mehr träumen. Aber was, wenn das eigene zwar etablierte, aber doch eher stagnierende Geschäft durch einen, noch dazu etwa kapitalkräftigen, dynamischen und im Geist der neuen Zeit ausgebildeten Schwiegersohn neu belebt, in neue Verbindungen und Zusammenhänge geführt würde?

Das war die Perspektive, die die Werbung des Heidelberger Tuchhändlersohns Johann Ludwig Bassermann eröffnete, der, wie unschwer in Erfahrung zu bringen war, mit einem väterlichen Erbteil von rund vierzigtausend Gulden rechnen konnte. Kein Wunder, daß Johann David Frohn, der auf die Sechzig zuging, einer Verbindung mit seiner ältesten Tochter Susanna Elisabetha sogleich und mit Freuden zustimmte: Hier war jemand, der Geschäft und Familie aus der Enge des Zunftbürgertums herauszuführen versprach, der andere Ambitionen hatte und dazu auch über die Mittel verfügte - sowohl vom Kapital als auch vor allem von der Ausbildung her.

Ganz anders die Ausgangslage bei den Reinhardts, in deren Familie der Vetter Friedrich Ludwig zwei Jahre später, 1805, einheiratete. Johann Wilhelm Reinhardt, der Schwiegervater und Geschäftsgründer, Sohn eines Gastwirts und Weinhändlers in Neuwied, war 1767, im Alter von fünfzehn Jahren, nach Mannheim gekommen. Er war hier, bei dem »Krämer« Gaddum, in die Lehre gegangen und dann mehrere Jahre in dessen Tuchladen, der nach seinem Tode von seiner Witwe weitergeführt wurde, beschäftigt gewesen. 1781, drei Jahre nach dem Wegzug des Hofes und ein Jahr nach dem Eintritt Johann David Frohns in die »Handlungsinnung«, hatte er sich auf schmalster finanzieller Grundlage mit einem Freund selbständig gemacht: Von seinem äußerst knapp bemessenen Gehalt von jährlich zweihundert Gulden - die Verweigerung einer Gehaltserhöhung gab den letzten Anstoß für den Entschluß zur Geschäftsgründung - und gelegentlichen Nebengeschäften hatte er im Lauf der Jahre vierzehnhundert Gulden zusammengespart. Dazu kamen zweitausend Gulden, die ihm sein Vater, der inzwischen Bürgermeister von Neuwied geworden war, und ein Bruder liehen - der Vater mit der warnenden Bemerkung, er habe sich »anjetzo so mit Geld durch Dich entblößet, daß du auf mich keine weitere Rechnung machen kannst«.

Grundlage des Geschäfts waren Resteeinkäufe auf der Frankfurter Messe und ihr Weiterverkauf in dem kleinen Mannheimer Lädchen, wobei der Vater, der offenbar die Risikobereitschaft des Sohnes kannte, nachdrücklich warnte, angesichts der geringen und jedenfalls durch ihn nicht weiter vermehrbaren Mittel »mit Einkaufung der Waar diese Meß so zu Werk zu gehen, daß du die andere Meß auch bezahlen kannst«.

1783, als das Geschäft eben in Gang gekommen war, heiratete er die Tochter eines Lambsheimer »Handelsmanns« und Gutsbesitzers. Der Vater hatte vier Töchter, die er alle unter die Haube bringen mußte, und bei dieser war es ihm offenbar besonders schwer gefallen: Mit dreißig Jahren war Barbara, genannt Babette, Koob fast schon aus dem heiratsfähigen Alter heraus. Da waren an den Schwiegersohn keine allzu hohen Ansprüche zu stellen, was seine soziale Stellung und seine finanzielle Situation betraf, zumal Elias Koob, wollte er sich nicht selbst alle Grundlage entziehen, der Tochter als »Heiratsgut« nicht mehr als zweitausend Gulden, teils in bar, teils in Grund und Boden, mitgeben konnte; für das Bargeld sollte sie sich ihre Aussteuer, für die offenbar nicht vorgesorgt war oder die man bereits an die anderen Töchter vergeben hatte, selbst kaufen.

Was freilich zunächst wie eine Heirat »unter Stand« aussah, erwies sich schon bald als unerwartete Partie, und auch sonst hatte Elias Koob mit den Ehen seiner Töchter Glück: Eine andere heira-

Maria Barbara Reinhardt, geb. Koob (1753–1827)
Johann Wilhelm Reinhardt (1752–1826)

tete mit Heinrich Stumm von der Asbacher Hütte an der Saar ein Mitglied einer der großen Gründerfamilien des dann heraufziehenden neuen, des Industriezeitalters.

Aussteuer, Grund und Boden – dafür hatte Johann Wilhelm Reinhardt wenig Sinn. Ihn interessierten in seiner Lage, bei seinen geschäftlichen Plänen und dem Mißverhältnis, in dem sich die eigenen Mittel dazu befanden, nur die Zahlen, der Geldwert, der dahinter stand. Als Babette mit ihren Siebensachen auf der »Rübenkutsche«, wie die Mannheimer die offenen Wagen der Bauern spöttisch nannten, vor seinem kleinen Laden vorfuhr, da überredete er sie rasch, das vom Vater mitbekommene Geld statt in die Aussteuer in sein Geschäft zu stecken und sich zunächst mit dem kleinen Zimmer zu begnügen, das er neben dem Laden bewohnte. Und den Grundbesitz, auf den sich die Wünsche so vieler anderer Ladenbesitzer und etablierter Zunftbürger richteten, ließ er sogleich versteigern, um flüssiger zu werden. Nicht Auskommen, nicht »gesicherte Nahrung« war sein Ziel, sondern Expansion, Wahrnehmung neuer Chancen, Ausgreifen in immer weitere Bereiche, wirtschaftlicher Erfolg im großen Stil.

Johann Wilhelm Reinhardt hatte keine sehr sorgfältige Ausbildung genossen, weder in allgemeiner noch in kaufmännischer Hinsicht. Von Buchführung verstand er wenig, alle »Theorie« war ihm fremd und zuwider, der Typ des »gebildeten«, gar am Hof und an »höfischen« Werten orientierten Kaufmanns eher verdächtig. Seine Rechnung lautete zunächst sehr simpel: Wer Gewinn machen, wer vorankommen will, muß etwas riskieren, und er muß die Kosten senken. Letzteres hieß vor allem: Er muß unnötige Ausgaben vermeiden, den Konsum in strengen Grenzen halten und nicht behaglich leben wollen.

So wohnte er mit seiner Frau in den ersten Jahren weiterhin, auch als 1785 und 1787 die beiden Töchter kamen, in dem einen Zimmer neben dem Laden – während des Wochenbetts schlief er auf der Ladentheke. Frau und Töchter trugen die Ladenhüter auf; Wilhelmine Bassermann, die jüngere Tochter, erinnerte sich später besonders an die »im Zickzack rot und gelb gewirkten Blitz- und Donnerkleider« aus einem aus der Mode gekommenen, nicht mehr absetzbaren Stoff. Nur gegen einen Rest langhaariger Biberfelle wehrte sich Babette einmal energisch: »Wie eine Bärin mit ihren Jungen« wolle sie nun doch nicht durch die Stadt laufen. Sich selbst gegenüber war Reinhardt nicht weniger streng. Er habe sich in den ersten Jahre seiner Ehe oft überlegt, ob er sich noch einen zweiten Schoppen leisten solle, erzählte er später gern, als er längst für sein offenes Haus und die hohe Qualität seiner Weine bekannt war.

Alles, was nicht ausgegeben wurde, kam dem Geschäft zugute, und hier entwickelte der sparsame, ja, fast geizig wirkende Mann von Anfang an eine Großzügigkeit, die in vollständigem Gegensatz dazu und zu dem Geschäftsgebaren der meisten der zünftigen Kaufleute mit ihrem breiten und behaglichen Lebensstil nach Art der Frohns stand. Er begann zunächst, mit Tuchen auch jenseits des Ladentischs zu handeln, dann auch mit anderen Waren, mit Tabak, mit Getreide, mit Pfälzer- und mit Rheinweinen, und zwar nicht nur in der Region, sondern schließlich bis nach Wien und Budapest, nach Berlin und Königsberg und den ganzen Rhein hinunter bis in die Niederlande. Das ließ nicht nur in der Warenpalette – er kann als der eigentliche Begründer des Mannheimer Landesproduktenhandels gelten – alles vorsichtig-bedächtig Zünftlerische weit hinter sich. Die Art, wie er das Geschäft betrieb, ganz auf eigene Faust, ständig auf Reisen, alle Kniffe und Schleichwege vor allem auch im Umgang mit den verschiedenen staatlichen Behörden beherrschend, war in vielem gegen alles Herkommen und mochte manchem bedenklich erscheinen. Es stand auch in wachsendem Gegensatz zu den immer noch vorherrschenden Grundsätzen staatlicher Wirtschaftspolitik in der Kurpfalz und in vielen benachbarten Territorien.

Möglichst große Autarkie, Begünstigung der heimischen Veredelungswirtschaft, Abschirmung des eigenen Wirtschaftsraums nach außen, Gründung eines erheblichen Teils der staatlichen und auch der städtischen Einnahmen auf Einfuhrzölle, Ausfuhrzölle, Durchgangszölle, Stapelrechte - an diesen Prinzipien des sogenannten Merkantilsystems orientierte sich nach wie vor der größere Teil der Regierungen, der staatlichen und städtischen Behörden Mitteleuropas, des Heiligen Römischen Reiches Deutscher Nation, das in den achtziger Jahren des 18. Jahrhunderts, rund anderthalb Jahrzehnte vor seiner Auflösung, noch in annähernd zweitausend selbständige Herrschaften zerfiel.

Gegen diese Politik und ihre Folgen für die Wirtschaft, vor allem für den überregionalen Handel, hat Reinhardt von früh auf gekämpft und in dem Maße, in dem sich sein eigenes Geschäft mehr und mehr erweiterte, neben vielen Gegnern auch überregional eine zunehmende Zahl von Bundesgenossen gefunden. Insbesondere galt der freien Rheinschiffahrt über Jahrzehnte hin seine ganze Energie. In dem unbehinderten Frachtverkehr vom Meer bis Mannheim sah er, durchaus prophetisch, ein entscheidendes Fundament für die wirtschaftliche Entwicklung und Zukunft der einstigen kurpfälzischen Residenz, im Großhandel und Speditionsgeschäft ihre eigentliche Chance. In diesem Sinne hat er etwa 1798 mit Camphausen und Ditges in Düsseldorf eine entsprechende öffentliche Initiative gestartet, um die Rheinanliegerstaaten für derartige Pläne zu gewinnen, und wie schon vorher ist er auch in den Jahren und Jahrzehnten danach immer wieder in diesem Sinne aktiv geworden.

Erfolgreich war er damit nur insofern, als er sehr wesentlich dazu beigetragen hat, daß die Bedeutung der Frage mehr und mehr ins öffentliche Bewußtsein drang, daß sich die Fronten und Meinungen klärten und sich die Parteigänger des Grundsatzes der Handels- und Wirtschaftsfreiheit auch überregional sammelten: Erst die Rheinschiffahrtsakte von 1831, die die Absichtserklärung des Wiener Kongresses von 1815 in die Tat umsetzte, brachte in Verbindung vor allem mit dem Zollverein von 1834 die im wesentlichen freie Rheinschiffahrt zumindest bis zur niederländischen Grenze und schuf damit in der Tat eine entscheidende Voraussetzung für den Aufstieg Mannheims zum Großhandels- und Speditionszentrum Süddeutschlands und schließlich zum größten deutschen Binnenhafen.

Niemand konnte schon nach wenigen Jahren ernsthaft bestreiten, daß der »Handelsmann« Reinhardt wußte, wovon er sprach, daß seine Auffassungen und Forderungen allem anderen als grauer Theorie entsprangen. Aus dem finanziell auf sehr schwankendem Boden stehenden Inhaber eines kleinen Tuchlädchens war ein Mann geworden, der im Nah- und im Fernhandel in vielen Bereichen die Dinge en gros und en détail übersah, der Geschäfte im großen Stil betrieb und erstaunlich erfolgreich war.

Acht Jahre nach der Geschäftsgründung, sechs Jahre nach seiner Heirat hatte er 1789 für zehntausend Gulden das Haus »Zum grünen Wald« in bester Mannheimer Lage, direkt am Markt, neben der katholischen Pfarrkirche erworben. In den neunziger Jahren war er mit seinem weitverzweigten Tuch-, Tabak-, Getreide- und Weinhandel bereits so wohlhabend geworden, daß er sich wie damals viele Handelshäuser überall in Deutschland zusätzlich auf das Geldgeschäft verlegen konnte, und zwar auch hier wieder mit Vorliebe auf besonders risikoreiche, aber dafür auch besonders interessante Bereiche: Er kaufte des öfteren Schuldscheine und Wechsel auf, die aus verschiedenartigen, nicht selten politischen Gründen unsicher geworden waren, und suchte sie dann mit Hilfe seiner vielfältigen Verbindungen und mit mancherlei Manövern und überraschenden Schachzügen doch noch zu Geld zu machen. So soll er einmal dem Fürsten Esterházy in einem dramatischen Auftritt, nachdem er sich mehr oder weniger gewaltsam Zutritt zu dessen Wiener Palais verschafft hatte, vor versammelten Gästen eine Serie uneingelöster Schuldscheine vorgeblättert und so vor zahlreichen Zeugen ein Einlösungsversprechen erzwungen haben.

Auch die Kriegsereignisse der neunziger Jahre, die Belagerung

Reinhardts Wohn- und Geschäftshaus »Zum grünen Wald«

und das Bombardement Mannheims im November 1795, die seine Familie wie viele andere für Wochen in den Keller zwangen, hemmten den geschäftlichen Aufstieg des erstaunlich beweglichen, zu immer neuen Risiken bereiten Mannes nur wenig. Im Gegenteil. Wie die Rothschilds in Frankfurt unterhielt er einen privaten Nachrichtendienst zu den Hauptkriegsschauplätzen und zog immer wieder erheblichen Gewinn aus dem Informationsvorsprung, der daraus resultierte – vor allem auf dem Gebiet der Staatsanleihen, mit dem er sich zunehmend intensiver beschäftigte.

Nach dem Übergang der Pfalz und Mannheims an Baden wurde er, seit 1801 zugleich Zunftmeister der Handlungsinnung, selber zu einem der größten privaten Kreditgeber der ausgebluteten Stadt und des neuen Kurfürsten- und späteren Großherzogtums, das mit seinen hohen Subsidienverpflichtungen gegenüber seinem französischen Protektor in ständigen Geldnöten war. Der rechte Arm, den der Merkur – das Symbol von Handel und Gewerbe in Peter van den Brandens Monument auf dem Marktplatz – während der Beschießung der Stadt 1795 verlor, verkörperte jedenfalls nicht die Reinhardtschen Geschäfte. Zu ihnen gehörte etwa auch die komplette Neueinkleidung des gesamten Hofstaates von Pfalz-Zweibrücken Ausgang des 18. Jahrhunderts, kurz vor der Vereinigung des Landes mit Bayern und dem Übergang nach München beziehungsweise der faktischen Auflösung des Hofes in seiner bisherigen Form – vom General und Minister bis zum Hofnarren und Lakaien zum Pauschalpreis von zehntausend Gulden. Bei aller Kühnheit und bei allem Einfallsreichtum blieb Reinhardt freilich stets ein nüchterner Rechner, der die Risiken genau abwog und jedes Vabanquespiel zu vermeiden suchte. Einem so vorsichtigen Bankier wie Simon Moritz Bethmann in Frankfurt galt Reinhardt denn auch als »so unbedingt solide, daß ich jeden Posten in Blanco für ihn akzeptieren würde«.

Da zu Reinhardts Kummer der Sohn und Geschäftserbe ausblieb, wuchsen mit großer Selbstverständlichkeit schon früh die Töchter in dessen Funktion hinein, vor allem die jüngere, Wilhelmine. Nach Temperament, Durchsetzungskraft und Beweglichkeit glich sie ganz dem Vater. Schon bald, als eben erst Heranwachsende, wurde sie zu dessen rechter Hand, reiste mit ihm, führte die Korrespondenz und die Buchhaltung beziehungsweise das, was dafür gelten sollte; auch verkaufte sie selber im Laden, den man nach wie vor weiter betrieb. An geregelten Unterricht, gar an eine systematische Ausbildung mit weiter gesteckten Bildungszielen, wie sie das Winterwerbersche Institut verfolgte – das freilich keine Mädchen aufnahm –, war bei dieser Lage der Dinge nicht zu denken.

Johann Wilhelm Reinhardt (1752–1826)

Der Vater hielt dergleichen auch für unnötig, und das wohl nicht nur bei einer Tochter, für lebensfernen Schnickschnack, der der kaufmännischen Praxis entfremdete und den nüchternen Blick auf die Welt, wie sie wirklich war, verstellte. Wozu brauchte man eine »Theorie der Handlung«? Und wozu all die angepriesenen Techniken bis hin zur doppelten Buchführung? Wozu Tanzen, Reiten, Schwimmen, Fechten, die ganze »höfische« Lebensart? War er nicht selber der lebendige Beweis dafür, daß man ohne das alles nicht nur zurechtkam, sondern die meisten anderen in die Tasche steckte, wenn man nur aufpaßte, die tatsächlichen Zusammenhänge und Verhältnisse studierte, sich auf das Handfeste und Handgreifliche konzentrierte und vor allem seinen gesunden Menschenverstand gebrauchte?

So blieben Wilhelmine und ihre ältere Schwester das, was man wohlwollend »unverbildet« nennt, und in der Tat – Schnürschuhe ließ sich vor allem die Jüngere in keiner Beziehung anlegen. Das ging selbst dem Vater gelegentlich zu weit, der sie zärtlich liebte und dem sie, die das Geschäft in allen seinen Verzweigungen und höchst komplizierten Wechselbeziehungen bald ebenso gut kannte wie er, zunehmend unentbehrlich wurde. So wenn sie, beim Essen in der Hinterstube gestört, eine Kundin mit der Frage empfing: »Hat Sie zu Middag gesse?« und auf das »Ja« fortfuhr: »Dann lasse se annere Leit aach esse!«

In ihrer nach Art des Hauses sehr knapp bemessenen Freizeit las Wilhelmine mit Leidenschaft die damals gerade in Mode gekommenen deftigen Ritterromane, etwa C. G. Cramers 1794 erschienenen »Hasper a Spada«, eine Folge hochdramatischer, leicht faßlicher Szenen nach Art heutiger Comics. Im übrigen boten neben dem Geschäft, neben den die Phantasie mächtig anregenden Verbindungen in aller Herren Länder und später vor allem auch den Reisen die Zeitereignisse Aufregungen und Spannungen genug. Die vielen Wochen, die Wilhelmine, damals acht Jahre alt, 1795 in den als sicher geltenden gewölbten Kellern des Hillesheimschen Palais am Markt verbracht hatte – neben dem sie 35 Jahre später ihr eigenes errichten sollte –, gehörten zu ihren wesentlichen Kindheitserlebnissen. Aber auch die künstliche Überschwemmung der linksrheinischen Rheinauen im Januar 1796, das ständige Hin und Her von französischer und österreichischer Besetzung, die Niederlegung der Festungswerke 1799, die Übernahme der Stadt durch Baden 1802, die großen Volksfeste, die bei dieser und bei vielen anderen Gelegenheiten die Regel waren, blieben in der Erinnerung haften und verschmolzen zu dem Gesamteindruck, in einer, bei allen Bedrohungen und Gefährdungen, höchst interessanten und lebendigen Zeit aufgewachsen zu sein, die zugleich so etwas wie einen großen sozialen Schmelztiegel bildete.

Die Geschäfte des Vaters waren mit den meisten dieser Vorgänge in der einen oder anderen Weise verknüpft und florierten dabei; das verstärkte diesen Eindruck noch und ließ das Ganze zugleich als eine Epoche des Aufbruchs, der großen Chancen, des sich erfolgreich Durchsetzens einer aufsteigenden neuen Schicht von Selfmademen erscheinen. »Avoir le bâton de maréchal dans sa giberne«, »den Marschallstab im Tornister haben« - das war auch hier das Lebensgefühl, ein Lebensgefühl, von dem sich die Reinhardttochter früh durchdringen ließ.

Mut brauchte es dazu, Unbekümmertheit, Zupackenkönnen, Blick für die menschlichen Verhältnisse in allen Lebensbereichen, einen klaren, direkten Verstand. Das waren alles sogenannte männliche Tugenden, und nicht nur der Vater hatte manchmal den Eindruck, als ob die Natur hier, anders als bei der älteren Schwester, die sich, nicht von der derben Gesundheit der Jüngeren, mehr und mehr ins Haus zurückzog, einen Mißgriff getan hätte: Daß die Achtjährige im September 1795 einen verwundeten französischen Trommlerjungen, der mit seiner Einheit von Handschuhsheim - wo der dreizehnjährige Friedrich Ludwig Bassermann zu den »Kampfbeobachtern« gehört hatte - in die Stadt geflohen und an der Pfarrkirche zusammengebrochen war, auf eigene Faust versorgte und dann zu einem Arzt schaffte, paßt in das Bild.

Wen sich Reinhardt für diese Tochter, die, schlank und mit sehr ausgeprägtem, ausdrucksvollem Gesicht, auch in ihrem Aussehen ihren Charakter nicht verleugnete, also nicht gerade dem weiblichen Schönheitsideal der Zeit entsprach, als Ehemann vorgestellt hat, ist schwer zu sagen. Sicher ist, daß ihm jeder zweite nicht paßte. »Stroh her, die Läus' zu verbrenne«, soll er einmal für seine Tochter geantwortet haben, als ein Frankfurter Geschäftsfreund ihr in seinem dortigen Kontor seine heiratsfähigen Söhne mit einer entsprechenden Bemerkung präsentierte. Vielleicht war er insgeheim und sich selbst nur halb bewußt der Überzeugung, daß er einen besseren Juniorpartner für sein Geschäft sowieso kaum finden könne und daß ein Schwiegersohn sich nur zwischen ihn und seine Tochter drängen werde. Jedenfalls blieb der Druck, den der sonst so willensstarke und zur Durchsetzung seines Willens entschlossene Mann auf die Tochter ausübte, eher gering, als er mit Johann Wilhelm Reinhardt, einem entfernteren Neffen, den geeigneten Mann und Geschäftserben für sie gefunden zu haben glaubte. Er war zufrieden, als der Neffe sich, von Wilhelmine abgewiesen, kurzentschlossen für deren ältere Schwester Anna Katharina entschied. Äußerst heftig war dagegen der Widerstand, den er dem jungen Mann entgegensetzte, der dann ganz unerwartet und ungeplant auf der Bildfläche erschien.

Schon den Typus mochte er nicht: ein »gebildeter« Kaufmann der neuen Art, verbindlich, mit ausgezeichneten Manieren, an Kunst, an Musik, an Literatur interessiert, fast ein »Höfling« wie gewisse Zunftmeister, die sich für das Geschäft beinahe schon zu gut dünkten, obwohl sie doch ernsthaft nichts anderes als das konnten, und auch das mehr schlecht als recht. Dazu kam, daß von einem den eigenen Verhältnissen entsprechenden finanziellen Hintergrund nicht die Rede sein konnte, sprich von der Möglichkeit einer Beteiligung, die das Geschäft auf noch größeren Fuß zu bringen versprach; dergleichen war von einem künftigen Schwiegersohn und Juniorpartner schließlich doch zu erwarten.

Das Schlimmste aber war: Die geliebte, so handfeste, so nüchterne, so welt- und geschäftskluge Tochter war plötzlich nicht wiederzuerkennen. Unter den Korrespondenzentwürfen, in dem Schreibheft, in dem sie Anreden, stehende Formeln, Geschäftsdetails, Termine, Lieferzusagen und ähnliches in buntem Durcheinander festhielt, fand sich plötzlich »wirres Zeug«, ein innerer Monolog, der dokumentierte, daß das bisherige Zentralgestirn, Vater und Geschäft, abrupt gewechselt hatte.

»Wilhelmina - Friz Friz - Strasburg - Heidelberg«, so hieß es, mal gemalt, mal gekritzelt, in pittoreskem Durcheinander auf einer dieser Seiten, »mon cher ami - Was ich Ihnen höflich erwiedernd dero beide geehrte vom 20. u. 25. ds. - Nous avons bien reçu les deux ballots du drap - Wenn Peter guten Malaga weiß, so kauft solchen für mich - Bassermann - o Friz es gab für uns der seligen Augenblicke so wenig, Friz mein einziger Geliebter, Du bist zwar 29 Stunden von mir entfernt, Du bist in einer großen üppigen Stadt, doch trau ich Deinen Worten, die Liebe mir gegeben hat - Werd ich einstens noch mit meinem Friz verbunden, so ist es Wonne für mein Herz - Clavier habe ich wegen Dir gelernt - André [ein anderer Neffe und Vetter aus Neuwied, der vom Vater jetzt als Alternative

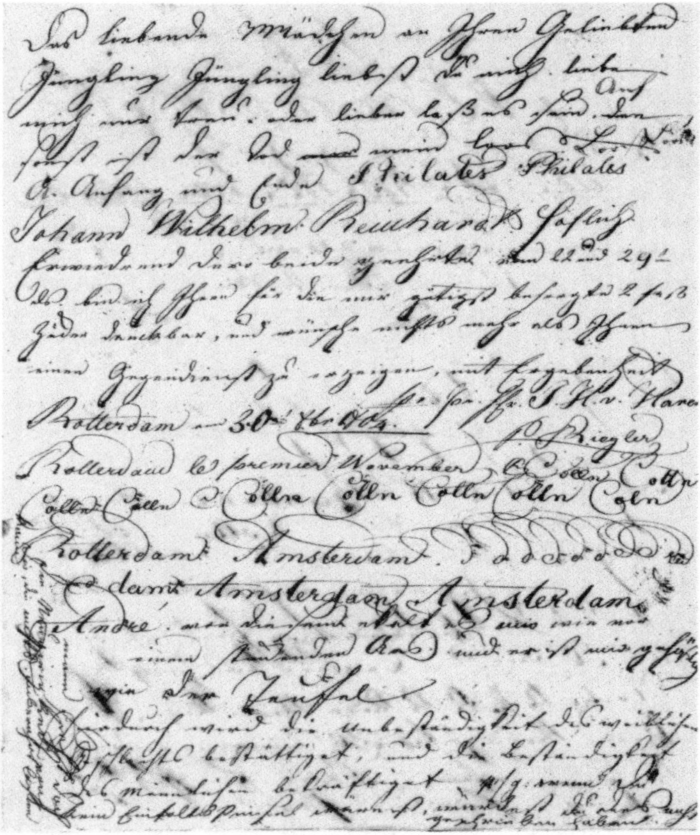

Aus dem Schreibheft von Wilhelmine Reinhardt

präsentiert wurde] mir verhasster Name, denn dieser Mensch ist für mich eine wahre giftige Schlange und ich wünschte er ginge lieber heute als morgen – Lieber Friz – ich liebe, j'aime, wir lieben, nous aimons, mon cher Frédéric – Eine flüchtige Hand und eine gute Feder vermag viel in der Schreibkunst, doch fehlt mir beides – Adresse Herrn Philipp Jacob Franck, Strasburg – sollte ich denn einstens Deine Gattin werden, Friz, o so werden wir gewiss glücklich sein und dann o Gott lass mich das grösste Glück dieses Lebens geniessen und Mutter von guten Kindern werden, so werde ich vollkommen glücklich sein – Rotterdam, Amsterdam, André vor diesem ekelt es mir wie vor einem stinkenden Aas und er ist gehörnt wie ein Teufel. Sie sind ein elender Pinsel und ein eingebildeter Narr – Man sieht doch wie neugierig das männliche Geschlecht ist, ich werde künftig alles verschliessen [der Vater hatte offenkundig nicht richtig aufgepaßt und nicht alles wieder an seinen Platz gelegt] – Tausend bis zwölfhundert Malter Korn zu f. 5,30, Preis zufrieden. Höflich erwiedrend, Europa, Afrika, Asia, Himmel, Erde, Luft, Feuer, 1 Dot Malaga Rum Madera Conjac – f 4 000 – einen Monat nach heute bezahlen Sie gegen diesen meinen prima Wechselbrief an Herrn Johann Wilhelm Reinhardt – Herr v. H.: Er muss ja wohl von altem Hause sein, denn man befürchtet sehr es falle demnächst ein – Hochwohlgeborener gnädiger Herr Graf! Die von Ew. hochgräfl. Excellenz gnädigst zu bestellen geruhten Weine – Friz ich liebe Dich unaussprechlich.«

1803, im September – der alte Markgraf, jetzt Kurfürst Karl Friedrich von Baden war wenig vorher feierlich in die einstige kurpfälzische Residenzstadt Mannheim eingezogen, hatte sie »in Besitz« genommen – hatte Gustav IV. von Schweden die nun badische Pfalz besucht. Zu seiner Ehre war am 9. September im Schwetzinger Schloßpark ein großes Fest veranstaltet worden, zu dem im Geist der neuen Zeit auch Bürger aus Mannheim und Heidelberg eingeladen worden waren, unter ihnen die Reinhardts mit ihren beiden Töchtern und die Familie des Heidelberger »Drei-König-Wirts« mit dem einzigen Sohn Friedrich Ludwig, der gerade aus Straßburg herübergekommen war.

Die Eltern kannten sich, man setzte sich zusammen – und hier begann das, was in vielerlei Hinsicht eine sehr ungewöhnliche Verbindung werden sollte, in ihrer ausstrahlenden Intensität, in ihrer inneren Dauerhaftigkeit, in ihrer in einem tieferen Sinne lebensbestimmenden Kraft. Friedrich Ludwig hatte schon bald auch formell um die Reinhardttochter geworben, nachdrücklich unterstützt von den Eltern, die sich zu dieser Partie, wenn sie zustande kam, nur beglückwünschen konnten, aber auch lebhaft begünstigt von Wilhelmines Mutter, über deren romantische Natur die Tochter bis dahin oft gelächelt hatte.

Vor Reinhardts sehr nüchterner Werbung bei ihrem eigenen Vater hatte sie einst von einem Reiter im weißen Mantel geträumt, der sich um sie bemühte, und alles andere beiseite geschoben, als der künftige Bräutigam, mit dem Vater handelseinig, tatsächlich zu Pferd, in einem weißen Staubmantel, eintraf. Nun empfand sie vor dem Hintergrund der Prosa ihres eigenen Daseins - die Ehe war wenig glücklich, ihr Mann ständig anderswo engagiert - die Gefühle und Zukunftshoffnungen der Tochter lebhaft mit.

Reinhardt jedoch machte, ohne definitiv Nein zu sagen, Ausflüchte über Ausflüchte. Mal verwies er auf die Jugend der Tochter, mal auf die des potentiellen Schwiegersohns. Mal schützte er angeblich bereits getroffene feste Verabredungen mit dem Neuwieder Neffen vor, dann, als die Tochter ihm drastisch erklärte: »Ich lass mich lieber henken«, sprach er von den unsicheren Zeiten und bedrohten Geschäftsinteressen, die im Augenblick keine so schwerwiegenden Entscheidungen zuließen. Kurz, er wand sich nach Kräften, und das über anderthalb Jahre.

Ansicht Mannheims von A. Bissel nach Th. F. Denis, Anfang des 19. Jahrhunderts

Schließlich schaltete sich, wohl auf Betreiben Babettes, der Hauptpfarrer der reformierten Gemeinde in Mannheim ein, ein direkter Vetter Friedrich Ludwigs, Sohn der ältesten Schwester seines Vaters. Auf seinen Rat, Reinhardt solle sich den jungen Mann, der so eifrig um seine Tochter warb, doch wenigstens einmal genauer ansehen, wurde dieser offiziell in das Haus Reinhardt eingeladen. Aber Friedrich Ludwig war in Erwartung des »Verhörs« durch den ihm so wenig geneigten Hausherrn dermaßen verschüchtert und verlegen, daß er kein Wort herausbrachte und nur verzweifelt eine vor ihm liegende Zeitung zerknitterte – was Reinhardt einerseits triumphieren ließ, ihn andererseits aber wohl auch etwas milder stimmte: Glatt und überheblich war der junge Herr offenkundig nicht und ein geschickter Mitgiftjäger, der sich alles genau zurechtgelegt hatte, sicher auch nicht.

Seine Frau ahnte, daß die Festung nun doch langsam sturmreif wurde. Wer aber konnte hier bei einem inzwischen so angesehenen Kaufmann mit vielfältigen Verbindungen zu den einflußreichsten Leuten der Stadt hilfreicher sein als die Öffentlichkeit, als die aus allen Ecken schallende Frage: Was ist denn nun? So lud die Mutter den jungen Mann auf eigene Faust in das Gartenhaus der Familie am Neckar, und als er sie und die Tochter am Abend heimbegleitete, ließ sie fallen: »No, seid Ihr einig? Dann könnt' Ihr an de Lädche an der Pfarrkirch' vorbeigehe.«

Die Lädchen an der Pfarrkirche – das war sozusagen die Nachrichten- und Klatschbörse der Stadt. Was hier, bei den seit Jahrzehnten über fast alles und jeden informierten Besitzerinnen dieser kleinen Geschäfte am Markt bekannt wurde, war mit Windeseile herum. Von dem Bürgermeister Müller erzählte man sich, daß er jeden Tag bei der alten Rahmesin und ihrer Nachbarin, der Seilerin, den erklärten Oberhäuptern dieser Klatschgilde, vorbeigekommen sei, um auf dem laufenden zu bleiben. Mit besonderem Genuß stifteten die Alten Verbindungen, und wenn ein junger Mann gar offen mit einem jungen Mädchen vor ihrer Tür vorbeispazierte, noch dazu einer von außerhalb, dann meldeten sie sofort und quasi offiziell eine neue Verlobung – wenn es nicht stimmte, konnte ja dementiert werden. Ein solches Dementi war freilich sehr viel schwieriger als die Ankündigung und auf die Dauer auch peinlich, da die Reihe der

Glückwünschenden bei der Familie der Betroffenen, zumal wenn diese Familie in der Stadt zu den besonders angesehenen gehörte, schon bald kaum noch abriß.

Wie seine Frau vorausgesehen hatte, warf Reinhardt das Handtuch und dementierte nicht. Wenige Tage später, es war März 1805 geworden, reiste das Ehepaar mit seiner Tochter nach Heidelberg, um die Einzelheiten zu besprechen und die Verlobung nun wirklich offiziell zu machen. Die Hochzeit wurde auf Ende Juli festgelegt, auf Wilhelmines romantischen Wunsch hin in Schwetzingen, wo man sich zwei Jahre zuvor begegnet war.

Bis zum Juni, als er endgültig von Straßburg zurückkehrte – das Haus Franck hatte sich mit einer vorzeitigen Vertragsauflösung einverstanden erklärt –, hat Friedrich Ludwig ihr von da an fast täglich geschrieben; sie ihm auch, aber nur seine Briefe sind erhalten. Der Stil, der Grundton dieser Briefe ist der der immer noch nachklingenden Wertherzeit, mit all ihrer Emphase, ihren vielen »O's« und »A's«, der bilderreichen Sehnsuchts- und Leidensgebärde, der romantischen Überhöhung jeder Gefühlsregung und jedes Gedankens. Dieser Stil war inzwischen wie die Figur des Werther selber hundertfach variiert worden, in sämtliche »Briefsteller«, Mustervorlagen für Briefe in allen Lebenssituationen, eingedrungen, vielfach zum Klischee erstarrt, aber immer noch höchst einflußreich und prägend; auch war diese literarische Geste durchaus nicht nur eine nachhinkende Mode von gestern, sondern auch, wie die Briefe der Romantiker zeigen, eine Lieblingsattitüde der jüngeren Schriftstellergeneration der Jahrhundertwende.

Die vergebliche, die verschmähte, die zumindest ängstliche, ihres Erfolges höchst unsichere Liebe, das war, auch dort wo die Realität ganz anders aussah, das Grundmuster, die Grundhaltung, in der sich ein junger Mann seiner Angebeteten näherte: Friedrich Ludwig hatte das Wertherkostüm angelegt – blauer Frack mit blanken Knöpfen, hirschlederne Hosen und Stiefel mit gelben Kappen –, als ihn Wilhelmines Mutter in das Reinhardtsche Gartenhaus einlud, obwohl die Konstellation eine ganz andere war und seine Lotte alles andere als abweisend.

Vieles war dabei, sowohl im Stil als auch im Auftreten, bewußtes Schauspiel, spielerischer Umgang mit Formen und Verhaltensmustern, die man als angenehm, als interessant, als »up to date« empfand. So ernst war dabei manches nicht zu nehmen, und wenn man genau hinhört, wird rasch deutlich, wo das Fremde, Erlernte, Übernommene in das Eigene übergeht, wo das Muster dem Individuellen Platz macht. Wie auf der Flöte, auf der Geige, am Zeichentisch, so richtete man sich auch im Brief, in der schriftlichen Äußerung nach Vorgaben und Vorlagen, übte an ihnen, fand sich in den Geist und die Stimmung des Vorbildes und gewann so zugleich ein unmittelbareres Verhältnis und Verständnis für die verschiedenen Bereiche der Kunst und Literatur.

In diesem Sinne spielte man gemeinsam Theater, musizierte, malte, dichtete, im Bassermannschen Haus wie in vielen anderen – zum Spaß, zum eigenen Vergnügen, vielerlei probierend und nachmachend, auch im eigenen Ungenügen auslotend, wie groß das Können, die Kunst der vielbewunderten Vorbilder im Theater, im Konzertsaal, im Museum war. Das war, unmittelbar an die »höfische Kultur«, also an das anknüpfend, was der Adel gepflegt hatte, noch sehr fern von jener fatalen Haltung, die den Dilettanten verachtet und sich in Überhöhung der eigenen Ansprüche dem Schriftsteller, dem Künstler, dem Gelehrten gleich dünkt, oft ohne von den praktischen Voraussetzungen, dem Technischen, dem Handwerklichen, den künstlerischen und geistigen Problemen auch nur eine Ahnung zu haben.

Dem entspricht es, daß hier, in den ersten Briefen Friedrich Ludwig Bassermanns an seine künftige Frau, wie auch später von einem Abstand in Bildung und Ausbildung – obwohl er real fraglos vorhanden war – nie auch nur mit einer Silbe die Rede war. Überhaupt kann von einem Bildungsdünkel in dieser Generation im Unterschied zu den nachfolgenden, insbesondere des wilhelminischen Bürgertums noch kaum gesprochen werden. Es herrschte, auch dies ein Unterschied zum späteren 19. Jahrhundert, zwischen beiden Partnern ein Ton völliger Gleichheit, und wenn sich etwa Wilhelmine seinem Wunsch entsprechend bemühte, Klavier zu lernen, so hatte das mit dem späteren »Höhere-Tochter«-Ideal nicht das geringste zu tun, sondern, wie beide es ausdrücklich selber formulierten, allein mit dem Gedanken, das Feld künftiger Gemeinsamkeiten auch in dieser Hinsicht zu erweitern.

Im übrigen war, wenn man so will, die Frage der Gleichheit der Partner eher eine Frage an den jungen Bassermann. Denn bei aller Liebe - im Hinblick auf das väterliche Geschäft, in das Friedrich Ludwig mit der Heirat nun eintrat, glaubte Wilhelmine nicht nur in den Einzelheiten sehr viel mehr zu verstehen als ihr Mann, ja, sie teilte wohl in manchem die Skepsis des Vaters gegenüber dem »gebildeten«, die Dinge gern von der »theoretischen« Seite nehmenden Kaufmann. »Ich will dann Kellermeister, Weinkenner und Buchhalter werden, die Reisen ins Hart-Gebirg über den Rhein zum Einkauf der Weine machen und in kurzem sollen unsre vereinigten Bemühungen unserem Haus einen ausgebreiteten Ruf verschaffen; alles, was einen reellen Nutzen bringt und für solide beurteilt wird, soll unternommen werden«, so hatte sich Friedrich Ludwig in einem Brief an Wilhelmine Ende April 1805 die Zukunft ausgemalt. Sie sollte weit härter werden.

Ob er ein Weinkenner sei, ließen Vater und Tochter einstweilen dahingestellt sein - was gekauft wurde, entschieden sie weiterhin selber. Statt zu Einkäufen an den Rhein wurde er, formell der Juniorpartner, schon bald auf lange Reisen durch ganz Norddeutschland und in die Länder der Habsburger Monarchie geschickt, Reisen, die denen eines ganz gewöhnlichen »commis voyageur« verzweifelt ähnlich sahen. Was schließlich die Buchhaltung anging, die Friedrich Ludwig, darin ausgezeichnet geschult und inzwischen auch praktisch erfahren, sogleich als nahezu chaotisch erkannte - Vater und Tochter pflegten eine nicht nur für den Außenstehenden oft kaum mehr durchschaubare Heft- und Zettelwirtschaft, in der selbst größere Forderungen gelegentlich spurlos verlorengingen -, so stießen seine Bemühungen, hier Ordnung hineinzubringen, vor allem bei dem Schwiegervater, aber eben, wie er mit einiger Bitterkeit registrieren mußte, nicht bei ihm allein, auf Mißtrauen. Wollte der neue Schwiegersohn wirklich nur Ordnung in die Sache bringen oder bei der Gelegenheit die einzelnen Geschäftszweige seinen »Theorien« und Anschauungen unterwerfen, gar den Schwiegervater und den Schwager Johann Wilhelm Reinhardt, den Mann der älteren Tochter und Neffen des Firmenchefs - wie er ein Juniorpartner des Geschäfts und von dem alten Reinhardt zunächst sichtbar bevorzugt -, kontrollieren?

Abfahrt eines Geldtransports, in der Tür seines Hauses Johann Wilhelm Reinhardt mit seinen beiden Schwiegersöhnen

Erst als wieder einmal eine größere Forderung verloren zu gehen drohte, als ein Schuldner einen Betrag von eintausend Gulden – immerhin eine fünfstellige Summe heutigen Geldes – einfach ableugnete, gaben sie nach langem Ringen nach. Aber auch dann war das Mißtrauen noch lange nicht besänftigt, ja, Friedrich Ludwigs geschäftlichen Erfolge auf den vielen Reisen verstärkten es anfangs noch, nährten in dunkleren Stunden bei dem auf die Sechzig zugehenden Schwiegervater den Argwohn, ob der stets liebenswürdige, aber zugleich außerordentlich tatkräftige und ideenreiche junge Mann, der offenbar über mancherlei Talente, nicht zuletzt im Umgang mit Kunden und Geschäftspartnern, verfügte, nicht insgeheim versuche, alles in die Hand zu bekommen und ihn über kurz oder lang aufs Altenteil zu schieben.

Da hatte es der Vetter Johann Ludwig zunächst sehr viel einfacher. Nach dem Tod des Schwiegervaters Ende 1806 war er, wenngleich auf einer sehr viel schmaleren materiellen Basis, ganz sein eigener Herr – »Ludwig Bassermann, Eisenwaren en gros, Kommission und Spedition«, wie er stolz firmierte. Mitbegründer des »Casinos« von 1803, eines bürgerlichen Vereins, der rasch zu einem gesellschaftlichen und damit auch politischen Mittelpunkt der Führungsschicht des neuen Mannheim werden sollte, wurde er 1807 Bürger und Mitglied der Handelsinnung - deren »Zunftmeister« er von 1820 bis zu seinem frühen Tode war - und von dieser schon zwei Jahre später, im November 1809, für schließlich anderthalb Jahrzehnte in das eben neubegründete vierköpfige »Handlungskomité« gewählt. Dieses Komitee entwickelte sich sehr rasch zur entscheidenden Schaltstelle für alle die Stadt und ihre Kaufleute berührenden Fragen des Handels und Verkehrs, darunter nicht zuletzt den schwierigen Problemen der Neckarspedition, der Anbindung Mannheims an das überregionale Speditionsnetz.

Die Behörden des neuen Großherzogtums, die nach weitgehender Beseitigung der städtischen Autonomie im Zuge der Verwaltungsreform nach 1803 auch auf dieser Ebene fast vollständig das Sagen hatten, wandten sich in allen diesbezüglichen Fragen zunehmend an das Komitee, das gleichzeitig von den Gerichten häufig für Gutachten und Bücherprüfungen in Konkursfällen herangezogen wurde. So war es keine Überraschung, daß Johann Ludwig Bassermann Anfang 1811, noch nicht dreißigjährig, auch zum Ratsherren gewählt wurde. Im gleichen Jahr erwarb er von dem Grafen Laggiary de Sarazona ein komfortables und geräumiges Haus in einer Lage, die bisher weitgehend dem Adel und der hohen Beamtenschaft vorbehalten gewesen war.

Oberbürgermeister war seit 1810, seit Einführung der neuen städtischen Verfassung, von der Bürgerschaft direkt gewählt, ein älterer Kollege Johann Ludwigs im Handlungskomitee, mit dem er in allen Grundsatzfragen, vor allem in dem Prinzip möglichst weitgehender überlokaler Handelsfreiheit, stets einig gewesen war: der höchst erfolgreiche Tuch-, Tabak- und Weinhändler Johann Wilhelm Reinhardt. Die enge Zusammenarbeit in allen Fragen des Handels und der Handels- und Verkehrspolitik mit dem Vetter seines Schwiegersohns, der die gleiche Ausbildung genossen hatte wie dieser und als Kaufmann wie als Person den gleichen Typ verkörperte, dürfte nicht unwesentlich dazu beigetragen haben, daß der alte Reinhardt seine Reserven, die angesichts der Tatkraft und unbedingten Loyalität Friedrich Ludwigs in den letzten Jahren schon deutlich geringer geworden waren, endgültig aufgab. In der Sache mit ihm eng verbunden und als Kaufleute inzwischen bewährt – das Eisengeschäft Johann Ludwigs verzeichnete trotz der Ungunst der äußeren Umstände einen klar erkennbaren Aufschwung – erkannten die beiden jungen Männer, wie unübersehbar war, Reinhardts Führung unbedingt an, ja, sahen in ihm das Haupt einer wirtschaftspolitischen Richtung, von der sie für sich wie für die Stadt allein Zukunft erwarteten.

Als liberal in jenem Sinne, der sich eben in der Handels- und Gewerbepolitik der Französischen Revolution, in ihren großen Reformen auf diesem Gebiet, durchgesetzt hatte, kann man diese Richtung nicht bezeichnen. Eine solche Richtung hätte bei der Zusammensetzung und bei der spezifischen Interessenlage der Mannheimer Bürgerschaft keine Chance gehabt, ihre Vertreter wären nicht in so zentrale Positionen wie das Handlungskomitee, den Stadtrat oder gar in das Amt des Oberbürgermeisters gewählt worden – auch wenn deren Entscheidungskompetenzen gering waren und die eigentliche Macht bei den straff zentralisierten staatlichen Instanzen lag. Stoßrichtung der von Reinhardt und dem jungen Johann Ludwig Bassermann verkörperten Politik war vielmehr in erster Linie die Befreiung der Wirtschaft – und zwar in ihren gewachsenen und traditionellen wie in ihren sich neu entwickelnden Formen – von der Gängelung durch den Staat und einer vor allem an fiskalischen Überlegungen orientierten Politik.

Es war diese Allianz der Interessen, die das alte Zunftbürgertum und das neue, sich wirtschaftlich zunächst einmal im überregionalen Handel entfaltende Bürgertum vereinigte, zwischen ihnen eine Kampfgemeinschaft vermittelte, die für diese Phase der Entwicklung charakteristisch ist: Die Geschichte Frankfurts in der ersten Hälfte des 19. Jahrhunderts etwa liefert für diese Koalition und für ihre praktischen Konsequenzen ein besonders eindrucksvolles Beispiel. Zum Konflikt kam es erst in dem Augenblick, in dem sich das Handelsbürgertum im jeweiligen lokalen Rahmen in größerem Stile der Produktion oder auch dem Verkauf auf jenen Gebieten zuwandte, die bisher von den traditionellen Handwerken und Gewerben des jeweiligen Ortes besetzt waren, und dafür weitgehende Freiheit, sprich Handels- und Gewerbefreiheit, forderten.

Dieser Zeitpunkt wurde in Mannheim erst drei bis vier Jahrzehnte später erreicht – mit entsprechend schweren, politisch folgenreichen Konflikten. Um 1810 hingegen fanden sich in Opposition gegen die staatliche Wirtschafts- und Finanzpolitik und gegen das System der Kontinentalsperre und vor allem auch der französischen Wirtschaftshegemonie die beharrenden und die dynamischen Kräfte des wirtschaftenden Bürgertums zwar nicht in einer Einheitsfront, aber doch auf einer Ebene zusammen, die einen längerfristigen Interessenausgleich möglich erscheinen ließ. Johann Ludwig Bassermann und, in einem ganz anderen Rahmen und Stil, Johann Wilhelm Reinhardt lieferten dafür anschauliche Beispiele, nicht nur in dem, was sie als führende Mitglieder der Handelsinnung und als gewählte Repräsentanten der Bürgerschaft als wirtschaftspolitische und allgemeinpolitische Linie verfolgten, sondern vor allem auch in ihrer Geschäftspraxis.

Beide unterhielten sie einen Laden in der Stadt – der bei Reinhardt im Gesamtvolumen seiner Geschäfte freilich bald nur noch eine sehr geringe Rolle spielte. Beide waren sie Mitglieder der Handels- und Krämerinnung. Und beide unterwarfen sie sich in ihren lokalen Geschäften peinlich genau deren Vorschriften: Angesichts der Überbesetzung der Zunft – 1810 zählte sie nicht weniger als vierundneunzig Handelsleute, acht Witwen und vierundsechzig Gesellen und Lehrlinge – wurden diese Vorschriften im Interesse der »gesicherten Nahrung« der Mitglieder mit strengeren Maßnahmen gegen Hausierhandel und fremde Konkurrenz, Einschränkung der Messen und ähnlichem in jener Zeit noch verschärft. Gleichzeitig suchten sie ihre überlokalen und überregionalen Geschäfte mit allen Kräften auszudehnen – wobei sie unvermeidlicherweise gelegentlich mit auswärtigen Zunftinteressen in Konflikt gerieten. Sie strebten auf diesem Felde nach Freiräumen, die ihnen der heimische, der lokale Markt nicht bot oder nur dann, wenn man etwa versuchte, sich frontal gegen die dort etablierten Interessen zu stellen. Dabei bevorzugten sie neben allen anderen Erwägungen auch aus gewissermaßen politisch-taktischen Gründen Gebiete, die auch überlokal und überregional in geringerem Maße auf dem Feld der korporativ organisierten Interessen lagen – Johann Ludwig Bassermann den landwirtschaftlichen Eisenhandel, Reinhardt den Tabak-, Getreide- und Weinhandel und eben das bisher vielfach von Juden betriebene, korporativ kaum geschützte Bankgeschäft.

Mit Prinzipien kam man hier nicht weit. Allerdings steckte in den pragmatischen Kompromissen, die man in diesem Zusammenhang einging, über alle Lebensklugheit hinaus doch auch mehr an prinzipiellen Überlegungen als viele Theoretiker des Wirtschaftslebens meinten. Diese neigten damals wie später dazu, den Bereich der Wirtschaft sozusagen zu isolieren. Dann erschienen die Proklamation der Handelsfreiheit als überregionales Prinzip bei Einschränkung der Gewerbefreiheit auf der lokalen Ebene, der Kampf gegen die Zölle bei eifersüchtiger Wahrung zünftiger Vorrechte, die Unterscheidung zwischen geschützten und ungeschützten Produkten und Gewerben in der Tat als eine Sünde gegen System und Grundsatz, als Verzicht auf Rationalität und damit auf kontrollierten Fortschritt. Sah man jedoch das Wirtschaftsleben in dem übergreifenden gesellschaftlichen Zusammenhang, wenn auch nur der eigenen unmittelbaren, weitgehend lokal begrenzten Lebenswelt, dann sahen die Dinge gleich ganz anders aus. Dann konnte man durchaus auf Prinzipien, wenngleich etwas anderer Art, rekurrieren, vor allem auf ein Zentralprinzip, von dem schon eingehend die Rede war: das der Selbständigkeit.

Der Mensch, der Bürger sollte, das war die Formel, die zunehmend alle vereinigte, die Bürger der Stadt waren, nicht Objekt des Staates, des Wirtschaftslebens, der Politik sein, sondern Subjekt. Endziel allen gemeinschaftlichen Handelns, aller Ordnung, aller Institutionen mußte sein, ihn instand zu setzen, diese Subjektfunktion wirklich wahrzunehmen. Das aber setzte voraus, daß der einzelne als Mensch und Bürger in seinem Handeln möglichst frei war, und das hieß, daß er über ein weitgehendes Maß an Selbständigkeit verfügte, in geistiger Hinsicht, in gesellschaftlicher Hinsicht, vor allem aber auch, als Basis all dessen, in wirtschaftlicher Hinsicht. Für alle sollte schließlich gelten, was J. K. D. Curio 1803 im Hinblick auf die Hamburger geschrieben hatte: »Wir haben keinen Adel, keine Patrizier, keine Sklaven, ja selbst nicht einmal Untertanen. Alle wirklichen Hamburger kennen und haben nur einen einzigen Stand, den Stand eines Bürgers. Bürger sind wir alle, nicht mehr und nicht weniger.«

Es wurde zu einer Art Rütlischwur der entstehenden bürgerlichen Gesellschaft neuen Typs, daß man sich gegenseitig zusicherte, die Selbständigkeit des anderen zu achten, sie zu verteidigen, für sie als Prinzip zu kämpfen. Das verband die Zunftbürger und die weiter ausgreifenden Händler, die Frohns und die Reinhardts, auch die, die als Staatsdiener, als Pfarrer, als Lehrer über ein festes Einkommen verfügten, mit den freiberuflich Tätigen, mit denjenigen, die ihre Chance auf dem jeweiligen Markt, in Konkurrenz mit anderen, suchen mußten. Diese Konkurrenz ganz auszuschalten, so weit war auch die ständisch-korporative Ordnung selbst in ihrer ausgeprägtesten Form nie gegangen – als im Jahre 1743 die kurpfälzische Regierung allen Ernstes bei der Handelszunft anfragte, ob man nicht erwägen sollte, daß künftig »ein jeder Handelsmann oder Krämer nur mit einerlei Gattung Waren handeln täte«, also jeder sozusagen ein kleines Monopol bekäme, da ging das selbst der Zunft zu weit: Kein einziges Mitglied werde in eine solche allen Spielraum, alle Freiheit, alle Initiative vernichtende »Separation« einwilligen. Aber über allem Konkurrenzprinzip – dessen förderliche Bedeutung im Grundsatz zu bestreiten immer schwerer fiel – sollte der Gedanke der Erhaltung der Selbständigkeit und ihrer Ausweitung auf eine möglichst große Zahl von Menschen stehen: In solchem Sinne ein vollbürtiger Bürger zu werden, müsse jedem Menschen offenstehen.

Darin steckte von Anfang an ein erhebliches Maß an Ideologie, an zum Feldzeichen erhobenen Zukunftserwartungen, die mit der Realität recht unterschiedlicher Startchancen, des erbitterten Kampfes um den Anteil an den sehr verschiedenen »Märkten«, mit den immer wieder einmal tödlichen Folgen der Konkurrenz nur schwer in Einklang zu bringen waren. Aber noch waren doch die Abstände zwischen den einzelnen sozialen Gruppen – sieht man von dem sich nach wie vor streng isolierenden Adel einmal ab – nicht so groß, noch die Möglichkeiten höchst real, während einer Generation mit Glück und Tüchtigkeit sehr weit nach oben zu kommen.

Der alte Reinhardt war hier durchaus einer von vielen, Beispiel einer wirtschaftlichen Karriere, die praktisch bei Null begonnen hatte. Und ob es letzten Endes nicht immer nur wenige sein würden, die einen solchen Weg schafften, spielte solange keine entscheidende Rolle, solange er im Prinzip offen schien, solange praktisch noch jedermann hoffen konnte, auf ihn zu gelangen. So konnten sich jene, die für sich die Selbständigkeit erstritten hatten und sich mit anderen in der sich nun auch politisch formierenden bürgerlichen Bewegung über ihre Erhaltung und ihren Ausbau verständigten, zugleich als Vorhut der Gesellschaft der Zukunft fühlen, als gleichsam exemplarische Existenzen mit entsprechenden Verpflichtungen: in sozialer, in wirtschaftlicher, in geistig-kultureller, aber eben auch in politischer Hinsicht.

Bei beiden Vettern Bassermann wurde diese Grundhaltung, dieser Anspruch mit wachsendem materiellen Erfolg, mit solide begründeter Selbständigkeit immer deutlicher spürbar, auch die Lust an einer Art Repräsentativität der eigenen Existenz, an dem Lebensstil und an den Lebensformen, die man mit zunehmendem Selbstbewußtsein entwickelte, an dem Bürger-Sein in einem alle Daseinsbereiche umfassenden, vorbildhaften Sinne. Hatte der Schwiegervater Frohn sich am Hof, an den höfischen Lebensformen in zunftbürgerlicher Abwandlung orientiert, verkörperte der alte Reinhardt in oft polternder Derbheit den Typus des unzünftigen, alle Ständeordnung überspringenden Selfmademans, so verschmolzen in den Vettern Bassermann diese und viele andere Elemente des Bürgertums des 18. Jahrhunderts und verbanden sich zugleich in dem Bewußtsein und Anspruch, Vertreter und Wortführer einer ganz neuen, mehr und mehr von ihnen und ihresgleichen bestimmten Welt und Ordnung zu sein. Ihnen, so waren sie bei aller Nüchternheit und individuellen Bescheidenheit überzeugt, gehörte die Zukunft, gehörte das heraufziehende neue, das bürgerliche Zeitalter.

Bürger

Als Friedrich Ludwig Bassermann im Jahre 1804, dem Jahr der Kaiserkrönung Napoleons - die Landkarte Mitteleuropas war inzwischen weitgehend auf den Kopf gestellt, das ganze linke Rheinufer endgültig an Frankreich abgetreten, das Reich stand vor der Auflösung - um die jüngere Reinhardttochter warb, da hatte ihr Vater auch von den geschäftlichen Schwierigkeiten gesprochen, die ihn mit einer Entscheidung zögern ließen. Das war nicht nur ein Vorwand gewesen. Ständige kriegerische Konflikte, der wiederholte Umsturz aller inneren und äußeren Verhältnisse, der Verlust eines großen Teils des Mannheimer Hinterlands, der Übergang der Kurpfalz an Baden, der ausgeprägte Handels- und Wirtschaftsimperialismus des immer mächtiger werdenden Frankreich - all das war für die Geschäfte höchst nachteilig gewesen, hatte viele ruiniert, während andere sich eben nur über Wasser hielten.

Auch die Firma Reinhardt hatte, bei allem Geschick ihres Besitzers, empfindliche Einbußen hinnehmen müssen. Von ihrem bisherigen Höhepunkt von rund einhundertachtzigtausend Gulden im Jahre 1796 waren die Gesamteinnahmen 1804 auf ihren absoluten Tiefpunkt von wenig mehr als dreißigtausend Gulden herabgesunken. »Die Politik ist das Schicksal«, hatte der neue Monarch an der Seine verkündet. Das war ohne Zweifel richtig, und wenn man auf das Schicksal der eigenen Geschäfte blickte, dann konnte man die jetzige Politik nur als miserabel bezeichnen.

Das galt für die Außenpolitik, die alle gewohnten Verhältnisse auf den Kopf stellte und mit den ständigen Kriegen, den Zerstörungen, dem Hin und Her der Eroberungen Handel und Gewerbe immer wieder aufs schwerste schädigte. Es galt aber auch für die Innenpolitik, die die überlieferten Daseinsformen, die traditionellen und bekannten, berechenbaren Rechtsgrundlagen in mehreren Anläufen von Grund auf veränderte und alles den »Schreibern«, den Beamten, übertrug, jede Selbstverwaltung Schritt um Schritt beseitigte.

Dieser Triumph des sogenannten aufgeklärten Absolutismus in den von Frankreich in ihrer jetzigen Form neu geschaffenen und ganz von ihm abhängigen Mittelstaaten, in Bayern, in Württemberg, in Baden, in Hessen-Darmstadt, im Großherzogtum Frankfurt oder in Sachsen, hat letzten Endes entscheidende Voraussetzungen geschaffen für den Aufstieg des Bürgertums und der bürgerlichen Gesellschaft. Das galt praktisch für alle Lebensbereiche: für die Wirtschaft durch die Erweiterung und innere Vereinheitlichung des Wirtschaftsraums; für die Gesellschaft und ihre Rechtsordnung durch Etablierung des Prinzips der Rechts- und Chancengleichheit, mochte dieses Prinzip auch im einzelnen noch vielfach durchbrochen werden; für das Bildungswesen durch die grundlegenden Bildungsreformen in nahezu allen deutschen Territorien; für das Verhältnis Staat-Bürger durch die Einrichtung einer einheitlichen und vereinheitlichenden Verwaltung; und schließlich durch vielfältige Strukturverbesserungen, nicht zuletzt auf allen Ebenen des Verkehrswesens.

Aber das meiste davon trat in seinen positiven Konsequenzen erst später zutage. Zunächst sah man vor allem die Kehrseite: die Gängelung, die Bedrohung der bisherigen Geschäftsgrundlagen, die wirtschaftlichen Belastungen durch die ständigen Kriege und die wachsenden Steueranforderungen des Staates. Allerdings konnten die Regierungen der einzelnen deutschen Staaten den wachsenden Unmut der Geschäftswelt wie der Bevölkerung insgesamt ohne viel Mühe auf die Hegemonialmacht Frankreich abwälzen, auf deren von nackten Machtinteressen und von wirtschaftlichem Egoismus bestimmte Politik. Vor allem nach 1807/08, nach Einführung und laufender Verschärfung der sogenannten Kontinentalsperre, erwies sich dieses – natürlich nur hinter vorgehaltener Hand verbreitete – Argument der heimischen Regierungen als sehr wirkungsvoll. Es bewahrte sie davor, daß sie, obwohl engste Partner Frankreichs und der französischen Politik, die Verbitterung über die Konsequenzen dieser Politik mit voller Wucht traf.

Unter solchen Konsequenzen hatte neben vielen anderen Wirtschaftszweigen vor allem auch der Tuchhandel auf das schwerste zu leiden. Zu dem Verbot der Einfuhr und des Vertriebs englischer Stoffe kam die eklatante Begünstigung französischer Firmen und

Produkte durch eine entsprechende Gestaltung der Einfuhr- und Ausfuhrbestimmungen und durch manches andere. Natürlich unterlief man auch im Süden Deutschlands, auch in der unter strenger französischer Aufsicht stehenden Grenzstadt Mannheim, die diesbezüglichen Edikte und konkreten Anordnungen in vielfältiger Weise. Im November 1810 erging beispielsweise Befehl, sämtliche noch vorhandenen englischen Waren aufzuspüren und in Anwesenheit staatlicher und städtischer Autoritäten – eines Amtsmannes und zweier Ratsherren – auf dem Marktplatz öffentlich zu verbrennen. Die französischen Soldaten konnten sich bei dieser Gelegenheit nur wundern, wie eifrig der Befehl befolgt wurde: Mehrere Wagenladungen feinster englischer Tuche kamen zusammen und wurden mitsamt den Fuhrwerken, die als Rost dienten, verbrannt. Was die Soldaten nicht wußten, war, daß auf den Rat des eben neu gewählten Oberbürgermeisters der Stadt, des Tuchhändlers Johann Wilhelm Reinhardt, die Wagen mit billigstem Rupfen beladen und dann mit einer ganz dünnen Schicht von Samt- und Seidenstoffen umkleidet worden waren; einen von einem eilfertigen Kaufmannskollegen nachträglich herbeigeschafften Posten Manchesterstoffe ließ der Oberbürgermeister zum allgemeinen Vergnügen noch auf dem Marktplatz verschwinden – die Söhne des Rathauspedells sollen noch Jahre später in Samthosen erster Qualität herumgelaufen sein.

Aber wenn zwischen Theorie und Praxis, den Bestimmungen und Anordnungen der Pariser Vormacht und ihrer Ausführung auch ein weites Feld lag – die geschäftlichen Einbußen waren doch gewaltig und die Zukunftsperspektiven in den besonders betroffenen Bereichen wie dem Tuchhandel düster, solange Napoleon fest im Sattel zu sitzen schien. Für die Firma Reinhardt hatte das zur Folge, daß die anderen Sektoren des Geschäfts, also neben dem Tabak- und Getreidehandel vor allem der Weinhandel, überproportional an Bedeutung gewannen – und mit ihnen der anfangs so mißtrauisch beobachtete Schwiegersohn Bassermann, der, trotz der Ungunst der Umstände auch auf diesem Feld, bei seinen großen Reisen zumal nach Wien und nach Ungarn eine unbestreitbar glückliche Hand bewies.

»Ich, der ich doch sonst so wenig Selbstvertrauen besitze«, schrieb Friedrich Ludwig im März 1807 kokettierend-selbstbewußt an seine Frau, von der er zunächst immer wieder leichte Zweifel an seinen »mercantilischen« Fähigkeiten hatte hören müssen, »hoffe doch, wenn fortuna mir in Gnaden gewogen bleibt, eben durch meine merc[antilischen] Kenntnisse mein Glück zu verfolgen. Ich war im 19ten Jahre schon im Stande, ohne fremde Hülfe mein Fortkommen selbst zu verdienen, überall entliess man mich ungerne, im 20ten Jahre dehnte ich den Handel eines unbekannten Hauses bis zu den Moscovitern aus. Es müsste mir sehr entgegengearbeitet werden, wenn ich jetzt weniger in meinen Unternehmungen glücklich sein sollte.«

Zwar sind die Reisebriefe Friedrich Ludwigs, nach guter Kaufmannsart, voller Klagen: über die unberechenbar schwankenden Kurse, über die zu hohen Preise, die ihm Mannheim vorschreibe, über die Unfähigkeit des mit ihm reisenden bisherigen Hauptvertreters der Firma, über die vielen Beschwerden, zu denen dieser Anlaß gegeben habe. »Viele schränken sich mehr ein, viele leben jetzt in Paris, viele auf ihren Gütern«, berichtet er aus Wien: Man müsse »bald einen neuen Weltteil entdecken, um Geschäfte zu machen«. Aber die Aufträge, die er nach Hause schickte, nahmen gleichzeitig einen immer größeren Umfang an. Zu den alten Kunden kam eine Fülle von neuen. Es gelang ihm, zu den ersten Häusern Wiens, Prags, Budapests Zugang zu finden, dann auch zu denen Dresdens und Berlins – wo ihm der ehemalige Mannheimer Theaterstar und jetzige Berliner Theaterdirektor Iffland sehr behilflich war. Die Keller im Reinhardtschen Haus reichten schon längst nicht mehr aus. Man erwarb zwei neue in Mannheim selber, den »Comoedienkeller« und »Die neue Pfalz«, dazu nicht weniger als dreizehn weitere und ein eigenes Kelterhaus in Dürkheim, schließlich eigene Weinberge in der Pfalz und in Hochheim im Rheingau.

Als der Schwiegervater 1810 mit der zweithöchsten Stimmenzahl – der mit großer Mehrheit gewählte Buchhändler Fontaine lehnte aus geschäftlichen Gründen das mit gerade einhundertfünfzig Gulden Jahresgehalt verbundene Amt ab – zum ersten Oberbürgermeister nach der neuen, Bürgerschaft und Stadt freilich kaum noch Rechte lassenden Stadtverfassung gewählt wurde, da war Friedrich Ludwig längst zu einem wirklichen Partner, zu einer unentbehrlichen Säule des Geschäfts geworden. Aus der Firma Reinhardt wurde mehr und mehr die Firma Reinhardt und Bassermann, auch wenn sie formell nicht so hieß und sich auch an den Eigentumsverhältnissen nichts änderte.

Alles wurde jetzt gemeinsam entschieden: der Ausbau des Tabakgeschäftes, das auf seinem Höhepunkt über drei große Magazine in der Stadt verfügte; die Ausweitung des Getreidehandels, die es der Firma in den Hungerjahren 1816/17 – nicht zu ihrem Schaden – erlaubte, im Namen der Stadt für eine Viertelmillion Gulden Getreide einzulagern und damit die Versorgung sicherzustellen; schließlich die Intensivierung und Ausdehnung des Geldgeschäfts, das mit Hypotheken und anderen Krediten und vor allem mit der Vermittlung von Staatsanleihen, die man gemeinsam mit anderen Häusern, im weiteren Verlauf vor allem mit dem Haus Bethmann in Frankfurt betrieb, einen immer größeren Umfang annahm.

Ein äußeres Zeichen für die Art der Partnerschaft, die mittlerweile zwischen Schwiegervater und Schwiegersohn zustande gekommen war, war die hervorgehobene Stellung, die der Schwiegersohn des Oberbürgermeisters in der Anfang 1811 reorganisierten Bürgerwehr einnahm: Er wurde zum »Obristlieutenant«, zum Kommandeur der »Kavallerie-Escadron« und stellvertretenden Kommandeur des gesamten, rund tausend Mann zählenden Aufgebots gewählt, in dem jeder Bürger und Schutzbürger der Stadt bis zum vollendeten fünfzigsten Lebensjahr Dienst zu tun hatte. Dabei war die »Kavallerie-Escadron«, deren hundert Mitglieder mit Uniformen, Pferden und Sattelzeug und im ganzen Auftreten erheblichen Aufwand trieben – ihre Galauniform entsprach mit Silber-, Gold- und Seidenapplikationen, Federbusch und vergoldetem Säbel derjenigen königlicher Gardeoffiziere –, traditionsgemäß die prominenteste und begehrteste Einheit, zu der nur die angesehensten Bürger der Stadt Zugang fanden. Friedrich Ludwig bewahrte in seiner Wohnung die gestickte Standarte auf, und es wurde in der Familie noch lange berichtet, wie die Köchin Jule sie bei entsprechendem Anlaß aus dem Haus gebracht habe, »stolz wie Johanna mit der Oriflamme«. Bei solcher Gelegenheit, etwa beim Empfang des Landesherrn, auswärtiger Staatsgäste oder Prinzen des großherzoglichen Hauses, erschien von nun an immer der Chef der »Kavallerie-Escadron« an der Seite des Oberbürgermeisters als einer der Hauptrepräsentanten der Stadt.

Die Mannheimer Bürgerwehr bereitet sich zum Empfang des Großherzogs Karl von Baden am 29. Juli 1811 vor, Aquarell von L. Neureuther

Und derartige Auftritte verkörperten Rang und Ansehen der Firma Reinhardt - und Bassermann - ebenso, wie sie beides erhöhten und verstärkten.

Nicht selten luden der Oberbürgermeister und sein Schwiegersohn Offiziere und Geschäftsfreunde - viele waren beides zugleich - zu einem Glas Wein in den firmeneigenen »Comoedienkeller« ein, oder sie empfingen abends, bei einer Festaufführung des Theaters, Gäste, oft auch von außerhalb, wie die Mumms aus Frankfurt, Großabnehmer Reinhardtscher Weine, in ihrer großen Loge, der späteren Fremdenloge. Dann konnte jeder sehen, wie weit es der Inhaber eines kleinen Tuchlädchens und sein Schwiegersohn aus dem Heidelberger »Drei König« gebracht hatten, gemeinsam gebracht hatten, wie inzwischen immer deutlicher wurde.

Dabei war allerdings, sieht man von den noch aus der Karl-Theodor-Zeit stammenden Uniformen ab, von falschem Pomp und von übertriebenem Aufwand keine Rede, und schon gar nicht von sozialer Abgrenzung, von quasipatrizischem Gehabe. Dergleichen war einem Mann wie Reinhardt, der alles eigener Arbeit verdankte und den Lebensstil des am Hof orientierten Zunftbürgertums seiner Jugend gründlich verachtete, durchaus verhaßt. Er war jemand, der überall zupackte, eher derb, polternd, direkt im Umgang, auf jedermann zugehend, ein Mann, dem sich Distanzen und Beziehungen nicht künstlich, durch Konventionen ergaben, sondern durch das Leben selber, durch Zuschnitt und Aufgaben, Fähigkeiten und Leistungen der einzelnen Persönlichkeit. Sein Schwiegersohn war zwar nach Naturell und Erziehung ein anderer Typus, zurückhaltender, geschliffener, formeller im Umgang. Aber die Grundierung war, schon nach der Art, wie der Vater und der Großvater Bassermann, die beiden Drei-König-Wirte, aufgetreten und sich zu verhalten gewohnt gewesen waren, die gleiche.

Eben weil man so viel auf Selbständigkeit setzte, auf eine Existenz aus eigener Kraft und Leistung, auf die einzelne Persönlichkeit – deren Grenzen, auch über den praktischen, den beruflichen Bereich hinaus zu erweitern Friedrich Ludwig schon früh als ein Lebensziel zu empfinden gelernt hatte –, war man nicht nur verbal, sondern aus innerer Überzeugung bereit, jedem in dieser Hinsicht die gleichen Chancen einzuräumen, jedem im Prinzip den gleichen gesellschaftlichen Spielraum zuzugestehen. Soziale Unterschiede, die nicht in der Person, ihren erwiesenen Fähigkeiten, ihren Leistungen, ihren individuellen Talenten begründet waren, erschienen als Relikte einer versinkenden, der ständischen Gesellschaft, als Kennzeichen einer künstlichen, einer unnatürlichen Ordnung. Davon distanzierte man sich sehr bewußt und selbstbewußt – nicht nur Reinhardt, der zum Oberbürgermeister und Finanzier von Stadt und Staat aufgestiegene Selfmademan, sondern auch sein sozial nach oben, im Verkehr mit Kunden aus Adel und hoher Beamtenschaft, wie nach unten gleich unbefangener Schwiegersohn und dessen politisch höchst aktiver Vetter Johann Ludwig, der als Mitglied des Handlungskomitees und bis 1816 auch des Stadtrats 1819 zu einem der drei ersten Abgeordneten der Stadt Mannheim im badischen Landtag gewählt wurde. Dort zählte er, Wirtschafts- und Steuerfachmann und langjähriges Mitglied der Budgetkommission, von Anfang an zu den entschiedenen Liberalen.

Die Frauen, die ja in solchen Fragen vielfach den Ton angeben und über die Familie und die Kinder stilbildend wirken, verhielten sich ebenso. Von Wilhelmine Bassermann, der Reinhardttochter, erzählten sich die Mannheimer noch lange, wie sie, von der Mannheim sehr verbundenen Großherzogin Stephanie einmal zum Tee eingeladen, auf den Hinweis der Oberhofmeisterin, das Zeichen zum Aufbruch werde die Großherzogin geben, erwidert habe: »Ich geh fort, wann ich will!« und das dann auch, zur Verblüffung der Hofdamen, in die Tat umgesetzt habe. Dabei teilte sie durchaus die Sympathie, die die Stadt der Stieftochter Napoleons entgegenbrachte, die eine Zeitlang in Mannheim eine Art Nebenhof zu Karlsruhe unterhielt und damit Hoffnungen auf eine begrenzte Wiederbelebung der alten Residenz- und Hauptstadtfunktion nährte. Nur - zu höfischem Kotau sah sie keinen Anlaß, so wenig wie es ihr auf der anderen Seite geboten schien, im eigenen Haus und im Verkehr mit den im Lauf der Zeit zahlreicher werdenden Angestellten auf Distanz und gesellschaftlichen Abstand zu halten: Am häuslichen Mittagstisch nahmen mit völliger Selbstverständlichkeit über die Jahre hin neben den Kindern die Kinderfrau und neben dem Juniorchef der Firma die Angestellten bis hinunter zum jüngsten Lehrjungen Platz.

Weit mehr noch als Grundsätze und allgemeine Überzeugungen waren es diese Selbstverständlichkeiten des alltäglichen Umgangs, die, bei allen materiellen und sonstigen Unterschieden, ein übergreifendes Bürgerbewußtsein erzeugten, das Gefühl, daß der Mensch nicht in seinem Stand, seiner sozialen Schicht, seiner Klasse aufgehe und daß zwar nicht die - niemals durchzusetzende und niemals wirklich zu erreichende - absolute Gleichheit, aber die Gleichberechtigung aller in Staat und Gesellschaft das Ziel sein müsse. Lebensstil und Politik hingen hier auf das engste zusammen, sehr viel enger, als es sich später das Bürgertum und seine literarischen und politischen Wortführer noch eingestehen wollten, als sie sich in ihrem alltäglichen Leben mehr und mehr in die Privatheit, in den engsten Familienkreis zurückzogen, auf Abgrenzung und auf Distanz bedacht.

Freilich handelte es sich dabei, was das Wirtschaftsbürgertum anging, um eine unmittelbare Folge zunehmenden Wohlstands und, damit einhergehend, eines wachsenden Gefälles in Einkommen und

Besitz zu den darunterliegenden Schichten – das Bildungs-, also insbesondere das Beamtenbürgertum, betonte schon früher, von Ausnahmen abgesehen, die Abstände. So erfolgreich ein Mann wie Reinhardt auch war – und es gab in dieser Zeit des Auf- und Umbruchs eine Fülle vergleichbarer Existenzen in Mitteleuropa: Sehr breit und tief gegründet waren die Fundamente durchaus noch nicht, auf denen dieser Erfolg ruhte.

Es ging auf und ab, und es gab eine große Zahl von Beispielen, bei denen auch ohne schwerwiegendes eigenes Verschulden oder Versagen die Abwärtsbewegung nicht rechtzeitig hatte gestoppt werden können, binnen kürzester Zeit alles wieder zerrann. So war etwa der jüngste Bruder Johann David Frohns, des Schwiegervaters von Johann Ludwig Bassermann, als Inhaber der Frankfurter Handelsfirma Conrad zur Niden & Sohn in den letzten zwei Jahrzehnten des 18. Jahrhunderts zu erstaunlichem Wohlstand, ja, Reichtum gelangt. Nach seinem frühen Tod – er war 1803, noch nicht fünfzigjährig, gestorben – hatte seine Witwe das Geschäft weitergeführt, jedoch 1815 Konkurs gemacht und lebte seither, von dem angeheirateten Neffen gelegentlich unterstützt, in Mannheim.

Das war ein lebendes Memento, wie es nach glänzendstem Aufstieg sehr rasch ganz tief nach unten gehen konnte. Daß sich das Ehepaar einst in Marmor hatte hauen lassen – und natürlich, wie auch jedes der Kinder, in Öl malen –, daß es ein glänzendes Haus geführt und sich dabei ganz an den eingesessenen Frankfurter Patrizierfamilien orientiert hatte, akzentuierte nicht nur dieses Memento, sondern enthielt zugleich eine unmittelbare Konsequenz und Nutzanwendung: Ein Kaufmann mußte so leben, daß er, auch wenn es ganz schlimm kam, noch zuzusetzen haben würde.

Reinhardt brauchte solche lehrreichen Beispiele allerdings kaum. Und auch seine beiden Schwiegersöhne gingen unter seinen in dieser Beziehung besonders wachsamen Augen davon aus, daß der private Lebensstil, die persönliche Lebensführung niemals Spiegel des augenblicklichen Erfolgs sein dürfe. Man müsse sich, das war ihre Grundüberzeugung, stets an dem orientieren, was, selbst wenn man die widrigsten Umstände und das Scheitern selbst scheinbar sicherer Planungen und Projekte in Rechnung stellte, jedenfalls übrig bleiben würde. So blieben große Bescheidenheit und Sparsamkeit in allen persönlichen Verhältnissen selbst dann noch die Regel, als die Firma J. W. Reinhardt & Söhne - die Firma »J. W. Glück & Söhne«, wie die Mannheimer sie jetzt gern nannten - in immer größere Dimensionen hineinwuchs. Wie man wohnte, wie man sich kleidete, wie man aß und lebte, das unterschied sich zunächst und noch über viele Jahre hin wenig von dem, was in den Familien der eigenen Angestellten, weit weniger erfolgreichen Kaufmannskollegen, ja, der Mehrheit der Bürger und auch vieler der sonstigen Bewohner der Stadt die Regel war.

Friedrich Ludwig Bassermann hatte nicht nur versprochen, die ihm vom Vater zugeschossenen fünftausend Gulden ebenso in das Reinhardtsche Geschäft zu stecken wie die Mitgift seiner künftigen Frau, sondern hatte sich auch sogleich damit einverstanden erklärt, mit ihr in eine kleine Wohnung zu ziehen, die durch Verlegung des Kontors neben den Eingang im hinteren Teil des Erdgeschosses des Reinhardtschen Hauses am Markt freigemacht wurde. Hier wohnte die Familie, die nach der Geburt der ältesten Tochter Barbara Friederike, genannt Babette, im Jahre 1806 und des ältesten Sohnes Johann Wilhelm 1809 - er starb 1820 an einer Nierenkrankheit - bis 1820 auf sieben Kinder anwuchs, mehr als zwanzig Jahre lang - zunächst in fünf Räumen; später kamen nach einem Durchbruch ins Nachbarhaus noch zwei hinzu. In diesen fünf beziehungsweise sieben Zimmern mußten neben den Eltern und der wachsenden Kinderzahl schließlich noch die Kinderfrau Gretel - »Krettel«, wie die Kinder sie nannten - und die Köchin Jule Platz finden, die zur allgemeinen Verwunderung in ihrer Freizeit mit Vorliebe Klopstock las und seine Oden und den »Messias« schließlich fast auswendig kannte. Neben den Schlafräumen blieb auf diese Weise nur ein einziges, mäßig großes Zimmer für die Allgemeinheit. In ihm wurde gegessen, gearbeitet, Besuch empfangen und gespielt. Die zwei Fenster zur Judengasse, zwischen denen ein einfacher Spiegel hing - darunter stand über Jahre das »Nachtstühlchen« für die jeweils Kleinsten und nahe dabei ein kleiner Kindertisch -, beleuchteten ein eher bescheidenes, ja, dürftiges Mobiliar.

Im Zentrum des Raumes stand der große runde Eßtisch, umgeben von braungestrichenen Stühlen aus einfachem Weidenholz. Ein ebenfalls braungestrichener wackliger alter Schrank mit Tonge-

Die Bassermannsche Wohnung vor 1829

schirr – Porzellan wurde erst viele Jahre später angeschafft –, den Gläsern und Weinflaschen, eine messingbeschlagene, auch nicht mehr gerade neue Kommode und ein mit rot-grün kariertem Baumwollstoff bezogenes Sofa ergänzten die Einrichtung – von »Pomp oder überflüssigem Wesen«, die er, wie Friedrich Ludwig einmal an seine Braut schrieb, »weder in Sachen noch Sprache leiden« könne, konnte wirklich keine Rede sein. Beheizt wurde der Raum durch einen von der benachbarten Küche zugänglichen Kanonenofen. Der Boden war mit grauem Sand bestreut, der jeden Morgen mit einem Reisigbesen neu verteilt und einmal die Woche gewechselt wurde; letzteres war auch insofern dringend nötig, als Wilhelmine ein Tiernarr war und in dem Zimmer neben einem Pudel im Lauf der Zeit ein Eichhörnchen, eine Schildkröte, Schlangen und einen Star hielt, die vom Hof her gelegentlich Besuch von einem Kaninchen und einem »Entenmann« erhielten.

Hier spielte sich das Familienleben ab, wurde mit den Angestellten gemeinsam gegessen, wurden Schularbeiten gemacht, wurde

Die Küche von Wilhelmine Bassermann

Die Große Wäsche

gestrickt, gesponnen - zwei ständig benutzte Spinnräder vervollständigten das Mobiliar - und genäht; eine Näherin kam regelmäßig ins Haus. Natürlich gab es für die Kinder Ausweich- und Spielfläche genug: die Gänge und vor allem die Speicher des großväterlichen Hauses, die Keller und ein weites, noch von keinerlei bedrohlichem Verkehr eingeengtes Draußen. Der Vater konnte sich jederzeit in das Kontor zurückziehen, und auch sonst fand jeder hinreichend Bewegungsraum: Mit der Enge einer entsprechenden Mietwohnung späterer Zeit, womöglich in einem Wohnblock, hatte das Ganze wenig zu tun. Aber die Verhältnisse waren doch äußerst bescheiden, und das traf auch für die übrige Lebensführung zu.

Auch hier war Wilhelmine Bassermann ganz Geschäftsfrau und Tochter ihres in allen privaten Ausgaben so überaus sparsamen Vaters. In aller Frühe stand sie auf, um, noch mit der Laterne in der Hand, als erste auf dem Markt zu sein, sich dort das Beste herauszusuchen - und kräftig auf die Preise zu drücken. Alles, was sich einmachen, einlegen, einkellern ließ, wurde zum jeweils günstigsten Zeitpunkt in entsprechend großen Mengen eingekauft und gemeinsam verarbeitet. Zum Krauteinmachen kam ein Leinenweber, der sonst das im Haus gesponnene Garn in Lohnarbeit verwebte, zum »Bohnenherbst«, dem Herrichten und Einwecken der Bohnen, ein Team von Nachbarinnen mit einer Frau Baumeister, Hausmeisterin im Bretzenheimschen Palais, an der Spitze; sie stand in besonderer Gunst, weil sie seinerzeit den ersten Brief Friedrich Ludwigs heimlich überbracht hatte. Am Ende der großen Einmach-, Einkoch- und Einweckaktionen, die den Bedarf von einem Dutzend Mündern für ein ganzes Jahr sicherten, stand regelmäßig für alle Beteiligten ein großes häusliches Fest mit sonst, im Alltag, unüblichem Kaffee - für den das Service über Jahre hin ausgeborgt werden mußte -, mit Bundkuchen und Malaga; auch die vielen Taufen wurden nicht anders gefeiert, nur daß es dabei statt Bundkuchen meist bloß Bretzeln gab.

Anders als im heutigen Bewußtsein erschien die Hauswirtschaft dabei mit systematischer Planung, systematischem Einkauf und systematischer Vorratshaltung größeren Stils, noch als integraler Bestandteil der allgemeinen Wirtschaft, Hausfrauen in diesem Sinne als Geschäftsfrauen, von deren Umsicht, Sparsamkeit und Geschäftssinn Entscheidendes abhing. Dem entsprach ihr Selbstbewußtsein als gleichberechtigte, ja, in allem, was mit dem Haus, mit der Lebensführung und praktischen Lebensgestaltung zusammenhing, dominierende Partner ihrer Männer. Schlüsselgewalt, »Etathoheit« über den gesamten häuslichen Bereich, die Organisations- und Verfügungsmacht auf diesem Gebiet – das waren zu diesem Zeitpunkt noch keine bloßen, die eigene Tätigkeit überhöhenden Formeln. Vielmehr waren damit Aufgaben umschrieben, die nicht nur von der Arbeitszeit, dem Aufwand und der Energie her, sondern auch im Hinblick auf die Umsicht, die Kenntnisse des Marktes und aller Lebensverhältnisse, die sie erforderten, denen der meisten ihrer Männer kaum nachstanden.

Von heute her gesehen, entzieht sich die Dimension dieser Aufgaben dabei weitgehend der unmittelbaren Vorstellung: Durch die Technisierung der Lebenswelt und die Industrialisierung auch in diesem Bereich, durch den Aufbau und die Fortschritte der Nahrungsmittelindustrie, der Textilindustrie, der Bekleidungsindustrie, der Möbelindustrie, der Bauindustrie, der Hausgeräteindustrie, durch die Veränderung der gesamten Marktsituation und der Wohn- und Verkehrsverhältnisse reduzierte sich ein großer Teil jener Aufgaben, ja, verschwand vielfach ganz. Um es im modernen Soziologenjargon auszudrücken: Das Berufsfeld der Hausfrau jenes Typs, wie er seit vielen Jahrhunderten unterhalb des Adels selbstverständlich und allgemein gewesen war, hat sich beim Übergang zur modernen Industriegesellschaft schrittweise aufgelöst.

Damit aber verlor die Frau, oft ohne daß sich zunächst, bei gleichzeitigem Wegfall von Hilfen und Kooperationsformen vielfältiger Art, die konkrete Arbeitsbelastung wesentlich verminderte, ihren bisherigen zentralen Platz in der Lebenswelt, ihre faktische Unentbehrlichkeit. Sie wurde – wie in extremem Maße die Vertreter einer Reihe von »vorindustriellen« Berufen – »freigesetzt«. Sie verlor zwar nicht die Arbeit, wohl aber den bisherigen »Arbeitsplatz«, die bis dahin gänzlich unumstrittene Stellung in Berufswelt und Leben. Das hat sich bis heute kontinuierlich fortgesetzt – alle Aufrufe zur Neubewertung der Stellung der Hausfrau ändern nichts an der einmal gegebenen Sachlage, an den Entwicklungstendenzen, die deren Ursachen und Wurzeln bilden.

Von allem, was damit an Selbstzweifeln, an »Identitätskrisen«,

Wilhelmine Bassermann, geb. Reinhardt, (1787–1869) Portrait von Louis Coblitz, 1845

an Ausbruchstimmungen später verbunden war, wußte Wilhelmine Bassermann noch nichts. Sicher - sie hatte ihren Platz im Kontor ungern aufgegeben und blieb in den ersten Jahren überzeugt, daß sie vom Geschäft, von seiner Praxis letztlich weit mehr verstehe als ihr so sorgfältig in der »Theorie der Handlung« ausgebildeter Mann. Aber es war ein vollwertiger Berufswechsel, und je mehr sie sah, was daran hing, was an Aufgaben, Pflichten und Verantwortlichkeiten auf sie zukam und wie sehr es auch hier ein Geschäft zu führen galt, desto intensiver konzentrierte sie alle ihre - reichlich vorhandene - Energie auf diesen Bereich, von dem, wie ihr Vater immer wieder betont hatte, so viel für den geschäftlichen Erfolg und den wirtschaftlichen Aufstieg abhing.

Es kam noch hinzu, daß sie, anders als im Geschäft, hier wirklich selbständig war, ihr niemand hereinredete, auch ihr Mann nicht. Sie hat das sichtlich genossen und über die Jahrzehnte die Zügel straff geführt, sehr straff, wie viele bestätigten. Bei aller Bonhomie, bei allem persönlichen Charme und bei aller Lebhaftigkeit und Spontaneität wußte sie immer sehr genau, was sie wollte, und liebte es gar nicht, wenn jemand sich darüber Illusionen machte. »Wilhelmine war der leitende und regierende Geist im Haus, dem sich niemand zu widersetzen wagte«, hat Babette Bassermann einmal rückblickend einer Nichte gegenüber die eigene Mutter charakterisiert:

»Sie selbst betrachtete sich in allen Dingen als die erste Person.« Mit ihr über die Qualität von Waren zu rechten, empfahl sich ebensowenig, wie in ihr bei den vier Hausbauten, die sie »betreute« - erst den eigenen am Markt, dann die der Söhne -, bloß die Frau beziehungsweise die Mutter des eigentlichen Bauherren zu sehen. Vermutlich hätte sie mit dem, was man später Frauenemanzipation nennen sollte, sehr wenig anzufangen gewußt, hätte das Wort gar nicht verstanden: Sie war emanzipiert, und es gab schließlich in Mannheim wohl keinen Kaufmann, keinen Handwerker, keine Marktfrau, keinen Geschäftsfreund, auch keinen Pfarrer und keinen Lehrer, der daran ernsthaft gezweifelt hätte.

Von dem Umfang, den Sektoren und den Entwicklungen des Bereiches, dem sie im wahrsten Sinne des Wortes vorstand, vermitteln vor allem die »Tage- und Haushaltungsbücher« einen Eindruck, die sie, wie einst die Geschäftsbücher des Vaters, nun freilich, vom Vorbild ihres Mannes inspiriert, sehr viel sorgfältiger führte und von denen sich ein Teil erhalten hat. Alles, was nicht zum Geschäft gehörte, lag, so wird daran deutlich, sachlich und finanziell in ihrer Hand: Für das, was mit Kirche, Schule, Theater, Arzt und Tierarzt, Einladungen, Reparaturen, Anlage und Versorgung der Gärten zusammenhing, organisiert und entschieden werden mußte, war sie ebenso zuständig wie für den eigentlichen Zentralbereich, für die Auswahl, den Kauf, die Einlagerung der zum Leben notwendigen Vorräte, die Anstellung und Bezahlung der Angestellten, für Anschaffungen aller Art. Sie bestellte, bezahlte, ordnete an, organisierte, plante.

Man hat von einem System der »Wirtschaft des ganzen Hauses« gesprochen, das, bevor das Prinzip der überfamiliären oder überhauswirtschaftlichen Arbeitsteilung und des Marktes und schließlich Kapitalismus und Industrialisierung sich endgültig durchsetzten, über Jahrhunderte das Wirtschaftsleben bestimmte und charakterisierte. In dem, Wohnung, Kontor und Lager vereinigenden, Hause Reinhardt-Bassermann hatte sich davon wie in zahlreichen Bürgerhäusern des späten 18. und frühen 19. Jahrhunderts, noch vieles erhalten. Dem entsprach die zentrale Koordinierungsfunktion der Hausfrau. Auch das spiegelt sich in den »Tage- und Haushaltungsbüchern«, in dem Nebeneinander der unterschiedlichsten Bereiche,

Leistungen und Aufgaben, die, damit das Ganze funktionierte, aufeinander abgestimmt, in eine ineinandergreifende Ordnung gebracht werden mußten. Vor allem, und dem dienten ja die Aufzeichnungen in erster Linie, mußte schließlich die Bilanz stimmen, mußte der Aufwand in einem richtigen und vernünftigen Verhältnis zum Ertrag des Geschäftes, zu den ständigen Risiken bleiben, die man hier einging.

Was hier richtig, was vernünftig war, ließ sich freilich nicht abstrakt bestimmen und festsetzen. Ihrer ältesten Tochter Babette, die ihr in vieler Hinsicht sehr ähnlich war - und mit der sie denn auch mancherlei Schwierigkeiten hatte –, hat Wilhelmine es sehr übel genommen, daß sie jenes Verhältnis, Kind einer neuen, bereits wieder an mehr materielle Sicherheit gewöhnten Zeit, wesentlich anders sah als sie selbst. Seit 1826 war die Tochter mit dem ältesten Sohn des Vetters und Weggenossen ihres Vaters, des Eisenhändlers und Abgeordneten Johann Ludwig Bassermann, mit Wilhelm Bassermann verheiratet - die Eltern, vor allem die Mutter, hatten diese Verbindung mit den »Eisen-Bassermanns«, die die beiden Häuser noch enger zusammenführen sollte, sehr gefördert.

Zur Verwunderung der Mutter entfaltete Babette von Anfang an einen ganz anderen, breiteren, behaglicheren, durchaus Elemente des Repräsentativen miteinbeziehenden Lebensstil. Es war, als habe hier wieder die Tradition der Frohns, des am Hof orientierten Zunftbürgertums des alten Mannheim, gegenüber der extrem bescheidenen Lebensweise des Aufsteigers Reinhardt und seiner Tochter durchgeschlagen. Die Sprache hat diese beiden Formen privater Lebensführung praktisch unverbunden und in ihrer jeweiligen Bedeutung nur aus dem spezifischen Zusammenhang erschließbar nebeneinander aufbewahrt: »gutbürgerlich«, »bürgerliche Küche«, »bürgerliche Preise«, das meint »bescheiden«, »preiswert«, »unaufwendig«, während »bürgerlicher Lebensstil«, »bürgerliche Wohnkultur« und ähnliches gehobene - wenngleich nicht immer geschmackvolle oder als vorbildlich empfundene - Ansprüche signalisiert.

Babette und ihr Mann hatten, jedenfalls nach Meinung und Einschätzung Wilhelmine Bassermanns, deutlich letzteres im Sinn, und das billigte die Mutter nicht, das widersprach ganz ihrer Auffas-

Barbara Friederike Bassermann, geb. Bassermann (1806–1877)

sung und bisherigen Lebensführung. Man hatte, auch wenn der Mann als neuer Teilhaber des florierenden väterlichen Eisengeschäfts mit seinen zweiundzwanzig Jahren nach sorgfältiger Ausbildung in Köln und Amsterdam keine Zukunftssorgen zu haben brauchte und Babette vierzigtausend Gulden mitbekam, schon aus Prinzip klein anzufangen, alles in die Zukunft, ins Geschäft zu investieren, wie sie und ihr Mann dies getan hatten.

Es war sozusagen ohne Beispiel, daß der Schwiegersohn nach dem frühen und plötzlichen Tod des Vaters im März 1828 – er wurde nur siebenundvierzig Jahre alt – als neuer Chef des väterlichen Hauses, in das später fast alle seine jüngeren Brüder eintraten, zuerst einmal für die stolze Summe von vierundzwanzigtausend Gulden für Wohnung und Geschäft zwei nahe beieinander liegende Häuser in sehr guter Lage erwarb, womit Kontor und Privatsphäre getrennt wurden; das paßte gar nicht in das Konzept der Mutter, ließ sie über die verschwenderischen jungen Leute sorgenvoll den Kopf schütteln. Und auch welchen Aufwand die Tochter – sie war beim Kauf der Häuser noch keine zweiundzwanzig – bei Ausstattung und Einrichtung des neuen Hauses in einem Lebensalter trieb, in dem ihr selber, trotz höchst ansehnlicher Aussteuer und Mitgift, buchstäblich Tisch, Stuhl, Schrank und Bett genügt hatten, stimmte sie einigermaßen bedenklich.

Allerdings blieb ihre Haltung nicht unangefochten. Vielleicht hat die Art, wie sich Tochter und Schwiegersohn von vornherein ihr Leben, ihr privates Dasein einrichteten, sie insgeheim doch nachdenklich werden lassen, ob sie in ihrer Sparsamkeit, in ihrem Niedrighalten aller Ansprüche nicht des Guten inzwischen etwas zuviel tue. Zwei Jahre früher, 1826, im Jahr der Hochzeit seiner Enkelin, war Wilhelmines Vater, der alte Reinhardt, im Alter von vierundsiebzig Jahren gestorben. Die beiden Schwiegersöhne, Johann Wilhelm Reinhardt und Friedrich Ludwig Bassermann, waren bis zuletzt Juniorpartner des Reinhardtschen Geschäfts geblieben – wenn auch jeweils mit Bereichen, in denen sie auf eigene Rechnung und Gefahr Geschäfte machten: Johann Wilhelm Reinhardt, das »Goldmännchen«, wie ihn die Mannheimer aufgrund einer Reihe von spektakulären Transaktionen nannten, hatte sich von früh auf wie Friedrich Ludwig Bassermann auf das Bankgeschäft konzentriert und wurde wie dieser in den dreißiger und vierziger Jahren ein sehr erfolgreicher Bankier. Nach dem Tode des Schwiegervaters hatten sie, nie sehr gut aufeinander zu sprechen, sogleich beschlossen, sich zu trennen und aus diesem Anlaß bis zur letzten Weinflasche, zum letzten Ballen Tabak und zum letzten Wechsel und Kredit Bilanz gemacht.

Diese Bilanz war, so kann man sagen, atemberaubend gewesen: Von ihren Grundlagen, der Entwicklung bis zu diesem Zeitpunkt wird noch die Rede sein. Schon 1821, als Reinhardt angesichts einer Reihe außerordentlich positiver Geschäftsjahre eine Art Kassensturz veranstaltet und sowohl Gehalt und Gewinn der Schwiegersöhne als auch die Anteile der beiden Töchter neu festgesetzt hatte, war deutlich geworden, wie die Dinge inzwischen lagen. Friedrich Ludwig hatte bei seinem Eintritt wie sein Schwager als eine Art Geschäftsführergehalt die bei kleinen und mittleren Betrieben in solcher Funktion durchaus übliche Summe von hundert Gulden im Monat erhalten. Im Laufe der folgenden Jahre war diese durch Gewinnanteile stetig aufgestockt worden und wurde jetzt auf zweihundert pro Monat festgelegt. Vor allem aber hatten beide einen zusätzlichen Gewinnanteil von fünfzigtausend Gulden erhalten, und die Beteiligung ihrer Frauen war von dreißig- auf hundertachtzigtausend Gulden heraufgesetzt worden. Friedrich Ludwig hatte damals sein und seiner Frau gemeinsames Vermögen einschließlich seiner väterlichen Erbschaft und seiner Verdienste und Ersparnisse seit 1805 auf mehr als vierhunderttausend Gulden berechnet.

Nun, 1826, waren es mit der Erbschaft und mit weiteren – erheblichen – Gewinnen eine Million und fünfzigtausend Gulden geworden, und von einem Ende der bisherigen Erfolgskurve konnte keine Rede sein: In den dreißiger Jahren war Friedrich Ludwig der höchstbesteuerte Bürger in einer in vollem wirtschaftlichen Aufschwung begriffenen Stadt mit einer auf breiter Front wohlhabend werdenden bürgerlichen Schicht. War da der extrem bescheidene Lebensstil, den man über all die Jahre durchgehalten hatte, nicht wirklich etwas übertrieben, die Überziehung eines Prinzips, das sich zwar augenscheinlich bewährt hatte, aber jetzt in ein Dogma umzuschlagen, zum Selbstzweck zu werden drohte? Wilhelmine hat sich wohl nur langsam solchen Überlegungen geöffnet, für die ihr Mann

Friedrich Ludwig Bassermann (1782–1865), Portrait von Louis Coblitz, 1840

von Haus aus sehr viel empfänglicher war, dann jedoch, einmal überzeugt, die Konsequenzen aus ihnen sehr entschieden und mit der ihr eigenen Energie, ja, fast Radikalität gezogen.

Den einzigen Luxus, den sich die Familie bisher im privaten Bereich geleistet hatte, war ein Gartenhaus gewesen – seit Entfestigung der Städte zu Beginn des 19. Jahrhunderts überall in Mitteleuropa die große Mode. 1818 hatten sie es sich von dem Freund Dykkerhoff, jenem Schüler Gillys, der den preußischen Klassizismus mit Weinbrenner nach Süddeutschland geholt hatte, in dem Garten am Rheintor, an den für solche Zwecke freigegebenen ehemaligen Wällen bauen lassen; Reinhardt hatte ihn wenige Jahre zuvor anstelle des weiter weg gelegenen Neckargartens erworben. Reines Empire, mit einer Freitreppe zu einer kleinen Säulenvorhalle auf der Ebene des ersten Stocks, war es ein sehr reizvolles kleines Bauwerk geworden, in dem die Familie viele Sonntage verbrachte. Gut anderthalb Jahresgehälter Friedrich Ludwigs, neunzehnhundert Gulden, waren dafür draufgegangen. Aber das war doch eine sehr fiktive Vergleichszahl angesichts der realen Gewinne, die Reinhardts Junior-

Das Gartenhaus der Bassermanns

partner mit eigenen Geschäften und, wie die Regelung von 1821 zeigen sollte, zugunsten des gemeinsamen Unternehmens machte.

Also: ein eigenes Haus, das der Größe der Familie, dem inzwischen erworbenen Vermögen und auch der Stellung und dem Ansehen in der Stadt entsprach, war jetzt wohl doch angezeigt. Und wenn schon, denn schon – hier schlug die Großzügigkeit, das ins Große Planende durch, das den Vater Reinhardt in allen geschäftlichen

Dingen von Anfang an höchst erfolgreich bestimmt hatte. Dabei kam, sozusagen als ein kleiner Seitenantrieb, bei Wilhelmine, die die Planung von Anfang an in die Hand nahm, noch hinzu, daß das eigene Vorhaben im Ergebnis keinesfalls kleiner und bescheidener ausfallen sollte als das, was ihre älteste Tochter und ihr Schwiegersohn von den Eisen-Bassermanns soeben erworben hatten.

Davon konnte dann in der Tat auch keine Rede sein. Der Zufall, dem natürlich entsprechende Gebote zu Hilfe kamen, wollte es, daß im Sommer und Herbst 1828 schräg gegenüber dem Reinhardtschen Haus »Zum Grünen Wald«, ebenfalls direkt am Markt, in unmittelbarer Nachbarschaft des Hillesheimschen Palais, in dem Kurfürst Karl Philipp nach der Verlegung der Residenz nach Mannheim im Jahre 1720 für mehrere Jahre Wohnung genommen hatte, gleich drei nebeneinanderliegende Häuser frei wurden – im Quadratschema der seinerzeit im Geist des Frühabsolutismus zentral geplanten Festungs- und Bürgerstadt die Nummern R I 4–6. Es ging dabei nicht um die Häuser, die, wenngleich nicht in allerbestem Zustand, bis zu diesem Zeitpunkt stets bewohnt gewesen waren, sondern allein um die Grundstücke. Und für sie waren die achtundfünfzigtausend Gulden, die Friedrich Ludwig Bassermann und seine Frau dafür zu entrichten hatten, ein zwar der Lage angemessener, aber doch für die damaligen Verhältnisse sehr stolzer Preis: Das Haus des Vaters und Schwiegervaters, in dessen nach hinten gelegener Parterrewohnung man nun dreiundzwanzig Jahre gelebt hatte, war zwei Jahre zuvor, bei der Erbteilung, mit achttausendneunhundert Gulden veranschlagt worden.

Der Höhe des Kaufpreises für die Grundstücke entsprach der Zuschnitt der Planung, an die sich der befreundete Architekt sogleich, Ende September 1828, machte. Am Bau des Langhansschen Brandenburger Tors war Dyckerhoff an der Seite Friedrich Gillys beteiligt gewesen, und als häufiger Partner Weinbrenners, Tullas und des berühmten Gartenbauarchitekten Friedrich Ludwig Sckell, des Schöpfers des Englischen Gartens in München und unter anderem auch der Anlagen in Schwetzingen und Baden-Baden, verfolgte der Sohn des Mannheimer Oberbaudirektors des 18. Jahrhunderts, Friedrich Christoph Dyckerhoff, nach wie vor die Linie eines strengen Klassizismus ohne Konzessionen an biedermeierliche oder gar

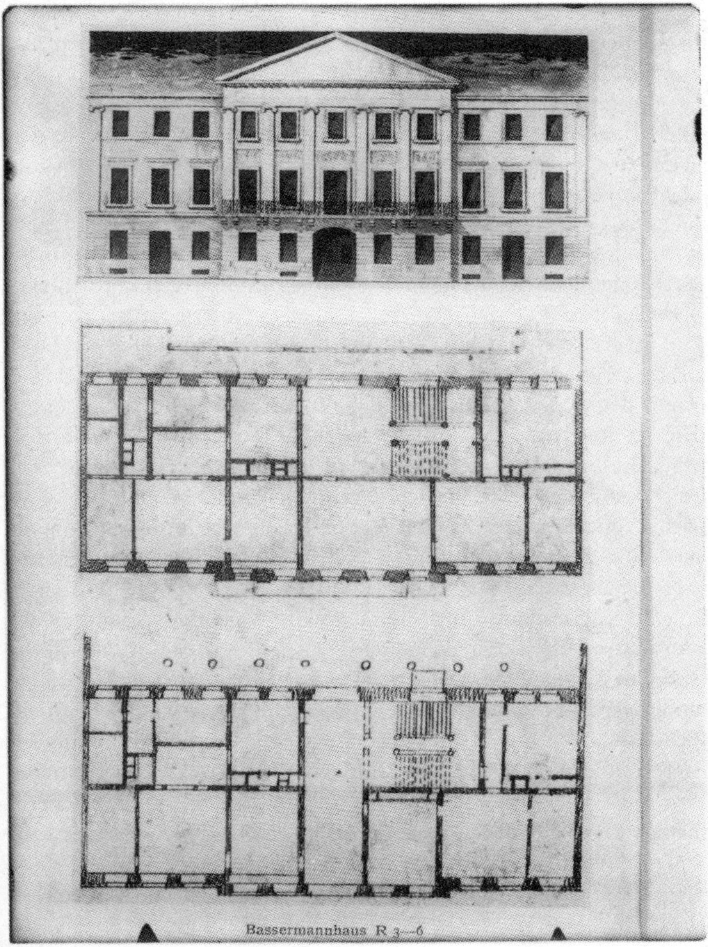

Pläne des Hauses am Markt von Jakob Friedrich Dyckerhoff

schon historistische Formen. Sich ihm anzuvertrauen hieß, zumal bei den Dimensionen von Bauplatz und davorliegendem Marktplatz, ein Stadtpalais in der Tradition Palladios ins Auge zu fassen - mit breiter, groß gegliederter Fassade und zentralem, von dreieckigem Giebel gekrönten Pilastervorbau, mit hohen, zum Teil saalartigen Räumen und imposantem Treppenhaus, mit erheblichen Ansprüchen an Ausstattung und Mobiliar, an die innere Ausfüllung des Ganzen mit Wand- und Deckengemälden, mit Tapeten, mit Teppichen, mit Schränken, Tischen, Stühlen, Sesseln, mit Kommoden, mit Vorhängen und Lampen, die den klaren und strengen Formen entsprachen.

Blickt man auf die Wohnung und ihre Einrichtung im Haus »Zum Grünen Wald« zurück, war das ein Sprung, wie er größer kaum denkbar ist: Dyckerhoff mutete seinen Freunden einiges zu. Die Leichtigkeit und Selbstverständlichkeit, mit der diese einen solchen Sprung wagten und den neuen Rahmen dann ohne jede neureiche Attitüde Schritt für Schritt ausfüllten, dokumentiert besser als vieles andere sowohl das inzwischen erlangte Selbstbewußtsein als auch die Zukunftsperspektive und die Zukunftserwartungen des neuen Bürgertums.

Bereits Anfang April 1829, nach halbjähriger Planungszeit, wurde der Grundstein gelegt, ein gutes Jahr später war das elfachsige Gebäude mit fünfachsigem, pilastergeschmücktem Zentralteil und dreiachsigen Seitenflügeln fertig. Rechts und links gleichfalls mit Pilastern versehen, die wie die des Mittelteils auf der Ebene des ersten Stocks ansetzten und Dach beziehungsweise Giebel trugen sowie die Breite des Baukörpers markant betonten, nahm der in mattgelb gehaltene Bau im Erdgeschoß auf beiden Seiten der zentralen Einfahrt die Kontore der Firma auf.

Die Bewohner und Besucher erreichten über ein weitläufiges, durch eine Vorhalle direkt an die Wohnräume angebundenes Treppenhaus die der Familie vorbehaltenen Räume im ersten und zweiten Stock, von denen die meisten, im ersten Stock sechs, im zweiten sieben, auf den Markt gingen. Es waren je zwei einfenstrige Kabinette an den Ecken, denen sich im zweiten Stock, zur Rechten und zur Linken eines an das Treppenhaus anschließenden durchgehenden Mitteltrakts mit einem vorderen und einem hinteren Fenster,

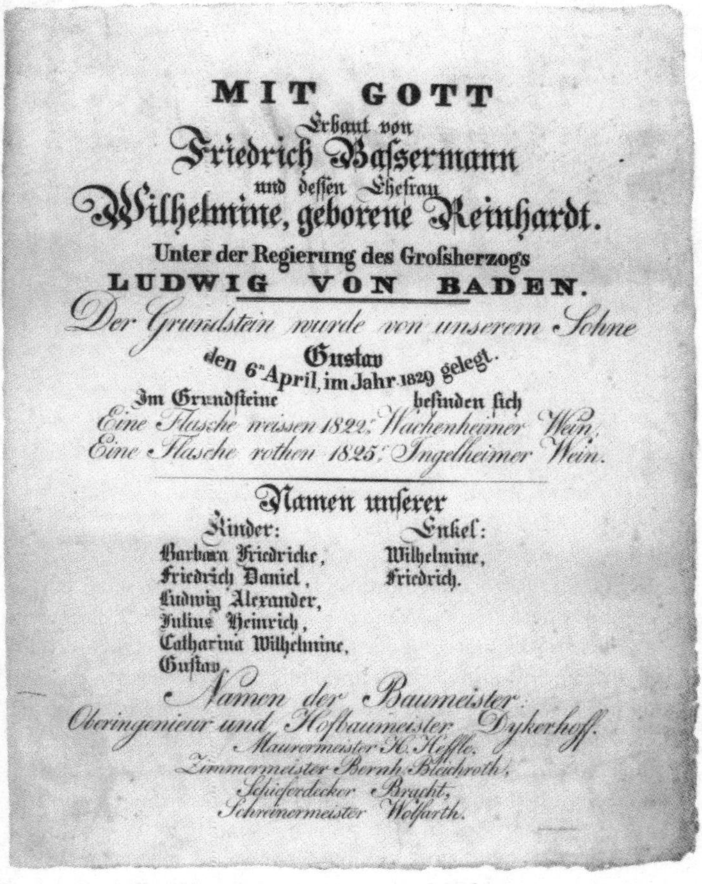

MIT GOTT
Erbaut von
Friedrich Bassermann
und dessen Ehefrau
Wilhelmine, geborene Reinhardt.
Unter der Regierung des Grossherzogs
LUDWIG VON BADEN.
Der Grundstein wurde von unserem Sohne
Gustav
den 6t April, im Jahr 1829 gelegt.
Im Grundsteine befinden sich
Eine Flasche weissen 1822: Wachenheimer Wein,
Eine Flasche rothen 1825: Ingelheimer Wein.

Namen unserer

Kinder:	Enkel:
Barbara Friedricke,	Wilhelmine,
Friedrich Daniel,	Friedrich.
Ludwig Alexander,	
Julius Heinrich,	
Catharina Wilhelmine,	
Gustav.	

Namen der Baumeister:
Oberingenieur und Hofbaumeister Dykerhoff.
Maurermeister H. Heßle.
Zimmermeister Bernh. Bleichroth.
Schieferdecker Brucht,
Schreinermeister Wolfarth.

Urkunde aus dem Grundstein des Hauses am Markt

jeweils zwei zweifenstrige größere Räume anschlossen, während sich im ersten Stock einer dieser Räume rechts der Mittelachse durch Einbeziehung des vorderen Teils des Mitteltrakts zu einem Saal mit zwei großen Fenstern und einer großen verglasten Tür zu dem vorgelagerten, die drei Mittelachsen umspannenden Balkon erweiterte.

Das Haus am Markt (links), um 1835

Dieser Saal, das Zentrum des Hauses, war ornamental ausgemalt und mit drei großen Wandgemälden versehen: auf der Rückfront der Lago Maggiore mit der Isola bella und Gestalten aus Manzonis »I Promessi sposi«, rechts und links der Wasserfall von Allerheiligen im Schwarzwald und eine oberbayerische Gebirgslandschaft. Diese Wandgemälde waren stilistisch bereits mehr der Romantik als dem Klassizismus verpflichtet. Hingegen entsprach das bis auf wenige Stücke neu angeschaffte Mobiliar ganz der strengen und klaren Form des Gebäudes. In Mahagoni, mit sparsamen Verzierungen, Stühle und Sessel mit rot-goldenem Seidendamast überzogen, repräsentierte es reines Empire, und zwar in vielen Einzelheiten in der herberen, zurückhaltenderen Ausprägung des norddeutschen Klassizismus, dem auch der Baumeister so deutlich verpflichtet war. Ganz Empire waren auch das anschließende »Schwanenzimmer« mit einem Fries von Schwänen und Rosengirlanden und das »Pompejanum« in den damals so beliebten Formen und insbesondere auch Farben des Mitte des 18. Jahrhunderts ausgegrabenen antiken Pompeji.

Der Saal im Haus am Markt, Zustand um 1910

Vor allem Wilhelmine entdeckte bei dieser Gelegenheit eine wahre Bauleidenschaft. Schon an den Planungen war sie intensiv beteiligt und brachte hierbei ihre ganze praktische Erfahrung in der Führung eines, Geschäft und Wohnung vereinigenden, Hauses mit zahlreichen Bewohnern und Benutzern ein. Auf ihr Betreiben hin wurde dem Ganzen ein ausgeklügeltes System von Nebenräumen und Vorratskammern eingefügt, unter anderen eine »Eisenkammer«, eine »Sattelkammer«, eine »Apfelkammer«, eine »Weißzeugkammer«, eine »Wollkammer«, schließlich eine sogenannte »Schwarzwaschkammer«, in der die große Wäsche eines ganzen Jahres Platz fand – so viel zu besitzen, war seit Generationen der Stolz besserer Bürgerhäuser: In einer dreitägigen Großaktion wurde diese Wäsche im Frühjahr gewaschen und hergerichtet. Über ein Badezimmer freilich verfügte das Haus nicht; ein solches wurde erst in den achtziger Jahren nachträglich eingebaut. Als der Bau begann, erschien Wilhelmine täglich, oft mehrmals, auf der Baustelle und verfolgte mit Argusaugen den Fortgang der Arbeiten, trieb die Maurer an, reklamierte, bestand auf Änderungen und machte sich, keine Leiter und kein Gerüst fürchtend, in jeder Weise beliebt.

Es war, wie gesagt, ein großer Sprung, der bis hin in den täglichen Lebensstil, in die praktischen Lebensgewohnheiten mit dem Umzug in das große und in jeder Hinsicht prächtige Haus zu vollziehen war. Und so waren es nicht nur Gründe der Sparsamkeit – die Baukosten betrugen rund fünfzigtausend Gulden –, die den Entschluß bestimmten, auf den Innenausbau des zweiten Stocks zunächst weitgehend zu verzichten: Das neue Haus drohte, was die gewohnte Bequemlichkeit anging, zum Schnürschuh zu werden, und nichts lag beiden, Friedrich Ludwig wie seiner Frau – so sehr sie sich über das neue Haus freuten und so stolz sie auch darauf waren – ferner, als künftig in ihrem täglichen Leben die Hauptakteure einer Posse im Stile von Molières »Bürger als Edelmann« abzugeben. Man brauchte, nicht zuletzt für die vielen Tiere, mit denen man seit Jahren auf engstem Raum zusammengelebt hatte, im wahrsten Sinne des Wortes »Freiräume«, Plätze, an denen sich alle und alle miteinander frei entfalten konnten, die Tiere, die noch heranwachsenden Kinder, die Hausfrau und die Hausgehilfen bei der Arbeit. Auch für das geliebte Theaterspiel sollte nun viel Raum da sein, unbehindert von kostbaren Vorhängen und Tapeten und zu schonendem Mobiliar.

In diesem Sinne bezog die Familie im Herbst 1830 gleichsam zwei Ebenen: Die Beletage des ersten Stocks, über die die Mannheimer staunten und die für viele wirtschaftlich ähnlich erfolgreiche Familien fortan als Vorbild und Maßstab diente, und die untapezierten, noch kaum ausgebauten und mit einfachsten Böden versehenen Räume des zweiten, in denen man gleichsam unter sich war, in denen das tägliche Leben wie bisher weiterging bis hin zu den Sandstreu- und Rechenaktionen, die auch den Tieren ein in jeder Hinsicht unbehindertes und ungeniertes Dasein erlaubten. Von einer Reise nach Marseille brachte Wilhelmine drei Jahre später zum Jubel der Familie zwei Äffchen mit, die dort ihr ständiges Domizil erhielten, freilich, wie alle anderen, auch häufig im ersten Stock erschienen und hier nicht immer zur allgemeinen Begeisterung ihr Unwesen trieben: Daß Chocco, einer von ihnen, der »premier ministre de sa Majesté, l'Empereur en Afrique«, wie ihn die Familie die ihm in den Mund gelegten Neujahrsgedichte unterzeichnen ließ, dem Magazinmeister in einem unbewachten Augenblick die Perücke entriß, sich damit triumphierend aufs Dach begab und sie dort mit Öl und einer Zahnbürste bearbeitete, gehörte noch zu den milderen Untaten: »Die Tante Cattel nicht zu beißen/ Der Clara nicht mehr weh zu tun/ Auch Bienens Ohr nicht abzureißen/ Und in dem Dreifuß still zu ruhn«, versprach er zu Neujahr 1836.

Auch wenn auf diese Weise der Übergang in den ganz neuen, ungleich weitläufigeren und repräsentativeren Lebensstil für die Familie selbst und ihre engsten Freunde und Bekannten eher fließend wurde: Für den Außenstehenden und auch für den, der die Verhältnisse rückblickend betrachtet, markiert er doch eine sehr deutliche Zäsur von weitreichender Bedeutung. Die bisherigen praktischen Lebensformen, die Art zu wohnen, sich einzurichten, gesellig zu sein, mit anderen beruflich und privat umzugehen, hatten, wenn man so will, einen gleichsam natürlich egalitär-demokratischen Grundzug gehabt. Sie vereinigten, auch wenn der materielle Hintergrund schon damals höchst unterschiedlich war, die verschiedenen gesellschaftlichen Gruppen, schlossen vor allem das alte und das neue Bürgertum zusammen. Sie ließen es zugleich als eine Schicht

Der »Dreifuß«

erscheinen, zu der sich praktisch jedermann aus eigener Kraft, mit eigener Leistung Zutritt verschaffen konnte, und zwar ohne sich dabei im praktischen Leben von seiner gewohnten Daseinsform, von seinen überlieferten Lebens- und Verhaltensweisen allzu weit entfernen zu müssen.

In diesem Sinne erschienen bürgerliche Abgeordnete, Honoratioren wie Johann Ludwig Bassermann oder der alte Reinhardt, nicht nur politisch, sondern auch sozial als ausgesprochene »Volksmänner«, als Gegenfiguren zu den Vertretern des Adels, die sich, bis hin zum Alltäglichen, in Lebensstil, Auftreten und Verhaltensweisen vom »Volk« bewußt unterschieden. Das begann sich jetzt – Ausnahmen hatte es natürlich auch bis dahin immer schon gegeben – auf breiter Front zu ändern, und das Bassermannsche Haus am Markt ist dafür gleichsam ein steingewordenes Zeugnis.

Für die, die es sich gebaut hatten, blieb, was ihre Einschätzung durch ihre Umwelt anging, praktisch alles beim alten: Die urpfälzische Reinhardttochter, die nach wie vor als erste mit der Laterne auf dem Markt erschien, die die Besitzerinnen der »Lädchen« an der Pfarrkirche mit Recht als eine der ihren betrachteten, die, als es bei einem ihrer Söhne brannte, im, wie es die Vornehmeren umschrieben, »Négligé«, sprich im Unterkleid, die Brandbekämpfung organisierte und bei einer Aufführung von Shakespeares »Lear« ihrer Nachbarin zuflüsterte: »Seht'se, so geht's, wenn ma seine Kinner alles gibt« - sie blieb für die Mannheimer die, die sie war. Und das gleiche galt für den »Obristlieutenant« der Bürgerwehr, für Friedrich Ludwig Bassermann, der, liebenswürdig und freundlich zu jedermann und von großer persönlicher Bescheidenheit, geradezu als Schulbuchbeispiel dafür gelten konnte, wie weit man es mit solchen Eigenschaften und mit Fleiß, Sparsamkeit und auch Glück zu bringen vermochte.

Bei denen aber, die in die neuen Umstände und Verhältnisse schon mehr oder weniger hineingeboren wurden, war das fast notwendigerweise anders. Kaum jemand hat das so deutlich und gelegentlich schmerzlich empfunden wie Friedrich Ludwigs nach dem Tod des zwei Jahre älteren Bruders Johann Wilhelm nun ältester Sohn Friedrich Daniel. Für ihn persönlich galt das noch am wenigsten - er war, 1811 geboren, bei der Übersiedlung in das Haus am Markt schon fast zwanzig Jahre alt. Er spürte jedoch, schon früh politisch tätig, sehr klar, wie sich von hier aus eine Kluft zwischen dem neuen Bürgertum und den übrigen Schichten auftat, die sich dann ständig vergrößerte. Und er sah, wie das den Führungsanspruch dieses Bürgertums als natürlichen, mit dem Volk in jeder Hinsicht aufs engste verbundenen Repräsentanten der neuen, der bürgerlichen Gesellschaft zunehmend in Frage stellte. Davon wird noch eingehend die Rede sein.

Hier zeigte sich, wenn man sich wie Friedrich Daniel Bassermann nach wie vor an den Idealen der Frühzeit der bürgerlich-liberalen Bewegung orientierte, die Kehrseite des spektakulären Aufstiegs des neuen Bürgertums, für den das Bassermannsche Haus am Markt geradezu den Charakter eines Monuments hatte. Zunächst einmal, zu Beginn der dreißiger Jahre des 19. Jahrhunderts, sahen jedoch in Mitteleuropa viele, und zwar nicht nur jene, die sich auf dem gleichen Weg befanden oder sich auf ihm glaubten, die Dinge noch sehr viel unbefangener: Es ging aufwärts, nicht nur mit dieser

Familie, nicht nur mit dieser Stadt, in der ja nicht sie allein so erfolgreich war, sondern mit der sich ausbildenden bürgerlichen Gesellschaft insgesamt, einer Gesellschaft, die sozialen Aufstieg, materielles Auskommen und nicht zuletzt individuelle Freiheit und politische Mitbestimmung für jedermann zu bringen versprach.

Für die Grundlagen, für die Voraussetzungen dieses Aufstiegs besaß kaum jemand ein schärferes Auge als der langjährige Partner und schließliche Inhaber eines Handelsgeschäftes wie der Firma Reinhardt und dann Bassermann. In sehr verschiedenartigen Sparten direkt engagiert, gewann er, nicht zuletzt durch das sich ausweitende Bankgeschäft, ein sehr klares Bild von den Chancen und Risiken, den vorherrschenden Tendenzen und Entwicklungsmöglichkeiten in den einzelnen Zweigen des Wirtschaftslebens. Hinzu kamen vielfältige, sich ständig ausweitende Verbindungen innerhalb der Stadt, die dieses Bild laufend vertieften und ergänzten.

Wie sein Vetter Johann Ludwig Bassermann, der Stadtrat und spätere Abgeordnete, war Friedrich Ludwig Bassermann schon früh Mitglied der Ende 1803 gegründeten Casinogesellschaft - sie versammelte sich im Achenbachischen Kaffeehaus und vereinigte unter dem Protektorat des neuen Kurfürsten, des späteren Großherzogs von Baden, Beamte, Offiziere, Männer der Kunst und der Wissenschaft, Vertreter des landsässigen Adels und eine nicht unerhebliche, dann rasch anwachsende Zahl von Mitgliedern des Wirtschaftsbürgertums, die schließlich, seit den vierziger Jahren, die Gesellschaft eindeutig dominierten. Gleichzeitig war er »Bruder« der Loge »Karl zur Eintracht«, bis zu ihrer Auflösung durch die Regierung 1813. Und wie ebenfalls zuvor schon der Vetter wurde er im weiteren zum Mitglied des Handlungskomitees, dann der 1831 aus der Handelsinnung hervorgehenden Handelskammer gewählt, die in den dreißiger Jahren ihre Geschäftsräume in seinem Haus am Markt unterhielt. Schließlich gehörte er viele Jahre hindurch dem Kleinen Bürgerausschuß und dem Gemeinderat an. Aus allen diesen Gremien und Funktionen flossen ihm zusätzliche Informationen zu über den Gang der Geschäfte, die Situation des Marktes und vor allem auch über die vorherrschenden Stimmungen und Einschätzungen, die, wie er aus einem langen Geschäftsleben wußte, für die Wirtschaft von ganz zentraler Bedeutung waren.

Das Achenbachische Kaffeehaus, der Sitz der Casinogesellschaft, Aquatinta von Karl Kunz, um 1805

Tabak, Wein, Getreide und Kredite – das waren und blieben die vier zentralen Säulen des Reinhardtschen Geschäfts. Sie verwiesen von Anfang an auf größere Räume, auf Handels- und Verkehrserleichterungen, auf den Ausbau des Mannheimer Hafens – 1825 forderte Johann Ludwig Bassermann, der Abgeordnete für Mannheim, in einer großen Denkschrift die Errichtung eines Rheinhafens –, auf die Verbesserung der Rheinschiffahrt, auf die Erschließung des Neckars, auf die Beseitigung anachronistischer Stapelrechte und Zollbelastungen, kurz, auf eine liberale, den Markt immer mehr erweiternde und vereinheitlichende Handelspolitik.

Den Kampf für eine solche Politik hatte schon Johann Wilhelm Reinhardt früh und mit großer Konsequenz aufgenommen. Sein Schwiegersohn und dessen Vetter waren dann vorbehaltlos in diesen Kampf eingetreten. Er mußte in letzter Konsequenz die allgemeine Wirtschaftsfreiheit zum Ziel haben, ja, diese logischerweise nach sich ziehen; das war ihnen sicher insgeheim bewußt. Aber aus den bereits genannten Gründen verzichteten sie darauf, diese Konsequenz öffentlich zu ziehen und zu propagieren. Ihre Geschäftsgrundlagen waren daher, nicht nur von außen gesetzt, sondern, zunächst jedenfalls, auch innerlich akzeptiert, spezifische Mischformen: das sich ständig wandelnde System des Nebeneinander von Elementen freier Konkurrenzwirtschaft und einer gebundenen, ständisch-korporativ organisierten Wirtschaftsordnung.

Aus diesem Nebeneinander zogen sie zugleich spezielle Vorteile, die ihnen eine völlig liberalisierte Wirtschaft in dieser Form nicht geboten hätte. Das galt für den teilliberalisierten Produktenhandel ebenso wie für das Eisengeschäft, für den Speditionshandel ebenso wie für das Bank- und Kreditgewerbe. An der Quelle war man sozusagen frei, konnte, da Getreidebauern, Weinbauern, Tabakbauern, auch die meisten Eisenproduzenten kaum einen eigenen Zugang zu dem sich ständig erweiternden Markt hatten, also nicht über eigene Absatzwege verfügten, die Preise drücken. Wenn man sich dann beim Verkauf den Prinzipien der »gesicherten Nahrung«, sprich den Preisen anpaßte, die auch dem kleinsten Krämer noch sein Auskommen sicherten – wobei man sich den einen oder anderen durch gezieltes Entgegenkommen zusätzlich verpflichten konnte –, so schlug sich das in der eigenen Bilanz außerordentlich positiv nieder. Wie positiv, das wird vor allem an der Tatsache sichtbar, daß es insbesondere diese Art des Handels war, von der aus vielfach der Einstieg in das Hypotheken- und Kreditgeschäft, in den Handel mit Anleihen und Obligationen aller Art erfolgte. Völlig zu Recht hat man jüngst noch einmal hervorgehoben, daß hier »Kapitalien in einer Höhe akkumuliert« wurden, »die in der Produktionssphäre entweder nur in extremen Ausnahmefällen oder erst später in Großbetrieben erwirtschaftet werden konnten«.

Eines der wohl bekanntesten Beispiele dafür ist das Bankhaus Bethmann in Frankfurt, eine Gründung des 18. Jahrhunderts, dessen Kapital im wesentlichen aus dem Speditionshandel mit seinen hohen Risiken, aber ebenso hohen Renditen stammte. Mit ihm arbeitete dann ja auch die Firma Reinhardt-Bassermann eng zusammen, deren Juniorpartner, Friedrich Ludwig Bassermann, hier in speziellem Maße in die Fußstapfen des Schwiegervaters trat: Das »Hausbuch«, das er neben dem Hauptbuch der Firma in schönster Handschrift und mit großer Sorgfalt führte, zeigt im einzelnen, welchen Umfang die Geschäfte Schritt für Schritt erreichten, die er in diesem Bereich schon bald auf eigene Faust und eigene Rechnung unternahm.

Bereits in den zwanziger Jahren wurde er offiziell als »Handelsmann und Banquier« bezeichnet, und es spricht für seinen Ruf auch auf diesem Gebiet, daß die bayerische Regierung, die ihn, den angesehenen und einflußreichen Kaufmann, zu ihrem Konsul in dem aufstrebenden Handelszentrum am Oberrhein ernannte, ihm auch die Abwicklung der noch vorhandenen Pensionsansprüche aus der kurpfälzischen Zeit übertrug: Zuletzt erschien dann nur noch die alte Gängelin, einst erste Tänzerin am Hof Karl Theodors und eine viel gefeierte Schönheit, um nach formgerechtem Zeremoniell - Geleitung ins Kontor, Bewirtung mit einem Glas Malaga, Austausch über den Lauf der Zeit und natürlich vor allem über die große Vergangenheit Mannheims - ihre schmale monatliche Pension in Empfang zu nehmen, die von der Grandezza des Konsuls, der in seinem ganzen Auftreten und Stil in vielem ein Mann des 18. Jahrhunderts blieb, noch etwas versüßt wurde.

Einen Vergleich mit dem Umfang, den dann die Geschäfte der vor allem seit den fünfziger Jahren meist auf Aktienbasis gegründeten großen Bankhäuser im Zeichen der beginnenden industriellen Revolution annahmen, konnte das, was Reinhardt und seine beiden Schwiegersöhne, Friedrich Ludwig Bassermann und Reinhardt jun., betrieben, natürlich in keiner Weise aushalten. Und die Söhne Friedrich Ludwigs taten fraglos gut daran, sich auf diesem Gebiet, aus dem sich auch der Vater seit den vierziger Jahren langsam zurückzuziehen begann, nicht weiter zu engagieren.

Blickt man jedoch nicht auf die Bilanzen großer Bankhäuser späterer Zeit oder auf Unternehmungen wie die der Rothschild, Bethmann oder Metzler in Frankfurt, der Schickler oder Mendelssohn in Berlin, der Warburg oder Heine in Hamburg, der Schaaffhausen, Herstatt oder Oppenheim in Köln, sondern auf die Ausgangssituation, so war es schon erstaunlich, welche Beträge Reinhardt und seinem Schwiegersohn - ohne Partner, ohne Aktienkapital - für das Kredit-, für das Hypotheken-, für das Anleihengeschäft zur Verfügung standen. Sie stammten, wie gesagt, vor allem in der

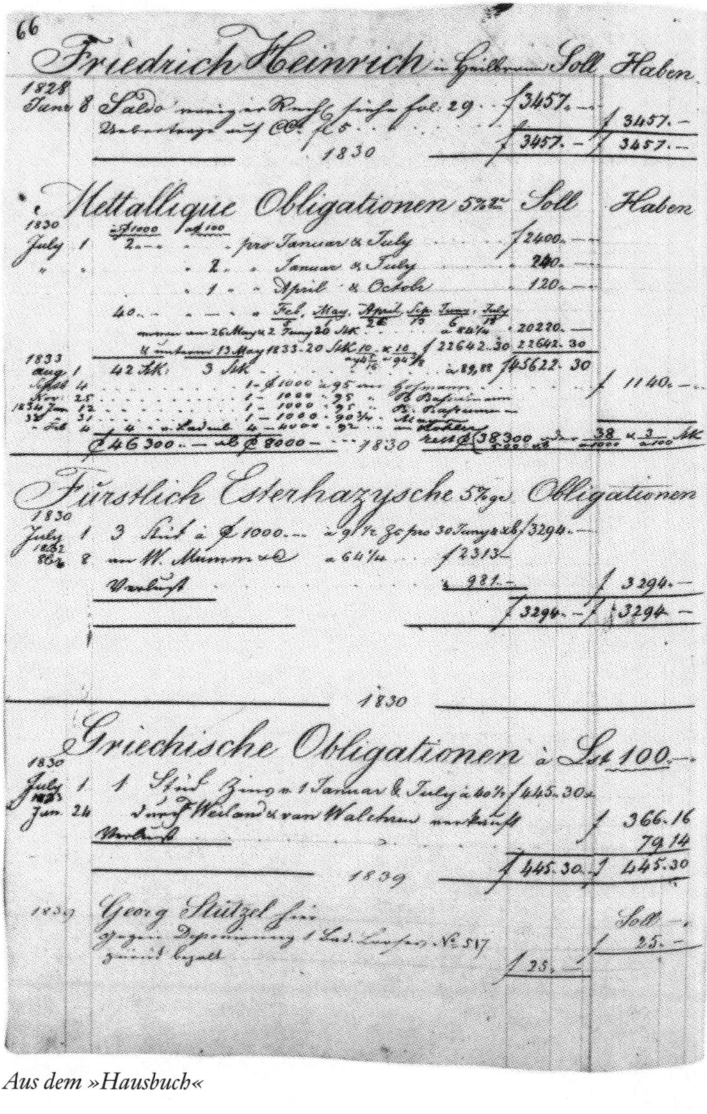

66

Friedrich Heinrich ... Soll Haben

1828 June 8 Saldo ... fol. 29 f 3457.– f 3457.–

f 3457.– f 3457.–

1830

Mettallique Obligationen 5% Soll Haben

1830 July 1 ... pro Januar & July f 2400.–

... Januar & July 240.–

... April & Octobr 120.–

40 ... Feb. May, April, Sep. Juny, July ... 20220.–

... 22642.30 22642.30

1833 ... 42 Stk. 3 Stk. ... f 45622.30 f 1140.–

1830

Fürstlich Esterhazysche 5% Obligationen

1830 July 1 3 Stück à f 1000.– ... f 3294.–

... an W. Mumm ... à 64½ ... f 2313.–

Verlust ... 981.– f 3294.–

f 3294.– f 3294.–

1830

Griechische Obligationen à Lst 100.–

1830 July 1 1 Stück ... Januar & July à 60% f 445.30

... Weiland & van Walcheren verkauft f 366.16

Verlust 79.14

f 445.30 f 445.30

1839

1839 Georg Stützel ... Soll

... N° 517 ... 25.–

f 25.–

Aus dem »Hausbuch«

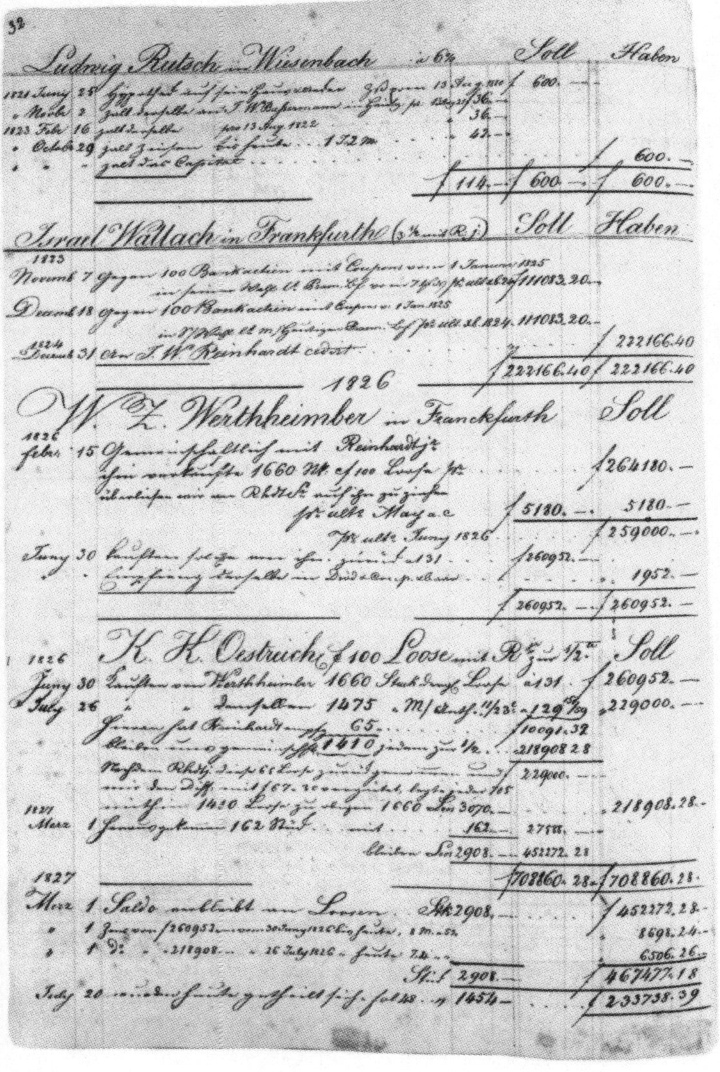
38

Ludwig Rutsch in Wiesenbach — Soll — Haben

600.–
36.–
36.–
42.–
600.–
114.– 600.– 600.–

Israel Wallach in Frankfurth — Soll — Haben

1823 Novemb 7 — 111083.20
Decemb 18 — 111083.20
1824 Januar 31 Oder J. W. Reinhardt — 222166.40
222166.40 222166.40

1826

W. Z. Werthheimber in Franckfurth — Soll

1826 febr 15 — 1660 — 264180.–
5180.– 5180.–
259000.–
Juny 30 — 131 — 260952.–
1952.–
260952.– 260952.–

K. K. Oestreich f 100 Loose mit R. zu ½ — Soll

1826 Juny 30 — Wertheimber 1660 Stück — à 131 — 260952.–
July 26 — 1475 — 129 — 229000.–
65 — 10091.32
1410 — 218908.28
229000.–
1430 — 1660 — 3070.– — 218908.28
1827 Merz 1 — 162 — 162 — 2758.–
2908.– 452272.28
708860.28 708860.28

1827 Merz 1 Saldo verbleibt an Loosen — Stk 2908 — 452272.28
1 — 260952 — 8698.24
1 — 218908 — 26 July 1826 — 6506.26
St. 2908.– — 467477.18
July 20 — 1454.– — 233738.39

Anfangszeit, bevor sich das Kreditgeschäft und nicht zuletzt das Geschäft mit älteren und jüngeren Staatsanleihen selbst zu tragen begann, ganz überwiegend aus den Erträgen, die die Firma in noch dazu vergleichsweise kurzer Zeit aus dem Getreide-, Wein- und Tabakhandel erwirtschaftete, und dokumentieren damit zugleich deren außerordentlichen Umfang.

Kaum jemals, so kann man sagen, bot der Handel solche Chancen wie in dieser speziellen Konstellation des Übergangs von der traditionellen, ständisch-korporativ gebundenen zur freien Wirtschaftsordnung. Angesichts des sich erweiternden Marktes und der sich ständig verbessernden Verkehrsverbindungen – eine der großen Leistungen des sich zunehmend um die Infrastruktur bemühenden Verwaltungsstaates – profitierte dieser Handel auf beiden Seiten. Er kaufte in korporativ ungeschützten Bereichen billig ein und verkaufte in korporativ geschützten teuer – aber immer noch billiger, als es bei Lage der Dinge auf anderen Wegen möglich gewesen wäre. Weder Produzent noch Einzelhändler hätten ja die Kosten und Risiken von Transport und Lagerung zu vergleichbaren Preisen tragen können. So entstand zugleich eine florierende Erwerbsgemeinschaft zwischen »Krämern«, sprich korporativ organisierten Einzelhandelskaufleuten, »Händlern« – die in Mitteleuropa außerhalb des nach 1806 zur Gewerbefreiheit übergegangenen Preußen zwar auch meist noch einer Korporation angehörten, aber über sehr viel größere »Freiräume« verfügten – und, wenngleich in geringerem Maße, »Produzenten«. Es war dies eine Erwerbsgemeinschaft, die den Kern der propagierten neuen, der bürgerlichen Gesellschaft darstellte und deren Banner zunächst vor allem, wie gezeigt, das Leitwort Selbständigkeit bildete.

Je nachdem, wie man die Dinge grundsätzlich betrachtet, kann man daraus auf den durch und durch ideologischen Charakter der bürgerlich-liberalen Bewegung in Politik und Gesellschaft schließen und in ihrem Programm nur die Verhüllung massiver materieller Interessen sehen, die auf die Befestigung und den Ausbau einer ihnen besonders dienlichen Konstellation zielten. Elemente dieser Art waren in den politischen, den wirtschaftlichen und den gesellschaftlichen Zielvorstellungen des bürgerlichen Liberalismus fraglos von Anfang an vorhanden. Und in diesem Sinne sind sie schon im

Verlauf der Französischen Revolution und dann immer aufs neue von allen jenen angefochten worden, die darin nur theoretisch, aber kaum praktisch ihren Platz fanden: nicht allein von den Vertretern der Arbeiterschaft, sondern auch von den Wortführern der wachsenden Zahl all derjenigen, die niemals hoffen konnten, zu jener vielbeschworenen bürgerlichen Selbständigkeit zu gelangen.

Aber so wichtig und politisch folgenreich die in diesem Zusammenhang formulierte Ideologiekritik ohne Zweifel war – die bürgerlich-liberale Bewegung vor allem der Frühzeit geht doch in den von jener Seite her so scharf akzentuierten Interessenzusammenhängen nicht auf, erschöpft und erklärt sich nicht allein aus ihnen. Schon bei Adam Smith, dem Autor der 1776 erstmals erschienenen »Inquiry into the Nature and Causes for the Wealth of Nations«, der »Untersuchung über die Natur und die Ursachen des Volkswohlstandes«, jenem Grundbuch der liberalen Wirtschaftslehre, standen nicht allein die wohltätigen – und natürlich höchst begrüßenswerten – materiellen Auswirkungen eines auf Arbeitsteilung und individuelles Erwerbsstreben gegründeten Wirtschaftssystems im Zentrum. Ebenso wichtig war der moralisch und sozialphilosophisch begründete Gedanke, daß das freie Zusammenspiel selbständiger, mündiger Individuen eine viel bessere und menschenwürdigere Ordnung hervorbringen werde als jedes andere, mit Blick auf ein angebliches Gesamtinteresse und ein angebliches Gesamtwohl konzipierte System.

Das galt auch für die nachfolgenden Theoretiker und Wortführer der bürgerlich-liberalen Bewegung. Es gab ihren Schriften, ihrem Auftreten und ihrem praktischen Wirken den eigentlichen, interessenübergreifenden Impuls und führte ihnen Menschen sehr verschiedener sozialer Herkunft und Stellung und ganz unterschiedlicher materieller Ziele zu. Dieser Glaube an die Ordnungskraft der Freiheit, an eine Gemeinschaft der wirklich – also nicht nur, aber natürlich auch materiell – selbständigen Menschen und Bürger bildete das Fundament, auf dem sich Individuen und Kräfte zusammenfanden, die in ihrer Mehrheit nach Herkunft, Weltbild und auch nach eigenen Interessen durchaus nicht ihre vornehmliche Aufgabe darin sahen, jene Erwerbsgemeinschaft zwischen »Krämern«, Händlern und Produzenten zu befestigen und abzusichern.

Sie zu bekämpfen, ihren Interessen konkret zuwider zu handeln, dazu bestand freilich auch kein Grund. So ist Karl von Rotteck, Jurist und Historiker an der Freiburger Universität und einer der einflußreichsten Wortführer der bürgerlich-liberalen Bewegung in Süddeutschland nach 1815, zwar mit größtem Nachdruck für die Befreiung des Grund und Bodens von allen Elementen der überlieferten, ständisch-feudalen Agrarverfassung eingetreten. Er hat sich jedoch - »zum gegenwärtigen Zeitpunkt« - gegen die Einführung der Gewerbefreiheit, also gegen die Beseitigung der ständisch-korporativen Ordnung im städtisch-gewerblichen Bereich ausgesprochen.

Wer so argumentierte, fand, daß die Durchsetzung des - im Grundsatz durchaus zu bejahenden - Prinzips der weitestgehenden Freiheit in Handel und Gewerbe bei Lage der Dinge die wirtschaftliche Existenz und damit die Selbständigkeit vieler Mitglieder des politisch fortgeschrittensten Teils der Bevölkerung, des städtischen Bürgertums, gefährde. Im Interesse des *politischen* Fortschritts, der *politischen* Liberalisierung, müsse man daher in *wirtschaftlicher* Hinsicht zunächst Kompromisse schließen - zunächst, da die Gesellschaft der Zukunft ein sehr viel breiteres Spektrum an Möglichkeiten selbständiger Existenz bieten werde und man dann die vollständige Berufs- und Gewerbefreiheit ohne negative Folgen werde einführen können.

Von solchen subtilen Argumenten war im Alltagsleben, zwischen den Partnern in Handel und Gewerbe, die zugleich das städtische Leben und - in den engen Grenzen, die dem zunächst noch vom Staat gesetzt waren - auch die Politik einer Stadt wie Mannheim bestimmten, natürlich kaum die Rede. Man war sich, angesichts der zwar langsamen, aber insgesamt doch erfreulichen Entwicklung, die Handel und Gewerbe vor allem seit den zwanziger Jahren nahmen, in der Mehrheit schlicht einig, daß es sich nicht empfehle, an den Grundlagen, an der Struktur der Verhältnisse zu rütteln. Aber es war eben doch von großer Bedeutung, daß man damit offenkundig nicht gegen die Zeit stand. Auch diejenigen, die von jenen Verhältnissen nur sehr begrenzt profitierten, bescheinigten ihren Wortführern, ihre Interessen seien insofern mit dem »wohlverstandenen Gesamtinteresse« (Rotteck) identisch, als das

Prinzip der Erhaltung der Selbständigkeit das oberste Prinzip jeder künftigen Ordnung sein müsse.

Selbstverständlich gab es gewichtige, an England und Frankreich und auch an Preußen orientierte Ausnahmen. Vor allem in der staatlichen Verwaltung, innerhalb des aufgeklärt-liberalen Teils der Bürokratie, regten sich viele Stimmen, die betonten, daß nur eine wirklich durchgehende Liberalisierung des Wirtschaftslebens die Voraussetzungen für jenen Prozeß der »Selbstregulierung in der Freiheit« schaffen werde. Auch an einer Reihe von Universitäten herrschte diese Meinung vor. Aber angesichts der faktischen Entwicklung in den wichtigsten Ländern dieser Jahrzehnte blieben solche Stimmen zunächst sehr deutlich in der Minderheit: Im England der beginnenden Industrialisierung, aber auch in dem seit Einführung der vollständigen Wirtschaftsfreiheit von vielfältigen sozialen Krisen geschüttelten Frankreich und nicht zuletzt in Preußen, wo, wie man hörte, Handwerk und Kleinhandel schwer litten, konnte von einem Zusammenspiel von wirtschaftlicher und politischer Liberalisierung nach 1815 nun wirklich nicht mehr die Rede sein.

Erst in den fünfziger Jahren gelang es den Wortführern eines konsequenten Wirtschaftsliberalismus allmählich, eine Mehrheit in der Öffentlichkeit und in den Parlamenten für sich zu gewinnen. Und erst in den sechziger Jahren, zwei Menschenalter nach ihrer Einführung in Preußen, ist die Gewerbefreiheit auch im Süden Deutschlands etabliert worden – nun freilich nicht, wie in Preußen, »von oben«, sondern durch parlamentarische Mehrheiten und im Zeichen einer fortschreitenden Liberalisierung in vielen anderen Bereichen.

Das Ergebnis war in gewissem Sinne paradox, denn die zum Teil noch aus der ständischen Welt stammenden speziellen Formen und Institutionen, in denen sich im Süden Deutschlands die Entwicklung des Wirtschaftslebens in der ersten Hälfte des 19. Jahrhunderts vollzog, entsprachen zunächst durchaus auch den vorherrschenden Strömungen jenes Zeitgeistes, der sich ansonsten höchst kritisch mit der »Restauration«, dem Versuch der Wiederherstellung der alten, vorrevolutionären Ordnungen nach 1815, auseinandersetzte. Das war insofern von zentraler Bedeutung, als es jene vom Grundsatz, vom Prinzip her betrachtet einigermaßen widerspruchsvolle, praktisch jedoch durchaus florierende Erwerbsgemeinschaft von Kleinhändlern, Kaufleuten und - zunächst vor allem agrarischen, dann auch zunehmend gewerblichen - Produzenten nicht nur wirtschaftlich, sondern vor allem auch politisch als eine Allianz des Fortschritts, als Speerspitze und Modell der neuen, der bürgerlichen Gesellschaft erscheinen ließ. Für das Lebensgefühl der an ihr unmittelbar Beteiligten hieß das: Was man unternahm, womit man Erfolg hatte, das fügte sich ein in einen allgemeinen Fortschrittsprozeß. Man war im Einklang mit der Zeit, mit ihren dynamischen, vorwärtsdrängenden, zukunftsverheißenden Kräften. »Wir eben sind die Zeit«, so hat der Publizist und liberale Politiker Rudolf Haym das Selbstbewußtsein dieses Bürgertums einmal auf den Punkt gebracht.

Das gilt vor allem für die erste Generation, die sozusagen noch aus der Zeit des Ancien Régime stammte. Im Alten Reich geboren, durch die grundlegenden Veränderungen der napoleonischen Epoche gegangen, konnten ihre Vertreter sehr direkt und konkret miterleben, wie - ganz unabhängig von dem jeweiligen individuellen Erfolg - der gesellschaftliche und politische Stellenwert ihrer sozialen Gruppe, des neuen Bürgertums, allen Widerständen anderer zum Trotz ständig wuchs. Ihr, so konnten sie von vielen Seiten, durchaus nicht immer nur zustimmend, hören, gehörte offenkundig die Zukunft - eine Zukunft der mittleren Existenzen, wie der alte Goethe skeptisch anmerkte.

Von daher wuchs der eigenen Existenz etwas zu, was die der Väter nicht besessen hatte, auch wenn sie als einzelne ebenso erfolgreich gewesen sein mochten: Repräsentativität. Die beiden Vettern Bassermann haben das in ihren späteren Jahren durchaus gespürt, in den Ämtern und in dem Einfluß, den sie von daher erlangten - das galt zunächst vor allem für den Stadtrat und Abgeordneten Johann Ludwig, den Eisen-Bassermann -, aber auch in der davon unabhängigen Stellung, die sie in der Stadt, in der städtischen Gesellschaft einnahmen. Die Rangordnungen der Karl-Theodor-Zeit mit der ganz unbestrittenen Vorrangstellung des Adels, der Dominanz von hoher Beamtenschaft und Militär und ihres adeligen und bildungsbürgerlichen Umfelds von Geistlichkeit, Professoren, Ärzten und »Rechtsconsulenten« - sie hatten sich, auch wenn die Begünstigten zum Teil zäh daran festzuhalten versuchten, Schritt für Schritt aufgelöst.

Das hatte natürlich sehr entscheidend mit dem Abzug des Hofes zu tun. Aber dieser nahm letztlich nur vorweg, beschleunigte und akzentuierte, was auch sonst als allgemeine Tendenz zu beobachten war. Der Handelsmann, der Wirtschaftsbürger, der unternehmungslustige, ins Größere strebende Handwerker, sie meldeten überall ihren Anspruch an, nicht nur formal, im Bürgerrecht und in der Beteiligung an den Entscheidungen in der Gemeinde, sondern auch im gesellschaftlichen Verkehr, im Theater, bei öffentlichen Veranstaltungen, bei Geselligkeiten größeren Stils gleichberechtigt zu sein.

Im nicht mehr höfischen und – wie sich nach mancherlei Illusionen über eine Stadt der Kunst und der Wissenschaft immer eindeutiger zeigte – ganz auf den Erfolg seines wirtschaftenden Bürgertums angewiesenen Mannheim hat sich dieser Anspruch schon verhältnismäßig früh durchgesetzt. Als 1804, Vorbildern in anderen großen Städten folgend, auf Betreiben des Buchhändlers Mathias Fontaine eine gesellige Vereinigung mit Sitz im Achenbachischen Kaffeehaus gegründet wurde, da wurde das »überständische« Prinzip nicht nur proklamiert, sondern auch energisch praktiziert: Neben die gleichsam traditionelle gesellschaftliche Elite der Beamten, der Offiziere, der Vertreter von Kunst und Wissenschaft mit einem jeweils starken Anteil des Adels trat eine große Fraktion des Wirtschaftsbürgertums der Stadt; Johann Ludwig Bassermann gehörte, wie gesagt, neben Johann Wilhelm Reinhardt bereits zu den Gründungsmitgliedern, Friedrich Ludwig trat der Vereinigung wenig später bei.

Ähnliches galt für die 1805 unter Führung des Hauptmanns Lambert von St.-Julien neubegründete Loge »Karl zur Eintracht«, in die Friedrich Ludwig 1807, sein Vetter Johann Ludwig 1810 aufgenommen wurde. Und als sich 1808 aus dem Schoß des Fontaineschen »Casinos« eine Sezession bildete, die dann für sechs Jahre, bis zur Wiedervereinigung mit dem »Casino« in der »Harmonie«, unter dem Protektorat des »Erbgroßherzogs« und seiner Frau einen eigenen Verein, das »Museum«, gründete – es tagte im Hillesheimschen Palais am Markt –, da hatte der Streitpunkt nichts mit dem Verhältnis der sozialen Gruppen zueinander zu tun: Es ging vor allem um eine stärkere Beteiligung der Damen und die Veranstaltung förmlicher »Damengesellschaften«.

Beide, »Casino« wie »Museum«, rückten den Gedanken in den Mittelpunkt, daß der Verein nicht nur Klub, nicht nur geselliger Treffpunkt sein solle, sondern daß das eigentlich vereinigende Element das gemeinsame Streben nach überberuflicher, allgemeiner Information und Bildung darstellen müsse. Es gehe darum, hieß es in dem Einladungsschreiben für das »Museum« vom Juli 1808 höchst anspruchsvoll, »für intellektuelle und ästhetische Kultur, für verfeinerte und erhöhte freie Geselligkeit einen Vereinigungspunkt zu gründen, der jeden liberal Gebildeten anzieht, jedem Lichtstrahl des Geistes und der Empfindung, der einzeln vielleicht wirkungslos wetterleuchtete, wo möglich zum eingeweiheten Opferherd werden soll; ein Verein, der die Schranken und Bänne des gemeinen Lebens weghebt, um in dem weiten Reich der Freude verwandte Gemüter zu sammeln«.

Das so pathetisch proklamierte Vereinsziel bezeichnete dabei zugleich das Fundament: Vor der Kunst, vor der Kultur, vor den Anforderungen der »ästhetischen und intellektuellen« Bildung waren alle gleich, unterschieden sie sich nicht nach Herkunft, nach Stand und nur von Fall zu Fall nach Beruf. Hier galten nur die individuellen Fähigkeiten und Talente und vor allem die Bereitschaft, sich den Dingen und dem Gespräch zu öffnen. Auf dieser Ebene, so verstanden es schon die Freimaurer, die Illuminaten und auch die Vertreter vieler weniger anspruchsvoller Vereinigungen des 18. Jahrhunderts, begegnet der eine dem anderen als Mensch. Die Kultur, die Kunst, die Wissenschaft, sie befreien nicht nur von gesellschaftlichen Zwängen, sie sind auch in der Lage, diese Schritt für Schritt zu überwinden. Die Kultur, die allgemeine Bildung, schaffe also eine Gemeinschaft der Freien und Gleichen, der gleichberechtigten Bürger zunächst in ihrem Reich, dann aber mit Notwendigkeit immer weiter über dieses hinaus.

Das war die Bildungsidee des deutschen Idealismus und Neuhumanismus, die in der spezifischen gesellschaftlichen und politischen Situation der Auflösung der alten ständischen und der schrittweisen Etablierung der neuen, der bürgerlichen Gesellschaft eine enorme Breitenwirkung entfaltete, zu einem bedeutsamen Vehikel dieses Übergangs wurde.

Selbstverständlich darf man dieses Element auch wiederum

nicht überschätzen. Die unmittelbare Wirkung derartiger Vereine wie des Mannheimer »Casinos« und des »Museums« bestand vor allem im persönlichen Verkehr, im Austausch von zum Teil sehr konkreten Informationen nicht zuletzt aus dem geschäftlichen Bereich, in der direkten Meinungsbildung über oft sehr handfeste Probleme des Tages. Auf diese Weise bildete sich ein dichtes Geflecht von Beziehungen, das in seinen Ergebnissen dann unmittelbar in Politik und Wirtschaft, in Gesellschaft und Kultur hineinwirkte. Das Vereinsleben war in diesem Sinne »ein bewußt wahrgenommener sozialer Akt, in dem sich soziale Verkehrskreise aufs neue bestätigten und festigten«.

Aber es war eben doch von größerer Bedeutung als rasche Ideologiekritik oft wahrhaben will, daß diese Beziehungen unter dem Leitbild des vielseitig gebildeten Bürgers standen, daß man sich in dem Gedanken, in der Zielsetzung einig war, der Mensch, der Bürger dürfe nicht in seinem jeweiligen Beruf, im Geschäft, in den Aktivitäten des Alltags aufgehen. Hier war ein Gegenpol zu den Tendenzen, die Idee des Fortschritts, die die Zeit in allen Bereichen und die vor allem auch das Bürgertum eindeutig beherrschte, auf das Materielle, auf das Äußerlich-Zivilisatorische zu beschränken.

Von hier aus wurde zunächst noch eine Entwicklung zusätzlich in Schranken gehalten, die mit dem inneren Zusammenhalt des neuen Bürgertums auch dessen Ansprüche auf Repräsentanz der Gesellschaft der Zukunft im Kern bedrohte, sowohl in politischer als auch in sozialer Hinsicht: das Durchschlagen wachsender Einkommens- und Vermögensunterschiede sowie der Differenzierungen in den sich immer stärker auffächernden Hierarchien bürgerlicher Berufe auf das jeweilige gesellschaftliche Selbstverständnis, auf die Ansprüche, die der einzelne in der Gesellschaft erhob, auf seine Status- und Prestigevorstellungen. Noch ging von der Idee der Gemeinschaft auch geistig selbständiger, gebildeter, übergreifenden Kulturwerten und Kulturvorstellungen verpflichteter Bürger eine egalisierende Wirkung aus. Sie drängte die wachsenden Unterschiede im Einkommen, in der beruflichen Position und in dem damit verknüpften Sozialprestige in den Hintergrund und betonte – wie einst beim Adel, doch ohne dessen exklusive Tendenzen – das Verbindende und Gemeinsame, das Überindividuelle, das die Zugehörigkeit zu der neuen, ständig wachsenden Schicht ausmache.

Neben dem Verein waren es in diesem Sinne vor allem das Theater sowie das vielfach vom Theater ausgehende und von hier koordinierte Konzertleben, die zu einer Art zentralen Vermittlungsinstanz für das Selbstverständnis und Selbstbewußtsein des neuen Bürgertums wurden. Später kamen dann verstärkt das Museum und Sammlungen der verschiedensten Art hinzu. Das Theater stand auch in dieser Hinsicht in Mannheim insofern in einer spezifischen Tradition, als es, ursprünglich noch von Karl Theodor und seiner Regierung neben dem in erster Linie der Oper gewidmeten Hoftheater geplant und zu Neujahr 1777 eröffnet, nach dem Wegzug des Hofes 1778 zunehmend zu einem Symbol des neuen, sich mehr und mehr verbürgerlichenden Mannheim geworden war. Dadurch hatte auch der Name »Nationaltheater« einen ganz neuen, schließlich programmatischen Klang angenommen.

Ursprünglich konnte davon kaum die Rede sein. Dem Vorbild der Gründung Josephs II. in Wien entsprechend – das erste, das von Lessing angeregte Hamburgische Nationaltheater konnte auch wegen seines raschen Zusammenbruchs nur begrenzt als Modell einer fürstlichen Stiftung dienen –, sollte »Nationaltheater« ein Theater bezeichnen, das sein Hauptaugenmerk statt auf die vorherrschende italienische Oper und die französische Komödie auf deutschsprachige Stücke richtete. Als die ersten Spielpläne heraus waren, zeigte sich sogar, daß die kurpfälzischen Beamten, die das Theater 1776/77, den Beschluß ihres Herren ausführend, ins Leben riefen, unter deutschsprachig vornehmlich pfälzisch verstanden. Lessing, den man zunächst als Dramaturgen hatte gewinnen wollen, spottete denn auch, unter einem Nationaltheater verstehe man in Mannheim offenbar ein pfälzisches Theater, auf dessen Brettern dementsprechend fast ausschließlich Kenner der dortigen Mundart, also »lauter geborene Pfälzer« zu agieren hätten. Und in Wielands »Abderiten« konnten die Mannheimer nachlesen, wie das geistige und literarische Deutschland die Bemühungen in ihrer Residenz einschätzte.

Als sich die Bürger der Stadt mit dem Wegzug des Hofes nicht nur politisch, sondern vor allem auch geistig-kulturell an den Rand gerückt sahen, kam aber – seitdem man 1779 einen großen Teil des Ensembles des Hoftheaters des Herzogs von Sachsen-Gotha mit

Das Mannheimer Nationaltheater, Ölgemälde von Mathias Artaria, 1853

Iffland, Beck und Beil an der Spitze verpflichtet hatte – der große Aufschwung und mit ihm eine nachhaltige Bestätigung, wie sich die Zeiten zu wandeln begannen: Nicht bloß ein Hof, sondern auch eine Stadt, die keine Residenz und keine Hofgesellschaft mehr beherbergte und in der das Bürgertum jetzt den Ton angab, konnte Träger großer Kulturinstitutionen sein. Ja, hier konnte sich, wie die Uraufführung von Schillers »Räubern« am 13. Januar 1782 aller Welt eindrucksvoll dokumentierte, das Neue, das Moderne, das Zukunftsweisende in Kunst und Kultur offenkundig freier entfalten als anderswo.

Sieht man genauer hin, so gilt das sicher nur mit Einschränkungen. Wolfgang Heribert von Dalberg war am 1. September 1778 von Karl Theodor, dem scheidenden Kurfürsten, zum Chef der »kurpfälzischen Theater-Intendance« mit der Zusicherung ernannt worden, die kurpfälzische Regierung werde die in Mannheim bleibende Bühne und das hier neu zu begründende Ensemble – die alte Truppe ging mit nach München – mit jährlich fünftausend Gulden subventionieren. Dafür hatte Dalberg mancherlei Zugeständnisse zu machen: Die Handlung der »Räuber« beispielsweise wurde gegen Schillers Protest drei Jahrhunderte zurückverlegt, in die Zeit Kaiser Maximilians I., und die betont »altdeutschen« Kostüme, gegen die sich die

Schauspieler so nachdrücklich wie vergeblich wehrten, dienten zusätzlich dem Ziel, den Gegenwartsbezug in den Hintergrund zu drängen.

Aber insgesamt wehte auf der Mannheimer Bühne unter Dalbergs straffer und bei allen Rücksichten insgesamt alles andere als ängstlicher Leitung doch ein ganz anderer Wind als in den Hoftheatern mit ihren geladenen Gästen, ihrem strengen Zeremoniell und ihrer Zurückhaltung in allen Dingen, die neuralgische politische und gesellschaftliche Probleme berührten. Seinen relativen Freiraum in einem absolutistisch regierten Staat, wie es die nun mit Bayern vereinigte Kurpfalz war, hatte Dalberg vor allem mit dem Argument erstritten, das vom Hof und seinen Institutionen verlassene, in seiner Existenz gefährdete Mannheim brauche eine Kompensation, einen neuen Anziehungspunkt. Derartiges aber sei in einem so bewegten, von neuen Ideen gärenden, zukunftshungrigen Zeitalter nur von Einrichtungen zu erwarten, die sich dem Zeitgeist öffneten, ohne sich ihm blind zu unterwerfen, und dem - zahlenden - Publikum entgegenkämen.

So blieb die neue Bühne von äußeren Eingriffen und von der Zensur weitgehend verschont. Dalberg hat freilich auch sehr viel - in den Augen seiner Kritiker gelegentlich allzuviel - getan, um unmittelbare Anlässe dafür zu vermeiden: Als Schiller anderthalb Jahre nach dem Sensationserfolg seiner »Räuber« - das Theater war schon vier Stunden vor Beginn der Uraufführung bis zum letzten Platz gefüllt gewesen, und das Stück erwies sich auch im weiteren bis nach Mainz und Darmstadt, nach Frankfurt, Karlsruhe und Stuttgart hin als ein ausgesprochener Kassenmagnet - aus der württembergischen Residenz floh und nach Mannheim kam, da verweigerte ihm Dalberg zunächst jede Unterstützung. Er lehnte auch sein nächstes Drama, den »Fiesco«, schroff ab. Außerdem achtete er - allerdings nicht zuletzt auch mit Blick auf das Publikum - sorgfältig darauf, daß die leichten, unterhaltsamen, politisch in jeder Hinsicht unproblematischen Stücke deutlich überwogen, daß die Schaubühne als »moralische Anstalt«, von der Schiller sprach, nicht das Unterhaltungsbedürfnis, die Lust an Komödien, an Singspielen, auch hier und da an einer Oper, in den Hintergrund drängte.

Dieser Kurs erwies sich in jeder Hinsicht als überaus erfolgreich. Gestützt auf eine rasch anwachsende Gruppe bemerkenswerter

Schauspieler mit Iffland - dem ersten Franz Moor - und Schröder an der Spitze gelang es Dalberg, sich sowohl die Unterstützung des kurfürstlichen Hofes - trotz der Aufführung von Stücken wie »Kabale und Liebe«, in dessen Typen sich mancher Hofmann nur zu deutlich wiedererkennen konnte - und insbesondere der kurfürstlichen Kasse als auch den Beifall und Zustrom des Publikums zu erhalten.

Zwar klagte Dalberg gelegentlich: »Wo ist ein Publikum zu finden, welches vollkommen befriedigt werden könnte, und besonders in Mannheim, wo man mit den besten Einrichtungen selten zufrieden ist?« Aber aufs Ganze gesehen konnte er sich nicht beschweren. Die Mannheimer liebten ihr Theater über alles und wußten, was sie an seinem Direktor hatten, der ihnen den Ruhm verschafft hatte, über eine der besten Bühnen Deutschlands zu verfügen - eines Deutschland, von dem Schiller gesagt hatte: »Wenn wir es erlebten, eine Nationalbühne zu haben, so würden wir auch eine Nation.« »Die Mannheimer Nationalbühne gleicht einer Akademie der Schauspielkunst«, so Sophie La Roche Ende der achtziger Jahre: »Ohne dem Ganzen anderer Bühnen zu nahe zu treten, hat schwerlich einer ihrer Vorsteher den reinen Kunsteifer, welchen Herr von D[alber]g mit Mühe, Kosten und vieler Unruhe schon bewiesen hat.«

In den Wirren der Revolutionskriege und dem Hin und Her der staatlichen Neuordnung zu Beginn des neuen Jahrhunderts ist das Mannheimer Theater dann zunächst sehr heruntergekommen. Aber der Liebe der Mannheimer zu ihrer Bühne tat das kaum Abbruch. Eine Loge im Theater zu haben, wie Friedrich Ludwig Bassermanns Schwiegervater Reinhardt seit den neunziger Jahren, galt nach wie vor als begehrtes Symbol bürgerlichen Erfolges. Das Theater war der gesellschaftliche Mittelpunkt der Stadt, seine Stücke waren das Stadtgespräch. Schauspieler und Sänger wurden herumgereicht - der sonst so sparsame Reinhardt lud häufig in seinen »Comoedienkeller«, wo dann lange von der großen und verpflichtenden Vergangenheit des Mannheimer Hauses und den Hoffnungen auf eine bessere Zukunft die Rede war.

Die Familie seines Schwiegersohns war nicht die einzige, in der die Leidenschaft für das Theater sich umsetzte in den Wunsch, nicht bloß zuzuschauen, sondern sich selber auf diesem Feld zu versuchen, mit Kindern und Freunden Stücke einzustudieren, auch selbst zu entwerfen und im häuslichen Kreis, bei Familienfesten oder auch ohne besonderen äußeren Anlaß, aufzuführen. Daraus erwuchs ein Verhältnis gerade zu diesem Bereich der Kunst, das im Falle einer besonderen Begabung den Weg in jene Welt sehr leicht machte, ihm nicht die Bedenklichkeit, sondern den Beifall und den Stolz der Familie sicherten. Albert Bassermann, Friedrich Ludwigs 1867, zwei Jahre nach seinem Tod, geborener Urenkel, sollte das unmittelbar erfahren.

Was die Literatur, was das Drama, was sein Ort und sein hier jeweils versammeltes reales Publikum für das Selbstverständnis der sich ausbildenden neuen bürgerlichen Gesellschaft und ihrer Hauptträgerschicht bedeutete, das läßt sich am Mannheimer Theater und dem Echo, das es im Mannheimer Bürgertum über anderthalb Jahrhunderte fand, geradezu beispielhaft beobachten. Hier bildete sich ein Kanon heraus, an Stücken, an Vorlieben für einzelne Autoren, an Einschätzungen und Werturteilen – etwa in der Bevorzugung der klassischen Antike und eines bestimmten Kreises von Gestalten –, der über die speziellen Interessen und Vorstellungen des einzelnen hinaus einen gemeinsamen geistig-kulturellen Horizont umschrieb. Zu einem Teil der sogenannten allgemeinen Bildung erhoben, charakterisierte und markierte dieser Kanon schon bald mehr als vieles andere die Zugehörigkeit zu der übergreifenden neuen sozialen Gruppe des Bürgertums.

Dieses Bürgertum würde, davon war man überzeugt, nicht zuletzt im Zuge der Verbreitung der »allgemeinen Bildung« zum »allgemeinen Stand« werden, dem schließlich allumfassenden Stand der »gebildeten Menschen«. In diesem Sinne war das, was die Zeitgenossen, mit Blick insbesondere auch auf Literatur und Theater, die »bürgerliche Kultur« zu nennen begannen, kein ausgrenzender, generell schichtenbezogener Begriff wie der später rückblickend geprägte der »Adelskultur«, sondern ein Begriff, der einen umfassenden Anspruch formulierte: Die »bürgerliche Kultur« sollte die allgemeine Kultur schlechthin werden, so wie die »bürgerliche Gesellschaft« die Gesellschaft der Zukunft sein würde, alle umfassend und alle zu Bürgern erhebend – politisch, geistig wie auch materiell.

Wenn Vertreter des neuen Bürgertums mit Stolz vermerkten, wie groß, ja, überwältigend der Anteil von »Bürgern« an allen Leistungen und Entwicklungen in Kunst und Wissenschaft in der neueren Zeit war – »Wo käm die schönste Bildung her, und wenn sie nicht vom Bürger wär«, hieß es bei Goethe –, so unterstrich das nur den allgemeinen Anspruch, Vorhut der Gesellschaft der Zukunft zu sein. Dieser Anteil bezeugte und dokumentierte in ihren Augen die schöpferische Kraft, die aus Selbständigkeit und Freisetzung der Individualität resultierte. Je mehr das Jahrhundert fortschritt, desto mehr galten Kunst und Wissenschaft als Domänen des Bürgertums, ihre Leistungen als ein weiterer, gewichtiger Beleg für die Überlegenheit der eigenen Sache.

Man kann die innere Dynamik des sich nach den napoleonischen Kriegen schrittweise entfaltenden bürgerlichen Kulturlebens in einer Stadt wie Mannheim nicht verstehen, wenn man sich diesen Zusammenhang nicht ganz klarmacht. Gerade hier, wo noch ein Menschenalter vorher alles vom Hof abhing, von ihm bestimmt und normiert worden war, trat diese Dynamik, das mit ihr verbundene Selbst- und Zukunftsbewußtsein besonders deutlich zutage: Die Stadt, das Bürgertum waren aus eigener Kraft und vor allem auch aus eigenem Antrieb in der Lage, Kunst und Kultur voranzutreiben, ihnen einen Ort und Entfaltungsmöglichkeiten zu schaffen. Nicht allein das Geld, nicht nur das Berufsleben, Handel und Gewerbe also bestimmten das Gesicht der Stadt, des bürgerlichen Gemeinwesens, wie Kritiker schon im 18. Jahrhundert immer wieder prophezeit hatten.

Sicher, vieles blieb nach wie vor Staats- und Fürstensache. Der kleine Hof der Großherzogin-Witwe Stephanie – ihr Mann, Großherzog Karl, der dem Land 1818 eine moderne konstitutionelle Verfassung gegeben hatte, war im gleichen Jahr, erst zweiunddreißigjährig gestorben – bildete auch weiterhin ein geselliges und kulturelles Zentrum der Stadt, an dem sich die Mannheimer in vieler Hinsicht bis hin zur Mode orientierten. Das, was an Sammlungen und öffentlichen Einrichtungen auf kulturellem Gebiet nach der Abtretung der Pfalz an Baden überhaupt noch übriggeblieben war – wenig genug –, wurde vom badischen Staat übernommen: der Rest der Hofbibliothek, des Naturalienkabinetts und des Antiquariums, auch die berühmte Sternwarte.

Eine mit Hilfe des badischen Gesandten in Paris erworbene Sammlung von rund zweihundert Gipsabgüssen wurde als ein freilich sehr dürftiger Ersatz für den vielgerühmten Antikensaal Karl Theodors im Schloß aufgestellt. Hinzu kam eine Kollektion von zweihundertsechsundfünfzig Gemälden, die Karl Friedrich von dem sizilianischen Grafen Giuseppe Lucchesi, einem Vertrauensmann der Königin Karoline von Neapel, erworben hatte. Sie bildete den Grundstock der späteren großherzoglichen Gemäldegalerie im Schloß. Geld stand freilich für diesen Bereich in den nächsten Jahren kaum zur Verfügung, und so kümmerten die noch vorhandenen Bestände, nicht ergänzt und wenig gepflegt, dahin. Den einst nicht minder berühmten Botanischen Garten hatte der badische Staat gar nicht erst übernommen; er ging 1808 ein. Es dokumentiert die Verlagerung der Gewichte, auch in finanzieller Hinsicht, daß die Stadt fünfundzwanzig Jahre später diese Tradition wieder aufgriff und 1834 einen botanischen Garten in der Nähe der Sternwarte errichtete, eine der ersten städtischen Gründungen des 19. Jahrhunderts dieser Art, die dann mit dem berühmten Frankfurter Palmengarten von 1871 einen gewissen Höhepunkt erreichten.

Die in der napoleonischen und zunächst auch in der nachnapoleonischen Zeit sehr knappen Finanzmittel für den kulturellen Bereich konzentrierte die Karlsruher Regierung im wesentlichen auf ein Gebiet, das sie im Zuge der inneren Neuordnung nach 1803 für sich, für den Staat reklamiert hatte: auf das höhere Schulwesen. Statt der dahinkümmernden oder, wie man schon besser sagen muß, dahinsiechenden konfessionell-kirchlichen Gymnasien – die lutherische Lateinschule war inzwischen ganz eingegangen, nachdem sie 1798 nur noch drei Schüler gehabt hatte, von denen zwei Söhne des Rektors waren – sollte nach dem Willen des Ministeriums ein gemischt-konfessionelles Gymnasium beziehungsweise Lyzeum als Staatsanstalt entstehen: Das Gymnasium unterschied sich nach dem XIII. Organisationsedikt vom 13. Mai 1803 vom Lyzeum nur dadurch, daß die Schulzeit auf dem Gymnasium elf statt zehn Jahre betrug und daß es keine sogenannten Exemten zuließ, Schüler, die von vornherein planten, die Schule zu einem früheren Zeitpunkt zu verlassen. Davon waren in einer Stadt wie Mannheim viele zu erwarten, und so war die staatliche höhere Schule im November 1807 hier als Lyzeum ins Leben gerufen worden.

Im übrigen aber war es in womöglich noch stärkerem Maße als die anderen neu errichteten beziehungsweise reorganisierten badischen Gymnasien ganz vom Geist des Neuhumanismus bestimmt. »Alle Kräfte des Menschen«, so der katholische Kirchenrat Philipp Brunner – er war Mitglied der gemischt-konfessionellen Gründungskommission – ganz im Stile und im Sinne Humboldts bei seiner Eröffnungsrede am 10. November 1807, »müssen geweckt, geleitet, geübt werden, damit jeder nach *seinen* Anlagen und auf *seinem* Wege das werde und wirke, was er nach seiner Menschen- und Bürgerbestimmung werden und wirken soll.« Nicht Bekehrung zu bestimmten Auffassungen, zu einer bestimmten Glaubensrichtung, zu einer bestimmten Weltanschauung sei das Ziel, sondern die Bildung des Menschen als solchen, die Entwicklung seiner besonderen Fähigkeiten und Anlagen. »Dieser elende, kleinliche, engherzige, dieser finstere Geist der Proselytenmacherei« sei »mit dem humanen und helleren Geist der Zeit überhaupt und insbesondere mit den liberalen Gesinnungen« unverträglich, »wodurch sich alle Stände der Einwohner Mannheims so vorteilhaft auszeichnen«.

Die eigentliche Seele des neugegründeten Mannheimer Lyzeums wurde in diesem Sinne in den kommenden Jahren und Jahrzehnten mehr und mehr der Altphilologe Friedrich August Nüßlin. Der 1780 im oberrheinischen Weisweil geborene Pfarrerssohn war ein Schüler Wolfs in Halle gewesen und über Karlsruhe, Genf und Lörrach nach Mannheim gekommen, wo er 43 Jahre, bis 1850, wirkte. Noch ganz fern von den Verengungen, die das humanistische Bildungsideal schon bald erfuhr – in der Reduktion auf die alten Sprachen und auf ein blutleer-abstraktes Bild der Antike –, sah er in diesem Ideal im Gegenteil das adäquate Leitbild der neuen, der bürgerlichen Gesellschaft, auch und gerade in politischer Hinsicht. Ein begeisternder Lehrer, wirkte er weit über die Schule hinaus, Herold eines sich Kunst, Kultur und Wissenschaft öffnenden städtischen Gemeinwesens freier und geistig selbständiger Bürger nach dem großen Vorbild der antiken Stadtstaaten.

Einen äußerlichen Höhepunkt der Bestrebungen Nüßlins bildete in dieser Hinsicht der Beschluß des neugegründeten Vereins deutscher Philologen und Schulmänner, seine zweite Tagung nicht in einer der großen Universitäts- und Residenzstädte mit ihren Akademien abzuhalten, sondern, am Vorabend von Nüßlins sechzigstem Geburtstag Ende September 1839, in Mannheim. Daß Thiersch, Hermann, Creuzer und Welcker bei dieser Gelegenheit mit vielen anderen bekannten Gelehrten und Schuldirektoren in der Stadt erschienen und unter Nüßlins Leitung ihren wissenschaftlichen Kongreß abhielten, dokumentierte sozusagen vor aller Welt und zum Stolz der Stadt und ihrer Bürger - die bei den Vorbereitungen denn auch einigen Aufwand getrieben hatten -, daß Mannheim, die aufstrebende Handelsstadt, inzwischen zugleich zu einer Hochburg eines bürgerlich akzentuierten Neuhumanismus geworden war. Friedrich Thiersch hielt damals die Festrede »Über das Verhältnis und das gemeinsame Interesse der humanistischen und der industriellen Bildung« und erinnerte an die großen Kaufleute des 16. Jahrhunderts in Städten wie Augsburg oder Nürnberg, die, »geistesverwandt den Männern, die ihr Zeitalter mit wissenschaftlichem Ruhm geschmückt haben«, »mit ihnen in gegenseitigem Verkehr der Neigung und des Bedürfnisses« lebten. »Wir«, rief er der vom Geist des Neuhumanismus getragenen Versammlung aus Bürgern und Gelehrten zu, »sind die Vorschreitenden, die der Bedürfnisse der Gegenwart, der Forderung der Zukunft Kundigen, während die anderen nur ein beschränktes Ziel im Auge haben und für den Bürger die Wege des Helotismus anbahnen.«

Es war kein Zufall, daß mit Männern wie Ludwig Häusser, Karl Mathy, August Lamey oder Julius Jolly ein unverhältnismäßig großer Teil der führenden liberalen Politiker, deren Namen sich dann mit der großen liberalen Reformära in Baden nach 1860 - nicht zuletzt auch im Schul- und Bildungswesen und im kulturellen Bereich insgesamt - verbanden, zu den Schülern Nüßlins am Mannheimer Lyzeum zählte. Auch Friedrich Daniel Bassermann, der älteste überlebende Sohn Friedrich Ludwigs, 1843 mit Karl Mathy Gründer einer Verlagsbuchhandlung - in der 1847 die berühmte »Deutsche Zeitung« erschien - und schon früh einer der führenden Vertreter der liberalen Opposition, gehörte, wenn auch nur für einige Jahre, zu den Schülern der bald weit über Mannheim hinaus berühmten Schule. Das gleiche gilt für seine jüngeren Brüder Louis Alexander und Gustav Bassermann und etwa auch für Friedrich Hecker, den Führer der badischen Republikaner von 1848, oder für Friedrich Engelhorn, den Gründer der Badischen Anilin- & Sodafabrik.

Ob ein künftiger Kaufmann und ganz allgemein ein Mann der Wirtschaft, jemand, der kein Universitätsstudium im Auge hatte, in einem Gymnasium am richtigen Ort war, ob es nicht - nachdem die älteren Spezialschulen wie das Winterwerbersche Institut und sein Konkurrent und Nachfolger, die Bürmannsche »Handlungsakademie«, eingegangen waren - daneben anderer, weniger theoretisch und mehr lebenspraktisch orientierter Schulen bedürfe, war schon damals heftig umstritten. Die vielen Schulabbrecher, zu denen auch Friedrich Ludwigs Söhne gehörten, zeigten, daß man darüber wohl sehr sorgfältig nachdenken mußte; offensichtlich stellten entsprechend orientierte »höhere Bürgerschulen«, »Realschulen«, ein wirkliches Bedürfnis dar. Gemeinsam mit Adam von Itzstein und dem Obergerichtsadvokaten Leopold Ladenburg wurde Friedrich Daniel Bassermann in Anknüpfung an jahrzehntelange Bestrebungen in vielen badischen und süddeutschen Städten Ende der dreißiger Jahre zum Herold einer solchen »Höheren Bürgerschule«, die dann im Herbst 1840 eröffnet wurde. Aber davon blieb die Tatsache unberührt - und auch weithin unbestritten -, daß das neue Lyzeum ein auf die ganze Stadt ausstrahlendes geistiges Zentrum darstellte. Von ihm gingen, sei es direkt, unter führender Beteiligung seiner Lehrer, sei es indirekt, entscheidende Impulse für die Entfaltung des Kulturlebens des seit den dreißiger Jahren rasch wachsenden Handelszentrums aus.

Dieses Kulturleben sollte sich möglichst frei und eigenständig, aufgrund individueller Initiativen entfalten und nicht von oben, vom Staat und seiner Bürokratie, gesteuert werden - darin waren sich Männer wie Nüßlin mit der großen Mehrheit der Bürger und ihrer Vertreter einig. Im Unterschied zu vielen späteren, ganz auf den Staat fixierten Schulmännern sah er durchaus, daß hier ein Widerspruch bestand zu den immer weitergehenden, nach 1815, im Zeitalter der Restauration, zunehmend auch die Inhalte erfassenden Reglementierungs- und Regulierungsansprüchen des Staates als Träger des Unterrichtsmonopols. Er setzte allerdings darauf, daß die Individualität, auf deren Entfaltungsmöglichkeit ja sein ganzes Bildungsideal gründete, sich letzten Endes doch als stärker erweisen werde. Das werde auch für die Individualität einer Stadt als der Gemeinschaft freier Bürger gelten.

Die sozusagen genuine Form der freien, individuellen Entfaltung, der tätigen Eigeninitiative war auch im kulturellen Leben vor allem der Verein, der freie Zusammenschluß Gleichgesinnter, in die gleiche Richtung Wirkender. Wie anderswo, so ging denn auch in Mannheim die Entwicklung vom allgemeinen, geselligen Verein – dem »Casino« von 1803 und dem »Museum« von 1807/08 – zum besonderen Verein mit speziellen Schwerpunkten, wobei der Kreis der Logenbesitzer im Theater praktisch von Anfang an, seit der Gründung des Nationaltheaters Ende der siebziger Jahre des 18. Jahrhunderts, gemeinsam mit den regelmäßigen Besuchern eine Art informellen – aber darum nicht minder einflußreichen – Theaterverein bildete.

Vor allem mit dem wachsenden Wohlstand seit Beginn der dreißiger Jahre, als für dergleichen Engagements nun auch in vermehrtem Maße die finanziellen Mittel vorhanden waren, wuchs die Zahl der entsprechenden Vereinsbildungen sprunghaft an. Im Juli 1833 wurde in den »Mannheimer Tageblättern« die Gründung eines Vereins angeregt, der das übernehmen sollte, wozu sich der badische Staat aufgrund der Finanzlage, aber auch mangels eigener Initiative bisher nicht bereit gesehen hatte: Die Reste der einst so berühmten Sammlungen der Karl-Theodor-Zeit nicht nur zu erhalten, sondern auszubauen und zu erweitern. Gedacht war an die Ausgestaltung des Naturalienkabinetts, die Neueinrichtung eines botanischen Gartens im Anschluß an den Schloßgarten, an ein physikalisches Kabinett, an die allgemeinverständliche Verbreitung der wissenschaftlichen Erkenntnisse und Beobachtungen der Sternwarte, an die Errichtung einer großen Bibliothek auf der Grundlage der Reste der Hof- und der Jesuitenbibliothek und anderer Bibliotheken, die Aufbereitung und Erschließung der Gemäldegalerie und des Kupferstichkabinetts für ein breiteres Publikum, schließlich an die Gründung eines historischen Vereins, der die noch vorhandene Altertümersammlung in seine Obhut nehmen und neben Vortragsveranstaltungen auch entsprechende Publikationen ins Auge fassen sollte.

Das war ein außerordentlich umfangreiches Programm. Die Aufnahme jedoch, die der Plan eines »Vereins für Kunst und Natur« fand, war sehr vielversprechend. Zwar erwies sich rasch, daß eine Bewältigung aller dieser Aufgaben gleichsam unter einem Dach unmöglich sein werde und daß man zugleich, den in der Stadt vorhandenen Interessenschwerpunkten entsprechend, Prioritäten setzen müsse. Aber der Elan und das Echo in der Öffentlichkeit waren doch so stark, daß es bereits im Oktober 1833 zur Gründung eines »Vereins für Naturkunde« und eines »Kunstvereins« kam.

Vor allem der Kunstverein nahm einen steilen Aufschwung. Von zweihundert Gründungsmitgliedern wuchs er, obwohl die Einwohnerzahl mit rund zweiundzwanzigtausend in diesen Jahren weitgehend konstant blieb, rasch auf fünfhundert Mitglieder an. Er veranstaltete bereits im Sommer 1834 eine erste größere Ausstellung und umfaßte vier Jahre nach seiner Gründung schon siebenhundertdreißig Personen. Zu diesem Zeitpunkt, 1837, schloß er sich mit den entsprechenden, meist gleichfalls kurz zuvor gegründeten Vereinen in Darmstadt, Mainz und Straßburg zum »Rheinischen Kunstverein« zusammen. Von nun an veranstaltete man in den vier Städten größere Wanderausstellungen, die rasch wachsende Bedeutung für das Kunstleben erlangten – die erste wurde im Mai 1837 in Mannheim eröffnet.

Nicht ganz so erfolgreich, was die Mitgliederzahlen anlangt, war der Verein für Naturkunde, hinter dem vor allem der Lyzeumsprofessor Johann Philipp Kilian als treibende Kraft stand – er hatte den Erwerb einer privaten Naturalien-Sammlung durch die Stadt erreicht und baute von dieser Grundlage aus ein schon bald der Öffentlichkeit zugängliches Naturalienkabinett auf. Aber auch der naturkundliche Verein mit seinen drei Sektionen, der zoologischen, der botanischen und der mineralogischen, gehörte schon bald, von vielen Bürgern materiell gefördert, zum festen Bestand Mannheims. Die Stadt konnte sich rühmen, mit dem Naturalienkabinett und dem 1834 eröffneten botanischen Garten unmittelbar von ihren Bürgern getragene Institutionen zu besitzen, wie sie bisher fast ausschließlich Residenzstädten, als Ergebnis fürstlicher Initiativen, vorbehalten waren.

Die Gründung eines speziell historischen Vereins, zu der 1833 gleichfalls aufgerufen worden war, ließ hingegen noch ein Menschenalter, bis zur Begründung des »Mannheimer Altertumsvereins« 1859, auf sich warten. Das Interesse an der Geschichte war in dem ganz an der Zukunft orientierten Bürgertum der dreißiger und vierziger Jahre noch sehr viel weniger ausgeprägt, als es die Entwicklung der Fachdisziplin und Initiativen wie die des Freiherrn vom Stein aus dem Jahre 1819 vermuten lassen, die zur Gründung der »Gesellschaft für Deutschlands ältere Geschichtskunde« und zur Herausgabe der »Monumenta Germaniae Historica« führten.

Zu den Mitgliedern der beiden neuen Vereine gehörte mit Selbstverständlichkeit auch der höchstbesteuerte Bürger der Stadt in diesen Jahren, der »Banquier« und bayerische Konsul Friedrich Ludwig Bassermann. Während Friedrich Ludwig jedoch hier nur ein – wenn auch besonders förderungsfreudiges – Mitglied unter anderen war, hat er, von früh auf neben dem Theater besonders an der Musik interessiert und bis ins Alter auf der Flöte dilettierend, bei der Neuorganisation des Musiklebens der Stadt eine führende Rolle gespielt. Sie erfolgte in diesen Jahren ebenfalls auf Vereinsbasis, aus der freien Initiative der Bürger heraus.

Neben dem Schauspiel, das es berühmt machte, hatte das Nationaltheater von Anfang an auch das »Singspiel« und daneben auch, trotz großer finanzieller Probleme, die Oper gepflegt. Die Stadt verfügte also auch, indirekt, durch das von der kurfürstlichen Regierung bezuschußte Theater, über ein eigenes Orchester, selbst wenn sich dieses natürlich in keiner Weise mit dem berühmten Ensemble messen konnte, das einst Karl Theodor an seinem Hof unterhalten hatte und mit dessen komponierenden Solisten und Dirigenten sich bis heute der Name der »Mannheimer Schule« verbindet.

In der Revolutions- und Rheinbundzeit hatten Orchester und Theater sehr an Qualität verloren, und wie die Schauspielbühne erholte sich auch das Musiktheater nach 1815 nur langsam. Es fehlte überall an finanziellen Mitteln, um tüchtige neue Kräfte zu gewinnen, und auch die Leitung des Theaters tendierte, mit den großen Zeiten Dalbergs in keiner Weise mehr vergleichbar, zu einer eher bürokratischen Geschäftsführung, zuletzt unter dem »Königlich Bayerischen Oberstwachtmeister«, dem Grafen von Luxburg, als »Großherzoglichem Intendanten«.

Um den weiteren Verfall zu verhindern und die Voraussetzungen für einen neuen Aufstieg zu erhalten, hatte sich die Stadt ihrerseits zu immer größeren Zuschüssen bereit gefunden. Sie beliefen sich schließlich, Anfang der dreißiger Jahre, auf mehr als ein Drittel der gesamten städtischen Ausgaben. Da gleichzeitig die städtischen Mitsprache- und Mitaufsichtsrechte bescheiden blieben, steuerten die Dinge im Zeichen des gesteigerten Selbstbewußtseins der Stadt und ihrer Bürger gerade auch auf kulturpolitischem Gebiet fast unvermeidlich auf eine Krise und einen Konflikt zu.

Wie eng Theater und Bürgerschaft inzwischen weit über das Finanzielle hinaus, aber eben durchaus auch hinsichtlich der Interessen beider Seiten verzahnt waren, zeigte sich nicht zuletzt auf musikalischem Gebiet. Die Orchestermusiker hatten sich immer schon als Musiklehrer in adeligen, dann zunehmend auch in bürgerlichen Häusern ein Zubrot verdient. Seit den zwanziger Jahren hatte das, mit wachsendem Wohlstand, immer größere Dimensionen angenommen. Die Zahl der selbst ein Instrument spielenden Musikliebhaber war stürmisch angewachsen und mit ihr sowohl das Bedürfnis nach eigener gemeinsamer Betätigung als auch der Wunsch nach einem reichhaltigeren und verbesserten Angebot.

Das Verlangen nach gemeinschaftlichem Musizieren führte zur Gründung einer rasch wachsenden Gesellschaft von Liebhabern der Instrumentalmusik. Sie ging aus einer kleinen Gruppe hervor, die sich zunächst in der Wohnung Friedrich Ludwig Bassermanns, wie es in den Quellen heißt, »zu dessen Vergnügung und guter Übung des Sohnes« – der Cello spielte –, dann in der Wohnung des Grafen Joseph von Salm-Krautheim im Hause Neher zusammenfand, um schließlich, inzwischen stark angewachsen, im Oktober 1829 auf Initiative – und mit kräftiger finanzieller Unterstützung – Bassermanns in den Saal des evangelischen Schulhauses überzusiedeln. Hier probte bereits gelegentlich ein kleiner Männerchor, den einige Volksschullehrer der Stadt 1824 als »Singverein« ins Leben gerufen hatten. Und so ergab es sich fast von selbst, daß beide Gruppen sich in der Folgezeit zu einer »Gesang- und Musik-Gesellschaft« vereinigten. Sie veranstaltete, nachdem man erst bescheiden von »festlichen Proben« gesprochen hatte, schließlich in der Aula des Lyzeums gemeinsame Konzerte.

Die Programme und musikalischen Ziele der Gesellschaft, die im Dezember 1834, also in unmittelbarem zeitlichem Zusammenhang mit den anderen kulturellen Vereinsgründungen, den Namen »Musikverein« annahm, wurden rasch immer anspruchsvoller. Man wagte sich an schwierigere symphonische Werke. Der Chor, der schon 1835 zu einem gemischten Chor wurde, studierte Kantaten und kleinere Oratorien von Bach und Händel über Haydn, Mozart und Beethoven bis hin zu Spohr und Mendelssohn-Bartholdy ein. Bei all dem war man immer häufiger auf Rat, Hilfe und praktische Unterstützung durch Berufsmusiker - vor allem, aber nicht nur des Theaterorchesters - angewiesen, die man ihrerseits in zunehmendem Maße förderte. Der Musikverein entwickelte sich auf diese Weise, auch hier unter sehr aktiver Mitwirkung Friedrich Ludwig Bassermanns, mehr und mehr zugleich zu einem Förderverein, der Konzerte mit auswärtigen Künstlern veranstaltete, Preise für Liedkomposition und Instrumentalmusik ausschrieb und vor allem das Orchester und das aus seiner Mitte 1839 begründete Quartett mit allen Mitteln unterstützte.

Das Theaterorchester stand seit 1834 unter der Leitung von Franz Lachner. Er gab dem Musikleben der Stadt ganz entscheidende Anstöße, obwohl er - ursprünglich auf Lebenszeit verpflichtet - nur zwei Jahre blieb. 1836 folgte er einem in seinen Bedingungen nicht zu überbietenden Ruf nach München. Mit seinem jüngeren Bruder Vinzenz Lachner hinterließ er einen kongenialen Nachfolger, der dann viele Jahre zugleich als musikalischer Direktor des Musikvereins wirkte. Die Oper gewann unter beider Leitung - Franz Lachner begann seine erste Spielzeit im September 1834 mit Beethovens »Fidelio« - binnen kurzem einen ausgezeichneten Namen unter den deutschen Opernhäusern und verteidigte ihn über Jahrzehnte; Vinzenz Lachners Schüler Hermann Levi etwa, der seit 1861 stellvertretender Musikdirektor neben Lachner war, öffnete die Bühne erneut ganz dem zeitgenössischen Musiktheater, vor allem dem Werk Richard Wagners, dessen großer Protagonist er wurde.

Gleichzeitig kamen die Orchesterkonzerte, die 1834 mit dem Namen »Musikalische Akademien« wieder die anspruchsvolle Bezeichnung des 18. Jahrhunderts annahmen, zu neuer Blüte. Hatten bisher Potpourries aus symphonischen Einzelsätzen und solistischen Bravourstücken dominiert, so setzte sich im weiteren mit der Aufführung sorgfältig vorbereiteter großer Stücke das klassische Symphonie- und Oratorienkonzert durch - neben dem alles beherrschenden Beethoven stand unter den Zeitgenossen vor allem Mendelssohn-Bartholdy im Mittelpunkt. Dazu wurden auch der Chor und besonders begabte Instrumentalisten des Musikvereins herangezogen. Der Verein, der rasch auf dreihundertfünfzig Mitglieder angewachsen war, besaß inzwischen mit der wiederhergestellten Aula des ehemaligen Jesuitengymnasiums - die seitdem mitunter als Speicher und Lagerraum gedient hatte - einen großartigen, auch akustisch hervorragenden Konzertsaal. Als 1840, wesentlich auf Initiative Vinzenz Lachners, mit der Mannheimer »Liedertafel« nach dem Vorbild Berlins, Leipzigs und einer Reihe anderer deutscher Städte ein Männergesangverein gegründet wurde, der sich sogleich großer Beliebtheit erfreute, da wurde auch dieser schon bald in den sich immer mehr entfaltenden Konzertbetrieb einbezogen.

Vielleicht noch stärker als die übrigen Vereine war der Musikverein von Anfang an ein entschieden ständeübergreifendes Gremium, in dem Adel und Bürgertum, Kaufleute und Handwerker, Offiziere und Lehrer, hohe Beamte und Amtsgehilfen, Kommis und Unternehmer, »Krämer« und Künstler zusammenwirkten. Schillers »Alle Menschen werden Brüder« aus seiner Ode »An die Freude«, die Beethovens immer wieder aufgeführter Schlußchor aus seiner neunten Symphonie in aller Munde gebracht hatte, war hier nicht nur vordergründiges Motto. Es umschrieb, daß Zielsetzung und Realität auf dem Gebiet der Musik und ihrer, wie es schien, jedermann zugänglichen und verständlichen Sprache am nächsten aneinandergerückt waren, daß hier der »bürgerliche Verein« am ehesten bereits ein allumfassender Verein war, wie es die bürgerliche Gesellschaft insgesamt einst werden wollte. Nicht zufällig haben dann auch die überlokalen und überregionalen Musik- und Sängerfeste der dreißiger und vierziger Jahre eine ganz zentrale Rolle bei der Ausbildung eines nicht mehr an soziale Gruppen gebundenen, sondern gesamtgesellschaftlich, national orientierten Gemeinschaftsgefühls gespielt.

In einer angesichts der wirtschaftlichen Entwicklung zunehmend von großem Zukunftsoptimismus erfüllten städtischen Gemeinde wie Mannheim, die sich nach der revidierten Gemeindeordnung von 1831 auch politisch jetzt weitgehend selbst verwaltete, bildeten Musikverein und »Liedertafel« gleichsam den Schlußstein der Selbstorganisation der neuen, der bürgerlichen Gesellschaft auch in kultureller Hinsicht. Hier fand sich fast das ganze soziale Spektrum der Stadt zusammen, geleitet von dem gemeinsamen Interesse an dem, was, von kaum jemandem bestritten, als Inbegriff einer gemeinsamen, verbindenden und verbindlichen Kultur gelten konnte.

Es war der Prozeß einer förmlichen, auch institutionellen Besitznahme der Kultur durch die Stadt und ihre Bürger. In ihn fügten sich die wiederaufblühende Kunsthandlung Artaria & Fontaine, die vielfältige Aktivitäten entwickelnden Buchhandlungen Schwan & Götz und Tobias Löffler ebenso ein wie die aufblühenden Verlagsbuchhandlungen von Heinrich Hoff, Jakob Bensheimer und schließlich diejenige Friedrich Daniel Bassermanns, Friedrich Ludwigs ältestem Sohn. Auch die kulturellen Initiativen der Lehrer des, als Institution natürlich nach wie vor staatlichen, Lyzeums mit Friedrich August Nüßlin an der Spitze gehören in diesen Zusammenhang.

In diesem von Jahr zu Jahr dichter werdenden Geflecht kultureller Einrichtungen und Initiativen bildete das vielgeliebte Theater zunächst so etwas wie eine Insel. Die großherzogliche Regierung bestand auf der unbedingten Vorrangstellung des Staates und des von ihr eingesetzten Intendanten, auch wenn, wie gesagt, der Anteil des städtischen Zuschusses ständig wuchs. Allerdings geriet die Regierung auch mit ihrem eigenen Intendanten, dem Grafen von Luxburg, zunehmend über Kreuz, da dieser sich in keiner Weise als Chef einer Art nachgeordneten Behörde zu verstehen bereit war, vielmehr das Theater, wie einst Dalberg, quasi wie ein absoluter Monarch zu leiten beanspruchte. Nachdem er, von städtischer wie von staatlicher Seite immer härter bedrängt, 1836 dann doch resigniert hatte, entbrannte der Konflikt zwischen Staat und Stadt in voller Schärfe.

Nach dreijährigem Hin und Her endete der Streit damit, daß der Stadt die Leitung und Verwaltung des Theaters, das weiter den Namen eines »Großherzoglichen Hof- und Nationaltheaters« führen durfte, durch Ministerialerlaß vom 16. April 1839 mit allen Rechten und Pflichten überlassen wurde – allerdings mit einigen nicht ganz unbedeutenden Einschränkungen. So blieb das Theater bei der Aufführung neuer Stücke der – 1819, in den »Karlsbader Beschlüssen«, für das gesamte Gebiet des Deutschen Bundes verfügten – Zensur durch die staatliche Lokalbehörde, die Kreisregierung, unterworfen. Bei ihr lag auch die Aufsicht über das Rechnungswesen und über die Einhaltung der Theatergesetze, die Genehmigung von die Dauer von fünf Jahren überschreitenden Engagements und die Entscheidung über die Pensionierung von Mitgliedern des Hauses. Schließlich stand dem »Ministerium des Großherzoglichen Hauses und der auswärtigen Angelegenheiten« nach wie vor mit der Oberaufsicht über das gesamte Theaterwesen des Landes auch diejenige über das Mannheimer Theater zu: Es ernannte zu diesem Zweck einen speziellen »Hofkommissär«.

Auf diese Weise war das Nationaltheater als erste Institution dieser Art in Deutschland im wesentlichen Gemeindeanstalt geworden, aber damit war die Krise freilich noch nicht ausgestanden – und es spricht manches dafür, daß die Karlsruher Minister das von vornherein in Rechnung gestellt und die kulturpolitischen Ansprüche der Stadt auf diesem Umwege gleichsam exemplarisch ad absurdum haben führen wollen. Die Funktion des Intendanten war nämlich jetzt an ein von Gemeinderat und Kleinem Ausschuß auf sechs Jahre gewähltes dreiköpfiges »Theaterkomitee« übergegangen, das ehrenamtlich arbeiten sollte. Dieses Komitee stellte also sozusagen in Reinkultur ein Organ bürgerlicher Selbstverwaltung dar, ein Gremium von Laien, das nun als eine Art Kollektivintendant auftrat.

Das Ergebnis war vorauszusehen. Es gab fast nur Opposition: von seiten der Künstler, von seiten aller anderen Mitarbeiter des Theaters, dann auch sehr rasch von seiten des Publikums, das nach ersten umstrittenen Inszenierungen den neuerlichen Niedergang des geliebten Hauses fürchtete. Keines der Komiteemitglieder hielt den Druck längere Zeit aus, und der ständige Wechsel in der Leitung verschärfte die Krise zusätzlich immer mehr. Als die Gemeinde in ihrer Not dem Ministerium die Berufung eines künstlerischen Direktors vorschlug, lehnte dieses – bezeichnenderweise – ab. Es ließ damit deutlich erkennen, worauf es nach dem offenkundigen Scheitern des Experiments hinauswollte: auf die Rückkehr zum Intendantensystem. Die Stadt erwies sich dann allerdings als weit geschickter, als man in Karlsruhe gedacht hatte. Sie unterlief die Weigerung des Ministeriums, einen künstlerischen Direktor zu berufen, indem sie ihrerseits einen »Oberregisseur« bestellte, der unter der Aufsicht des Komitees stehen, aber in allen künstlerischen Fragen weitgehend selbständig sein sollte.

Für diesen Posten gewann man mit dem aus Mannheim stammenden, derzeit mit großem Erfolg in Leipzig arbeitenden Philipp Jakob Düringer einen, wie sich schon bald zeigte, ausgezeichneten Mann – 1853 wurde er dann nach Berlin an das Königliche Schauspielhaus berufen. So gelang es der Stadt, der Krise aus eigener Kraft Herr zu werden, auch wenn es anfangs Anfeindungen Düringers durch seine Schauspielerkollegen gab. Mit dem 1845 neu zusammengestellten Theaterkomitee und Düringer war ein Leitungsgremium gefunden, das künstlerische und städtisch-bürgerliche Autonomiebestrebungen miteinander zu verbinden und untereinander auszugleichen verstand und angesichts seines Erfolges zu einem Modell städtischer Kulturpolitik auch in diesem Bereich wurde. Zu diesem neuen Komitee gehörten neben dem Oberbürgermeister Ludwig Jolly der Obergerichtsanwalt Friedrich Esser – ein Bruder des Kapellmeisters Heinrich Esser, der 1847 nach Studien bei Franz Lachner an die Wiener Hofoper ging – sowie der dreiunddreißigjährige Landtagsabgeordnete und Verlagsbuchhändler Friedrich Daniel Bassermann, einer der entschiedensten Wortführer bürgerlicher Autonomie auch und gerade in kulturpolitischer Hinsicht.

Die Art, in der die Stadt und ihre Bürgerschaft hier wie in vielen anderen Bereichen des Gemeinschaftslebens ihre Mitsprache- und Mitbestimmungsansprüche bis hin zu weitgehender Selbstbestimmung und Selbständigkeit Schritt für Schritt durchgesetzt hatte, diese Art hatte Friedrich Daniel praktisch von Kindesbeinen an – und schon früh mit leidenschaftlicher Anteilnahme – miterlebt. Sein Großvater Reinhardt, der erste Oberbürgermeister nach der neuen Gemeindeordnung von 1809, sein Onkel Johann Ludwig, der Gemeinderat und dann der erste Mannheimer Abgeordnete in dem 1819 ins Leben gerufenen badischen Parlament – Friedrich Daniel wurde gut zwanzig Jahre später sein Wahlkreisnachfolger –, und auch sein Vater Friedrich Ludwig, der »Obristlieutenant« der Bürgerwehr und spätere Gemeinderat – sie alle hatten zunächst noch in einer und für eine Stadt gewirkt, die von der Führung des neuen badischen Staates, seiner Exekutive und Bürokratie, weitgehend als eine untere staatliche Verwaltungseinheit betrachtet wurde.

Städtische Autonomie erschien hier als ein Relikt der ständisch-korporativen Vergangenheit, als ein Hindernis auf dem Wege zu einer einheitlichen, zunächst ganz als Untertanengesellschaft konzipierten Staatsgesellschaft, nicht zuletzt als eine Bedrohung des inneren Zusammenhalts des aus dem großen Länderschacher der Revolutionskriege und der napoleonischen Zeit hervorgegangenen neuen Großherzogtums: Selbstbestimmung konnte nur zu leicht zu einem Instrument der Restauration, der Bestrebungen zur Wiederherstellung des territorialen Status quo ante werden.

So blieb das, was die Bürgerschaft und ihre gewählten Repräsentanten zu sagen, mitzuberaten oder gar mitzuentscheiden hatten, erst einmal sehr eng begrenzt. Man scheute sich von seiten der staatlichen Verwaltung nicht, als Grundsatz ausdrücklich zu formulieren, daß die Gemeinden »als Minderjährige anzusehen seien, und also in Bezug auf ihre Handlungen und auf ihre Vermögens-Verwaltung oder -Veräußerung aller der Rechte teilhaftig seien, welche durch die Rechtsgesetzgebung den Minderjährigen zugut geordnet sind, aber auch alle die besonderen Pflichten der Minderjährigen zu erfüllen haben«. Aus diesem Status des »Minderjährigen« herauszukommen, war denn auch von Anfang an das erklärte Ziel praktisch aller Vertreter der städtischen Bürgerschaft. Aus ihm ergab sich, in Berufung auf den altrömischen Akt der Freisprechung von der väterlichen Gewalt, das große Stichwort der Zeit: Emanzipation.

Emanzipation des einzelnen, Emanzipation der Gemeinde, ja, Emanzipation der ganzen, bisher in Untertanenschaft verharrenden Staatsgesellschaft freier und gleichberechtigter Bürger. Der Gemeindefreiheit kam hierbei nach frühliberaler Auffassung eine ganz zentrale, bahnbrechende Rolle zu. In diesem Sinne wurde auf dem ersten badischen Landtag von 1819 wie in allen anderen neu errichteten süd- und mitteldeutschen Parlamenten die Forderung nach der Selbstverwaltung von liberaler Seite – nicht zuletzt unter Hinweis auf das in dieser Hinsicht so viel modernere Preußen und das Werk der preußischen Reformer, speziell des Freiherrn vom Stein – ganz in den Mittelpunkt aller Reformforderungen gerückt. Und in diesem Sinne sah es ein großer Teil der Vertreter der Mannheimer Bürgerschaft wie der fast aller anderen Städte und Gemeinden jenseits aller Sachprobleme von Anfang an als ihre Hauptaufgabe an, die Zuständigkeiten, die Mitsprache- und Entscheidungsrechte der Gemeinde zu erweitern.

Der Gegensatz zwischen Gemeinde und Staat wurde so im ausserpreußischen Mitteleuropa zu einem Grundfaktor der Zeit, der napoleonischen und vor allem der nachnapoleonischen Epoche. Zugleich wurde dieser Gegensatz zu einem politisch einigenden Element innerhalb der Bürgerschaft. Es drängte von der Basis des wirtschaftlichen Interessenkompromisses aus die vorhandenen Divergenzen zusätzlich in den Hintergrund und begünstigte auch hier die Allianz zwischen altem und neuem Bürgertum, wie sie sich seit den letzten Jahrzehnten des 18. Jahrhunderts angebahnt hatte.

Diese Allianz konnte allerdings vorerst nur geringe Erfolge erzielen. Die Erweiterung der Selbstverwaltung und Mitbestimmung blieb in Mannheim wie anderswo auch nach dem Zusammenbruch der napoleonischen Herrschaft und der Errichtung des Deutschen Bundes zunächst ein bloßer Wunschtraum. Zwar fanden sich vor allem die süddeutschen Monarchen und ihre Regierungen aus einem Bündel von Motiven, darunter vor allem auch dem Ziel der Stärkung des inneren Zusammenhalts ihrer Länder, bereit, moderne Verfassungen mit gewählten Volksvertretungen ins Leben zu rufen. Die Gemeinden aber blieben im wesentlichen Staatsanstalt mit ganz eng begrenzten, vorwiegend dekorativen Funktionen ihrer wenigen gewählten Vertreter: Neben dem Oberbürgermeister und dem Bürgermeister waren nach dem Erlaß der großherzoglichen Regierung vom 5. April 1810 in Mannheim von der Bürgerschaft zehn Ratsmitglieder zu wählen. Sie bedurften jedoch der – oft versagten – Bestätigung durch die staatliche Verwaltung und sollten sich im weiteren durch Kooptation, auch hier natürlich bei staatlicher Bestätigung, ergänzen. Eine Art Parlament kam erst 1821 mit der gesetzlichen Etablierung des sogenannten »Kleinen Ausschusses« in Anknüpfung an die bürgerliche Deputation der alten Stadtverfassung zustande. Dieser Ausschuß besaß jedoch kaum mehr Rechte als die Deputation, die bis dahin, immer wieder ergänzt, fortbestanden, aber ein reines Schattendasein geführt hatte.

Die entscheidende Wende kam erst nach 1830, im Gefolge der Julirevolution in Frankreich und deren Ausstrahlungen auf Mitteleuropa: Mit dem Gemeindegesetz von 1831 brach sich – unbeschadet aller Einschränkungen und Vorbehalte, die dann zur Quelle vielfältiger Konflikte wurden – das Prinzip der Selbstverwaltung nach englischem und preußischem Vorbild auch in Baden wie gleichzeitig in den übrigen süddeutschen Staaten Bahn.

Allerdings muß man für die Jahrzehnte davor zwischen der weitgehenden institutionellen Rechtlosigkeit und der faktischen Bedeutung der Bürgerschaft sorgfältig unterscheiden. Diese Bürgerschaft machte nach wie vor, wie unter den Bedingungen der alten Stadtverfassung des 17. und 18. Jahrhunderts – und daran änderte sich auch nach 1830 kaum etwas –, nur einen begrenzten Teil der Einwohnerschaft aus. Es waren diejenigen, die von der Basis einer bestimmten Steuerleistung und vor allem des Nachweises eines gesicherten Einkommens und Berufs, der »gesicherten Nahrung«, das Bürgerrecht erworben hatten – 1810 bei etwa achtzehntausend Einwohnern rund zwölfhundert Personen, also etwa sechseinhalb Prozent der Mannheimer Bevölkerung. Diese zwölfhundert Personen waren dabei nicht nur im rechtlichen Sinne Bürger, sondern sie bildeten auch den eigentlichen Kern des Bürgertums als sozialer Gruppe. Wenn von einer Allianz zwischen altem und neuem Bürgertum die Rede war, so bezog sich das in erster Linie auf diesen Kern. Es war dies also, so kann man daraus schließen, eine ausgesprochene Minderheit. Ihr ständig wiederholter Anspruch, Vorhut und Modell der Gesellschaft der Zukunft, der bürgerlichen Gesellschaft zu sein, wirkt daher auf den ersten Blick ausgesprochen kühn, ja, anmaßend. Man muß sich jedoch die Zahlen etwas näher ansehen, um die Dinge richtig einzuschätzen.

Achtzehntausend Einwohner, das bedeutete rund zweitausendfünfhundert Familien. Und da Bürger gemeinhin nur die Familienoberhäupter waren, so hieß das de facto: Diejenigen, die im rechtlichen Sinne Bürger waren, repräsentierten aus dem Familienverband heraus eben doch fast die Hälfte der Einwohnerschaft, und es schien zu diesem Zeitpunkt, angesichts des sich überall abzeichnenden wirtschaftlichen Aufschwungs, durchaus keine bloße Ideologie und Verbrämung der realen Verhältnisse zu sein, wenn die Bürger von einem bereits in Gang befindlichen Prozeß des schrittweisen Hereinwachsens praktisch aller ins Bürgerrecht und in die geistige wie materielle Bürgerexistenz sprachen.

Nicht der Konflikt Bürger-Nichtbürger beherrschte denn auch die politische Szenerie und den Alltag der Stadt in den beiden Jahrzehnten vor 1830, sondern die Forderung nach mehr Rechten, nach mehr Einfluß der als Einheit empfundenen und verstandenen Bürgerschaft. Und wo diese Bürgerschaft in ihrer überwiegenden Mehrheit und auch ihre führenden Vertreter wie der Oberbürgermeister Reinhardt und sein Schwiegersohn Bassermann politisch standen, darüber konnte es kaum einen Zweifel geben: Als Karl Ludwig Sand, unter dem Einfluß des radikalen Flügels der burschenschaftlichen Bewegung um den Gießener Privatdozenten Karl Follen, am 23. März 1819 den Schriftsteller und russischen »Agenten« August von Kotzebue an der Tür seiner Mannheimer Wohnung erstach, um, wie er sagte, ein Fanal für alle freiheitlichen Kräfte zu setzen – es wurde ein Fanal der Gegenrevolution –, da kritisierten die meisten Mannheimer zwar die Tat, aber nicht die Motive des jungen Mannes.

Babette, Friedrich Ludwig Bassermanns älteste Tochter, erlebte in Begleitung ihrer Freundin, einer Tochter Kotzebues, auf dem Heimweg von der Schule zwar nicht die Tat, aber den anschließenden Selbstmordversuch Sands vor der Haustür mit. Das Element persönlicher Betroffenheit, das sich damit für die Familie Bassermann mit dem Attentat verband, verhinderte jedoch nicht, daß sich die Sympathien auch hier eindeutig dem jugendlichen Attentäter zuwandten. Wilhelmine sandte ihren Hausarzt zu dem Schwerverletzten und wurde durch den Doktor und den mit ihr befreundeten Pfarrer Karbach, der Sand von Erlangen her kannte und ihn laufend besuchte – Karbachs Tochter sollte später die Frau ihres ältesten Sohnes Friedrich Daniel werden –, über seine Überzeugungen, seine Motive und sein jetziges Befinden aus erster Hand informiert. Sie versorgte ihn mit Süßigkeiten, mit eingemachten Früchten, sprich mit den in einer solchen Situation möglichen Zeichen ihrer lebhaften Anteilnahme.

Die öffentliche Hinrichtung Sands am 20. Mai 1820 traf sie tief. Zwar ist nicht bekannt, daß sie sich wie viele Mannheimer eine

Karl Ludwig Sand, Kopie nach dem Gemälde von Wendelin Moosbrugger von 1819

Locke, einen Splitter vom Schafott oder ähnliches als eine Art politische Reliquie beschafft hätte. Aber sie ließ sich sogleich eine Kopie des Bildes anfertigen, das Moosbrugger, gleichfalls mit offenkundiger Sympathie für seinen Helden, im Gefängnis von Sand in der demonstrativen »altdeutschen« Tracht mit offenen dunklen Haaren gemalt hatte, und hängte sie in ihrem Schlafzimmer auf.

Sand wurde so für den damals achtjährigen Friedrich Daniel Bassermann zum Urbild des modernen Freiheitshelden, zum Kämpfer für eine bessere, nicht von Fürstenwillkür und Spitzelwesen bestimmte politische und gesellschaftliche Ordnung. Und dasselbe galt für die griechischen Freiheitskämpfer und ihre westeuropäischen Mitstreiter mit Lord Byron an der Spitze, zu deren Unterstützung der Vater schon im Oktober 1822 »gleichgesinnte Menschenfreunde« öffentlich aufgerufen hatte: Hier wurde, das war die Überzeugung, aus der heraus man dann auch 1830 den Freiheitskampf der Polen mit leidenschaftlicher Anteilnahme begleitete, exemplarisch für Freiheit und Selbstbestimmung gekämpft. Hier ging es zugleich um die eigene Sache, um die es nach den der Ermordung Kotzebues folgenden »Karlsbader Beschlüssen« innerhalb des Deutschen Bundes und, nach den ersten schweren Konflikten zwischen Regierung und neugeschaffenem Parlament, auch in dem sich zunächst sehr liberal gebenden Baden schlecht bestellt war.

Wie viele in Deutschland hatten auch die Mannheimer und auch die Familien Reinhardt und Bassermann den Sieg der Alliierten und den Sturz Napoleons 1813/14 als Befreiung und als Beginn eines neuen Zeitalters begrüßt und gefeiert. Zwar hatte hier, im deutschen Südwesten, nicht zuletzt in dem sehr stark an Frankreich und an der französischen Kultur orientierten Mannheim – eine der beiden Mannheimer Zeitungen, das »Journal politique de Mannheim«, erschien bezeichnenderweise auf französisch – der Haß auf Frankreich und auf Napoleon trotz der schmerzlichen Erinnerungen an die Eroberungen und Zerstörungen der Zeit Ludwigs XIV. nie solche Formen angenommen wie in manchen Gebieten Norddeutschlands und Preußens, aber auch Österreichs. Die finanzielle und militärische Ausbeutung des Landes und dann vor allem die Kontinentalsperre hatten jedoch im Verein mit einer Reihe von politischen Willkür- und Unterdrückungsakten auch hier das Klima sehr verschlechtert.

Die Überzeugung, daß Frankreich das Land des Fortschritts, der bürgerlichen Freiheit, politischer und gesellschaftlicher Modernität sei, war im Lauf der letzten Jahre immer schwächer geworden und die Ablehnung der »Fremdherrschaft« immer stärker. Als dann freilich nach 1815 und vor allem nach Karlsbad, nach 1819, zunehmend deutlicher wurde, daß von einer Befreiung der Völker, von Selbstbestimmung, von einer Herrschaft der 1789 beispielhaft verkündeten Menschen- und Bürgerrechte keine Rede sein konnte, da schlug die Stimmung auch in dieser Hinsicht rasch wieder um. Frankreich, seine Verfassung, seine sehr selbstbewußt und entschieden auftretende bürgerlich-liberale Bewegung um Benjamin Constant, Royer-Collard und den alten Freiheitshelden, den Marquis de Lafayette, erschienen gerade den bürgerlichen Kräften erneut als Vorbild. Selbst die Gestalt Napoleons und das Empire wurden wieder in einem anderen Licht gesehen – Heines nostalgisch gefärbte Gedichte über den großen Korsen wurden hier durchaus nicht wie mancherorts in Preußen als skandalös und antinational empfunden. Es war ja Napoleon gewesen, der mit der Kleinstaaterei aufgeräumt, der manches zu beseitigen geholfen hatte, was nur noch eine Belastung gewesen war. Und der Korse hatte, trotz aller Begünstigung von Vielregiererei und Bürokratismus, doch auch große Perspektiven eröffnet und vieles verbreitet, was an der Französischen Revolution und ihren wirtschaftlichen und gesellschaftlichen Reformen in weiten Kreisen als vorbildlich galt.

So spielte denn auch bei der Zuneigung, die die Mannheimer der Stieftochter Bonapartes – »Stephanie Napoleon«, wie sie bei ihrem Einzug als neue Großherzogin 1811 begrüßt wurde – dauerhaft entgegenbrachten, nicht nur die Hoffnung auf kulturelle und gesellschaftliche Anregungen und Wirkungen eines neuen Mannheimer Hofes, wenn auch nur eines Nebenhofes, eine Rolle. 1811 hatte Oberbürgermeister Reinhardt der neuen Großherzogin aus Anlaß der Geburt ihrer ältesten Tochter in einem feierlichen Akt – die Konversation übernahm vor allem sein gewandter und perfekt französisch sprechender Schwiegersohn, der »Obristlieutenant« der Bürgerwehr – die Schlüssel zu einem ihr von der Bürgerschaft zugedachten Landhaus »im italienisch-französischen Stil« an der Schwetzinger Straße überreicht.

Reinhardt hatte die Summe dafür, immerhin vierzehntausend Gulden, zunächst aus der eigenen Tasche vorgestreckt, und die Aufbringung über eine erhöhte Brennholzabgabe machte dann einigen, auch politisch motivierten Ärger – von den Einsprüchen der sparsamen Karlsruher Beamten einmal ganz abgesehen. Das Ganze erschien den staatlichen Behörden als ein Akt der bürgerlichen Prunksucht und des den Pfälzern und insbesondere den Mannheimern eigenen pompösen Auftretens in der Tradition der Karl-Theodor-Zeit. Aber im nachhinein, zumal als sich Stephanie nach 1818 als Großherzogin-Witwe endgültig nach Mannheim zurückzog, erschienen dieser Akt und das Geschenk, das Stephanie wirklich als solches aufnahm und das ihr Verhältnis zu Mannheim wesentlich mitbestimmte, gerade auch politisch voll gerechtfertigt. Als sie 1819 von der Stadt offiziell empfangen wurde – auf die älteste Tochter des »Obristlieutenants« war die Wahl gefallen, ihr mit einem französischen Gedicht und einem Blumenstrauß das Willkommen der ganzen Bürgerschaft darzubringen –, da wurde dies zugleich als Etablierung eines bürgernahen, liberalen und, auch dies spielte eine Rolle, in gewisser Weise zugleich spezifisch kurpfälzischen Nebenhofes verstanden.

Stephanie entsprach in ihrem ganzen Auftreten, mit ihren Einladungen und ihren kulturellen Aktivitäten sehr weitgehend diesen Erwartungen. Von Karlsruhe aus mißtrauisch beobachtet, von den Mannheimern immer wieder enthusiastisch gefeiert, spielte sie bis zu ihrem Tod am 30. Januar 1860 – sie erlebte noch die Thronbesteigung ihres Neffen Louis Bonaparte – die Rolle einer Art Bürgermonarchin. Das feierliche Seelenamt in der Jesuitenkirche – die Beisetzung fand in Pforzheim statt – wurde ein großes Ereignis, das ganz Mannheim auf den Beinen sah.

Wie Wilhelmine Bassermann sich das Porträt Karl Ludwig Sands aufhängte, so dekorierte ihr Mann sein Arbeitszimmer mit Stichen aus der Geschichte Napoleons, mit der »Schlacht bei Eylau«, den »Adieux de Fontainebleau«, dem Kaiser in Waterloo. Im Wohnzimmer sah man »Napoleon auf dem Sterbebett«. Das umriß, so wenig es auf den ersten Blick zusammenpaßte, die politischen Orientierungen. Man war entschieden gegen Metternich eingestellt, sympathisierte mit der studentischen Aufbruchsbewegung, ohne deren deutsch-nationale, antifranzösische und antinapoleonische Elemente zu teilen. Man sah sich als natürlichen Verbündeten aller Freiheitsbestrebungen und war überzeugt, daß diese in allen Bereichen den Fortschritt voranbrachten und verbürgten.

Nicht nur der Handel, nicht nur der sich ständig ausweitende

Verkehr, sondern auch und vor allem die Gemeinsamkeit der Ideen und Überzeugungen verband in dieser Sicht die Völker und das überall zu ihrer Führung berufene neue Bürgertum. Mannheim, die Bürgerstadt, die Stadt des Handels, des Verkehrs, Hochburg des politischen Liberalismus und Ort der selbständigen, von den Bürgern getragenen Pflege von Kunst und Wissenschaft war, so gesehen, ein Spiegel der Welt, ein Vorort der neuen Zeit, Symbol der Zukunft und des Fortschritts.

In diesem stolzen Bewußtsein wuchsen die Kinder der beiden wirtschaftlich so erfolgreichen neubürgerlichen Familien der zwei Heidelberger Vettern Bassermann, der »Eisen-Bassermanns« und der »Bassermanns am Markt«, mit vielen anderen Mannheimer Bürgerkindern auf. War es da nicht nur ein Anachronismus, daß die politischen Rechte der Bürgerschaft zunächst eng begrenzt blieben, daß der Staat und seine Bürokratie die Ansprüche des Bürgertums überall einzuschränken und zurückzudrängen suchte? Die Zukunft würde dem Bürgertum gehören, daran schien kein Zweifel möglich. Allerdings: Kämpfen mußte man schon darum, und allzu amateurhaft durfte man das politische Geschäft angesichts der Professionalität der alten politischen Führungsschichten und zumindest eines Teils der hohen Beamtenschaft auch nicht anpacken.

Das Bürgertum brauchte mit anderen Worten politische Führer, die einen erheblichen Teil ihrer Zeit und Arbeitskraft der Politik widmeten, und zwar Führer direkt aus seiner Mitte, nicht nur aus dem Kreis der liberalen Beamtenschaft und des beamteten Bildungsbürgertums wie der Professoren. Wer aber konnte sie eher stellen, ja, war geradezu verpflichtet dazu, als jene in Handel und Gewerbe erfolgreichen, sicher etablierten Bürgerfamilien, die inzwischen über die Mittel verfügten, einem Mitglied der Familie zu erlauben, sich ohne Gefahr für seine materielle Zukunft oder gar seine Existenz wesentlich der Politik zu widmen?

Friedrich Ludwig Bassermann, der bei allem zeitweiligen Engagement politisch doch immer nur nebenbei tätig gewesen war und der 1834 zunächst die Wahl in den Gemeinderat unter Hinweis auf seine geschäftlichen Aufgaben und kulturellen Engagements abgelehnt hatte, hat diese Verpflichtung durchaus gespürt. Er hat den Weg seines nun ältesten Sohnes Friedrich Daniel in die Politik in jeder Weise unterstützt und abgesichert – auch wenn er mit der Entschiedenheit, ja, bisweilen Radikalität seiner Ansichten durchaus nicht immer übereinstimmte. Und ähnliches gilt für die Geschwister und die Vettern und Kusinen Friedrich Daniels: Angesichts der zunehmenden Eingespanntheit und Unabkömmlichkeit des einzelnen im Berufs- und Geschäftsleben war es sicher sinnvoll, ja notwendig, das in der Wirtschaft inzwischen so bewährte Prinzip der Arbeitsteilung auch auf andere Bereiche auszudehnen. Das war der Preis dafür, wenn die Politik nicht im Entscheidenden in den Händen ihrer bisherigen Träger bleiben oder, gleichermaßen schlimm oder vielleicht noch schlimmer, in die Hände einer neuen Schicht von politischen Funktionären geraten sollte.

Aus solcher Auffassung und Gesinnung heraus konnten politische Existenzen entstehen und sich nicht nur materiell behaupten, die bereits wesentliche Züge des Berufspolitikers trugen, einen grossen Teil ihrer Zeit der Politik widmeten und dabei doch zeit ihres Lebens in ihrer sozialen Gruppe verwurzelt blieben, mit all der Repräsentativität und gleichzeitigen Unabhängigkeit vom politischen Apparat, die ihnen das verlieh.

Das gilt für Friedrich Daniel Bassermann, aber auch, unter wesentlich veränderten äußeren Bedingungen, für den Sohn seines zehn Jahre jüngeren Vetters Anton – der selber viele Jahre badischer Landtagsabgeordneter war –, für den Rechtsanwalt Ernst Bassermann, den späteren Führer der nationalliberalen Partei und Fraktion. Beide waren sie, Friedrich Daniel zunächst noch ganz ungebrochen und voller optimistischer Erwartungen, geradezu Symbolfiguren des Versuchs, das Bürgertum, die Idee der bürgerlichen Gesellschaft, das bürgerliche Zeitalter nicht nur in Wirtschaft und Gesellschaft, sondern auch in Staat und Politik zum Sieg zu führen. Wie das alte und das neue Bürgertum, so sollten nun auch Stadtbürger und Staatsbürger, Wirtschaftsbürger und politischer Bürger, das Bürgertum als soziale Schicht und das Bürgertum als Gesellschaftsideal in einer neuen, umfassenderen Einheit verschmelzen: in der sich selbst regierenden nationalen Staatsbürgergesellschaft freier und rechtlich gleicher Individuen.

Das aber konnten nicht allein die wirtschaftliche Entwicklung, der wirtschaftliche Fortschritt und der damit verbundene gesellschaftliche Wandel, der gesellschaftliche Prozeß leisten. Das war Aufgabe politischen Handelns, politischer Entscheidungen. Auch für das Bürgertum, Friedrich Daniel Bassermann hat es bis zu seinem tragischen Ende in immer neuen Wendungen wiederholt, galt Napoleons berühmtes Wort: »Die Politik ist das Schicksal.« Nur hier, nicht in irgendeiner Eigendynamik des historischen Prozesses, lag der Schlüssel zur Zukunft, wenn diese Zukunft den eigenen Ideen und Idealen und nicht nur den eigenen Interessen entsprechen sollte.

»Die Politik ist das Schicksal«

Friedrich Ludwig Bassermann ging auf die Fünfzig zu, als er mit seinen vier noch im Hause lebenden Kindern im Herbst 1830 das prächtige neue Gebäude am Markt bezog. Rund einhundertzwanzigtausend Gulden hatte es mit allem Drum und Dran gekostet – etwa so viel, wie sein Vater, der zweite Drei-König-Wirt, in seinem ganzen Leben ererbt und erwirtschaftet hatte. Sicher, auch Friedrich Ludwig hatte geerbt und vor allem erheiratet. Aber als das Ehepaar Ende Juli 1830 im großen Kreise auf den Heidelberger Schloßterrassen seine silberne Hochzeit – und den bevorstehenden Einzug in das neue Haus – feierte, da stand doch bei allen der Eindruck im Vordergrund, wie weit es ein einzelner und eine Familie binnen einer Generation bringen konnten.

In eben jenen Tagen gelangten die ersten Nachrichten von einer neuerlichen Revolution in Paris, der später dann so genannten Julirevolution, nach Deutschland. Das Echo, das die Berichte hier fanden, und die Bewegung, die sie schon bald auslösten, hingen nicht zuletzt damit zusammen, daß die Forderung nach einer angemesse-

Der Mannheimer Marktplatz vor 1850, links das Bassermannsche Haus

nen Beteiligung der Nation an allen Entscheidungen in Staat und Politik inzwischen auf ganz anderen Füßen stand. Durch den Aufstieg von Familien wie der Bassermanns hatte diese Nation jetzt eine neue, eine bürgerliche Führungsschicht gewonnen. Gerade hier im Süden Deutschlands entstand jetzt wirklich eine soziale Gruppe, die von ihrer wirtschaftlichen und gesellschaftlichen Bedeutung her den Anspruch erheben konnte, nicht nur gehört zu werden, sondern ein entscheidendes Wort mitzureden.

Auch Friedrich Ludwig Bassermann hat diesen Anspruch oft formuliert, auch und gerade mit Blick auf die immer noch weithin dominierende alte Führungsschicht, den Adel. Über deren Vertreter bemerkte er gelegentlich spöttisch, auf Kredit zu leben sei offenkundig in jeder Hinsicht, nicht nur in finanzieller, ihre Lebensphilosophie. Aber trotz allen Selbstbewußtseins und trotz des entschiedenen Bekenntnisses zu den Kernforderungen des Liberalismus, der bürgerlich-liberalen Bewegung in Staat, Wirtschaft und Gesellschaft, blieb er auf der anderen Seite doch das, was man einen Mann des Ancien Régime nennen kann.

Im Kern ging es Friedrich Ludwig Bassermann um Freiräume innerhalb des bestehenden monarchisch-bürokratischen und noch halb korporativen Systems - Freiräume, von deren Existenz in Handel und Geldverkehr er wirtschaftlich so außerordentlich profitiert hatte - und nicht um eine grundlegende Umgestaltung dieses Systems. Dabei spielten die Verwurzelung in der überlieferten Ordnung und in den auf dieser gründenden Lebensverhältnissen ebenso eine Rolle wie eine gewisse Angepaßtheit des homo novus, dem sein persönlicher Erfolg unmittelbar mit dem Bestehenden und seinen Normen und Werthierarchien verknüpft erscheint.

Anders die Kinder, für die das Neue, das Veränderte bereits zum Bestehenden, zum Etablierten, zur Ordnung gehörte. Sie stießen sich schon bald an den inneren Widersprüchen, die zwischen dem - für sie gleichfalls schon »historisch« gewordenen - Neuen und dem Alten bestanden. Sie drängten auf Konsequenz und formulierten die eigenen Ansprüche ungleich unbekümmerter und selbstbewußter. Freilich gerieten sie damit auch zunehmend in Gefahr, die vom Vater und seiner Generation erworbene wirtschaftliche und soziale Stellung nicht mehr als individuelles Verdienst, als Ergebnis einer von jedermann nachvollziehbaren Leistung zu verstehen, sondern als Verdienst oder Privileg einer Schicht. Man gehörte jetzt eben dazu, konnte das dann schlicht lauten – mit dem ebenso schlichten Nachsatz: und andere eben nicht.

Im Unterschied zu seinen jüngeren Geschwistern hat Friedrich Daniel Bassermann diese Gefahr von früh auf sehr klar gesehen. Ja, für ihn, den nach dem Tode seines Bruders Johann Wilhelm im Jahre 1820 ältesten Sohn Friedrich Ludwigs – er war am 24. Februar 1811 wie alle seine Geschwister im großväterlichen Haus am Markt zur Welt gekommen –, lag hier ein ganz zentraler Punkt. An ihm entschied sich seiner Meinung nach die Zukunft des Bürgertums, die Legitimität seiner Ansprüche, seiner Forderungen und seines Programms. Nur wenn dieses Bürgertum eine nach unten stets offene, in seiner jeweiligen Zusammensetzung variable Leistungselite bleibe, so Friedrich Daniels Grundüberzeugung, könne es berechtigterweise für die Nation sprechen. Nur dann könne es mit gutem Gewissen und mit glaubhaften Argumenten fordern, an der Gestaltung der Zukunft und aller zukünftigen Ordnung in entscheidender Weise beteiligt zu werden.

Da die Spezialschulen für junge Kaufleute inzwischen eingegangen waren – daß er wie der Vater Kaufmann werden würde, stand von Anfang an außer Frage –, war Friedrich Daniel nach dem Besuch der kirchlichen Elementarschule auf das Nüßlinsche Lyzeum gegangen. Dabei war, da er ja kein Universitätsstudium anstrebte, von vornherein ausgemacht gewesen, daß er nur bis zum Abschluß der »vierten Abteilung« bleiben und statt Griechisch Französisch wählen würde; Abschluß der vierten Abteilung, das entsprach etwa dem »Einjährigen« beziehungsweise der »Mittleren Reife« in Preußen. Nach Beendigung der Schule, deren allgemeine, kulturpolitische Bedeutung er neben ihrer speziellen für Bildung und Ausbildung zeit seines Lebens wie viele seiner Mannheimer Generationsgenossen sehr hoch einschätzte, war er 1826 als Lehrling in die Eisenhandlung seines Onkels Johann Ludwig Bassermann eingetreten und hatte schließlich zwei Jahre in Frankreich zugebracht, 1827/28 in Le Havre und 1828/29 in Paris.

Das waren Jahre, die über das Kaufmännische hinaus insofern auch politisch von einiger Bedeutung waren, als er sich zwar von

Friedrich Daniel Bassermann (1811–1855), Jugendportrait

den politischen und gesellschaftlichen Zielsetzungen des liberalen Bürgertums in Frankreich durchdringen ließ, insgesamt jedoch gegenüber Frankreich und den Franzosen eine tiefe Abneigung entwickelte. Erst in Deutschland, so meinte er, werde der Liberalismus sein wahres Wesen und seine wahre Bedeutung entfalten, jenseits der in Frankreich herrschenden starren Formen und Konventionen auch und gerade in gesellschaftlicher Hinsicht.

Friedrich Daniel interessierte sich besonders für das, was man in jener Zeit den »Drogenhandel«, das Geschäft mit pflanzlichen, tierischen und mineralischen Rohprodukten zur ärztlichen und zunehmend vor allem auch technischen Verwendung nannte. Er sagte diesem Geschäft, völlig zu Recht, eine große Zukunft voraus. Deshalb bezog er 1829 die Universität Heidelberg, um sich hier mit Vorlesungen über Chemie, Physik und Botanik für das in diesem Bereich geforderte staatlich überwachte Examen vorzubereiten. Dabei nutzte er die Gelegenheit, sich im Bereich der einstigen Schulfächer, aber auch über sie hinaus, insbesondere in Philosophie und Geschichte, hier vor allem bei Friedrich Christoph Schlosser, weiterzubilden, wie er überhaupt sehr breite Interessen entfaltete und es zunehmend bedauerte, nicht doch ein Studium ins Auge gefaßt zu haben. Das galt dann auch für seinen drei Jahre jüngeren, am 15. April 1814 geborenen Bruder Louis Alexander – den Namen verdankte er Zar Alexander, der kurz zuvor, als »Befreier« lebhaft begrüßt, in Mannheim gewesen war. Auch Louis Alexander hatte nur einen verkürzten Besuch des Lyzeums absolviert, bevor er zu einem Geschäftsfreund des Vaters in Straßburg in die Lehre gegeben worden war; vergeblich bestürmte er die Eltern, ihn auf die Schule zurückkehren und dann studieren zu lassen. Als er sich schließlich doch mit der kaufmännischen Laufbahn versöhnt hatte, ja, sich mehr und mehr ganz auf sie konzentrierte, da hat ihn der ältere Bruder in einem für seine eigenen Grundauffassungen und Ansichten sehr typischen und aussagekräftigen Briefwechsel an diese Zeit erinnert. Es könne, so Friedrich Daniel, nicht Bestimmung des Menschen sein, ganz im Beruf, im Geschäft aufzugehen. Die Kunst, an ihrer Spitze die von allen Kindern Friedrich Ludwigs so sehr geliebte und selber ausgeübte Musik, die Wissenschaft, die Literatur, das Theater und nicht zuletzt die Aufgaben der Gemeinschaft und des Gemeinwesens, also die Politik – dies alles gehöre zu einer vollen menschlichen Existenz, sei nicht allein Sache der Fachleute, der Spezialisten, besonderer Begabung und besonderer Begabungen, sondern Aufgabe, Daseinsaufgabe aller.

Ganz unangestrengt und ungekünstelt, im vertrauten Meinungsaustausch, tritt einem hier das Menschenbild des Neuhumanismus als eine lebensbestimmende und lebensgestaltende Kraft entgegen. Friedrich Daniel gelangte schon früh zu der Überzeugung, daß derjenige, dem die Lebensumstände, seine wirtschaftliche und gesellschaftliche Stellung es erlaubten, zugleich die Pflicht habe, sich den öffentlichen Dingen zu widmen und hier jenen Geist heimisch zu machen, von dem das Bildungsideal und das Menschenbild des Neuhumanismus bestimmt waren. Wenn das Geschäft, der erlernte Lebensberuf nicht alles sein sollte, so durften sich gerade da, wo Erfolg und sichere materielle Fundierung den Spielraum vergrößerten, zusätzliche Initiativen und Aktivitäten nicht auf den privaten Bereich beschränken, sondern sie mußten Fundament und Ausgangspunkt öffentlicher Wirksamkeit werden. In solchem Sinne erlangten denn auch die verschiedenen Vereine, die Bemühungen um Theater und Kunst, Kultur und Wissenschaft, das Suchen nach neuen, anspruchsvolleren Formen der Geselligkeit und des Zusammenwirkens, so unpolitisch sie sich zunächst vielfach geben mochten, sehr rasch eminente politische Bedeutung. In den Personen wie in der Sache verbanden sie die Gleichgesinnten und schufen zugleich ein Netz von Verbindungen, das sehr leicht auch politisch wirksam werden konnte.

Friedrich Daniels frühe und rasche politische Karriere liefert dafür ein anschauliches Beispiel. Nach seinen Studien in Heidelberg war er im April 1831 zur weiteren praktischen Ausbildung in ein Drogengeschäft in Nürnberg eingetreten. Nach einer schweren, an den Rand des Todes führenden Typhuserkrankung – einem »Nervenfieber«, wie die Ärzte der Zeit diagnostizierten – folgten Aufenthalte bei den Firmen Julius Stettner in Triest, einem engen Geschäftsfreund des Vaters, und bei Faber & Cie. in London.

Ende 1833 – er war jetzt zweiundzwanzig Jahre alt – war die Ausbildung so weit abgeschlossen, daß er sich selbständig machen konnte. Im November dieses Jahres kaufte er mit entsprechender väterlicher Hilfe das »Drogengeschäft« der Gebrüder Giulini, ursprünglich eine Filiale der italienischen Drogengesellschaft Maggi-Graselli & Co., die die Brüder aufgaben, als sich eine von Paolo Giulini 1823 vor den Toren der Stadt gegründete Schwefelsäurefabrik als außerordentlich erfolgreich erwies – aus ihr ging 1849 die »Chemische Fabrik Wohlgelegen« hervor, die sich fünf Jahre später mit der Chemischen Fabrik Neuschloß zum »Verein Chemischer Fabriken Mannheim« verband, der schärfsten Konkurrenz der

Badischen Anilin- & Sodafabrik in deren Frühzeit. Friedrich Daniel Bassermann verlegte das neuerworbene Geschäft in das Haus am Markt, das von nun an neben der väterlichen auch die Firma Bassermann junior beherbergte.

Ihr Inhaber war zunächst noch Junggeselle. Aber alle Welt wußte, daß er seit langem, seit dem Ende seiner Nürnberger Zeit, verlobt war und zwar nicht mit der Tochter einer ähnlich erfolgreichen Kaufmannsfamilie, wie viele wohl erwartet hatten, sondern mit der Tochter eines ehemaligen Mannheimer Pfarrers, mit Emilie Karbach. Es war eine Liebesheirat wie die seiner Eltern, und insofern war der Bruch mit der inzwischen schon recht fest etablierten Tradition der Familie, sich durch Heirat noch besser zu »fundieren« und zusätzliche Verbindungen zu knüpfen, auch wieder kein Bruch. Der Vater der Braut war schon früh gestorben und die Witwe zurück ins Fränkische gezogen. So fand die Heirat ein halbes Jahr nach dem Erwerb und der Installierung der Firma im Haus am Markt in Erlangen statt.

»Drogen«, das umfaßte nach dem Sprachgebrauch der Zeit eine außerordentlich breite Warenpalette: Neben Apothekerwaren – die Firma stellte auch selbst Mixturen her –, neben Kräutern, Wurzeln und Giften aller Art schloß das Angebot auch Farben, Spirituosen, Südfrüchte und »Kolonialwaren« ein, schließlich Kork und vor allem ausländische Weine. Auch wenn der Start durch den Vater natürlich sehr erleichtert worden war, erwies sich der Sohn schon bald als ein ebenso geschickter wie geschäftlich und nicht zuletzt handelspolitisch umsichtig kalkulierender Kaufmann: Nach dem Anschluß des Großherzogtums an den Zollverein, dessen Vollzug am 19. Juli 1835 in Mannheim wie die Einweihung des neuen Hafens fünf Jahre später mit einem großen Volksfest gefeiert wurde, dehnte sich der Bassermannsche Drogenhandel schon bald über ganz Süddeutschland aus, mit sehr erfreulichen Erträgen. Bereits nach wenigen Jahren konnte er sich, zur Freude seiner seit dem Bau des Hauses am Markt von einer wahren Bauleidenschaft erfaßten Mutter, gleichfalls in einer sehr guten Lage, ein eigenes Haus bauen.

An der Seite des Vaters war er rasch auch in dessen vielfältige gesellschaftliche Verbindungen hineingewachsen, war Gründungsmitglied des 1835 neben der »Harmonie« von 1803/14 ins Leben

Der Mannheimer Hafen um 1840, Lithographie von H. Günther nach J. Keller

gerufenen »Casinos« geworden, Mitglied des Kunstvereins, des Musikvereins - er dilettierte wie der Vater auf der Flöte - und des naturkundlichen Vereins. Von Jugend an ein leidenschaftlicher Theaterfreund, spielte er bei dem Streit um die Zukunft des Theaters schon bald eine zentrale Rolle - in den vierziger Jahren wurde er, wie bereits erwähnt, neben Oberbürgermeister Jolly und dem Rechtsanwalt Esser Mitglied des dreiköpfigen Theaterkomitees, das die Aufgaben des Intendanten wahrnahm.

So war es höchstens für den Außenstehenden eine Überraschung, daß der junge Bassermann bereits 1838, im Alter von siebenundzwanzig Jahren, wie sein Vater zum Mitglied des sogenannten Kleinen Bürgerausschusses gewählt wurde. Dieses Gremium, durch ein Gesetz von 1821 an Stelle der »bürgerlichen Deputation« der alten Stadtverfassung ins Leben gerufen, repräsentierte die inzwischen, seitdem die neue Gemeindeordnung von 1831 den Zugang zum Bürgerrecht durch Beseitigung der Unterscheidung zwischen Orts- und Schutzbürgern erheblich verbreitert hatte, rund zweitausend Vollbürger der Stadt. Es war, zu diesem Zeitpunkt vierundzwanzig Mitglieder umfassend - die in drei Klassen von der nach ihrem Steueraufkommen entsprechend aufgeteilten Bürgerschaft gewählt wurden -, eine Bastion der Liberalen, die sich in ständigem

Konflikt mit der Kreisregierung und der hinter ihr stehenden Staatsregierung befand - oft über sachlich ganz belanglose Dinge, etwa über die Frage, ob der Artillerie der Bürgerwehr aus Anlaß des Geburtstags des Großherzogs ein Zuschuß von achtundsechzig Gulden zu gewähren sei. Friedrich Daniel erwies sich in diesem Gremium nicht nur als ein ebenso sachkundiges wie grundsatztreues und taktisch geschicktes Mitglied, sondern auch als ein mitreißender Redner, der den Ausschuß immer öfter höchst erfolgreich in öffentlichen Versammlungen vertrat und denn auch nach kurzer Zeit zu seinem Vorstand gewählt wurde.

Kein Wunder, daß man über Mannheim hinaus rasch auf den jungen Mann aufmerksam wurde. Bereits 1839 findet man ihn unter den Teilnehmern eines Treffens führender Liberaler aus ganz Süd- und Westdeutschland, das der Mannheimer Hofgerichtsrat und langjährige Landtagsabgeordnete für die Ämter Philippsburg und Schwetzingen, Adam von Itzstein, ein Mann der liberalen Linken und seit 1833 Ehrenbürger der Stadt Mannheim, auf seinem Gut Hallgarten im Rheingau veranstaltete. Zwei Jahre später, Mitte 1841, wurde er dann, eben dreißig Jahre alt geworden und damit gerade wählbar, in einer Nachwahl - der bisherige eher konservative Abgeordnete Lauer scheute den Konflikt mit der Regierung, auf den die Mehrheit auch der Mannheimer Bürgerschaft hindrängte - zum Abgeordneten seiner Vaterstadt für den badischen Landtag gewählt. Auch hier spielte er schon bald eine führende Rolle als entschiedener Oppositionspolitiker und sehr wirkungsvoller Redner - sein dem Ministerium entgegengeschleudertes Wort: »Das Volk ist nicht der Regierung wegen da, sondern die Regierung des Volkes wegen« machte im ganzen Land die Runde. Er wurde tausendfach gebeten, den Satz handschriftlich unter sein Bild zu setzen, bis die Firma Holtzmann in Karlsruhe beides im Faksimile druckte.

Schon bei seinem Eintritt ins politische Leben war Friedrich Daniel von der Überzeugung durchdrungen, daß eine Grundentscheidung über die Zukunft kurz bevorstehe, daß es wie in der Stadt auch im Staat in Bälde zur politischen Wachablösung zugunsten der liberalen Bewegung, des liberalen Bürgertums kommen werde. Und nicht nur das: Mit der Frage des inneren Systems war die außenpolitische, die Frage nach der künftigen Gestaltung Deutschlands aufs

Adam von Itzstein (1775–1855)

engste verknüpft. Der liberale Verfassungsstaat, der Staat der politischen Selbstbestimmung seiner Bürger, rief nach dem nationalen Verfassungsstaat, dem Staat der nationalen Selbstbestimmung. Bei Zusammenkünften wie der auf dem Itzsteinschen Gut in Hallgarten hatte daran kaum jemand einen Zweifel gelassen; der junge Bassermann war wie alle anderen entschlossen, sich auch in den Dienst der nationalen Sache zu stellen und für sie zu kämpfen.

All das aber war sozusagen im Nebenamt nicht mehr zu leisten, wie das noch die Generation der Väter geglaubt und versucht hatte, etwa Johann Ludwig Bassermann, der Onkel, sein Vorgänger im

Friedrich Daniel Bassermann (1811–1855)

Wahlkreis vor zwanzig Jahren. Es verlangte den Einsatz und die Kraft der ganzen Person, die Hinwendung zur Politik nicht nur als Berufung, sondern zugleich als Beruf.

Friedrich Daniel Bassermann war einer der ersten, der daraus entschiedene Konsequenzen zog: 1841, im Jahr seiner Wahl in den

Landtag, verkaufte er sein Drogengeschäft, das unter dem politisch bedingten Zeitmangel seines Inhabers doch etwas gelitten hatte, an seinen jüngeren Bruder Julius und an seinen bisherigen Reisevertreter August Friedrich Herrschel; sie führten die Firma fortan zu gleichen Teilen unter dem Namen Bassermann & Herrschel weiter. Es war dies durchaus kein plötzlicher oder gar überhasteter Entschluß. Man hatte ihn in der Familie eingehend besprochen und dann sorgfältig vorbereitet.

Louis Alexander, der zweitälteste Sohn, war inzwischen fest etabliert. Nach Lehrjahren bei Fox Frères in Marseille, in Amsterdam und schließlich bei Berles & Cie. in London, wo sein Vater Kommanditist war, hatte er 1837, kurz nach seiner Heirat mit einer Kusine, mit der Tochter des Schwagers und langjährigen Partners seines Vaters, Elise Reinhardt, den Wein- und Tabakhandel seines Vaters übernommen. Den Weinhandel verkaufte er später, während er das Tabakgeschäft bis 1873 im ganzen erfolgreich weiterführte: In diesem Jahr löste er, noch nicht sechzig, die Firma auf und setzte sich zur Ruhe.

Das Haus am Markt war nun also Sitz dreier Firmen: des Bankgeschäfts Friedrich Ludwigs, des »Drogenhandels« Friedrich Daniels und des Wein- und Tabakhandels Louis Alexanders, und alle drei entwickelten sich durchaus günstig. Es waren selbständige Firmen, aber sie standen doch unübersehbar in einem Familienverband, gleichsam überdacht und geschützt durch das höchst ansehnliche väterliche Vermögen, aus dem den Kindern bei sich bietenden feierlichen Anlässen und Jubiläen immer wieder Anteile zuflossen – am Geburtstag des Vaters etwa regelmäßig fünfhundert Gulden für jeden, rund zwanzigtausend Mark heutigen Geldes.

Ähnliches galt für die Familie der Eisen-Bassermanns, nur daß es hier bei der einen Firma des frühverstorbenen Johann Ludwig, Friedrich Ludwigs Vetter, blieb und die älteren Söhne in das zunächst von dem Ältesten geleitete Geschäft eintraten – es war, wie schon erwähnt, Wilhelm Bassermann, der Mann von Friedrich Ludwigs ältester Tochter Babette. Diese kommerziellen Familienverbände bewiesen, bei allen gelegentlichen Differenzen im einzelnen und zwischen einzelnen Mitgliedern, nicht nur einen sehr starken Zusammenhalt. Sie planten auch gemeinsam die Lebenswege zumal der jüngeren Mitglieder und koordinierten dabei insgesamt die Interessen, speziellen Begabungen und, sich auch gelegentlich verändernden, Lebensziele der verschiedenen Familienangehörigen.

Auch im Falle Friedrich Daniels war das nicht anders. Wie bei den beiden ältesten, waren die Eltern auch bei dem am 28. Januar 1818 geborenen dritten Sohn Julius davon ausgegangen, daß er auf jeden Fall Kaufmann werden solle. Er hatte nur kurze Zeit, bis zu seinem zwölften Lebensjahr, das Lyzeum besucht und dann, da er hier offenbar, anders als seine älteren Brüder, nicht recht reüssierte, drei Jahre Privatunterricht bekommen. Ein eher verträumter Junge, dessen eigentliche Neigung dem Theater und der Musik, hier vor allem dem Klavier galt - sein ständiger Wunsch nach neuen Noten wurde allerdings von der sparsamen Mutter resolut mit der Auskunft beschieden, es sei schon »so viel Musik da«, er solle »erst einmal diese spielen« -, wurde er mit sechzehn in die Frankfurter Seidenwarenhandlung Bernus & Co. in die Lehre gegeben, einem Haus, das vor allem Lyoner Erzeugnisse in Mittel- und Osteuropa vertrieb bis hinauf nach Skandinavien. Da Julius in dieser Zeit weitere vielfältige Interessen zu entdecken begann, für die Literatur, für das Theater, für die Mode und deren Trägerinnen, und man im Haus Bernus einem Überborden solcher Neigungen offenbar kaum durch eine streng geregelte Lehre entgegenwirkte, nahm der Vater ihn nach zwei Jahren zur weiteren Ausbildung nach Mannheim zurück - womit sich auch ursprüngliche Pläne zerschlugen, ihn eines Tages als Teilhaber in das Seidengeschäft Seibel & Co. in Lyon eintreten zu lassen, zu dessen Kommanditisten der Vater gleichfalls gehörte.

«Le beau Jules«, wie er in der Familie später hieß, kam schließlich über eine Schweizer Firma in Le Havre zu einer Perlmutt- und Teehandlung nach Paris, wo er, mit nicht ganz geringem Aufwand, vor allem am gesellschaftlichen und geselligen Leben teilnahm, ausgezeichnet Französisch lernte und sich in kavaliermäßiger Lebensart übte. Zwar war man in Mannheim nicht kleinlich, aber die Familie kam dann doch zu dem Schluß, daß man den jungen Mann nun bald auf einen soliden Boden bringen müsse. Und hier ergab sich rasch eine Kombination mit dem sich immer mehr verstärkenden politischen Engagement des Ältesten: Julius wurde nach einem von Friedrich Daniel sorgfältig ausgearbeiteten Plan für sechs Monate zu

Julius Bassermann (1818–1891), Jugendportrait

August Faber & Co. nach London und dann für vier Monate zu dem väterlichen Geschäftsfreund Julius Stettner nach Triest geschickt – was die Grundlage einer lebenslangen Neigung zu Italien und zur italienischen Kunst und Kultur legte. Schließlich bezog er, nach Loskauf von der Militärdienstpflicht, wie vor ihm der ältere Bruder für zwei Semester die Heidelberger Universität, um sich insbesondere auf dem Gebiet der Chemie, bei Leopold Gmelin, auf das für das Drogengeschäft erforderliche Examen vorzubereiten.

So war am Ende auch Julius untergebracht - er wurde später, unbeschadet seiner weitgespannten künstlerischen und literarischen Interessen, noch ein sehr erfolgreicher Geschäftsmann - und Friedrich Daniel frei für die Politik, für seine eigentliche, selbstgewählte Lebensaufgabe.

Natürlich gingen derartige Arrangements nicht immer so glatt. Wenn Schicksalsschläge, Krankheiten, früher Tod dazwischentraten und Begabungen, Interessen und Neigungen zu weit auseinanderfielen, dann waren die Ressourcen bald aufgebraucht und die Familie von dem bedroht, was sie in einer sich in Schichten und Klassen wieder stärker verfestigenden Gesellschaft am meisten fürchtete: dem sozialen Abstieg. Für die Bassermanns am Markt freilich bestand diese Gefahr in der jetzigen Generation nicht. Die zweite Tochter, Katharina Wilhelmine, war zwar zu dem Zeitpunkt, als Friedrich Daniel 1841 sein Geschäft aufgab und mit der Wahl in den Landtag endgültig in die Politik ging, noch ledig. Sie sollte nach einer jahrelangen, von der Mutter hintertriebenen Liebe zu dem Sohn des Stadtdirektors Orff, der nicht in die Pläne paßte, die Wilhelmine mit Söhnen und Schwiegersöhnen hatte, erst 1851, zweiunddreißigjährig, heiraten. Aber Sorgen brauchte man sich bei der Vermögenslage auch um sie nie zu machen, und mit dem Geisenheimer Gutsbesitzer Friedrich von Lade, den sie schließlich heiratete, fand dann doch noch Geld zu Geld.

Nur der Jüngste, Wilhelmines am 26. Dezember 1820 geborener Lieblingssohn Gustav, kam im kaufmännisch-bürgerlichen Sinne nie auf festen Boden. Schon als Kind, mit elf Jahren, hatte er, bis dahin ein guter Schüler, durch eine schwere Krankheit - wieder war von »Nervenfieber« die Rede, auch hier handelte es sich wohl um den Anfang der dreißiger Jahre grassierenden Typhus - in der Schule den Anschluß verloren. Seither hatte er sich, zunächst den Wünschen der Eltern folgend, in verschiedenen Bereichen versucht, in der kaufmännischen Lehre, im Studium der »Mechanik«, als unbezahlter Aushilfslehrer an der höheren Bürgerschule in Mannheim, dann als Student der Mathematik und der Astronomie, schließlich der Medizin in München, Heidelberg, Würzburg und Montpellier.

Katharina Wilhelmine von Lade, geb. Bassermann (1819–1900)

Zwar konnte er von dem Anteil an dem elterlichen Vermögen, der ihm bereits zu Lebzeiten der Eltern zufloß, bequem leben und 1851 mit der Tochter eines hohen Militärrichters auch eine eigene Familie gründen. Aber in einer so sehr auf den beruflichen Erfolg, auf die individuelle Leistung ausgerichteten Welt waren die vielfältigen Aktivitäten und Interessen, deren er sich widmete, doch nur ein schwacher Ersatz für das auf eigene Kraft gegründete Vorankommen in Leben und Beruf. Er empfand das selber sehr deutlich, wenn er sich mit den Worten tröstete, es sei ihm immerhin schließlich gelungen, sich »noch einen leidlichen Küstenfahrer zu zimmern aus dem Wrack meiner Lebensfregatte, die schon am Vorgebirg der guten Hoffnung scheiterte, während sie mich doch durch den Ozean bis ins stille Meer tragen sollte«.

Gustav aber war die Ausnahme, und das elterliche Vermögen reichte leicht auch für ihn. Anders war die Lage bei den Eisen-Bassermanns. Hier war schon die Ausgangssituation sehr viel bescheidener, das Frohnsche Geschäft nicht mit dem Reinhardtschen zu vergleichen gewesen. Dazu kam, daß Johann Ludwig Bassermann, der das Geschäft hochgebracht und sich als Kaufmann wie als Bürger höchstes Ansehen in der Stadt erworben hatte, im März 1828, noch keine siebenundvierzig Jahre alt, an der sogenannten Kopfrose, einem damals schwer bekämpfbaren, auf Infektion beruhenden Wundfieber, gestorben war. Neben seiner sechsundvierzigjährigen Witwe hatte er nicht weniger als zehn Kinder – und Erben – hinterlassen, davon acht Söhne. Die Familie war bestrebt gewesen, Geld und Geschäft beisammenzuhalten und war damit zunächst einmal auch recht erfolgreich: Wie schon erwähnt war der Älteste, Wilhelm, noch zu Lebzeiten des Vaters als Teilhaber in das Geschäft eingetreten, und diesem Beispiel folgten im weiteren dann auch die nächstgeborenen Söhne: der beim Tod des Vaters einundzwanzigjährige Heinrich und schließlich der damals noch nicht fünfzehnjährige Friedrich und der elfjährige Karl.

Die beiden letzteren taten das allerdings unter wiederum grundlegend geänderten Vorzeichen. Nur fünf Jahre nach dem Vater war Wilhelm, noch nicht neunundzwanzig Jahre alt, im März 1833 in Nizza an der Schwindsucht gestorben. Seine Witwe war gleich danach mit ihren vier Kindern aus dem Geschäft ausgetreten – die beiden Häuser, die sie und Wilhelm 1828, nach dem Tod des Vaters, erworben hatten, mußten aus diesem Anlaß verkauft werden. Trotzdem hielt sich die Firma, zumal Heinrich und Friedrich, die beiden Ältesten, unverheiratet blieben und sich, beide nicht sehr gesund – sie starben in der zweiten Hälfte der fünfziger Jahre, der eine fünfzig, der andere fünfundvierzig Jahre alt, wie der Bruder an Schwindsucht –, ganz dem Geschäft widmeten. Dabei kam ihnen der Wirtschaftsaufschwung der dreißiger Jahre zu Hilfe, von dem Mannheim und der Mannheimer

Handel mit der Liberalisierung der Rheinschiffahrt und der Begründung des Zollvereins in besonderem Maße profitierten.

So konnte es sich die Familie dann sogar leisten, Anton, den sechsten Sohn und Bruder, studieren zu lassen – der fünfte, Ludwig, starb 1841, zweiundzwanzigjährig, nach Küferlehre und Dienst als Soldat, an Scharlach. Am 18. Oktober 1821 geboren, schloß Anton 1841 das Lyzeum ab und studierte dann Jurisprudenz an der Universität Heidelberg. Nach dem Rechtspraktikantenexamen im Revolutionsjahr 1848 schlug er die Richterlaufbahn ein, die ihn schließlich über die Position des Landgerichtsdirektors auf den Präsidentenstuhl des Mannheimer Landgerichts führte. Seit 1877 wiederholt nationalliberaler Landtagsabgeordneter, setzte er, ganz im Gegensatz zu seinem zehn Jahre älteren Vetter Friedrich Daniel ein typischer Honoratiorenpolitiker, die von seinem Vater und seinem Großonkel Reinhardt gestiftete und von Friedrich Daniel mit so großem Einsatz weitergeführte politische Tradition der Familie fort. Er reichte sie als Erbe schließlich an seinen 1854 geborenen einzigen Sohn Ernst weiter, den Führer der nationalliberalen Partei vor dem Ersten Weltkrieg.

Einen ähnlichen Lebensweg erhoffte sich die Familie, deren siebter Sohn, der 1824 geborene Adolf, nach einer sehr erfolgverheißenden kaufmännischen Lehre in den Niederlanden, mit vierunddreißig an dem Familienleiden, der Schwindsucht, starb, auch von dem Jüngsten, von Eduard, der, 1825 geboren, 1845 das Lyzeum erfolgreich abschloß. Mit dem Ziel, Notar zu werden, studierte er wie der ältere Bruder in Heidelberg Jurisprudenz, gelangte jedoch nie zum Examen und starb, nachdem er 1854 das Studium endgültig aufgegeben hatte, 1855, eben dreißigjährig, an der galoppierenden Schwindsucht.

Wie Zyniker meinten, war es die gleiche Krankheit, die wenig später dann auch das Leben der Firma Eisen-Bassermann beendete, allerdings ohne Dramatik, in allen Ehren und ohne jemanden mit sich in den Abgrund zu reißen: Die beiden Töchter waren seit Jahrzehnten gut verheiratet, die ältere, die 1811 geborene Karoline, mit dem inzwischen bereits verstorbenen Heidelberger Stadtdirektor August Eichrodt, also einem hohen badischen Beamten, der ihr eine entsprechende Pension hinterließ, die jüngere, die 1815 geborene

Marie – sie starb erst nach der Jahrhundertwende im Alter von fast neunzig Jahren – mit einem angeheirateten Vetter, dem Kaufmann Johann Wilhelm Reinhardt. Die Söhne, soweit sie noch lebten, standen auf sicheren eigenen Füßen, und für die Mutter – sie überlebte ihren Mann um mehr als vierzig Jahre – reichte, was verblieb. Mehr allerdings auch nicht.

Aber das Wichtigste war gelungen: Den sozialen Abstieg, die Deklassierung in einer sich nach 1848 wieder schrittweise verfestigenden, ja verhärtenden Gesellschaft hatte man vermieden. Die Söhne waren mit Selbstverständlichkeit als Mannheimer Bürger angenommen worden, also auch rechtlich Mitglieder der bürgerlichen Gesellschaft im engeren Sinne geworden. Deren Anspruch und Versprechen, schließlich alle in sich aufzunehmen, begann damals langsam zu verblassen. Aber gerade deshalb war die Zugehörigkeit zu ihr für diejenigen, bei denen sich das aufgrund ihrer wirtschaftlichen und sozialen Position nicht völlig von selbst verstand, besonders wichtig. Zur Führungsschicht dieser bürgerlichen Gesellschaft, zur Führungsschicht der Stadt wie noch der Vater und wie die Vettern am Markt konnten sich die Eisen-Bassermanns freilich nicht mehr zählen. Und wenn einer von ihnen, Anton, der Richter, dann wieder in sie aufrückte, ja, wie wenig später auch sein Sohn eine ganz zentrale Rolle in ihr spielte, so gelangte er dazu, auch räumlich, über die Stationen seiner Richterlaufbahn, auf einem Umweg: nämlich als Beamter, als liberaler Geheimrat, als ein Typus, dem noch sein Vetter Friedrich Daniel wenn nicht mißtrauisch, so doch eher skeptisch gegenübergestanden hatte. »Nur kein Staatsdiener«, hatte es in der Familie immer geheißen, sei es bei der Berufswahl, sei es bei einer möglichen Heirat. Was das für die Grundhaltung gegenüber Staat und Gesellschaft, für die politische Einstellung und für die politischen Ziele bedeutete – davon wird noch eingehend die Rede sein.

Zunächst aber, zu Beginn der vierziger Jahre, waren sich beide Familien, geschäftliche Erfolge und unterschiedliche Vermögensverhältnisse hin und her, in ihren politischen und gesellschaftlichen Grundvorstellungen noch weitgehend einig, einig auch mit der großen Mehrzahl der bürgerlichen Familien der Stadt. Und Friedrich Daniel Bassermann erschien, ohne daß man ihm damit in jedem

Detail, in jeder Einzelfrage zustimmte, als ihr weithin anerkannter Exponent. Das erklärt zu einem guten Teil das Selbstbewußtsein, mit dem der eben Dreißigjährige auftrat, die Überzeugung, trotz aller Widerstände im Staatsapparat, bei den politisch tonangebenden Kreisen in Karlsruhe, auf dem richtigen Weg zu sein und die Zukunft für sich zu haben: Mannheim, das war, wirtschaftlich, gesellschaftlich und auch politisch gesehen, zu diesem Zeitpunkt nach weitverbreitetem Urteil eine der modernsten Städte nicht nur Badens, sondern ganz Deutschlands. Wer hier anerkannt war, der konnte nicht nur für seine unmittelbaren Wähler sprechen.

Als Friedrich Daniel Bassermann Mitte 1841 in den badischen Landtag eintrat, der sich in den zwanzig Jahren seines Bestehens den Ruf erworben hatte, die Hochburg der bürgerlich-liberalen Bewegung, des Liberalismus in Deutschland zu sein – man habe sie damals, so Friedrich Daniel, »als das Vorbild politischer Tätigkeit wie eine Hochschule praktischer Staatsweisheit betrachtet und besucht« –, da tobte dort der sogenannte Urlaubsstreit. Die hochkonservative Regierung Blittersdorff, die sich aus den Fesseln der

Der Badische Landtag, zeitgenössischer Stahlstich um 1830

liberalen Verfassung nach Möglichkeit zu befreien suchte, hatte jenen Beamten, die als gewählte Abgeordnete der Opposition zuneigten, die - bisher meist anstandslos gewährte - Beurlaubung zur Teilnahme an der Sitzungsperiode des Parlaments verweigert. Die Loyalität sei nicht teilbar, so die Regierung. Man könne nicht dem Staat dienen und ihn gleichzeitig von der Tribüne des Landtags aus bekämpfen.

Gegen diese Gleichsetzung des Staates mit seinen derzeit führenden Exponenten in Regierung und Verwaltung setzten sich die Liberalen mit größter Leidenschaft zur Wehr und trieben die Sache sofort ins Grundsätzliche. Dem schloß sich der neue Mannheimer Abgeordnete, der auf dem Höhepunkt des Konflikts eintrat, mit einer Schärfe an, die selbst in dieser zugespitzten Situation noch Aufsehen erregte - »durch die rückhaltlose Offenheit seiner Reden« sei er damals, so Heinrich von Treitschke zwei Menschenalter später, »in den Ruf radikaler Gesinnung« gekommen, während er doch, wie er sein bürgerliches Publikum der wilhelminischen Zeit beruhigte, »ein warmherziger Vertreter des gebildeten, besitzenden Bürgertums« gewesen sei. Das verschob im nachhinein die Akzente. Der junge Volksvertreter trieb die Dinge sehr bewußt und mit durchaus »radikalen« Untertönen auf die Spitze, indem er seine Angriffe höchst wirkungsvoll mit dem Vorwurf verband, die gegenwärtige Regierung vernachlässige gerade diejenigen Pflichten, die ihre eigentliche Aufgabe bildeten: die Förderung des Gemeinwohls. Ihre Steuerpolitik, ihre Wirtschaftspolitik, ihre Verkehrspolitik - sie stünden im Dienste der Interessen kleiner, zukunftsloser Minderheiten, nicht des Gemeinwesens und der Interessen der Bevölkerung insgesamt. Statt Handel und Gewerbe als die allgemein anerkannten Quellen des Wohlstandes in der modernen Welt zu fördern, begünstige die Regierung die Grundherren und schütze gegen alle Widerstände der Betroffenen, der bäuerlichen Bevölkerung, das ebenso ungerechte wie unökonomische System der alten Agrarverfassung.

Diese Kritik wurde an der mangelnden Steuergerechtigkeit illustriert. Statt ihre Augen vor allem auf die Steuerprivilegien und die arbeitslosen Einkommen aus Kapitalrenten und ähnlichem zu richten, ziehe die Regierung die Steuerschraube dort an, wo dies, wie bei den unteren Schichten, die nackte Existenz und, wie bei dem

Wirtschaftsbürgertum, die Konkurrenzfähigkeit und damit letztlich auch die Existenz bedrohe. Und statt wirkliche Zukunftsinvestitionen zu tätigen, lasse sie sich in der eben so zentral wichtig gewordenen Verkehrspolitik, von der vor allem mit dem gerade in Gang gekommenen Eisenbahnbau direkt und indirekt stärkste Impulse für die gesamte Wirtschaft ausgingen, von dubiosen Partikularinteressen und von einem höchst fragwürdigen politischen Kalkül leiten. Sei es beispielsweise wirklich im Sinne des Gesamtinteresses und des Gemeinwohls, wenn man, statt Frankfurt und Mannheim, die beiden Handelszentren, miteinander zu verbinden, eine Trasse Frankfurt-Heidelberg plane?

Letzteres war natürlich ein Argument pro domo. Aber gerade die Tatsache, daß der junge Abgeordnete, der durchaus nicht allgemein blieb, sondern überall gleich zur Sache kam, es so unbekümmert vortrug, dokumentiert, auf wie sicherem Boden er sich fühlte: Es gab eben Interessen, die im Einklang mit dem, wie es der eben verstorbene Rotteck formuliert hatte, »wohlverstandenen Gesamtinteresse« und den allgemeinen, zukunftsverheißenden Tendenzen der Zeit standen, und solche, bei denen das nicht der Fall war. Die Regierung vertrat die letzteren, und damit handelte sie nicht nur, wie in dem aktuellen Urlaubsstreit – »man will keine Männer, sondern Werkzeuge, die man zerbrechen kann« –, verfassungswidrig, sondern insgesamt pflichtwidrig. Sie mußte weg. Und in diesem Zusammenhang fiel denn auch der berühmte Satz: »Die Regierung ist um des Volkes willen, nicht das Volk um der Regierung willen da« – Volk zugleich verstanden als Inbegriff von Gemeinwesen, Gemeinwohl, Gesamtinteresse.

Regierung und Großherzog wagten damals die Probe aufs Exempel, wobei sie ganz offensichtlich überzeugt waren, daß der von dem neuen Mannheimer Abgeordneten so exemplarisch formulierte Anspruch, die Volksmeinung zu repräsentieren, mit der Realität nicht identisch sei. Als Antwort auf den von Friedrich Daniel Bassermann formulierten und mitgetragenen ersten parlamentarischen Mißtrauensantrag in der deutschen Geschichte lösten sie Ende Februar 1842 die Kammer auf und schrieben Neuwahlen aus, appellierten also an das Wahlvolk. Das Ergebnis war ein großer Erfolg für Bassermann und seine politischen Freunde – die als Partei zu bezeichnen er wie viele seiner Gesinnungsgenossen zögerte, da sie ja eben den Anspruch erhoben, das Volk und sein Gesamtinteresse zu repräsentieren. Trotz massiver Versuche der Wahlbeeinflussung seitens der Regierung, die Friedrich Daniel dann auf das schärfste anprangerte, gelang es den Liberalen, ihre Stellung nicht nur zu behaupten, sondern noch auszubauen. Es fehlte ihnen jetzt nur noch ein Mandat zur absoluten Mehrheit der Sitze.

Ein Regieren gegen diesen Block erschien auf Dauer unmöglich, auch wenn der Großherzog und sein Ministerium, da auch die »Regierungspartei« auf Kosten der nicht festgelegten Mittelgruppe erheblich an Stimmen gewonnen hatte, das zunächst nicht wahrhaben wollten: Erst Ende 1843 wurde Blittersdorff, der politisch praktisch mit nichts mehr durchkam, schließlich entlassen. Aber auch dann konnte der Monarch sich noch nicht zu einem wirklichen Kurswechsel entschließen. Es dauerte bis Ende 1846, bis er, nach einer neuerlichen vorzeitigen Landtagsauflösung und einem abermaligen liberalen Wahlsieg, mit dem hochangesehenen langjährigen liberalen Parlamentspräsidenten Johann Baptist Bekk einen Exponenten der Opposition zum Innenminister und leitenden Kopf der Regierung berief - zu spät, wie sich schon kurz darauf zeigen sollte. »Es war, wie wenn ein Kandidat im zwanzigsten Jahre sich verlobt und endlich im sechsunddreißigsten heiratet«, kommentierte ein liberaler Zeitgenosse.

Der Erfolg von 1842 war auch ein persönlicher Triumph Friedrich Daniel Bassermanns gewesen, und zwar nicht nur in seinem Mannheimer Wahlkreis, der ihn mit überwältigender Mehrheit bestätigte, sondern auch landesweit, als einer der Hauptrufer zum Streit, der einen solchen Appell an das Wahlvolk bewußt heraufbeschworen hatte. Er war jetzt bereits, zehn Monate nach seiner ersten Wahl, das, was die politischen Gegner spöttisch eine »Kammerzelebrität« nannten, Mittelpunkt vieler sogenannter Abgeordnetenfeste, auf denen die »Volksmänner« gefeiert wurden, auf denen man ihnen »Bürgerkronen«, »Ehrenbecher« und Dankadressen überreichte und bei denen man die Zukunft eines sich durch solche Männer selbst regierenden Volkes vor sich aufsteigen ließ.

Beide Familien, die Bassermanns am Markt und die Eisen-Bassermanns, waren stolz auf diesen Sohn, Bruder und Vetter. Anton

Bassermann etwa, der gerade sein Studium in Heidelberg begann, genoß es sehr, wenn ihn selbst seine Professoren darauf ansprachen, ob er etwas mit dem berühmten Bassermann zu tun habe, mit dem sich die Mehrheit auch hier politisch ganz einig wußte. Mit besonderer Genugtuung hörten der Vater und auch die Brüder aus dem Mund ihrer Mannheimer Geschäftsfreunde, daß da einer nicht nur schöne Reden halte, sondern genau wisse, wo den Handelsmann, den Kaufmann, auch den Handwerker, der Schuh drücke.

In der Tat hatte sich Friedrich Daniel in überraschend kurzer Zeit, wie schon seine ersten Reden bezeugten, in den gesamten Bereich der Wirtschafts-, Handels- und Finanzpolitik eingearbeitet und galt schon bald als Fachmann und erster Sprecher seiner Gruppe in allen Zoll- und Finanzfragen, aber auch in allen Fragen, die mit dem derzeit modernsten Verkehrs- und Wirtschaftszweig, mit der Eisenbahn, zusammenhingen - erst ein knappes Jahr vor seiner Wahl in den Landtag, am 12. September 1840, war mit der Linie Mannheim-Heidelberg die erste Eisenbahnstrecke im Großherzogtum in Betrieb genommen worden. Aus dem ganzen Land, vor allem aber natürlich aus seiner Vaterstadt, die in Wirtschaft und Handel inzwischen das unbestrittene Zentrum am Oberrhein bildete, wandten sich die Interessenten und Interessierten an ihn und bestärkten ihn in der Überzeugung, auf dem richtigen Wege zu sein, nicht allein für die dynamischen Kräfte in der Gesellschaft, sondern auch für die Mehrheit zu sprechen.

Dies waren die glücklichsten Jahre seiner politischen Laufbahn. Zwar war und blieb er in der Opposition, einer nach wie vor sehr entschiedenen, kompromißlosen Opposition, und damit ohne größere praktische Wirkungsmöglichkeiten auf der Ebene des Gesamtstaates. Aber er war sich ganz sicher, daß dieser Zustand sehr bald enden werde. Nicht nur die gegenwärtige Regierung, sondern das ganze bisherige System hatte nach seiner und seiner politischen Freunde festen Überzeugung abgewirtschaftet - in Baden wie in den Staaten des Deutschen Bundes insgesamt. So sah sich die einzige Alternative, die liberale Opposition, bereits auf der Schwelle zu praktischer Wirksamkeit größten Stils. Nur sie sei in der Lage, so Bassermann in der badischen Kammer, die »große Kluft zwischen dem Volk und den Regierungsgebäuden« zu überwinden, den

Der Mannheimer Bahnhof um 1840

»Hauch jenes freien, neuen Lebens« einzulassen »in die so lang verschlossenen und von der Aristokratie umlagerten Gebäude«.

In solchem Optimismus hat Friedrich Daniel mit manchem anderen zunächst übersehen, daß der Block der Opposition längst nicht mehr so festgefügt war. Unter der glatten Oberfläche der Kampfgemeinschaft gegen die Regierung zeigten sich immer tiefere Risse. Sicher: auch er beobachtete, daß die sozialen Unterschiede in einer so modernen, so zukunftsorientierten Stadt wie Mannheim, die vielen als eine Art Modell für die weitere Entwicklung galt, nicht kleiner, sondern größer wurden, daß zwischen dem wohlhabend werdenden Wirtschaftsbürgertum, aber auch dem Beamten- und Bildungsbürgertum und den kleinbürgerlichen und vor allem den unterbürgerlichen Schichten in wirtschaftlicher und zunehmend auch gesellschaftlicher Hinsicht ein immer größerer Abstand klaffte. »Die Arbeiter werden immer mehr die Leibeigenen großer Unternehmer«, konstatierte er im Dezember 1843 im badischen Landtag: »In den reichsten Ländern steigt die Armut der unteren Klassen bis zu einer schaudererregenden Höhe, und während die Gelehrten sich in dicken Büchern über die Mittel, dem zunehmenden Pauperismus zu steuern, streiten, führt unversehens die Verzweiflung endlich zu der schreckens- und umwälzungsschwangeren Theorie des Kommunismus, die kein Eigentum mehr gelten läßt und die Schöpfung neu verteilen will.«

Der junge Abgeordnete hielt jedoch daran fest, daß dies eine bloße Übergangserscheinung sei, daß der Abstand zwischen Arm und Reich sich mit wachsendem und sich verbreitendem Wohlstand rasch wieder verringern werde. Wer behauptete, hier zeigten sich die wahren wirtschaftlichen und gesellschaftlichen Entwicklungstendenzen, in dem sah er einen Demagogen, der rasch widerlegt werden würde - durch die Entwicklung selbst wie auch vor allem durch die Politik derjenigen, die sich zu dieser Entwicklung, zum Aufbruch in die Zukunft, zum Fortschritt bekannten. Ihr Ziel sei eben nicht die Überführung der alten Ständegesellschaft in eine besitzbürgerliche Klassengesellschaft, sondern die klassenlose Bürgergesellschaft der Freien und Selbständigen; alle wirtschaftspolitischen, alle finanzpolitischen, alle gesellschaftspolitischen Bestrebungen seien auf dieses Ziel hin ausgerichtet und ihm untergeordnet.

Das waren Formeln, Abstraktionen. Aber noch schienen sie über einem bereits vielfach gärenden Untergrund weithin verbindlich, verbindlich in der politischen Öffentlichkeit und für die Politiker selber. Der Mannheimer Obergerichtsadvokat Friedrich Hecker, der, wie Friedrich Daniel eben dreißigjährig, wenige Monate nach ihm, in der Wahl von 1842, für die Mannheim benachbarten Ämter Ladenburg und Weinheim erstmals in den Landtag gewählt worden war und seit dem gleichen Jahr auch im Mannheimer Gemeinderat saß, galt in diesem Sinne zunächst als ein enger Kampfgenosse des jungen Bassermann, mit dem er persönlich befreundet war. Auch Hecker selber empfand sich durchaus als ein solcher Mitstreiter und Gesinnungsfreund. Ihr gemeinsamer politischer Ziehvater Adam von Itzstein, Rat am Mannheimer Hofgericht und seit Jahren, erst für die Ämter Philippsburg und Schwetzingen, jetzt für Ettlingen und Rastatt, Landtagsabgeordneter, hatte sie immer wieder auf diese politische und gesellschaftliche Leitlinie verpflichtet, die sozusagen das Banner des Fortschritts, der politischen Linken insgesamt markierte. Auch Friedrich Daniel scheute sich mit vielen anderen, später als eher rechts geltenden Liberalen wie beispielsweise seinem Freund und politischen Protektor Carl Theodor Welcker, dem alten Weggenossen und Mitstreiter Rottecks und Itzsteins, nicht, die

Friedrich Hecker (1811–1881)

»großen Hansen«, die nur an ihren Geschäften und deren unmittelbaren Rahmenbedingungen interessierten »Bourgeois«, verächtlich zu machen und – in der Begründung eines Antrages auf eine grundlegende Steuerreform – ironisch von der »merkwürdigen zarten Schonung« zu sprechen, »welche die Kapitalisten von jeher bei den

Regierungen gefunden« hätten. Im Kern hatte Hecker in seinen Augen schon recht, wenn er am 12. Juli 1844 im badischen Landtag erklärte: »Zwei Aristokratien sind es, die gegenwärtig die Welt zu beherrschen suchen, die eine ist egoistisch, hartherzig und übermütig, die andere anmaßend und gewalttätig. Die erste ist die Plutokratie oder der Geldsack und die zweite die Bureaukratie oder der Polizeistaat.«

Was man erstrebe, so Welcker 1846 in dem mit Karl von Rotteck begründeten und mit ihm gemeinsam herausgegebenen »Staatslexikon«, dem programmatischen Grundbuch zumal des süddeutschen Liberalismus, sei »eine materiell gerechte, eine je nach dem durch Verdienst und die allgemeine Cultur legitimierten und juristisch bewiesenen Bedürfnis verhältnismäßig gleiche Eigenthumsvertheilung und Eigenthumsgewährung für alle Familienväter, eine Vertheilung und Erhaltung mit dem möglichsten Ausschlusse wucherischer oder ungerechter Erwerbungen oder Verletzungen des Erworbenen und der gleichen Erwerbsmöglichkeit«.

Das war, in der gelehrten Formelsprache der zeitgenössischen Jurisprudenz, nicht weit entfernt von dem »Jedem nach seinen Fähigkeiten, jedem nach seinen Bedürfnissen!« der frühen Sozialisten, das auch zum festen Bestandteil der Zukunftsutopien eines Karl Marx gehörte. »Das Mißverhältnis zwischen dem Besitztum und dem Proletariat« habe in jenen Tagen, im unmittelbaren Vorfeld der Revolution von 1848, »durch ganz Europa den Gegenstand des öffentlichen Nachdenkens« gebildet, unterstrich Friedrich Daniel Bassermann in seinen unmittelbar nach dem Scheitern der Revolution begonnenen »Denkwürdigkeiten«: Er und seine politischen Freunde hätten sich daran nicht nur sehr früh und intensiv, sondern, im Unterschied zu manchem anderen, auch mit sehr konkreten und praktikablen Vorschlägen beteiligt. So habe er selber in der badischen Kammer zweimal den Antrag gestellt, eine spezielle Kapitalsteuer nach württembergischem Vorbild einzuführen. Auch habe er intensiv an allen Bestrebungen teilgenommen, mit Hilfe eines gerechteren Steuersystems bestehenden sozialen Ungerechtigkeiten entgegenzuwirken und vor allem Weichenstellungen für die Gesellschaft der Zukunft vorzunehmen.

Dabei räumte er freimütig ein, »daß wir dadurch, daß wir auch diese Seite der Staatseinrichtung zum Gegenstand unserer Sorge machten, die Massen an uns fesseln, unserer wichtigsten Bestrebung ihrer Teilnahme und Unterstützung sichern wollten«, wie überhaupt »die Völker ... so behandelt werden« müßten »wie die Konsumenten von den Kaufleuten; wer sie am besten bedient, dessen Kunde sind sie«. Von »Demagogie« könne man, wie mancher Gegner, nur sprechen, wenn das, was man in dieser Richtung unternahm und vorschlug, »an sich nur Mittel, nicht Selbstzweck gewesen wäre«. Davon aber könne gar keine Rede sein. Die soziale und sozialreformerische Komponente sei in dem von ihm und seinen politischen Freunden vertretenen Programm aus innerer Überzeugung stark ausgeprägt gewesen. Demagogisch müsse man im Gegenteil diejenigen auf der politischen Linken nennen, die schon damals und dann vor allem in der Revolution den Massen das Blaue vom Himmel herunter versprochen hätten, ohne an die Frage der praktischen, der konkreten Realisierbarkeit mehr als nur höchst oberflächliche, sich rasch in vagen Utopien auflösende Gedanken zu verschwenden.

Hier schwang die ganze Erbitterung eines Mannes mit, der den eigentlichen Grund für das Scheitern der Revolution und seiner eigenen Bestrebungen in der sozialen Demagogie der Linken sah; das war die Kernthese seines Erinnerungswerkes. Daß die Versprechungen der sogenannten Radikalen die – in der Tat oft recht hilflose – Antwort auf Probleme darstellten, von deren Lösung alles andere abhing, wollte er sich auch jetzt nur halb eingestehen. Wie einst die Jakobiner, so hätten auch die Radikalen von 1848 versucht, im Trüben zu fischen, die eigene Macht auf die übertriebenen Erwartungen unaufgeklärter Massen zu gründen.

Das war zugleich das Stichwort: Politik hatte nach der innersten Überzeugung des jungen Mannheimer Abgeordneten, der in der Revolution als Vorsitzender des Verfassungsausschusses der Frankfurter Nationalversammlung und als Unterstaatssekretär der neugebildeten »Reichsregierung« eine zunächst sehr vielversprechende Karriere gemacht hatte, in erster Linie mit Aufklärung, ja, mit Wahrheit zu tun. Das war sicher nicht in einem dogmatischen Sinne gemeint, in Verfolgung fester Sätze, starrer Modelle, der lehrbuchmäßigen Behandlung der Probleme, aber doch im Sinne fortschreitender Rationalität, der Bildung eines »vernünftigen Gesamtwillens«, von dem Rotteck in Anlehnung an Rousseaus »volonté générale« gesprochen hatte.

Es war die Grundschwäche dieses Konzepts, daß sich auch hier wie im wirtschaftlichen und gesellschaftlichen Bereich die Voraussetzungen anders entwickelten, als die Wortführer und Vertreter der bürgerlich-liberalen Bewegung ursprünglich angenommen hatten - und zwar gerade zu jenem Zeitpunkt, als Friedrich Daniel Bassermann auf der politischen Bühne stand. Die Grundformel lautete gewissermaßen in Anlehnung an die vielzitierte aristotelische Definition: »Res publica sive societas civilis sive societas rationalis« - das Gemeinwesen oder die bürgerliche Gesellschaft oder die rationale Gesellschaft. Wie sich der Kreis der vollberechtigten und geistig wie materiell selbständigen Bürger im Zuge der Entwicklung ständig erweitern werde, so werde auch die Rationalität politischer und gesellschaftlicher Entscheidungen - und damit zugleich der betreffenden Institutionen - laufend zunehmen.

In Wirklichkeit jedoch ging die Entwicklung zunächst in die Gegenrichtung, und zwar in einem Ausmaß, das viele Zeitgenossen aufs höchste erschreckte. Wohl nahm, wie erwartet und erhofft, die Zahl der »bürgerlichen Existenzen« kontinuierlich zu, aber die Zahl derjenigen, die aus den alten Ordnungen, ihrem Schutz und ihrem Orientierungsrahmen, herausfielen und erst einmal in keine vergleichbaren neuen Ordnungen fanden, wuchs in einem ganz anderen Tempo - wobei die enorme Bevölkerungsvermehrung der Zeit den Vorgang noch zusätzlich dynamisierte und dramatisierte. Wie von materieller, so konnte von wachsender geistiger Selbständigkeit hier angesichts eines gänzlich ungenügenden Schulsystems, eines im wesentlichen nur auf die Gebildeten zugeschnittenen Informationsapparats und eines allgemeinen Desorientierungsprozesses in einer sich rasch und höchst verwirrend wandelnden Arbeits- und Lebenswelt kaum die Rede sein. Ebenso wie die Schere zwischen Reich und Arm, so begann auch die Schere zwischen Gebildet und Ungebildet, Aufgeklärt und Unaufgeklärt, Informiert und Uninformiert sich immer weiter zu öffnen statt zu schließen.

Nicht daß Friedrich Daniel, der Mannheimer Bürgersohn, das nicht wahrgenommen hätte. Im Gegenteil, er sah, auch wenn er den Übergangscharakter des Ganzen hervorhob, durchaus das Gewicht der Probleme und die Dringlichkeit, auf sie rasch und effektiv zu reagieren. Auch war er sensibel genug, um die Klimaveränderung zu registrieren, die sich in seiner Vaterstadt während der vierziger Jahre in dem Verhältnis der sozialen Gruppen zueinander vollzog. Die Ausprägung der Distanzen nahm zu, und die Fremdheit wuchs; zugleich schwanden jene lebensweltlichen Gemeinsamkeiten, die das Dasein im großväterlichen Haus am Markt geprägt und der Existenz der Eltern bürgerliche Repräsentativität in einem sehr viel ursprünglicheren und selbstverständlicheren Sinne verliehen hatten. Für schlechthin verhängnisvoll aber hielt er eine Politik, die sich auch auf seiten der politischen Linken in dem Sinne an den neuen Verhältnissen orientierte, daß sie statt des übergreifenden Gesamtinteresses das Interesse einzelner sozialer Gruppen in den Mittelpunkt rückte.

Wie die meisten seiner engeren politischen Freunde maß Friedrich Daniel die Legitimität von Einzelinteressen an einer Idee des Gesamtwohls, die sich nicht als Kompromiß, nämlich als ständig neu vermittelte Synthese solcher Einzelinteressen darstellte, sondern als rationales System, als ein produktiv und effizient arbeitendes Gesamtgefüge nach Art eines gut geplanten und gut funktionierenden wirtschaftlichen Betriebes. Das aber führte ihn in der praktischen Politik, in den konkreten Auseinandersetzungen vor allem während der Revolutionszeit binnen kurzem in eine Position, die der kompromißlosen Verteidigung besitzbürgerlicher Interessen verzweifelt ähnlich sah.

Das ging bis hin zu schärfster Ablehnung des allgemeinen Wahlrechts und einer direkten Beteiligung breiterer Volksschichten am politischen Leben. Rationalität und damit Fortschrittlichkeit des historischen Prozesses drohten, so meinte er, nun durch den unvermittelten Eingriff unaufgeklärter, nur ihren blinden Wünschen und augenblicklichen Interessen folgender Massen zerstört zu werden.

Darin spiegelte sich die schmerzliche Erfahrung und Einsicht, daß sich diese Massen eben nicht, wie er vor 1848 gehofft hatte, politisch hatten lenken lassen; im Grunde stellte das den Sinn der eigenen politischen Existenz mehr und mehr in Frage. Die Förderung und Unterstützung der berechtigten sozialen Reformforderungen hatte, wie er rückblickend erklärte, nicht zuletzt zum Ziel gehabt, »unserer wichtigsten Bestrebung ihre Teilnahme und Unterstützung« zu sichern. Diese »wichtigste Bestrebung« aber war für Bassermann von Anfang an die Errichtung einer gesamtnationalen Ordnung, eines nationalen Verfassungsstaates. Er sollte zum Rahmen, zum Träger und zum Instrument aller Reformbestrebungen werden, ihnen zum Durchbruch verhelfen und die Ergebnisse dann in jenem rational funktionierenden System zusammenfassen, auf das die Idee des »Gesamtwohls« zielte.

Bei den von Itzstein angeregten und organisierten Treffen liberaler Politiker aus verschiedenen Bundesstaaten war das der Hauptgegenstand aller Gespräche gewesen. Friedrich Daniel hatte allerdings nach der Zusammenkunft von 1840 an keinem weiteren Treffen dieser Art mehr teilgenommen: Das Ganze schien ihm zu sehr ins bloß Gesellige, in den politischen Stammtisch abzugleiten, keine zu praktischen Aktionen führende Dynamik zu entfalten. Statt dessen konzentrierte er sich in den folgenden Jahren ganz auf das Forum des badischen Landtags, dem, wie er wußte, das Interesse der politischen Öffentlichkeit ganz Deutschlands gehörte.

1831 hatte Carl Theodor Welcker im badischen Landtag den berühmten und vieldiskutierten Antrag auf Errichtung einer parlamentarischen Vertretung der Nation, eines »Volkshauses«, neben dem Gesandtenkongreß des Frankfurter »Bundestages« gestellt. Das war ein Antrag gewesen, dessen Ziel, wie Welcker es formulierte, die »organische Entwicklung des Deutschen Bundes zur bestmöglichen Förderung deutscher Nationaleinheit und deutscher staatsbürgerlicher Freiheit« bildete. Die badische Regierung hatte sofort erklärt, eine solche Initiative liege völlig außerhalb der Kompetenzen der Kammer. Auf diesen Standpunkt stellte sie sich auch jetzt, 1844, wieder, als Friedrich Daniel Bassermann, unmittelbar an Welcker anknüpfend, am 15. April unter großem Beifall seiner politischen Freunde und weiter Kreise der politischen Öffentlichkeit diesen Antrag wiederholte. »Wir haben hier nicht Deutschland zu organisieren, sondern nur für die badischen Interessen zu sorgen«, unterbrach ihn der Außenminister, Alexander von Dusch, obwohl er, anders als Blittersdorff, den Liberalen innenpolitisch durchaus nahe stand.

Diese Grundsatzerklärung gab Bassermann das Stichwort zu

einem großen historischen Exkurs über den Segen der parlamentarisch begründeten und untermauerten nationalen Einheit. Er verwies vor allem auf England und Spanien und stellte die Gefahren des ängstlichen Festhaltens an einem innerlich ausgehöhlten Status quo heraus. Die Quintessenz seiner Rede lief darauf hinaus, daß die Monarchen und ihre Regierungen nur noch die Wahl hätten, sich an die Spitze der nationalen Bestrebungen zu stellen oder über kurz oder lang von ihnen überwältigt zu werden. Ganz so drastisch hat er es nicht ausgedrückt. Aber für jeden, der hören konnte, war doch der warnende, ja, drohende Ton unüberhörbar, wenn er abschließend erklärte: »Mögen nun die Fürsten freiwillig zur Berufung eines Parlaments schreiten, was ich nicht glaube, oder mag die Not es bringen, wie leider in Deutschland immer erst die Not das Gute bringen muß, so wird es sich bewähren, daß dies das einzige Mittel ist.«

Dieses Wort machte auch außerhalb Badens in allen Zeitungen die Runde. Ein deutsches Parlament – das war fortan der einhellige Kampfruf der Opposition. Er verstärkte sich in den folgenden Jahren immer mehr und wurde schließlich, 1847/48, zur politischen Kernforderung schlechthin, zum Herzstück aller »Volksforderungen«, Petitionen, Versammlungsbeschlüsse einer in revolutionäre Bewegung geratenen Bevölkerung. Friedrich Hecker hat sich damals, in der Sitzung vom 15. April 1844, getragen von der Begeisterung des Augenblicks, nicht gescheut, Vergleiche mit Luther und Galilei anzustellen. »So wenig es ein Phantasma war, als der kleine Mönch von Wittenberg zum erstenmal mit seinen Sätzen auftrat, oder als Galilei sein neues System der Bewegung der Weltkörper aufstellte, wofür er als Ketzer verdammt wurde, so wenig ist es ein Phantasma, wenn man will, daß nicht bloß die Fürsten, sondern auch die Völker vertreten seien.«

Für Friedrich Daniel Bassermann bedeuteten der Auftritt in der badischen Kammer und das Echo, das er weit über das Großherzogtum hinaus fand, den endgültigen politischen Durchbruch, den definitiven Aufstieg zu einer von der ganzen Nation beachteten politischen Figur. Damit hatte er zugleich sein großes politisches Thema gefunden: die Einheitsfrage. In ihren Dienst stellte er sich in den folgenden Jahren immer ausschließlicher, als Abgeordneter, als Redner auf unzähligen politischen Versammlungen, als politischer Organisator und nicht zuletzt als Verleger.

Bereits 1843 hatte er in Mannheim eine Verlagsbuchhandlung gegründet. Als sein Kompagnon - das Geld stammte allerdings allein von Friedrich Daniel - hatte dabei der vier Jahre ältere Karl Mathy gezeichnet. Dieser Name war, bevor auch nur der erste Titel erschien, bereits ein Programm gewesen, ein Programm, das einen sehr entschiedenen Kurs verhieß. Schon Mathys 1755 geborener Vater, Arnold Mathy, hatte sich in der Stadt den Ruf eines ebenso leidenschaftlichen wie überzeugungstreuen Mannes erworben. Zunächst als Sprößling des Heidelberger Jesuitenkollegs katholischer Pfarrer in Mannheim, wo er in heftige Kämpfe mit den Nachfolgern der Jesuiten, den französischen Lazaristen, verwickelt war, hatte er in den neunziger Jahren einem »réfractaire« weichen müssen, einem von dem Superior der Lazaristen protegierten französischen Priester, der den Eid auf die neue Kirchenverfassung des revolutionären Frankreich verweigert und das Land hatte verlassen müssen. Seitdem hatte sich Mathy senior als Privatlehrer durchgeschlagen. 1805 zur reformierten Kirche übergetreten, hatte er wenig später, schon fünfzigjährig, seine langjährige Haushälterin geheiratet, mit der er dann noch acht Kinder hatte.

Trotz dieses ungewöhnlichen Lebensweges und obwohl allgemein bekannt war, daß er ein entschiedener Jünger der französischen Aufklärung, ein Kantianer und Freigeist war, hatte die badische Regierung nicht gezögert, ihn auf Vorschlag der interkonfessionellen Schulkommission an das neue Lyzeum zu berufen. Beide, Kommission und Regierung, sahen in ihm jenen Lehrertypus, auf den sie das neue, aufgeklärte Schulwesen gründen wollten - was die Orthodoxen aller Konfessionen in ihrer Einstellung bestärkte, der sogenannte Neuhumanismus sei in Wahrheit ein neues Heidentum.

Karl, der älteste Sohn, war ganz ein Kind seines Vaters. Niemand hätte es wohl Anfang der vierziger Jahre für möglich gehalten, daß der politische Feuerkopf und eben heimgekehrte Emigrant, der seit den Erdrutschwahlen vom Frühjahr 1842 die Stadt Konstanz im badischen Landtag vertrat und ein Jahr später mit Friedrich Daniel Bassermann einen schon bald dezidiert politischen Verlag gründete, ein Menschenalter später zum Ministerpräsidenten des Großherzogtums aufsteigen würde. Nach dem Abschluß des Lyzeums hatte Karl in Heidelberg »Cameralia«, Staatswirtschaft, studiert, war dann

Karl Mathy (1807–1868)

jedoch kurz vor dem Examen nach Paris aufgebrochen, um sich der philhellenischen Bewegung als Mitkämpfer zur Verfügung zu stellen. Von einer Flucht vor den Anforderungen von Studium und Prüfung, vor den neuen Hürden der bürgerlichen Existenz konnte dabei freilich keine Rede sein: Als es ihm nicht gelang, in dem von Graf Harcourt organisierten Freiwilligenverband Aufnahme zu finden, kehrte er sogleich nach Heidelberg zurück und bestand unmittelbar darauf sein Examen anstandslos mit »sehr gut«. Das sicherte ihm die sofortige Aufnahme in den »Praktikantendienst«.

Es war also kein romantischer Eskapismus gewesen, sondern leidenschaftliches politisches Engagement, das ihn zu diesem Schritt veranlaßt hatte. Diese sehr nüchterne Leidenschaft hatte ihn in den dreißiger Jahren, wie wenig später dann auch Friedrich Daniel Bassermann, immer tiefer in die Politik getrieben. Als Praktikant im Finanzministerium und ständiger Besucher der seit Beginn der dreißiger Jahre, unter dem Eindruck der Julirevolution in Frankreich, immer lebhafter werdenden Kammerdebatten, über die er schon bald für mehrere Lokalblätter zu berichten begann, war er 1831 mit einer Schrift »Vorschläge über die Einführung einer Vermögenssteuer in Baden« hervorgetreten. Diese Arbeit war es gewesen, durch die Karl von Rotteck, das geistige Haupt der liberalen Opposition, auf den jungen Mann aufmerksam geworden war. Er hatte ihm den Auftrag verschafft, künftig für die hochangesehene und einflußreiche »Augsburger Allgemeine Zeitung« über die badischen Kammerverhandlungen zu berichten.

Seit der Teilnahme am Hambacher Fest vom Mai 1832 hatte Mathy seine Berufung endgültig darin gesehen, als Publizist für die politische Reform und vor allem auch für die politische Einigung Deutschlands zu wirken: Er begründete als »ein Volksblatt für Deutschland« – so der Untertitel – die Zeitschrift »Der Zeitgeist«. Sie mußte sich freilich mit einer Nachricht einführen, die praktisch ihr baldiges Ende ankündigte: dem gegen die eben eingeführte Pressefreiheit in Baden gerichteten Bundesbeschluß, den sie in großer Aufmachung mit schwarzem Trauerrand abdruckte. Die Entlassung aus dem Staatsdienst und immer schärfere Eingriffe der Zensur waren, so wie sich die Dinge im Deutschen Bund nach dem Hambacher Fest und dem sogenannten Frankfurter Wachensturm im Frühjahr 1833 entwickelten, die unvermeidliche Folge gewesen.

Mathy hatte sich in den nächsten Jahren mit publizistischen Gelegenheitsarbeiten, darunter vielen Artikeln für das Rotteck-Welckersche »Staatslexikon«, gerade so durchgeschlagen. Da er mit vielen derjenigen in engstem Kontakt stand, die als »Aufwiegler« und »Demagogen« auf den Listen der Mainzer »Zentraluntersuchungskommission« figurierten, die im Juni 1833 mit dem Ziel gegründet worden war, »die näheren Umstände, den Umfang und den Zusammenhang des gegen den Bestand des Bundes und gegen die öffentliche Ordnung in Deutschland gerichteten Complotts« zu untersuchen, war er selber immer stärker ins Visier dieser Spitzelbehörde geraten. Als diese 1835 zum dritten Mal von der badischen Regierung seine Verhaftung forderte, hatte er sich zur Flucht in die Schweiz entschlossen. Dort hatte er fünf Jahre ein zunächst sehr unsicheres Emigrantenleben geführt, als freier Journalist, als Mitarbeiter von »La jeune Suisse«, einer Parallelgründung zu Mazzinis »La giovine Italia«, der sich wie er als Emigrant in der Schweiz aufhielt, als Übersetzer und Korrespondent. Erst fünf Jahre später, 1838, war er als Schulmeister in der Distriktsschule des kleinen Ortes Grenchen im Kanton Solothurn auf etwas festeren Boden gekommen.

Nicht nur unter Eingriffen, Behinderungen und Bevormundungen eines autoritär und dirigistisch auftretenden bürokratischen Staates hatte hier einer in seinem Kampf für Reformen leiden müssen; das war ja das Schicksal vieler der ansonsten wirtschaftlich und gesellschaftlich wohlsituierten Bürger in Friedrich Daniel Bassermanns unmittelbarer Umgebung. Hier hatte einer für seine politischen Überzeugungen in bitterster Weise mit allen Zukunftschancen, mit seiner ganzen Existenz zu bezahlen gehabt.

Das faszinierte einen Mann wie Friedrich Daniel, der vom Leben bisher eher verwöhnt worden war. Einen Märtyrer, einen Helden, das brauchte die bürgerlich-liberale Bewegung seiner Überzeugung nach, sollte sie nicht im Pragmatischen, in den unmittelbaren Interessen und den sich aus ihnen zunehmend entwickelnden Interessengegensätzen steckenbleiben. Als sich für Mathy im Zeichen der politischen Frostabschwächung nach 1840 die Möglichkeit zur Rückkehr eröffnete, hat Friedrich Daniel, der junge, der kommende Mann der Liberalen, daher sogleich um ihn geworben. Er überredete Mathy, der seit Anfang 1841 die als Organ der Opposition neugegründete »Badische Zeitung«, seit Anfang 1842 als ihren Nachfolger die »Landtagszeitung« redigierte, selber für den Landtag zu kandidieren, und wirkte nachhaltig für seine Nominierung und seine – von der Regierung vergeblich angefochtene – Wahl in Konstanz. Wenig später gründete er dann mit ihm in Mannheim das gemeinsame Verlagsunternehmen.

Im Programm der ersten Jahre fanden sich umfangreiche – und schwer verkäufliche – wissenschaftliche Werke wie Röths »Geschichte der abendländischen Philosophie«, Weils »Geschichte der Kalifen« oder Ernst Meiers »Hebräisches Wurzelwörterbuch«, aber auch, eine Entdeckung Friedrich Daniel Bassermanns, als grosser Renner und materielle Stütze des Verlags Berthold Auerbachs »Schwarzwälder Dorfgeschichten«, von denen dann immer neue Fortsetzungen erschienen. Das aber war nur die eine Seite. Das ganze Unternehmen hatte von vornherein einen dezidiert politischen Charakter, wie sich schon an der Veröffentlichung von Börnes »Nachgelassenen Schriften« oder zweier Gedichtbände des mit einer Serie von Ausweisungen durch die deutschen Bundesstaaten gejagten Hoffmann von Fallersleben zeigte. Eigentliches Ziel der Verlagsgründung war, publizistisch für die liberale und vor allem auch für die nationale Sache zu werben. Den Höhepunkt dieser Aktivitäten bildete seit Mitte 1847 die Herausgabe der auf Aktienbasis gegründeten »Deutschen Zeitung«, die Mathy gemeinsam mit dem Heidelberger Literarhistoriker Georg Gottfried Gervinus redigierte.

Was nach den Vorstellungen und Wünschen vor allem auch Friedrich Daniel Bassermanns ein Organ der gesamten, geschlossen auftretenden und handelnden liberalen und nationalen Bewegung hatte sein sollen, wurde freilich sogleich zu einem Parteiorgan innerhalb dieser Bewegung. Sehr schnell sah es sich harter Kritik im eigenen Lager ausgesetzt, wozu beitrug, daß es seinerseits die Unterschiede und Gegensätze scharf betonte. Einer dieser Konfliktpunkte war der Deutsche Zollverein, der Österreich ausschloß und von dem Kreis um die »Deutsche Zeitung« als Beleg dafür angeführt wurde, daß Deutschland nur unter preußischer Führung und ohne Österreich fest und dauerhaft vereinigt werden könne. Aber dieser Punkt war beileibe nicht der einzige. Auch über das Maß der Beteiligung des Volkes an den politischen Entscheidungen und an der politi-

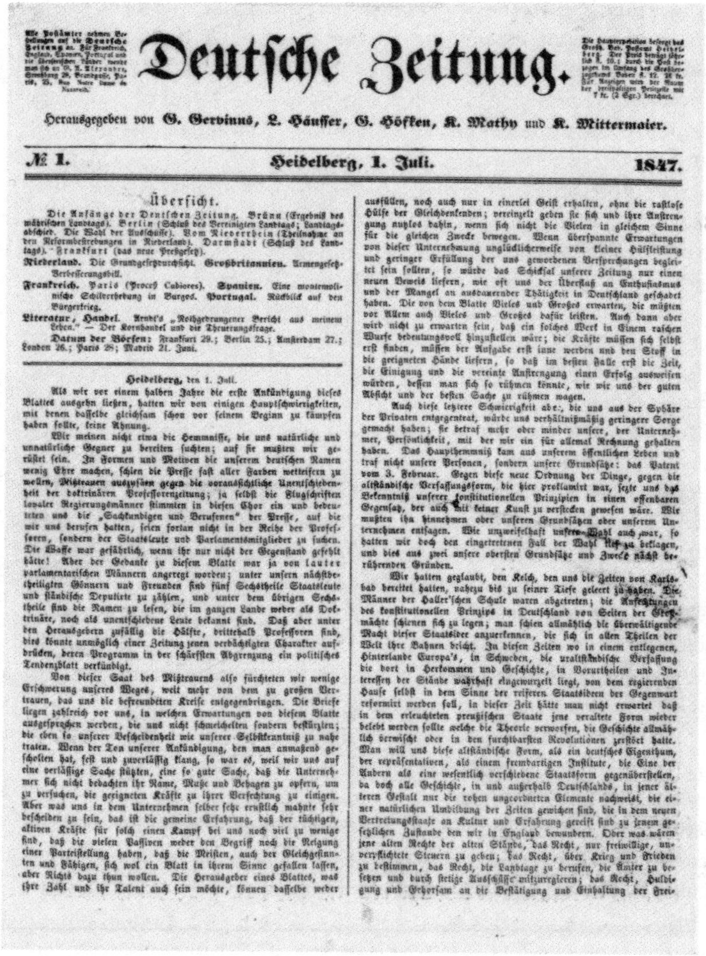

Alle Postämter nehmen Bestellungen auf die Deutsche Zeitung an. Für Frankreich, England, Spanien, Portugal und die überseeischen Länder wende man sich an G. A. Alexandre, Strasburg 28, Brandgasse, Paris, 23, Rue Notre Dame de Nazareth.

Deutsche Zeitung.

Die Hauptexpedition besorgt das Großh. Bad. Postamt Heidelberg. Der Preis beträgt jährlich fl. 10.; durch die Post bezogen im Umfang des Großherzogthums Baden fl. 12. 26 kr. Für Anzeigen wird der Raum der dreispaltigen Petitzeile mit 7 kr. (2 Sgr.) berechnet.

Herausgegeben von G. Gervinus, L. Häusser, G. Höfken, K. Mathy und K. Mittermaier.

№ 1. Heidelberg, 1. Juli. 1847.

Übersicht.

Die Anfänge der Deutschen Zeitung. Brünn (Ergebniß des mährischen Landtags). Berlin (Schluß des Vereinigten Landtags; Landtagsabschied. Die Wahl der Ausschüsse). Vom Niederrhein (Theilnahme an den Reformbestrebungen in Niederland). Darmstadt (Schluß des Landtags). Frankfurt (das neue Preßgesetz).

Niederland. Die Grundgesetzdurchsicht. **Großbritannien.** Armengesetz-Verbesserungsbill.

Frankreich. Paris (Proceß Cubières). **Spanien.** Eine montemolinische Schilderhebung in Burgos. **Portugal.** Rückblick auf den Bürgerkrieg.

Literatur, Handel. Arndt's „Nothgedrungener Bericht aus meinem Leben." — Der Kornhandel und die Theurungsfrage.

Datum der Börsen: Frankfurt 29.; Berlin 25.; Amsterdam 27.; London 26.; Paris 28; Madrid 21. Juni.

Heidelberg, den 1. Juli.

Als wir vor einem halben Jahre die erste Ankündigung dieses Blattes ausgehn ließen, hatten wir von einigen Hauptschwierigkeiten, mit denen dasselbe gleichsam schon vor seinem Beginn zu kämpfen haben sollte, keine Ahnung.

Wir meinen nicht etwa die Hemmnisse, die uns natürliche und unnatürliche Gegner zu bereiten suchten; auf sie mußten wir gerüstet sein. In Formen und Motiven die unserem deutschen Namen wenig Ehre machen, schien die Presse fast aller Farben wetteifern zu wollen, Mißtrauen auszusäen gegen die voraussichtliche Unentschiedenheit der doktrinären Professorenzeitung; ja selbst die Flugschriften loyaler Regierungsmänner stimmten in diesen Chor ein und bedeuteten uns die „Sachkundigen und Berufenen" der Presse, auf die wir uns berufen hatten, seien fortan nicht in der Reihe der Professoren, sondern der Staatsleute und Parlamentsmitglieder zu suchen. Die Waffe war gefährlich, wenn ihr nur nicht der Gegenstand gefehlt hätte! Aber der Gedanke zu diesem Blatte war ja von lauter parlamentarischen Männern angeregt worden; unter unsern nächstbetheiligten Gönnern und Freunden sind fünf Sechstheile Staatsleute und ständische Deputirte zu zählen, und unter dem übrigen Sechstheile sind die Namen zu lesen, die im ganzen Lande weder als Doktrinäre, noch als unentschiedene Leute bekannt sind. Daß aber unter den Herausgebern zufällig die Hälfte, drittehalb Professoren sind, dies könnte unmöglich einer Zeitung jenen verdächtigten Charakter aufdrücken, deren Programm in der schärfsten Abgrenzung ein politisches Tendenzblatt verkündigt.

Von dieser Saat des Mißtrauens also fürchteten wir wenige Erschwerung unseres Weges, weit mehr von dem zu großen Vertrauen, das uns die befreundeten Kreise entgegenbringen. Die Briefe liegen zahlreich vor uns, in welchen Erwartungen von diesem Blatte ausgesprochen werden, die uns nicht schmeichelten sondern bestürzten; die eben so unserer Bescheidenheit wie unserer Selbstkenntniß zu nahe traten. Wenn der Ton unserer Ankündigung, den man anmaßend gescholten hat, fest und zuverlässig klang, so war es, weil wir uns auf eine verlässige Sache stützten, eine so gute Sache, daß die Unternehmer sich nicht bedachten ihr Name, Muße und Behagen zu opfern, um zu versuchen, die geeigneten Kräfte zu ihrer Verfechtung zu einigen. Aber was uns in dem Unternehmen selber sehr ernstlich mahnte sehr bescheiden zu sein, das ist die gemeine Erfahrung, daß der tüchtigen, aktiven Kräfte für solch einen Kampf bei uns noch viel zu wenige sind, daß die vielen Passiven weder den Begriff noch die Neigung einer Parteistellung haben, daß die Meisten, auch der Gleichgesinnten und Fähigen, sich wol ein Blatt in ihrem Sinne gefallen lassen, aber Nichts dazu thun wollen. Die Herausgeber eines Blattes, was ihre Zahl und ihr Talent auch sein möchte, können dasselbe weder ausfüllen, noch auch nur in einerlei Geist erhalten, ohne die rastlose Hülfe der Gleichdenkenden; vereinzelt geben sie sich und ihre Anstrengung nutzlos dahin, wenn sich nicht die Vielen in gleichem Sinne für die gleichen Zwecke bewegen. Wenn überspannte Erwartungen von dieser Unternehmung unglücklicherweise von kleiner Hülfleistung und geringer Erfüllung der uns gewordenen Versprechungen begleitet sein sollten, so würde das Schicksal unserer Zeitung nur einen neuen Beweis liefern, wie oft uns der Überfluß an Enthusiasmus und der Mangel an ausdauernder Thätigkeit in Deutschland geschadet haben. Die von dem Blatte Vieles und Großes erwarten, die müßten vor Allem auch Vieles und Großes dafür leisten. Auch dann aber wird nicht zu erwarten sein, daß ein solches Werk in Einem raschen Wurfe bedeutungsvoll hinzustellen wäre; die Kräfte müssen sich selbst erst finden, müssen der Aufgabe erst inne werden und den Stoff in die geeigneten Hände liefern, so daß im besten Falle erst die Zeit, die Einigung und die vereinte Anstrengung einen Erfolg ausweisen würden, dessen man sich so rühmen könnte, wie wir uns der guten Absicht und der besten Sache zu rühmen wagen.

Auch diese letztere Schwierigkeit abe:, die uns aus der Sphäre der Privaten entgegentrat, würde uns verhältnißmäßig geringere Sorge gemacht haben; sie betraf mehr oder minder unsere, der Unternehmer, Persönlichkeit, mit der wir ein für allemal Rechnung gehalten haben. Das Haupthemmniß kam aus unserem öffentlichen Leben und traf nicht unsere Personen, sondern unsere Grundsätze: das Patent vom 3. Februar. Gegen diese neue Ordnung der Dinge, gegen die altständische Verfassungsform, die hier proklamirt war, setzte uns das Bekenntniß unserer konstitutionellen Prinzipien in einen offenbaren Gegensatz, der auch mit keiner Kunst zu verstecken gewesen wäre. Wir mußten ihn hinnehmen oder unseren Grundsätzen oder unserem Unternehmen entsagen. Wie unzweifelhaft unsere Wahl auch war, so hatten wir doch den eingetretenen Fall der Wahl selbst zu beklagen, und dies aus zwei unsere obersten Grundsätze und Zwecke nächst berührenden Gründen.

Wir hatten geglaubt, den Kelch, den uns die Zeiten von Karlsbad bereitet hatten, nahezu bis zu seiner Tiefe geleert zu haben. Die Männer der Haller'schen Schule waren abgetreten; die Anfechtungen des konstitutionellen Prinzips in Deutschland von Seiten der Großmächte schienen sich zu legen; man schien allmählich die überwältigende Macht dieser Staatsidee anzuerkennen, die sich in allen Theilen der Welt ihre Bahnen bricht. In diesen Zeiten wo in einem entlegenen, Hinterlande Europa's, in Schweden, die uraltständische Verfassung die dort in Herkommen und Geschichte, in Vorurtheilen und Interessen der Stände wahrhaft eingewurzelt liegt, von dem regierenden Hause selbst in dem Sinne der reiferen Staatsideen der Gegenwart reformirt werden soll, in dieser Zeit hätte man nicht erwartet daß in dem erleuchteten preußischen Staate jene veraltete Form wieder belebt werden sollte welche die Theorie verworfen, die Geschichte allmählich verwischt oder in den furchtbarsten Revolutionen zerstört hatte. Man will uns diese altständische Form, als ein deutsches Eigenthum, der repräsentativen, als einem fremdartigen Institute, die Eine der Andern als eine wesentlich verschiedene Staatsform gegenüberstellen, da doch alle Geschichte, in und außerhalb Deutschlands, in jener älteren Gestalt nur die rohen ungeordneten Elemente nachweist, die einer natürlichen Umbildung der Zeiten gewichen sind, die in dem neuen Vertretungsstaate an Kultur und Erfahrung gereift sind zu jenem gesetzlichen Zustande den wir in England bewundern. Oder was wären jene alten Rechte der alten Stände, das Recht, nur freiwillige, unverpflichtete Steuern zu geben; das Recht, über Krieg und Frieden zu bestimmen, das Recht, die Landtage zu berufen, die Ämter zu besetzen und durch stetige Ausschüsse mitzuregieren; das Recht, Huldigung und Gehorsam an die Bestätigung und Einhaltung der Frei-

Das Titelblatt der ersten Ausgabe der »Deutschen Zeitung«

schen Macht herrschte im Grunde von Anfang an Dissens, und ebenso über das Verhältnis zu Monarchie und monarchischer Gewalt.

Gegenüber den revolutionären Kampfparolen Heckers oder Struves plädierte der Kreis um die »Deutsche Zeitung« für Kooperation, für Vereinbarungen mit den Monarchen und Regierungen, für den Weg schrittweiser Reformen. Vor allem aber war man über die Bedeutung der sozialen Frage, über das Ausmaß der notwendigen sozialen Veränderungen und Reformen bereits sehr unterschiedlicher Meinung. Wer, wie das »literarische Proletariat«, die augenblickliche Not einzelner sozialer Gruppen, aktuelle Mißstände und die fraglos höchst gravierenden Existenzprobleme, mit denen viele zur Zeit zu kämpfen hatten, zum Anlaß nehme, so die »Deutsche Zeitung«, die Gesellschaft als ganze auf den Kopf zu stellen, der schaffe keine Gerechtigkeit, sondern das Chaos. Und was aus ihm schließlich hervorgehe, dafür liefere die Entwicklung der Französischen Revolution ein ebenso anschauliches wie abschreckendes Beispiel.

Mitte September 1847 hatte die politische Linke unter Führung von Friedrich Hecker und Gustav von Struve in Offenburg ihr Programm verabschiedet. An die Spitze der im engeren Sinne politischen, der verfassungspolitischen Forderungen hatte sie dabei Friedrich Daniels Antrag von 1844 auf Errichtung eines deutschen Parlaments, einer »Vertretung des Volkes beim Deutschen Bund« gestellt. Aber gerade von dieser Forderung rückte deren bisheriger Hauptwortführer selber wenige Tage später ab; genauer gesagt, er schloß sich um der Einheit seiner politischen Gruppe willen der Mehrheitsmeinung an. Bei einem Treffen führender süddeutscher und preußischer Liberaler am 9. und 10. Oktober in Heppenheim an der Bergstraße, also unweit von Mannheim, verständigte er sich zunächst mit Heinrich von Gagern aus Hessen, David Hansemann aus der preußischen Rheinprovinz, dem Initiator des Treffens, und Karl Theodor Welcker sowie seinem Partner Karl Mathy aus Baden über den von Hansemann proklamierten Grundsatz, den politischen und parlamentarischen Ausbau des Zollvereins zum nationalen Programm zu erheben. »Die Gemeinsamkeit der materiellen Interessen«, so umriß Friedrich Daniel in seinen »Denkwürdigkeiten« das

Gustav von Struve (1805–1870)

zentrale Argument, »sei die sicherste, ja die einzige Grundlage der politischen Einigung, diese aber nur auf diesem Wege, dem unschuldigeren, unverfänglicheren, unbestritteneren zu erreichen.«

Mit der beschworenen »Gemeinsamkeit der materiellen Interessen« war dabei, wie Hansemann es sehr klar formulierte, mehr umschrieben als gemeinsame Handelsinteressen, als das Interesse einzelner sich ergänzender Wirtschaftszweige. Der Zollverein, so Hansemann, enthalte ein einheitsstiftendes Strukturmodell – das seinerseits, wie er nicht besonders zu betonen brauchte, im wesentlichen von seiner Vormacht Preußen bestimmt wurde. Hansemann nannte im einzelnen die Steuergesetzgebung, das Wechsel- und Handelsrecht und vor allem das Gewerberecht sowie fast das gesamte Ehe- und Familienrecht, also wesentliche Bereiche des bürgerlichen Rechts. Es war das Modell einer liberalen Wirtschaftsgesellschaft, das, wie Bassermann und Mathy sehr gut wußten, nicht zuletzt aufgrund der Erfahrungen, die die kleinbürgerlichen und kleinbäuerlichen Schichten damit in Preußen gemacht hatten, auch und gerade bei der politischen Linken im Süden Deutschlands bereits sehr umstritten war.

Bei den Beschlüssen, die der Kreis um Hansemann, Gagern, den Nassauer Hergenhahn, den Württemberger Friedrich Römer und vor allem eben um Bassermann und Mathy schließlich am 10. Oktober 1847 im Gasthof »Zum halben Monde« in Heppenheim vereinbarte, ging es also nicht in erster Linie um eine pragmatische Lösung der »deutschen Frage«, um, wie die Schlagworte dann lauteten, großdeutsch oder kleindeutsch im außenpolitischen Sinne. Es ging vor allem um die innere, um die wirtschaftlich-soziale Struktur des künftigen deutschen Gemeinwesens. Wenn man sich aus Gründen der Taktik neben der Forderung nach einem Zollvereinsparlament, einem »Zollparlament«, auch die nach einer parlamentarischen »Vertretung am Bundestag« offenhielt, so war doch jedem Teilnehmer klar, daß es sich dabei eben nur um eine taktische, nicht um eine prinzipielle Alternative handelte; die Kluft, die im Kern, in der Strukturfrage, zwischen ihnen und der politischen Linken um Hecker und Struve bestand, war nicht geschlossen worden.

In den beiderseitigen Forderungskatalogen, den Offenburger und den Heppenheimer Beschlüssen, spiegelte sich diese Kluft nur andeutungsweise wider, zumal Mathy die Heppenheimer Ergebnisse in der »Deutschen Zeitung« in einer, so Bassermann, bewußt »vorsichtig gefaßten Mitteilung« resümierte. In der Sache aber war sie zu diesem Zeitpunkt bereits sehr eindeutig: Friedrich Daniel und seine politischen Freunde hatten das Modell pragmatischer Interessenvermittlung in wirtschaftlicher und gesellschaftlicher Hinsicht, von dem sich sein Großvater Reinhardt und sein Vater hatten leiten lassen, endgültig aufgegeben. Gerade wenn man fatale Entwicklungen, wie sie sich jetzt überall zeigten, in Zukunft vermeiden wolle, müsse man, so ihr Argument, die bürgerliche Gesellschaft nicht auf Kompromisse, sondern auf Prinzipien gründen. Nicht den Arbeitern der neuen Maschinenfabrik Borsig in Berlin gehe es schlecht, so wußte Hansemann zu berichten, sondern den zäh an Zunft und Innung und der Forderung nach »gesicherter Nahrung« festhaltenden kleinen Handwerksmeistern in Gewerben, die nicht mehr den Bedürfnissen der Zeit entsprachen. Nicht der vom Getreide auf die Kartoffel, von Hafer und Gerste auf Futterpflanzen umsteigende kleine Bauer, so Gagern und Römer, habe unter der wachsenden Konkurrenz, der Ausweitung des Handels und der Vergrößerung der Märkte zu leiden, sondern derjenige, der sich nicht anpasse, der darauf warte, daß seine speziellen Interessenvertreter und der Staat ihn vor weiteren Veränderungen bewahrten.

Die Argumentation lief darauf hinaus, daß der Fortschritt, die Veränderung nicht nur unaufhaltsam seien, sondern daß sie – wie England, Frankreich, das neue Königreich Belgien, auch, wie Mathy zu berichten wußte, die Schweiz dokumentierten – in eine ganz bestimmte Richtung gingen. Wo sich die wirtschaftlichen Kräfte frei entfalten konnten, wo die »Freiheit der Person und des Eigentums« konsequent etabliert und gesichert sei, da gebe es wirtschaftlichen Aufschwung, wachsenden Wohlstand und materiellen Fortschritt. Sicher komme dieser zunächst nur einer Minderheit zugute, aber das werde sich im Zuge der Entwicklung ändern; bei nüchterner Betrachtung spreche eben nichts dafür, daß der Kuchen rascher wachse, wenn man ihn von vornherein gerechter verteile und den Bäckern die Möglichkeit nehme, sich ein größeres Stück zu sichern: Das sei zwar moralischer, aber kaum zweckmäßiger.

So schroff haben es Friedrich Daniel Bassermann und seine

Freunde natürlich nicht ausgedrückt. Aber in dem zentralen Punkt, in der Steuerfrage, trat es doch ganz deutlich zu Tage. Die politische Linke forderte, daß jeder »zu den Lasten des Staates« nach seinen jeweiligen »Kräften« beitrage, und propagierte dementsprechend als Grundsatz: »An die Stelle der bisherigen Besteuerung trete eine progressive Einkommenssteuer«. Demgegenüber formulierte Mathy für die »Heppenheimer«: »Aus Abgeordneten verschiedener Länder wird eine Kommission gewählt, die im nächsten Jahr über das Steuerwesen und die Zustände der ärmeren Klassen berichten und Anträge formulieren soll, wobei besonders die gerechte Verteilung der öffentlichen Lasten zur Erleichterung des kleinen Mittelstandes und der Arbeiter zu berücksichtigen ist.«

Der Vorwurf, den dieser dilatorische Satz provozieren mußte, lag auf der Hand: Hier dominiere das besitzbürgerliche Klasseninteresse, hier entziehe man sich der entscheidenden Frage nach der künftigen Verteilung der Lasten und nach einem begrenzten Ausgleich angesichts der wachsenden Kluft zwischen Arm und Reich. Die »Heppenheimer« empfanden diesen Vorwurf selbstverständlich als ungerecht und demagogisch. Aber er lag nun einmal auf dem Tisch und vor allem – er erwies sich als außerordentlich wirkungsvoll.

Friedrich Daniel und seine Familie erfuhren das schon wenige Monate nach dem Ausbruch der Revolution von 1848 sehr handgreiflich: Aus dem umjubelten »Volksmann« der beginnenden vierziger Jahre war ein »Bourgeois«, ein »Pfeffersack« geworden, gegen den die neuen »Volksmänner« der entschiedenen Linken und ihr Anhang wiederholt und sehr handgreiflich eine drohende Haltung einnahmen. Mehrere Mitglieder der Familie hielten es daher für besser, die Stadt zeitweilig zu verlassen. Den Eindrücken und Gefühlen, die sie bewegten und die viele Bürger hier wie anderswo teilten, hat Friedrich Daniel in einer von den Gegnern dann immer wieder höhnisch zitierten Rede vor der Frankfurter Nationalversammlung Ausdruck gegeben, in der er Mitte November 1848 über seine Mission an den preußischen Königshof Bericht erstattete, die er im Auftrag des Reichsministeriums unternommen hatte.

»Spät kam ich an«, so der Unterstaatssekretär, der nach allgemeinem Zeugnis Friedrich Wilhelm IV. gegenüber eine sehr freie und selbstbewußte Sprache geführt und ihn nachdrücklich vor den Gefahren einer gegenrevolutionären Wendung gewarnt hatte, »durchwanderte aber noch die Straßen und muß gestehen, daß mich die Bevölkerung, welche ich auf denselben, namentlich in der Nähe des Sitzungslokals der Stände erblickte, erschreckte; ich sah hier Gestalten die Straße bevölkern, die ich nicht schildern will.« Für die Linke war das ein gefundenes Fressen: Hier wurde die Entwicklung in Preußen, die drohende Reaktion, wenn nicht gerechtfertigt, so doch erklärt aus den angeblichen Gefahren der Straße. Die »Bassermannschen Gestalten« wurden in diesem Sinne bei Freund und Feind sehr rasch zu einem geflügelten Wort.

In der Tat spiegelt sich darin ein Vorgang von weitreichender Bedeutung: die endgültige Abkehr von den idealistischen Hoffnungen und Erwartungen, die ein großer Teil des aufstrebenden Bürgertums und seiner politischen Vertreter in den zwanziger und dreißiger Jahren in das Verhältnis zwischen »Volk« und Bürgertum und auf die künftige Entwicklung dieses Verhältnisses gesetzt hatten. Zwar gab es die vielbeschworenen Erfahrungen der Französischen Revolution, mit Sansculotten und Jakobinern. Aber die große Mehrheit war doch optimistisch überzeugt geblieben, daß das, was sich in Frankreich abgespielt hatte, das Ergebnis besonderer Umstände, des Wirkens einer kleinen Gruppe politischer Verführer und Verschwörer gewesen sei.

In Deutschland, wo unterhalb des Adels die sozialen Unterschiede weit geringer ausgeprägt waren, wo auch die Wohlhabenderen bescheidene Lebensformen pflegten, wo nicht alles auf eine beherrschende Metropole ausgerichtet war, sondern eine Vielzahl von ländlichen und städtischen Gemeinwesen nebeneinander standen, sei der Zusammenhang zwischen den verschiedenen Ständen und sozialen Gruppen noch sehr viel natürlicher und organischer. Vor allem, so war man überzeugt, klaffe zwischen dem Bürgertum im politisch-rechtlichen wie im wirtschaftlich-sozialen Sinne und den übrigen Gruppen der Gesellschaft, also dem eigentlichen Volk, kein wirklicher Abstand.

Bei den verschiedensten Gelegenheiten ist in diesen Jahren immer wieder betont worden, daß das Volk im Bürgertum seine eigene Zukunft sehe, die Vorhut der künftigen Gesellschaft. Das Vertrauen, das die sogenannten kleinen Leute ihren Vertretern bei der Bestimmung von Repräsentanten unterschiedlichster Art in Kultur und Gesellschaft, in Kirche und Politik entgegenbrächten, sei immer wieder ein schlagender Beweis für diese Einstellung und für das wechselseitige Verhältnis zwischen den verschiedenen sozialen Schichten.

Darin steckten natürlich von Anfang an vielerlei Illusionen, und das Ganze enthielt bereits im Ansatz eine ideologische Überhöhung und Ausdeutung der Realität, die nur allzu gut den eigenen Interessen entsprach. Unübersehbar aber wurde das erst in den vierziger Jahren, und endgültig zerbrachen alle Illusionen im Verlauf der Revolution von 1848/49, an deren Anfang, bei den Wahlen zur Nationalversammlung und bei der Bestimmung der führenden Persönlichkeiten, scheinbar noch einmal eine eindrucksvolle Bestätigung des Führungsanspruchs des Bürgertums gestanden hatte. Für beides bietet Mannheim ein anschauliches Beispiel.

Anfang der vierziger Jahre hatte hier die Selbstorganisation der neuen, der bürgerlichen Gesellschaft in Vereinen und Verbindungen der verschiedensten Art und Zielsetzung ihren Höhepunkt erreicht. Die große Mehrheit der Bürger im rechtlichen Sinne und ein erheblicher Teil der Einwohner gehörte einem oder mehreren dieser Vereine an. Und es war durchaus bezeichnend, daß gerade jetzt das Vereinswesen mit der Gründung der Gesangvereine auch sozial immer weiter ausgriff, die Vertreter aus unterschiedlichsten gesellschaftlichen Gruppen zusammenführte.

Gleichzeitig formierte sich in dieser Zeit die politische Opposition zunehmend geschlossener und erfolgreicher: Die Mehrheitsmeinung war nach 1840 so eindeutig, daß der Rücktritt eines konservativer gesinnten Mannes wie Friedrich Lauer, der die Stadt immerhin mehr als zehn Jahre als einer ihrer drei Abgeordneten in Karlsruhe vertreten hatte, als völlig logisch und konsequent erschien.

Sein Nachfolger, der junge Friedrich Daniel Bassermann, galt demgegenüber ganz als der Mann der Stunde, als Exponent einer politisch und sozial offenen, zukunftsorientierten bürgerlichen Gesellschaft. Wie in der liberalen Presse und auf vielen Volksversammlungen überall im Lande, so wurde er in den nächsten Jahren auch in der Stadt immer wieder gefeiert als der Vertreter einer Staat und Gesellschaft versöhnenden und alle Gegensätze schließlich überwindenden Reformpolitik.

Schon in dem erbitterten Wahlkampf des Jahres 1842, der den Liberalen ihren bisher größten politischen Triumph brachte, war freilich etwas deutlich geworden, das die Sieger zunächst nicht wahrhaben wollten und als Argument des Gegners abtaten: Breitere Schichten der Bevölkerung waren nicht nur in Bewegung geraten, sie begannen auch über das hinauszudrängen, was ihre bisherigen politischen Vertreter als die nächsten Ziele bezeichnet hatten. Im Landtag spielte die Galerie eine ganz neue Rolle. Und wie hier, so fanden sich auch in den größeren Städten, in Karlsruhe und Heidelberg, in Freiburg und Pforzheim, aber auch auf dem Lande immer mehr Redner, die den gesteigerten Wünschen, Erwartungen und zum Teil ganz vagen, schweifenden Hoffnungen entgegenkamen, die mehr auf Stimmungen in der sich neu formierenden größeren Öffentlichkeit eingingen als auf die jeweilige Sache. Vor allem Anwälte, aber auch Angehörige der Beamtenschaft der unteren Verwaltungsebenen, die die direktesten Kontakte zu den unterbürgerlichen und zu den bäuerlichen Gruppen hatten, taten sich dabei hervor und erlangten binnen relativ kurzer Zeit einen breiten Anhang und große Popularität.

In der Situation des Kampfes gegen die Regierung Blittersdorff und angesichts des sehr entschiedenen Auftretens der meisten Vertreter der bürgerlich-liberalen Bewegung trat die Bedeutung des Vorgangs zunächst in den Hintergrund. Erst rückblickend und im Licht der nachfolgenden Ereignisse wurde deutlich, wie sich hier nicht nur ein neues politisches Klima, neue Formen der politischen und gesellschaftlichen Meinungsbildung und Interessenformulierung entwickelt hatten, sondern eben auch eine ganz neue politische Gruppierung, die entschieden über die bisherigen Positionen und Ziele der bürgerlich-liberalen Bewegung hinausdrängte.

Um einen grundsätzlich anderen Ansatz, um ein ganz anderes Programm handelte es sich dabei nicht. Auch Struve und Hecker, die beiden Hauptexponenten der neuen Richtung, verstanden sich als Liberale, als »Bürger« und »Bürgervertreter«. Ja, sie beanspruchten für sich, die eigentlich konsequenten Vertreter der bürgerlich-liberalen Bewegung zu sein und beschuldigten ihre bisherigen Mitstreiter, die ursprünglich gemeinsamen Ziele und Vorstellungen zugunsten egoistischer Interessen des Besitzbürgertums verraten zu haben. Über

Gustav Mevissen etwa, den Kölner Kaufmann und Bankier, einen führenden rheinischen Liberalen, hieß es damals in einer Flugschrift von linker Seite, er, »ein Mann aus den Zeiten der Rheinischen Zeitung, dem radikale Gesinnung und Energie zuzutrauen war«, sei dem Schicksal der Politiker aus dem Kaufmannsstande verfallen, deren natürliche Sorge vor wirtschaftlichen Störungen sie weniger geeignet für eine entschlossene Opposition mache als beispielsweise Ärzte oder Rechtsanwälte.

Das war der alte Erbstreit, der bereits fünfzig Jahre früher zwischen Jakobinern und Girondisten in Frankreich ausgefochten worden war und der sich schon hier in den wechselseitigen Formeln »Demagogie« und »Verrat« verdichtet hatte. Hier wie dort waren die Exponenten auf beiden Seiten Angehörige des Bürgertums im engeren, sozialen Sinne: Anwälte, Richter, Beamte, Gelehrte, Geschäftsleute, selten direkte Repräsentanten der unterbürgerlichen oder bäuerlichen Schichten. Was sie trennte, waren also nicht persönliche Interessen – von den jeweiligen Macht- und Karriereinteressen einmal abgesehen –, sondern Klientelinteressen, die sie, und das war das eigentlich Entscheidende und auch Gemeinsame, ideologisch überhöhten. Das heißt, sie versuchten nicht, ihre Ziele pragmatisch durchzusetzen, sondern sie waren bestrebt, sie zur Grundlage der Gesamtordnung, des Gesamtsystems zu erklären, ihnen mit einer entsprechenden Begründung eine Vorrangstellung einzuräumen. Diese Begründung lief in dem einen Fall auf das Mehrheitsprinzip, auf das Argument der Zahl, in dem anderen, komplizierter und weniger leicht zu vermitteln, auf innere Rationalität, auf Effektivität und damit vor allem auf Zukunftseinschätzung und Zukunftsprognose hinaus.

Dieser ideologische Charakter der Auseinandersetzung trat in den Jahren unmittelbar vor Ausbruch der Revolution von 1848 sehr deutlich hervor. Dementsprechend beherrschten vielfach ganz theoretische Gegenstände und Männer entsprechender Ausrichtung und Geisteshaltung die Szene, so heftig der Untergrund bereits gärte, Mißernten, Versorgungsschwierigkeiten, Arbeitslosigkeit und handfeste Probleme des wirtschaftlichen und sozialen Strukturwandels – besonders einschneidend etwa bei den in Heimarbeit beschäftigten Webern – die Menschen bedrängten. Nur vor diesem Hintergrund wird verständlich, warum neben den aktuellen politischen Auseinandersetzungen mit der Regierung Mitte der vierziger Jahre auch in Baden und Mannheim eine Frage die Gemüter außerordentlich beschäftigte und erregte, die scheinbar sehr weit ab lag und auf den ersten Blick vor allem mit Religion und Theologie und kaum mit Politik und gesellschaftlichen Problemen zu tun hatte: die Frage der Deutschkatholiken. Sie vereinte noch einmal, was schon auseinanderdrängte – und trennte, was sich bereits aufeinander zubewegte.

Als Antwort auf die Ausstellung des »Heiligen Rocks« in Trier im Jahre 1844, die mehr als eine halbe Million »Wallfahrer« angelockt hatte, in Reaktion auf die Umzüge, Feste und angeblichen Wunder und Krankenheilungen, die damit verbunden waren, hatte sich, angeführt von dem schlesischen Priester Johannes Ronge, eine »Separations- und Oppositionsbewegung« gebildet. Ronge hatte von einem völlig anachronistischen Götzenfest gesprochen, das Aberglauben und Laster Vorschub leiste, und den Trierer Bischof Arnoldi als einen neuen Tetzel angegriffen. Nach Ronges Exkommunikation war es zu einer Adressenbewegung für ihn gekommen. In ihr wurde zugleich ganz allgemein gegen geistige Bevormundung und Unterdrückung, gegen den freiheitsfeindlichen Bund von Thron und Altar, gegen Pfaffenherrschaft und den Machtanspruch des Papsttums, den sogenannten Ultramontanismus, protestiert.

Der Heidelberger Literarhistoriker Georg Gottfried Gervinus, einer der von der liberalen Opposition vielgefeierten »Göttinger Sieben« von 1837, sprach von dem bevorstehenden Entscheidungskampf gegen die römische Kirche als Hort der Reaktion, von der Notwendigkeit der Begründung einer neuen Nationalkirche. Der Linksliberale Robert Blum aus Sachsen sah in dem Ganzen eine Chance zur Versöhnung von Religion und Demokratie, von Kirche und moderner Welt. Binnen weniger Wochen, so Bruno Bauer, sei Ronge zum »Helden des Bürgertums« geworden.

Noch einmal hatten Liberale aller Schattierungen über die aktuellen politischen und vor allem auch die sich immer deutlicher abzeichnenden wirtschaftlichen und gesellschaftlichen Differenzen hinweg einen gemeinsamen Gegner. Und sie stürzten sich, Vorspiel der »Kulturkämpfe« der sechziger und siebziger Jahre, förmlich auf diese Chance, die die alte Einheit beschwor.

Auch Friedrich Daniel Bassermann hat sich, selber – wie viele der Rufer zum Streit – kein Katholik, sogleich zu der Sache der Deutsch-Katholiken bekannt. Dabei hat ihn besonders beeindruckt, daß diese für die Wiedervereinigung der christlichen Bekenntnisse und sogar für eine auch die Juden umfassende religiöse Ökumene eintraten. Als Ronge und sein engster Mitarbeiter Dowiat Ende September 1845 im Zuge einer Art Missionsreise auch nach Mannheim kamen, wurden sie nicht nur von einer großen Menschenmenge – ein Willkommenskonzert der 1840 gegründeten »Liedertafel« hatte die Polizei verboten –, sondern auch von einer halboffiziellen städtischen Delegation mit dem Landtagsabgeordneten Bassermann an der Spitze empfangen. Als Mitglied des »Theaterkomitees«, der kollektiven Intendanz, hatte Bassermann für den Auftritt und Vortrag Ronges den Theatersaal vorgesehen. Der Raum war jedoch auf Anordnung der Regierung verriegelt und der Platz davor polizeilich abgesperrt worden. Kurz entschlossen stellte Bassermann daraufhin den großen Garten seines neuen Hauses für die Versammlung zur Verfügung, den privaten Bereich für die Durchsetzung des Prinzips der Versammlungsfreiheit nützend, wie das private Vereine bereits seit längerem hinsichtlich der allgemeinen, also auch der politischen Vereinsfreiheit vorgeführt hatten.

Die Obrigkeit war machtlos, und die rasch verbreitete Lithographie des Vorgangs ein Zeugnis des weiter gewachsenen Ansehens und der Popularität des »Volksmannes«. Da Ronge die Nacht im Bassermannschen Haus verbrachte – die Polizei belegte den Hausherrn zur allgemeinen Heiterkeit »wegen unterlassener Anzeige der Beherbergung von Fremden« nachträglich mit einer Geldstrafe von anderthalb Gulden –, hatte die »Liedertafel« schließlich doch noch ein »Abendständchen« bringen können. Es wurde zugleich zu einer Ovation für Friedrich Daniel, den, wie es immer wieder hieß, mutigen Verteidiger der Volksfreiheiten und Volksrechte gegenüber der Willkür einer reaktionären Regierung. Kein Wunder, daß Bassermann bei der Landtagswahl im kommenden Jahr – diesmal im benachbarten Sinsheim – nicht nur mit großer Mehrheit wiedergewählt wurde, sondern daß diese Wahl auch den Beifall eines großen Teils der nichtwahlberechtigten Bevölkerung fand – nach dem herrschenden Zensuswahlrecht mehr als zwei Drittel der erwachsenen Männer.

Ronge und Dowiat in Friedrich Daniel Bassermanns Garten am 28. September 1845, Lithographie

Was die Menge zum größten Teil nicht wußte, war, daß es bei dem Festessen im »Europäischen Hof« zu Ehren Ronges, zu dem ein kleinerer Kreis von Honoratioren nach der Versammlung im Bassermannschen Garten aufgebrochen war, einen Eklat gegeben hatte. Gustav von Struve, ein nicht sehr erfolgreicher Anwalt am Hofgericht des Unterrheinkreises und seit Januar 1845 Redakteur des bis dahin politisch eher farblosen »Mannheimer Journals«, hatte in seinem Trinkspruch so gegen die Regierung, den Großherzog und das ganze »System« vom Leder gezogen, daß Bassermann und mit ihm auch Ronge demonstrativ den Saal verlassen hatten: Auf einen solchen unbedingten Konfrontationskurs wollten sie sich keineswegs drängen lassen.

Im Unterschied zu Struve und Hecker, dem engsten Gesinnungsfreund Struves in Mannheim, sah Bassermann durchaus die Möglichkeit, auf der Basis der bestehenden Verfassungsordnung voranzukommen, einer Verfassung, die dem Buchstaben nach immerhin die modernste und fortschrittlichste in ganz Europa war. So hoch seit Jahren die Wogen des Streits im heimischen Mannheim wie vor allem in Karlsruhe gingen, war er doch nicht bereit, die Teller zu zerschlagen, von denen er und die Mehrheit der liberalen Landtagsfraktion hofften, in vielleicht sehr naher Zukunft selber essen zu können.

In ständigem Kampf mit einer kleinlichen, überall Aufruhr und Umsturz witternden Zensur, war Struve, die wachsende wirtschaftliche Not der unteren Schichten unmittelbar vor Augen, selbst von der Hand in den Mund lebend, in ganz anderer Weise an dem »System« verzweifelt als der sechs Jahre jüngere Friedrich Daniel Bassermann. Für diesen fügte sich bisher – ungeachtet aller leidenschaftlich ausgetragenen politischen Spannungen und Konflikte – alle individuelle und vor allem auch alle Familienerfahrung zu einem Muster: daß man am längeren Hebel saß, daß die Zeit für einen arbeitete und für die Welt, die man jetzt schon zu repräsentieren glaubte.

In sozialer Hinsicht kam Struve durchaus nicht von unten. Er war der Sohn eines russischen Staatsrats, der sein Land in den Jahren nach 1817 in Karlsruhe vertrat. Nach dem Studium der Rechte war er zunächst, als oldenburgischer Gesandtschaftssekretär in Frankfurt, in die Fußstapfen des Vaters getreten. Dann jedoch hatte er sich, mit Stil, Inhalten und Lebensperspektive, die ihm der diplomatische Dienst bot, gleichermaßen unzufrieden, als Anwalt in Mannheim niedergelassen. Hier hatte er sich bald auch politisch engagiert und zu schreiben begonnen. Mehr und mehr hatte sich dabei in ihm die Überzeugung gefestigt, daß nicht nur die alte aristokratische, sondern offenbar auch die neu entstehende bürgerliche Führungsschicht zu wirklichen Reformen, zu jenen tiefgreifenden Veränderungen unfähig sein werde, die politisch und mehr noch in wirtschaftlicher und sozialer Hinsicht not täten. So war er inzwischen der Meinung, daß nur eine Reform von Grund auf, von den Wurzeln her, Abhilfe und Besserung verspräche. In diesem Sinne nannte er sich selbst stolz einen »Radikalen«, der den Vorwurf nicht scheute, einer Revolution das Wort zu reden.

Dies tat Struve auch bei dem Festbankett zu Ehren Ronges im »Europäischen Hof«. Der Trennungsstrich, den Friedrich Daniel Bassermann bei dieser Gelegenheit zu ihm zog, nahm bereits alles weitere vorweg. Allerdings – die Regierung in Karlsruhe, aufgeschreckt und übernervös, registrierte kaum etwas von dem Gegensatz, der sich hier – nicht nur in Mannheim – auftat und der für sie politisch erhebliche Chancen enthielt. Sie unternahm im Gegenteil alles, um jene Kluft zu überbrücken und das Lager der Opposition noch einmal fest zusammenzuschweißen.

Seit Monaten waren Struve und eine Reihe von Gesinnungsfreunden bestrebt gewesen, Vereine gezielt zur Organisation der unteren sozialen Schichten einzusetzen; das war inzwischen bereits zu einem klassischen Instrument der Selbstorganisation der bürgerlichen Gesellschaft geworden. Man hatte einen »Badeverein« ins Leben gerufen, der für Unbemittelte ein Freibad einrichtete, einen »Volksleseverein«, einen Turnverein. Diese Aktivitäten, die sich gegen das bisher eindeutig vorherrschende Honoratiorenprinzip bei den Vereinsgründungen wandten und zwischen scheinbaren und »wahren« »Volksmännern« unterschieden, waren durchaus geeignet, Mißtrauen von bürgerlicher Seite zu provozieren.

Die Art, wie die Behörden dagegen vorgingen, drängte solches Mißtrauen jedoch zunächst noch in den Hintergrund: Weil beim Abstecken des Badeplatzes ein paar Weidenbüsche entfernt worden waren, wurde das Vorstandsmitglied Struve allen Ernstes wegen »Holzfrevels« belangt. Eine Versammlung des eben gegründeten Turnvereins wurde als staatsgefährlich verboten, Struve als Leiter der dann doch abgehaltenen Versammlung mit einer Geldstrafe von fünfundzwanzig Gulden belegt. Bei dem »Volksleseverein« maßte sich der Stadtdirektor ein Kontrollrecht an und verlangte die Entfernung bestimmter Titel, unter anderem auch einer Schrift von Mathy.

Über all das kam es Mitte November zu einem dramatischen Zusammenstoß zwischen Stadt und Regierung. Auf Antrag von sechsundachtzig Mannheimer Bürgern berief der Gemeinderat den Großen Ausschuß ein, um über die Eingriffe der Polizeibehörde in die verfassungsmäßigen Rechte der Bürger der Stadt zu beraten und gegebenenfalls eine Eingabe an die Regierung und eventuell auch an die Zweite Kammer zu beschließen. Die Regierung wollte eine solche öffentliche Erörterung ihrer Politik und ihres politischen Kurses, eine, wie sie es nannte, »Demonstration des Radikalismus« unbedingt verhindern. Sie ließ den vorgesehenen Versammlungsort polizeilich sperren und, als die Mitglieder des Ausschusses in einer deutlich von der berühmten Szene im Ballhaussaal vom Juni 1789 inspirierten Szene sich trotzdem Zugang verschafften, die Versammlung auflösen.

Die Empörung, die der Vorgang weit über Mannheim hinaus, vor allem auch in leidenschaftlichen Debatten in der Zweiten Kammer, auslöste, war ungeheuer. Struve und seine engeren Freunde waren nach Kräften bestrebt, Öl ins Feuer zu gießen. Die Erregung machte sich in einer Reihe von Beiträgen im »Mannheimer Journal«, aber auch in zahlreichen eigenständigen Veröffentlichungen Luft; die Publikation von entsprechend eingeleiteten und kommentierten »Aktenstücken der badischen Zensur und Polizei« war der herausfordernde Höhepunkt. Als der bisherige Vizekanzler des Mannheimer Oberhofgerichts und Kammerpräsident Johann Baptist Bekk im Frühjahr 1846 ins Ministerium berufen wurde und, seit Dezember 1846 Innenminister, versuchte, zwischen den Fronten zu vermitteln, richteten Struve und seine Gesinnungsgenossen ihre Angriffe gegen die »Halben«, die »politischen Zwitter« und »Scheinoppositionsmänner«. Diese hätten sich als bloße »Maulliberale« und »Paradedeputierte« innerlich längst gegen das wirkliche Volk und seine wahren Interessen entschieden. Ihnen stellten sie die »Ganzen«, die überzeugten und unerschütterlich prinzipientreuen »Volksmänner« gegenüber.

Die Namen, die hier am häufigsten fielen, waren Itzstein und natürlich Hecker. Aber noch war im gleichen Atemzug auch immer wieder von Karl Mathy, von Karl Theodor Welcker, von dem 1845 in Lahr zum Abgeordneten gewählten Mannheimer Anwalt Alexander von Soiron und von Friedrich Daniel Bassermann die Rede. Bei dem traditionellen Festmahl nach Schluß des Landtages im September 1846 im »Europäischen Hof« demonstrierte Hecker völlige Einigkeit mit Mathy und Bassermann, und Struve feierte alle drei als Kern der »wahren Opposition«. Es schien diese Einigkeit zu unterstreichen, daß sich unter den teilweise von weit her angereisten Gästen auch Franz Raveaux aus Köln, ein entschiedener Liberaler und späterer Teilnehmer am badischen Aufstand, und der Schlesier Friedrich Wilhelm Schlöffel befanden, der sich, obwohl selber Fabrikant, mit der anklagenden Beschwörung des Elends der Weber und dem Aufruf zu durchgreifenden Maßnahmen gegen den »Pauperismus« einen Namen gemacht hatte.

Freilich handelte es sich nicht nur um den Versuch der »radikalen« Linken, ihre eigene Basis zu verbreitern und sich nicht in die Isolierung drängen zu lassen. Auch Mathy und Bassermann suchten, so lange es irgend ging, die Verbindung zu halten, und das durchaus

Alexander von Soiron (1806–1855)

nicht nur aus taktischen Gründen. Gerade für sie beide stand nach ihrer ganzen Familientradition, nach ihren von früh auf gewonnenen und tätig verfolgten Überzeugungen eine zentrale Idee, ja, mehr noch, ihre Lebensperspektive auf dem Spiel: die Perspektive des einigen Volkes, der sich befreienden und ihr Schicksal in neuer innerer – gerade auch sozialer – Einheit und Einigkeit selbst bestimmenden Nation.

Im Unterschied zu den Pragmatikern auf dem rechten Flügel der bürgerlich-liberalen Bewegung, die zunehmend an Gewicht gewannen – die »Halben«, von denen Struve und seine Freunde sprachen –, gingen Bassermann und seine Freunde im letzten nicht von einem gleichsam naturgegebenen Pluralismus der Meinungen und Interessen aus, der in immer neuen Anläufen auszugleichen sei. Sie waren und blieben überzeugt, daß die Nation, die nationale Gemeinschaft, das Volk mehr sei als ein in vieler Hinsicht eher zufälliges Agglomerat von verschiedenen sozialen Gruppen mit höchst unterschiedlichen Anschauungen, Wünschen und Lebenszielen.

Mit einem Wort: Sie hielten im Sinne der Aufklärung daran fest, daß die in der prinzipiellen Gleichheit des Gattungswesens Mensch begründete Idee der Rechtsgleichheit zu einer neuen, bisher unbekannten Solidargemeinschaft führen müsse und werde. In ihr erst, so die große Vision, werde der Mensch zu sich selbst kommen, die Entfremdungen überwinden, die ihm eine unnatürliche Staats- und Gesellschaftsordnung aufgezwungen hätten.

In diesem Sinne hatte der Liberalismus, die bürgerlich-liberale Bewegung, so etwas wie ein vorsozialistisches Programm irdischer Heilserwartung: die im nationalen Verfassungsstaat innerlich und äußerlich vereinigte klassenlose Bürgergesellschaft. Und für idealistische Naturen wie Friedrich Daniel Bassermann war es von lebensbestimmender Bedeutung, als sich dieses Programm am Ende doch nicht durchhalten ließ, als sich der ganze Einsatz definitiv als vergeblich erwies.

Jetzt aber, im Frühjahr 1846, dominierte bei allen Unterschieden im Detail und im Taktischen auch auf seiten der Mathy und Welkker, der Soiron und Bassermann noch die gemeinsame Erwartungshaltung, der Glaube an den entscheidenden Fortschritt in nächster Zukunft. Ob er sich evolutionär oder revolutionär vollziehen werde, schien dabei auch hier, bei aller Skepsis gegenüber Revolutionen, mehr eine Frage der Umstände als des Prinzips zu sein: Sich auf den Boden der Revolution zu stellen, machte Friedrich Daniel Bassermann im Frühjahr 1848 ebensowenig Schwierigkeiten wie Hecker und Struve.

Im Februar 1846 hatte der badische Großherzog zum dritten Mal seit Bestehen der Verfassung den Landtag aufgelöst. Wie 1842 endeten die Neuwahlen wieder mit einem Erfolg der liberalen Opposition, die ihre Stellung erneut verstärken konnte. Ihr Zusammenhalt und das Ansehen ihrer führenden Mitglieder waren inzwischen im ganzen Lande so gefestigt, daß sie es sich leisten konnte, eine Strategie der Kandidatenaufstellung zu entwickeln, die ganz sichere Wahlkreise dem noch unbekannteren politischen »Nachwuchs« zuteilte und die Prominenz sozusagen an die Front schickte, auch wenn sie dort ortsfremd war: So kandidierte Itzstein jetzt statt in Ettlingen in Bretten und Bassermann statt im heimischen Mannheim in Sinsheim, bisher eine Hochburg der regierungstreuen Kräfte.

Hecker im Landtag und Struve, als Journalist und erfolgreicher politischer Organisator von außen, hatten in den nächsten Wochen und Monaten die liberale Mehrheit weiter nach links und zu entschiedenerem politischen Handeln zu drängen gesucht. Ihnen hatte sich von den politischen Neulingen vor allem Lorenz Brentano, der Sohn eines Mannheimer Kaufmanns, angeschlossen, der, Anfang dreißig, seit 1845 als Anwalt am Oberhofgericht in Bruchsal wirkte und seine Vaterstadt seit 1846 im Landtag vertrat. Das hatte zu mancherlei innerparteilichen Querelen und Zusammenstößen und zu entsprechenden Abgrenzungen geführt. Aber auch hier hatte sich die Intransigenz der Regierung immer wieder für die Liberalen bewährt: Der Kampf gegen den gemeinsamen Gegner überdeckte die Risse und schloß die Fronten.

Seit Herbst 1846 allerdings hatte sich die Situation entscheidend verändert. Eine krasse Mißernte ließ die sozialen Probleme und Gegensätze verschärft hervortreten. In Mannheim wie an vielen anderen Orten des Großherzogtums und überall in Mitteleuropa nahm die Zahl jener Stimmen in raschem Tempo zu, die den Gegensatz zwischen Reich und Arm zur entscheidenden politisch-sozialen

Sitzung der Zweiten Badischen Kammer 1845

Trennungslinie erklärten. Im Juni 1846 hatte Friedrich Daniel Bassermann in einer großen Landtagsrede über die Frage einer – von ihm nachdrücklich befürworteten – Kapitalsteuer die Dinge noch einigermaßen akademisch behandeln können. Manchem, so hatte er erklärt, werde die Kernidee des Sozialismus durchaus einleuchten, daß in Zukunft »nicht jeder vereinzelt arbeiten und die Früchte seiner Arbeit von der Gunst oder der Ungunst äußerer Umstände erwarten« solle, sondern daß man das Wirtschaftsleben und die

Arbeit so organisieren müsse, daß »jeder nach Maßgabe seiner Arbeit« sein Auskommen habe. Leider sei nur zwischen Theorie und Praxis ein sehr weiter Weg, und er habe große Zweifel, ob man auf dem von den Sozialisten vorgeschlagenen das fraglos von jedermann bejahte Ziel erreichen werde.

Für solche weitläufigeren Überlegungen über das Verhältnis von Theorie und Praxis, von zweckmäßigen Mitteln und feststehenden Zielen war jetzt keine Zeit mehr: Die von Hunger und Arbeitslosigkeit Erfaßten oder Bedrohten wollten hier und jetzt und so rasch wie möglich, daß die Theorie Praxis wurde. Und sie waren zunehmend bereit, denjenigen zu folgen, die behaupteten, den kürzesten Weg zu wissen. Derartige Theorien des kürzesten Weges nannten nicht nur die Konservativen und die Vertreter des rechten Flügels der Liberalen soziale Demagogie, sondern auch der Kreis um Bassermann und Mathy. Aber er war, im Unterschied zu den Konservativen und vielen Regierungsvertretern, angesichts der gegebenen Situation politisch klug genug, sich zunächst nicht auf Auseinandersetzungen und Grundsatzdiskussionen einzulassen, sondern die Angriffe zu unterlaufen.

Als Hecker und Struve Anfang November 1846 in einer von mehr als tausend Menschen besuchten Versammlung in der Aula des ehemaligen Jesuitengymnasiums einen »Verein zur Beförderung des Wohls der arbeitenden Classen« ins Leben riefen, da beteiligte sich jener Kreis – Friedrich Daniel wurde Mitglied des Leitungsausschusses – lebhaft an allen praktischen Maßnahmen des Vereins, so vor allem an der Einrichtung einer Speiseanstalt und an der Errichtung von gemeinsamen Mittagstischen im Hause von Vereinsmitgliedern. Auch an anderen Vereinsgründungen, darunter einem sozialfürsorgerischen Frauenverein oder einem Verein, der sich den verbilligten Verkauf von Kartoffeln an Minderbemittelte zum Ziel gesetzt hatte, waren sie als Initiatoren oder fördernde Mitglieder beteiligt. Auch gewannen sie viele Vertreter des besitzenden Bürgertums der Stadt dafür, sich dergleichen Bestrebungen anzuschließen.

Im März 1847 verbot die Regierung den 1844 ins Leben gerufenen Mannheimer Gesellenverein, in dem sich wie in den meisten derartigen Gründungen in Deutschland politisch sehr entschiedene Vertreter der Gesellen zusammengeschlossen hatten, mit der

Begründung, der Verein gefährde »die bestehende Staatsordnung und das öffentliche Wohl«. Bassermann und Mathy zögerten keinen Augenblick und wandten sich entschieden gegen diesen Willkürakt. Für die neun Mitglieder des Vereins, die mit dem Auflösungsdekret aus der Stadt verwiesen wurden, wurde eine Sammlung veranstaltet und damit der Solidarität auch in materieller Hinsicht Ausdruck verliehen. In ähnlicher Weise schuf man für den im Juni 1847 aufgelösten Turnverein eine Art Auffangbecken durch die sofortige Gründung eines neuen Vereins. In dessen Vorstand saßen mit Soiron und Louis Alexander Bassermann, Friedrich Daniels jüngerem Bruder, dem Erben des väterlichen Wein- und Tabakhandels, Männer, gegen die die Regierung, anders als gegen den leidenschaftlichen Agitator Struve, wenig einwenden konnte.

Das Ergebnis dieser klugen Politik war, daß sich die Angriffe gegen das besitzende, gegen das wirtschaftlich erfolgreiche Bürgertum, dem ein Mann wie Friedrich Daniel Bassermann so eindeutig zugehörte, auch von seiten der entschiedenen Linken zunächst in engen Grenzen hielten. Höchst bezeichnend war in dieser Hinsicht ein in Sprache und Inhalt sehr radikales Flugblatt, das ein Seifensieder aus Mudau im von Mißernte und Hunger besonders betroffenen Odenwald auf dem Höhepunkt der Krise, im April 1847, verfaßt hatte. Der Adel müsse vernichtet werden, so hieß es darin, die Juden vertrieben, die Beamten unschädlich gemacht, alle Fürsten gestürzt und die Republik eingeführt werden. Kein Wort hingegen von den wohlhabenderen Bürgern in den Städten, die in Mannheim, wieder auf Initiative der liberalen Opposition, gerade eine Geld- und Spendensammlung zugunsten der notleidenden Odenwälder veranstaltet hatten.

In den vergangenen Jahren hatte es einen von den Vertretern des alten konservativen Zunftbürgertums vielbeklagten Exodus der letzten Adelsfamilien aus Mannheim gegeben; das kam in solchen Zusammenhängen gerade recht. Mathy kommentierte den Vorgang in der von ihm gegründeten und herausgegebenen »Rundschau« im Januar 1847 trocken mit den Worten, es sei noch keine Stadt durch den Luxus der höheren Stände reich geworden, manches Land vielmehr durch sie verarmt: »Die Mittel zum Wohlstand liegen in der Sparsamkeit, dem Fleiß und der Kunstfertigkeit der Bürger ... Vom schädlichen Luxus leben wohl einige Gewerbe, aber die Mehrheit leidet; er verdirbt den Charakter und die Sittlichkeit. Sparsame, fleißige, tüchtige Bürger suchen nicht ihr Heil im Schmeicheln und Kriechen vor denen, die Luxus treiben.«

Die wirtschaftlich-sozialen wie die politischen Gegensätze waren also bereits sehr deutlich und auch schon klar formuliert worden. Ungeachtet dessen blieb aber in Mannheim wie in Baden insgesamt und in vielen Gebieten nicht nur Deutschlands, sondern ganz Mitteleuropas der Führungsanspruch der liberal gesinnten Vertreter des besitzenden und gebildeten Bürgertums noch weithin unbestritten. Von einer bereits ganz defensiven Grundhaltung konnte hier denn auch keine Rede sein. Im Gegenteil: Man unterstrich seinen Führungsanspruch mit großem Selbstbewußtsein und ging immer entschiedener zum Angriff über. Noch bevor am 22. und 23. Februar 1848 in Paris der entscheidende Funke zündete, der sogleich fast die Hälfte Europas in Brand steckte, setzte Friedrich Daniel Bassermann am 12. Februar in der badischen Zweiten Kammer eine Art Fanal. An diesem Tag begründete er in einer großen Rede seinen Antrag vom 5. Februar auf Errichtung einer Vertretung aus Delegierten der einzelstaatlichen Parlamente beim Deutschen Bundestag in Frankfurt.

Der Antrag war im Prinzip nicht neu. Im Detail und in technischer Hinsicht folgte er dem Modell, nach dem ein knappes Jahr vorher der Vereinigte Landtag in Berlin zusammengerufen worden war. Neu aber waren die Tonart der Forderung und der Gesamttenor der Begründung. Der Deutsche Bund und sein einziges politisches Zentralorgan, der Deutsche Bundestag, fänden, so lautete die Rede im Klartext, im deutschen Volk kein Vertrauen mehr. Das sei ein zutiefst beklagenswerter Zustand, ein »Nationalunglück«, und zugleich eine große Gefahr. Wenn der lockere, von volksfremden Diplomaten zusammengehaltene und geleitete Staatenbund nicht binnen kurzem in einen konstitutionellen Bundesstaat mit einem nationalen Parlament umgewandelt werde, dann drohe eine Explosion ungeahnten Ausmasses.

»Die herrschende Abneigung der Nation gegen ihre oberste Behörde in ein vertrauensvolles Zusammenwirken zu verwandeln, ist der deutschen Fürsten dringende Aufgabe. Möchten sie es«, schloß der Antragsteller, »noch zeitig tun! Der Weltfriede steht auf zwei Augen! An der Seine wie an der Donau neigen sich die Tage, und nur das Gute und das Rechte sind die unsichtbaren Träger aller Herrschaft.« Karl Theodor Welcker, der Vater dieser Bundesreformidee, trat mit vielen anderen dem Antrag bei. Auch er wünsche, »daß sich die Frage friedlich erledige; wird sie hartnäckig zurückgewiesen, so wird das Wort Niebuhrs zur Wahrheit werden: Die Rechte der Völker sind älter als die Rechte der Dynastien!« Karl Mathy gab elf Tage später, an jenem 23. Februar, an dem die Kämpfe in Paris ihren ersten Höhepunkt erreichten, in einer leidenschaftlichen Debatte über die bloße Abwehrpolitik der Regierung das entscheidende Stichwort: Jeder im Lande wisse, »wie weit man mit der Zahmheit gekommen ist, es ist Zeit, daß man es mit der Wildheit probiert, aber die darf sich nicht auf den Ständesaal allein beschränken«. Und auf den Protest der Regierungsseite: »Mißbilligt der Herr Präsident des Ministeriums des Innern, was die Neapolitaner, was die Münchener Bürger getan haben? Ich mißbillige es nicht.«

Das war, auch wenn Mathy in den nächsten Tagen seine Worte abzumildern suchte, der Appell an die Straße, an die Revolution. In dieser Stimmung war auch sein Freund Friedrich Daniel Bassermann, so skeptisch er dann bald auch wurde; zunächst war auch er nicht ein Getriebener, sondern ein Treibender, einer, der hoffte und erwartete, daß man 1789, die grundlegend neue politische und gesellschaftliche Ordnung, schließlich doch, durch die historischen Erfahrungen belehrt, ohne 1793/94, ohne Bürgerkrieg, Terrorherrschaft und schließliche Reaktion werde haben können. Wenn schon die Regierungen nichts aus der Geschichte gelernt hatten, das Volk und seine Vertreter würden die Lektion wohl verstanden haben.

Revolution

Gewollt hatte man sie sicher nicht, die Revolution, die in Reaktion auf die Nachricht vom Sturz des Julikönigtums in Frankreich am 24. Februar 1848 plötzlich auf der Tagesordnung stand. Über Nacht war sie eine Realität, bevor auch nur ein Schuß gefallen, ein Minister gestürzt, ein Amt oder ein Schloß gestürmt, ein Beamter abgesetzt worden war. Wer wollte schon eine Revolution – außer politischen Wirrköpfen, Romantikern des Ausnahmezustandes, Desperadonaturen, die ein äußerstes Mittel zum Zweck erklärten und die Revolution, statt sie als einen möglicherweise blutigen, jedenfalls gefährlichen Übergang von einer alten, überlebten und nur noch künstlich bewahrten Ordnung zu einer neuen zu sehen, als einen Zustand feierten. Aber immerhin: Es war schon etwas Außerordentliches, ein großes und belebendes Gefühl, plötzlich herausgerissen zu sein aus dem Alltag, auch aus dem politischen Alltag, als Handelnder wie Friedrich Daniel Bassermann oder Karl Mathy mit vielen anderen zu spüren, wie sich alle Erwartungen auf die eigene Person konzentrierten. Mit einem Schlag erhielt man ein ganz neues politisches Mandat aus der Hand eines Souveräns, den man bisher zwar gelegentlich und mit mancherlei Vorbehalten theoretisch beschworen hatte, der aber bis dahin niemals eine wirkliche Realität gewesen war.

Nun war er da, dieser neue Souverän. Zwar nicht physisch, nicht greifbar, aber als eine die ganze Situation bestimmende und beherrschende Idee. Das Volk fordert, das Volk will, das Volk meint – daran konnte man jetzt noch im einzelnen, aber nicht mehr im Prinzip zweifeln. Es war »das Volk«, das, wie es überall, in der Presse, in Broschüren, in Flugblättern und in Reden, hieß, am 27. Februar, einem Sonntag, im Aulasaal in Mannheim wie an vielen Orten des Großherzogtums eine Versammlung abhielt und, vertreten durch, wie es in der »Petition« an die Zweite Kammer formuliert war, »viele Bürger und Einwohner der Stadt Mannheim«, seine »gerechten Forderungen« anmeldete und ihre »endliche Erfüllung«

verlangte. Und es war »das Volk«, das durch den Mund von Adam von Itzstein – der den Vorsitz der Mannheimer Versammlung führte –, von Friedrich Daniel Bassermann, von Karl Mathy, von Alexander von Soiron und Gustav von Struve erklärte, seinen Willen habe es »durch seine gesetzlichen Vertreter, durch die Presse und durch Petitionen« seit langem »deutlich genug ausgesprochen«. Es habe »das Recht zu verlangen: Wohlstand, Bildung und Freiheit für alle Klassen der Gesellschaft, ohne Unterschied der Geburt und des Standes«. Die Zeit sei »vorüber, die Mittel zu diesen Zwecken lange zu beraten«. Jetzt müsse gehandelt werden und zwar sofort. »Aus der großen Zahl von Maßregeln, durch deren Ergreifung allein das deutsche Volk gerettet werden kann«, hob man hervor: »1. Volksbewaffnung mit freien Wahlen der Offiziere. 2. Unbedingte Pressefreiheit. 3. Schwurgerichte nach dem Vorbild Englands. 4. Sofortige Herstellung eines deutschen Parlaments.« »Vertreter des Volks!« so endete die »Petition«, die mehr wie ein Befehl, wie die Willenserklärung eines neuen Herrschers klang: »Wir verlangen von Euch, daß Ihr diese Forderungen zu *ungesäumter* Erfüllung bringet. Wir stehen für dieselben mit Gut und Blut ein und mit uns, davon sind wir durchdrungen, das ganze deutsche Volk.«

Und in der Tat: Diese Sprache und dieser Anspruch erwiesen sich in ungeahnter Weise als erfolgreich. Zwei Tage später sicherte Innenminister Bekk im Landtag zu, daß die Regierung die Forderungen der Mannheimer Versammlung, die dann zum Kern der sogenannten Märzforderungen in ganz Deutschland wurden, umgehend erfüllen werde: Die Zensur werde in den nächsten Tagen überall im Lande aufhören; die Voraussetzungen für die Errichtung von Bürgergarden würden so rasch wie möglich geschaffen; und das gleiche gelte für die Geschworenengerichte – eine Eilvorlage sei bereits in Arbeit. Was die Frage des Parlaments angehe, so teilten Ministerium und Großherzog die Auffassung des Volkes und der Kammer, daß eine Reform der Bundesverfassung dringend notwendig sei. »Dieser große staatsmännische Akt«, so Friedrich Daniel Bassermann noch am gleichen Tag an den Mannheimer Oberbürgermeister Ludwig Jolly in einem offiziellen Informationsschreiben, »verschmilzt alle Parteien. Eine erhebende Einigung aller Meinungen, aller Stände soll dem übrigen Deutschland zum Beweise dienen, daß mit der Freiheit die Ordnung im Bunde. Alle übrigen deutschen Staaten werden uns nachfolgen.« Ein »großer Tag« sei somit »heute für unser gemeinsames Vaterland ... angebrochen«. Und dann in einer höchst bezeichnenden Wendung: »Die Kammer vertraut auf das badische Volk, daß es seine große Aufgabe würdig lösen wird. Es wird sich durch Eintracht und gesetzliche Haltung der Freiheit würdig zeigen.«

Bei aller Euphorie also, die dieser erste große Erfolg, der abrupte politische Kurswechsel des Großherzogs und seiner Regierung, auslöste, meldete sich sogleich die Sorge, die Bewegung könne, angetrieben von Struve, von Hecker, von Brentano, über das hinausschießen, was Friedrich Daniel Bassermann und seine politischen Freunde vor Augen hatten: die Verbindung von Freiheit und Ordnung, die geregelte, auf parlamentarischen Beschlüssen basierende Ablösung einer Rechtsordnung durch eine andere – das Ganze getragen von Vertrauen, »Eintracht« und »gesetzlicher Haltung« des neuen Souveräns, des Volkes. »Heute ist Sturm, und eine leichte Aufgabe ist es, mit in die Segel zu blasen, die ohnehin angeschwellt sind«, erklärte Friedrich Daniel in diesen Tagen: »Können wir in unserm kleinen Baden für das größere Deutschland, für welches wir auch die größere Pflicht haben, ein Musterbild aufstellen, daß mit der Freiheit, die heute anbricht, Ordnung und Gesetz gepaart sind, so werden wir für die Freiheit für alle Zukunft mehr erobern als auf jede andere Weise.«

Die Sorge vor einem Überborden der revolutionären Bewegung erhielt schon am folgenden Tag, dem 1. März, neue Nahrung. Auf der Volksversammlung in Mannheim am 27. Februar war beschlossen worden, die Überreichung der Petition mit einer Massendemonstration zu begleiten – ein Beschluß, dem sich auch andere Städte kurz danach anschlossen. So brachten besonders eingesetzte Züge – das neue Verkehrsmittel zeigte auch in Baden seine politische Bedeutung, wurde, wie Veit Valentin es formuliert hat, zur »besten Revolutionsmacherin« – am Morgen des 1. März Tausende von Menschen, vielfach im Sonntagsstaat und mit schwarz-rot-goldenen Schleifen an den Hüten, aus dem Heidelberg-Mannheimer Raum wie auch aus dem Oberland, von Offenburg her, in die Residenz – Volk nun wirklich in der massenhaften Bedeutung des Wortes.

Lorenz Brentano (1813–1891)

Struve hatte den Plan, von der Spitze des in das Ständehaus am Marktplatz hineindrängenden Demonstrationszuges her, gleichsam als unmittelbare Verkörperung und direktes Sprachrohr des neuen Souveräns, die Petition dem Präsidenten zu übergeben und dabei eine Ansprache zu halten. Das wurde von der großen Mehrheit der Zweiten Kammer als verfassungswidrig abgelehnt. Nur eine kleine Delegation, der neben Struve zwei Mannheimer Gemeindevertreter und die Bürgermeister von Heidelberg und Offenburg angehörten, wurde zugelassen. Von ihr begleitet, übergab Struve darauf die Petition schweigend an Hecker, der ja Abgeordneter war, und dieser legte sie dann mit großer Geste und unter tosendem Beifall der Galerie, der sich nach draußen fortsetzte, auf dem Präsidiumstisch nieder.

Trotz der ungeheuren Erregung und Erwartung, die über dem Haus und der ganzen Stadt lag, konnte die Sitzung, in der der Innenminister unter anderem die vollständige Wiederherstellung der Pressefreiheit nach den Grundsätzen von 1831 bekanntgab, entsprechend der ursprünglichen Tagesordnung abgewickelt werden: Die Dinge gingen, so wollte die liberale Mehrheit damit demonstrieren, ihren geregelten, verfassungsmäßig vorgeschriebenen Gang. Gleichzeitig wurde von überall her aus der Stadt gemeldet, daß sich die riesige Menge, die sich nun zum Essen, zum Diskutieren, auch zum Trinken und Feiern, in kleinere Gruppen auflöste, geradezu mustergültig verhielt. Immer wieder wurde in den nächsten Tagen betont, wie diszipliniert alles abgelaufen sei, wie friedlich und besonnen sich auch die Rückkehrenden verhalten hätten – ein entsprechender Aufruf des Großherzogs vom 2. März schien ganz überflüssig gewesen zu sein.

Und doch: Als die Menschenmassen am 1. März gegen das Ständehaus anbrandeten, da hatte sich manchem, ja, wohl der Mehrheit auch der bis dahin oppositionellen Abgeordneten die Erinnerung an den Konvent, an seine Beratungen und Beschlüsse unter dem Druck der Tribüne und ihrer radikalen Einpeitscher förmlich aufgedrängt. Es war eines, den Willen, die Anschauungen, die Auffassungen des Volkes zu beschwören, ein anderes, ihm in Zahlen gegenüberzustehen, die im täglichen Leben, in den Erfahrungen des Alltags nicht vorkamen. Noch freilich hatte dieses Volk auch die Namen derjenigen auf den Lippen, die nicht wie Hecker oder Struve zu immer entschiedenerer Bewegung aufriefen, sondern wie Heinrich von Gagern im benachbarten Hessen-Darmstadt oder wie Bassermann und Mathy in Baden selber zu »Ordnung«, »Eintracht« und »gesetzlicher Haltung« mahnten. Das bannte zunächst noch viele Sorgen und Befürchtungen. Vier Tage nach dem großen Tag von Karlsruhe, am 5. März, trafen sich einundfünfzig prominente süddeutsche und auch einige rheinische Politiker, die überwiegende Mehrheit von ihnen Abgeordnete, im »Badischen Hof« in Heidelberg. Sie verlangten in einem Manifest, anknüpfend an die vierte Forderung der Mannheimer Petition vom 27. Februar, die unverzügliche Einberufung einer Nationalversammlung.

Sie alle, Römer und Hansemann, Itzstein und Gagern, Mathy und Hecker, waren, so unterschiedliche Meinungen sie im einzelnen vertraten, erklärte »Volksmänner«. Sie hatten diesen Titel, der nun ein förmliches Mandat bildete, in den letzten Tagen hundertfach bestätigt bekommen, im lokalen Rahmen und darüber hinaus in dem des jeweiligen Landes und damit, wie daraus ohne weiteres zu schließen war, im Hinblick auf das deutsche Volk insgesamt. Sie waren die Sprecher der Nation und in diesem Sinne nicht nur berechtigt, Forderungen zu stellen, sondern mit den Regierungen der Staaten des Deutschen Bundes gewissermaßen von gleich zu gleich, ja, von neuem zu altem Souverän zu sprechen und zu verhandeln. Noch hätten die Regierungen die Möglichkeit, so hieß es hier, sich durch entsprechende Aktivitäten und Vereinbarungen, vor allem durch die Mitwirkung an einer grundlegenden Reform der Verfassung des Bundes, durch Berufung eines konstituierenden Bundesparlaments, auf den Boden der neuen Verhältnisse zu stellen.

Keine Rede davon, daß man ängstlich um Vereinbarungen geworben hätte. Es war, auch wenn die Mehrheit sich für ein Zusammenwirken mit den Regierungen aussprach – allerdings nicht mit den bisherigen, sondern mit neuen, mit den sogenannten »Märzministerien«, die von den Monarchen nun überall berufen wurden –, ein Ultimatum. Und es kam der Versammlung gar nicht so ungelegen, daß die »Radikalen« um Hecker bei dieser Gelegenheit die Republik forderten, da nur sie die notwendigen grundlegenden politischen und vor allem sozialen Veränderungen in die Wege leiten könne. Allerdings, eine Forderung, die man eben, bei der Versammlung in Mannheim und an vielen Orten, noch selber erhoben hatte, erschien in der Konkretisierung, die ihr die »Radikalen« um Hecker, Struve und Brentano gaben, in den Tagen nach dem 5. März zunehmend in einem anderen Licht und führte zu einer sprunghaften Verschärfung der Sorgen und Ängste, die sich schon am 1. März geregt hatten: die Forderung nach »Volksbewaffnung«.

Die Wortführer des Liberalismus hatten seit nunmehr dreißig Jahren in den süddeutschen Parlamenten wie in der öffentlichen Diskussion immer wieder hervorgehoben, daß, unbeschadet der Art seiner Rekrutierung, das auf den Monarchen verpflichtete stehende Heer eine Säule des Absolutismus und ein Feind der Freiheit sei. Nur ein wirkliches Bürgerheer, eine staatsbürgerliche Miliz, so hatte etwa Karl von Rotteck stets aufs Neue betont, werde sich im Konfliktfall auf die Seite der Freiheit, der Verfassung, des Volkes schlagen. Heeresverfassung und Staatsverfassung hingen auf das engste zusammen. Wer den Verfassungsstaat ausbauen und auf sichere Grundlagen stellen wolle, der müsse die Heeresverfassung entsprechend ändern.

Von daher hatte sich die Forderung nach dem »Volk in Waffen« als eine der Kardinalforderungen der Oppositions- und Reformbewegung förmlich aufgedrängt. Gemeint gewesen war jedoch immer die Errichtung eines Bürgerheeres im Sinne der Heeresverfassung der preußischen Reformzeit - wenngleich in manchem, so vor allem in der Forderung nach freier Wahl auch der sogenannten Linienoffiziere, über diese hinausgehend. Nun jedoch wurde von der entschiedenen Linken die allgemeine Volksbewaffnung in dem Sinne proklamiert, daß jeder erwachsene Mann - sofern er kein entschiedener Gegner der Revolution war - Waffen erhalten und zum Waffenträger der Nation erklärt werden sollte. Gemäß diesem Grundsatz begann beispielsweise Franz Sigel, ein vierundzwanzigjähriger ehemaliger Leutnant der badischen Armee, der ein Jahr vorher aus politischen Gründen seinen Abschied genommen hatte, in Mannheim, wo er gedient hatte, sogleich mit dem Aufbau eines Freikorps. Es umfaßte binnen kurzem mehr als fünfhundert Mitglieder. Dagegen wandte sich in Mannheim wie an vielen anderen Orten eine Mehrheit in den Gemeindevertretungen mit großem Nachdruck.

Mit einem Erlaß vom 28. Februar 1848 hatte die Regierung als Reaktion auf die Volksbewaffnungsforderung den Gemeindevertretungen die Organisation der »Bürgerwehr« übertragen, und darauf pochte nun die Mehrheit. Allerdings lehnte sie es in Mannheim ab, der Empfehlung der Regierung zu folgen und auf dem Bürgerkorps von 1811 – dessen »Obristlieutenant« Friedrich Daniel Bassermanns Vater über viele Jahre gewesen war – aufzubauen: Das Korps war mehr und mehr zu einer bloßen Repräsentationseinheit, zu einer Art Schützenverein herabgesunken; von richtiger Ausbildung, regelmäßigen Übungen und konsequenter Nachwuchspflege konnte kaum noch die Rede sein. Die Gemeindevertretung beschloß jedoch auch nicht, wie die Linke forderte, eine allgemeine Volksbewaffnung, sondern nur eine allgemeine Bürgerbewaffnung, die Aufstellung eines Bürgerheeres. Es sollte sich allein aus Stadtbürgern im rechtlichen Sinne und damit aus einer Minderheit der wirtschaftlich und sozial Bessergestellten rekrutieren, eben dem Bürgertum auch im sozialen Sinne.

Gegen ein solches Auseinanderdividieren des »Volkes«, von dessen Einheit und Geschlossenheit gerade in der gegenwärtigen Situation so viel abhing, erhob sich sogleich ein Sturm. Ihm schlossen sich auch viele der sogenannten Gemäßigten an, unter ihnen Karl Theodor Welcker, einer der langjährigen geistigen und parlamentarischen Führer des Liberalismus im Vormärz weit über Baden hinaus. Gegen die auf das jeweilige Prinzip Pochenden in beiden Lagern setzten sich zunächst diejenigen durch, die einen Kompromiß anstrebten und den höchst gefährlichen, die sozialen Gegensätze mobilisierenden Konflikt zu entschärfen suchten: Zwar hielt die Gemeindevertretung an der einmal beschlossenen Organisation fest, das heißt an der Aufstellung einer aus vierzehn Kompanien à hundert Mann gebildeten, in zwei Bataillonen zusammengefaßten »Bürgerwehr« mit Wahl der Kompaniechefs und Ernennung der Bataillonsführer durch den Gemeinderat. Aber sie beschloß gleichzeitig, alle in Mannheim seßhaften waffenfähigen und waffengerüsteten Einwohner, die sich auf eine entsprechende Aufforderung hin meldeten, in die Bürgerwehr aufzunehmen, also die Bürgerwehr auch Nichtbürgern zugänglich zu machen. Mit dieser Öffnung sollte zugleich das am 11. März endgültig konstituierte Sigelsche Freikorps überflüssig gemacht werden, an dessen Auflösung per Verordnung oder Beschluß sich niemand recht herantraute. So entstand bis Mitte März eine schnell, durch den Beitritt vieler Nichtbürger, auf zwanzig Kompanien anwachsende Bürgerwehr - neben Struve, Mathy, Alexander von Soiron und Karl Artaria wurde auch Friedrich Daniel Bassermann zum Kompaniechef gewählt.

An die Spitze dieser neuen Bürgerwehr trat als »Oberst« der Landtagsabgeordnete und Mannheimer »Obergerichtsadvokat« Friedrich Hecker. Er widersetzte sich nicht nur im Verein mit seinen vielfach dem Lager der Gemäßigten angehörenden Kompanieführern allen Bestrebungen, die Bürgerwehr wieder aufzulösen: Das waren Versuche, wie sie, freilich ohne sehr viel Hoffnung auf Erfolg, seit Mitte März von der Karlsruher Regierung unternommen wurden. Hecker war auch bestrebt, das Sigelsche Freikorps als geschlossene Einheit zu erhalten und regte an, es als drittes Bataillon der Bürgerwehr anzugliedern, die sich ihrerseits weigerte, die vom Bürgermeister verfügte Auflösung des Korps zu erzwingen: Seit Ende März wurde das Freikorps demonstrativ zu den nächtlichen Patrouillen der Bürgerwehr hinzugezogen.

So wurde der große Zusammenstoß und Konflikt zunächst vermieden - eine Tatsache, an der die Führer der Gemäßigten, Mathy, Soiron und Friedrich Daniel Bassermann, nicht unerheblichen Anteil hatten. Ihre auf den Ausgleich und den Zusammenhalt der Volksbewegung und ihrer Führung gerichtete Politik suchten sie auch in den nächsten Wochen, trotz mancherlei Bedenken und Anfechtungen, fortzusetzen. Soiron gehörte mit Hecker und Struve zu den Organisatoren der großen, von etwa zwanzigtausend Menschen besuchten Volksversammlung, die am 19. März 1848 in Offenburg stattfand und alle »wahren Volksmänner« zu noch energischerem Vorgehen aufforderte - was für viele bereits gleichbedeutend war mit Abkehr von der Monarchie und Einführung der Republik.

Friedrich Daniel Bassermanns Name fehlte unter dem Einladungsaufruf, und er war dann auch nicht in Offenburg. Das hatte jedoch mit offener Distanzierung zunächst noch wenig zu tun, auch wenn sein Mißtrauen gegenüber den Absichten und Motiven Hekkers und vor allem Struves ständig wuchs. Der Grund war vielmehr ein anderer. Die neue badische Regierung hatte ihn am 14. März zu ihrem Sonderbeauftragten in Frankfurt ernannt, um in dem sogenannten 17er-Ausschuß an der »Revision der Bundesverfassung auf nationaler Grundlage« mitzuwirken. Eine solche »Revision« hatte die Bundesversammlung, der Frankfurter Gesandtenkongreß, auf Instruktion der Regierungen am 10. März einzuleiten beschlossen. Das war eine Aufgabe, die in seinen Augen allen anderen vorangehen mußte, zumal die Signalwirkung des Beschlusses und Vorgangs auf der Hand lag. »Wir wollen einen neuen Ton unter die Diplomaten bringen«, schrieb er am gleichen Tag an seine Frau: »Mein ganzes Leben werde ich es für ein Glück halten, daß es mir vergönnt wird, an der zukünftigen Gestaltung meines Vaterlandes unmittelbar teilzunehmen.«

Den Hauptsprecher der liberalen Opposition des Großherzogtums auf dem Feld der nationalen Frage praktisch mit der badischen Verhandlungsführung in Frankfurt zu betrauen, das bedeutete, daß sich die badische Regierung zumindest in dieser Frage ganz auf die Seite des nationalen Bürgertums und der Revolution schlug – daß sie gleichzeitig ihren bisherigen Bundestagsgesandten von Blittersdorff, einen Hauptvertreter einer scharf antiliberalen Politik, austauschte und den Posten mit Carl Theodor Welcker besetzte, der sechzehn Jahre vorher als erster die Reform des Bundes im bundesstaatlichen und vor allem parlamentarisch-konstitutionellen Sinne gefordert hatte, unterstrich dies nachdrücklich. Mit Welcker »einverständlich« zu handeln, wie seine Instruktion Bassermann vorschrieb, konnte nicht weiter schwerfallen.

Ohne die bestehenden und sich weiter verschärfenden Gegensätze zwischen »Gemäßigten« und »Radikalen« in den Hintergrund drängen zu wollen, kann man zu diesem Zeitpunkt doch noch von einer Art Arbeitsteilung sprechen. Während die »Radikalen« immer mehr Druck von unten machten, suchten die »Gemäßigten« wie Bassermann, Mathy und Welcker die unter diesem Druck ständig wachsende Konzessionsbereitschaft der badischen und der übrigen süd- und mitteldeutschen Regierungen in praktische Ergebnisse im eigenen, sprich vor allem im konstitutionellen und nationalen Sinne umzusetzen. Das bedeutete, wie alle politische Praxis, zugleich Kompromisse einzugehen, auch der Position der anderen Seite Rechnung zu tragen. Aber diese Kompromisse waren doch zunächst sehr weit

»links« angesiedelt, bedeuteten in der Substanz einen Sieg der »Revolution«.

Schon daß überhaupt über eine grundlegende Reform des Bundes verhandelt wurde und daß man Vertreter des liberalen und nationalen Bürgertums dabei als gleichberechtigte, ja, federführende Verhandlungspartner anerkannte, war ein solcher Sieg. Natürlich konnte man wie die »Radikalen« alle Verhandlungen ablehnen, nicht nur mit den Monarchen, sondern auch mit ihren neuberufenen Regierungen, obwohl deren Mitglieder in ihrer Mehrheit mit vielen Zielen der revolutionären Bewegung sympathisierten. Aber warum eigentlich? Wenn man nicht zum Ziel gelangte, war, so betonten die »Gemäßigten« im vertrauten Kreis, für »revolutionäre Selbsthilfe« immer noch Zeit. Und was konnte, wenn es gelang, besser sein, als mit Hilfe der etablierten Machtmittel und Ordnungskräfte zu siegen und eine möglicherweise höchst blutige Konfrontation, gar einen Bürgerkrieg zu vermeiden? Alles ordnungsgläubige und staatsfromme Illusionen, antwortete darauf die andere, die »radikale« Seite. Werde der Sieg nicht mit eigener Hand erkämpft, werde er immer unvollständig bleiben. Der Gegenschlag derer, die sich jetzt nur tarnten, Bereitschaft zur Zusammenarbeit heuchelten, werde nicht lange auf sich warten lassen. In Wahrheit hätten die »Gemäßigten«, die »Halben«, doch nur Angst vor entschiedenen und konsequenten Maßnahmen und Entschlüssen. Durch ein solches Vorgehen sähen sie sich in ihrer politischen und vor allem in ihrer wirtschaftlichen und gesellschaftlichen Stellung bedroht.

Beweisen ließ sich hier wie dort zunächst nichts. Die Frage, welche Seite die Situation und vor allem auch die Motive der Beteiligten richtiger einschätzte, konnte allein die Zukunft beantworten. Friedrich Daniel Bassermann jedenfalls war überzeugt, daß der eingeschlagene Weg der richtige sei: der Weg der Verhandlungen, des Ausgleichs, zumindest des Auslotens der Kompromißbereitschaft der Monarchen und Regierungen, bei klarer eigener Position in den Kernfragen, und der Entschlossenheit, an den Hauptzielpunkten – nationaler Verfassungsstaat, Liberalisierung von Staat, Wirtschaft und Gesellschaft – unbedingt festzuhalten. Und er wurde darin nicht nur von seinen politischen Freunden, einem großen Teil der Presse und öffentlichen Meinung, sondern auch von seiner unmittelbaren

Umwelt, seiner Familie, dem Kreis ihrer direkten Bekannten, ja, der ganz überwiegenden Mehrheit des Bürgertums der Stadt nachhaltig bestärkt.

Das war es ja, was man hatte erreichen wollen: Gleichberechtigt und mit dem kaum noch bestrittenen Anspruch, die Kräfte des Fortschritts und der Zukunft zu repräsentieren, saß einer der ihren nun auch auf der Ebene des Bundes, der deutschen Staatengemeinschaft, mit an dem Tisch, an dem bisher weitgehend ohne sie über die Geschicke Deutschlands entschieden worden war. Der Sohn eines erfolgreichen Kaufmanns, der Enkel eines Gastwirts sprach hier für die Nation, für ein Bürgertum, das nicht nur der erste, sondern der allgemeine Stand dieser Nation sein wollte, Modell ihrer Zukunft.

Die Wirklichkeit sah natürlich sehr viel nüchterner aus als solche Vorstellungen, Erwartungen und Hoffnungen, die sich an die Reise des Mannheimer Bürgersohns nach Frankfurt knüpften. Von einer wirklichen Bereitschaft zu einer grundlegenden Reform konnte im Schoß der Bundesversammlung und der sie instruierenden Regierungen, vor allem bei den Regierungen der beiden deutschen Großmächte Österreich und Preußen, keine Rede sein. Von daher war das Werk des von Friedrich Christoph Dahlmann präsidierten 17er-Ausschusses, der Entwurf einer parlamentarisch-konstitutionellen bundesstaatlichen Verfassung für das Gebiet des Deutschen Bundes, praktisch von Anfang an zum Scheitern verurteilt – so groß das Ansehen der Ausschußmitglieder auch war, die von der Frankfurter Bürgerschaft, die schwarz-rot-gold geflaggt und Ehrenpforten hatte errichten lassen, voller Erwartungen begrüßt worden waren.

Die Führung der Dinge übernahm sehr rasch das sogenannte Vorparlament, dessen Berufung aus Abgeordneten und »Vertrauensmännern« aller deutschen Staaten die Heidelberger Versammlung vom 5. März auf Antrag Welckers, des jetzigen badischen Bundestagsgesandten, beschlossen hatte. Bassermann war auch Mitglied dieses Gremiums. Er widersetzte sich hier mit der »gemäßigten« Mehrheit leidenschaftlich dem Vorstoß der »Radikalen«, die Versammlung möge sich in einem Akt revolutionärer Selbsthilfe und unter Berufung auf das »Recht der Revolution« für permanent, zur »konstituierenden Nationalversammlung« erklären. Eine solche

Nationalversammlung könne nur aus Wahlen hervorgehen und nicht aus den Zufälligkeiten, die die Einladungen zu dem jetzigen Gremium bestimmt hätten, mit dem Ergebnis, daß aus Baden und Hessen-Darmstadt zusammen 156 Vertreter gekommen seien, aus Preußen 141, aus Bayern 44, aus Hannover 9 und aus Österreich gar nur zwei. Folge man dem Vorschlag der Linken um Hecker, Blum und Struve, so manipuliere man den Volkswillen und entziehe der Revolution ihre Legitimation. Die Linie müsse sein, die Regierungen, den Bund, zur Ausschreibung von Wahlen zu einer konstituierenden Nationalversammlung zu veranlassen und auf dieser Ebene dann den mit der Berufung des 17er-Ausschusses eingeschlagenen Kurs fortzusetzen.

Das hat sich bekanntlich durchgesetzt. Eine gute Zwei-Drittel-Mehrheit sprach sich gegen den Vorschlag der Linken und für – durch den Bund, also die Bundesregierungen, auszuschreibende – Wahlen zu einer konstituierenden Nationalversammlung aus. Auch Friedrich Daniel Bassermann stellte sich selbstverständlich zur Wahl, und zwar im unterfränkischen Stadtprozelten, einem bayerischen Wahlkreis also – auch dies eine Demonstration für die nationale Sache und zugleich ein zusätzlicher Beleg für seine Bekanntheit und seine Popularität; selbst im oldenburgischen Kniphausen, hoch oben im Norden, entschied sich zunächst eine Mehrheit der Wahlmänner für ihn.

Friedrich Daniel Bassermann war inzwischen mehr und mehr zum verfassungspolitischen Sprecher der »Gemäßigten« geworden, deren Sache er als Vizepräsident des 17er-Ausschusses auch im Vorparlament so nachdrücklich und eindrucksvoll vertreten hatte. In der Nationalversammlung wurde er, Mitglied des »rechten Zentrums«, der »Casino-Partei«, zum Vorsitzenden des Verfassungsausschusses und damit an die Spitze eines Gremiums gewählt, das für den weiteren Gang der Dinge von zentraler Bedeutung wurde, das »Herz des Frankfurter Parlaments« bildete.

Der eben Siebenunddreißigjährige hatte damit fraglos den Höhepunkt seiner bisherigen politischen Laufbahn und seines politischen Einflusses erreicht. Von großer Popularität, ein blendender Redner, als zugleich prinzipientreu und pragmatisch im Lager der Mehrheitsfraktionen weithin geschätzt, stand er in der vordersten

In der Paulskirche, unter dem Rednerpult stehend rechts, Friedrich Daniel Bassermann, Lithographie nach einem Gemälde von Paul Bürde

Reihe der Politiker der Zeit. Siegten die Revolution und die gegenwärtige Mehrheit endgültig, dann standen ihm praktisch alle Türen und Ämter offen bis hin zu dem eines Premierministers des von ihm so leidenschaftlich erstrebten deutschen Nationalstaats.

In seinen im Mai und Juni 1849 diktierten »Denkwürdigkeiten« hat Bassermann den Eindruck vermittelt, daß schon im Frühsommer 1848, bei Zusammentritt der Nationalversammlung und bei Beginn ihrer Arbeit, alles auf des Messers Schneide gestanden habe, ja, daß das Spiel durch den Radikalismus von links, die gezielte Anfechtung und Diskreditierung jeder Ordnung und die Beschwörung unerfüllbarer Wünsche und Erwartungen fast schon verloren gewesen sei. Dabei hat ihm fraglos die tiefe Enttäuschung über den weiteren Gang der Dinge die Feder geführt, für den er vor allem die Linke verantwortlich machte. Aus dieser Perspektive sah er im Rückblick schon sehr früh Fehler und falsche Nachgiebigkeit auf der einen, systematische, verschwörerisch koordinierte Angriffe und Hetzkampagnen auf der anderen Seite, eine planmäßige Unterwühlung der Stellung jener, die eine neue, tragfähige, schließlich für alle Parteien und soziale Gruppen akzeptable Ordnung zu errichten bestrebt waren. Aber wenn hier auch sicher manches rückblickend und rückprojizierend dramatisiert war, so darf man doch nicht übersehen, daß sich in der Tat schon früh ein grundlegender Wandel der politischen und gesellschaftlichen Konstellation vollzog, von der Bassermann und seine politischen Freunde ursprünglich ausgegangen waren – freilich mehr durch den Prozeß der dramatischen Veränderungen und der Revolution selber als durch das drahtzieherische Wirken einzelner Personen.

Das trat am unmittelbarsten und zugleich am anschaulichsten auf der lokalen Ebene zutage, hier also in Mannheim, das ja seit Ende Februar 1848 eine weit über die Region und über Baden hinausragende, beispielgebende Bedeutung erlangt hatte.

In der Anfangsphase der Revolution war noch einmal schlagartig deutlich geworden, welche Bedeutung die Gemeinde, vor allem natürlich die Stadtgemeinde, für die bürgerlich-liberale Bewegung besaß. Hier war ihr eigentliches Fundament, ihr Lebenszusammenhang, ihr politischer Nährboden. Die wirtschaftlichen, die gesellschaftlichen, die kulturellen Beziehungen, die sich hier entwickelt hatten, bildeten, weit verästelt, das Wurzelwerk, aus dem sie ihre Kraft und ihre Antriebe bezog. Und es ergab sich fast von selbst, daß die politische Ordnung und die Institutionen, die jene Beziehungen umgaben und schützten, und ebenso, ja, vielleicht noch mehr die politische Praxis, wie sie sich in diesem Rahmen entwickelte, als Modell für den Gesamtstaat und dann auch für den künftigen deutschen Nationalstaat erschienen, zumal nach der liberalen Gemeindereform zu Beginn der dreißiger Jahre.

Gerade dieses Fundament aber wurde gleich zu Beginn der Revolution auf das schwerste erschüttert. Mit der Diskussion über »Bürgerwehr« und »Bürgerbewaffnung« entstand sofort die Frage, wer »Bürger«, wer »waffenfähig« und wer damit zugleich »Volk« im politischen Sinne, im Sinne der neuen, nun plötzlich ganz praktisch gewordenen Volkssouveränitätslehre sei. Die Linke um Brentano, Hecker und Struve hatte hier in Mannheim von Anfang an eine ganz klare Position: Die Revolution habe die alten Unterscheidungen nach »gesicherter Nahrung«, sprich nach Einkommen und Besitz, nach erworbenen Rechten, nach Steuerleistung, auch nach Bildung hinweggefegt. Jeder erwachsene Mann repräsentiere auch im politischen Sinne das »Volk«. Bürger sei der Mensch - der Mann, wie auch die äußerste Linke mit Selbstverständlichkeit meinte - nicht kraft besonderer Qualifikationen, kraft wirtschaftlicher Fähigkeiten und Leistungen und kraft gesellschaftlichen Ansehens, sondern kraft seiner Natur, als Gattungswesen Mensch.

Das entsprach ganz dem Denken der Aufklärung, dem sich die gesamte bürgerlich-liberale Bewegung verpflichtet wußte. Aber es widersprach gleichzeitig aller Lebenspraxis gerade auch in einem bürgerlichen, in einem städtischen Gemeinwesen neuen Typs. In ihm hatte sich statt der alten, geburtsständischen sozialen und damit zugleich politischen Hierarchie eine zunächst wesentlich individuell bestimmte neue herausgebildet, gegründet auf Leistung, Erfolg, persönliches Ansehen, aber nicht minder auch auf Verdiensten um das Gemeinwesen, um das allgemeine Wohl. Man wolle, so der Vorwurf der »Gemäßigten« gegenüber den »Linken«, die Wirklichkeit, die sozialen Realitäten auf den Kopf stellen und unter der Devise von Gerechtigkeit und Gleichheit etwas zutiefst Ungerechtes schaffen, etwas, was, weil es der natürlichen Ordnung der Dinge, dem Unterschied der Kräfte, Begabungen und Leistungen, widerspreche, stets nur mit Zwang aufrechtzuerhalten sein werde.

Daß diese Ordnung so »natürlich«, so »organisch gewachsen« sei, daß sie, wie man später mit Blick auf das Tierreich sagen sollte, einer sich ohne äußere Zwänge gleichsam automatisch herstellenden »Hackordnung« entspreche, das eben wurde von der anderen Seite mit wachsender Leidenschaft bestritten, und zwar nicht nur von einigen »radikalen Demagogen«, sondern von einer breiten Volksbewegung. Alle ihre Argumente gegen die Ungerechtigkeiten einer geburtsständischen Hierarchie, gegen ein angeblich gott- und naturgewolltes »oben« und »unten« sahen die Vertreter der neuen sozialen Führungsschicht nun plötzlich gegen sich selbst gewandt. Sicher zunächst nur von einer Minderheit auch in den breiten Bevölkerungskreisen, aber von einer Minderheit, die seit Ausbruch der Revolution sprunghaft zunahm.

Der innerstädtische Frieden in Mannheim, der nicht auf äußeren Druck, sondern auf inneren Ausgleich, auf einen Geist des Miteinander gegründet schien, war in wenigen Wochen dahin. Drohungen gegen die »Reichen«, die »Pfeffersäcke«, die »Bourgeoisie« – wie das eben aufgekommene, in dieser Form vor allem von Louis Blanc kreierte Modewort hieß – wurden immer lauter. Wohlhabendere Bürgerfamilien begannen, zumal wenn sich eines ihrer Mitglieder politisch exponierte, Frauen und Kinder aus der Stadt zu bringen. Gerüchte einer sozialrevolutionären Bedrohung von Westen, durch heranziehende, neojakobinische Revolutionsarmeen aus dem republikanisch gewordenen Frankreich, fanden bereitwillig Gehör. Sie wurden von den sich wild gerierenden »Sensenmännern«, den aus Mangel an Waffen nur mit Sensen und Äxten ausgestatteten Freikorpsmitgliedern, mit Freuden aufgenommen und verbreitet. Zur Abwehr revolutionärer Freischaren, wie sie sich tatsächlich in Frankreich und in der Schweiz bildeten, erbat die Märzregierung Truppenunterstützung aus der bayerischen Pfalz und aus Nassau, was wiederum die Leidenschaften auf beiden Seiten noch zusätzlich hochtrieb.

Karl Mathy, wie Friedrich Daniel Bassermann Mitglied des Vorparlaments und ein immer entschiedenerer Gegner der Radikalen – die ihn zunächst noch für einen der ihren gehalten hatten –, veranlaßte am 8. April auf dem Karlsruher Bahnhof die Verhaftung des Redakteurs der Konstanzer »Seeblätter« Josef Fickler wegen Anstiftung zum Hochverrat: Er hatte erfahren, daß dieser mit Hekker eine zweite, republikanische Erhebung vorbereitete. Daraufhin kam es in Mannheim, wo Fickler wenige Tage vorher vor einer großen Versammlung eine vielumjubelte Rede gehalten hatte, fast zur Explosion, zum innerstädtischen Bürgerkrieg. Mathy wurde bei seiner Rückkehr massiv bedroht und mußte von zuverlässigen Kräften der Bürgerwehr beschützt werden, bevor es ihm gelang, die Menge vom Rathausbalkon aus einigermaßen zu beruhigen.

Das Bild freilich prägte sich tief ein: Gegen das Rathaus anbrandende Massen, die von der Bürgerwehr nur mit gefälltem Bajonett vor dem Eindringen in das Gebäude gehindert werden konnten, in dem der Gemeinderat und der Kleine Bürgerausschuß, die scheinbar allgemein akzeptierten Autoritäten der Stadt, tagten. Eine Idee wurde an diesem Tag endgültig zu Grabe getragen. Das

Karl Mathy auf dem Balkon des Mannheimer Rathauses am 8. April 1848

»Volk« und das Bürgertum als soziale Schicht, sie waren eben doch keine untrennbare Einheit, im gemeinsamen Kampf um den politischen und sozialen Fortschritt unauflöslich miteinander verbunden. Ihre Interessen strebten im Gegenteil immer stärker auseinander.

In seinen »Denkwürdigkeiten« vom Sommer 1849 hat sich Friedrich Daniel Bassermann noch einmal mit aller Leidenschaft gegen »die aus Frankreich importierte widerliche und unsinnige Unterscheidung zwischen Volk und Bourgeoisie« gewandt. Sie sei nichts weiter als ein Mittel, Neid, Begehrlichkeit und wirklichkeitsfremde Erwartungen zu wecken und die Massen zu verführen. Bisher, bis zu den Verdrehungen »der Sozialisten unserer Tage«, habe man, erklärte er Mitte Februar 1849 in der Paulskirche, »den Begriff des Volkes in dessen Kern«, eben im Bürgertum, gefunden: »Gerade in dem Bürgertume, im Mittelstande, den man jetzt nachäffend Bourgeoisie nennt, suchte man die wahren Repräsentanten des Volkes.« Aber so leidenschaftlich er demgegenüber an der Idee einer unauflöslichen Einheit von Bürgertum und Volk, an dem Gedanken einer klassenlosen Bürgergesellschaft der Zukunft festhielt – die Wirklichkeit sah bereits ganz anders aus.

Seit der Auseinandersetzung um Mathy gärte es immer heftiger in der Stadt. Die Verhaftung Ficklers hatte das Signal zur Proklamation der Republik und zu jenem abenteuerlichen Freischarenzug gegeben, zu dem Hecker und Struve am 13. April von Konstanz aus aufgebrochen waren. Ein nicht unerheblicher und vor allem lautstarker Teil der Mannheimer Bevölkerung stand auf Heckers Seite. Er wandte sich immer drohender gegen alle jene, die an dem bisherigen Kurs festhielten und auf die Reformpolitik der Regierung und die bevorstehenden Wahlen zu einer verfassunggebenden Nationalversammlung verwiesen. »Die stolzen Volksredner von ehemals sind verächtliche Fürstenbuhler geworden«, lautete die von Hecker ausgegebene Devise. Vor den Häusern Friedrich Daniel Bassermanns und Alexander von Soirons, den eben noch so gefeierten »Volksmännern«, wurden sogenannte »Katzenmusiken« veranstaltet, lärmende, mit Spottliedern begleitete Aufzüge, die als Formen des Protestes der unteren Volksschichten eine lange Tradition hatten.

Schließlich kam es auch in Mannheim zum Versuch einer republikanischen Erhebung – trotz der Niederlage der Heckerschen Freischaren am 20. April 1848 bei Kandern gegen die von dem holländischen General Friedrich von Gagern, dem ältesten Bruder Heinrich von Gagerns, kommandierten regulären badischen und hessischen Truppen. Die Wortführer des Aufstandes benutzten den zeitungslosen Karfreitag am Tag nach Kandern, um von einem angeblichen Sieg Heckers zu sprechen, der nun auch für Mannheim das Signal sein müsse. Zwar wurde die Wahrheit schnell bekannt, aber in der Stadt brodelte es weiter, zumal sich der Gemeinderat auch jetzt nicht zu der von der Regierung in Karlsruhe auf Drängen Mathys – er wurde am 28. April zum Staatsrat ernannt – immer nachdrücklicher geforderten Auflösung des Freikorps entschließen konnte: Verzweifelt hielt die Mehrheit an dem Gedanken der Einheit von Einwohner- und Bürgerschaft fest. Dabei spielte freilich der äußere Druck, die Sorge um die eigene Sicherheit und die der Familie, eine nicht unerhebliche Rolle. Nachdem es am 26. April zum Bau einer Barrikade an der Rheinbrücke und einem kleinen Scharmützel mit bayerischen Soldaten gekommen war, waren es dann von der Regierung zur Hilfe gerufene kurhessische, nassauische und bayerische Truppen, die unter Kriegsrecht das Freikorps entwaffneten und damit das Fundament der republikanischen Bewegung zerstörten.

Der Heckerzug vom 13.–20. April 1848, das Gefecht auf der Scheideck bei Kandern

Ein Bürgerkrieg war so, wenngleich nicht aus eigener Kraft, vermieden worden. Der Protest gegen das Kriegsrecht und die Lasten der Einquartierung der herbeigerufenen Truppen einte sogar äußerlich noch einmal Bürgervertretung und Bevölkerung. Aber der Riß, der durch die verschiedenen politischen und sozialen Gruppen der Stadt ging, war nun doch endgültig unheilbar.

Wie fast überall verlief er allerdings nicht säuberlich nach Klassen- und Schichtengrenzen. Er ging vielmehr mitten durch diese hindurch, brach die städtische, die neue bürgerliche Gesellschaft und vor allem auch ihre bisher recht homogene politische Führungsschicht in zusätzliche Parteilager auf. Das eigentlich Neue war dabei, daß sich neben »Radikalen« und »Gemäßigten« und ihrem jeweiligen – im Lager der »Gemäßigten« allerdings immer mehr zurückgehenden – Anhang in breiten Bevölkerungskreisen eine dritte Gruppierung verstärkt ausbildete. Die in den vierziger Jahren in der Stadt scheinbar bereits hoffnungslos in die Defensive gedrängten Konservativen betraten erneut offen die Bühne. Sie gaben dem gesellschaftlichen und politischen Illusionismus und Utopismus der Liberalen die Schuld an der ganzen Entwicklung und suchten in den nächsten Wochen und Monaten Stadtregiment und Regierung immer weiter nach rechts zu drängen.

Im Zeichen dieser Entwicklung kam es zur Spaltung der in den letzten Jahrzehnten mehr und mehr vom liberalen Bürgertum der Stadt bestimmten Harmoniegesellschaft und zur Gründung einer neuen Gesellschaft namens »Reunion«. Gleichzeitig konstituierte sich aus der Schützengesellschaft ein Scharfschützenkorps, das sich als eine Art »antirevolutionäre Bürgergarde« verstand. Es diente sich dem Gemeinderat an – »zum Zweck der Aufrechterhaltung der Ordnung, zum Schutz der Gesetze und der Behörden in den Schranken ihrer Zuständigkeit«. Die Kritik richtete sich in diesem Sinne in erster Linie gegen diejenigen innerhalb des Bürgertums, die immer noch an der Idee der Einheit aller »Bewegungskräfte« festhielten und eben wieder, am 14. Mai 1848, anstelle des an den inneren Gegensätzen zwischen »Gemäßigten« und »Radikalen« gescheiterten »Vaterländischen Vereins« einen »Neuen Vaterländischen Verein« gegründet hatten. Dieser grenzte sich zwar schärfer als der bisherige nach links ab, nahm aber immer noch Republikaner und »Demokraten« auf, wenn sie nur versprachen, sich unbedingt dem parlamentarischen Mehrheitsprinzip und dem Grundsatz der Herrschaft des Gesetzes zu unterwerfen.

Der »Neue Vaterländische Verein«, zu dessen Hauptinitiatoren Friedrich Daniel Bassermann gehörte und der zugleich als Landesausschuß aller »Vaterländischen Vereine« Badens fungierte, sollte dem national und parlamentarisch gesinnten Liberalismus, der bei den Wahlen zur Frankfurter Nationalversammlung eindeutig die Mehrheit errungen hatte, in Mannheim die nach wie vor und zu Recht für ganz unentbehrlich gehaltene lokale Basis sichern. Seine Anfeindung nicht nur von links, sondern zunehmend auch von rechts, von den neuen Wortführern eines sich politisch wie vor allem gesellschaftlich bedroht fühlenden Bürgertums, ließ jedoch bereits erkennen, was die Vertreter jener Linie erwartete, wenn ihnen der Erfolg in Frankfurt versagt blieb.

Erfolg in Frankfurt, das hieß vor allem, so sah es jedenfalls Friedrich Daniel Bassermann in immer prononcierterer Weise: die Begründung und Durchsetzung des nationalen Verfassungsstaats, die Erringung der nationalen Einheit. Dies Ziel vor Augen, hat er sich in der Wahlrechtsdebatte der Nationalversammlung Mitte Februar 1849 zu dem Satz hinreißen lassen: »Wenn ich ... die Einheit und künftige Größe Deutschlands dadurch zu erobern wüßte, daß ich vorübergehend sämtliche Freiheitsrechte aufgebe, ich wäre der Erste, der sich einer Diktatur unterwürfe.«

Natürlich war dies bei einem so dezidierten Vertreter des liberalen Staatsgedankens und der Rechtsstaatsidee, dem ersten Vorsitzenden des Verfassungsausschusses der Nationalversammlung, eine bewußte Zuspitzung. Aber sie zeigt doch, für wie zentral im Kreise Bassermanns und seiner Freunde gerade in der gegenwärtigen Situation, angesichts der immer schärfer hervortretenden politischen und insbesondere sozialen Gegensätze, das Element des Nationalen, die Idee einer höheren, diese Gegensätze in sich aufhebenden und in ihrem Schoß versöhnenden Einheit erschien. Diese Idee wurde zu einer Art Fluchtburg des immer mehr in Frage gestellten Gedankens der klassenlosen Bürgergesellschaft, einer natürlich-harmonischen Gemeinschaft der Freien und Gleichen: Die nationale Einheit werde jenen Geist des Ausgleichs und der Versöhnung erzeugen, dessen Fehlen im Augenblick alles zu zerstören drohe.

So vage, so verschwommen, so utopisch eine solche Perspektive rückblickend erscheinen mag – eine im Geist des Idealismus und der hochgespannten nationalen Zukunftserwartungen aufgewachsene Generation war zunächst durchaus geneigt, sich von ihr gefangennehmen zu lassen. »Wie ein elektrischer Funke wirkte das Zauberwort der Einheit Deutschlands auf alle Gaue unseres Landes«, hatte Johann Georg Wirth, der Organisator des Hambacher Festes von 1832 und jetzige Paulskirchenabgeordnete, schon anderthalb Jahrzehnte früher geschrieben: »Das Volk war in kurzer Zeit wie umgewandelt. Nur eine Idee, nur eine Sympathie bewegte alles: ›Die Wiedergeburt des Vaterlandes‹.«

Friedrich Daniel Bassermann hat sich mehr und mehr in den Dienst dieser Idee gestellt, alles am möglichen Fortschritt in der Einheitsfrage gemessen. Daß der nationale Gedanke damit zunehmend zu einem Wert an sich und damit auch für ganz andere Kräfte verwendbar wurde, lag weit außerhalb seiner Überlegungen. Zu sehr war er davon überzeugt, daß die liberale und die nationale Idee untrennbare Geschwisterkinder seien. Jeder Fortschritt in nationaler

Hinsicht werde dem Liberalismus, dem liberalen Bürgertum und dem zugute kommen, was sich seine Vertreter politisch und wirtschaftlich, aber eben auch gesellschaftlich und kulturell von der Zukunft erwarteten.

Bei allen sich verschärfenden Auseinandersetzungen und bei allen Enttäuschungen sah er sich hierin doch zunächst nach wie vor getragen von einer breiten Strömung in der Öffentlichkeit: bei seinen Wählern; in der Paulskirche; in der alten Kaiser- und Krönungsstadt Frankfurt, die die neuen Abgeordneten am 18. Mai 1848 jubelnd empfangen hatte; und auch im heimischen Mannheim, nicht nur innerhalb des Bürgertums im engeren Sinne, im Kreis der befreundeten Familien, sondern, trotz der Krisen der vergangenen Wochen, auch in weiten Gruppen der Bevölkerung. Nach dem Scheitern Heckers und der außerparlamentarischen, demokratisch-republikanischen Aktionen richteten sich auch hier die Hoffnungen verstärkt wieder auf den konstitutionell-parlamentarischen Weg und auf dessen Hauptprotagonisten, zu denen Bassermann ganz unbestritten zählte.

Allerdings war der Abgeordnete für Stadtprozelten, der schon seit der zweiten Märzhälfte ständig zwischen Karlsruhe und Frankfurt hin und her gependelt war und bereits im April seine Familie nach Frankfurt geholt hatte, in den nächsten Monaten kaum je einmal in Mannheim. Als Vorsitzender des Verfassungsausschusses, als Hauptredner seiner »Fraktion«, des rechten Zentrums, in allen wichtigen politischen Streitfragen, seit Anfang August als Unterstaatssekretär im Reichsministerium des Inneren mit Sitz im Kabinett steckte er bis über den Kopf und schon bald über das physisch auf Dauer Erträgliche in den Frankfurter Geschäften und Kämpfen. Sein ältester Sohn Emil Bassermann berichtete später, der Vater habe meist nur noch zwei bis drei Stunden geschlafen und hier seine Gesundheit ruiniert.

An ein intensiveres Engagement auf der heimischen Bühne war angesichts dessen kaum noch zu denken. Es blieb im wesentlichen bei der verbalen Unterstützung der dortigen Bemühungen zur erneuten Sammlung möglichst aller national gesinnten Kräfte. Dabei war er persönlich nach den Erfahrungen im März und vor allem dann im April wohl eher skeptisch – Ende April sprach er in einem Brief an

Friedrich Daniel Bassermann über den Akten mit Heinrich von Gagern im Bundespalais, Gemälde von A. Burger 1849

einen Freund, den Oberhofgerichtsadvokaten Leopold Ladenburg, einem Sohn des Begründers des Bankhauses Ladenburg, von den »ekelhaften Mannheimer Zuständen«. Hinzu kam, daß er aus der Familie und aus dem Freundeskreis nach wie vor überwiegend negative Stimmen hörte. Der Vater trat unter Protest aus dem Gemeinderat aus, der Bruder Julius brachte seine Familie wie viele andere aus der Stadt. Alle Welt sprach von einem Klima der Unsicherheit und einem Gefühl latenter Bedrohung in diesem, wie Friedrich Daniel es in einem Brief an Heinrich von Gagern ausdrückte, »Hauptlager der Anarchisten«. »Bassermann ist von Mannheim mit verstärktem Ekel gegen die dortige Bevölkerung zurückgekommen«, berichtete Karl Mathy, Unterstaatssekretär der Revolutionsregierung wie Friedrich Daniel, im August seiner Frau, und fügte in für die Stimmung, die inzwischen herrschte, bezeichnender Wendung hinzu: »Der Mannheimer Bürger kann mit seinem Pöbel nicht fertig werden, das ist das Elend, an welchem die Stadt zu Grunde gehen muß.«

Viel gravierender war freilich etwas anderes. Die »Denkwürdigkeiten«, die der inzwischen endgültig zum Berufspolitiker gewordene Abgeordnete, Staatssekretär und spätere Reichskommissar im Sommer 1849 zu Papier brachte beziehungsweise seinem ältesten Sohn diktierte, vermitteln jedoch nicht den Eindruck, als ob er sich dessen in seiner ganzen Tragweite bewußt war. Seit den Unruhen im April kam der Handel, von dem die Stadt wesentlich lebte und dem sie ihren starken Aufschwung vor allem seit Beginn der dreißiger Jahre zu verdanken hatte, mehr und mehr zum Erliegen. Im Freihafen, in dem in den letzten Jahren bei ständigem Ausbau immer größere Enge geherrscht hatte, war es in den Sommermonaten oft still wie an einem Sonntagmorgen. Die Geschäfte stagnierten auf breiter Front.

Im Frühjahr 1848 hatte man mit einem gewissen Recht von einer auf übersteigerten Erwartungen beruhenden sozialrevolutionären Tendenz gesprochen; nun griff bei Hafenarbeitern, Lohngehilfen, Gesellen und Tagelöhnern aller Art wirkliche Not um sich, erhielt die revolutionäre Unruhe ein ungleich konkreteres Fundament. Das aber verstärkte wiederum im Kreis des wirtschaftenden Bürgertums – das geschäftlich unmittelbar betroffen war und sich gleichzeitig immer schärferen Attacken der von ihnen wirtschaftlich Abhängigen ausgesetzt sah – die Neigung, an dieser Situation »der Revolution« schlechthin die Schuld zu geben, ohne wie bisher zwischen den einzelnen Richtungen zu differenzieren. Damit aber tat sich auch hier eine Kluft zwischen Repräsentanten und Repräsentierten auf, die durch den Appell an die bisherigen gemeinsamen Ziele und an den nationalen Gedanken nur noch mühsam überbrückt werden konnte.

»Nichts ist gefährlicher«, hatte Bassermann Anfang April in der badischen Kammer gewarnt, »als durch Übertreibungen in den Gemütern die Reaktion herbeizuführen; es kann dahin kommen, daß viele Bürger am Ende, im Unverstand allerdings, sagen: Lieber keine Freiheit als keine Ordnung.« Diese Prophezeiung begann sich nun zu erfüllen. Die Arbeit gerade auch der sogenannten Gemäßigten, in der Paulskirche wie im heimischen Karlsruhe, drohte dadurch mehr und mehr in eine Art Vakuum zu geraten. So hing von der Qualität der Beschlüsse immer weniger, von der Zeit, die man dafür benötigte und die die Unsicherheit und mit ihr die wirtschaftliche Stagnation verlängerte, immer mehr ab. »Die Sehnsucht nach der Wiederkehr eines tätigen und einbringlichen Geschäftslebens kann so groß sein«, warnte Friedrich Daniel am 11. September in der Paulskirche seine Parteifreunde und das ganze Parlament, »daß sie in eine Ermüdung und Ermattung umschlägt, welche unserm Werke durchaus schädlich sein muß.« Hinter dem Rücken der in Frankfurt – und in Berlin und Wien – Handelnden rückte in der Tat die Stunde der Reaktion näher und näher, verbesserte sich das Klima für eine Gegenrevolution gleichsam von Woche zu Woche.

War der junge Bassermann wirklich auf dem richtigen Wege, so fragte man sich im heimischen Mannheim immer öfter, wenn er an dem bisherigen Kurs festhielt und nach wie vor nur eine kleine Gruppe von Demagogen für den Gang der Dinge verantwortlich machte? Galt es nicht, entschiedener aufzutreten, bevor die Dinge endgültig aus dem Ruder liefen? Selbst Julius, den jüngeren Bruder, dessen von dem Älteren übernommenes Drogengeschäft inzwischen daniederlag und der von seinen vielfach linksgesinnten Apothekerkunden auf Mahnungen statt Zahlungen immer häufiger Drohbriefe erhielt, überfielen Zweifel, ob der vielbewunderte politische Repräsentant und Sprecher der Familie, der mittlerweile dem Alltag, gerade auch dem geschäftlichen Alltag und seinen Problemen, ganz entwachsen schien, die Dinge noch ganz richtig sehe und nicht in Illusionen verfalle. Der Freischärler, der den jungen Julius Bassermann nach einer Rheinüberfahrt bei einer Personenkontrolle mit den Worten begrüßte: »Was Bassermann heißt, gehört eine Kugel in den Kopf und einen Stich in den Leib«, schien ihm ein hinreichendes Zeugnis dafür zu liefern, wie sich die Verhältnisse inzwischen entwickelt hatten – in der Familie war seither nur noch von dem »Schreckensjahre von 48« die Rede.

Was sich an Haß und zu Gewalttat bereiter Leidenschaft seit den Februartagen im Lager der Revolution entwickelt hatte, darüber gab sich auch der Bruder keinen Zweifeln hin. Die blutigen Frankfurter Septemberunruhen, denen mit dem einstigen preußischen General Hans von Auerswald und dem Fürsten Felix Lichnowsky, der Mitglied des von Friedrich Daniel präsidierten Verfassungsausschusses gewesen war, auch zwei Abgeordnete zum Opfer fielen, hat er nur noch als grausige Bestätigung für das empfunden, was, wie er es in der Paulskirche ausdrückte, an »dämonischer Gewalt der Rohheit und Blutgier hervordringt«. Aber er blieb der Überzeugung, daß nach Ausschaltung der Drahtzieher auf der äußersten Linken - die er als Unterstaatssekretär im Innenministerium mit recht problematischen Maßnahmen zur Überwachung der politischen Vereine voranzutreiben suchte - und nach der erneuten politischen Einbindung der übrigen Linken im Zuge des parlamentarischen Willensbildungs- und Entscheidungsprozesses ein grundlegender Wandel immer noch möglich sei.

Das war sein Programm. An ihm hielten er und seine politischen Freunde eisern fest, auch als sich der politische Himmel bereits deutlich verdüsterte. Nicht nur durch parlamentarische Beschlüsse, sondern durch den parlamentarischen Entscheidungsprozeß selber, durch die öffentliche Auseinandersetzung auf dem Forum der Nation, werde man die Dinge schließlich doch noch entscheidend voranbringen, zu äußerer und vor allem auch innerer Einheit gelangen und mit ihr zu gesicherter Freiheit. Friedrich Daniel Bassermann verkörperte also förmlich das, was vierzehn Jahre später, 1862, der eben gegen eine überwältigende parlamentarische Mehrheit zum preußischen Ministerpräsidenten und Außenminister bestellte Otto von Bismarck den »großen Fehler von 1848 und 1849« nennen sollte - daß man nämlich geglaubt habe, »die großen Fragen der Zeit« könnten »durch Reden und Majoritätsbeschlüsse« entschieden werden.

Dieser Satz und seine Schlußfolgerung, die Beschwörung von »Eisen und Blut«, wurde 1862 leidenschaftlich kritisiert, später aber mit wachsender Zustimmung zitiert. Sicherlich war er ein Diktum des politischen Gegners und entsprechend zu bewerten und zu relativieren. Bassermanns Tragik aber steckte darin, daß Bismarck damit an eine inzwischen weitverbreitete Einschätzung innerhalb des Bürgertums zu appellieren vermochte. Ein erheblicher Teil dieses Bürgertums war nämlich mittlerweile an seinem Glauben an parlamentarische Entscheidungsprozesse und Majoritätsbeschlüsse, ja, an das Parlament und das parlamentarische System selbst immer mehr irre geworden. Immer häufiger war seit 1849 aus seiner Mitte zu hören gewesen, die Paulskirche sei nicht an den Kräften der Reaktion, sondern an ihrer eigenen Schwäche, ihren inneren Gegensätzen, ihrem Mangel an wirklicher Führungskraft gescheitert. Eine parlamentarische Versammlung sei eben letztlich doch nicht fähig, eine Nation zu leiten und einen Staat wirkungsvoll zu organisieren.

Gerade das aber war der Anspruch, die feste Überzeugung gewesen, die jenseits aller Einzelfragen und unbeschadet aller Enttäuschungen Friedrich Daniel Bassermann in der Revolution getragen hatte. An den beiden damals über Erfolg und Mißerfolg entscheidenden Fragen war er in diesem Sinne zentral und aktiv handelnd beteiligt gewesen: an der Etablierung und praktischen Durchsetzung des parlamentarischen Regierungssystems und an dem Versuch, die Einheitsfrage auf parlamentarischem Wege zu lösen. Beides hing in allen Phasen auf das engste miteinander zusammen, und die Einsicht in diesen Zusammenhang gab seinem Handeln bis in das Scheitern hinein unbestreitbare Konsequenz und Geschlossenheit.

Mit seinem Antrag auf Schaffung eines Delegiertenparlaments beim Deutschen Bundestag hatte er am 5. Februar 1848 in der badischen Kammer ein entscheidendes Signal gegeben. Es war in den nächsten Tagen und Wochen an den verschiedensten Stellen in Deutschland aufgenommen worden. Ein deutsches Parlament - diese Forderung beherrschte seither noch eindeutiger die politische Diskussion. Bassermann selber hatte damit von vornherein - anders als seine politischen Gegner dann später oft behaupteten - die Machtfrage verbunden: Wie seit Februar/März faktisch bereits in Baden, so sollte auch auf der nationalen Ebene das Parlament von allem Anfang an die Führung übernehmen; dazu bedurfte es natürlich entsprechender Organe.

In einer großen Rede vor der Paulskirche im Zusammenhang mit der Frage der Errichtung einer provisorischen Zentralgewalt hatte er erklärt, kein Parlament könne selbst regieren. Aber entscheidend sei, daß eben nichts gegen den Willen der Mehrheit des Parlaments geschehe, der in einem parlamentarischen Staat mit dem Mehrheitswillen der Nation gleichgesetzt werden müsse. Und das verlange mit an erster Stelle, daß die Regierung vom Vertrauen der jeweiligen - unter Umständen auch einmal rasch wechselnden - Parlamentsmehrheit getragen werde. »Die Hauptsache ist, daß die Diener der Gewalt [sprich der »Centralgewalt«, des Reichsoberhaupts] die Majorität der Nation in sich vereinigen, in dem Namen und Willen dieser Mehrheit handeln und ihr verantwortlich sind.« Als Anfang September 1848 eine von dem Historiker und prominenten Verfassungsjuristen Friedrich Christoph Dahlmann geführte Parlamentsmehrheit den von der Regierung gebilligten Waffenstillstand mit der dänischen Regierung verwarf, da plädierte Bassermann sofort für den Rücktritt des Kabinetts und eine Neubildung der Regierung aus dem Schoß der jetzigen Mehrheit.

Als Vorsitzender des Verfassungsausschusses der Paulskirche hatte er diese Linie eines konsequenten Parlamentarismus stets mit Nachdruck vertreten. Der neue Staat müsse, was auch immer der Tag und die jeweilige Konstellation an praktischen Kompromissen und an Vereinbarungen mit den einzelstaatlichen Regierungen erfordere, im Prinzip auf dem Grundsatz der Parlamentssouveränität gegründet werden. Daß Bassermann dabei, wie in den Grundrechtsdebatten deutlich wurde, die Bereiche, auf die sich diese Souveränität

Zeitgenössische Karikatur, rechts Friedrich Daniel Bassermann

erstrecken sollte, insbesondere hinsichtlich der Entscheidungsfreiheit des Individuums und seiner wirtschaftlichen und sozialen Rechte, enger begrenzt wissen wollte als mancher Vertreter der Linken, änderte nichts an dieser Grundentscheidung. Sie bildete für ihn, jedenfalls bis zum Frühjahr 1849, die Linie, jenseits derer er keine Kompromisse einzugehen bereit war.

Was ihn dabei trug und ihn ungeachtet eines recht leidenschaftlichen Naturells und mitunter starrer Ansichten zum Ausgleich und zur Vermittlung befähigte, war die doppelte Überzeugung, daß der Mehrheitswille auf der Höhe des 19. Jahrhunderts letztlich unwiderstehlich geworden sei und daß er und seine politischen Freunde von diesem Mehrheitswillen getragen würden, daß sie ihn im Kern repräsentierten.

Es war dieser Grundoptimismus, der ihn, jenseits gelegentlicher persönlicher Erbitterung, auch über alle aktuellen Auseinandersetzungen hinweg, in den Vertretern der äußersten Linken Demagogen sehen ließ, die zum Scheitern verurteilt und also letztlich zukunftslos sein würden. Es war dieser Grundoptimismus, der ihn selbst dann noch in Gesprächen und Verhandlungen mit Vertretern der alten Ordnung in der Position des sicheren, aber durchaus kompromißbereiten historischen Siegers auftreten ließ, als sich die Machtverhältnisse bereits entscheidend gewandelt hatten.

Ein fast gespenstisches Zeugnis dafür liefert die Mission nach Berlin, zu der ihn die Reichsregierung Anfang November 1848 entsandte. In der preußischen Hauptstadt waren inzwischen die Kräfte der Gegenrevolution, ermuntert und innerlich gestärkt durch den Sieg des kaiserlichen Feldmarschalls Fürst von Windischgrätz über das revolutionäre Wien, auf breiter Front im Vormarsch. Anfang November war Graf Brandenburg, ein Hohenzollernsproß linker Hand, von Friedrich Wilhelm IV. mit der Neubildung der Regierung beauftragt worden. Die Art der Regierungsbildung, die ersten Verlautbarungen und Anordnungen des neuen Kabinetts, schließlich der Beschluß, das Parlament zu vertagen und es, angeblich zu seinem eigenen Schutz, zum Schutz vor den Berliner Volksmassen nämlich, nach Brandenburg zu verlegen – das alles war im Grunde geeignet, letzte noch bestehende Illusionen zu zerstören. Bassermann jedoch, der am Abend des 9. November, dem Tag, an dem

Graf Brandenburg die Vertagung und Verlegung des Parlaments in der Nationalversammlung verkündet hatte, in das von den Truppen Wrangels umstellte Berlin kam, sah in all dem zunächst nur eine heilsame Aktion gegen die Straße und gegen die radikale Linke. Es gehe allein gegen diejenigen, die ihn, den Mann des parlamentarischen Systems, der demokratischen Mehrheitsentscheidung, inzwischen mit Karl Marx »Brutus Bassermann«, einen Verräter am »wahren« Volkswillen nannten. Das Frankfurter Ministerium wolle »einmal mit eigenen Augen sehen«, hatte er am 7. November, dem Tag seiner Abreise, dem Freund Ladenburg gegenüber das Ziel seiner Reise beschrieben, »wie an diesem letzten Zufluchtsort unserer modernen Tyrannen« – der radikalen Linken – »ein gesicherter freiheitlicher Zustand herzustellen sei«. »Zugleich«, hatte er hinzugefügt, »denke ich mit dem Könige eine offene Sprache zu führen und für die Einheit zu wirken.«

Das hat er nach allgemeinem Zeugnis in den ausführlichen Unterredungen mit Friedrich Wilhelm IV. am 11. und 14. November 1848 auch getan und dabei den König und dessen Umgebung als Person durchaus beeindruckt. Die Grundvorstellung aber, von der er dabei ausging und die ihm sein Selbstbewußtsein und Selbstvertrauen verlieh, war längst zu einer Chimäre geworden. Die bürgerlich-liberale Mehrheit und der Monarch führten, so lautete sie, einen gemeinsamen Kampf gegen die radikale Linke. Die Krone könne in wohlverstandenem Eigeninteresse gar nicht anders, als an dem Bündnis mit dieser Mehrheit festzuhalten. Daß die Rechte und auch der König längst entschlossen waren, mit der Linken zugleich alle »Revolutionäre« sozusagen in einen Sack zu packen und der Revolution insgesamt ein Ende zu setzen, hat er einfach nicht glauben wollen. Und schon gar nicht wollte er sehen, daß ein wachsender Teil des Bürgertums, nicht nur im Norden, in Preußen, sondern auch im konstitutionellen Süden, auch im heimischen Mannheim, einen solchen Kurs durchaus billigte.

Friedrich Daniel war in Berlin auch dem König gegenüber als Sprecher des politischen Partners aufgetreten, und zwar nicht nur eines gleichberechtigten, sondern eines von der geschichtlichen Entwicklung und den Tendenzen der Zeit eindeutig begünstigten Partners, der gewählten Parlamentsmehrheit der gesamten Nation. Noch durch das Medium seiner Erinnerungen spürt man die Fassungslosigkeit darüber, daß ihn Friedrich Wilhelm IV. nach Abschluß ihrer Gespräche fragen ließ, ob er den roten Adlerorden annehmen würde – eine Auszeichnung für Verdienste um den preußischen Staat und die preußische Krone, wie sie gemeinhin Oberbauräten, mittleren Hofchargen, verdienten Künstlern oder Gelehrten und Militärdienstgraden unterhalb des Generalsranges zuteil wurde. »Obschon ich hell auflachen musste«, so enden seine Memoiren, »war mir doch dies Anerbieten ein neuer trauriger Beweis, wie wenig der König die Zustände begriff.«

Friedrich Wilhelm IV. und seine Berater hatten sie nur zu gut begriffen. Die Stunde Bassermanns und seiner politischen Freunde war vorüber. Bassermann habe, höhnte Karl Marx in der »Neuen Rheinischen Zeitung«, die Rolle des »Bedienten als Herrn« gespielt und dabei zumindest »die Genugtuung« gehabt, »daß der Herr seinerseits den Bedienten« spielte. Mochten im weiteren auch immer wieder Hoffnungen aufflammen, vor allem nach Abschluß des Verfassungswerkes auf der Grundlage eines Kompromisses mit den kooperationsbereiten Kräften der Linken – die endgültige Absage des preußischen Königs, die Ablehnung der ihm von der Paulskirche angetragenen Krone eines kleindeutschen Nationalstaats im April 1849 lag doch ganz auf der Linie und in der Logik der Novemberereignisse ein halbes Jahr vorher. »Aus Dreck und Letten gebacken«, eine »Wurstbretzel von Meister Bäcker und Metzger« nannte Friedrich Wilhelm IV. in vertrautem Kreis jene Krone, die ihn zwar zum monarchischen Oberhaupt eines neuen großen Reiches, aber zu einem Oberhaupt nicht von Gottes und seiner Mitfürsten, sondern von Volkes Gnaden machen sollte, zu einem Kaiser, der seine Würde einem gewählten Parlament verdankte.

Mit der preußischen Absage aber war, so wie die Dinge nun einmal lagen, endgültig alles verloren. Der Versuch der Linken, die neue Verfassung in der sogenannten Reichsverfassungskampagne auch gegen Preußen, sprich gegen die preußische Regierung und die preußische Krone, durchzusetzen, war, bei aller Leidenschaft und bei allem Opferwillen der daran Beteiligten, von vornherein zum Scheitern verurteilt. In den Auseinandersetzungen darüber brachen noch einmal mit aller Schärfe die alten Fronten im Lager der Revolution auf, die gerade eben in dem Verfassungskompromiß mühsam überbrückt worden waren, bevor dann die Armeen der Gegenrevolution alles im Blut erstickten.

Friedrich Daniel Bassermann hat sich an diesen letzten Auseinandersetzungen praktisch kaum noch beteiligt. Ende April 1849 hatte ihn das Frankfurter Kabinett abermals als »Bevollmächtigten« nach Berlin entsandt - Mathy ging gleichzeitig nach München -, um in Verhandlungen mit der preußischen Regierung und dem preußischen König zu erkunden, was etwa noch möglich sei. Die Reaktion auf den Abschluß des Verfassungs- und damit, wie es schien, auch des Einigungswerkes hatte ihn noch einmal nachhaltig in seiner Auffassung bestärkt, daß bei Lage der Dinge fast alles von der Lösung der Einheitsfrage abhänge - seine inzwischen einundsechzigjährige Mutter war, spontan wie sie nach wie vor war, auf die Nachricht hin ins Theater gestürmt und hatte hier mit dem Ruf »Die deutsche Einheit ist gemacht« einen Jubelsturm ausgelöst. Nur durch die Lösung der nationalen Frage werde die inzwischen politisch wie sozial über alle Staats- und Ländergrenzen tief gespaltene Nation wieder zusammengeführt werden. Die nationale Einheit werde zugleich den vielfältig angefochtenen Führungsanspruch des liberalen Bürgertums und seiner Vertreter erneut befestigen. Sie werde den einzelstaatlichen Partikularismus, dem der wirtschaftliche, gesellschaftliche, parteipolitische, auch konfessionelle Partikularismus zur Seite trete, überwinden und mit ihm den ständig wachsenden Egoismus der einzelnen Gruppen und sozialen Schichten, an dem die Gesellschaft und an dem vor allem auch das liberale Staats- und Gesellschaftsideal zu zerbrechen drohten.

Nur vor diesem Hintergrund ist es zu verstehen, daß Bassermann sich in Berlin zu Vorschlägen verstieg, die politisch ebenso unrealistisch wie mit seinen eigenen ursprünglichen Überzeugungen letztlich unvereinbar waren. Der König von Preußen, so regte er in Übereinstimmung mit ähnlichen Vorschlägen der badischen Regierung an, solle auf einen entsprechenden Antrag der Nationalversammlung zunächst vorläufig die Zentralgewalt einschließlich der Funktionen des Reichsoberhaupts übernehmen, darauf einen Reichstag nach Maßgabe der Verfassung und des Reichswahlgesetzes berufen und diesem sogleich Vorschläge auf Abänderung der Verfassung vorlegen. Er selber solle also eine neue Runde der Verfassungsgesetzgebung einleiten, und zwar auf der Basis einfacher Mehrheitsbeschlüsse – eine entsprechende Bestimmung müsse, so Bassermann, die jetzige verfassunggebende Nationalversammlung noch verabschieden. Mit ihrem Beschluß vom 4. Mai 1849 entzog diese freilich, wie die preußische Regierung den »Bevollmächtigten« der Frankfurter »Zentralgewalt« trocken wissen ließ, solchen Vorschlägen jeden Boden. Bassermann, »der Spökenkieker«, spottete Friedrich Engels, sei nun »selbst zu einer ›Bassermannschen Gestalt‹« geworden.

Mit großer Mehrheit hatte die Paulskirchenversammlung an jenem Tag nämlich alle Regierungen und Gemeinden sowie das gesamte deutsche Volk aufgefordert, für die Reichsverfassung einzutreten. Gleichzeitig hatte sie beschlossen, den neu zu wählenden Reichstag auf den 15. August einzuberufen. Für den Fall, daß Preußen dort nicht vertreten sein werde, hatte man den nächstmächtigsten Staat – also Bayern – vorsorglich aufgefordert, dann die Reichsstatthalterschaft zu übernehmen. Das lief darauf hinaus, daß notfalls zunächst ein Reich des sogenannten Dritten Deutschland gebildet werden müsse. »Der Ausbruch der gewaltsamsten Revolution im mittleren und größten Teil von Süddeutschland läßt sich nur noch durch das entschiedenste Eintreten für die Reichsverfassung verhüten«, telegraphierte Heinrich von Gagern am 6. Mai 1849 an Bassermann.

Bassermanns zweite Berliner Mission war damit zu Ende – gescheitert wäre noch ein Euphemismus: Der Titel »Bevollmächtigter« der Zentralgewalt öffnete ihm keine Tür mehr, konnte ihn höchstens in Gefahr bringen. Statt zurückzukehren – am 10. Mai wurde er offiziell abberufen –, legte er jedoch am 13. Mai sein Frankfurter Mandat nieder, von der Linken mit Spott, von einigen mit Drohungen überschüttet; die Eltern hielten es in jenen Maitagen für ratsam, von Mannheim nach Frankfurt auszuweichen. »Nach meiner Ansicht fördern die Beschlüsse der Nationalversammlung seit dem 4. Mai nicht mehr eine Einigung Deutschlands, sondern den Bürgerkrieg«, begründete er seinen Entschluß in einer von vielen Zeitungen am 19. Mai veröffentlichten Erklärung an seine Wähler: »Ein Beharren auf dem betretenen Wege könnte, statt zu einer einheitlichen Gestaltung eines starken Vaterlandes, im besten Falle nur noch dazu führen, daß Deutschland in zweierlei Verfassungen, in zweierlei Reichstage geteilt und geschwächt würde. Ein solches Ziel ist nie das meine gewesen. Einer Versammlung, welche nach meiner Überzeugung ein anderes Ziel als ein solches nicht mehr erreichen kann, glaube ich nicht mehr angehören zu dürfen; darum mein Austritt.«

Als einer der ersten aus dem Lager der sogenannten Erbkaiserlichen, der kleindeutsch-liberalen Partei der Paulskirche, suchte Friedrich Daniel jetzt Anschluß an die Radowitzsche Unionspolitik, also den Versuch, das kleindeutsche Programm von oben, in einem Bündnis der Fürsten und Freien Städte durchzusetzen, auf der Basis einer auf das »monarchische Prinzip«, auf die unbedingte Vorrangstellung der Krone und der von ihr bestellten Regierung ausgerichteten Verfassung. Diesem Kurs ist zu Bassermanns Genugtuung dann, nach der gewaltsamen Wiederherstellung der »Ordnung« in Mittel- und Süddeutschland und nach Auflösung des nach Stuttgart übergesiedelten Frankfurter Rumpfparlaments, die Mehrheit der erbkaiserlichen Partei gefolgt.

Auf einer Versammlung, die vom 26. bis 28. Juni 1849, vier Tage nach der Besetzung Mannheims durch preußische Truppen, in Gotha stattfand, beschloß eine überwältigende Mehrheit mit einhundertdreißig von einhundertachtundvierzig Stimmen, die Radowitzsche Unionspolitik zu unterstützen und sich an den in Aussicht genommenen Wahlen zu einem nach Erfurt zu berufenden verfassunggebenden Unionsreichstag zu beteiligen. »Mir bleibt [sic!] immer die Lösung des Dualismus und die Herrschaft eines vernünftigen Parlaments die Cardinalpuncte«, schrieb Friedrich Daniel damals an Gervinus: »Mit Österreich kriegen Sie keins von beiden, und offen gesagt mit der Reichsverfassung vom 28. März bekamen Sie auch das letztere nicht.«

Wie das ganze Unionsprojekt, so erwiesen sich freilich auch die Hoffnungen der »Gothaer« als illusionär. Auf der einen Seite verschafften sich die Machtinteressen Österreichs und auch Rußlands zunehmend Geltung und entzogen dem Unionsplan mehr und mehr die Basis. Und auf der anderen Seite gewannen die auf ihre faktischen Rechte und ihre innenpolitische Stellung pochende preußische Regierung und die wiedererstarkten Konservativen immer mehr an Übergewicht, zu deren Hauptwortführern in Erfurt der junge Otto von Bismarck gehörte.

Resignierend zog Friedrich Daniel Bassermann, den der neunte rheinische Wahlbezirk um Kreuznach und Simmern, also ein Wahlkreis der preußischen Rheinprovinz, in das Erfurter Parlament entsandt hatte, schließlich am 15. April 1850 in einer großen Rede vor diesem Gremium Bilanz: »Während von der äußersten Linken in Frankfurt dahin gestrebt wurde, dem Gesetze der Obrigkeit, der Monarchie, Ansehen und Gewalt zu rauben und sie nur dahin zu übertragen, wo die dicke Faust mit dem harten Kopfe übereinstimmt ... hören wir hier von nichts anderem, als davon, daß, so lange noch Rechte auf Seiten der Nation sind, die wahre Monarchie und, wie man sagt, die wahre Freiheit nicht bestehen können. Es ist dasselbe Extrem in umgekehrter Form.« Offenbar hätten in dieser Gruppe nun diejenigen mehr und mehr das Sagen, die das Rad der Geschichte so weit wie irgend möglich zurückdrehen wollten und es bedauerten, »daß man nicht mehr von den Burgen herabsteigen kann, um vorüberziehende Kaufleute auszuplündern«.

Preußen, auf das er und seine politischen Freunde auch dann noch verzweifelte Hoffnungen gesetzt hatten, als die Situation dort innenpolitisch bereits von Grund auf verändert war, erschien ihm nun, wie Österreich schon seit langem, als »Totenvogel«, der an »dem Sarge von Deutschlands Freiheit und Größe« Wache halte – ein Satz, den Bismarck, der junge Scharfmacher der äußersten Rechten, dahingehend verdrehte, der »Abgeordnete für Baden« habe Preußen »einen toten Vogel genannt«. Nichts, gar nichts wisse ein solcher angeblicher Preußenfreund, so der künftige Diplomat und preußische Bundestagsgesandte, von dem wahren Preußen und seinem Geist, den »der Herr Abgeordnete schon in früheren Jahren, und namentlich im November 1848, vergebens versucht« habe »zu bannen, von diesem Geiste, vor dem biegen müssen oder brechen die Geister derer, welche glaubten, in dem ersten Schaumspritzen der Märzwellen ein Element zu sehen, in dem sie zu schwimmen vorzugsweise befähigt wären«.

»Biegen müssen oder brechen« – als ob Bassermann und seine Freunde sich nicht seit Jahr und Tag mehr als gebogen hätten, um das große Ziel, den Nationalstaat, die nationale Einheit, vielleicht doch noch, wenngleich auf Umwegen, ja, wie die Gegner sagten, auf Schleichwegen, zu erreichen. Der Hohn des nur vier Jahre jüngeren Bismarck, der aber innerlich bereits einer ganz anderen Generation angehörte, machte es überdeutlich: Es war alles vergeblich gewesen. Ja, mehr noch, der Kampf gegen die Linke hatte offensichtlich lange, viel zu lange den Blick dafür getrübt, was sich auf der anderen Seite des politischen Spektrums vorbereitete und mehr und mehr auch den Beifall des eigenen, des bürgerlichen Lagers gewann.

Ende April 1850 ging der am 20. März eröffnete Erfurter Unionsreichstag nach wenigen Wochen zu Ende. Die meisten, die der Bassermannschen Richtung, der »Bundesstaatspartei« oder »Bahnhofspartei«, angehörten, waren sich inzwischen, wie der einstige Vorsitzende des Verfassungsausschusses der Nationalversammlung, darüber im klaren, daß all die verfassungspolitischen Kompromisse, die man eingegangen war, kaum noch zum Ziele führen würden: Nicht nur Österreich, nicht nur Rußland, sondern auch die politische Rechte in Preußen selber stand der Radowitzschen Unionspolitik mit immer schärferer Ablehnung gegenüber. »Das Programm von Gotha ist in die Luft gestellt«, hatte der nüchternere Mathy, den ein schlesischer Wahlkreis in das Unionsparlament entsandt hatte, schon im November 1849 geurteilt. Politisch auf der ganzen Linie gescheitert, gesundheitlich, obwohl noch keine vierzig, schwer angeschlagen, kehrte Bassermann Anfang Mai 1850 ins heimische Mannheim zurück.

Wenige Tage vorher hatte der Prinz von Preußen, der spätere Kaiser Wilhelm I., mit seinem ältesten Sohn auf einer Inspektionsreise die preußischen Truppen besucht, mit denen er vor einem knappen Jahr, Ende Juni 1849, das revolutionäre Mannheim erobert hatte und die seither in der einstigen kurfürstlichen Residenz standen. Auch mit dem Prinzen Wilhelm hatte Bassermann als Sonderbeauftragter des Reichskabinetts damals, im Herbst 1848, in Berlin gesprochen, mit dem nötigen Respekt vor dem offiziellen Thronfolger, aber politisch, wie er meinte, von gleich zu gleich. Davon war nun definitiv keine Rede mehr. Wilhelm besuchte die Truppen und Offiziere, begrüßte die zu seiner Ehre herbeigeeilten badischen Prinzen, von denen einer, Prinz Friedrich, der spätere Prinzregent und Großherzog, fünf Jahre später sein Schwiegersohn werden sollte.

Vom Bürgertum der Stadt aber nahm er keine Notiz. Es gehörte, auch wenn es in seiner Mehrheit im Juni 1849 die preußischen Truppen durchaus begrüßt hatte, ins Lager der Revolution, war, zunächst zumindest, unter Quarantäne zu stellen.

Politische Bündnispartner? Davon konnte jetzt auch der größte politische Illusionist nicht mehr sprechen. Was in Erfurt - durch die Mehrheitsverhältnisse und das Bestreben der preußischen Unionspolitiker, sich ein populares Fundament zu schaffen - zunächst noch etwas verschleiert geblieben war, das trat hier nun ganz nackt zu Tage: Das Alte, die sogenannten Ordnungskräfte in Staat und Gesellschaft, hatte auf ganzer Front gesiegt. Das Bürgertum, eben noch umworben, überall in die sogenannten Märzministerien berufen, als Bollwerk gegen Demagogie und sozialen Umsturz gepriesen, sah sich höhnisch beiseite geschoben. Nach den innerrevolutionären Kämpfen der Vergangenheit war es zudem weitgehend isoliert, fast aller seiner Bundesgenossen auf der Linken beraubt, die ihm Klassendenken und Verrat vorwarfen. Karl Mathy, Bassermanns langjähriger Kampfgenosse und politischer Weggefährte, dessen Entschlossenheit und politischer Energie die Monarchie und der monarchische Staat in Baden Entscheidendes verdankte und der darüber zur bestgehaßten Figur der Linken geworden war, wurde sofort nach dem Sieg der preußischen Truppen, die vom badischen Großherzog gegen die Revolutionsregierung und die ihr folgende eigene Armee zu Hilfe gerufen worden waren, in schnödester Form entlassen.

Nach den blutigen Standgerichten vom Sommer und Herbst 1849 gegen die »Aufrührer«, nach der unnachsichtigen Verfolgung all jener, die sich an den Kämpfen um die Durchsetzung der von der parlamentarischen Mehrheit in Frankfurt beschlossenen Reichsverfassung in irgendeiner Form beteiligt hatten, folgte Schritt für Schritt die politische Kaltstellung aller »Achtundvierziger«. Ihre Hauptsprecher im Lager der einstigen liberalen Mehrheit, Mathy, Alexander von Soiron, Carl Theodor Welcker, auch Friedrich Daniel Bassermann, schieden resignierend kurz nacheinander aus der noch vor kurzem von ihnen beherrschten badischen Kammer aus, alle außer Welcker nur wenig über vierzig. Im Unterschied zu ihren Vorgängern hatten sie, die Jüngeren, sich mehr und mehr ganz

Standgerichtsverhandlung im Saal des Mannheimer »Kaufhauses«

Das Ende der Revolution

der Politik gewidmet, waren schließlich Berufspolitiker geworden, Bassermann zusätzlich unter Einsatz seines ererbten Vermögens – die 1843 gemeinsam mit Mathy gegründete Verlagsbuchhandlung hatte fast immer nur Verlust gemacht, selbst in der Blütezeit der »Deutschen Zeitung« im Frühjahr und Sommer 1848; im Oktober 1848 hatte die Weidmannsche Buchhandlung das Blatt übernommen.

Nun galt es für die einstigen Parlamentarier, sich in das zurückzutasten, was man das »bürgerliche Leben« nannte, sich eine neue Existenz aufzubauen, fern der Politik, in einem gesellschaftlich enger gewordenen lokalen Kreis, konzentriert auf Beruf und Geschäft und, soweit die Zeit es erlaubte, auf einige private Interessen. In solcher Lebensform hatte Hegel schon zu Beginn des Jahrhunderts das wesensbestimmende, das eigentlich charakteristische Element der neuen, der bürgerlichen Gesellschaft gesehen und in diesem Sinne eine immer weitergehende Trennung von Staat und Gesellschaft prophezeit.

Die Liberalen hatten dem leidenschaftlich widersprochen. Res publica sive societas civilis, der Staat und die bürgerliche Gesellschaft als auswechselbare Begriffe, das müsse auch weiterhin, ja, nachdrücklicher als je zuvor die Devise sein. Die sich selbst regierende, die Staat werdende bürgerliche Gesellschaft – das sei das Ziel. Und nicht Entfremdung werde das Charakteristikum der neuen Gesellschaft sein, wie Hegel vorausgesagt hatte, ein Prozeß des Sichverlierens an die Dinge und Umstände, sondern Selbstfindung, Emanzipation, die volle Entfaltung des Individuums und der sich bildenden neuen Gemeinschaft entsprechend der im Menschen steckenden, bisher vielfach verschütteten Möglichkeiten.

Trocken hatte Hegel dem entgegengehalten: Was wahr sei, erweise sich nicht in der Theorie und in der theoretischen Diskussion, sondern durch die Geschichte, durch den historischen Prozeß selber. Der aber schien ihm nun in der Tat auf der ganzen Linie recht zu geben. »Die bürgerliche Gesellschaft hat zu ihrer Grundlage, ihrem Ausgangspunkt das besondere Interesse der Individuen«, hatte er in seiner Vorlesung über die »Philosophie des Rechts« im Winter 1824/25 lapidar formuliert. Wie wahr dies offenbar sei, mußten die in den Schoß der so definierten bürgerlichen Gesellschaft zurückkehrenden »Achtundvierziger« vom Schlage Mathys, Soirons und Friedrich Daniel Bassermanns nach 1850 schmerzlich erfahren.

Man müsse Abschied nehmen von dem weltfremden liberalen Idealismus der Vergangenheit, so lautete die begierig aufgenommene und verbreitete neue Parole. Was im bürgerlichen Leben, in Beruf und Geschäft seit jeher gelte, sei auch eine vernünftige Leitlinie für das Leben der Gemeinschaft, für Staat und Politik: Chacun pour soi, Dieu pour nous tous – jeder für sich, Gott für uns alle. »Gott« stand dabei im Sinne des sogenannten Manchester-Liberalismus für jenes System des scheinbar automatischen Interessenausgleichs, der »unsichtbaren Hand«, das den Egoismus in geheimnisvoller Weise zur Quelle des Gemeinwohls machte. Wahrung der eigenen und Berücksichtigung, In-Rechnung-Stellen der Interessen anderer, darin liege im »bürgerlichen« wie im politischen Leben der Schlüssel zum Erfolg. Von dieser Basis aus müsse man künftig »Realpolitik« betreiben statt der »Idealpolitik« der vormärzlichen Liberalen und der »Achtundvierziger« – so in einem vielgelesenen Buch 1853 Ludwig August von Rochau, ein ehemaliger Parlamentsstenograph der Frankfurter Nationalversammlung.

Aus solcher Perspektive erschienen Männer wie Mathy, wie Soiron, wie Bassermann noch zusätzlich als Gescheiterte, nicht nur in der Sache, sondern im ganzen Ansatz. Sicher, sie hatten das Beste gewollt, auch mannhaft den Kampf gegen die Radikalen, gegen die Sozialrevolution geführt. Aber fügte es sich nicht doch ins Bild, daß sie auch im bürgerlichen Leben nicht recht reüssiert hatten und jetzt nur schwer wieder in ihm Fuß zu fassen vermochten? Natürlich sagte man das nur hinter vorgehaltener Hand, bedauernd, mitleidig, den Kontrast zu dem eigenen Fortkommen und den wieder florierenden eigenen Geschäften bloß andeutend. Aber die Betroffenen spürten es doch nur zu deutlich.

Als sich Mathy und Soiron Ende 1851 auf Drängen des im Juni 1849 von der Regierung eingesetzten, inzwischen durch Wahlen bestätigten Oberbürgermeisters Friedrich Reiß um einen Sitz im Gemeinderat bemühten, fielen sie ungeachtet der Rücktrittsdrohung des Bürgermeisters in zwei Anläufen durch: Sie waren Vertreter eines Gestern, an das man nicht mehr erinnert werden wollte, Männer zudem, denen es offenkundig an Fortüne fehlte – was sollte man von einem ehemaligen Staatsminister halten, der nun wieder, seit dem Spätherbst 1850, täglich brav in das Comptoir einer dahinkrebsenden Verlagsbuchhandlung ging, die der kranke älteste Sohn Friedrich Ludwig Bassermanns mehr aus dem väterlichen Vermögen als aus eigener Kraft unterhielt?

Eine robuste, seit frühen Jahren an Rückschläge und Ungerechtigkeiten gewöhnte Natur wie Karl Mathy konnte eine solche Situation auf Dauer besser durchstehen. Aber auch er brach dann seine Zelte im heimatlichen Mannheim und in Baden ab, dessen Regierung ihm jede Form des Übergangsgehalts verweigert hatte, von einer Pension ganz zu schweigen. Im August 1854 trat er aus der gemeinsamen Verlagsbuchhandlung aus und ging, nachdem sich der Plan einer Übernahme der Redaktion der Weserzeitung in Bremen zerschlagen hatte, auf Vermittlung Mevissens zum Schaffhausenschen Bankverein in Köln, dann zur Diskontogesellschaft nach Berlin.

Ein solcher Weg war für den ehemaligen Vizepräsidenten der Frankfurter Nationalversammlung, den »Obergerichtsadvokaten« Alexander von Soiron nur schwer gangbar. Seine Existenzgrundlage blieb, obwohl schmal genug und nicht wie bei anderen wachsend, in Mannheim. Hier ist er, zunehmend vereinsamt und verbittert, Anfang Mai 1855, noch nicht neunundvierzig Jahre alt, gestorben.

Und Friedrich Daniel Bassermann? Er war am tiefsten, am festesten verankert gewesen im Bürgertum der Stadt, über ein Jahrzehnt auf vielen Ebenen einer seiner wichtigsten Sprecher und Repräsentanten, Sohn einer seiner wohlhabendsten Familien, deren Oberhaupt, Symbol des neuen Bürgertums, fast alles der eigenen Kraft, der eigenen Leistung verdankte. Wohin man es damit bringen konnte, als Person, als Familie, das wurde noch einmal für alle Welt sichtbar, als der bayerische Konsul Friedrich Ludwig Bassermann mit seiner Frau Wilhelmine, der Reinhardttochter, um die sich inzwischen so viele Geschichten rankten, am 28. Juli 1855 Goldene Hochzeit feierte – ganz en famille, im Kreis der sechs Kinder, fünfundzwanzig Enkel und vier Urenkel, dazu einer Reihe enger Freunde und Bekannter, aber zugleich im großen Stil, von der ganzen Stadt registriert. Man flüsterte, jedes der Kinder habe an diesem

Tag, als eine Art Morgengabe, die Summe von dreißigtausend Gulden erhalten, etwa das Vierzigfache von dem, was ein normaler Handlungsgehilfe im ganzen Jahr nach Hause brachte.

Das war, gerade die jüngeren Vertreter des Bürgertums sagten es zunehmend ungeniert, der Maßstab der Dinge, darauf richteten sich, man habe es ja gesehen, Neid und Begehrlichkeit, das habe man in erster Linie, als Realität und eigene Lebensmöglichkeit, zu verteidigen und zu schützen. Klassenlose Bürgergesellschaft, eine Nation der Freien und Gleichen? Sehr schön, aber wäre der Vater damit wirklich so weit gekommen, oder wäre er wie der Sohn dahingekrebst, nur eben, Selfmademan, der er war, ohne einen allzeit helfenden Vater?

Am frühen Morgen des 29. Juli 1855, einen Tag nach dem grossen Fest, setzte Friedrich Daniel Bassermann, gerade vierundvierzig Jahre alt, seinem Leben mit einem Pistolenschuß ein Ende. »Ein Anderes ist, zu sterben und der Natur bloß eine Schuld abtragen, und zu sterben unter dem Zeugnisse des geistigen Lebens, dem wir treu gedient«, mit diesem Satz entließ der Stadtpfarrer am Tag darauf die Trauergemeinde.

Zwischen Gestern und Morgen

Als Friedrich Daniel Bassermann Ende Juli 1855 seinem Leben ein Ende setzte, da war die Revolution von 1848, die den Höhe- und Wendepunkt seines Daseins dargestellt hatte, bereits Geschichte geworden - rascher als ihre Anhänger und ihre Gegner gemeint hatten. Hier wie dort hatte man inzwischen Bilanz gezogen und von vielem Abschied genommen, was bis dahin gegolten hatte, was Ziel, Ideal und politische Grundüberzeugung gewesen war.

Eines der frühesten Zeugnisse hierfür bieten die »Denkwürdigkeiten zur Geschichte der badischen Revolution«, die der Historiker der rheinischen Pfalz und Anhänger der liberalen Mittelparteien von 1848, Ludwig Häusser, bereits 1851 veröffentlichte. Häusser war Mitglied des Redaktionsausschusses der »Deutschen Zeitung« und von März bis September 1848 ihr Hauptredakteur. In den fünfziger Jahren wurde er zu einem der einflußreichsten Wortführer eines engen Bündnisses zwischen monarchischem Staat und liberaler Bewegung auf der Grundlage einer klaren Neudefinition der beiderseitigen Interessen. Dabei beschwor er zugleich eine bestimmte Kontinuität innerhalb des deutschen und speziell auch des badischen Liberalismus. Einer seiner Kronzeugen, seiner »Helden« für diese Kontinuität war Friedrich Daniel Bassermann. »Bis 1848 focht er rühriger und kraftvoller als die Meisten aus unserem Bürgertum unter den Fahnen deutscher Freiheit und Einheit«, heißt es in dem Artikel, den er Friedrich Daniel drei Jahre nach dessen Tod im Rotteck-Welckerschen »Staatslexikon« widmete: »Seit 1848 nahm er, wieder leidenschaftlicher und tapferer als die Meisten, an dem Kampfe Teil, den die Sache der Reform gegen die Revolution zu führen hatte. Die ganze Situation machte diesen Kampf von vornherein zu einem tragischen und fruchtlosen, und sein eigenes Leben hat dies Schicksal gewissermaßen individualisiert.«

So einfach lag die Sache freilich nicht, und von einer gradlinigen Entwicklung kann keine Rede sein. Die Zäsur von 1849 ging weit tiefer, und ein Mann jener grundlegenden Neuorientierung, wie sie sich seither innerhalb des Bürgertums und der bürgerlich-liberalen Bewegung mehr und mehr durchsetzte, war Friedrich Daniel Bassermann gerade nicht.

Das oft zitierte Stichwort dieses Umorientierungsprozesses, der sich in der politischen Stille der fünfziger Jahre, der Zeit der verschärften Reaktion gegen alle »Bewegungskräfte«, vollzog, lautete: Realpolitik, realpolitische Wendung. In der Tat spiegelt sich in diesem Stichwort ein wesentliches Element jenes Prozesses. Man habe, so der Publizist Ludwig August von Rochau 1853, in dem Kampf gegen eine anachronistische und ungerechte politische und gesellschaftliche Ordnung, die ihre innere Rechtfertigung zunehmend nur mehr aus »dem angeblichen Rechte des Stärkeren« bezog, vielfach übersehen, »daß das Gesetz der Stärke über das Staatsleben eine ähnliche Herrschaft ausübt wie das Gesetz der Schwerkraft über die Körperwelt«.

Der Schluß war klar: Wer Erfolg haben will, der muß, wie jeder Kaufmann, wie jeder nach konkreten Einsichten strebende Gelehrte, wie jedermann im »bürgerlichen Leben«, mit den bestehenden Verhältnissen, mit den »Realitäten« rechnen. Das aber war nur die eine, die vordergründige Seite der Botschaft; Rochaus Konzept enthielt mehr als platten Machtrealismus, die ideologische Überhöhung – und Rechtfertigung – der Macht des Faktischen. Das eigentlich Entscheidende und Wirkungsvolle lag in der eher schlichten und geistesgeschichtlich gesehen auch durchaus nicht neuen These, die »gute oder die *richtige* [Hervorhebung v. Rochau] Verfassung« eines Gemeinwesens sei »diejenige, welche alle gesellschaftlichen Kräfte nach ihrem vollen Werte zur staatlichen Geltung kommen läßt«. Das hieß im Geist der Epoche und mit Blick auf die soziale Gruppe, für die Rochau in erster Linie schrieb und der er sich politisch zugehörig fühlte, nämlich das Bürgertum: Politische und gesellschaftliche Macht hängen auf das engste zusammen. Nur diejenige politische Ordnung wird sich auf Dauer behaupten und funktionieren, die die gesellschaftlichen Kräfteverhältnisse widerspiegelt und deren Dynamik Raum gibt.

Vor allem aber ergab sich daraus der Satz: Nicht die Individuen, sondern die sozialen Gruppen sind das Entscheidende. Sie bestimmen als »gesellschaftliche Kräfte« den historischen Prozeß;

aus ihrem Kampf um Anerkennung und Selbstbehauptung entsteht alle politische, alle geschichtliche Bewegung. Darin stecke das »Naturgesetz des gesellschaftlichen Lebens« und damit auch aller Politik entsprechend dem »Naturgesetz der Pflanzenwelt« - hier wie dort gehe es, unabhängig vom Schicksal ihres einzelnen Vertreters, um die Entfaltung, die Blüte, das Fruchtbarwerden der Spezies, der Art, der Gruppe.

Jahre vor Darwin enthielt das bereits den Kern der politischen und sozialen Nutzanwendung aus dessen Lehren und Hypothesen von der Entwicklung allen Lebens aus dem »Kampf ums Dasein«: Alle Politik ist gesellschaftlicher Gruppen- und Interessenkampf. Der Staat steht nicht über diesem Kampf, wie die Vertreter einer obrigkeitsstaatlichen Staatsauffassung einschließlich Hegels behauptet hatten. Er steht vielmehr mitten darin und wird sich als um so stabiler und kräftiger erweisen in seinem Gefüge und in seiner Politik, je genauer er den jeweiligen Kräfteverhältnissen Rechnung trägt und den daraus resultierenden Auseinandersetzungen in geordneten Bahnen Raum gibt.

Von der Problematik und den inneren Schwächen dieser Konzeption auch in logisch-systematischer Hinsicht braucht hier nicht weiter die Rede zu sein. Entscheidend ist, daß sie eine Tendenz widerspiegelte und ihrerseits verstärkte, die sich in jenen Jahren, nicht zuletzt unter dem Eindruck der Erfahrungen der Revolution, im Bürgertum mehr und mehr durchsetzte. Nicht der einzelne, sondern die jeweilige soziale Gruppe, der der einzelne nach Herkunft, Ausbildung, Beruf und Interessen zugehört und sich zugehörig fühlt, ist, darauf lief alles hinaus, die Grundeinheit des politischen und gesellschaftlichen Prozesses. Soziale Gruppen bilden den Staat, das Volk, die Nation. Zwischen ihnen aber herrscht, einer Art Naturgesetz der gesellschaftlichen Entwicklung folgend, Ungleichheit und daraus resultierend ein ständiger Kampf, dessen Verlauf und Ausgang, wenn es denn je einen geben wird, niemand voraussagen kann.

Diesen Kampf in einem sozialen System weitgehender materieller Gleichheit stillzulegen, indem jeder die Früchte individueller Leistung und Begabung nur selber genießen dürfe, sei eine blosse Utopie. Ihn von oben her, durch eine entsprechend mächtige

Staatsgewalt zu bändigen, sei, wie man gerade wieder in der nun, nach 1849, in allen deutschen Staaten einsetzenden Phase der Reaktion und Unterdrückung sehe, nur um den Preis des vollständigen Verlustes der Freiheit möglich, im übrigen in vieler Beziehung fortschrittshemmend und auf Dauer wenig erfolgverheißend - am Ende werde nur eine neue Revolution stehen. Ihn freizugeben müsse also die Devise sein, Liberalisierung von Staat und Gesellschaft auch weiterhin das Programm.

Allerdings beruhte das Ganze eben darauf, daß jeder einzelne, auch und gerade jeder Vertreter des Besitz- und Bildungsbürgertums, sich zu einer sozialen Gruppe, zu seiner Klasse bekannte, für sie eintrat und kämpfte und sich von der Illusion löste, Vertreter eines »allgemeinen Standes« der Zukunft zu sein. »Mit dem Wesen der Gesellschaft« ist »die Verschiedenheit der Lebenslage und Lebensbedingungen ihrer Glieder ... ein für allemal gegeben« - so sollte es der Historiker und nationalliberale Reichstagsabgeordnete Heinrich von Treitschke ein Menschenalter später formulieren: »Um es kurz zu sagen: alle bürgerliche Gesellschaft ist Klassenordnung.«

Für jemand wie Friedrich Daniel Bassermann war dergleichen unerträglich. Sein Vorwurf an die Gegner im eigenen, im Lager der politischen Opposition vor 1848 hatte ja gerade gelautet, sie stellten Gruppeninteressen höher als das allgemeine Interesse. Sie versuchten, die sozialen Gegensätze zu mobilisieren, statt sie im Interesse einer freiheitlichen Gesellschaft gleichberechtigter Partner zu überwinden. Die Mehrheit seiner Alters- und Standesgenossen aber war wie die nachwachsende Generation hochzufrieden, daß auf diese Weise nun auch in gesellschaftlicher und politischer Hinsicht der Zwiespalt zwischen individuellem Interesse und Gruppeninteresse auf der einen und dem allgemeinen Interesse auf der anderen Seite überwunden wurde, wie das auf wirtschaftlichem Felde im Zeichen der Lehren eines Adam Smith schon seit längerem der Fall gewesen war: Wer entschlossen seinem jeweiligen Interesse folgt, so lautete jetzt auch hier die Devise, dient dem Gemeinwesen am besten.

Unbehagen an der gesellschaftlichen Absonderung, die mit dem wirtschaftlichen und sozialen Aufstieg unvermeidlich verbunden war, an der Trennung der Lebenswelten, an der Auflösung von ursprünglichen Lebenszusammenhängen – solche Gefühle, die den jungen Friedrich Daniel beim Umzug in das neue prächtige Haus am Markt zu Beginn der dreißiger Jahre gelegentlich befallen hatten, sie galten nun als zumindest anachronistisch, als hoffnungslos romantisch, als Verklärung der Misere der Anfänge. Man war stolz auf den Erfolg, auf den neuen sozialen Status und nach den Erfahrungen der Revolution von 1848/49 entschlossen und bestrebt, immer höhere Wälle um ihn zu bauen: Statt als Vorhut der Gesellschaft der Zukunft etablierte sich das besitzende und gebildete Bürgertum nun, seit den fünfziger Jahren des 19. Jahrhunderts, immer bewußter als soziale Klasse.

In der Praxis, im täglichen Leben, ging das, wie stets, nicht in einem großen dramatischen Akt, sondern in fast unmerklichen Übergängen vor sich. Wie überall, so stand auch in Mannheim, im Haus der »Bassermann am Markt« und der »Eisen-Bassermann« – wie die beiden Familien jetzt abkürzend gern genannt wurden –, am Anfang die Devise: Rückkehr zur Normalität. Zur Normalität des Geschäfts, zur Normalität des Privatlebens, zur Normalität der Beziehungen der großen und erfolgreichen Familien der Stadt zueinander und ihres Einflusses auf den Gang der Dinge, zur Normalität auch des Vergnügens in Theater, Kunstverein, Musikverein und Konzerthaus. Vom »tollen Jahr« war jetzt im Hinblick auf die Revolution von 1848 gern die Rede und davon, daß sich das jedenfalls nicht wiederholen dürfe.

Mit Zustimmung las man in den Zeitungen, daß die eigentlichen Revolutionen ganz woanders stattfänden: im Hafen, im Handel, in den Wirtschaftsbeziehungen, in den Kontoren und Fabriken und von da ausgehend in der Struktur der Gesellschaft, schließlich dann auch, ganz unvermeidlich, in der des Staates. Diese Revolutionen seien nicht niedergeschlagen, nicht erstickt worden und auch nicht an ihren eigenen Gegensätzen gescheitert. Im Gegenteil, sie schritten unablässig und in sich steigerndem Tempo voran. Vor allem aber: Hier bestritt niemand die Führungsrolle des Bürgertums, hier hatte man es weiterhin mit einer Erfolgsgeschichte zu tun, wie sie Gustav Freytag damals in höchst charakteristischer Weise in »Soll und Haben« am Beispiel des aus ärmlichen Verhältnissen aufsteigenden schlesischen Kaufmanns Anton Wohlfahrt beschrieb – das

Buch erschien 1855, auf dem Höhepunkt der Reaktionszeit, und wurde sogleich ein Bestseller. Ja, die hier beispielhaft beschriebene Erfolgsgeschichte des Bürgertums wurde, zumindest äußerlich, immer glänzender.

Die goldene Hochzeit im Hause der »Bassermann am Markt« Ende Juli 1855 gewann in diesem Sinne, wie vieles in der Geschichte der Familie, eine über den familiären Kreis hinausgehende symbolische, repräsentative Bedeutung. Der Aufstieg des Bürgertums, so verkündete das prächtige Fest, ging unaufhaltsam weiter. Von »Fleiß und Einfachheit« und dem Geist »treuer Bürgerpflicht« als den Grundlagen des so sichtbaren Erfolgs war in der kleinen Ansprache der inzwischen fast fünfzigjährigen ältesten Tochter Babette, der jetzigen Stammutter der »Eisen-Bassermann«, die Rede. Aber so sehr das in der Tat den persönlichen Lebensstil des bayerischen Konsuls und seiner Frau traf, die noch jüngst einem Juwelier trocken erklärt

Feier der goldenen Hochzeit von Friedrich Ludwig und Wilhelmine Bassermann 1855

hatte, sie verstehe etwas von Stoffen und von all dem, was es auf dem Markt gebe, aber was seine Ware anlange, seien mit ihr keine Geschäfte zu machen – das Eigentliche lag natürlich in dem Verhältnis solcher einfachen Tugenden zu dem, was inzwischen von dieser Basis aus entstanden war.

Ein solches Fest – fast zwei Jahresgehälter eines badischen Ministers gingen aus diesem Anlaß als Stiftung an das protestantische Hospital, hundertachtzigtausend Gulden, das Sechsfache des Betrages, den die Stadt jährlich an Verbrauchssteuern einnahm, als Morgengabe an die Kinder: Welche Familie des alten kurpfälzischen Adels, der einst das Leben der Stadt geprägt und bestimmt, dessen Vertretern der Vater des jetzigen Jubilars, der Heidelberger Gastwirt, seine Aufwartung gemacht hatte, konnte sich das heute leisten? Kein Wunder, daß die Geschichte der eigenen Familie in Zeichnungen, in Gedichten, in den Anspielungen eines von den Kindern und Enkeln entworfenen und inszenierten »Festspiels« immer wieder ins Zentrum rückte. Müller, Bäcker, Gastwirt war man gewesen, ganz einfachen, oft ärmlichen Verhältnissen entstammte man, und nun das, sein »eigner Herr und Knecht« in durchaus neuer Weise. Eine Art umgekehrter Ahnenstolz trat hier zu Tage, dem die eigene Herkunft gar nicht schlicht, gar nicht bescheiden genug sein konnte, dessen eigentliche Botschaft lautete: Uns gehört die Zukunft.

»Uns« – das hieß nicht mehr wie im Vormärz, Friedrich Daniel Bassermann wird das sehr deutlich gespürt haben, »dem Volk«, dessen Vorhut tatkräftige und wagemutige Bürger bildeten. Es hieß: dem Bürgertum. Dies Bürgertum verfügte nun, wie einst der Adel, vielfach schon über ein von eigener Arbeit unabhängiges Einkommen, über zum Leben mehr als hinreichende Vermögens- und Kapitalerträge. Man konnte es sich leisten, seinen Kindern kostspielige und oft nicht mehr strikt einkommens- und berufsorientierte Ausbildungsgänge zu finanzieren. Man besaß für Reisen, für künstlerische und kulturelle Interessen, für Hobbies und Sammelleidenschaften hinreichend Geld. Kurz, das neue Bürgertum vermochte der Fron des Daseins, der reinen Arbeitsexistenz, die für die große Mehrheit galt, zumindest zeitweise zu entrinnen.

Bei Gustav Bassermann, dem jüngsten Sohn, der bei der goldenen Hochzeit der Eltern immerhin auch schon Mitte Dreißig war,

Gustav Bassermann (1820–1875)

trat dieser Aspekt am deutlichsten zutage. Er hatte, wie schon geschildert, ohne einen eigentlichen Schulabschluß vielerlei studiert, zuletzt Medizin, pflegte zahlreiche künstlerische und literarische Interessen und war, was man vielseitig begabt nennt. Er hatte und fand aber keine eigentliche Lebensaufgabe und lebte von dem ihm noch zu Lebzeiten des Vaters in ständig neuen Raten zufließenden elterlichen Vermögen.

Freilich, das inzwischen Mögliche war, anders als einst beim Adel, noch lange nicht allgemein akzeptiert, und dieser Druck hat den jüngsten Bassermann, von Haus aus eine schwierige, mit sich und der Welt zerfallene Natur, immer tiefer in Depressionen getrieben. Ein fester Beruf, aktive Teilnahme am wirtschaftlichen, am geschäftlichen Leben, ein über bloße Hobbies hinausgehendes sachliches Lebensziel - das gehörte sich für einen Bürger einfach, auch wenn er es materiell nicht nötig hatte. »Er lebte, sehr unglücklich, weil ohne Beruf, seinen Studien und der Erziehung seiner Kinder«, so hat ihn sein Neffe Felix, selber ein erfolgreicher Kaufmann wie sein Vater und sein Großvater, in der von ihm verfaßten »Familienchronik« in bezeichnender Weise charakterisiert.

Das Ethos des modernen Berufsmenschen einfach abzustreifen, das ging nicht an. Berufsmensch zu sein, gehörte gewissermaßen zur

Standesehre, ja, legitimierte in zunehmendem Maße die eigene Stellung: Sich wie der Vater, wie Friedrich Ludwig Bassermann, mit eben Mitte Fünfzig aus dem aktiven Geschäftsleben zurückzuziehen, wurde mehr und mehr zur Ausnahme, der in den Sielen sterbende Kaufmann, Unternehmer, Arzt oder Anwalt zunehmend zur Regel. Gleichzeitig hielt man, auch wo es im Grunde durchaus nicht mehr der Realität entsprach, an dem Ideal des Selfmademan fest, dem eigene Tüchtigkeit und Kraft zu seiner Stellung verholfen hatten. Das entfaltete starke pädagogische Wirkungen. Es ließ freilich vieles als eigene Leistung erscheinen – mit entsprechendem Überlegenheitsgefühl gegenüber anderen, insbesondere auch Angehörigen anderer sozialer Schichten –, was doch im wesentlichen mit der Herkunft, mit der Erziehung, mit dem Zugang zu bestimmten Ausbildungsgängen, mit Heiratsverbindungen und nicht zuletzt mit dem ererbten Vermögen beziehungsweise Unternehmen, der Firma oder dem Betrieb, zusammenhing.

Für Friedrich Ludwigs ältere Söhne und für die Söhne seines Vetters Johann Ludwig, die »Eisen-Bassermanns«, galt das allerdings nur in sehr begrenztem Maße. Zwar hatten auch sie alle bei ihrem Start ins Berufs- und Erwerbsleben materielle und sonstige Hilfen durch die Eltern erfahren. Aber sie hatten sich dann doch im wesentlichen aus eigener Kraft durchsetzen müssen in einer wirtschaftlichen Situation, die von einem starken Auf und Ab geprägt und in der zudem die Chancengleichheit der Konkurrenz im Handel noch ungleich größer war, der Zusammenhalt der Etablierten weit geringer als später.

Bei den »Eisen-Bassermanns« hieß das, daß man das väterliche Geschäft nur im Zusammenwirken der älteren Brüder einigermaßen über die Runden brachte, zumal der frühe Tod des Ältesten und die Auszahlung seiner Witwe, Babette Bassermann, der Kusine vom Markt, zusätzlich einen schweren Aderlaß bedeutete. Die schließliche Liquidierung des Geschäfts Mitte der fünfziger Jahre, in einer Phase durchaus guter Konjunktur, markierte das – ganz undramatische – Ende einer Firma, die ihren Mann, sprich die unmittelbar von ihr lebende und sie im wesentlichen repräsentierende Familie ernährt hatte, mehr aber auch nicht. Daß der sechste Sohn, der 1821 geborene Anton, hatte studieren dürfen, bedeutete gleichsam die Investition des Startkapitals, das jedem Mitglied der Familie zukam, in einen anderen Bereich – wie jede Tochter eine »standesgemäße« Aussteuer beanspruchen konnte.

Im Falle Anton Bassermanns hat sich diese Investition in besonderem Maße gelohnt: Als seine Vettern Ende Juli 1855 im Haus am Markt die goldene Hochzeit ihrer Eltern feierten, stand er kurz vor seiner Ernennung zum Amtsassessor in Heidelberg und am Anfang einer glänzenden Richterlaufbahn. Sie sollte ihn, den ersten Bassermann im Staatsdienst überhaupt, begünstigt durch den politischen Kurswechsel in Baden zu Beginn der sechziger Jahre, dem Beginn einer neuen, liberalen Ära, die hier anders als in Preußen Bestand hatte, bis auf den Chefsessel des höchsten badischen Gerichts führen. Dabei blieb er freilich den Kaufmannsfamilien des heimischen Mannheim stets eng verbunden; jahrelang präsidierte er denn auch in seiner Vaterstadt der Kammer für Handelssachen.

Seine Vettern am Markt stellten allerdings damals, Mitte der fünfziger Jahre, obwohl nur wenige Jahre älter, doch schon etwas ganz anderes dar; auch war der Staatsdienst gerade jetzt, auf dem Höhepunkt der Reaktionszeit, beim Bürgertum nicht gerade populär oder besonders angesehen. Der Berühmteste der Vettern war natürlich Friedrich Daniel, der zehn Jahre ältere. Aber er war schon eine Berühmtheit von Gestern, und am Tag nach dem Fest wurde diese zu einer tragischen Berühmtheit.

Der Zweitälteste, Louis Alexander, 1814 geboren, war bereits viel mehr der Mann der Stunde. Seine Jugend- und Ausbildungszeit war sehr viel weniger gradlinig verlaufen als die des sieben Jahre jüngeren Anton: Schwierigkeiten mit der Lehre bei einem Geschäftsfreund des Vaters in Straßburg, Pläne, wieder auf die Schule zurückzukehren und dann zu studieren, Träume von Amerika und einer Pionierexistenz. Dann aber, nach der Heirat und der Übernahme des Wein- und Tabakhandels vom Vater, war sein Leben – er war damals noch keine fünfundzwanzig – nicht nur in ruhigere, sondern zunehmend auch erfolgreichere Bahnen gelangt. Was ihn, wie so manchen Sohn eines Gründervaters, umgetrieben hatte, war die Perspektive auf einen Betrieb, der zwar alle Kraft verlangte, gleichzeitig aber, weil alles angebahnt und eingeführt war, sich auf festen Geleisen bewegte, der eigenen Initiative kaum noch Raum ließ.

Anton Bassermann
(1821–1897)

Louis Alexander Bassermann
(1814–1884)

Natürlich konnte man versuchen, weiter zu expandieren, ganz neue Bereiche zu erschließen, in die Fußstapfen des Großvaters Reinhardt zu treten. Aber das hieß nicht nur wachsendes Risiko, es hieß vor allem - der Großvater hatte es vorgelebt - ein Leben ganz für das Geschäft, für den wirtschaftlichen Erfolg als solchen, da ja bei Lage der Dinge die eigene Existenz und die Existenz der Familie, der Kinder, mehr als gesichert waren.

Die Alternative, die Louis Alexander schließlich ergriff und lebte, genußreich und behaglich lebte, hätte sein Großvater Reinhardt nie gebilligt. Sie hätte ihm als die Wiederkehr Alt-Mannheims, der Welt der Frohns des 18. Jahrhunderts gegolten. Der Vater aber verstand ihn. Sie entsprach der einen Seite seines Wesens, der er, nicht zuletzt auch gegenüber seiner Frau, der so dynamischen, vorwärtsdrängenden Reinhardttochter, im eigenen Hause, im Leben der Familie, in der Erziehung der Kinder immer wieder Geltung zu verschaffen gesucht hatte.

Diese Alternative lautete: Trennung von Leben und Geschäft oder, besser gesagt, Etablierung einer klaren Mittel-Zweck-Relation. Das Geschäft sollte die Grundlagen für das Leben schaffen, das

Leben aber eben nicht im Geschäft aufgehen. Leben hieß dabei nicht bloßer Daseinsgenuß, eine bequeme Existenz bis hin zum Luxus, obwohl Louis Alexander dergleichen durchaus nicht verachtete. Es meinte die Pflege wissenschaftlicher, literarischer, künstlerischer Interessen, die aktive Beschäftigung mit der Malerei, mit dem Theater, mit der Musik, kurz, die Entfaltung der Persönlichkeit in diesen und über diese Bereiche. Vom Vater hatte Louis Alexander die Theaterleidenschaft und vor allem die Liebe zur Musik geerbt. Er spielte selber Cello, und zwar nach allgemeinem Urteil in durchaus überdurchschnittlicher Weise, trat in vielen öffentlichen Konzerten auf und betätigte sich, wie schon der Vater, über den Musikverein, in dessen Vorstand sein Bruder Julius saß, und auf anderen Wegen in großem Stile als Mäzen.

Louis Alexanders ganzer Stolz war es später, daß seine beiden jüngsten Söhne die Liebhaberei des Vaters zum Beruf machten: Der 1847 geborene August - er hatte bei der goldenen Hochzeit der Großeltern seinen ersten großen »Auftritt« - wurde nach dem mit der Promotion abgeschlossenen Jurastudium Schauspieler. Er leitete schließlich über Jahrzehnte mit großem Erfolg zunächst das Mannheimer Nationaltheater, wo er neben den Klassikern auch die Moderne mit Wedekind, Shaw, Schnitzler, Wilde, mit Ibsen, Björnson und Hauptmann intensiv pflegte, und dann von 1904 bis 1919 als Geheimer Hofrat und Generalintendant das Karlsruher Hoftheater; seinem Neffen Albert, einem Enkel Louis Alexanders, der Theatergeschichte machen sollte, hat er den Weg auf die Bühne geebnet. Und der fünf Jahre jüngere Ernst, ein leidenschaftlicher »Wagnerianer«, wurde Kapellmeister und wirkte als ein enger Freund und Mitarbeiter des »Hofkapellmeisters«, sprich Generalmusikdirektors, Ferdinand Langer viele Jahre am Mannheimer Nationaltheater.

Louis Alexander Bassermann hat in diesem Sinne in Mannheim schon früh, schon in den vierziger Jahren, ein großes Haus geführt, das vor allem Musikern aus aller Herren Länder offenstand. Er liebte die Repräsentation und das Repräsentative und war in seinem ganzen Auftreten von Anfang an weit weniger ein »Volksmann« als Friedrich Daniel, der ältere Bruder, als ein Bürger im nun zunehmend gängig werdenden Verständnis des Wortes, Angehöriger der besitzenden Schicht. Ihr öffnete sich eine Lebenswelt, die für einen

August Bassermann (1847–1931)

Mann wie Louis Alexander ganz naiv die Lebenswelt der »Gebildeten«, und das hieß bei Lage der Dinge eben in erster Linie des besitzenden Bürgertums war. »Die Masse wird immer die Masse bleiben müssen«, sollte Heinrich von Treitschke Jahrzehnte später sagen: »Keine Kultur ohne Dienstboten«. Es sei nun einmal so, »daß die Millionen ackern, schmieden und hobeln müssen, damit einige Tausende forschen, malen und dichten können«.

So hätte Louis Alexander das niemals ausgedrückt. Das entsprach nicht seinem Stil und der Lebenswelt des Mannheimer Bürgertums. Aber wenn man hier auch solche Härten und das prononciert Elitäre beziehungsweise Pseudoelitäre zu vermeiden suchte – in der Sache selbst war man nicht weniger überzeugt, daß Kultur, Bildung, höhere Lebensformen und das Bürgertum, die bürgerliche Welt nun einmal zusammengehörten, schon von den materiellen Grundlagen her und den ganz konkreten Lebensmöglichkeiten, die diese eröffneten. Gerade wenn man wie Louis Alexander diese Möglichkeiten zielbewußt und in einer das eigene Dasein von innen her bestimmenden Weise wahrnahm, gelangte man fast zwangsläufig zu einer solchen Identifikation. Man wuchs damit zugleich Schritt für Schritt hinein in die Rolle eines Repräsentanten des sich von hier aus vor allem seit den fünfziger Jahren, seit dem Scheitern der Revolution von 1848/49, neu definierenden Bildungs- und Besitzbürgertums als einer eigenen sozialen Schicht.

Bei der goldenen Hochzeit seiner Eltern 1855 Anfang vierzig, vertrat Louis Alexander in solcher Weise die neue Generation der Familie, er, und nicht mehr Friedrich Daniel; die Tragödie des folgenden Tages zog unter diese Entwicklung gewissermaßen einen blutigen Schlußstrich. Mit ihr wechselte auch der Typus. Das Würdige, das Gesetzte, die Abstand wahrende Honoratiorenhaltung begannen jetzt zu dominieren. Die bewegliche Leichtigkeit auch im Physischen, die Friedrich Ludwig, den Bankier und königlich bayerischen Konsul, noch im Alter Tanzschritte ausprobieren ließ und sein ganzes Auftreten bestimmte, erschien nun bereits als etwas Liebenswürdig-Skurriles, als eine freundliche Eigenheit, die die Jüngeren bewußt registrierten und für die Nachfolgenden festhielten.

Der pompöse Stil des Zweiten Kaiserreichs in Frankreich, der seit 1850 definitiv etablierten Herrschaft Napoleons III., der dann

Bürger in den fünfziger Jahren: das Brautpaar Karl Heinrich und Susanne Engelhorn, geb. Bassermann, Gemälde von Louis Coblitz, 1850

denjenigen des Deutschen Kaiserreichs von 1871 wesentlich beeinflussen und bestimmen sollte, fand in dem seit jeher an Paris und Frankreich orientierten Mannheim erste frühe Nachahmer - Gehrock und Krinoline, Spazierstock und Zylinder, Stehkragen und Schleppe, das bestimmte das Erscheinungsbild des »gebildeten« Bürgers, des neuen Mannes beziehungsweise der neuen Dame »von Stand«.

Mit besonderer Vorliebe präsentierte sich Louis Alexanders jüngerer Bruder Julius in dieser Weise, »le beau Jules«, wie er in der Familie schon früh hieß. Seine Jugend war nicht weniger bewegt gewesen als die seines älteren Bruders - ganz im Unterschied zu dem streng-folgerichtigen Lebensgang Friedrich Daniels. Allerdings - von einem ernstzunehmenden inneren Konflikt, einem Widerspruch der Lebensziele wie bei Louis Alexander konnte dabei kaum die Rede sein. Bestimmend war vor dem Hintergrund einer ausgeprägten sprachlichen und auch musischen, vor allem wieder musikalischen und schauspielerischen Begabung eine, um es wohlwollend auszudrücken, ausgesprochene Leichtlebigkeit. Sie hatte für das, was der Vater den Ernst des Lebens nannte, also die kaufmännische Ausbildung, das Geschäft, nur sehr wenig übrig.

Julius war die Rolle des jungen, gewandten und amüsanten Mannes aus wohlhabendem Hause auf den Leib geschrieben. Er hat sie in den dreißiger Jahren in Frankfurt am Main, in Le Havre und dann vor allem in Paris mit Verve gespielt - hier protegiert von Madame Hortense Cornu, einer Milchschwester Louis Napoleons, des späteren Kaisers, und leidenschaftlichen Bonapartistin, die in der Seinestadt ein großes Haus führte. Als die Eltern, wie schon erwähnt, eingriffen und ihn gezielt auf die Nachfolge seines Bruders Friedrich Daniel in dessen Drogengeschäft vorbereiten ließen, da hat er sich freilich, anders als der mit seiner Zukunft zunächst hadernde Louis Alexander, sogleich und ohne weiteres gebeugt. Er absolvierte die zehnmonatige Lehrlingszeit in London und Triest ebenso anstandslos wie das zweisemestrige Studium im nahen Heidelberg - sich nie überanstrengend, aber durchaus erfolgreich.

Mit ebenso leichter wie glücklicher Hand betrieb er schließlich, seit 1841, mit dem Hauptmitarbeiter seines Bruders, mit August Herrschel, als Partner das Drogengeschäft im väterlichen Haus am Markt in Mannheim. Eine Art Gentleman-Kaufmann, wie Kritiker sagen mochten: Er nahm nebenbei Gesangstunden und trat später auch als Solist auf, entwickelte das häusliche Familientheater zu einer förmlichen Laienspielbühne - er war auch der Regisseur des »Festspiels« zur goldenen Hochzeit der Eltern im Jahre 1855 -, hielt sich nicht nur ein Reitpferd, sondern auch einen Einspänner und war über Jahre als glänzender Tänzer und Gesellschaftslöwe einer der

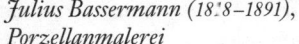

Julius Bassermann (1818–1891), Porzellanmalerei

Karoline Bassermann (1826–1884), Porzellanmalerei

begehrtesten Junggesellen der Stadt. So machte er denn auch von allen Brüdern die glänzendste Partie. Im März 1846 heiratete er, im Alter von achtundzwanzig Jahren, die um acht Jahre jüngere Karoline Röchling aus der bekannten Eisen- und Stahlindustriellenfamilie von der Saar. Neben seinen anderen musischen Neigungen auch ein großer Kunstliebhaber, vor allem der italienischen Malerei und Plastik, die er von Triest aus schon im Lande selbst kennengelernt hatte, führte ihn seine Hochzeitsreise drei Monate lang – auch dies ein Zeichen des neuen Lebensstils dieses Bürgertums – durch Italien.

Die Revolution von 1848, für deren Ziele sein ältester Bruder Friedrich Daniel mit solcher Leidenschaft kämpfte und litt, war für den »schönen Jules« praktisch von Anfang an nur eine lästige und ärgerliche Störung: geschäftlich und auch privat, in seinen Neigungen, Vergnügungen, in seinem ganzen Daseinsgenuß. Beides hing dabei unmittelbar miteinander zusammen, und wenn man es je auch nur einen Augenblick vergessen haben sollte – die Revolution und ihre Folgen brachten es drastisch ins Bewußtsein zurück: Das Geschäft war die Grundlage von allem, des eigenen Lebensstils und Lebenszuschnitts, der sozialen Stellung, des persönlichen Ansehens, ja, der nackten Existenz. Und das Geschäft wiederum war in stärkstem Maße abhängig von den Rahmenbedingungen, von der Politik, nicht nur von ihren Setzungen und von den Störungen, die von ihr ausgingen, dramatisch gesteigert in Krieg und Revolution, sondern auch von den Stimmungen, Einschätzungen, Haltungen, die sie begleiteten und bestimmten.

An Julius Bassermanns eigenem Geschäft, dem Drogenhandel, zeigte sich das in besonderer Weise. Nicht nur, daß es wie aller Handel im Vorfeld und in der Revolution von 1848 dramatisch zurückging. Sein Inhaber wurde gleichzeitig für die politische Haltung seines Bruders Friedrich Daniel gewissermaßen in Sippenhaft genommen: Fassungslos berichtete Julius Bassermann, daß viele Apotheker, die in ihrer Mehrheit offenbar links standen, auf Rechnungen und Mahnungen statt mit Zahlungen mit Drohbriefen reagierten. So war auch von hier aus sein Urteil rasch gefällt: Es mußte wieder Ordnung einkehren, politische Reformen, soziale Veränderungen mußten ihre Grenze dort finden, wo sie die eigenen wirtschaftlichen Interessen in der Substanz berührten. Andere mit anderen Interessen mochten anders denken - der Kaufmann aber, der Geschäftsmann, der Unternehmer, sie mußten schon so realistisch sein, ihr Geschäft im Auge zu behalten. »Realpolitik« tat auch hier not.

In diesem Sinne hat sich auch Julius Bassermann, auch wenn er weit entfernt war von der politischen Leidenschaft seines ältesten Bruders, später politischen Aufgaben nicht entzogen. Wie Louis Alexander, der sich schon vor 1848 auf der Linie der »Gemäßigten« um das sich politisierende örtliche Vereinswesen, vor allem um die Neuorganisation des Turnvereins, gekümmert hatte, diente er 1848/49 sehr aktiv in der Bürgerwehr, zuletzt, während der Schlacht von Waghäusel, als Schildwache an der Sternwarte - innerlich ganz auf seiten der Preußen, die ihm auch in einem ganz unmittelbaren Sinne als Befreier galten: War doch das Bassermannsche Haus am Markt, der Sitz seiner Firma, von General Mieroslawski, dem Oberbefehlshaber der für die Reichsverfassung kämpfenden Freischaren, zum Nationaleigentum erklärt worden. Mit Louis Alexander saß Julius seit Mitte der fünfziger Jahre für viele Jahre im Großen Bürgerausschuß der Stadt und gehörte seit 1864 für anderthalb Jahrzehnte der Handelskammer an.

Die Linie, die die Brüder politisch verfolgten, kann man

abstrakt als bürgerliche Interessenpolitik bezeichnen, die im wesentlichen auf ihren unmittelbaren Lebenskreis und auf die eigene Stadt konzentriert blieb. Allerdings verfolgten beide den innenpolitischen Umschwung in Baden nach 1860, der die Liberalen für Jahrzehnte in die Regierung und Schritt für Schritt in die entscheidenden Machtpositionen führte, mit großer Sympathie und aktiver Anteilnahme: Louis Alexander gehörte zu der Mannheimer Delegation, die dem Großherzog im Januar 1860 eine in die Form einer Petition gekleidete Protestresolution gegen das Konkordat mit der katholischen Kirche überreichte. An diesem Konkordat hatten sich die Gegensätze zwischen Konservativen und Liberalen entzündet, und es bildete schließlich den äußeren Anlaß für den entscheidenden Kurswechsel. Aber auch hier hatten die Brüder vor allem die Rahmenbedingungen für die eigene Stadt und den eigenen Lebenskreis im Auge.

Bürgerliche Interessenpolitik, das ist freilich eine sehr allgemeine, im Konkreten eher blasse und je nachdem polemisch aufladbare Formel. Sie geht von einem Gegensatz zwischen Allgemeinwohl und bürgerlichem Interesse aus. Für diesen Gegensatz lassen sich zwar gerade in dieser Zeit des Übergangs zur modernen Gesellschaft, tiefgreifender und einschneidender wirtschaftlicher und sozialer Veränderungen im einzelnen zahlreiche Beispiele finden. Aber ein durchgängiges Prinzip war er sicher nicht. Es gab bei unvoreingenommener Betrachtung viele Bereiche, in denen das sogenannte bürgerliche und das allgemeine Interesse zusammenfielen.

Rechtsstaat und Verfassung, Freizügigkeit und wirtschaftliche Freiheit, Gleichheit vor dem Gesetz und die Chancengleichheit als Prinzip – diese und viele andere Kernforderungen der bürgerlich-liberalen Bewegung waren unbestreitbar Forderungen eines wie auch immer definierten allgemeinen Interesses. Und was, noch sehr viel konkreter, der vor allem vom Bürgertum getragene und vorangetriebene wirtschaftliche Aufschwung und Fortschritt an gesellschaftlicher Modernisierung, an schrittweiser Verbesserung der materiellen Situation breiterer sozialer Schichten im Gefolge hatte, entsprach ganz offensichtlich ebenso dem Interesse der Allgemeinheit, dem allgemeinen Interesse.

Gerade in einer Stadt wie Mannheim wurde nach dem tiefen Einschnitt der Revolution auch in wirtschaftlicher Hinsicht dieser

Aufschwung und Fortschritt sehr deutlich. Er begann Massenarmut und Massenelend, wenn auch in einem langsamen und durch die stürmische Bevölkerungsvermehrung immer wieder in Frage gestellten Prozeß, zu bannen und kam durchaus nicht nur einer eng begrenzten sozialen Schicht, eben dem besitzenden Bürgertum, zugute. Zwar war das, was man hier wie auch in den anderen gesellschaftlichen Gruppen jetzt gern die Illusionen des Vormärz nannte, weitgehend verflogen: Einen »allgemeinen Stand«, die klassenlose Bürgergesellschaft würde es wohl nie geben. Aber es ging unübersehbar aufwärts, und man konnte sich durchaus fragen, ob eine Gemeinsamkeit der Misere den – unbestreitbaren – Ungerechtigkeiten bei der Verteilung eines ständig größer werdenden Kuchens wirklich vorzuziehen sei.

Wie dieser Kuchen wuchs, das zeigte sich nicht nur an dem Lebensstil der Besitzenden, des Bürgertums als sozialer Schicht. Das zeigte sich vor allem auch an dem Steueraufkommen der Stadt, am von nun an kontinuierlich steigenden öffentlichen Wohlstand. Er schlug sich wiederum im Erscheinungsbild der Stadt nieder, in dem, was man heute Infrastruktur nennt, in der sich rasch verbessernden Lebensqualität, die sie ihren Bewohnern, allen ihren Bewohnern bot. Ende 1851 erhielt die Stadt, dem Beispiel von Frankfurt, Mainz oder Karlsruhe folgend, Gasbeleuchtung, zwei Jahrzehnte später Kanalisation und Anfang der achtziger Jahre eine von Grund auf verbesserte Wasserversorgung. Das Theater wurde mit erheblichen Kosten umgebaut und erweitert, eine Verbindungsbahn über den Neckardamm zum Hafen geführt, dieser selbst immer mehr ausgebaut bis hin zum sogenannten Friesenheimer Durchstich Anfang der sechziger Jahre, der das Hafengebiet voll zum Strom hin öffnete.

Aber auch die anderen öffentlichen Einrichtungen der Stadt erfuhren eine grundlegende Verbesserung. 1863 wurde das bisherige Netz der Schulen mit – zunächst noch konfessioneller – Volksschule, Bürgerschule, Gewerbeschule und Lyzeum auf Initiative eines Bürgerkomitees, dem auch Louis Alexander Bassermann angehörte, durch eine höhere Töchterschule ergänzt. Sie eröffnete nun auch in Mannheim, dreißig Jahre nach der Landeshauptstadt Karlsruhe, Mädchen die höhere Schulbildung. Bereits fünf Jahre vorher, 1858, war der umfangreiche und kostspielige Neubau des Allgemeinen

Krankenhauses seiner Bestimmung übergeben worden. Die Straßen der Stadt wurden planmäßig ergänzt, erweitert und verbessert, die öffentlichen Anlagen gezielt ausgebaut. Kurz, die Stadtverwaltung, die unter den Oberbürgermeistern Friedrich Reiß und Heinrich Christian Diffené, zwei erfolgreichen Kaufleuten, nach einer kurzen Phase strenger staatlicher Kontrolle und Aufsicht unmittelbar nach 1849, wieder weitgehende Unabhängigkeit erlangt hatte, dehnte den Kreis ihrer Tätigkeit immer weiter aus.

Ausgerüstet mit einem wachsenden Steueraufkommen, demonstrierte Mannheim wie viele andere Städte von Hamburg bis München, von Köln bis Königsberg das Leistungsvermögen des bürgerlichen Gemeinwesens Stadt. Die Politik der Kommune dokumentierte zugleich die Fähigkeit, im Widerstreit der partikularen Interessen ein allgemeines Interesse zu formulieren und auch durchzusetzen, ein Interesse, das angesichts der Interessenvielfalt der sich jetzt voll entfaltenden bürgerlichen Gesellschaft in dem Begriff des bürgerlichen Interesses nur in sehr allgemeiner Form aufging.

Im Streit um die Verbindungsbahn zum Hafen und deren Verlauf beispielsweise, der die Interessen der Fuhrleute, der »Spanner«, ebenso berührte wie die Interessen vieler Grundstücksbesitzer, setzten Staat und Stadt die rationalste und damals modernste, am meisten zukunftsorientierte Lösung durch. Auch sie begünstigte natürlich bestimmte Interessen. Aber es waren eben Interessen, die mit dem allgemeinen Interesse der Stadt, dem Interesse an einem weiteren wirtschaftlichen Aufschwung eines inzwischen ganz auf den Hafen und den Handel ausgerichteten Gemeinwesens zusammengingen. Vor allem aber: Konflikte verliefen durchaus nicht vorwiegend oder gar durchgängig entlang von Klassengrenzen. Es handelte sich vielmehr sehr oft, ja, in den meisten Fällen um Konflikte innerhalb des sich in seinen einzelnen Gruppen und deren verschiedenen Interessen immer stärker auffächernden Bürgertums. Diese Interessenvielfalt erlaubte es ihrerseits, übergreifenden Gesichtspunkten verstärkt Geltung zu verschaffen.

Es wiederholte sich hier in den Jahrzehnten nach 1850 ein Prozeß, der in den vorangehenden Jahrhunderten das Entstehen einer von der Gesellschaft zumindest in einzelnen Bereichen weitgehend unabhängigen modernen Staatsgewalt begünstigt hatte. Auch dort hatten die gesellschaftlichen Konflikte und die mit ihnen oft verbundene Pattsituation den Inhabern öffentlicher Funktionen und politischer Machtpositionen einen Spielraum geschaffen, über den sie in Gesellschaften mit einfacherer, hierarchisch gegliederter Interessenstruktur nicht verfügten. Um eine solche Gesellschaft handelte es sich bei der sich entfaltenden bürgerlichen Gesellschaft fraglos nicht. Man verfehlt die mit ihr gegebene spezielle politische und gesellschaftliche Situation, wenn man – sicher sehr plakativ – von einem allzu schlichten Mechanismus der Übertragung und Durchsetzung der Interessen des besitzenden Bürgertums via Stadt beziehungsweise Staat ausgeht. Der Prozeß war jedenfalls sehr viel komplizierter, und er bildete, je mehr und je verschiedenartigere Kräfte daran beteiligt waren, einen immer stärkeren Filter gegenüber einseitigen Interessen. Das führte am Ende dazu, daß es gerade die Stadt der bürgerlichen Gesellschaft war, der Stadttypus, in dem sich das Bürgertum wie etwa in Mannheim am klarsten und eindeutigsten durchgesetzt hatte, der den neuen politischen und gesellschaftlichen Kräften am frühesten Raum gab und der modernen, demokratisch-pluralistischen Gesellschaft den Weg ebnete.

Bis dahin war es allerdings von dem Mannheim der fünfziger Jahre des 19. Jahrhunderts noch ein weiter Weg. Friedrich Daniel Bassermann hatte diesen Weg immerhin schon ins Auge gefaßt, so sehr er schließlich in den politischen Grabenkämpfen mit den Vertretern der Linken erstarrt war. Seine beiden jüngeren Brüder hingegen waren da viel naiver, auch weit entfernt von tieferen Einsichten in den komplizierten Prozeß der Interessenvermittlung in der neuen, der sich nun immer weitläufiger entfaltenden bürgerlichen Gesellschaft, auch von Einsichten in den Spielraum, den jener Prozeß übergreifenden Bestrebungen und Gesichtspunkten gab. Beide Brüder sehnten sich im Gegenteil wie viele in ihrer unmittelbaren Umgebung zunehmend zurück nach einfacheren und vertrauteren Verhältnissen und Situationen, auch nach unkomplizierteren Lösungen. Das wurde besonders deutlich im scheinbar ganz privaten Bereich, im Bereich des persönlichen Geschmacks, der künstlerischen und literarischen Vorlieben, des ganzen Lebensstils.

Für das Bürgertum der ersten Hälfte des 19. Jahrhunderts, zumindest für seine Mehrheit, war es wie für den Adel des 18. Jahrhunderts selbstverständlich gewesen, daß das besondere Interesse in Bildungswelt und Literatur, in Kunst und Musik dem jeweils Neuen, dem Modernen galt. Von Theater und Oper, von Konzert und Ausstellung, von Kunst- und Buchhandel erwartete man, daß sie den Zugang zu dem jeweils Aktuellen eröffneten. Das Nationaltheater bemühte sich in diesem Sinne seit Schiller und Mozart stets um die neuesten Autoren und Komponisten. Im November 1800, neun Monate nach der Uraufführung, wurde Haydns »Schöpfung« auch in Mannheim präsentiert, im gleichen Jahr, kaum daß die Noten vorlagen, Beethovens erste Symphonie, der alle weiteren bis hin zur neunten stets kurz nach der Uraufführung folgten. Das gleiche galt dann für Carl Maria von Weber, für Schubert, für Spohr, für Mendelssohn-Bartholdy. Rossini beherrschte die Mannheimer Opernbühne gleichzeitig mit den italienischen, noch vor Wien und Paris; ihm folgten Spontini, später Meyerbeer und Berlioz.

Stets löste dabei das Neue das Alte ab. Der vielgefeierte Haydn etwa versank fast völlig, und von einer systematischen Pflege der »Mannheimer Schule« aus der Zeit Karl Theodors konnte keine Rede sein: Wenn, dann hörte man die Söhne und Enkel der Danzi, Stamitz und Hummel. Ebenso selbstverständlich bemühte sich der im Herbst 1833 gegründete Kunstverein in allererster Linie um die unmittelbaren Zeitgenossen, um die Romantiker, um die Nazarener. Musikverein, Musikalische Akademien, Kunstverein, Verein für Naturkunde, Liedertafel - sie alle waren auf ihren Gebieten Agenturen der Moderne, und das in völligem Einklang mit der weit überwiegenden Mehrheit ihrer Mitglieder. Den Barock- und Rokokopalästen des Adels stellte das Bürgertum in der Architektur bewußt das Neue, den Klassizismus, entgegen. Auch wäre man nicht im Traum auf die Idee gekommen, die neuen Gebäude nach Altväterart einzurichten: Friedrich Ludwig Bassermann und seine Wilhelmine wählten natürlich für das neue Haus am Markt Empiremöbel; wo man sich solchen Aufwand nicht leisten konnte, griff man zumindest nach der schlichteren Spielart des später so genannten Biedermeier.

In all dem erfolgte nun, in den fünfziger Jahren des 19. Jahrhunderts, ein deutlicher Bruch, und Friedrich Ludwigs Söhne, Mitglieder all jener Vereine wie der Vater, waren hierfür wiederum durchaus repräsentativ. So sehr Louis Alexander und Julius die Musik liebten -

in ihrem Geschmack, in ihren Vorlieben orientierten sie sich ganz an der Vätergeneration. Beethoven, Schubert, Mendelssohn, gerade noch Schumann, das waren die musikalischen Götter. »Mit Beethoven und Mendelssohn schloß das für ihn Genießbare ab«, berichtete später Felix Bassermann in der von ihm verfaßten »Familienchronik« über seinen Vater Julius: »Von Brahms und Wagner wollte er nichts wissen.«

In ähnlicher Weise wandte sich auch in der bildenden Kunst und in der Literatur der Blick mehr und mehr zurück – »mit den Farbflecken mancher Neuerer« konnte er sich »nicht befreunden«, hieß es an gleicher Stelle über das langjährige Vorstandsmitglied im Kunstverein. Im Zentrum standen nun in der Malerei die großen Epochen der italienischen, dann der niederländischen Kunst, in der Literatur die deutschen »Klassiker«, Schiller zumal, dem auch in Mannheim, wie überall in Deutschland, 1859 anläßlich seines hundertsten Geburtstages ein großes Fest voll nationaler Emphase gewidmet wurde. In diesem Fest verbanden sich in bezeichnender Weise die Beschwörung der Tradition und die Zukunftserwartungen, die im Zeichen der sogenannten neuen Ära in Preußen, der italienischen Erhebung und des Aufschwungs der liberalen Bewegung überall in Europa neu aufgeflammt waren.

Der Geschmack der Eltern blieb auch im Haus der Söhne und Schwiegertöchter dominierend. Wenn etwas hinzugekauft wurde, so Stücke in jenem historisierenden Stil, der, von Frankreich ausgehend, mit seiner Mischung von neoklassizistischen und neobarocken Formen das europäische Bürgertum – aber auch den Adel – zunehmend erfaßte.

In Anknüpfung an entsprechende Bestrebungen des kurpfälzischen Hofes gerade auch auf diesem Gebiet – die 1763 gegründete Mannheimer Akademie der Wissenschaften hatte davon sehr wesentlich ihren Ausgang genommen – war 1833 neben einem Kunst- und einem Naturkundeverein auch die Gründung eines Historischen Vereins angeregt worden. Bezeichnenderweise war es zur Gründung dieses Vereins damals jedoch nicht gekommen. Das schien seinerzeit kein vordringliches Interesse zu bezeichnen. Nun aber, 1859, im Jahr der Schillerfeiern, kam es zu einer solchen Gründung: Am 2. April 1859 trat der Mannheimer Altertumsverein ins

Leben, der sich bald zu einem allgemeinen Geschichtsverein entwickelte.

Auch hier war das gebildete und besitzende Bürgertum der Stadt der Hauptträger, darunter natürlich auch die beiden Brüder Bassermann vom Markt. Die Wendung zur Geschichte, zur pietätvollen Betrachtung der Vergangenheit, markierte dabei zugleich das veränderte Lebensgefühl. Zwar hatten schon in der Generation der Väter bestimmte historische Epochen, speziell die Karl-Theodor-Zeit als die Zeit der großen kulturellen Blüte der Stadt, stets einen besonderen Platz eingenommen. Aber mit nostalgischer Rückwärtsorientierung hatte das bei einer so stürmisch vorandrängenden Generation wenig zu tun gehabt; davon konnte im strengen Sinn auch jetzt nur begrenzt die Rede sein. Aber von der großen Vergangenheit, ja, von der alten guten Zeit zu sprechen, gewann nun langsam eine andere Qualität: Es beschwor nicht mehr nur die jeweils eigene Jugend, die Vorläufer der eigenen Auffassungen und Überzeugungen, die Stufen des Aufstiegs. Jetzt verwies es auch im Lager des Bürgertums auf Verlorenes, auf eine angeblich noch heile Welt, auf eine harmonischere, weniger von Spannungen zerrissene, weniger umkämpfte Ordnung. »Das Ideal. Es gibt keins, als die verschwundene Realität der Vergangenheit«, hatte Friedrich Hebbel schon Mitte der dreißiger Jahre in sein Tagebuch notiert. Das wurde nun mehr und mehr zur Lebensanschauung weiter Kreise des Bürgertums.

Mit Quietismus, mit Stillstand, mit Erschlaffen der Kräfte hatte das freilich nur wenig zu tun. Es kam hier im Gegenteil eine Art von psychologischem Gegengewicht gegen die sich nun dramatisch steigernde wirtschaftliche und, mit ihr unmittelbar verbunden, gesellschaftliche Dynamik zur Geltung – wie sich ja auch Geschichtswissenschaft und Geschichtsschreibung in Zeiten stürmischer Veränderungen besonders wirkungsvoll zu entfalten pflegen.

Sich am Vertrauten festzuhalten, während der Strom der Zeit immer mächtiger und schneller, immer unwiderstehlicher wurde, das war eine ebenso spontane wie gleichsam natürliche Reaktion. Nur vergleichsweise wenige wagten es, auf diesem Strom in jeder Hinsicht mit vollen Segeln zu fahren, und es gab unter den – zahlreichen – Schiffbrüchigen und unter den anderen, den Erfolgreichen, den spektakulär Aufsteigenden, dabei mehr Desperadonaturen, als es im verklärenden oder auch kritischen Rückblick oft scheint.

Die Bassermanns der neuen Generation gehörten in dieser wie in jener Hinsicht nicht dazu. Für die »Eisen-Bassermanns« endete in der Epoche der nun voll in Gang kommenden sogenannten industriellen Revolution die geschäftliche Laufbahn, und die beiden Brüder am Markt schwammen insgesamt doch eher eben so mit.

Louis Alexander, der Tabakhändler, hatte 1846 als Erbe des immer mehr aufgeblühten väterlichen und großväterlichen Geschäftes - seit den zwanziger Jahren war Mannheim endgültig zum zentralen Ort des gesamten südwestdeutschen Rohtabakhandels geworden - federführend zu denen gehört, die eine Mannheimer Produktenbörse begründen wollten. Im Zeichen der schweren Agrarkrise im Vorfeld der 48er Revolution und der damit verbundenen Stokkung insbesondere des Produktenhandels war das Unternehmen jedoch wenig erfolgreich gewesen. Zwar hatte eine Versammlung des »Handelsstandes« das Vorhaben gebilligt. Es war auch ein vorläufiges Börsenreglement verabschiedet, und in einem Café waren geeignete Räume gemietet worden. Aber es war dann kein rechtes Leben in die Sache gekommen. Auch ein zweiter Vorstoß Anfang der fünfziger Jahre, nun unter ungleich günstigeren äußeren Bedingungen, war gescheitert: Es zeigte sich, daß die Zahl der Firmen, die vom börsenmäßigen Verkehr wirklich profitieren konnten und ihn ernsthaft benötigten, doch noch zu gering war. Es blieb bei den bisherigen informellen Kontakten zwischen den einzelnen Häusern. Jedes machte angesichts einer sich immer stärker belebenden Agrarkonjunktur und eines sich zunehmend weitläufiger entfaltenden Handels gute bis ausgezeichnete Geschäfte, darunter auch die Firma Louis Alexander Bassermann. Erst 1862/63, im Zusammenhang mit der Einführung der Gewerbefreiheit in Baden, kam es zur endgültigen Gründung einer Landesproduktenbörse mit dem Weinhändler und langjährigen Oberbürgermeister Heinrich Christian Diffené als Vorsitzendem des Börsenvorstandes.

Zu diesem Zeitpunkt gehörte die Firma Bassermann zwar nach wie vor zu den bestens eingeführten und durchaus florierenden Firmen, aber nicht zu den wagemutigen Branchenführern wie zu Zeiten Reinhardts und Friedrich Ludwig Bassermanns. Diese Rolle übernahmen jetzt andere, die sich mit badischen, pfälzischen und hessischen Rohtabaken und dann zunehmend mit Zigarren aus der einheimischen Zigarrenindustrie - sie beschäftigte Mitte der sechziger Jahre schon rund dreitausend Arbeiter und produzierte im Jahr etwa 170 Millionen Stück im Wert von fast zwei Millionen Gulden - neben dem europäischen auch den nordafrikanischen und nordamerikanischen Markt erschlossen. Vor allem das Unternehmen von Gabriel Hirschhorn, der in den zwanziger Jahren von Heidelberg nach Mannheim übergesiedelt war, tat sich dabei hervor. Es überlebte denn auch als einzige der älteren einheimischen Tabakfirmen das ganze Jahrhundert.

Louis Alexander Bassermann hingegen, dessen Kinder alle andere Lebenswege eingeschlagen hatten, liquidierte zwei Jahre nach der auch wirtschaftlich mit so großen Erwartungen begrüßten und zunächst in der Tat viele Impulse gebenden Gründung des Deutschen Reiches, im Jahre 1873, die ererbte Firma. Er zog sich, auch hier dem Beispiel der Vätergeneration folgend, noch nicht sechzigjährig, ins Privatleben zurück. Das Unternehmen hatte ihn und seine Familie gut getragen und sicherte ihm einen Lebensabend in Wohlstand, mehr aber auch nicht. Die Chancen einer Zeit gewaltiger wirtschaftlicher Veränderungen und eines sich in bisher unbekannter Weise entfaltenden Marktes ergriffen andere.

Recht ähnlich verlief auch die geschäftliche Laufbahn seines Bruders Julius. Er hatte den von seinem ältesten Bruder übernommenen Drogenhandel gemeinsam mit dessen Mitarbeiter, seinem jetzigen Teilhaber August Herrschel, in den vierziger Jahren recht erfolgreich emporgebracht, nachdem er zuletzt unter der Leitung Friedrich Daniels, dessen Engagement und Interesse immer stärker der Politik galt, doch ziemlich stagniert hatte. Der Einbruch von 1848/49 war dann freilich sehr viel schwerer gewesen als bei dem Tabakgeschäft seines Bruders. Erst seit der Mitte der fünfziger Jahre ging es wieder deutlich aufwärts. In den sechziger Jahren erlebte das Geschäft im Zeichen der großen liberalen Reformen in Baden und ganz Süddeutschland, im Zeichen von Gewerbefreiheit und Freihandel und dem inneren Ausbau des Zollvereins und seinem Anschluß an das westeuropäische Freihandelsgebiet dann eine ausgesprochene Blüte. Sein Inhaber, inzwischen Mitte Vierzig, gewann nun in der Handels- und Geschäftswelt der Stadt immer mehr an Profil und Statur. Er spielte im Bürgerausschuß wie in der Handelskammer, der er von 1864-1879 angehörte, eine nicht unerhebliche Rolle.

In dem Streit über die Errichtung einer Badischen Bank in Mannheim, in dem sich die Mehrheit der Handelskammer 1864 gegen die von der Regierung und ihrem neuen Handelsminister Karl Mathy vorgesehene Privilegierung einiger weniger Bank- und Handelshäuser wandte, trat der Bankierssohn als einer der Sprecher auf. Als es sechs Jahre später, Anfang 1870, kurz vor Ausbruch des deutsch-französischen Krieges und dem Zusammenschluß der süddeutschen Staaten mit dem von Preußen geführten Norddeutschen Bund zum Deutschen Reich, endlich zur Gründung der Bank kam, gehörte denn auch neben den eingesessenen Bankhäusern Hohenemser und Ladenburg und einer Reihe von großen Handelsfirmen der Stadt die Firma seines Bruders Louis Alexander zu den Gründervätern des Instituts. In dessen Gründungskonsortium saßen außer weiteren wichtigen badischen Unternehmen auch Vertreter des Hauses Rothschild in Frankfurt und der Berliner Discontogesellschaft.

Julius Bassermann war also vor allem seit dem Ausgang der fünfziger Jahre in der Stadt ein Mann von nicht unbeträchtlichem Einfluß, insbesondere auf wirtschafts- und handelspolitischem Feld, ein typischer Vertreter der städtischen Honoratiorenschicht, in dessen Person sich geschäftlicher Erfolg und öffentliches Ansehen verbanden. Zu denen, die die neuen Chancen in Handel und Gewerbe, im Finanzwesen und in der entstehenden Industrie entschlossen und mit vollem Risiko nutzten, gehörte er freilich ebensowenig wie sein Bruder Louis Alexander.

Was sich in der Stadt in dieser Hinsicht in den letzten Jahren getan hatte, war in der öffentlichen Diskussion über die Errichtung der Badischen Bank in den Jahren 1863/64 jedermann noch einmal ganz deutlich geworden. Stadtverwaltung, Handelskammer, die Presse und einzelne besonders interessierte Firmen und Firmengruppen hatten in Eingaben an das Ministerium, an den Landtag und in öffentlichen Verlautbarungen wiederholt vorgerechnet, welche Bedeutung Mannheim als Handels- und Wirtschaftszentrum inzwischen erlangt habe. Zweiundsechzig Fabriken und fabrikmäßig betriebene Gewerbeunternehmen zählte die Stadt mittlerweile; sie war ein Zentrum des gesamten südwestdeutschen Produktenhandels, also vor allem des Wein-, Getreide-, Tabak- und Hopfenhandels; als

Vogelschauansicht Mannheims von T. Verhas nach E. Brenzinger, 1869

Anfangs- und Endpunkt der Rheinschiffahrt und des Rheinhandels fanden hier zweiundsiebzig Spediteure, Kommissionäre und Agenten sowie rund zweihundert Exporteure und Großhändler ihr Auskommen und Geschäft.

Gerade im Handelssektor waren die Zuwachsraten ganz außerordentlich. Wurden vor der Revolution von 1848 im Hafen rund drei Millionen Zentner umgesetzt, so überschritt man bereits Mitte der fünfziger Jahre die Fünf-Millionen-Grenze und Anfang der siebziger die der zehn Millionen. Gleichzeitig schwoll der Handel über die Schiene in einem Maße an, daß Anträge an die Karlsruher Regierung auf Erweiterung und Intensivierung des Schienenverkehrs über Jahre hin fast schon zum Alltäglichen gehörten. Mit dem Petroleum- und Kohlenhandel, in dem Mannheim rasch für den gesamten süddeutschen Bereich führend wurde, erschlossen einzelne Unternehmen ganz neue Bereiche, die zunehmend für andere, einst führende aufkamen, die wie der Wein- und später auch der Holzhandel eher niedergingen.

Wie in manchen anderen Städten, die ihren Aufstieg vor allem dem Handel und daneben dem mittelständischen Gewerbe verdankten, so hatten sich auch in Mannheim zunächst Stimmen erhoben, die sich gegen »Fabriken«, gegen den Rahmen des Herkommen sprengende, rationalisierte gewerbliche Großbetriebe und dann auch gegen förmliche Industrieansiedlungen aussprachen. Die pfalzbayerische Gegen- und Konkurrenzgründung auf der anderen, der linken Rheinseite, die Stadt Ludwigshafen, verdankte diesem Umstand sehr wesentlich ihren spektakulären Aufstieg in der zweiten Hälfte des 19. Jahrhunderts: Zu Beginn der fünfziger Jahre noch völlig unbedeutend, erreichte sie gegen Ende des Jahrhunderts mit über sechzigtausend Einwohnern eine Zahl, die Mannheim erst Mitte der achtziger Jahre überschreiten sollte; dann allerdings wuchs Mannheim gleichfalls geradezu explosionsartig weiter.

Als besonders spektakulär und folgenreich erwies sich das vielzitierte Zögern der Mannheimer Stadtväter, dem ehemaligen »Goldarbeiter«, sprich Goldschmied, oder, wie er sich selbst gern nannte, »Bijouterie-Fabrikanten« Friedrich Engelhorn ein von diesem ins Auge gefaßtes Gelände für seine 1860, im Jahr der liberalen Wende im Großherzogtum, gegründete Anilinfabrik zu überlassen – Engelhorn war der Sohn einer 1788 nach Mannheim zugezogenen Bierbrauerfamilie, der seit 1848 auf dem Jungbusch eine Gasfabrik betrieb. Er hatte 1850 mit der Karlsruher Firma Spreng und Sonntag die »Badische Gesellschaft für Gasbeleuchtung« gegründet , die auch die Beleuchtung Mannheims organisierte. Die Badische Anilin- und Sodafabrik, die im Jahre 1900 schon sechstausend Arbeiter beschäftigte, ist so nicht in Mannheim, sondern in Ludwigshafen zu ihrer Bedeutung gelangt.

Aber wenn dieses Zögern auch eine gewisse Tradition hatte – von Industriefeindlichkeit konnte zu diesem Zeitpunkt nur noch sehr begrenzt die Rede sein. Viel wichtiger war anfangs auf beiden Seiten die Kosten-Nutzen-Rechnung. Sie empfahl auf der einen Seite, die oft ja noch sehr viel kapitalkräftigeren und meist solider fundierten Handelsfirmen zu begünstigen. Auf der anderen Seite lenkte sie den Blick auf die günstigeren Grundstückspreise und die vorteilhaftere Arbeitskräftesituation jenseits des Rheins, wo die Anbindung an Verkehr und Handel bald in gleichem Maße gewährleistet war. Wo solche Rechnungen zu anderen Ergebnissen führten, da hat sich auch Mannheim auf die Dauer immer weniger gegen industrielle Unternehmungen gesperrt, sie im Gegenteil durchaus begünstigt.

Das galt schon für die Errichtung einer großen Spiegelmanufaktur in Waldhof, einer Zweigniederlassung der einst von Colbert initiierten »Manufacture des glaces« in St. Gobain. Sie beschäftigte

1856, zwei Jahre nach ihrer Gründung, bereits dreihundert – zumeist französische – Arbeiter. Und es galt ebenso für den Aufbau der aus dem Landmaschinenimport hervorgehenden Landmaschinenfabrik von Heinrich Lanz seit dem Ende der fünfziger Jahre und den »Verein chemischer Fabriken Mannheim«, in dem sich drei Unternehmen der sich nun mächtig entfaltenden chemischen Industrie wenig früher zusammengeschlossen hatten. Welche Erfolge diese Gründungen verzeichneten und wie interessant sie steuerlich und als Arbeitgeber für die Stadt waren, zeigt die Tatsache, daß der »Verein« 1862/63 eine Dividende von fünfunddreißig (!) Prozent ausschütten konnte.

So verfolgten die Stadtväter anfangs auch die Gründung jener schon erwähnten Anilinfabrik durch Friedrich Engelhorn in den Räumen einer ehemaligen Zinkhütte auf dem sogenannten Pestbukkel – eine jener industriellen Neugründungen der fünfziger Jahre, die nicht floriert hatten – durchaus mit Sympathie: Man war stolz, diese jüngste technische Neuerung, die Herstellung von Farbstoffen aus Steinkohlenteer im großen Stil, wie sie Engländer und Franzosen gerade mit spektakulären Erfolgen begannen, erstmals auf deutschem Boden heimisch zu machen.

Der Erfolg des Unternehmens, das 1865 unter Federführung des Mannheimer Bankhauses Ladenburg in eine Aktiengesellschaft umgewandelt wurde und so zugleich viel Kapital des Mannheimer Bürgertums vereinigte, sicherte ihm denn auch die nachhaltige Unterstützung der Stadtverwaltung bei dem Versuch, ein Gelände von vierzig Morgen, sprich fast einhundertfünfzigtausend Quadratmetern, zur Errichtung eines chemischen Großbetriebes aus städtischem Besitz im Gebiet der sogenannten Neuwiesen am Neckar zu erwerben – Gemeinderat und Kleiner Bürgerausschuß stimmten ohne weiteres zu. Der Kaufpreis, den die Verwaltung unter ihrem Oberbürgermeister Ludwig Achenbach, einem Rechtsanwalt – der erste Nicht-Kaufmann in diesem Amt seit vielen Jahrzehnten –, dafür ins Auge gefaßt hatte, war ausgesprochen niedrig – man kann also sogar von einer gezielten Ansiedlungspolitik sprechen.

Daß die Sache dann scheiterte, ging im wesentlichen auf das Wirken des Konkurrenzunternehmens, des »Vereins chemischer Fabriken Mannheim« zurück. Dieser scheute sich nicht, industriekritische Tendenzen wenn nicht zu mobilisieren, so doch auszunützen – auch von Belastung der Umwelt war schon die Rede. Mit einem wohl von Anfang an nur taktisch gemeinten Gegenangebot, das dann wieder zurückgezogen wurde, hob man schließlich den Gegner aus dem Sattel.

Das aber war ein – wenn auch folgenschwerer – Ausnahmefall. Ansonsten kann man im Gegenteil von einer immer gezielteren Industrieförderungspolitik der Stadt sprechen, deren Ergebnisse sich freilich erst in den siebziger und achtziger Jahren in vollem Umfang zeigten, als die Stadt hundert, schließlich zweihundert Fabriken beherbergte. Bezeichnenderweise war es denn auch erst die nächste Generation der Bassermanns, die sich erstmals auch in diesem Bereich engagierten. In den fünfziger und sechziger Jahren dominierten die Pioniere, und zu ihnen gehörten die eingesessenen Kaufleute wie die Bassermanns gemeinhin nicht.

Allerdings zögerten die wenigsten von ihnen, Kapital auch in diese Bereiche zu investieren. Auch die von der Stadt immer wieder geforderte zweite Bahnlinie durch das Rheintal ist in den sechziger Jahren im wesentlichen mit Hilfe der Gelder des Mannheimer Bürgertums entstanden, ja, man kann sagen, in einem ungeheuren Tempo förmlich aus dem Boden gestampft worden; das Bankhaus Ladenburg hat damals das nötige Kapital in wenigen Wochen zusammengebracht und in Form einer Anleihe an die Stadt Mannheim weitergereicht. So wuchsen die Stadt und ihr Bürgertum auch psychologisch Schritt für Schritt in das neue, in das beginnende Industriezeitalter. Die eben dreihundertfünfzig Arbeiter, die die Maschinenfabriken der Stadt als einer der wichtigsten der neuen Industriezweige Mitte der sechziger Jahre beschäftigten, die siebenundsechzig Dampfmaschinen mit insgesamt zwölfhundertvierundvierzig PS, die damals auf dem Stadtgebiet betrieben wurden – sie liefern ein eher irreführendes Bild. Die Stadt und ihr Bürgertum hatten sich inzwischen in einem ganz anderen Ausmaß der neuen Zeit geöffnet, als diese eher marginalen Zahlen vermuten lassen.

Das zeigte sich vor allem auch auf politischem Gebiet, auf dem seit Ausgang der fünfziger Jahre, nach einem Jahrzehnt der Reaktion, vieles wieder in Bewegung kam – in Baden, überall im Deutschen Bund, ja, in ganz Europa. Seit den Kämpfen um den Deutschen Zollverein in den dreißiger Jahren gehörte Mannheim und gehörte vor allem das Mannheimer Wirtschaftsbürgertum im deutschen Süden und Südwesten zu den entschiedensten Wortführern einer nationalen Einigung unter preußischer Führung; Friedrich Daniel Bassermann war in dieser Hinsicht ganz Sprecher und Wortführer seiner Heimatstadt oder besser gesagt des Bürgertums dieser Stadt gewesen. Nationale Einigung aber hieß zugleich, ja, in erster Linie, nationale Reform im Sinne der preußischen Reformen zu Beginn des 19. Jahrhunderts, die hier ungeachtet ihrer deutlichen Kehrseiten nach wie vor als vorbildlich, zumindest als richtungweisend empfunden wurden. Bürgerliche Selbstverwaltung, eine liberalisierte Leistungsgesellschaft, Befreiung des Grund und Bodens, Reform der Verwaltung und des Bildungswesens, Rechtsgleichheit sowie Verrechtlichung und Normierung aller sozialen Verhältnisse und über allem, das Ganze schützend und vereinheitlichend, eine moderne rechtsstaatliche Verfassung – das waren nach wie vor die großen Ziele, um die sich der Reformliberalismus der fünfziger Jahre scharte, der sich nach dem Scheitern der Revolution überall in Mitteleuropa neu formierte.

Dieser rechtliche, verwaltungsmäßige und politische Modernisierungswille hatte, was Baden und den deutschen Südwesten angeht, einen ausgesprochenen Schwerpunkt in Mannheim. Die Führer der liberalen Opposition im Großherzogtum, die dann nach dem Regierungs- und Systemwechsel von 1860 in die entscheidenden Positionen aufrückten, kamen oder stammten fast alle aus der in vieler Hinsicht auf Preußen orientierten Hochburg des liberalen Wirtschaftsbürgertums am Oberrhein: August Lamey, der jetzt in Freiburg wirkende Rechtsanwalt, Nachkomme des berühmten ersten Sekretärs der 1763 gegründeten kurpfälzischen Akademie und mit der Stadt in vielfältiger Weise verknüpft, nach 1860 Innenminister und unbestrittener Kopf der liberalen Fraktion und Partei; Anton Stabel, lange Jahre »Oberhofrichter«, sprich Präsident des Oberhofgerichts, in Mannheim und Sprecher der Liberalen in der Ersten Kammer, nach 1860 Justizminister und im Juni dieses Jahres von der Mannheimer Bürgerschaft demonstrativ zum Ehrenbürger der Stadt ernannt; Karl Mathy, Handels- und Finanzminister der »neuen Ära« in Baden, nach 1866 Regierungschef – von ihm war schon ausführlich die Rede; Julius Jolly, der Sohn des langjährigen Mannheimer Oberbürgermeisters Louis Jolly, eines Kaufmanns, der als Präsident der Handelskammer der Stadt in vorderster Front um den Eintritt Badens in den Zollverein gekämpft hatte – er wurde nach 1860 zu einem der engsten Mitarbeiter Lameys, nach 1866 sein Nachfolger als Innenminister und schließlich 1868 für viele Jahre badischer Ministerpräsident; schließlich Moritz Ellstätter, der Mitte der sechziger Jahre als Kreisgerichtsassessor in Mannheim zu den führenden Köpfen bei der Gründung der Aktiengesellschaft »Badische Anilin- und Sodafabrik« gehört hatte und 1868, fünf Jahre nach der von Lamey durchgesetzten vollständigen Judenemanzipation im Großherzogtum, als erstes Mitglied der jüdischen Gemeinde in Baden, als erster Glaubensjude, wie es abgekürzt hieß, Minister, genauer gesagt Finanzminister wurde.

Von den Personen wie auch vor allem von der konkreten Politik her, die diese, von der liberalen Bewegung in ganz Deutschland mit gespannter Aufmerksamkeit beobachtet, nach 1860 betrieben, hat sich die große Mehrheit des Mannheimer Bürgertums ganz mit der Regierung und dem System der »neuen Ära« identifiziert. Man war in der Familie der Bassermann am Markt immer sehr stolz darauf, daß auch einer der ihren, Louis Alexander, als Mitglied einer Deputation, die Mitte Januar 1860 dem Großherzog eine Protestresolution gegen das Konkordat mit der katholischen Kirche überreichte, zu denjenigen gehört hatte, die sich an dem Kampf um einen Kurs- und Systemwechsel in der badischen Politik aktiv beteiligt hatten.

Solche prinzipielle Zustimmung schloß Konflikte freilich nicht aus, etwa den Streit mit dem Handelsminister Mathy um die Errichtung einer Badischen Bank oder den Kampf um die Rheintalbahn, gegen die sich die Karlsruher Regierung zunächst stellte. Aber in den großen Linien sahen sich die Stadt und ihre tonangebenden Kräfte innerhalb des Bürgertums doch nun im Staat und durch den Staat erstmals ganz vertreten, sich auch als Stadt und Bürgerschaft in ihrem Gewicht, ihrer wirtschaftlichen und politischen Stellung voll gewürdigt.

Aus der Hochburg der Revolution, gerade auch ihres linken Flügels, war binnen eines Jahrzehnts eine Hochburg des Reformliberalismus geworden. Dessen Mannheim so eng verbundene

Hauptvertreter konnten jetzt, nach 1860, zeigen, was sie zu leisten vermochten.

Es war in wenigen Jahren erstaunlich viel und vor allem: anders als der preußische König, der 1858 gleichfalls einen politischen Kurswechsel, eine »neue Ära« eingeleitet hatte, hielt sein Schwiegersohn, der badische Großherzog, an der neuen Politik fest, durch die sein Staat binnen weniger Jahre zum vielberufenen, von den Liberalen den anderen deutschen Staaten immer wieder als Vorbild vorgehaltenen »liberalen Musterland« wurde. Zunächst stand die grundsätzliche Neuregelung des Verhältnisses von Staat und Kirche im Vordergrund, die dem Staat, der politischen Gemeinschaft, überall dort das Kontroll-, Aufsichts- und Organisationsrecht sicherte, wo es um Belange des Gemeinwesens als Ganzes ging. Unmittelbar darauf machten sich Ministerium und Parlamentsmehrheit an eine überall an die Fundamente rührende Reform der Rechts-, der Wirtschafts- und damit zugleich der Sozialverfassung des Landes.

Die ganze innere Ordnung wurde in kurzer Zeit von Grund auf umgestaltet. Leitendes Prinzip war dabei durchgängig, dem Individuum in allen Lebensbereichen soviel Spielraum wie irgend möglich und vertretbar zu schaffen, seine Chancen auf freie Entfaltung und Betätigung seiner Talente und Möglichkeiten, aber auch seiner ganz persönlichen Überzeugungen und Lebensvorstellungen zu erweitern und zu sichern.

Das hieß auf rechtlichem Gebiet: praktische Durchsetzung des seit hundert Jahren immer wieder neu formulierten Katalogs der Menschenrechte, institutionelle Sicherung des Gedankens der Rechtsgleichheit nicht zuletzt durch unbedingt bindende Verfahrensgarantien, durchgängige Trennung von Justiz und Verwaltung, Öffnung der Rechtsprechung gegenüber dem Bürger durch die Öffentlichkeit und Mündlichkeit des Verfahrens und die Einführung des Schwurgerichts – kurz, »eine einheitlich ineinandergreifende, dem neu erwachten Volksleben sich anpassende Rechtsgesetzgebung«, wie Stabel, der neue Justizminister, 1861 das Ziel bezeichnete.

Dem entsprach die Verwaltungsreform August Lameys. Sie orientierte sich, getreu dem Grundsatz möglichst weitgehender individueller Selbstbestimmung, an dem Prinzip, daß die Bürger auf allen Ebenen staatlichen Handelns, also nicht nur auf der Ebene des Gesamtstaates, das Recht besitzen müßten, an der Entscheidung der »ihre Interessen sachlich berührenden Fragen« unmittelbar mitzuwirken. Das parlamentarisch-repräsentative Prinzip, das 1860 zum Siege geführt worden war, sollte, wenn man so will, konsequent bis auf die unterste, auf die Kreisebene, ausgedehnt werden. Das Ziel war, Dezentralisation und Selbstverwaltung in einem Ausmaß durchzusetzen, wie dies in der Geschichte größerer Staaten bisher nur einmal, in der ersten Phase der Französischen Revolution, versucht worden war - sieht man von den historisch gewachsenen und ganz anders begründeten Verhältnissen in England einmal ab, die gleichwohl vielfach als Vorbild dienten. Wie nach 1789 in Frankreich, so ist dieser Anlauf auch nach 1860 in Baden nicht wirklich zum Ziel gelangt: Die zunehmend komplizierter werdenden Verwaltungsaufgaben überstiegen auch auf der lokalen und regionalen Ebene immer mehr das, was der ehren- und nebenamtlich tätige Bürger zu leisten imstande war; vor allem drohte die Einheit staatlichen Handelns darüber verlorenzugehen.

Aber auch ohne daß schließlich die Kreise als unterste Verwaltungseinheiten zu kleinen, in wesentlichen Bereichen von den Bürgern selbst organisierten und regierten Staaten ausgebaut wurden, war der Ertrag der Lameyschen Verwaltungsreform außerordentlich hoch. Ein Vorbeiregieren an den Bürgern war, wie die Verwaltung sehr bald spürte, nun praktisch nicht mehr möglich - im unteren Verwaltungsbereich war stets das Votum einer Bürgervertretung, des Bezirksrats, einzuholen, der zugleich als erste Instanz einer ganz neuen Einrichtung, nämlich einer speziellen Verwaltungsgerichtsbarkeit wirkte, an die jeder Bürger zusätzlich appellieren konnte.

Gleichzeitig wurde dieser Bürger in einem ganz zentralen Bereich von staatlichen Eingriffen, von Reglementierungen, von Garantie- und Schutzbestimmungen weitgehend befreit: im Bereich des Wirtschaftslebens. Mitte 1862 verabschiedete das Parlament in Karlsruhe zwei Fundamentalgesetze, die die Wirtschaft des Landes auf eine völlig neue Grundlage stellten. Es handelte sich um ein Gesetz über die Freizügigkeit und um ein neues Gewerbegesetz. Sie verfügten die fast vollständige Bewegungs- und Niederlassungsfreiheit und die unbeschränkte Gewerbefreiheit, lösten also den einzelnen in wirtschaftlicher Hinsicht praktisch von allen bisherigen

Beschränkungen. Das war innerhalb der staatlichen Bürokratie wie auch innerhalb der einzelnen Gruppen der Gesellschaft bis dahin eine höchst umstrittene Frage gewesen – die öffentlichen und parlamentarischen Debatten im Zusammenhang mit den entsprechenden Gesetzesvorhaben der Paulskirche hatten die verschiedenen Positionen noch einmal ganz deutlich gemacht.

Selbst in einer schon seit den ersten Jahrzehnten des Jahrhunderts so auf den Handel, auf die Entfaltung von Wirtschaft und Gewerbe setzenden Stadt wie Mannheim hatte man sich ja lange Zeit noch zwischen Kaufleuten, »Krämern« und Handwerkern darüber verständigt, an dem alten ständischen Grundsatz der »gesicherten Nahrung«, der Konkurrenzbeschränkung im Interesse des Auskommens des einzelnen Bürgers festzuhalten. Gerade die tonangebenden Kaufleute hatten davon im lokalen Rahmen profitiert, wirtschaftlich, aber auch politisch. Es war ein gesellschaftspolitisches Bindemittel gewesen, verdichtet in dem Ideal des materiell und von dieser Basis aus auch politisch und geistig unabhängigen mittelständischen Bürgers, dem ganz generell die Zukunft gehören werde.

Daß man nun gerade auch in Mannheim, innerhalb des nach wie vor vor allem von Kaufleuten bestimmten und repräsentierten besitzenden Bürgertums der Stadt seit den fünfziger Jahren immer mehr davon abrückte und die eigenen politischen Vertreter zu entsprechenden Gesetzesänderungen drängte, hatte in erster Linie wirtschaftliche, aber eben doch auch politische und soziale Gründe. Daß der Wirtschaftsfreiheit, dem Freihandel und der Gewerbefreiheit, die Zukunft gehören werde, schien inzwischen jedem Einsichtigen angesichts der Entwicklung in England, in Frankreich und in Preußen, die sich alle schon seit längerem diesem Grundsatz geöffnet hatten, unübersehbar.

Zu diesem Schluß hätte man freilich auch schon zwanzig Jahre vorher kommen können. Sicher, inzwischen war die Entwicklung auch im Süden Deutschlands so weit vorangeschritten, daß weitere Konzessionen an das Prinzip der »gesicherten Nahrung« die eigenen Interessen viel unmittelbarer berührten. Von einer gleichsam linearen Weiterentwicklung der Problemlage und damit von einer immer schärferen Ausbildung eines speziellen Zielkonflikts zwischen eigenen wirtschaftlichen Interessen und den Interessen des bürgerlichen Gemeinwesens und seiner Angehörigen insgesamt kann jedoch kaum die Rede sein.

Ganz im Gegenteil ist gerade auf diesem Felde der grundsätzliche Perspektivenwechsel nach 1849, nach dem Ende der Revolution, besonders deutlich. Das, was Rochau in eher abstrakten und allgemeinen Formulierungen das »Naturgesetz des gesellschaftlichen Lebens«, den Kampf der »gesellschaftlichen Kräfte«, sprich der sozialen Gruppen, um Durchsetzung und Selbstbehauptung genannt hatte, trat hier unmittelbar hervor, getragen von dem neuen Bewußtsein, auf diese Weise geschichtlich angemessen sowie zukunfts- und fortschrittsorientiert zu handeln.

Über das Kernprinzip der neu formierten bürgerlich-liberalen Bewegung, alles müsse der Freisetzung des einzelnen, den schöpferischen Kräften des Individuums dienen, fiel so freilich gerade von hier aus ein dunkler Schatten. Er rückte auch manches von dem in ein anderes Licht und setzte es dem Verdacht des bloßen Gruppeninteresses aus, was von der Sache wie von den Intentionen des einzelnen Reformers von solchen Interessen weitgehend frei war - bis hin zu dem Gesetz über die Judenemanzipation, von dem sich manche hinter vorgehaltener Hand nicht scheuten zu behaupten, es sei durch das jüdische Kapital erkauft worden.

Darin spiegelten sich in extremer Form Einschätzungen, Strömungen und Stimmungen in weiten Kreisen der stürmischen Veränderungen unterworfenen Bevölkerung und Gesellschaft, die sich die Gegner der gerade triumphierenden Liberalen zunehmend zunutze zu machen begannen. Neben der nach ihrer systematischen Unterdrückung in der Reaktionszeit der fünfziger Jahre noch stark geschwächten Linken waren dies vor allem die katholisch-konservativen Kräfte, die durch den Regierungs- und Systemwechsel von 1860 weitgehend entmachtet worden waren.

Zwar blieb der Versuch der Konservativen zu Beginn der sechziger Jahre, also zu Beginn der »neuen Ära« in Baden, gegen die Kirchengesetzgebung der neuen Regierung eine breitere Volksbewegung zu mobilisieren, weitgehend erfolglos: Das von der alten Regierung abgeschlossene Konkordat zwischen dem badischen Staat und der katholischen Kirche, das dieser im Zeichen des Autonomiegedankens und vor allem auch der gegenseitigen politischen Unterstützung wesentliche zusätzliche Rechte eingeräumt hatte, war weit über den engeren Kreis der bürgerlich-liberalen Bewegung und ihrer Anhängerschaft hinaus wenig populär gewesen. Das Bestreben der neuen Regierung und ihrer Parlamentsmehrheit, die Konfliktzonen zwischen Staat und Kirche unter Wahrung der inneren Freiheit der Kirche einzugrenzen und nach Möglichkeit zu vermindern, schien vielen einleuchtend. Diese positive Grundstimmung in weiten Bevölkerungskreisen veränderte sich dann allerdings binnen weniger Jahre grundlegend; vor allem die nun neu entstehende katholische Bewegung als eine sich auf Vereine und große Volksversammlungen stützende Massenorganisation mit immer stärker werdenden demokratischen Elementen profitierte davon im höchsten Maße.

Der Grund lag vor allem darin, daß inzwischen die Schattenseiten der liberalen Reformgesetzgebung insbesondere in wirtschaftlicher und mit ihr auch in sozialer Hinsicht immer deutlicher sichtbar, die damit verbundenen, von vielen als negativ empfundenen Veränderungen immer nachhaltiger spürbar geworden waren. Statt der versprochenen und von jedermann begrüßten und erstrebten Rechtsgleichheit, so die Wortführer der Opposition, regiere zunehmend das Recht des Stärkeren. Statt sozialer Gerechtigkeit herrsche die entfesselte Gewinnsucht einiger weniger. Und statt des vielbeschworenen Ausgleichs zwischen den verschiedenen gesellschaftlichen Gruppen und Schichten erlebe man eine immer stärkere Ausbildung der sozialen Unterschiede, die Ausprägung eines wachsenden Gefälles zwischen Arm und Reich, zwischen besitzendem Bürger und notleidendem Bauer, zwischen dem um seine Existenz ringenden, von immer neuer Konkurrenz bedrohten Handwerker und kleinen Ladenbesitzer und dem Fabrikanten, dem Unternehmer, dem großen Kaufmann.

Das alles kam vorläufig eher am Rande zur Sprache. Ebenso blieben die Hinweise auf besondere Symbolfiguren dieses als negativ empfundenen Prozesses, vor allem auf die Juden, eher unterschwellig, erschöpften sich in Andeutungen. Im Zentrum stand über Jahre eine andere, mit all dem, wenn überhaupt, nur ganz indirekt verknüpfte Frage: die Frage der Schulreform und hier insbesondere die Frage des Einflusses der Kirchen auf die Volksschule.

Dieser Kampf, der in Baden wie dann auch in Bayern schon in

der zweiten Hälfte der sechziger Jahre tobte – auch der junge italienische Nationalstaat wurde damals von ganz ähnlichen Auseinandersetzungen erschüttert –, ist von der bürgerlich-liberalen Bewegung mehr und mehr zu einem Kampf um die Aufklärung, um die moderne Kultur schlechthin gegen Geisteszwang und Volksverdummung hochstilisiert worden. Von einem »Kulturkampf« war schon bald die Rede, bei dem es auch um die Grundlagen der politischen Kultur und um die Entscheidung zwischen Rückschritt und Fortschritt in Staat und Gesellschaft gehe. Auch die Liberalen sahen also in dem Ganzen einen exemplarischen Konflikt. Aber daß dessen Dynamik, dessen massenbewegende Kraft letztlich in anderen Bereichen lag, haben sie sich in dieser Zeit wie auch später, in den siebziger Jahren, als ein ganz ähnlicher Konflikt auf der Ebene des neuen Reiches ausgefochten wurde, nicht recht klargemacht.

Dabei trat diese Tatsache gerade auf der jeweiligen lokalen Bühne, auf der jener Kampf zunächst in erster Linie ausgetragen wurde, besonders deutlich zutage. Für Mannheim galt das in speziellem Maße. Nahm hier doch der wirtschaftliche und gesellschaftliche Wandel, bisher schon sehr ausgeprägt, im Zeichen der liberalen Gesetzgebung und Verwaltung zunehmend dramatischere Formen an.

Der Große Bürgerausschuß, das Gemeindeparlament, war seit Jahrzehnten von einer in verschiedene Untergruppierungen aufgegliederten liberalen Mehrheit beherrscht worden. Ihre Stellung wurde nun, nach dem Umschwung von 1860, schlechterdings überwältigend. Nach den Wahlen von 1861 saßen praktisch nur noch Anhänger des Liberalismus und der neuen Regierung im Ausschuß. Sie verteilten sich auf zwei Fraktionen, eine entschieden fortschrittliche, auf Reformkonsequenz in allen Bereichen dringende, die sich im »Badner Hof« traf und nach dem Paulskirchenvorbild entsprechend genannt wurde, und eine bedächtigere, zu mehr Vorsicht und praktischen Kompromissen mahnende, die sich im »Goldenen Hirsch« versammelte. Deren Kandidat, der »Obergerichtsadvokat« und Landtagsabgeordnete Ludwig Achenbach, wurde nach einer Kampfabstimmung gegen Philipp Artaria, den Sohn einer bekannten Mannheimer Kunsthändlerfamilie, in der Nachfolge des Weinhändlers Diffené zum Oberbürgermeister gewählt. Er erwies sich im liberalen Lager, getreu den Grundsätzen seiner Fraktion, im weiteren als ausgesprochene Integrationsfigur. Allerdings im wesentlichen nur hier. In den politischen und vor allem sozialen Frontstellungen, die sich in den folgenden Jahren immer stärker ausprägten und die in der Schulfrage ihren ersten großen Richtpunkt fanden, waren er und seine Gruppe durchaus Partei.

Es war die Partei derjenigen, die schon in den fünfziger Jahren das Vordringen einer vor allem von Jesuiten betriebenen katholischen Volksmission mit deutlich antiaufklärerischer und antiliberaler Tendenz und speziellen katholischen Vereinsgründungen wie dem katholischen Gesellenverein des Jahres 1856 mit Argwohn verfolgt hatten. Dieser Argwohn galt nicht zuletzt Tendenzen, die sozialen Unterschiede ins Spiel zu bringen, sprich das kirchentreue, ordnungs- und traditionsverpflichtete Volk gegen das veränderungssüchtige, aufklärerisch-fortschrittsgläubige Besitz- und Bildungsbürgertum auszuspielen.

Jetzt, in den sechziger Jahren, wurde es im Lager des liberalen Bürgertums zur Devise, solchen Tendenzen durch eine entsprechende Erziehung in überkonfessionellen Gemeindeschulen auf der Volksschulebene gleichsam von vornherein den Boden und Wurzelgrund zu entziehen. Auch Louis Alexander Bassermann beteiligte sich lebhaft an den diesbezüglichen Bestrebungen. Sie bestimmten wie nichts anderes damals die Fronten in der Stadt und formten ihr politisches Gefüge für viele Jahre.

Auch hier knüpfte Louis Alexander Bassermann, wie in so vielem, ganz bewußt an die Familientradition an. Beide Eltern stammten aus einer reformierten Familie. In der Linie des Vaters hatte das Amt des Kirchenältesten innerhalb der jeweiligen reformierten Gemeinde – in Windecken, in Worms, in Heidelberg – Tradition, eine Tradition, die sich auch immer wieder als ein Element der Gewinnung bürgerlichen Ansehens, der sozialen Etablierung erwiesen hatte. Als der Vater, Friedrich Ludwig Bassermann, sich Anfang des Jahrhunderts in Mannheim niederließ, da war ein direkter Vetter Hauptpfarrer der dortigen reformierten Gemeinde – eine Tatsache, die ihm bei seiner Werbung um Wilhelmine Reinhardt und bei seinem Kampf gegen die anfänglichen Vorbehalte seines künftigen Schwiegervaters sehr zugute gekommen war und es ihm auch sonst erleichtert hatte, in Stadt und Gemeinde Fuß zu fassen.

Die enge Verbindung zur reformierten, nach 1821 entsprechend dem preußischen Vorbild unierten Kirche und Gemeinde war auch in den folgenden Jahrzehnten stets erhalten geblieben. Probleme mit den politisch liberalen, in geistiger und künstlerischer Hinsicht an Aufklärung, Neuhumanismus und deutscher Klassik orientierten Grundauffassungen der Familie hatte es dabei niemals gegeben. Im Gegenteil. Mannheim war, vor allem im Bereich der reformierten und der protestantischen, zunächst auch der katholischen Kirche, von früh auf ein Zentrum der Aufklärungstheologie mit stark liberalen und interkonfessionellen Elementen; die von der Mehrheit der Mitglieder der verschiedenen Gemeinden mitgetragene neuhumanistische Schulreform zu Beginn des Jahrhunderts hatte das sehr deutlich gemacht.

Daß sich Friedrich Daniel Bassermann als einer der Führer der liberalen Opposition 1845 nachhaltig und mit deutlicher Sympathie für die deutschkatholische Bewegung eingesetzt hatte, war in seiner Gemeinde weithin auf Zustimmung gestoßen. Es entsprach dem hier vorherrschenden Geist der Öffnung der Kirche gegenüber der modernen Welt und ihren politischen wie geistigen Strömungen, der Ablehnung jedes engen Traditionalismus und Konfessionalismus. In dem 1848 neugewählten späteren Stadtpfarrer Emil Otto Schellenberg, der sich mit einer bewegenden Totenrede auf Robert Blum einführte, fand dieser Geist in den fünfziger und sechziger Jahren eine auch politisch weithin wirkende Verkörperung.

Schellenberg war und blieb der Familie Bassermann eng verbunden – bei der goldenen Hochzeit im Juli 1855 hielt er die Ansprache, wenige Tage später die Trauerrede auf Friedrich Daniel. Er war einer der entscheidenden Wortführer jener Kräfte, die die Ideen der Toleranz, des Ausgleichs zwischen den Konfessionen, einer aufgeklärten, dem Fortschritt geöffneten Geisteshaltung immer ungeduldiger und leidenschaftlicher durchzusetzen suchten. Paradoxerweise gelangten gerade diese Protagonisten von Aufklärung und Liberalität in der Auseinandersetzung mit widerstrebenden Kräften vor allem innerhalb der katholischen Kirche am Ende zu einer all dem gänzlich widersprechenden, militant kulturkämpferischen Position.

Die beiden Brüder Bassermann sind diesen Weg nur zum Teil

mitgegangen. Die scharfen Zuspitzungen, zu denen er dann führte, widersprachen sowohl ihrem Naturell als auch der Atmosphäre und dem Lebensstil, in denen sie aufgewachsen waren. Aber in der Grundauffassung, daß es bei der Auseinandersetzung mit den konservativen Kräften in der katholischen Kirche, bei dem Kampf um die Aufhebung konfessioneller Schranken im Schulwesen und um die Befreiung von geistiger Bevormundung um einen säkularen Konflikt zwischen Fortschritt und Rückschritt gehe, stimmten sie doch ganz mit Schellenberg und seinen engsten Mitstreitern überein.

In diesem Sinne wandten sich beide Bassermanns nicht nur wie die überwiegende Mehrheit des Bürgertums der Stadt gegen das Konkordat mit der katholischen Kirche und traten nachdrücklich für die Lameysche Kirchengesetzgebung ein. Sie sprachen sich auch im Gemeinderat, in der Handelskammer, in den verschiedenen gesellschaftlichen Vereinigungen und Zirkeln, in denen sie verkehrten, für den von den Gemeindemitgliedern der verschiedenen Kulturgemeinden zu wählenden Ortsschulrat als neues Aufsichtsgremium der Volksschulen statt des Pfarrers und dann auch, wenngleich schon zögernder, für die interkonfessionelle kommunale Schule aus.

Als Schellenberg im Januar 1864 als Sammelpunkt der kirchlich Liberalen im evangelischen Bereich einen Protestantenverein ins Leben rief – er wurde zwei Jahre später Gastgeber der Hauptversammlung der deutschen Protestantenvereine –, da fanden sich auch die Bassermannbrüder mit Selbstverständlichkeit unter den Mitgliedern: Die von Louis Alexander mitgetragene Initiative zur Errichtung einer – natürlich interkonfessionellen – höheren Töchterschule hatte ihrerseits aus den Kreisen, die sich hier zusammenfanden, die meiste Unterstützung erfahren.

Bei den heftigen, von Handgreiflichkeiten bedrohten Konflikten allerdings, die 1865 die Mobilisierung einer Volksbewegung gegen die Schulpläne der Regierung durch die katholische Opposition auslöste – man organisierte große Protestdemonstrationen, sogenannte »wandernde Casinos« –, hielten sich die Brüder deutlich zurück. Das Ganze beschwor, auch wenn die Fronten jetzt völlig anders verliefen, Erinnerungen an die Vorgänge von 1848/49 herauf. Dazu kamen auch diesmal handfeste geschäftliche Überlegungen: Sowohl der Tabak- als auch der sogenannte Drogenhandel brauchten die Verbindung zum flachen Land, zu den vielen dörflichen und kleinstädtischen Kunden und Lieferanten. Und die katholische Bewegung war zugleich eine vorwiegend ländliche Bewegung, in der gern von der Arroganz und Überheblichkeit der Städter und dem rücksichtslosen Gewinnstreben der städtischen Kaufleute und Geldverleiher die Rede war. Eine ähnliche Zurückhaltung drängte sich auch vielen Geschäftsfreunden der Bassermanns auf.

So wurde der kulturkämpferische Aktivismus bald vorwiegend von Beamten, von Lehrern, von protestantischen Pfarrern, vom sogenannten Bildungsbürgertum getragen. Als diese Kreise Ende der sechziger Jahre dann vorschlugen, mit der konfessionellen auch die Trennung in eine einfache Volksschule mit zwei Gulden Schulgeld und eine erweiterte mit acht aufzugeben und eine einheitliche Volksschule auf interkonfessioneller Grundlage mit erweitertem Lehrplan zu schaffen, da kam es innerhalb der bürgerlich-liberalen Partei erstmals zu einem offenen Dissens. Zwar vermochten sich die Anhänger der erweiterten »Zweiguldenschule« schließlich durchzusetzen. Die praktische Folge war jedoch, daß das besitzende Bürgertum seine Kinder fortan mehr und mehr auf Privatschulen schickte.

Für die katholische Opposition war das, im unmittelbaren Vorfeld des nun auch Preußen und das neugegründete Reich erfassenden Kulturkampfes, ein zusätzlicher Beleg dafür, um was es in Wahrheit ging: um ganz egoistische Interessen und um Machtansprüche des liberalen Besitz- und Bildungsbürgertums. Nahm jemand die Schlagworte von der allgemeinen, für jeden gleichen Volksbildung ernst, dann stieß er auf den harten Kern, auf die wirklichen Ziele – Herrschaft über das Volk und Privilegierung der eigenen Klasse. Genau dies, so lautete im katholisch-großdeutschen Lager Süddeutschlands seit Jahren die Parole, sei auch das Ziel der kleindeutschen Einheitsbewegung, die zugleich als innere Reformbewegung auftrete. Auch hier gehe es in erster Linie um Klasseninteressen. Ihnen solle der preußische Staat zum Siege verhelfen, der inzwischen, unter der 1862 ins Amt gelangten Regierung Bismarck, wieder ganz autoritär-militaristisch geworden sei und der zugleich seit Jahrzehnten den Liberalismus und das Besitzbürgertum wirtschaftlich begünstige.

Als eine Art Paradebeispiel erschien in diesem Zusammenhang

erneut Mannheim, eines der Zentren des badischen Kulturkampfes, das sich unter Pfarrer Schellenbergs Führung in der Schulfrage wie allgemein in der antikatholischen Agitation besonders hervorgetan hatte. In der Tat beherrschten hier in den sechziger Jahren die kleindeutsch-propreußischen Kräfte, deren Hauptrepräsentanten im Karlsruher Ministerium neben dem Außenminister Franz von Roggenbach die beiden Mannheimer Julius Jolly und Karl Mathy waren, immer eindeutiger das Feld. Und es war unübersehbar, daß dabei, wie bei der Diskussion um den Anschluß an den Zollverein in den dreißiger Jahren und wie im Vorfeld von 1848, wirtschaftliche Motive eine ganz zentrale Rolle spielten. Diese handfesten Interessen ließen vor allem das Wirtschaftsbürgertum über die innenpolitische Entwicklung in Preußen seit dem Amtsantritt Bismarcks und seines Konfliktministeriums im September 1862 zwar nicht hinwegblicken, sie aber doch relativieren.

Wieder war es Pfarrer Schellenberg, der in dieser Hinsicht das Stichwort und die beruhigende Devise ausgegeben hatte. In einer Festrede zum hundertsten Geburtstag Johann Gottlieb Fichtes hatte er den Philosophen im Mai 1862 als Heros der nationalen Aufbruchsbewegung gegen Absolutismus und Fremdherrschaft und zugleich als Symbolfigur der wegweisenden preußischen Reformen gefeiert – die nationale und reformerische Tradition und fortbestehende Mission Preußens nachdrücklich betonend.

Auf dieser Linie, die ganz den Überzeugungen und Zielvorstellungen des liberalen Landesherren, des Großherzogs Friedrich, entsprach, schritt das offizielle Mannheim auch in den nächsten Jahren fort. Im August 1863 wurde der fünfzigste Todestag Theodor Körners, des Helden der Freiheitskriege, mit großem Aufwand gefeiert und im Oktober des gleichen Jahres dann das fünfzigjährige Jubiläum der entscheidenden Schlacht der Freiheitskriege, der Völkerschlacht bei Leipzig.

Einen Monat vorher, am 9. September 1863, hatte der Gemeinderat und Landtagsabgeordnete Philipp Artaria auf einem Festbankett im »Europäischen Hof« dem Großherzog im Namen der Mannheimer Bürgerschaft ausdrücklich für seine Haltung auf dem Frankfurter Fürstentag im August 1863 gedankt, den der österreichische Kaiser zur Reform des Deutschen Bundes einberufen hatte: Mit seinem Eintreten für das abwesende Preußen und seiner Ablehnung der nicht den Erwartungen und Wünschen der Nation entsprechenden österreichischen Vorschläge habe er der Mannheimer Bürgerschaft aus der Seele gesprochen. Wie auf dem Feld der inneren Politik habe er sich auch hier, in der nationalen Frage, als »wahrer Reformator« erwiesen. Als der neue Oberhofrichter Freiherr August von Marschall, der wenig vorher vom Posten des Frankfurter Bundestagsgesandten abberufen worden war, sich gegen eine solche politische Demonstration aussprach, löste er damit nicht nur eine erregte Diskussion noch auf dem Festbankett selber aus, sondern auch eine ausdrückliche Zustimmungsadresse für Artaria, die mehr als tausend Unterschriften Mannheimer Bürger trug.

Zu ihnen gehörten auch die Brüder Bassermann, für die das kleindeutsche Programm mit seiner Verbindung von speziellen verfassungs-, wirtschafts- und nationalpolitischen Zielsetzungen sozusagen Familientradition hatte. Wenn ihr ältester Bruder Friedrich Daniel freilich vor 1848 und dann in der Revolution zu den wichtigsten Wortführern dieses Programms im Süden Deutschlands gezählt hatte, so schwammen sie im wesentlichen nur noch mit in einer Strömung, die, wie die Stärke des örtlichen Nationalvereins zeigte, das Bürgertum der Stadt zu großen Teilen erfaßt hatte. So erwies sich der massive politische Druck, unter den die »Preußenfreunde« dann zunehmend von links, von seiten der »Demokraten«, wie von rechts, von seiten der katholischen Opposition, gerieten, für sie denn auch als weit weniger belastend oder gar folgenreich.

Sie zollten der Schleswig-Holstein-Bewegung, die hier wie anderswo 1863/64 die verschiedensten politischen Kräfte vereinigte, ihren Tribut. Sie räumten ein, daß die gegenwärtige preußische Regierung einen fatalen Kurs steuere, der weit von den Erwartungen wegführe, die man mit Preußen seit der Reformzeit verknüpft habe. Und sie sahen im unmittelbaren Vorfeld des preußisch-österreichischen Krieges von 1866, der über die künftige Vorherrschaft in Deutschland entschied, wenig Anlaß, in einer Atmosphäre, in der die demokratischen und katholischen Gegner Preußens zusammen mit den großdeutsch-liberalen Kräften den Ton angaben – »und die Büchsen müssen knallen, daß die Preußen niederfallen«, wurde auf Mannheims Straßen gesungen –, die Fahne Preußens hochzuhalten.

Dann allerdings gehörten die Brüder rasch wieder zu denjenigen, die im Kreis der neuen nationalliberalen Partei, die nach 1866 fast den gesamten badischen Liberalismus unter dem Banner des Anschlusses an den Norddeutschen Bund und an Preußen vereinigte, für die Überwindung der Maingrenze, für den kleindeutschen Nationalstaat, die politische Vereinigung des Zollvereinsgebiets eintraten.

Ihr Verhalten, so scheint es, fügte sich nahtlos ein in das, was man dann immer wieder den hemmungslosen Opportunismus der nationalliberalen Mehrheit des deutschen Bürgertums, seine Kapitulation vor der Macht und vor dem Erfolg genannt hat, die nun so eindeutig durch den einstigen »Konfliktminister« Bismarck repräsentiert wurden. Sieht man freilich näher hin, und zwar gerade mit Blick auf ein sich so stürmisch entfaltendes und entwickelndes Handels- und Wirtschaftszentrum wie Mannheim und auf sein Bürgertum, dann wird rasch deutlich, daß Anpassung, Opportunismus, gar Kapitulation nicht die richtigen Vokabeln sind.

Im Zeichen der materiellen Erfolge der vergangenen Jahre, im Zeichen aber auch der sich überall auf Schritt und Tritt zeigenden, unübersehbaren zivilisatorischen, wissenschaftlichen und technischen Fortschritte, eines Aufbruchs in ein ganz neues Zeitalter, war das Selbstbewußtsein des Bürgertums als sozialer Gruppe in außerordentlichem Maße gestiegen. Es hielt sich selbst und die mit ihm verbündeten geistigen wie materiellen Kräfte inzwischen bereits für unüberwindlich. Der Gang der Entwicklung mochte im einzelnen mäanderhaft verlaufen. Wem die Zukunft gehörte, schien klar.

»Handel und Industrie, Kunst und Wissenschaft, sie machen jeden Absolutismus auf die Dauer unmöglich«, zitierte das kleindeutsch-nationalliberale »Mannheimer Journal« am 29. Oktober 1866 aus einem Privatbrief eines in Mannheim sehr bekannten Zeitgenossen: »Vergeblich wird der Absolutismus sich dem freien Menschengeist entgegenstemmen. Die Räder der geistigen Vorwärtsbewegung werden ihn erreichen, erfassen, zermalmen«, jetzt, wo »die getrennten Glieder« des nationalen »Körpers« sich »zum gewaltigen Leibe ... formieren«. Der Briefschreiber war Friedrich Hecker – »manus haec inimica tyrannis«, wie das »Journal« ihn titulierte.

In solchem Selbstbewußtsein erschienen die Dinge in einer

besonderen Perspektive. Die katholische Opposition im Lande, die von den Gegnern vielbeschworene reaktionäre »Junkerherrschaft« in Preußen, die Kämpfe um die deutsche Frage – das alles waren in den Augen des liberalen Bürgertums und seiner Vertreter Erscheinungsformen des Gestern, das sich verzweifelt, aber letztlich ohnmächtig gegen das Morgen, gegen die Zukunft wehrte. Dieses Morgen war nicht das Morgen, von dem die Väter geträumt hatten: eine neue Gesellschaft der Freien und Gleichen; ein Staat, der ganz im Dienst dieser Gesellschaft aufging, ja, sich schrittweise in ihr und in ihren auf freier Vereinigung beruhenden Institutionen auflöste; eine Wirtschaft, die unter dem Leitbild der Selbständigkeit und Unabhängigkeit jedes einzelnen stand; und eine Kultur, die auf dem lebendigen und schöpferischen Zusammenwirken aller beruhte. Aber die Träume, die sie für das Ganze gehegt hatten, sie erfüllten sich doch, was Unabhängigkeit, Freiheit der Lebensgestaltung, Entfaltung in Kunst und Wissenschaft anging, zunächst jedenfalls für eine soziale Schicht, für das besitzende und gebildete Bürgertum. Und warum sollte das nicht, angesichts des unaufhaltsamen Fortschritts auf allen Lebensgebieten, ein Anfang sein, mochte die Entwicklung auch in anderer Weise und in anderen Formen ablaufen, als die Idealisten der Vätergeneration gemeint hatten?

Vielleicht war man also doch, so sehr zunächst alles auf die Begünstigung der eigenen sozialen Schicht, der eigenen Klasse hinauszulaufen schien, Vorhut der Gesellschaft der Zukunft. Vielleicht diente der immer rücksichtslosere Kampf um die eigenen Interessen auch hier auf geheimnisvollen Wegen letztlich dem Ganzen, erfüllte sich darin schließlich das »Naturgesetz des gesellschaftlichen Lebens«, von dem Ludwig August von Rochau gesprochen hatte.

Für die Generation der Söhne Friedrich Ludwig Bassermanns, des Mannheimer Gründervaters, und seines Vetters Johann Ludwig, des »Eisen-Bassermann«, waren das eher weitläufige Zukunftsperspektiven, Feierabendüberlegungen. Sie hatten sich, bei Gründung des neuen Reiches fast alle über Fünfzig, die meisten auf die Sechzig zugehend, in jeder Hinsicht etabliert, waren geachtete, wohlsituierte Mitglieder des Bürgertums, der neuen bürgerlichen Gesellschaft, mit ihr in Einklang und von ihrer Zukunft überzeugt.

Für die nächste Generation hingegen, die in all das schon hineingeboren wurde und die dann die zeitweilige materielle und vor allem die geistig-psychologische Krise dieses Bürgertums und der neuen bürgerlichen Gesellschaft, die Krise ihrer Erwartungen und Zukunftsvorstellungen, unmittelbar erlebte, stellten sich derartige Probleme in ganz anderer Weise. Sie sah sich mit der Frage konfrontiert, ob sie sich vor allem auf die Verteidigung des Erreichten und Erworbenen, auf die Errichtung immer höherer Dämme und Schutzwälle konzentrieren oder, möglicherweise in Anknüpfung an die Ideale, Überzeugungen und gesellschaftlichen und politischen Zielvorstellungen der Großvätergeneration, wesentlich neue Wege beschreiten solle.

Die Antwort fiel naturgemäß von Fall zu Fall höchst unterschiedlich aus. Von einer Gemeinsamkeit des schließlich beschrittenen Weges kann keine Rede sein. Aber auch hier, in dieser neuen Generation, bietet die Familiengeschichte der Bassermanns ein recht getreues Spiegelbild der Möglichkeiten und Alternativen der Lebensgestaltung, der Daseinsformen und der politischen und gesellschaftlichen Selbstbehauptung in der neuen bürgerlichen Gesellschaft. Das begann bei den verschiedenen Bereichen des sich immer mehr entfaltenden und verästelnden Wirtschaftslebens und ging über Beamtenlaufbahn und Wissenschaft bis hin zur Kunst und zum Feld der aktiven Politik.

All das waren »bürgerliche Berufe«, bürgerliche Daseinsformen, die freilich mit ihrer zunehmenden Differenzierung den Begriff und die Erscheinungsform von »Bürgertum« wie in einem Spektrum immer mehr auflösten. Schließlich trat jenseits des familiären Zusammengehörigkeitsgefühls und eines Kanons von Verhaltensweisen und formalen Lebensregeln zunehmende Fremdheit – ein Indiz dafür, daß sich die neue bürgerliche Gesellschaft und mit ihr das Bürgertum als neue Klasse zunehmend auflöste, um am Ende nur noch in romantisierender Erinnerung und in der Phantasie ihrer Gegner zu bestehen.

Die neue bürgerliche Gesellschaft

Den Streit um den Verkauf von vierzig Morgen städtischen Grundbesitzes in den sogenannten Neuwiesen, wo der ehemalige Goldschmied und jetzige Unternehmer Friedrich Engelhorn eine neue große chemische Fabrik errichten wollte, hatte er noch erlebt: Friedrich Ludwig Bassermann, der inzwischen dreiundachtzigjährige Kaufmann und bayerische Konsul, dem solche dramatischen Aufstiege alles andere als fremd waren. Ob er das neue, das beginnende Industriezeitalter begrüßt, gar spezielle Hoffnungen und Erwartungen damit verknüpft hat, wissen wir nicht. Sicher aber ist, daß er, der als Kaufmann, als Bankier, auch als Vertreter und Repräsentant der Bürgerschaft auf eine so erfolgreiche Laufbahn zurückblicken konnte, die Veränderungen im Lebensstil seiner sozialen Schicht, des besitzenden Bürgertums, dessen Repräsentationsbedürfnis und den gesellschaftlichen Geltungsdrang seiner Mitglieder eher mit mildem Kopfschütteln registrierte.

Als der bayerische Gesandte in Karlsruhe extra nach Mannheim reiste, um den langjährigen Konsul mit einem ihm vom König verliehenen Orden auszuzeichnen, da nahm er diesen höflich lächelnd entgegen. Er war jedoch auch nicht besonders schockiert, als seine Frau in ihrer deftigen Art dann noch in Gegenwart des Gesandten das Etui mit den Worten an sich nahm: »Wir sind nicht die Leute, die Wert auf solche Sachen legen.« Friedrich Ludwig liebte das schöne Haus am Markt, sein inzwischen leergewordenes Büro, in dem er stundenlang französische Romane las und die Enkel verwöhnte, wenn sie ihn hier besuchten. Und ein Fest wie seine goldene Hochzeit mit größtem Aufwand zu feiern, machte ihm Spaß. Aber gravitätisch aufzutreten, mit abgezirkelter Würde jedermann vorzuführen, wie weit man es gebracht hatte, war seine Sache nicht. Er verstand seine Frau, wenn sie, die seit einigen Jahren ein wenig wunderlich geworden war und mitunter zur allgemeinen Aufregung unter dunklen Andeutungen aus dem Haus verschwand, bei solchen Gelegenheiten stets das älteste Kleid, den ältesten Hut und den älte-

Friedrich Ludwig Bassermann um 1860, Daguerreotypie

sten Mantel aus dem Schrank holte. Das war zwar skurril, aber es hatte seine Logik, seine altertümliche, im alten Sinne »bürgerliche« innere Moral: So wohlhabend man inzwischen war - schöne und neue, noch vererbbare Kleider nahm man nicht mit in den Neckar.

Von der Mentalität der jungen Leute, der Erben und Nachkommen des Konsuls und seiner Frau war das weit entfernt. Vor allem ihr Sohn Julius, der »schöne Jules«, der seit einigen Jahren das väterliche Haus mitbewohnte, schätzte, obwohl in seinen persönlichen Ansprüchen durchaus bescheiden, einen repräsentativen Lebensstil, der dem Zuschnitt und der Ausstattung des Hauses entsprach. Zu ihm gehörten große Einladungen ebenso wie kleine Hauskonzerte, Leseabende und Teestunden und vor allem die völlige Trennung von Haus und Geschäft, auch hinsichtlich der Aufgaben und der Stellung der Frau des Hauses, die erst jetzt im modernen Sinne zur »Hausfrau« wurde.

Längst waren die Zeiten vorbei, in denen die Angestellten zur gemeinsamen Mittagstafel erschienen waren, in denen die Frau des Hauses überall selbstverständlich mit angepackt, ja, dem ganzen Haus, selbst stets tätig, sehr konkret und praktisch vorgestanden hatte. Die diesbezüglichen Funktionen waren inzwischen weitgehend auf entsprechende Dienstboten übergegangen. Wer die Schwiegertöchter der alten Frau Konsul Bassermann nach Marktpreisen, nach Einkochrezepten, nach den Unterscheidungsmerkmalen von altem und jungem Geflügel, nach den Kosten für den Gärtner oder nach den Geheimnissen bestimmter Backarten gefragt hätte, wäre auf erstaunte Gesichter gestoßen. Daß die Reinhardttochter das alles beherrscht hatte, wurde notiert, die entsprechenden Hefte sorgfältig aufgehoben, den Kindern und Enkeln darüber berichtet. Aber das waren Geschichten aus der Vergangenheit, eine versunkene Lebenswelt, so weit weg wie der Müller aus dem Hanauischen und die Bäckermeister aus Babenhausen und aus Worms, die am Anfang der väterlichen Ahnenreihe standen.

Es fügte sich in die allgemeine Erfahrung, daß die Vergangenheit schneller versank als je zuvor und daß es besonderer Anstrengungen bedurfte, sie in Erinnerung zu halten. Der älteste Sohn von Julius Bassermann, Felix Bassermann, hat in diesem Sinne, selber ein sehr aktiver und vielbeschäftigter Kaufmann, als erster damit begon-

Karoline Bassermann, geb. Röchling (1826–1884), mit ihren Kindern Berta und Felix, Gemälde von Louis Coblitz, 1848

nen, das noch erhaltene Material zur Geschichte der eigenen Familie zu sammeln und in einer »Familienchronik« zusammenzufassen; ihren ersten Teil stellte er 1884 fertig. Von einer Kontinuität des im Kern ewig Gleichen konnte längst keine Rede mehr sein. Es war eine immer fremder werdende Welt, die da in den eigenen Vätern, Großvätern, Urgroßvätern aufschien, nicht durch wenige Jahre und Jahrzehnte, sondern, so hatte man zunehmend den Eindruck, durch Jahrhunderte von einem getrennt.

Von der anderen Seite, von der nun altgewordenen Väter-, eigentlich schon mehr Großvätergeneration her gesehen, hatte das seinerseits ein Fremdheitsgefühl zur Folge, das die Vorväter nicht gekannt hatten, jedenfalls nicht in dem Ausmaß. Man wurde sich selbst historisch, über das schon von Eltern und Großeltern Erfahrene hinaus einsam in einer Welt, die sich nicht nur in ihren äußeren Erscheinungsformen in immer stürmischerem Tempo veränderte und wandelte. Das galt natürlich in besonderem Maße für jemanden, der so alt wurde wie Friedrich Ludwig Bassermann, älter als alle seine Vorfahren. Dreiundachtzig war er, als er, fast erblindet und herzleidend, in den letzten Jahren immer stärker von der Gicht heimgesucht, schließlich am 1. Juni 1865 starb, vier Jahre vor seiner um fünf Jahre jüngeren Frau, die zum Schluß in eine psychiatrische Anstalt, in die Illenau, gebracht werden mußte.

Sie waren beide, trotz der vielen Kinder und Enkelkinder, am Ende sehr allein gewesen, allein in einer Welt, deren Bewegungsgesetz stärker als je zuvor Aktivität und Dynamik, der Fortschritt, die Veränderung waren. Sie gehörten in ihrer Zeit mit zu deren Schrittmachern. Aber sie hatten sich nicht aufs Rad flechten lassen. Es war bei seinem Tod fast drei Jahrzehnte her, daß sich Friedrich Ludwig Bassermann von dem Hauptgeschäft, dem Tabak- und Weinhandel, zugunsten seines Sohnes Louis Alexander zurückgezogen hatte. Aber gerade aus dieser Position war ihm und seiner Frau dann besonders deutlich geworden, wie sehr sich die Akzente zunehmend verschoben, wie eine vorwärtsdrängende, nur auf das Morgen hin lebende Unruhe alle Lebensbereiche erfaßte – mit einer merkwürdigen, ihnen selbst einst ganz unbekannten Gegenbewegung der Orientierung an bestimmten geistigen und kulturellen Lebenswerten der Vergangenheit, an der »alten guten«, der »klassischen« Zeit in Kunst und Literatur, in Musik und »Weltanschauung«.

Daß dieser ganze Prozeß anhielt, daß es sich nicht nur um einen Übergang von einer alle Bereiche übergreifenden und umfassenden Daseins- und Lebensform zu einer anderen handelte, haben sie gleichfalls noch unmittelbar, in ihrer engsten Umgebung und Lebenswelt erfahren: in der Stadt, im hier direkt zu übersehenden wirtschaftlichen Bereich, in der eigenen Familie. In ihrer Jugend und eigenen Aufbauzeit waren sie davon ausgegangen, daß die über

Jahrhunderte bestehende, ständisch bestimmte und geformte Gesellschaft schrittweise abgelöst werde durch die vom Individuum, von seinen allgemeinen, universalen Rechten, aber auch von seinen besonderen Talenten und Leistungen geprägte Welt, durch die sogenannte bürgerliche Gesellschaft. Das traf sicher auch zu. Aber diese neue bürgerliche Welt war, wie sich immer deutlicher zeigte, weit weniger konsistent als die alte, die ständisch-korporative. Sie gewann offenbar keine irgend dauerhafte Gestalt.

Die Stadt und ihre Institutionen, an denen Friedrich Ludwig Bassermann so lange Jahre mitgewirkt hatte, waren in ständigen grundlegenden Veränderungen begriffen, und ein Ende war nirgends abzusehen. Die Wirtschaft trat mit Industrialisierung, weitestgehender Gewerbefreiheit und Freizügigkeit in eine ganz neue Phase ihrer Entwicklung ein, und niemand wagte mehr vorauszusagen, auf welche Erscheinungsformen, auf welche Struktur und innere Organisation das Ganze schließlich hinauslaufen werde. An der eigenen Familie wurde, bestimmt und geprägt von jenen sich so rasch verändernden, übergreifenden äußeren Umständen und Lebensbedingungen, zumindest eines immer deutlicher sichtbar: daß der fortschreitende Differenzierungsprozeß in allen Lebensbereichen, der Wandel der Aufgaben, der Chancen, der Zukunftsperspektiven in den verschiedenen, sich gleichfalls ständig vermehrenden Berufsfeldern, kurz, der immer mehr vorankommende Prozeß der Arbeitsteilung in der modernen Gesellschaft die innere, lebensweltlich fundierte, von der Ähnlichkeit der Lebensaufgaben sich herleitende Einheit der bürgerlichen Familie und mit ihr zugleich der bürgerlichen Gesellschaft mehr und mehr auflöste.

Man wurde sich zunehmend fremder: durch den unterschiedlichen Beruf, die damit verbundenen unterschiedlichen Interessen, das unterschiedliche Milieu, in das einen dieser Beruf – und entsprechende Heiraten – führten, auch durch die unterschiedliche Art, nicht so sehr den Grad der Bildung, die die sich spezialisierende jeweilige Fachbildung vermittelte. Die Veranstaltung von Familientagen, die Formulierung und der Austausch von Familienchroniken, die bewußte Pflege der familiären Bande hatten – wie in anderem Rahmen die gezielte Beschäftigung mit Vergangenheit und Geschichte und die Orientierung an ihnen – deutlich den Charakter einer Gegenbewegung.

Für den alten Konsul Bassermann und seine Frau war das in ihren letzten Lebensjahren vor allem an der Enkelgeneration sichtbar geworden. Sie betrat jetzt die Bühne und repräsentierte hier die neue bürgerliche Gesellschaft, eine Gesellschaft, die sich zunehmend fester etablierte, aber zugleich auch innerlich immer mehr auseinanderfiel. Es waren bei der goldenen Hochzeit Ende Juli 1855 schon fünfundzwanzig Enkel gewesen, zählt man diejenigen Johann Ludwig Bassermanns, des der Familie am Markt so eng verbundenen Vetters, des »Eisen-Bassermanns«, dessen ältester Sohn Friedrich Ludwigs älteste Tochter geheiratet hatte, hinzu, so waren es siebenundzwanzig. Bis zu Friedrich Ludwigs Tod zehn Jahre später wurde noch eine weitere Enkelin geboren, die jüngste Tochter seines Sohnes Julius, während nur zwei, eine Tochter von Julius, und Fritz, der Lieblingsenkel seiner Frau, ein Kind seines jüngsten Sohnes Gustav, starben – der dramatische Rückgang der Kindersterblichkeit in jenen Jahrzehnten spiegelt sich auch in der Bassermannschen Familiengeschichte wider.

Die vier ältesten dieser zunächst siebenundzwanzig Enkel der neuen Generation, die sich um den Mannheimer Gründervater versammelte, standen bei der goldenen Hochzeit schon auf eigenen Füßen. Sie waren, alles Kinder seiner ältesten Tochter Babette, Kaufleute wie er selber oder mit Kaufleuten verheiratet: seine älteste Enkelin, die inzwischen schon achtundzwanzigjährige Wilhelmine, mit dem aus Holland zugezogenen Cornelius Travers, einem ehemaligen Diplomaten – er war zuletzt niederländischer Generalkonsul in Griechenland –, der nun ein Tabakgeschäft betrieb; die andere, Susanne, mit Karl Engelhorn, Sproß einer wohlhabenden Bierbrauerfamilie, dessen Vater sehr aktiv in der Gemeindepolitik tätig war und dessen Vetter Friedrich die Badische Anilin- & Sodafabrik gründen sollte – er bewirtschaftete zunächst für einige Jahre das vom Vater erworbene Hofgut Heisterbach bei Erbach, ehe er das väterliche Geschäft übernahm. Hinter diesen vier, die ganz in der Tradition der beiden väterlichen, zum Teil auch schon großväterlichen Linien standen, fächerte sich dann jedoch in den nächsten Jahren das Berufsspektrum immer weiter auf. Zwei führten besondere Umstände aufs Land zurück, freilich, um es in der Sprache der Zeit zu sagen, als Unternehmer in Landesprodukten: den einen, Friedrich

Daniel Bassermanns Ältesten, Emil Bassermann, in den Weinbau, als Schwiegersohn und Erben des berühmten pfälzischen Abgeordneten Ludwig Andreas Jordan, eines engen Gesinnungsfreundes seines Vaters; er nahm 1883, nach dem Tod des Schwiegervaters, mit königlicher Genehmigung dessen Namen zusätzlich an und machte sich in der Tradition seiner Familie auch als Mitbegründer und Aufsichtsrat der Pfälzischen und der Rheinischen Hypothekenbank einen Namen. Der andere, sein neun Jahre jüngerer Bruder Max, widmete sich der Spargelzucht, die er im Schwetzinger Raum überhaupt erst heimisch machte, und dann der konservierenden Verwertung landwirtschaftlicher Produkte im großen Stil – er wurde der Begründer der Bassermannschen Konservenfabriken in Schwetzingen, die 1874 ins Leben traten.

Blieben diese beiden gleichfalls noch am ehesten in den Bahnen des Großvaters und des Urgroßvaters Reinhardt, so entfernten sich ihre beiden Brüder, Otto und Heinrich, schon recht weit von ihnen. Der 1839 geborene Otto führte die Verlagsbuchhandlung des Vaters, die er zunächst nach Heidelberg, dann, 1878, nach München verlegte, weiter, freilich nicht mit dessen entschieden politischer Akzentuierung – er machte sich vor allem als Verleger und enger Freund Wilhelm Buschs einen Namen, den er während seiner Ausbildungszeit in der »literarisch-artistischen Anstalt« des Cottaschen Verlags in München im dortigen Kunstverein »Jung-München« kennengelernt hatte. Und Heinrich, der Mitte Juli 1849 noch in Frankfurt geborene jüngste Sohn Friedrich Daniels, der beim Tod des Vaters eben sechs Jahre alt war, studierte unter dem Einfluß des mit seinen Eltern eng befreundeten Schellenberg Theologie. Er wurde schließlich nach einigen Jahren als Prediger am fürstlich waldeckschen Hof in Arolsen und nach der Habilitation in Jena zunächst außerordentlicher Professor und dann, mit eben einunddreißig Jahren, Ordinarius für praktische Theologie in Heidelberg und damit Vertreter eines Faches, in dem er mit Schleiermacher von früh auf die Krönung der theologischen Wissenschaft sah. Seit Ende 1885 war er, wissenschaftlich und publizistisch außerordentlich tätig, für ein Menschenalter als Nachfolger Daniel Schenkels Direktor des badischen Predigerseminars. Dessen kulturkämpferischen Geist suchte er, ohne an die Fundamente der liberalen Theologie zu rühren, im weiteren behutsam zurückzudrängen.

Otto Bassermann (1839–1916) mit Wilhelm Busch (1832–1908)

Ähnlich weitgefächert war das Spektrum ganz unterschiedlicher Lebenswelten, in das Heirat und Berufswahl die Kinder Louis Alexanders führte, des ältesten Sohnes der Familie nach Friedrich Daniels Tod. Von August und Ernst, dem Schauspieler und späteren National- und Hoftheaterintendanten sowie dem Kapellmeister, den beiden jüngsten Söhnen, war schon die Rede. Der Älteste, Eugen, begann ein Jurastudium in Leipzig, konnte es aber wegen eines beginnenden Herzleidens nicht abschließen. Kaum noch zu regelmäßiger Arbeit fähig – immerhin beteiligte er sich recht intensiv an den Aktivitäten des 1859 neugegründeten Nationalvereins, zu dessen badischen Delegierten er 1860 auf der Generalversammlung in Coburg zählte –, fiel er der Krankheit im April 1870, gerade einunddreißigjährig, zum Opfer.

Im Jurastudium war ihm schon sein Onkel Anton von den »Eisen-Bassermanns« vorangegangen. Dieser machte in den sechziger Jahren zunächst als Kreisgerichtsrat in Offenburg und dann als Kreisgerichtsdirektor in Villingen rasch Karriere. Eugens um ein Jahr jüngerer Bruder Wilhelm, Louis Alexanders zweitältester Sohn, aber war der erste der Familie, der einen der neuen technischen Berufe ergriff. Nach dem Besuch der höheren Bürgerschule, die Ende der dreißiger Jahre mit stärkerer Betonung der »Realien« als Vorbereitungsanstalt für die mehr praktischen, vor allem kaufmännischen Berufe neben der »Gelehrtenschule«, dem Lyzeum, nicht zuletzt auf Initiative seines Onkels Friedrich Daniel errichtet worden war, studierte er am Karlsruher Polytechnikum bei dem berühmten Redtenbacher, dessen Werke sein Onkel Friedrich Daniel verlegte, Maschinenbau. Der praktischen Lehre bei Maffey in München, dann auch in Paris und London folgte 1863 die erste Anstellung bei der Keßlerschen Maschinenfabrik, der späteren »Maschinenbaugesellschaft« in Karlsruhe. 1865 machte er sich, sechsundzwanzigjährig, natürlich vom Vater finanziell unterstützt, in Mannheim selbständig und gründete gemeinsam mit Adolph Mondt, einem Mannheimer Kaufmann, die erste Nähmaschinenfabrik auf dem Kontinent. Sie florierte zunächst gut, fiel dann jedoch in der zweiten Hälfte der siebziger Jahre den sich im Gefolge der Krise von 1873 rapide verändernden und für mittelständische Unternehmen dramatisch verschlechternden Marktbedingungen zum Opfer. Ihr Inhaber fand schließlich als Vertreter der AEG ein seiner Ausbildung und seinen ursprünglichen Lebensperspektiven nur sehr begrenzt entsprechendes Unterkommen.

Nicht sehr viel besser erging es seinem sieben Jahre jüngeren Bruder Robert, ihm freilich nicht auf einem ganz neuen Feld, sondern auf einem, das in der Familie schon Tradition hatte, allerdings unter damals noch ganz anderen Bedingungen: dem des Bankwesens. Nach der höheren Bürgerschule und erster Lehre in der Firma seines Vaters trat er in das Mannheimer Bankhaus Köster ein und wurde bereits in jungen Jahren Vertreter dieses Hauses an dem Bank- und Börsenplatz Frankfurt, dessen Bedeutung allerdings nach 1866, nach der Annexion der Freien Stadt durch Preußen, sehr zurückging. Über Freiburg und Bremen stieg er zum Direktor einer Niederlassung der neugegründeten Deutschen Nationalbank in New York auf. Sein Versuch, sich in Amerika selbständig zu machen, scheiterte dann jedoch. Und ein kleinerer Posten bei der Deutschen Bank in Berlin, der sich danach fand, entsprach nicht seinen Lebenserwartungen. So zog er sich, zunehmend kränkelnd, ins väterliche Haus in Mannheim zurück, dem er schließlich, in der protestantischen Kirche sehr aktiv, als eine Art Majordomus seines jüngeren Bruders August, des Schauspielers und späteren Nationaltheaterintendanten, vorstand.

Dieses Haus nahe dem Friedrichsplatz, das sich die Eltern – auch sie unter höchst aktiver Mitwirkung der mittlerweile geradezu bausüchtigen Großmutter – Anfang der vierziger Jahre gebaut hatten, wurde, wie das großväterliche Haus am Markt, das nach dem Tod der Großeltern der Onkel Julius mit seiner Familie allein bewohnte, zu einem der Zentren des geselligen Lebens der Stadt. Daneben aber war das Haus auch ein ausgesprochener Mittelpunkt der gerade von Robert Bassermann sehr bewußt gepflegten familiären Bindungen: Hier veranstaltete man offizielle Familientage, hier trafen sich die Brüder immer wieder mit der ältesten Schwester Anna, die mit einem Pfarrer in Straßburg verheiratet war – die jüngste, Luise, blieb ledig und starb 1893, noch keine vierzig Jahre alt –, hier konzipierte Robert, gemeinsam mit seinen Brüdern und Vettern, den Plan einer Familienstiftung für in Not geratene Familienangehörige, die schließlich 1908 ins Leben trat.

All das waren freilich ebenso wie Indizien des Zusammenhalts auch Indizien des immer deutlicher werdenden Auseinanderfallens einer sich nicht nur in den Personen, sondern auch in den Lebenssituationen, in den Berufen und Interessen, auch räumlich zunehmend verzweigenden Familie. Das galt ebenso für die Vettern am Markt und für die Kinder des jüngsten Onkels Gustav, der seit Herbst 1864 als Privatier in einem großen Haus unmittelbar am Schwetzinger Schloßpark lebte.

Allerdings blieb bei den Söhnen und Töchtern von Julius Bassermann die väterliche und großväterliche, ja, jetzt schon urgroßväterliche Tradition, was den Beruf und auch was den beruflichen, den geschäftlichen Erfolg angeht, noch am stärksten gewahrt. Sie waren im Durchschnitt fünf bis zehn Jahre jünger als die Kinder Louis Alexanders. Die Älteste, Bertha, kam im März 1847, ein knappes Jahr vor der Revolution, auf die Welt, der älteste Sohn Felix auf ihrem Höhepunkt, im Sommer 1848. Bertha heiratete 1869 mit Karl Diffené den Sohn eines engen und höchst erfolgreichen Geschäftsfreundes ihres Vaters, des Wein- und Tabakhändlers und späteren Oberbürgermeisters Heinrich Christoph Diffené. Dieser engagierte sich nach Studium und Promotion gleichfalls im Tabakhandel und stand außerdem seit 1872 an der Spitze des Aufsichtsrats der Mannheimer Dampfschleppschiffahrtsgesellschaft und der Badischen Schiffahrts-Assekuranz-Gesellschaft – das Ehepaar bewohnte in seinen ersten Ehejahren den dritten Stock des Hauses am Markt. Berthas Bruder Felix begann nach der Schulzeit auf dem humanistischen Gymnasium seiner Vaterstadt und in einem Genfer Pensionat – von hier datiert unter anderem seine Freundschaft mit einem Sohn des Bleistiftfabrikanten Faber – 1864, mit noch nicht sechzehn Jahren, eine Lehre im Geschäft des Vaters. Er absolvierte anschließend genau die gleiche Ausbildung wie der Vater und einst auch sein Onkel Friedrich Daniel: Er hörte Chemie und Physik, allerdings nicht im heimischen Heidelberg, sondern in Berlin, wo er auch Vorlesungen bei Theodor Mommsen und Johann Gustav Droysen, zwei der berühmtesten Historiker der Friedrich-Wilhelms-Universität, besuchte. Dann ging er zu der »Drogengroßhandlung« Mehl & Co. in London, anschließend nach Rotterdam und Triest und trat schließlich, 1872, in das väterliche Geschäft ein.

Dazwischen lag, als ein sehr bestimmender Lebensabschnitt, die

Felix Bassermann (1848–1902) zu Beginn der achtziger Jahre

Teilnahme am Krieg von 1870/71 als Reserveoffizier, als einer der ersten, die in der Familie mehr als die Uniform der Bürgerwehr anzogen. Nach dem Krieg von 1866 war auch in Baden die allgemeine Wehrpflicht nach preußischem Vorbild eingeführt worden, mit der das napoleonische Stellvertretersystem endete, das heißt die Möglichkeit, sich durch Finanzierung eines Ersatzmannes loszukaufen. Mit dem »preußischen System« hatte man allerdings gleichzeitig die Regelung übernommen, daß diejenigen, die eine höhere Schulbildung – in Preußen den Abschluß der Untersekunda – nachweisen und sich während ihrer Dienstzeit selbst unterhalten konnten, nur ein Jahr dienen mußten. Wie seine fast gleichaltrigen Vettern Heinrich und August Bassermann, der spätere Theologieprofessor und der spätere Schauspieler und Intendant, war Felix Bassermann im Herbst 1867 als ein solcher Einjährig-Freiwilliger in das in Mannheim stationierte I. Badische Leib-Dragoner-Regiment eingetreten und dementsprechend im Sommer 1870 einberufen worden. Ebenso wie im Norden Deutschlands, wie in Preußen bereits seit zwei Menschenaltern, so begann sich jetzt auch im Süden damit die Kluft zu schließen, die lange Zeit zwischen dem Bürgertum und dem klassischen Machtinstrument des alten, des bürokratisch-absolutistischen Staates, der Armee, bestand. Zwar wurde niemand aus der Familie je Berufsoffizier. Aber die Reserveoffizierslaufbahn war doch auch hier fortan vielfach üblich.

Mit Felix Bassermann trat 1872 auch sein knapp zwei Jahre jüngerer Bruder Rudolf in das väterliche Drogengeschäft ein, in dem er, nach einigen Jahren auf dem Mannheimer Lyzeum, schon wie der ältere Bruder seine erste Lehrlingszeit absolviert hatte - vier Jahre lang täglich von 7 bis 20, oft bis 22 Uhr, am Sonntag von 1/2 8 bis 12. Rudolf übernahm hier - beide waren von Juli 1873 an auch offiziell Associés der Firma - vor allem die Buchhaltung und die innere Organisation der Firma: bei ansonsten gleicher Ausbildung wie der Bruder war er hierfür durch ein Volontariat bei der Deutschen Vereinsbank in Frankfurt entsprechend vorbereitet. Demgegenüber wirkte sein älterer Bruder Felix, auch als langjähriges Mitglied der Handelskammer (1883-1901) und des Großen Bürgerausschusses, mehr nach außen und in die Breite. Später zugleich Aufsichtsratsmitglied mehrerer Firmen, darunter der Pfälzer Bank, war sein Ressort insbesondere die Pflege der bisherigen und die Anknüpfung zusätzlicher Geschäftsbeziehungen. Vor allem aber bemühte er sich um die Ausweitung des Unternehmens in ganz neue Bereiche. Wesentlich auf seine Initiative hin wurde der Firma ein Südfrüchtegeschäft angegliedert und eine Reihe von kleineren Fabrikationsbetrieben errichtet, neben einer Stärkefabrik eine Gewürzmühle auf dem Lindenhof am Rhein und ein Betrieb zur Herstellung von Kartoffelsago, der Kunden bis nach Amerika gewann. Zwar vermochte er seine Lieblingsidee nicht mehr zu verwirklichen, alle diese Betriebe schließlich in einem großen Unternehmen zusammenzufassen, das

Rudolf Bassermann (1850–1910)

der engeren Familie, um deren Zusammenhalt es ihm sehr ging, über alle Veränderungen hinaus ein sicheres Fundament liefern sollte – er starb im Mai 1902, noch nicht vierundfünfzig Jahre alt. Aber die Firma Bassermann und Herrschel blühte unter seiner tatkräftigen Leitung doch außerordentlich auf. Sie zählte gegen Ende des Jahrhunderts, als schon die nächste Generation dort ihre Lehrzeit begann, zu den größten Handelshäusern der Stadt mit Geschäftsbeziehungen in ganz Süddeutschland und weit hinein nach Mitteldeutschland sowie nach Österreich und in die Schweiz.

Firmensitz war und blieb das großväterliche Haus am Markt, das der Vater, Julius Bassermann, nach der Erbteilung mit seinen Geschwistern 1865 beziehungsweise 1869, nach dem Tod seines Vaters und dann der Mutter, endgültig übernommen hatte. In ihm hatte die Familiengeschichte sozusagen ihren zentralen Ort. Vor

Julius Bassermann (1818–1891) im Alter

allem Felix Bassermann, der 1875 mit Anna Grohe die Tochter einer alteingesessenen Mannheimer Familie – der Vater war Kreisgerichtsrat – geheiratet hatte, hat sich seit der Geburt seines ältesten Sohnes zu Beginn der achtziger Jahre um diese Familiengeschichte immer intensiver bemüht. Nach eingehender Vorbereitung begann er 1884, eine ausführliche Familienchronik zu schreiben, die Sohn und Enkel dann bis 1945 fortführten. Die Ansammlung persönlicher Hinterlassenschaften aus dem väterlichen und großväterlichen, ja, dem urgroßväterlichen Besitz an dieser Stelle tat dabei ein übriges, den Eindruck zu verstärken, hier sei gleichsam der Hauptstrang der Familie angesiedelt und die zentrale Linie führe über die beiden Heidelberger Drei-König-Wirte und Friedrich Ludwig, den Konsul und eigentlichen Gründervater, zu Julius und Felix Bassermann und dann zu dessen beiden Söhnen Kurt – der 1902, einundzwanzigjährig, das Erbe der Firma antrat – und Felix. Ganz in diesem Sinne hat Felix Bassermann, der Vater, 1893 anläßlich eines Umbaus des Hauses am Markt nach dem Tod des Vaters das große Treppenhaus durch den an der Karlsruher Kunstschule ausgebildeten Franz Hein für achttausend Goldmark, eine damals sehr stolze Summe, mit Fresken aus der Familiengeschichte ausmalen lassen.

Genealogisch war das natürlich die reine Willkür, wobei man freilich gleich hinzufügen muß, daß ja auch die übliche Genealogie des Mannesstammes unter Bevorzugung des jeweils Ältesten in der Übertragung von fürstlichen auf bürgerliche Familien wenig Sinn macht. Es ging aber eben auch nicht in erster Linie um Genealogie, obwohl man sich in dieser Generation nun sehr damit beschäftigte, sondern um etwas anderes: um den unabhängig von persönlichen Sympathien und individuellen Ansprüchen von den meisten Mitgliedern der Familie unterstützten Versuch, auf dieser Ebene eine Einheit, eine Gemeinsamkeit zu erhalten, die auf so vielen anderen Ebenen zunehmend verlorenging.

Das Haus, die Erinnerungen, die sich daran knüpften, die Zeugnisse der Vergangenheit, die darin aufbewahrt wurden – sie beschworen über die verwandtschaftlichen Beziehungen und ihre pseudogenealogischen und sonstigen Hierarchien hinaus ein Verbindendes und Verbindliches, dem ansonsten das Fundament mehr und mehr zu entgleiten drohte. Hier war man auch in einem übertragenen Sinne zu Hause, fühlte sich als Teil einer größeren Einheit. Das galt für die Schwestern des Hausherren, für Clara, die wie Bertha, die älteste, mit einem Mann aus dem Tabakgeschäft, dem Zigarrenfabrikanten Franz Thorbecke, verheiratet war, dem führenden Mann der badischen Nationalliberalen, sprich der Regierungspartei, in den achtziger und frühen neunziger Jahren. Es galt für die jüngste,

Der Mannheimer Hafen: Wandgemälde im Bassermannschen Haus am Markt, 1893

für Fanny, die Frau des Amsterdamer, dann Jenaer und schließlich Heidelberger Anatomieprofessors und Geheimrats Max Fürbringer. Und es galt auch für die Töchter und den Sohn des Schwetzinger Onkels Gustav Bassermann, die oft zu Besuch kamen, für Wilhelmine und Pauline, beide bald gut verheiratet, die eine mit einem Lehrer am Mannheimer Lyzeum, die andere mit einem Staatsanwalt, der einmal badischer Ministerpräsident werden sollte, und für Alfred, einen angehenden Juristen. Freilich - was ihnen gemeinsam war, war vor allem die Vergangenheit, eine bestimmte Vergangenheit, in der das meiste von dem wurzelte, was ihre Gegenwart ausmachte: ihr Lebensstil, ihre ästhetischen Kategorien - von denen der Maler der Fresken zur Familiengeschichte ein Lied zu singen wußte -, auch viele ihrer politischen und gesellschaftlichen Grundauffassungen und schließlich und nicht zuletzt ihre Ansprüche an das Leben.

Denn wenn sie als Familie unübersehbar zu einer Klasse gehörten und diese repräsentierten, so eben nicht, weil ihre ganz konkreten Interessen, ihre unmittelbare Berufs- und Lebenswelt, wirklich einheitlich gewesen wären, sondern weil sie in einer gemeinsamen Welt- und Lebensanschauung verbunden waren, deren Elemente zunehmend nicht mehr gegenwartsbezogen-rational, sondern historisch begründet waren und vermittelt wurden. Diese gemeinsame Welt- und Lebensanschauung hatte natürlich eine bestimmte Funktion. Sie sicherte die eigene gesellschaftliche Stellung und die Zugänge zu den verschiedenen Karrieren, zwang soziale Aufsteiger zur Anpassung und verzögerte im Fall individuellen Mißerfolgs den allzu raschen Abstieg, den auf Dauer aufzuhalten sie freilich auch nicht in der Lage war.

Aber das gemeinsame Lebensklima ergab sich eben nicht aus dieser Funktion, war nicht bloße Ideologie, Überbau nackter, eindeutig bestimmbarer Interessen. Sie überbrückte im Gegenteil auch wachsende Interessengegensätze in der eigenen sozialen Schicht. Sie suchte deren Einheit zu erhalten und zwar, wie an dem Beispiel der Bassermanns unmittelbar anschaulich wird, nicht in einer theoretisch-abstrakten Form, sondern in der Einheit des Familienverbandes. So war es auch in den anderen bürgerlichen Familien. Und da sich diese Familien in immer weitläufigerem Maße überschnitten und durchdrangen, fand auf dieser Ebene der eigentliche Prozeß der Ausprägung, der Formierung der neuen bürgerlichen Gesellschaft statt, auch ihre Abschließung und Verhärtung. Hier wurden die Standards des Dazugehörens konkret formuliert, und wer mit Blick auf die zweite Hälfte, mehr noch das letzte Drittel des 19. Jahrhunderts von bürgerlicher Gesellschaft spricht, wird sich bei der genaueren Begriffsbestimmung und dem Versuch einer inhaltlichen Füllung nur dann nicht in wenig aussagekräftigen Abstraktionen und problematischen Verallgemeinerungen verlieren, wenn er sich dies ganz klar macht.

Ähnliches galt natürlich auch für das Bürgertum früherer Zeiten, etwa für die großen Familien der italienischen Stadtstaaten des 15. und 16. Jahrhunderts, für die Patrizierhäuser der frühen Neuzeit in Augsburg und Nürnberg, in Basel und Frankfurt, in Köln und Hamburg, in Lübeck und Danzig, für die Reederfamilien in Marseille und Bordeaux, in Venedig und Ragusa. Es galt für den bürgerlichen Amtsadel im Frankreich des 17. und 18. Jahrhunderts, für die »Professorendynastien« an einzelnen Universitäten, auch für die in den »Kleiderordnungen« der Städte besonders hervorgehobenen Gruppen des zünftigen Handwerks wie Gold- und Silberschmiede, Steinschneider oder Seidenweber.

Aber gerade gegen das Wirken solcher Familienverbände und Familienverbindungen hatte sich ja die bürgerliche Bewegung des ausgehenden 18. und der ersten Hälfte des 19. Jahrhunderts mit Nachdruck gewandt. Ständeübergreifend und individualistisch, ganz auf die Fähigkeiten und Leistungen des einzelnen gegründet, sollte die Gesellschaft der Zukunft sein. Zu den Mittelinstanzen, die es gleichsam zu mediatisieren galt, zählte auch, zumindest theoretisch, die Familie, der Familienverband - bei aller erneuerten Wertschätzung im privaten Bereich. Jeder hatte gewissermaßen neu zu beginnen. Und wenn auch die Chancen aufgrund ererbten Vermögens und unterschiedlicher Ausbildung nach wie vor in der Praxis sehr ungleich waren und blieben, so ist doch nicht zu übersehen, daß sich unter dem Leitbild der individualistischen Leistungsgesellschaft und im Zeichen eines säkularen wirtschaftlichen und gesellschaftlichen Wandels entscheidende Veränderungen vollzogen: über das Erbrecht, über grundlegende Bildungsreformen, über die freie Berufswahl und die Öffnung der Gewerbe, über durchgängige Qualifikationskriterien und die Etablierung des freien Wettbewerbs in immer mehr Bereichen. Sicher verloren Herkunft und Familienverbindungen zu keinem Zeitpunkt ihre Bedeutung. Aber es gab eben doch eine außergewöhnlich große Zahl an Aufsteigern, an »Newcomern«. Und denen waren, wie dem alten Reinhardt, derartige Verbindungen in der Tat oft eher verdächtig. Im Zweifelsfall waren sie geneigt, einen neuen Mann dem Sohn des Geschäftsfreundes, dem Neffen des Studienkollegen, dem Vetter der Frau vorzuziehen.

Das hat sich ohne Zweifel auch in der zweiten Hälfte des 19. und in unserem Jahrhundert fortgesetzt. Es blieb eine Epoche der sozialen Mobilität auch an der Spitze. Nichts wäre falscher, als die Momente der gesellschaftlichen Erstarrung über das Maß zu betonen und zu verallgemeinern. Aber daß sie in einem wachsenden Umfang vorhanden waren, ist doch ebenso unübersehbar. Und zu ihrem Hauptträger wurde nun gerade innerhalb des Besitz- und Bildungsbürgertums zunehmend wieder die Familie und der Familienverband.

Die berufliche und politische Karriere des bekanntesten, einflußreichsten und wohl auch bedeutendsten Bassermann dieser Generation, der Generation der Enkel Friedrich Ludwig Basser-

Ernst Bassermann (1854–1917)

manns, des Konsuls, fügt sich ganz in jenes Bild und in jenen Zusammenhang, ja, wäre ohne ihn in solcher Form wohl kaum denkbar gewesen. Ernst Bassermann, der nachmalige Vorsitzende der nationalliberalen Partei und ihrer Reichstagsfraktion in den Jahren vor dem Ersten Weltkrieg, gehörte zu den jüngsten der Enkelgeneration. Ernst war, Nachkomme der »Eisen-Bassermanns«, bei der goldenen Hochzeit seines Großonkels am Markt eben ein Jahr alt, rund ein Menschenalter jünger als seine direkten Vettern und Kusinen, die Kinder des schon lange verstorbenen ältesten Bruders seines Vaters und der ältesten Tochter des Konsuls.

Dieser Vater war jener Anton Bassermann, den die von früh an im väterlichen Eisengeschäft tätigen älteren Brüder Jurisprudenz hatten studieren lassen und der nun gerade am Anfang seiner Laufbahn als Richter stand. Über die Frohns, mit denen sich sein Sohn Ernst später in eingehenden familiengeschichtlichen Studien intensiv beschäftigen sollte, eng mit dem Mannheimer Bürgertum des 18. Jahrhunderts verbunden, hatte er, selber Sohn eines Kaufmanns und liberalen Abgeordneten, 1852 Marie Eisenlohr, die Tochter eines Durlacher Kaufmanns geheiratet. Dieser stammte aus einer bekannten und gleichfalls im liberalen Lager politisch tätigen badischen Pfarrer- und Beamtenfamilie - sein Bruder Wilhelm, verheiratet mit einer Tochter Adam von Itzsteins, einem der führenden Männer des badischen Liberalismus, lehrte nach einigen Jahren am Mannheimer Lyzeum am Karlsruher »Polytechnicum« Physik und zählte hier, unter anderem Ehrendoktor der Universität Basel, über Jahrzehnte neben Redtenbacher zu den wissenschaftlichen Koryphäen der rasch zu internationalem Ansehen gelangenden Hochschule.

Anton und Marie Bassermanns einziger Sohn Ernst, der am 26. Juli 1854 im oberbadischen Wolfach bei Offenburg, der ersten beruflichen Station des Vaters, geboren wurde, kam, nach jeweils kurzer Zeit in Heidelberg und Philippsburg, in Rastatt auf die Schule und dann auf das Lyzeum. Seit 1864 besuchte er das Progymnasium in Offenburg, wohin sein Vater, nunmehr schon Kreisgerichtsrat, versetzt worden war. Als dieser, ein überzeugter Anhänger der liberalen »Neuen Ära« im Großherzogtum - er war nach 1877 für viele Jahre auch nationalliberaler Landtagsabgeordneter -, im März 1869 zum Kreisgerichtsdirektor in Villingen ernannt wurde, entschlossen sich die Eltern, den Vierzehnjährigen in das Mannheimer Haus der Großmutter väterlicherseits, der Frohntochter Susanne Bassermann, zu geben. Diese lebte dort, inzwischen siebenundachtzigjährig und seit Jahrzehnten verwitwet, mit ihrer Tochter Caroline, der Frau des gleichfalls schon vor Jahren, 1856, verstorbenen ehemaligen Heidelberger Stadtdirektors August Eichrodt. Hier sollte Ernst auf dem inzwischen weit über die Stadtgrenzen hinaus berühmten Lyzeum, das schon sein Vater besucht hatte, die oberen Klassen abschließen und das Abitur machen.

Zwar starb die Großmutter kurz nach seiner Ankunft, keine vier Wochen nach dem Tod der fünf Jahre jüngeren Wilhelmine Bassermann, der Reinhardttochter, die eine andere Tradition, die vorandrängende, dynamische des alten Mannheim neben der zünftigen, an Aristokratie und Hof orientierten der Frohns verkörpert hatte. Aber für einen Bassermann - der eben Fünfzehnjährige lebte nach dem Verkauf des großmütterlichen Hauses fortan bei seiner Tante Eichrodt - war das Mannheim der ausgehenden sechziger Jahre so oder so von vornherein ein vertrautes Gelände. Bei seinen vielen Verwandten, Onkeln und Tanten, Vettern und Kusinen ein- und ausgehend, galt er, obwohl bisher anderswo aufgewachsen, praktisch sogleich als Mannheimer. Und vor allem - er gehörte, wie er, von aussen kommend, besonders deutlich spürte, sofort dazu, zu den tonangebenden, zu den gesellschaftlich und politisch führenden Familien der Stadt, zu denen, die zählten, auf deren Söhne und Töchter sich die Blicke der Väter und Mütter der anderen großen Familien von früh auf richteten, deren besondere Fähigkeiten und Karrierechancen sie aufmerksam registrierten.

Das war schon bei seinem Onkel Friedrich Daniel, dem ältesten Sohn der so erfolgreichen Firma Reinhardt-Bassermann, im Prinzip nicht anders gewesen, dessen Gestalt sich, umgeben von der Gloriole früher Berühmtheit und später Tragik, mehr und mehr zu verklären begann. Aber während dieser mit Macht über die gegebenen Verhältnisse hinausgedrängt war und sich vor allem leidenschaftlich dagegen gewehrt hatte, daß das Bürgertum zur Bourgeoisie, zu einer sich einigelnden sozialen Schicht, zur Klasse erstarrte, war sein mehr als vierzig Jahre jüngerer Neffe Ernst Bassermann mit dem Stand der Dinge in Staat und Gesellschaft, in Kultur und Wirtschaft von früh auf im wesentlichen einverstanden. Das galt auch, ja, in besonderem Maße, für die nationale Frage - wo man im übrigen, blickt man auf Friedrich Daniels Kampf für das kleindeutsche Programm und auf die Kompromisse, die er hier zuletzt einzugehen bereit war, noch am ehesten von einer geschlossenen Familientradition und wirklichen Kontinuität sprechen kann.

Schon als Schüler, im Vorfeld des preußisch-französischen

Krieges, war Ernst Bassermann ein unbedingter Anhänger Preußens und der preußischen Führungsrolle in Deutschland sowie ein entschiedener Bewunderer der Tatkraft und Entschlossenheit jenes Mannes, mit dem sein Onkel gut anderthalb Jahrzehnte vorher in Erfurt so heftig und grundsätzlich zusammengestoßen war. Das Bündnis, das viele von Friedrich Daniels einstigen Kampfgenossen, die nun, nach 1866, in der neuen nationalliberalen Fraktion vereinigt waren, mit jenem Mann, mit dem preußischen Ministerpräsidenten Otto von Bismarck eingegangen waren, fand bei ihm und vielen Gleichgesinnten seiner Generation eine viel unbedingtere Zustimmung als bei denen, die es ausgehandelt hatten.

Von Reserven, von vorwiegend taktischen Erwägungen war hier kaum noch die Rede. Der Sechzehnjährige erklärte 1870 jedermann, wie sehr er es bedauere, einige Jahre zu spät geboren zu sein, und wie er seinen sechs Jahre älteren Vetter Felix, den Ältesten seines Onkels Julius, beneide, daß er in diesem größten Augenblick der neueren deutschen Geschichte als Offizier aktiv für die deutsche Sache eintreten könne, während er noch nicht einmal zu den gleichfalls bereits mobilisierten Oberprimanern gehöre. Nicht nur pflichtgemäß, wie etwa sein Vetter Alfred, der spätere Danteforscher, der im Hinblick auf sein eigenes Leben und die Entwicklung der damaligen Zeit von den »spießbürgerlichen Bahnen der siebziger Jahre« sprach, »eingezwängt in die Schnürbrust des Referendärs und des Reserveoffiziers«, sondern voller Begeisterung trat er im Herbst 1878, nach Studium und Referendardienst, sein Jahr als Einjährig-Freiwilliger beim Dragonerregiment 14 in Colmar an. Er wurde Reserveoffizier – worauf er wie so viele Vertreter des Bürgertums seiner Generation besonders stolz war – und meldete sich im August 1914, sechzigjährig und seit anderthalb Jahrzehnten Vorsitzender der nationalliberalen Reichstagsfraktion, demonstrativ als Kriegsfreiwilliger, um als Landwehroffizier Dienst zu tun. Daß sein einziger Sohn Hans Dietrich 1887 am »Sedanstag«, am 2. September, zur Welt kam – er nahm sich 1919, Anfang dreißig, durch den vom Vater so lebhaft begrüßten Krieg aus der Bahn geworfen, das Leben –, erschien ihm als ein symbolhaltiger Zufall, und er erzählte später jedermann voller Stolz, daß der Sohn sein »Einjähriges« bei den »Bismarckkürassieren«, dem Halberstädter Regiment des einstigen

Reichskanzlers, ableistete. Auch erfüllte es ihn mit Genugtuung, daß seine älteste Tochter Elisabeth 1912 mit Waldemar von Roon - er fiel Ende März 1916 bei Verdun - einen Enkel des preußischen Feldmarschalls und Kriegsministers der sechziger und siebziger Jahre, des engsten politischen Mitstreiters Bismarcks heiratete. Daß das erste Gemälde, das sich der junge Anwalt kaufte - es wurde zusammen mit einem Genrebild von Peter Heß, das ihm der Schwiegervater aus Anlaß seines ersten Prozeßgewinns geschenkt hatte, zum Grundstock einer rasch wachsenden Bildersammlung -, ein Ölbildnis Wilhelms I. war, gehört gleichfalls in diesen Zusammenhang.

Ernst Bassermann war also von früh auf ein »nationaler Mann« in dem neuen Sinne, der sich aus der Begeisterung über die Erfolge der nationalen Einigungspolitik Bismarcks, aus der Bewunderung für die preußische Armee und ihr Offizierskorps und aus der Überzeugung herleitete, daß das preußische Modell mit seiner Verbindung von Rationalität, Modernität und straffer Führung sich als schlechthin überlegen erwiesen habe. Allerdings war die Prägung durch seine Umwelt, durch Stadt und Familie so eindeutig und so stark, daß ihm nie auch nur einen Augenblick die Idee kam, seinen Platz außerhalb des bürgerlich-liberalen Lagers, etwa im Kreis der sich überall neu formierenden Konservativen zu suchen.

Ernst sah im Gegenteil und unabhängig von aller Vorgeschichte in dem neuen preußisch-deutschen Staat und in dem immer höher emporsteigenden Besitz- und Bildungsbürgertum, für das das Bürgertum seiner Vaterstadt in vielerlei Hinsicht geradezu ein Paradebeispiel bildete, natürliche Bundesgenossen und in ihrem möglichst engen Zusammenwirken die eigentliche Garantie für die nationale Zukunft. Für ihn war in diesem Sinne Bismarck, ganz wie dies nach 1866 der ehemalige Achtundvierziger Ludwig Bamberger seinen Zeitgenossen darstellte, ein Heros des Bürgertums, der bürgerlichen Gesellschaft; alles andere sei ein Mißverständnis. Der Zukunfts- und Fortschrittsoptimismus, der die Großväter, die eigentliche Gründergeneration, beseelt hatte und an dem manche der Väter, wie der Onkel Friedrich Daniel, schließlich verzweifelt waren, er schlug hier, in freilich wesentlich veränderter Form, aufs neue und sehr beherrschend durch.

Das Fundament dieses Zukunftsoptimismus tritt gerade im Fall

Ernst Bassermann als Korpsstudent

von Ernst Bassermann sehr klar zutage. Zu den von der preußischen Staats- und Armeeführung herbeigeführten Erfolgen in der nationalen Frage, der staatlichen Einigung mit den Mitteln der Diplomatie und der Kriegführung, kamen in, wie es scheinen mußte, nicht nur zeitlicher Parallelität die immer spektakuläreren Erfolge des aufsteigenden Bürgertums in Wirtschaft, Wissenschaft und Kultur. Sie fanden zwar auf der politischen Ebene bisher noch nicht ganz ihre Entsprechung. Aber wenn man auf die eigene Stadt, die Verhältnisse in Baden und auch in den anderen süddeutschen Staaten, auf die sensationellen Wahlerfolge der nationalliberalen Partei bei den Reichstagswahlen blickte, dann bestand doch auch hier Anlaß, mit Zuversicht in die Zukunft zu blicken.

Als der junge Ernst Bassermann nach dem Abitur im August 1872 zum Wintersemester 1872/73 zunächst die Universität Heidelberg bezog, um wie sein Vater Jurisprudenz zu studieren, da kam er sozusagen von einer Hochburg des neuen Bürgertums in eine andere. Im heimischen Mannheim, wohin der Vater im Mai 1872 als Vorsitzender der Kammer für Handelssachen am Oberhofgericht, dem späteren Oberlandesgericht, zurückgekehrt war, entfaltete sich nach dem Frankfurter Frieden vom Mai 1871 die Wirtschaft und mit ihr der Einfluß und die soziale Stellung des Wirtschaftsbürgertums in atemberaubendem Tempo. Und an der Heidelberger Universität gewann schon der Studienanfänger, auch wenn er sich wie der junge Bassermann – der gegen den erklärten Willen des Vaters sogleich in das einflußreiche Korps Suevia eintrat und ein begeisterter Korpsstudent wurde – noch kaum in sein Fach vertiefte, fast täglich einen Eindruck davon, wie die Wissenschaft, die in ihren Trägern wie in deren Überzeugungen ganz ein Kind des Bürgertums war, in fast allen ihren Bereichen zu immer eindrucksvolleren Erfolgen und Leistungen aufstieg. Die Namen von Gustav Kirchhoff und Robert Bunsen signalisierten das Aufblühen der neuen empirischen Naturwissenschaften, die Schweizer Johann Kaspar Bluntschli und Achilles Renaud setzten die große Tradition der Rechtswissenschaften, Wilhelm Wattenbach und Heinrich von Treitschke – bei dem der junge Bassermann im Wintersemester 1873/74 die berühmte Vorlesung über Politik hörte – die der Geschichtswissenschaft fort.

Ähnlich war das Bild, das sich ihm in Leipzig bot, wo er 1874 ein Semester verbrachte und zugleich seiner schon als Schüler entwikkelten Theaterleidenschaft frönte, von Berlin ganz zu schweigen, wo er im Winter 1874/75 studierte und im Hause Friedrich Hammachers, des Vaters eines Studienfreundes, erste Kontakte mit den damals führenden Köpfen der nationalliberalen Partei hatte. Fast noch eindrucksvoller war die Situation, die er an der neuen »Reichsuniversität« Straßburg, seiner nächsten Station, vorfand. Der ehemalige badische Außenminister der »Neuen Ära«, Franz von Roggenbach, versuchte damals mit finanziellen Mitteln, die selbst diejenigen für die Universität Berlin in den Schatten stellten, diese Universität zu einem neuen Zentrum der Wissenschaft auszubauen – unter programmatischer Bevorzugung der neuen empirischen und traditionskritischen Wissenschaften.

Hier wie in Freiburg, wo Ernst Bassermann im Winter 1875/76 sein letztes Semester verbrachte, waren überall das Selbstvertrauen und der Fortschrittsglaube zu spüren, von denen die bürgerliche Bildungsschicht durchdrungen war. Ihren Angehörigen gehörte das Zeitalter, sie waren die einzig legitimen Erben der Geschichte, nur sie konnten die Zukunft erfolgreich gestalten – das war die Stimmung, die in diesen Hochburgen des Bildungsbürgertums domi-

Heinrich Bassermann (1849–1909)

nierte und die ganz der entsprach, die der junge Bassermann aus den Kontoren und Salons seiner Heimatstadt kannte. Daß sein fünf Jahre älterer Vetter Heinrich, der jüngste Sohn Friedrich Daniels, des Achtundvierzigers, nach der Habilitation in Jena gerade in jenen Jahren zunächst als außerordentlicher, dann als ordentlicher Professor nach Heidelberg berufen wurde - der erste der Familie in einer solchen Stellung und Funktion -, fügte sich dabei in den allgemeinen Eindruck, daß sich die beiden Fraktionen der neuen Führungsschicht, das Wirtschafts- und das Bildungsbürgertum, zunehmend durchdrangen und dadurch zusätzlich an Einfluß gewannen. Ihr Wirken zu koordinieren, die verschiedenen Interessen miteinander abzustimmen und so eine auch politisch geschlossene, handlungsfähige Einheit zu schaffen - das wurde das eigentliche Lebensziel des homo politicus, als der sich Ernst Bassermann, der Neffe Friedrich Daniels, schon bald entpuppen sollte.

Seine Jugenderfahrungen, seine Studienzeit, die Einsichten, die er während seines Militärdienstes und bei seiner ersten praktischen Tätigkeit als Referendar am Hofgericht in Karlsruhe, am Kreisgericht Mosbach und am Bezirksamt Offenburg gewann, sie alle verwiesen ihn, nüchtern und ehrgeizig wie er war, immer wieder nachdrücklich darauf, wie das Fundament für ein erfolgreiches Wirken in diesem Sinne beschaffen sein müsse. Sein Onkel Friedrich Daniel war, geleitet von der Idee der künftigen, klassenlosen Bürgergesellschaft, nicht zuletzt auch persönlich daran gescheitert, daß er sich - praktisch zum Berufspolitiker geworden - zu weit von seiner Basis entfernt hatte, von der Schicht, die er in erster Linie repräsentierte. Ein solches Verhalten mußte jetzt, ein Menschenalter später, doppelt tödlich sein. Lebte man doch, wie der junge Bassermann sehr klar erkannte und in Rechnung stellte, in einer Zeit der zunehmenden Interessendivergenzen und wachsender sozialer Gegensätze vor allem zwischen den gesellschaftlichen Großgruppen, sprich insbesondere den bürgerlichen Schichten auf der einen, den unterbürgerlichen auf der anderen Seite. Andersherum ausgedrückt: Wer politisch wirken wollte, wer - durchaus in der Tradition des Liberalismus und seiner zentralen Forderungen in Wirtschaft und Staat, Kultur und Gesellschaft - Einfluß gewinnen wollte, der mußte ganz fest in der eigenen gesellschaftlichen Gruppe verankert sein, nicht nur hinsichtlich der gemeinsamen Überzeugungen und Grundvorstellungen, sondern vor allem auch hinsichtlich der gemeinsamen Interessen, der ganz konkreten materiellen Ziele.

Lange vor Max Weber, dem berühmten Soziologen und Nationalökonomen, der seit der Mitte der neunziger Jahre zunächst in Freiburg und dann in Heidelberg lehrte, hat Ernst Bassermann instinktiv erkannt – nicht zuletzt geleitet von den Erfahrungen der eigenen Familientradition, mit der er sich von früh auf intensiv beschäftigte –, daß die Schwäche der bürgerlich-liberalen Bewegung in Deutschland neben allem anderen auch in der zu geringen Rückbindung an das Bürgertum als soziale Schicht, an die eigene »Klasse«, lag, wie Weber ganz hart sagen sollte.

Im Oktober 1880 ließ sich der nun Sechsundzwanzigjährige, nach zwei glänzend bestandenen Examina, als Rechtsanwalt in Mannheim nieder. »Werde im Leben dein eigener Herr und gehe nicht in Staats- und Herrendienst«, hatte ihm der Vater, geradezu reumütig die Familientradition beschwörend, immer wieder geraten. Er trat – »zum leisen Erstaunen der Mannheimer« – in die Kanzlei Heinrich von Feders ein. Dieser hatte sich in den sechziger Jahren als einer der Führer der badischen Demokraten einen Namen gemacht und spielte auf der zunehmend an Bedeutung gewinnenden linken Seite des politischen Spektrums der Stadt, im Lager der Linksliberalen, eine große Rolle. Bei der Landtagswahl von 1871, bei der erstmals alle drei Mannheimer Mandate an die Linksliberalen, die demokratische Partei, fielen, hatte er einen dieser Sitze errungen. Ihn behielt er bis Mitte der achtziger Jahre.

Der junge Mann, dessen Vater ein Jahr vorher zum Landgerichtsdirektor befördert worden war, traf damit, so mochte es manchem scheinen, zugleich auch eine politische Option zugunsten einer Gruppe, die seit 1870 mit dem Kaufmann Eduard Moll als Oberbürgermeister – er war bis dahin Präsident der Handelskammer gewesen – auch die Gemeindepolitik bestimmte. Bei den Wahlen zum Bürgerausschuß im Januar 1881 siegten ihre Konkurrenten, die im Lande nach wie vor dominierenden Nationalliberalen, nur noch in einer der drei Klassen, in der Klasse der Höchstbesteuerten.

In sie allerdings heiratete der junge Anwalt, der einen Namen trug, der für jene Gruppe seit Friedrich Ludwig Bassermann, den

Ernst Bassermann mit seiner Frau Julie, geb. Ladenburg (1860–1914)

Höchstbesteuerten der ganzen Stadt in den dreißiger und vierziger Jahren, geradezu repräsentativ war, ein halbes Jahr später. Und diese Heirat symbolisierte zugleich seine tatsächliche politische Option. Er wurde damit zum Schwiegersohn Karl Ladenburgs, Erbe eines der ältesten und erfolgreichsten Bankhäuser der Stadt, des 1785 gegründeten Hauses W. H. Ladenburg und Söhne, wie es seit 1832 hieß.

Karl Ladenburg war seit 1870 Präsident des Aufsichtsrats der neugegründeten »Badischen Bank«. Darüber hinaus war er Mitglied und Vorsitzender einer ständig wachsenden Palette ähnlicher Gremien, über vierzig Jahre lang führendes Mitglied der Handelskammer, Handelsrichter an der von Ernst Bassermanns Vater präsidierten Kammer für Handelssachen, viele Jahre Mitglied des Bürgerausschusses und acht Jahre Landtagsabgeordneter, kurz, er war, später der erste jüdische Ehrenbürger Mannheims, nicht zuletzt als wagemutiger Industriefinanzier eine der zentralen Figuren im Wirtschaftsleben der Stadt und weit über sie hinaus. Seine bei ihrer Heirat gerade einundzwanzigjährige Tochter Julie war eine der ganz großen Partien Mannheims und die Hochzeit ein Ereignis, die dem Namen Bassermann, diesmal von seiten der »Eisen-Bassermanns«, neuen Glanz verlieh.

Jetzt war, dieser Eindruck mußte sich aufdrängen, endgültig alles für eine große Karriere vorbereitet. Der Mann, der über seinen Seniorpartner und die gemeinsame berufliche Tätigkeit engsten Kontakt zu der politisch tonangebenden Gruppe in der Stadt hatte, dessen Vater, seit Jahren nationalliberaler Landtagsabgeordneter, auf dem Weg an die Spitze der Richterhierarchie des Landes war, dessen Vettern gemeinsam mit den Männern ihrer Schwestern inzwischen eine förmliche Kaufmannsdynastie repräsentierten und der nun der Schwiegersohn eines der wohlhabendsten und einflußreichsten Bankiers der Stadt wurde – er mußte schon vieles falsch machen, um bei Lage der Dinge den Weg sehr weit nach oben zu verfehlen, in seinem Beruf, in der Welt der Wirtschaft, auch in der gesellschaftlichen Hierarchie und, wenn er wollte, auch in der Politik.

Und Karl Ladenburgs neuer Schwiegersohn machte wenig falsch. Obwohl er bisher effektiv nur wenige Jahre in der Stadt gelebt hatte, kannte er das Terrain schon bald sehr genau. Vor allem wußte er, wo seit Jahrzehnten, schon seit der Zeit seines Großvaters und seines Großonkels am Markt, die eigentlichen Entscheidungen fielen oder zumindest vorbereitet wurden: in den großen, vom Bürgertum getragenen Vereinen der Stadt – in der Harmoniegesellschaft, die der Großvater vor einem Dreivierteljahrhundert mitgegründet hatte; im Kunstverein; im Verein für die öffentliche Bibliothek; im Aufsichtsrat der höheren Töchterschule, für deren Gründung sich sein Onkel Louis Alexander so nachdrücklich eingesetzt hatte; im Altertumsverein; und, wie schon zu Zeiten Reinhardts und des Konsuls Friedrich Ludwig Bassermann, seines Großonkels, nach wie vor in den Wandelgängen des Nationaltheaters, im Kreis der Logenbesitzer.

Jeder kannte hier jeden. »Es waren die alten Mannheimer Familien, die einen geschlossenen Kreis bildeten, in dem nur wenig Fremde Aufnahme fanden«, so hat es seine Tochter Karola rückblikkend beschrieben. Der junge Anwalt, der seiner Kanzlei schon bald zahlreiche Kunden aus Handel und Industrie zuführte und der, nicht zuletzt mit dem Blick auf den Vater und den Schwiegervater, von vielen Firmen als juristischer Berater hinzugezogen wurde, gehörte hier überall binnen kurzem dazu. Er saß meist schon rasch im Vorstand und zählte so bald zu der kleinen Gruppe derjenigen, die über den jeweiligen Verein hinaus in der Stadt den Ton angaben. So ergab es sich fast von selber, daß sich die politischen Parteien sogleich nachdrücklich um ihn bemühten. Dabei ging freilich jedermann davon aus, daß für ihn nach Familientradition, gesellschaftlicher Stellung und politischen Überzeugungen wohl nur die nationalliberale Partei in Frage komme.

Sie hatte sich, gerade in Mannheim, zu einer Partei derjenigen entwickelt, die, unter starker Akzentuierung des nationalen Gedankens nicht zuletzt im Sinne des Machtstaates, für ein enges Bündnis zwischen Staat und besitzendem Bürgertum, konkret für ein Zusammengehen mit der Regierung Bismarck und für die Unterstützung seiner Eindämmungspolitik gegenüber der Linken eintraten. Das war der Kurs, den neben Rudolf von Bennigsen, dem Parteiführer, vor allem der Frankfurter Oberbürgermeister Johannes von Miquel propagierte. Er setzte sich 1884/85 gegen jene Kräfte durch, die auf der Linie des Anfang 1884 plötzlich verstorbenen Eduard Lasker für ein Bündnis aller bürgerlichen Kräfte in einer großen liberalen

Reformkoalition oder möglichst sogar in einer vereinigten liberalen Gesamtpartei eintraten.

Diesem Kurs eines sozusagen konservativen Liberalismus hat sich Ernst Bassermann praktisch von Anfang an angeschlossen und ihn bis zuletzt, schließlich zum Vorsitzenden von Partei und Reichstagsfraktion aufgestiegen, zu halten versucht. Als Vertreter dieser Richtung wurde er, für die Verhältnisse in seiner Partei ungewöhnlich früh, bereits Ende Oktober 1887, dreiunddreißigjährig, in den Mannheimer Stadtrat gewählt – in dem die Nationalliberalen von diesem Zeitpunkt an die Mehrheit hatten – und sechs Jahre später, 1893, als Vertreter des Mannheimer Wahlkreises in den Reichstag.

Dabei kann man nicht sagen, daß er sich erst nach gewonnener Schlacht der Gruppe um Miquel und Bennigsen zugewandt habe. Eines der Felder, auf denen der innerparteiliche Konflikt im Lager der Nationalliberalen um den künftigen Kurs der Partei ausgefochten wurde, war die Frage der Kolonialpolitik und des Engagements des Reiches auf diesem Gebiet. In diesem Zusammenhang war es im Sommer 1884 im Reichstag zu einer Kontroverse über die von Bismarck angeforderte Stelle eines zweiten Direktors im Auswärtigen Amt gekommen. Bei ihr ging es auf allen Seiten und vor allem auch im Schoß der nationalliberalen Partei um weit mehr als um einen bloßen Etatposten. Die Mehrheit hatte der Regierung schließlich die Stelle demonstrativ verweigert.

Hiergegen hatte der dreißigjährige Ernst Bassermann mit gleichgesinnten Mitgliedern der nationalliberalen Partei Ende Dezember 1884 in Mannheim eine große Protestdemonstration organisiert. Auf ihr forderte er, ganz im Sinne Miquels, ein Zusammengehen mit der Regierung in den großen nationalen Fragen, zu denen nicht zuletzt auch eine Großmachtpolitik im Weltmaßstab gehöre. Das war eine klare Positionsbestimmung gewesen, und niemand konnte fortan im Zweifel darüber sein, welchen Kurs der rasch in den Vorstand des Ortsvereins seiner Partei aufrückende neue junge Mann der Nationalliberalen auch in dem engeren Rahmen der Stadt und des Großherzogtums künftig steuern werde.

Im Vorfeld der sogenannten Kartellwahlen von 1887, die Konservative und Nationalliberale in gemeinsamer Frontstellung gegen Linksliberale und Sozialdemokratie zusammenführten, war er in seiner Heimatstadt und in Baden insgesamt einer derjenigen, der das Argument am entschiedensten gebrauchte, die äußere Bedrohung, der Neid der anderen Mächte auf die politische und wirtschaftliche Stellung des Reiches, zwinge zu einem Zusammenschluß aller nationalen Kräfte und zu nachhaltiger Unterstützung der Reichsregierung. »Auch heute noch ist Deutschland rings von Feinden bedroht«, malte er seinen Zuhörern die Situation am 18. Januar 1887 auf einer Wahlversammlung aus: »Auf der einen Seite der Panslawismus, auf der anderen die französischen Revanchegelüste. Wir müssen gewaffnet und gerüstet sein. Sie sehen auf der einen Seite Rußland, das gierig seine Hände ausstreckt nach neuen Provinzen ... Auf der anderen sehen Sie Frankreich. Wir Deutsche haben es bei Gott nicht nötig, uns noch lange vorzuerzählen, was Frankreich war und noch ist. Es ist der Erbfeind, allzeit bereit, über Deutschland herzufallen, deutsche Provinzen wegzunehmen, deutsche Städte zu zerstören. Das Wort ›Revanche‹ gellt uns täglich in die Ohren.« Innere Einheit, Zusammenwirken mit der Regierung, Isolierung aller antinationalen Kräfte, die, bewußt oder unbewußt, den Gegnern des Reiches in die Hände arbeiteten - das sei es, was in dieser Situation not tue.

Hier blickte jemand, das machten solche Auftritte zugleich deutlich, weit über den Tellerrand der lokalen und regionalen Politik hinaus. Dabei ergab sich eine solche Perspektive für den Anwalt großer Industrie- und Handelsfirmen, für den Sohn einer Stadt, deren Wirtschaftsbeziehungen immer weitläufiger wurden, die längst die Grenzen Mitteleuropas, ja, des europäischen Kontinents hinter sich gelassen hatten, ganz organisch aus der Blickrichtung seiner Tätigkeit, war nicht nur Produkt bloßer Stammtischüberlegungen, bramarbasierender Politikastereien.

Diesen Bezug zur unmittelbaren Lebenswelt hat Ernst Bassermann, bei aller Neigung, in allgemeinen Zusammenhängen zu argumentieren, und bei allem nationalen Pathos, stets betont und gesucht. Ja, mehr noch: Er blieb sich bis zu seinem Lebensende jederzeit bewußt, daß hier, in der festen Verankerung nicht nur in den Meinungen und Überzeugungen, sondern in den konkreten Interessen und Zukunftserwartungen seiner direkten Umwelt, seiner Stadt und ihrer bürgerlichen Führungsschicht, seiner sozialen

Gruppe, das eigentliche Fundament seines politischen Einflusses und seiner rasch wachsenden politischen Macht lag. In diesem Sinne und aus solchen Überzeugungen hat er sich der Wahl zum Stadtrat seit 1887 immer wieder, bis zu seinem Tode, gestellt. Und er hat über all die Jahre hin einen erheblichen Teil seiner Arbeitskraft den damit verbundenen Aufgaben, vor allem auf dem Gebiet des Finanz- und des Kultur- und Bildungswesens, gewidmet.

Wie sehr er sich bewußt war, daß hier, in seiner Vaterstadt und in der Rolle, die er in ihr spielte, das Fundament seiner ganzen politischen und gesellschaftlichen Stellung lag, hat er selbst auf einem Festbankett aus Anlaß seines 25jährigen Jubiläums als Stadtrat im Herbst 1912 formuliert: »Wenn ich aller anderen politischen Tätigkeit entsagen, wenn ich aus dem aufreibenden politischen Kampf zurücktreten würde, so möchte ich doch Mitglied des Rates meiner Vaterstadt bleiben.« Auch an seinen vielen Ehrenämtern innerhalb der Stadt hat er, so sehr ihn seine zahlreichen Funktionen erst im Lande und dann auf der Ebene des Reiches in Atem hielten, sehr weitgehend festgehalten, und zwar durchaus nicht bloß in einem formalen Sinne.

Aber zurück zu dem Beginn seiner Karriere: Im Herbst 1886 war das junge Paar, inzwischen Eltern zweier Töchter, nach fünf Jahren in einer Etagenwohnung in der Rheinstraße in eine neuerbaute, prächtige Villa in der besten Gegend der Stadt, in der Bismarckstraße, gegenüber dem ehemaligen kurfürstlichen Schloß, gezogen. Auch das ging über das Private von Anfang an sehr bewußt hinaus. Ein großes Haus im Zentrum der Stadt zu führen, war mittlerweile längst zu einem Akt der Repräsentation und Repräsentanz im doppelten Sinne geworden: Man repräsentierte den eigenen Erfolg und die eigene Stellung. Aber man trat damit zugleich auch als ein unmittelbarer Repräsentant seiner sozialen Gruppe auf. Und Ernst Bassermann hat sehr früh und gleichsam instinktiv erkannt, wie wichtig diese Tatsache inzwischen auch in politischer Hinsicht geworden war.

In einer Zeit wachsender materieller Interessenunterschiede und auch Interessengegensätze sowie zunehmender sozialer Spannungen suchten viele gesellschaftliche Gruppen den direkten, den unmittelbaren Vertreter ihrer Sache, denjenigen, der nach Herkunft,

Ernst Bassermann vor seiner Villa

Erziehung und Ausbildung, nach Einkommen und Lebensstellung wirklich zu ihnen gehörte. Das galt nun auch in verstärktem Maße für das Wirtschaftsbürgertum, das sich in der ersten Hälfte des Jahrhunderts noch vielfach durch Angehörige der Beamtenschaft und des sonstigen Bildungsbürgertums hatte vertreten lassen. Jetzt war man hier zunehmend geneigt, jemandem zu mißtrauen, der zwar in vielen Grundvorstellungen und konkreten politischen Meinungen scheinbar ganz mit einem übereinstimmte, sich aber in seinem Lebensstil und Lebenszuschnitt, in den materiellen Grundlagen der Existenz doch sehr von denen unterschied, die er repräsentieren sollte.

Bei dem jungen Anwalt, dessen Familie man seit langem kannte, bei dessen Schwiegervater und bei dessen Onkeln am Markt und am Friedrichsplatz man immer schon verkehrt hatte und der nun, als dritter der so erfolgreichen Familie, ein eigenes großes Haus eröffnete, einen ausgeprägt bürgerlichen Lebensstil in dem neuen, besitzbürgerlich akzentuierten Sinne pflegte, war das ganz anders. Ihm floß Vertrauen gleichsam automatisch zu. Und Ernst Bassermann hat dieses Kapital wie kaum etwas anderes über all die Jahrzehnte seines Wirkens mit größter Sorgfalt gepflegt und gehütet.

Auch seine familiengeschichtlichen Studien, die er, der Jurist, schon früh aufnahm und mit großer Intensität betrieb, fügten sich, so sehr sie eigenem Interesse entsprangen, in diesen Zusammenhang. Anders als bei seinem Vetter Felix Bassermann vom Haus am Markt, mit dem er sich in diesem Interesse eng zusammenfand, dienten sie zugleich unmittelbaren, ganz praktischen Zwecken: der zusätzlichen Legitimation der eigenen Stellung, der Bekundung, wie tief man im Bürgertum der eigenen Stadt verankert sei, das sich seinerseits immer stärker in historischer Perspektive sah.

Nicht zufällig hob Ernst Bassermann, der engagierte Schutzzöllner, das korporativ organisierte Zunftbürgertum seiner mütterlichen Familie, der Frohns, dessen an Aristokratie und Hof orientierten Lebensstil besonders hervor. Da war vieles, was sich mit dem Wirtschaftsbürgertum der eigenen Zeit vergleichen ließ – so unvergleichbar die materiellen Grundlagen, die Rahmenbedingungen und das Maß an innerer Dynamik beider Gruppen im Grunde auch sein mochten. Eine Tendenz zur neuerlichen ständischen Absonderung und Abschließung war ja auch dort unübersehbar, eine zunehmende Orientierung an den alten Führungsschichten, an der Aristokratie und an der höfischen Gesellschaft. Auch hier breiteten sich, ungeachtet allen zur Schau getragenen Selbstbewußtseins, vielerorts Zukunftsangst, ja, so etwas wie eine Endzeitstimmung aus, die Ahnung, daß das eigene, das bürgerliche Zeitalter sich schon wieder, kaum richtig entfaltet, der Auflösung, der inneren und äußeren Zersetzung und Zerstörung zuneige.

Die Untergangsphantasien Richard Wagners, der jetzt erst, auch am heimischen Mannheimer Nationaltheater, seine volle Wirkung zu entfalten begann, sind dafür ebenso ein Zeugnis wie die Orientierung an Barock und Rokoko in Baustil und Einrichtung und der Versuch, das Funktionale wie das Dissonante hinter der Fassade vergangener Formen und Harmonien zu verbergen. Wilhelminisch hat man das in einem eher verschwommenen Begriff genannt, der aber doch, gerade mit Blick auf das Bürgertum der Zeit, einen Gesamtzusammenhang berührt oder, besser gesagt, evoziert. Die Ursprünge dieser Gefühlslage, die Zuflucht im Alten und sogar im Uralten der Nibelungen- und Staufergröße suchte, sind fraglos älter. Sie reichen nicht nur in die Zeit des Zweiten Kaiserreichs in Frankreich, die Epoche Napoleons III. zurück, der sie einen Großteil gerade ihrer formalen Ausdrucksformen entnahm. Aber das Ganze kam doch erst jetzt, in den letzten beiden Jahrzehnten des 19. Jahrhunderts, überall zur vollen Entfaltung, als das Bürgertum auf breiter Front von den Tendenzen und den Stimmungen erfaßt wurde, die dem zugrunde lagen.

Ernst Bassermann hat sie in seinem Lebensstil, in seinen gesellschaftlichen und politischen Grundüberzeugungen und vor allem auch in seinem politischen Auftreten und Handeln in nahezu reiner Form verkörpert und zugleich propagiert. Er war in diesem Sinne geradezu der Prototyp des »Wilhelminers«, der von einer ganz neuen Epoche redete, in der man lebe, und der doch bei allem Selbstbewußtsein und aller Dynamik stets zugleich ahnte, daß die neuständische Welt seiner Gegenwart wohl kaum eine Zukunft haben werde. Wie viele seiner Zeitgenossen befiel ihn in dunklen Stunden der Gedanke, daß ein neues »Ancien Régime« heraufzog, das unfähig sein würde, der Sintflut zu entgehen.

Sein Onkel Friedrich Daniel hatte sich vor einem halben Jahrhundert mancherlei Illusionen darüber hingegeben, was die wahren Interessen, die realen Ziele der Mehrheit des Bürgertums seiner Zeit waren, wohin die Entwicklung ging und daß viele, vielleicht schon die Mehrzahl der Angehörigen seiner sozialen Schicht, die Prioritäten in Wahrheit anders setzte. Ernst Bassermann hat, tief verankert in dieser Schicht und ständig um intensiven Kontakt mit ihr bemüht, derartige Illusionen niemals gehegt. Aber wenn er deswegen auch nicht zum Opfer individueller Illusionen wurde, so um so sicherer zu einem kollektiver Täuschungen, denen sich jene Schicht als ganze zunehmend hingab, die er so erfolgreich und stilbildend repräsentierte. Das galt in politischer, in gesellschaftlicher und in kultureller Hinsicht und in manchen Bereichen sogar in wirtschaftlicher Beziehung.

Im Zentrum solcher kollektiven Selbsttäuschungen stand die Vorstellung, das, was auf allen diesen Gebieten seit dem 18. Jahrhundert in immer schnellere Bewegung geraten war, lasse sich aufhalten oder auch nur für längere Zeit abbremsen, zumindest im Sinn der eigenen Interessen kanalisieren. Die Vergangenheit zu beschwören und zu glorifizieren, sich, im buchstäblichen und im übertragenen Sinne, feste Gehäuse zu errichten, planmäßig Dämme zu bauen und zur Verteidigung der nationalen Daseinsformen aufzurufen – all das nützte nichts. Veränderung, Wandel aller Verhältnisse, nicht zuletzt Egalität, das waren und blieben die entscheidenden Stichworte des 19. und auch des nun schon heraufziehenden nächsten Jahrhunderts. Die Nüchternheit, mit der seit der Jahrhundertmitte eine wachsende Zahl von Vertretern des besitzenden und gebildeten Bürgertums die ursprüngliche Leitidee in Frage gestellt hatte – den festen Glauben, dieses Bürgertum verkörpere die Gesellschaft der Zukunft schlechthin –, verband sich nun bei seinen klarsichtigsten Vertretern mit dem Zweifel, ob dieses Bürgertum selber überhaupt noch eine Zukunft habe, nicht eine Epoche repräsentiere, die, kaum eröffnet, sich schon wieder ihrem Ende zuneige.

Ernst Bassermann gehörte im Unterschied etwa zu Theodor Mommsen, der in jenen Jahren sein Urteil über das deutsche Bürgertum mit schneidender Schärfe formulierte, nicht zu diesen Klarsichtigen. Wenn ihn in dieser Hinsicht je Skepsis und Zweifel überfallen haben sollten, so hat er sie jedenfalls sorgfältig verborgen. Er präsentierte sich stets und überall als Vertreter einer nach wie vor aufsteigenden Schicht, der Neid und Mißgunst, politische und soziale Demagogie von rechts und links die ihr gebührende Führungsrolle und Führungsposition streitig zu machen versuchten – auf Dauer aber mit Sicherheit vergeblich, wie er mit nie erlahmendem Optimismus zu betonen nicht müde wurde.

Das Jahr 1887, das Jahr der sogenannten Kartellwahlen, die Bismarck letztmalig eine, freilich innerlich ganz brüchige, parlamentarische Mehrheit brachten, war für den inzwischen dreiunddreißigjährigen Mannheimer Anwalt ein Entscheidungs- und Schlüsseljahr gewesen. In diesem Jahr hatte er sich, inzwischen beruflich fest etabliert und ein gesuchter Mann, von seinem bisherigen Seniorpartner Heinrich von Feder getrennt, der seinen Landtagssitz als Vertreter der demokratischen Partei in eben diesem Jahr an die Nationalliberalen, und zwar an niemand anderen als den Schwiegervater seines Sozius, an den Bankier Karl Ladenburg, verloren hatte. Im gleichen Jahr war Ernst Bassermann, wie schon erwähnt, für die Nationalliberalen zum Stadtrat gewählt worden. In deren Landespartei gewann er einen festen Platz als junger Mann Franz Thorbeckes, des Führers der Mannheimer Nationalliberalen neben dem auf die Siebzig zugehenden Anwalt und Bankier Carl Eckhard – daß der Zigarrenfabrikant Thorbecke gleichzeitig der Mann seiner Kusine Clara vom Haus am Markt war, erleichterte, wie so vieles, den Kontakt und die Verbindung. Als Thorbecke fünf Jahre später, noch nicht fünfzigjährig, plötzlich starb, da rückte Ernst Bassermann bereits ganz selbstverständlich in seine Stellung, in der Stadt wie im Großherzogtum insgesamt. Er wurde denn auch ein dreiviertel Jahr später, am 7. März 1893, als badischer Vertreter in den Zentralvorstand der nationalliberalen Partei gewählt.

Zu diesem Zeitpunkt war er, achtunddreißig Jahre alt, bereits Reichstagskandidat seiner Partei und damit Gegenkandidat des Schreinermeisters August Dreesbach aus den Reihen der seit drei Jahren nicht mehr verbotenen Sozialdemokratischen Partei. Dieser hatte bei den Wahlen vom Februar 1890 den bis dahin stets von den Nationalliberalen beziehungsweise, zwischen 1878 und 1886, von der Deutschen Volkspartei, den Demokraten, gehaltenen Mannheimer Wahlkreis erstmals für die Sozialdemokraten erobert. Dreesbach war seit 1891 für viele Jahre auch badischer Landtagsabgeordneter für einen der drei Mannheimer Landtagswahlkreise, die die Sozialdemokraten seit 1897 auf Dauer besetzt halten sollten.

Die Devise, unter der der neue Wahlkreiskandidat seinen sehr intensiven, generalstabsmäßig geplanten und organisierten Wahlkampf führte, lautete: Zusammenschluß aller nationalen Kräfte nicht nur zugunsten der Militärvorlage der Regierung – einer der Hauptstreit- und Konfliktpunkte zwischen rechts und links in der aktuellen Auseinandersetzung –, sondern insgesamt zugunsten einer kraftvollen Weltmachtpolitik, einer Politik der offensiven Selbstbehauptung nach außen, aber eben auch, wie der Kandidat immer wieder durchblicken ließ, im Innern, gegen die Kräfte des politischen und sozialen Umsturzes. Das waren für Ernst Bassermann zwei Seiten einer Medaille, die von ihm offen geforderte und unterstützte Politik imperialistischer Expansion hatte zugleich sehr deutliche, wie man es genannt hat, sozialimperialistische Züge, sollte der Befestigung und Sicherung des politischen und gesellschaftlichen Status quo dienen.

Sein Wahlsieg in der Stichwahl gegen Dreesbach – er hatte ihn schon im ersten Wahlgang überflügelt – in dem inzwischen als links geltenden Mannheim wurde denn auch in seiner Partei und in den ihr nahestehenden Kreisen als ein Triumph dieses Konzepts verstanden. Er beförderte seinen jungen Wortführer, der noch dazu ein glänzender Redner und ein Mann mit großem Verhandlungsgeschick speziell auch im Umgang mit Gremien war, mit einem Schlag in die Führungsgruppe der Fraktion. Die Wahl des gerade Vierzigjährigen zum Geschäftsführer des Vorstands der Nationalliberalen Partei wenig später war so nicht nur eine erste Krönung einer steilen, fast dramatisch zu nennenden persönlichen Karriere. Sie war zugleich ein politisches Signal hinsichtlich des künftigen Kurses seiner Partei, eines Kurses, den er fortan, seit April 1898 als Vorsitzender der Reichstagsfraktion, seit Januar 1905 zugleich als Vorsitzender des Zentralvorstandes der Nationalliberalen, zwischen den zeitweise außerordentlich scharfen Gegensätzen zwischen rechts und links vermittelnd, immer maßgeblicher bestimmen sollte – freilich, was die Zustimmung der Wähler anging, nicht gerade mit überwältigendem Erfolg: Die Stimmenzahl der einst so mächtigen Partei, die 1871, unmittelbar nach der Reichsgründung, über dreißig Prozent der Wähler des allgemeinen Wahlrechts vereinigt hatte, pendelte unter seiner Führung zwischen zwölfeinhalb und vierzehneinhalb Prozent, das heißt zwischen zunächst der Hälfte und schließlich einem guten Drittel des Anteils der in der Wählergunst ständig zunehmenden Sozialdemokraten. Die von Bassermann bevorzugte potentielle Koalition zwischen Nationalliberalen und Konservativen, auf die sich sein Heros Bismarck zuletzt gestützt hatte, ging sogar, ein deutliches Indiz für die Zeichen der Zeit, von einem Stimmenanteil von 32,2 Prozent im Jahr 1893, dem Jahr der erstmaligen Wahl Ernst Bassermanns zum Reichstagsabgeordneten, auf 25,8 Prozent im Jahr 1912, also von einem Drittel auf ein Viertel, zurück. Sie konnte sich schließlich selbst unter Einschluß der Linksliberalen weder auf eine Mehrheit der Stimmen noch auf eine der Mandate stützen. Die einzige mehrheitsbildende Alternative jedoch, eine Koalition »von Bassermann bis Bebel«, wie das Schlagwort lautete, lehnte der nationalliberale Parteiführer bis zu seinem Tode entschieden ab.

Sein persönlicher Erfolg und der Erfolg der von ihm vertretenen politischen Richtung fielen also immer deutlicher auseinander. Und man kann vorausgreifend sagen, daß vor diesem Hintergrund der Juli 1914 gerade auch von ihm nicht so sehr als Katastrophe denn als Ausweg empfunden wurde, als Ausweg aus einer innen- wie außenpolitisch verfahrenen Lage. »Ich gewann den Eindruck«, so erinnerte sich Richard Eickhoff an ein Gespräch mit Bassermann im August 1912, »daß er der politischen Zukunft ohne jede Hoffnung entgegensah«.

Zunächst freilich, im Juni 1893, war der neugewählte Reichstagsabgeordnete in beider Hinsicht voller Optimismus. Er trat als Repräsentant einer Stadt auf, an der man, nach weitverbreiteter Meinung, gewissermaßen den Puls der Zeit messen konnte, einer Stadt, deren Wirtschaft, deren Bevölkerungszahl, deren innere Mobilität und Dynamik sich in immer rascherem Tempo entfaltete. Sie galt als ein Spiegel des neuen, des industriellen Deutschland, das sich endgültig anschickte, an die Stelle des alten, agrarischen Deutschland zu treten.

Von den preußischen Junkern, den Hauptvertretern und Wortführern dieses alten Deutschland in den letzten Jahrzehnten, sollte ein junger Nationalökonom, der die Verhältnisse im östlichen Deutschland sehr genau studiert hatte, zwei Jahre später in einer sogleich vielzitierten akademischen Antrittsvorlesung im oberbadischen Freiburg trocken sagen: »Sie haben ihre Arbeit geleistet und liegen heute im ökonomischen Todeskampf, aus dem keine Wirtschaftspolitik des Staates sie zu ihrem alten sozialen Charakter zurückführen könnte.« Und er sollte hinzufügen: »Die Erlangung ökonomischer Macht ist es zu allen Zeiten gewesen, welche bei einer Klasse die Vorstellung ihrer Anwartschaft auf die politische Leitung entstehen ließ. Gefährlich und auf die Dauer mit dem Interesse der Nation unvereinbar ist es, wenn eine ökonomisch sinkende Klasse die politische Herrschaft in der Hand hält.«

Genau diese Überzeugung war der Ausgangspunkt, von dem aus Ernst Bassermann sein Reichstagsmandat antrat und seine nationale politische Karriere begann. Und auch darin stimmte er ganz mit dem Freiburger Nationalökonomen, mit Max Weber, überein, daß es »entscheidend ... für unsere Entwicklung« sei, »ob eine große Politik uns wieder die Bedeutung der großen politischen Machtfragen vor Augen zu stellen vermag« - wobei beide das Feld der »Weltpolitik«, eine Politik zielgerichteter kolonialer Expansion, aber ebenso auch die Rückwirkungen vor Augen hatten, die eine kraftvolle und dynamische Außenpolitik auf den Geist, den inneren Zusammenhalt und den politischen »Reifungsprozeß« der Nation und ihrer Führungsschicht haben werde.

Es war Ernst Bassermann aus der Seele gesprochen, was Weber dann in die seither oft zitierte Formel goß: »Wir müssen begreifen, daß die Einigung Deutschlands ein Jugendstreich war, den die Nation auf ihre alten Tage beging und seiner Kostspieligkeit halber besser unterlassen hätte, wenn sie der Abschluß und nicht der Ausgangspunkt einer deutschen Weltmachtpolitik sein sollte.« »Eine gerade Linie«, so Gustav Stresemann im September 1917 in seiner Gedenkrede auf Bassermann ganz in diesem Geist, »führte vom Nationalverein Rudolf von Bennigsens zu der imperialistischen Politik Bassermanns. Hatte der eine die gedankliche Vorarbeit für die Gründung des Reiches geleistet, so galt Bassermanns Sorge der Erhaltung des Reiches und seiner Weltmachtstellung unter veränderten und erschwerten Bedingungen.«

Als langjähriger Referent für den Etat des Auswärtigen Amtes hat Bassermann immer wieder Gelegenheit gefunden, von zentraler Stelle aus seine und die Position seiner Partei zu Grundfragen der Außenpolitik zu formulieren. Worum es ihm im letzten ging, daran ließ er schon vor dem Krieg keinen Zweifel. Es ging ihm nicht nur um die Befestigung, sondern auch um den Ausbau und die Erweiterung der Machtstellung Deutschlands bei gleichzeitiger Schwächung seiner Konkurrenten: Erwerbung Belgiens, »Zerstückelung« Frankreichs, »mitteleuropäisches Zollgebiet«, »die Türkei nebst Kleinasien als Absatzgebiet«, »Arbeit mit Hochdruck in China« - das waren schließlich Anfang 1915 die ganz unverhohlen formulierten Ziele, nachdem er schon vorher wiederholt geklagt hatte, »daß bei den Vorgängen auf dem Welttheater die anderen Völker ein Stück Welt, wir aber immer nur eine neue Militärvorlage« erhalten.

Bassermanns eigentliches Feld war freilich zunächst die Innenpolitik, speziell die Wirtschaftspolitik. Seine Jungfernrede hielt er Anfang Januar 1894, noch im alten provisorischen Reichstagsgebäude an der Leipziger Straße, zum Thema Konkursverwaltung. Ein Jahr später, im Februar 1895, wurde er, Sohn und Abgeordneter einer Stadt, die inzwischen einen der größten Binnenhäfen Europas besaß, zum Vorsitzenden der Binnenschiffahrtskommission gewählt, ein Amt, in dem er seiner Vaterstadt - und dem von ihm im Juli 1890 gegründeten Partikulierschiffer-Verband »Jus et Justitia«, dessen Vorsitzender er bis zu seinem Tode blieb - sehr nützlich sein konnte. Und nützlich war er auch den vielen Unternehmen, die er als Aufsichtsratsmitglied beziehungsweise als Rechtsberater direkt oder indirekt vertrat, mit ihren inneren Problemen und speziellen Interessen aufs engste vertraut.

Je höher Ernst Bassermanns politischer Einfluß stieg, desto zahlreicher wurden denn auch seine Mandate und Beraterverträge in den verschiedensten Unternehmungen, schon bald weit über Mannheim hinaus. Die Alkali-Werke Westeregeln und die Schukkert-Werke in Nürnberg zählten ihn bald ebenso zu ihrem Aufsichtsratsmitglied beziehungsweise -vorsitzenden wie die Zuckerfabrik Waghäusel, die Norddeutsche Versicherungsgesellschaft Hamburg, die Süddeutschen Kabelwerke oder die Firma Mannesmann in Düsseldorf. Als das Bankhaus seines Schwiegervaters Ladenburg 1904/05 unter Mitwirkung der Berliner Disconto-Gesellschaft in einer Art verdeckter Fusion in die Süddeutsche Disconto-Gesellschaft umgewandelt wurde, da spielte er als Syndikus des alten und des neuen Hauses nicht nur im einzelnen eine entscheidende Rolle. Er erlangte zunehmend, zunächst als Aufsichtsratsmitglied, seit 1908 als Vorsitzender des Aufsichtsrats, zentralen Einfluß auf das gesamte Unternehmen, das vor allem in Süddeutschland rasch an Bedeutung gewann.

In seiner Person bündelten sich so in wachsendem Maße unmittelbare politische und direkte wirtschaftliche Macht - eine Kombination, die schon in seiner Zeit eher selten war und dann mehr und mehr durch Formen indirekter Einflußnahme auf den jeweils anderen Bereich abgelöst wurde. Bereits sein späterer Nachfolger Gustav Stresemann war von seiner Stellung in der Wirtschaft her gesehen mehr Lobbyist als wirklicher Entscheidungsträger.

Diese Kombination muß man vor Augen haben, wenn man nach der in einer Person wie der Ernst Bassermanns verkörperten realen Machtstellung des Wirtschaftsbürgertums jener Zeit, der Zeit der Jahrhundertwende, fragt. Diese Macht war jedenfalls, auch in einem ganz direkten Sinne, weit größer, als Verfassungsaufbau und Mandatszahl, die formale Kompetenzverteilung und die weithin sichtbaren Ansprüche des Hofes und der Hofgesellschaft auf den ersten Blick vermuten lassen. Daraus erklärt sich, daß Bassermann sehr rasch zu einem der wichtigsten Gesprächspartner sämtlicher Reichskanzler und fast aller in Berlin politisch tonangebenden Persönlichkeiten wurde und daß er, auch ohne formelle Parlamentarisierung des Reiches, ja vielleicht gerade ohne sie, nicht zuletzt mit Blick auf seine eigene Person die Stunde des Bürgertums nun auch politisch für endgültig gekommen hielt. Hinter ihm stand eben nicht nur die Fraktion, sondern ein nicht unerheblicher Teil der wirtschaftlichen Führungsgruppen zumal im süddeutschen Raum, die ihn in jeder Hinsicht als einen der ihren, nicht nur als eine Art Beauftragten und politischen Vertrauensmann betrachteten.

Wie dabei die Fäden geknüpft wurden, wie sich vorherrschende Meinungen bildeten und wie der einzelne Einfluß nehmen und die Dinge steuern konnte, war Ernst Bassermann aus seiner Heimatstadt von Jugend auf vertraut. Er wurde darin immer mehr zu einem unbestrittenen Meister. Funktions-, Amtsmacht und direkt an die Person, an ihr Ansehen, an ihre Ausstrahlung, an ihre Biographie geknüpfte Macht waren dabei fast unauflöslich miteinander verwoben. Beides verdichtete sich im Bild der großen Persönlichkeit, als die der liberale Parteiführer zunehmend gefeiert wurde. Die daraus abgeleitete allgemeine Schlußfolgerung, daß auch das Bürgertum immer häufiger solche großen, weltläufigen Persönlichkeiten hervorbringe, galt hier zugleich als unmittelbare, sinnfällige Untermauerung des Anspruchs, nun in allen Bereichen zur Führung der Nation berufen zu sein.

Es irritierte ihre jüngeren Vertreter wenig, daß der junge Max Weber als, wie er selbst betonte, »Mitglied der bürgerlichen Klassen«, »erzogen in ihren Anschauungen und Idealen«, diesen »Klassen« 1895 ins Stammbuch schrieb, die Frage, »ob das Bürgertum Deutschlands heute reif ist, die politisch leitende Klasse der Nation zu sein«, vermöge er »heute ... nicht zu bejahen«. Das betraf, so meinten sie, schon von den Urteilsgrundlagen her im wesentlichen die Vergangenheit. Es gründete auf den Erfahrungen der letzten Jahrzehnte und schloß in seinem Aufruf zu einer kühn planenden und weit ausgreifenden Politik die eigenen, sich im wirtschaftlichen Leben vielfach schon unmittelbar realisierenden Zukunftserwartungen mit ein.

Zudem ging ja Weber mit der politischen Konkurrenz rechts und links noch ungleich schärfer ins Gericht; er sprach vom unvermeidlichen und geschichtsnotwendigen Niedergang der alten Eliten und meinte von der derzeitigen Führung der Arbeiterschaft, ihre Vertreter seien bis jetzt nichts als »deklassierte Bourgeois«, »kümmerliche politische Kleinmeister«, denen »die großen Machtinstinkte einer zur politischen Führung berufenen Klasse« völlig abgingen. Auch ein Mann wie Max Weber, so war klar, gab dem Bürgertum größte Chancen, wenn es sich ermannte, sich große Ziele setzte und großen Persönlichkeiten Raum gab, die diese Ziele formulierten und verkörperten.

Das freilich waren hier wie dort weithin Leerformeln, höchst gefährliche, nebelhafte Erwartungen begünstigende Leerformeln, wie sich schon wenig später zeigen sollte. Was, gerade auch von Max Weber, als großes Ziel, als große Leitidee ausgegeben wurde, war eine Idolisierung des nationalen Machtstaates und die Beschwörung einer angeblich über den gemeinsamen Dienst an ihm zu erreichende »soziale Einigung« der Nation, war der Kultus der überragenden Persönlichkeit mit möglichst »charismatischen« und das hieß zugleich »die Massen« faszinierenden und bewegenden Zügen.

In diesem Gestus spiegelte sich eine Mischung von aktuellem Kraftgefühl und Zukunftsängsten, von Machtansprüchen und faktischer Konzeptionslosigkeit, von großer Geste und tiefer Unsicherheit. Kritische Beobachter der Zeit wie schon der alte Fontane und dann vor allem Karl Kraus oder auch Hugo von Hofmannsthal sahen darin geradezu das eigentliche Signum der Zeit, einer äußerlich aufsteigenden, innerlich dem Untergang und der Katastrophe zutaumelnden Epoche. Gerade beim Bürgertum wurde das schon an der Kluft sichtbar, die sich zunehmend zwischen seiner konkreten Macht, auch seinem Machtanspruch und seinen realen Zielen auftat, den Zukunftsperspektiven, die es besaß und zu präsentieren vermochte.

Ernst Bassermann war sicher in erster Linie ein Mann der Tat, der planvoll aufgebauten beruflichen und politischen Karriere, ein Mann des konkreten Geschäfts, ein Pragmatiker und Routinier. Um solche grundsätzlichen Fragen kümmerte er sich nur begrenzt. Er kam in dieser Hinsicht bei seinen Auftritten und in seinen Reden mit wenigen Versatzstücken aus – auch hier mehr Repräsentant und Indikator der Entwicklung als jemand, der sie innerlich durchdrang oder sich ihr gar kritisch entgegenzustellen versuchte. Aber auch er, der nach allgemeinem Urteil der Zeitgenossen durchaus nicht unsensibel und mit einem sehr klaren Gespür für Stimmungen in seiner Umwelt ausgestattet war, hat zunehmend deutlicher gesehen oder doch empfunden, wie sich, zumal bei den Jüngeren in seiner eigenen gesellschaftlichen Schicht, ein wachsendes Unbehagen über die Ziel- und Planlosigkeit in den großen, grundsätzlichen Fragen hinsichtlich der künftigen Gestaltung von Staat und Gesellschaft ausbreitete.

Obwohl er der junge Mann Rudolf von Bennigsens war, der ihn schon 1897 erstmals als seinen Nachfolger in der Führung der Reichstagsfraktion vorschlug, und von früh auf ein Anhänger des rechten Flügels der Partei um Johannes Miquel, setzte er sich doch immer wieder nachdrücklich für den Ausgleich und für die Kooperation mit der sogenannten jungliberalen Bewegung im Schoße der Partei ein, die sich um die Jahrhundertwende formierte; von konservativer Seite war geradezu von einem »Bassermannschen Jungliberalismus« die Rede. Dabei spielten natürlich auch taktische Überlegungen des künftigen Parteiführers mit. Ebenso wichtig aber war doch die Ahnung, daß die Partei, ja, das ganze Bürgertum neue Impulse brauche, es möglicherweise sogar einer sehr grundsätzlichen Neuorientierung bedürfe, wollten sich beide behaupten und nicht schließlich von der Entwicklung überholt oder gar überrollt werden.

Diese innere Entwicklung, von der in seinen Reichstagsreden und bei seinen sonstigen öffentlichen Auftritten kaum je die Rede war, trat dort am deutlichsten zutage, wo er mit seiner ganzen politischen, beruflichen und privaten Existenz nach wie vor verwurzelt

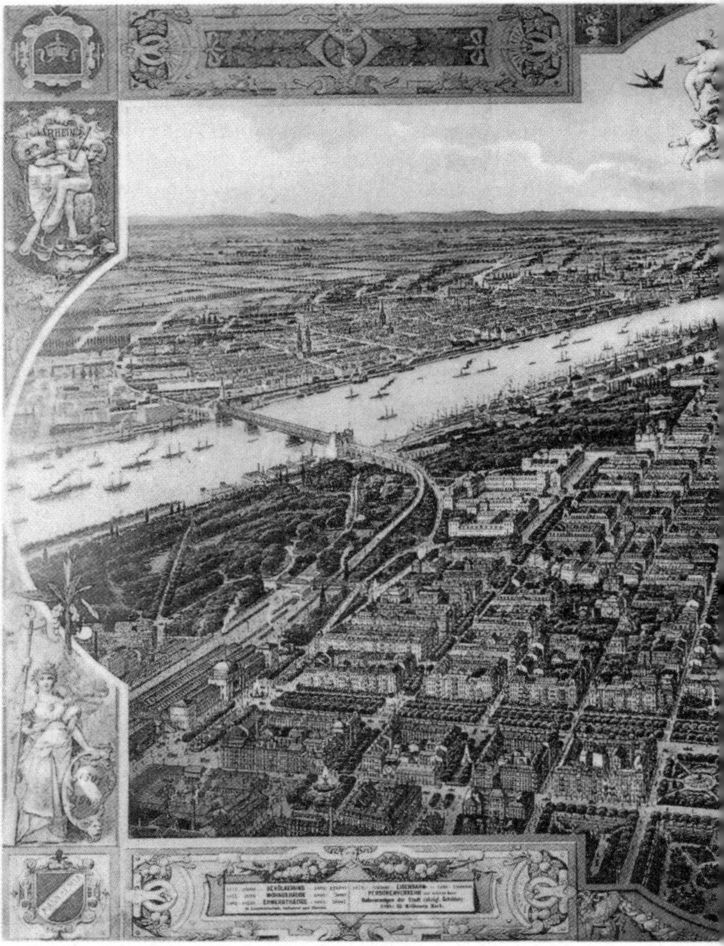

Mannheim, Vogelschau um 1900

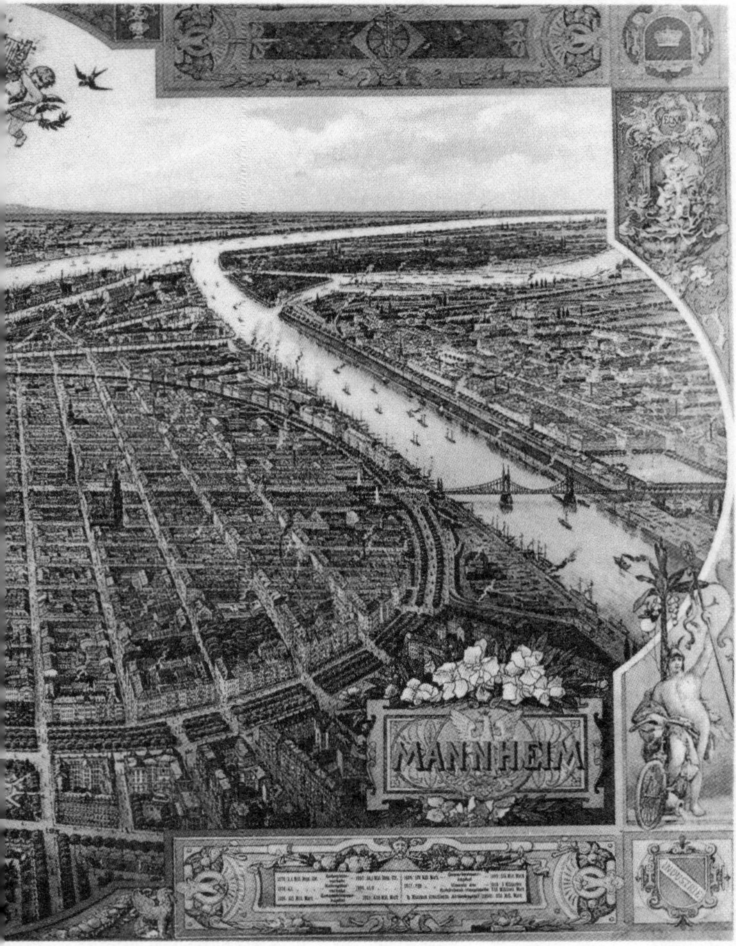
MANNHEIM

war: im heimischen Mannheim, wohin er auch während der Sitzungsperioden des Reichstags, wenn es irgend ging, einmal die Woche zurückkehrte. Sein Wahlsieg im Jahre 1893 hatte noch einmal den Eindruck vermitteln können, als ob sich das nationalliberal gesinnte Bürgertum auch politisch in einer Stadt behaupten könne, die nicht nur in einem, wie die Mannheimer sagten, »amerikanischen« Tempo wuchs, sondern die auch unübersehbar und dramatisch ihr Gesicht veränderte. Mit einem Bevölkerungsanstieg von rund vierzigtausend im Jahre 1870 auf schließlich etwa zweihunderttausend vierzig Jahre später und einem explosionsartigen Anwachsen der Produktion wie des Warenverkehrs - letzterer stieg von unter einer Million Tonnen im Jahre 1870 auf bald 15 Millionen im Jahre 1912 - war ein grundlegender sozialer und damit zugleich politischer Strukturwandel verbunden.

Aus einer im weitgefaßten Sinne »bürgerlichen« Stadt, in der Kaufleute und Handwerker, Beamte und Angehörige der freien Berufe, Unternehmer und mittelständische Gewerbetreibende der unterschiedlichsten Art wenn nicht die Mehrheit, so doch, bei lockerer werdendem inneren Zusammenhalt, die bei weitem größte Gruppe darstellten, wurde mehr und mehr eine Stadt, in der die Arbeiter der verschiedenen Bereiche und Sektoren und daneben die neue Schicht der mittleren und kleineren Angestellten auch zahlenmäßig immer eindeutiger dominierten. Seit der Mitte der neunziger Jahre beherrschte denn auch die Sozialdemokratie als politische Konkurrenz zum »bürgerlichen Lager«, zu Nationalliberalen und Demokraten, bei Reichs- und Landtagswahlen ganz eindeutig das Feld. Bassermann ließ sich 1898 in klarer Erkenntnis der Situation im sächsischen Jena aufstellen, wo der Linksliberale Friedrich Naumann einer seiner Konkurrenten war. Fünf Jahre später, 1903, mußte er in Karlsruhe eine Niederlage gegen den sozialdemokratischen Gegenkandidaten hinnehmen. Bei den Stadtratswahlen in Mannheim selber verhinderte wie in vielen anderen Städten nur das, dann auch entsprechend attackierte, Klassenwahlrecht auf der Grundlage der jeweiligen Steuerleistung, daß nicht auch hier die bürgerliche Mehrheit durch eine sozialdemokratische abgelöst wurde, daß also an die Stelle des bürgerlichen - freilich schon 1848/49 einmal heftig gärenden - Mannheim auch hier das »rote« Mannheim trat, von dem überall im Reich die Rede war.

Allerdings entsprach es dem Gesetz politischer Klugheit, daß man die auf diese Weise noch erhalten gebliebene bürgerlich-liberale Mehrheit nicht zu einem Konfrontationskurs gegenüber den Vertretern der eigentlichen Mehrheit der Stadt, der Mehrheit des allgemeinen Wahlrechts, gebrauchte. Es empfahl sich im Gegenteil, wollte man die Macht bewahren, auf die wahre Mehrheit Rücksicht zu nehmen. Man mußte versuchen, sie durch entsprechendes Entgegenkommen etwa in der Wohnungsbaupolitik und allgemein auf dem immer wichtiger werdenden Feld der Sozialpolitik wenn nicht zu gewinnen, so doch in Grenzen einzubinden und die Spannungen zu entschärfen.

Die Stadtregierung, die seit dem Herbst 1891 unter der Leitung des ehemaligen Verwaltungsjuristen und Rastatter Oberamtsmannes Otto Beck als Nachfolger des langjährigen Oberbürgermeisters Eduard Moll stand – Beck war der erste hauptamtliche Bürgermeister der Stadt –, hat diesen Kurs immer eindeutiger eingeschlagen. Beck hat dabei im Grundsätzlichen durchaus den Beifall und die Unterstützung seines Parteifreundes, des Reichstagsabgeordneten und Parteivorsitzenden Ernst Bassermann gefunden. Statt bloßer Repressionspolitik, so erklärte dieser im Juni 1899 in einer Grundsatzrede gegen den sozialen Reaktionskurs der Reichsregierung – Anlaß war die sogenannte Zuchthausvorlage –, müsse man eine Politik betreiben, die darauf abziele, »die irregeleiteten Massen einer vaterländischen Politik wiederzugewinnen« und ihnen das Vertrauen in den »guten Willen und die Unparteilichkeit der Regierung« zurückzugeben.

Der Übergang von der Handels- zur Industrie- und Dienstleistungsstadt, den Beck, einer der großen Oberbürgermeister jener Epoche, den Bassermann persönlich für Mannheim gewonnen hatte, sehr zielbewußt anstrebte, sollte auf diese Weise politisch und damit zugleich auch sozial abgesichert, vor Zerreißproben oder vor schließlich unlösbaren Grundsatzkonflikten bewahrt werden. Das aber hatte zur Folge – auch wenn natürlich die einzelnen Entscheidungen jeweils höchst strittig blieben und von einer kontinuierlichen Kooperation, geschweige denn von politischer und sozialer Harmonie keine Rede sein konnte –, daß gerade von Mannheim aus auch im bürgerlichen Lager einem sogenannten Großblock, einer Koalition aus Nationalliberalen, Demokraten und Sozialdemokraten das Wort geredet wurde, die sich nach 1905 im Großherzogtum, überall leidenschaftlich diskutiert, abzuzeichnen begann.

Einer solchen Allianz oder auch nur Kooperation »von Bassermann bis Bebel«, wie das Modell auf Reichsebene später im Anschluß an Friedrich Naumann in einer personalisierenden Formel bezeichnet wurde, hat sich der liberale Parteiführer hier, im Reich, nachdrücklich widersetzt. Er wurde vielmehr zu einem Hauptkonstrukteur und einem der entscheidenden Wortführer eines anderen Modells, nämlich des sogenannten Bülowblocks, eines Zusammenwirkens der konservativen und der liberalen Parteien. Aber es war doch höchst bezeichnend, daß Bassermann, Mitglied des Aufsichtsrates des »Mannheimer Generalanzeigers« – einer Zeitung, die noch dazu als ihm politisch nahestehend galt –, nach allem, was man weiß, niemals versucht hat, zu intervenieren, als das Blatt sich zu einem der entschiedensten Fürsprecher der Großblockidee entwickelte.

Bassermann wußte nur zu gut, wie die Verhältnisse in Mannheim, und, in etwas anderer Weise, auch in Baden und im Süden und Südwesten insgesamt aussahen. Und es gab ohne Zweifel Augenblicke, wo er eine solche Bewegung nach vorwärts, eine grundsätzliche Kurskorrektur auch im Reich insgesamt nicht mehr völlig ausgeschlossen hat. »Die inneren Schwierigkeiten in Deutschland« könnten, bemerkte er Anfang 1913 in einem Brief an Bülow, »so riesengroß werden, daß man sie mit dem heutigen System nicht mehr überwinden kann«.

Als seine Parteifreunde Ernst Bassermann nach dem plötzlichen Tod Otto Becks Ende März 1908 aufforderten, eine Kandidatur für das Oberbürgermeisteramt seiner Vaterstadt in Erwägung zu ziehen, da ist ihm eine solche Perspektive in Verbindung mit dem Reiz einer derartigen Aufgabe wohl besonders deutlich geworden. Hier wie dort aber hat er sich schließlich dagegen entschieden. Er blieb ein Mann der Anlehnung an die Konservativen, an die bestehende Ordnung in Staat und Gesellschaft und an ihre spezifischen Ordnungsmächte, nicht zuletzt die Armee – so skeptisch er in der Tradition seiner Stadt und seiner Familie der alten Führungsschicht, dem Adel, vor allem dem ostelbischen Adel, gegenüberstand und so

Moritz Coschell »Reichstag 1907«.
In der Mitte der Abgeordnete Ernst Bassermann

kritisch er dem derzeitigen Träger der Krone in Preußen und im Reich gegenüber zunehmend wurde; »solche unselige Naturen können große Reiche zerstören«, meinte er schließlich.

Den Sprung nach vorne zu wagen, einen wirklichen Ausgleich mit den neuen sozialen Schichten zu suchen und für eine auch politisch grundlegend veränderte Ordnung, vor allem etwa im Sinne einer entschiedenen Parlamentarisierung, zu kämpfen, dazu war er, wie die Mehrheit des Bürgertums, das er so sichtbar und einprägsam vertrat, trotz mancher Ansätze und trotz aller Kritik an einem Kanzler wie Bethmann Hollweg und seinem Regierungsstil und an der rücksichtslosen Interessenpolitik vieler Vertreter der rheinischen Schwerindustrie, am Ende doch nicht bereit. Noch wenige Tage vor seinem Tode hat er in entschiedener Abgrenzung von Positionen, wie sie damals vielleicht am nachdrücklichsten und eindringlichsten Max Weber vertrat, in einer Grundsatzerklärung als Parteiführer betont: »Wir werden uns nicht tragen lassen von einem Radikalismus, der die Dämme durchbricht und den eindringenden Fluten das Fundament, das Bismarck gelegt, preisgibt. Um den Beifall einer Augenblickspolitik geizen wir nicht. Wir müssen ... immer eingedenk sein unserer Geburtsstunde, in der liberale Männer aus nationalen Gründen der Demokratie absagten und ihre eigenen nationalliberalen Wege gingen.« Zwar erkenne auch er »die glänzenden Leistungen« des parlamentarischen Systems an, »das den Leistungsfähigsten den Weg bahnt«. Er »glaube aber doch, daß die deutschen Verhältnisse uns ein ›Nein‹ zurufen«.

Wie weit eigene Überzeugungen, wie weit parteitaktische Überlegungen ihm dabei die Feder führten, läßt sich nur schwer sagen. Wußte er doch nur zu genau, daß ein solcher Kurswechsel ganz konkreten wirtschaftlichen und sozialen Interessen weiter Kreise des Bürgertums widersprach und daher ihren leidenschaftlichen Widerspruch herausfordern mußte: Als Ernst Bassermann nach der Wahl von 1912, die die Sozialdemokraten zur stärksten Partei und Fraktion im Reich werden ließ, für die Wahl Philipp Scheidemanns zum ersten Vizepräsidenten des Reichstages eintrat und dies in der Fraktion zunächst auch durchsetzte, brachte der Proteststurm aus dem bürgerlichen Lager, angeführt von den Vertretern der rheinischen Schwerindustrie, die ihm – von ihrem Standpunkt aus zu Recht – seit langem mißtrauten, seine scheinbar so fest gegründete Stellung einen Augenblick ins Wanken. Bei der Wiederwahl zum Vorsitzenden des Zentralvorstands enthielt sich mehr als ein Drittel der Stimmberechtigten; sein engster politischer Gefolgsmann, Gustav Stresemann, wurde wie der ihn gleichfalls unterstützende Führer des jungliberalen Reichsverbandes, Fischer, aus dem Ausschuß herausgewählt. »So viel ist mein Name noch nie herumgeschmiert worden, wie jetzt«, notierte er damals in einem Privatbrief. Zum Zurückweichen oder gar zur Resignation sah er freilich keinen Anlaß. »In solchen Zeiten kriecht auch in den Parteien, die zwischen rechts und links gestellt sind, das Gewürm hervor«, schrieb er zu Beginn der Krise an Bülow: »Ich habe schwere Zeiten in der Partei, werde aber durchhalten und siegen.«

Die Alternative zu einer solchen Politik des vorsichtigen Entgegenkommens und der Kompromisse aber war nicht, wie Bassermanns Gegner innerhalb und außerhalb der Partei glauben machen wollten, die erfolgreiche Selbstbehauptung in der bisherigen Form und unter den bisherigen Bedingungen. Die Alternative war, auch wenn Bassermann selber vieles dazu tat, den Weg zu einer solchen Einsicht zu verstellen, eine Situation, in der die politische, die wirtschaftliche und die gesellschaftliche Entwicklung immer deutlicher über die eigene Schicht, die eigene soziale Gruppe hinweggingen.

Derartige Ängste hatten vor allem das mittelständische Bürgertum in Deutschland erstmals in der zweiten Hälfte der siebziger Jahre befallen. Damals waren die Konsequenzen der großen Struktur- und Anpassungskrise an die Bedingungen der modernen Industrie- und Verkehrswirtschaft, die weite Teile Europas nach 1873 erfaßt hatte, voll und in oft dramatischer Form sichtbar geworden. Ernst Bassermanns fünfzehn Jahre älterer Vetter Wilhelm, der zweite Sohn seines Onkels Louis Alexander, war mit seiner Nähmaschinenfabrik eines der Opfer dieses Prozesses gewesen.

Manche hatten daraus schon damals den Schluß gezogen, daß sich gerade das mittelständische Bürgertum auch politisch neu orientieren müsse. Sein natürlicher Bündnispartner sei eben nicht die Allianz von Großagrariern und Groß- und Schwerindustrie, die sich damals formierte – auch wenn die Forderung nach dem Schutzzoll in der aktuellen Situation ein starkes, einigendes Band bildete. Die Spaltung der nationalliberalen Partei 1879/80 hatte in solchen Überlegungen eine ganz wesentliche Grundlage. Aber die Mehrheit gerade auch derjenigen, die von wirtschaftlichem Niedergang betroffen waren, beharrte doch auf dem Gedanken der inneren Einheit gerade des Wirtschaftsbürgertums, einer jedenfalls gesellschaftlich und politisch wirksamen Solidargemeinschaft der sozialen Gruppe.

Das war so geblieben bis zur Jahrhundertwende und in die ersten Jahre des 20. Jahrhunderts hinein. Ernst Bassermann, auch materiell und beruflich, als begehrter Anwalt, höchst erfolgreich, repräsentierte gerade auch diesen Aspekt in spezieller Weise - als Vorstandsmitglied unzähliger bürgerlicher Vereine, als Mann, der ein großes Haus führte, in dem das Bürgertum in allen seinen Spielarten verkehrte, als typischer Vertreter der städtischen Honoratiorenschicht, als betont bürgerlicher Abgeordneter im Berliner Reichstag. In ihm konnte sich das Bürgertum gewissermaßen noch einmal als Einheit sehen, so sehr es faktisch bereits auseinandergefallen und so groß die Kluft zwischen seinen einzelnen Vertretern längst geworden war, hinsichtlich Einkommen und wirtschaftlicher Stellung, Lebensstandard und sozialer Rolle, Bildung und politischem Einfluß. Bassermann gab fraglos tiefverwurzelten Wunschvorstellungen - und darauf gegründeten Illusionen - eines sich immer noch gern als »Mittelstand« und klassenübergreifende Einheit verstehenden Bürgertums Ausdruck, wenn er im September 1908 an Gustav Stresemann schrieb: »Wir sind eine Mittelpartei, alle Berufsschichten umfassend und gezwungen, deshalb die mittlere Linie zu halten. Aus diesem Grunde war es niemals für uns möglich, in irgend einer Klassenbewegung die Führung zu bekommen oder die energischen führenden Klassenelemente zu befriedigen.«

Wenn es irgend ging, kehrte Ernst Bassermann, der inzwischen schon wohlhabend zu nennende Anwalt und immer einflußreicher werdende Politiker, auch während der Sitzungsperioden des Reichstages einmal die Woche aus Berlin in sein schönes, aber durchaus nicht übertrieben großes, geschweige denn - wie man es inzwischen bei manchen Industriebaronen und Großunternehmern, etwa dem Mannheimer Landmaschinenproduzenten Heinrich Lanz, beobachten konnte - palastartiges Haus in der Bismarckstraße zurück, das bis 1904 auch die Kanzlei beherbergte. Hier sah er sich in seiner ganzen Existenz, in seiner Art zu leben, in seiner Lebensauffassung und in seinem Lebensstil sehr weitgehend in der Tradition seines Vaters und seines Großvaters, seiner Vettern und Onkel vom

Haus am Markt, ja, der Reinhardts und vor allem auch der Frohns des 18. Jahrhunderts. Heute wie damals betrieb man unterschiedliche Geschäfte, hatte unterschiedliche Interessen und im einzelnen auch unterschiedliche Meinungen und Überzeugungen, hatte man ein individuell unterschiedliches Ansehen und eine unterschiedliche Stellung. Heute wie damals aber gab es ein breites, einheitsstiftendes Fundament an Gemeinsamkeiten – angefangen von den auf genauer Tages- und Jahreseinteilung beruhenden Lebensgewohnheiten und dem damit aufs engste verknüpften Arbeitsethos über die Vorstellungen vom Wohnen, von der Verwendung der freien Zeit, von der Kindererziehung, von der Rolle der Familie und den Aufgaben ihrer Mitglieder, von Privatheit und Öffentlichkeit, vom angemessenen Auftreten und Benehmen bis hin zu der gemeinsamen Prägung durch kulturelle, religiöse und politische Institutionen und gemeinsamen Grundüberzeugungen hinsichtlich bürgerlicher Selbständigkeit, Beteiligung an den Aufgaben des Gemeinwesens, der Rechte und Pflichten der Bürgerschaft.

Die Reichweite all dessen hatte sich allerdings inzwischen einerseits ausgedehnt, andererseits in entscheidender Weise verengt. Das Bürgertum hatte ohne Zweifel in vieler Hinsicht stilbildend gewirkt. Das ging bis hin zu der Nachahmung seiner Lebensformen auch dort, wo die Mittel dazu kaum ausreichten und von innerer Rationalität nur noch sehr begrenzt die Rede sein konnte; man denke etwa an die »gute Stube« oder das Küchenbuffet der Arbeiterwohnung. Man war in vielerlei Hinsicht in ein bürgerliches Zeitalter eingetreten. Aber gleichzeitig war unübersehbar, daß sich im Kern, im Eigentlichen der einst universale, jedenfalls schichten- und klassenübergreifende Anspruch des »Bürgerlichen«, wie er im Begriff der »bürgerlichen Kultur« am klarsten angemeldet und formuliert worden war, immer stärker reduziert hatte. Er diente zunehmend zur Abgrenzung gegenüber anderen Gruppen in der Gesellschaft und kaum noch zu ihrer Integration in die gemeinsame, »bürgerliche« Gesellschaft.

Ernst Bassermann und Friedrich Ludwig Bassermann, der Konsul und Bankier, sie führten nur äußerlich die gleiche Existenz, als städtische Honoratioren, als Liebhaber des Theaters, der Kunst und Musik, als Förderer des Kulturlebens der Stadt, als höchst aktive

Teilnehmer am öffentlichen Leben. Der eine war, wie sein Schwiegervater Reinhardt, bei aller Herausgehobenheit in materieller und sozialer Hinsicht, ein »Volksmann« gewesen, ein Gegenbild zu dem sozial isolierten und sich gesellschaftlich bewußt abschließenden Vertreter des Adels, Protagonist einer Gesellschaft der prinzipiell Gleichen, gleich in ihren Rechten und vor allem in ihren Chancen. Der andere, Ernst Bassermann, Vorstand im zunehmend exklusiver werdenden Kunstverein, im Musikverein, Logenbesitzer im Theater, Parteiführer und prominenter Vertreter der Nationalliberalen in der Stadtratsfraktion, vielfaches Aufsichtsratsmitglied und Herrenreiter, der in einem »vornehmen«, von den anderen getrennten Wohnviertel lebte und im Sommer große Reisen machte, an die Riviera, an die Ostsee, nach Sylt, das gerade Mode wurde, oder mit dem Schiff in den Norden – er war unübersehbar der Protagonist einer Klasse, einer sich wie einst der Adel zunehmend abschließenden sozialen Schicht. Sie grenzte sich fast in allem, was einst das Gemeinsame wenn nicht in der Gegenwart, so doch in der Zukunft beschwor, zunächst von den anderen ab, hatte in erster Linie die eigene innere Einheit und nicht die Einheit der Gesellschaft insgesamt vor Augen.

Daß eine große soziale Gruppe im wesentlichen durch ihr Selbstverständnis, durch das Selbstverständnis ihrer Mitglieder einschließlich mancher Illusionen über die eigene Stellung und die eigene Rolle, kurz, durch eine Idee von sich selber zusammengehalten wurde, war nichts eigentlich Neues und wiederholt sich in der Geschichte immer wieder. Um so wichtiger aber war – wichtig für das Schicksal, für die Zukunft der ganzen Gruppe –, mit welchen konkreten Inhalten jene Idee, jenes Selbstverständnis gefüllt war, also welche ganz praktischen, realen Orientierungen sich daraus ergaben.

Die Idee der klassenlosen Bürgergesellschaft hatte, mit welchen Illusionen sie auch von Anfang an belastet gewesen sein mochte, vielfältige Wege in die Zukunft eröffnet. Sie hatte höchst unterschiedliche Optionen erlaubt und die Bürgeridee an einen bestimmten, prinzipiell jedermann zugänglichen Wertekanon gebunden. Die Vorstellung vom Bürger, wie sie die sich immer fester etablierende neue bürgerliche Gesellschaft der zweiten Hälfte des 19. Jahrhunderts vermittelte, umschloß für die Mehrheit bereits solche Optionen. Sie band diese Mehrheit in zunehmendem Maße an eine politische und gesellschaftliche Ordnung, die genuin gar nicht die ihre war: an die innere Ordnung des wilhelminischen Reiches.

Eben dies war es, was Theodor Mommsen 1899 in tiefer Resignation den »Dienst im Gliede und den politischen Fetischismus« nannte, der es ihm und vielen Gleichgesinnten in dieser Nation nicht erlaubt habe, ein wirklicher »Bürger« zu sein. Das, was man hier jetzt »bürgerliche Gesellschaft« nannte, so hieß das, habe sich selbst gefesselt, habe alle Entwicklung, alle Gegenwart und Zukunft - wo ihre Vertreter über den Tag und die Stunde überhaupt hinausdachten - nur noch als Bedrohung, als Gefahr empfunden, nicht mehr als fruchtbare Herausforderung zu einer besseren, sinnerfüllteren, dem Bild vom Menschen angemesseneren Gestaltung der Verhältnisse.

Und in der Tat: Das Bürgertum, die neue bürgerliche Gesellschaft war längst in eine tiefe innere Krise geraten, bevor die äußere Krise, der Weltkrieg mit allen seinen politischen, wirtschaftlichen und gesellschaftlichen Folgen, sie erfaßte und endgültig überwältigte. Sie war Klassengesellschaft geworden. Und gerade die Vertreter des Bürgertums mußten immer deutlicher erfahren, daß es in Wahrheit gar keine bürgerliche Klasse gab, bestenfalls »bürgerliche Klassen«, wie Max Weber sehr präzise formulierte. Die innere Einheit des Bürgertums im Hinblick auf die Gemeinsamkeit der Interessen, der sozialen Stellung und auch der Überzeugungen wurde mehr und mehr zu einer Fiktion. Zwar brachte die Entwicklung nach wie vor, ja, vielleicht sogar in verstärktem Maße Leistungseliten hervor und begünstigte sie. Aber diese neuen Führungsgruppen ließen sich immer weniger als »bürgerlich« vereinnahmen.

Die Tendenz in Wissenschaft und Kunst, in Literatur und Philosophie und sogar bei den Inhabern bedeutender Funktionen in Wirtschaft, Gesellschaft und Staat ging zunehmend dahin, sich vom Bürgertum, vom »Bürgerlichen« zu distanzieren, seine Überwindung als Ziel, als Vorbedingung für die Begründung einer neuen, freieren, weniger platten, weniger materialistischen, kurz, innerlich lebendigeren und sinnvollen Ordnung anzusehen. Der Bourgeois mit seinem flachen Materialismus, seiner Enge und seinem selbstzufriedenen Dünkel wurde zunehmend zum Antitypus der Epoche. Er wurde zur Symbolfigur einer Stimmung, die, so verschieden der jeweilige Ansatz und die jeweiligen Zukunftserwartungen auch waren, eine wachsende Zahl gerade der führenden Köpfe der Zeit in einer Überzeugung vereinigte: daß das Bürgertum im üblichen Wortsinn keine Zukunft mehr habe, kurz, daß das bürgerliche Zeitalter, kaum begonnen, bereits in die Krise geraten, zu einem Zeitalter der Dekadenz geworden sei.

Die Krise

Seit 1904 veranstaltete Ernst Bassermann, nun bereits der prominenteste Träger des Namens Bassermann in seiner Generation, regelmäßige »Familientage«. Zu ihnen fand sich jeweils eine große Zahl von Mitgliedern der inzwischen sehr weitverzweigten Familie ein. Diese Tage dienten nicht nur der persönlichen Begegnung, sondern zugleich dem Austausch familiengeschichtlicher Nachrichten und diesbezüglicher neuer Erkenntnisse, die dann zusammengefaßt und gedruckt wurden.

Eine solche Übung gab es in manchen bürgerlichen Familien, wobei nicht selten das Vorbild des Adels Pate stand. Für Ernst Bassermann aber, den Politiker, den Repräsentanten des nationalliberalen Bürgertums, hatte das Ganze eine besondere Bedeutung. Er war in spezifischer Weise stolz auf seine Familie und fand selber immer wieder Zeit, dem in Veröffentlichungen Ausdruck zu geben und zugleich seine eigenen Kenntnisse in recht weit ausgreifenden Studien zu vertiefen. Vor allem aber: Seine Familie repräsentierte für ihn die ganze Breite dessen, was er und viele seiner Zeitgenossen unter dem Begriff Bürgertum verstanden. Sie lieferte ihm damit eine zusätzliche Legitimation, für dieses Bürgertum in den unterschiedlichsten Zusammenhängen zu sprechen.

Lehren aber hat er aus dieser Familiengeschichte, wenn überhaupt, nur für die Vergangenheit gezogen. Die Erfahrungen der Bassermanns oder anderer alteingesessener Familien aus seinem unmittelbaren Umfeld – der Carlebachs oder der Dyckerhoffs, der Hohenemsers oder der Ladenburgs, der Nestlers oder der Thorbekkes – auf seine unmittelbare Gegenwart auszuweiten und aus dem Schicksal einzelner Familienangehöriger und -zweige Einsichten hinsichtlich der Lage und der Zukunftsprobleme des Bürgertums abzuleiten, lag ihm offenkundig ganz fern.

Dabei wäre das in der Tat sehr lehrreich gewesen. Von außen her gesehen stand die Familie Mitte der neunziger Jahre glänzend da, ja, hatte so etwas wie einen Höhepunkt ihrer Entwicklung erreicht. Im Haus am Markt saß inzwischen die dritte Generation höchst erfolgreicher Kaufleute. Felix Bassermann, seit vielen Jahren Mitglied der Handelskammer und auch in der nationalliberalen Partei von erheblichem Einfluß, hatte die von seinem Vater übernommene Drogen- und Chemikalienfirma Bassermann und Herrschel und die neugegründete Stärkefabrik in den letzten Jahren immer mehr emporgebracht. Sein Handelshaus galt mittlerweile als eines der ersten am Platz. Seine beiden Töchter, Elisabeth und Helene, die beiden älteren seiner vier Kinder, sollten wenig später, selber wohlhabende Erbinnen, ausgezeichnete Partien machen. Von seinen beiden Söhnen, Kurt und Felix, war zumindest der Älteste von früh auf zur Nachfolge im Geschäft bestimmt.

Auch die Familie seines Mitte der achtziger Jahre gestorbenen Onkels Louis Alexander, des Tabakkaufmanns, hatte inzwischen mit August Bassermann einen weit über Mannheim hinaus bekannten Repräsentanten gefunden. Seit Herbst 1895 Intendant des Nationaltheaters, bildete sein väterliches Haus am Friedrichsplatz, dem sein älterer Bruder Robert als eine Art Majordomus vorstand, ein gesellschaftliches und kulturelles Zentrum der Stadt. Heinrich, der Theologieprofessor in Heidelberg, und Otto, der Verleger, der jüngste und der zweitälteste Sohn Friedrich Daniels, des Achtundvierzigers, waren von Ernst Bassermann gern zitierte Zeugen dafür, wie weit es Mitglieder der Familie auch in diesen Bereichen inzwischen gebracht hatten.

Erfolgreiche Fabrikanten und Unternehmer, wie der Konservenfabrikant Max Bassermann in Schwetzingen und Emil Bassermann, der Erbe des Jordanschen Weinguts in Deidesheim und Mitgründer und Aufsichtsrat zahlreicher Firmen, beide gleichfalls Söhne Friedrich Daniels, ergänzten das Spektrum. Es schloß über Töchter und Enkelinnen auch den ansonsten eher schwächer vertretenen Bereich der Offiziere und höheren Beamten mit ein – bis hin zu Alexander von Dusch, dem Mann von Ernst Bassermanns fast gleichaltriger Kusine Pauline, der kurz nach der Jahrhundertwende, 1901, badischer Justizminister wurde und seit 1905 dann für zwölf Jahre, bis nahe an die Schwelle der Revolution, das Amt des badischen Regierungschefs bekleidete.

Neben allen diesen Beispielen des gesellschaftlichen und wirt-

Felix Bassermann (1848–1902) in den neunziger Jahren

schaftlichen, auch des politischen Erfolges, der Behauptung und des Ausbaus der erreichten sozialen Stellung, einer Kontinuität also von Einfluß, Leistung und Status, gab es allerdings eine nicht minder große, ja, deutlich ansteigende Zahl von Fällen, in denen dies alles nicht gelang. Solche Außenseiter wurden gern übergangen, ihr Lebensschicksal mit besonderen Umständen in Zusammenhang gebracht, gelegentlich auch aus ganz individuellem Versagen erklärt – schließlich gab es in allen Familien schwarze Schafe. Dabei war man mit Hilfen durchaus nicht kleinlich, errichtete 1908 eine förmliche Familienstiftung, nicht zuletzt für in Armut und Not geratene Familienmitglieder, die, wie Ernst Bassermann es ausdrückte, »nicht die Kraft« hatten, »sich zu behaupten« in einer Welt, in der »der Kampf um das Obenbleiben stets schwerer werden wird«. Die Frage aber, ob sich hinter solchen individuellen Lebensschicksalen, die sich nicht in das Grundmuster von Aufstieg, Erfolg und Selbstbehauptung fügten, etwa allgemeinere Entwicklungen abzeichneten, war kein Thema.

In der Generation der Väter von Ernst und Felix, von Emil und Heinrich Bassermann hatte es praktisch nur einen solchen Fall gegeben, Friedrich Ludwigs, des Konsuls, jüngsten Sohn Gustav. Er hatte, nachdem er vieles angefangen und versucht hatte, seit Beginn der fünfziger Jahre als eine Art Rentier in Schwetzingen in einem weiträumigen Haus direkt am Schloßpark gelebt, gestützt auf das zum Teil schon zu Lebzeiten ererbte elterliche Vermögen. Nun aber waren es ungleich mehr geworden, denen es nicht gelang, das zu erreichen, was seit Generationen für jeden in der Familie das selbstverständliche Ziel darstellte: die bürgerliche Selbständigkeit aus eigener Kraft, sein »eigener Herr und Knecht« zu sein, wie die immer wiederholte Familiendevise der Bassermanns am Markt lautete.

Der zweite Sohn von Louis Alexander, Wilhelm, hielt sich nach dem Scheitern seiner Nähmaschinenfabrik als Vertreter der AEG über Wasser, sein Bruder Robert, dessen Bankierslaufbahn so unglücklich verlaufen war, als eine Art Hausvorstand seines erfolgreichen Bruders August, des Nationaltheaterintendanten. Ihr Vetter Rudolf, der zweite Sohn von Julius Bassermann, füllte zwar seinen Platz in der väterlichen Firma als Leiter der Buchhaltung zeitlebens ebenso zuverlässig wie erfolgreich aus, stand aber als Geschäftsmann wie im gesellschaftlichen Leben ganz im Schatten seines zwei Jahre älteren Bruders Felix, der die Firma leitete und ihre Entwicklung mit großer Dynamik vorantrieb. Der einzige Sohn Gustav Bassermanns schließlich, der 1855 geborene Alfred, wandte sich nach dem Jurastudium mehr und mehr privaten, vor allem literarischen Interessen zu – er machte sich als Danteforscher einen gewissen Namen –, lebte also wie schon der Vater dann weitgehend von dem langsam weniger werdenden großelterlichen Vermögensanteil.

Ein in der Tendenz ähnliches Bild bot sich auch unter Ernst Bassermanns direkten Vettern, den »Eisen-Bassermanns«. Friedrich, der älteste Sohn Wilhelms, des Schwiegersohns des Gründervaters des Hauses am Markt, wurde zwar in relativ jungen Jahren Direktor der kleinen Filiale der preußischen Seehandlung in Mannheim. Er zog sich dann aber, verheiratet mit der Tochter eines wohlhabenden Londoner Bankiers, schon früh, keine fünfundvierzigjährig, nach London ins Privatleben zurück. Sein jüngerer Bruder Carl schlug sich, mit der Familie später kaum noch in Kontakt, mit verschiedenen Geschäften in Frankreich durch, wo er 1915, fast vierundachtzigjährig, starb. Der dritte direkte Vetter Ernst Bassermanns schließlich – die »Eisen-Bassermanns« hatten in dieser Generation im Unterschied zu den sehr viel zahlreicheren Bassermanns am Markt nur vier Söhne und zwei Töchter bei zehn erwachsen gewordenen Kindern in der Elterngeneration – hatte mit dreißig Jahren seine Laufbahn als Kaufmann plötzlich abgebrochen. Er war Violalehrer am Hochschen Konservatorium in Frankfurt am Main geworden, wo er, ein in der Stadt sehr angesehener Kammermusiker, seit 1909 die Orchesterklasse leitete.

Dieser Vetter – auch er hieß Friedrich –, der seit 1887 mit einer englischen Rothschildtochter verheiratet war, verkörperte mit August Bassermann, dem Schauspieler und Intendanten, und Ernst Bassermann, dem Kapellmeister, die alten musischen, vor allem musikalischen Traditionen der Familie. Sie wandten sich in ihnen nun ganz ins Professionelle.

Beides, die Schwierigkeiten eines Teils der Familie, sich im bürgerlichen und das hieß hier vor allem im geschäftlichen Leben zu behaupten, und die entschiedene Hinwendung eines anderen Teils zu musisch-künstlerischen Berufen, sollte sich in der nächsten Generation der seit Ausgang der sechziger Jahre des 19. Jahrhunderts Geborenen fortsetzen. Hans Bassermann beispielsweise, der 1887 geborene Sohn von Ernst Bassermann, versuchte vielerlei und setzte schließlich, durch die langjährige Internierung in England während des Ersten Weltkrieges endgültig aus der Bahn geworfen, 1919 seinem Leben selber ein Ende. Sein ein Jahr jüngerer Vetter Hans Erich Bassermann aus der in Frankfurt lebenden Musikerfamilie hingegen trat von Anfang an in die Fußstapfen der Eltern. Nach einer Zeit als Konzertmeister beim Berliner Philharmonischen Orchester wirkte er viele Jahre als gefragter Soloviolinist und als Lehrer am Leipziger Konservatorium, bevor er über die Schweiz und Palästina in die Vereinigten Staaten emigrierte – er war hier noch lange Jahre Konzertmeister beim Chicago Symphony Orchestra.

Noch ein Drittes kam schließlich mehr und mehr hinzu: Die Tendenz, sich aus den mittelständischen Unternehmungen, die über Generationen die materielle Grundlage der Familie gebildet hatten, die Basis ihres Erfolgs und ihrer gesellschaftlichen Stellung gewesen waren, zurückzuziehen und sich, als »leitende Angestellte« in heutiger Terminologie, in den Dienst größerer Unternehmen zu begeben.

Schon Rudolf Bassermann war nach seiner ganzen Art, seinem Lebensstil und gesellschaftlichen Auftreten faktisch nur noch ein Angestellter seines älteren Bruders Felix gewesen. Das setzte sich nun auf breiter Front fort. Kurt Bassermann, der 1880 geborene älteste Sohn von Felix Bassermann, der das seinerseits ererbte Geschäft noch einmal auf eine große Höhe geführt und beträchtlich erweitert hatte, hatte zwar nach dem plötzlichen Tod seines Vaters Anfang Mai 1902 das eben begonnene Chemiestudium abgebrochen und gemeinsam mit seinem Onkel Rudolf und dessen ältestem Sohn Ludwig die Leitung der Firma übernommen, in der er bereits nach dem Abitur zwei Jahre in der Lehre gewesen war. Aber keine sieben Jahre später, 1909, entschloß er sich, inzwischen bald dreißigjährig und seit vier Jahren der Schwiegersohn seines Onkels Ernst Bassermann, des nationalliberalen Parteiführers und Reichstagsabgeordneten, aus dem deutlich zurückgehenden väterlichen und großväterlichen Geschäft auszutreten. Er wurde zum 1. April 1910 Direktor bei der Freiburger Filiale der Süddeutschen Discontogesellschaft, deren Aufsichtsratsvorsitzender der Schwiegervater seit zwei Jahren war, und schließlich 1927, kurz vor ihrer Verschmelzung mit der Deutschen Bank, Mitglied ihres Vorstandes. Sein dreizehn Jahre jüngerer Bruder Felix folgte ihm später auf diesem Weg – er war nach Jahren in Berlin in den späten zwanziger Jahren Direktor bei der Süddeutschen Disconto-Gesellschaft in Villingen und Lörrach und dann Direktor und schließlich Vorstandsmitglied bei der Allgemeinen Deutschen Kreditanstalt in Chemnitz beziehungsweise Leipzig; 1956 starb er als Direktor bei der Filiale der Deutschen Bank in München.

Die in ihrer Warenpalette stark reduzierte, zu Teilen verkaufte väterliche und großväterliche Firma ging nach dem frühen Tod des Vetters Ludwig Anfang 1913 an Rudolfs jüngsten Sohn Friedrich

Das Bassermannsche Haus am Markt in den zwanziger Jahren

über. Dieser leitete sie, selber der Ausbildung nach nicht Kaufmann, sondern Jurist, mit einem neuen Partner über die beiden Weltkriege – sie besteht heute noch. Das war alles, was von den Unternehmungen der beiden Gründerväter, Friedrich Ludwigs, des Konsuls am Markt, und Johann Ludwigs, des »Eisen-Bassermann«, übrig blieb. Das Haus am Markt, das Felix Bassermann und sein Sohn geerbt hatten und in das 1908 – »um die Straßenfront besser auszunutzen« – im Zeichen des Geschäftsrückgangs Läden eingebaut worden waren, wurde noch vor 1914 aufgegeben. 1919 wurde es definitiv an den seitherigen Mieter, den Verlag des Mannheimer Generalanzeigers, verkauft. Bis zu den Bombennächten des Zweiten Weltkrieges beherbergte es zunächst die »Neue Mannheimer Zeitung« und dann den »Hakenkreuzbanner«.

Schließlich nahm es noch, halbzerstört, provisorisch den »Mannheimer Morgen« auf, bevor es 1958, wie so vieles, was an sich wiederherstellbar gewesen wäre, abgerissen wurde.

Über die Aufgabe der Firma wie des Hauses notierte der letzte noch im Haus geborene Bassermann, ein Urenkel des Erbauers, in

Das Haus am Markt nach dem ersten Bombentreffer 1943

den dreißiger Jahren: »Eine stolze Überlieferung fand damit ihr Ende. Daß es mit dem Ende der bürgerlichen Epoche zusammenfiel und daher noch in einem ganz anderen Sinne seine Bedeutung hatte, mußte ... damals natürlich unbewußt bleiben.« »Und doch«, fügte er melancholisch hinzu, »wenn man heute zurückblickt, könnte es scheinen, als ob die Entschlüsse damals hätten anders ausfallen müssen ... ›Sei Dein eigner Herr...‹ Was ist schwerer: In einer Firma veraltete Arbeitsweisen allmählich zu ändern, schlechte Jahre ohne Gewinn oder gar mit Verlusten durchzuhalten, oder sich in den Dienst anderer zu stellen, an einem unpersönlichen Werk mitzuarbeiten, anstatt der Sorge um das Eigene die Last der Verantwortung für andere zu haben?«

Aus einer Familie von Selbständigen, von unabhängigen Kaufleuten, von Männern, die besonders stolz darauf gewesen waren, »niemandes Herr und niemandes Knecht« zu sein, war binnen kurzer Zeit eine Familie geworden, in der dieser Typus eher die Ausnahme darstellte. Selbst unter den Nachkommen Friedrich Daniels, den Erben und Mitbesitzern des Bassermann-Jordanschen Weinguts und der damit verbundenen Unternehmungen und der von Max Bassermann mitbegründeten Konservenfabrik, dominierte er nur noch von außen her gesehen, aufgrund des ererbten Geschäfts und Vermögens. Auch hier lag der eigentliche Lebensmittelpunkt, der Schwerpunkt der Interessen, das eigene Selbstverständnis, vielfach schon ganz woanders.

Ernst Bassermann-Jordan etwa, Emil Bassermanns dritter Sohn, ein promovierter Kunsthistoriker, widmete sich als Privatgelehrter in München ganz seinen kunsthistorischen Interessen; sein Handbuch über die Entwicklung der Uhr ist bis in unsere Tage in immer neuen Auflagen verbreitet worden. Auch seine beiden älteren Brüder, Ludwig und Friedrich, beide promovierte Juristen, führten, bei allen Aktivitäten im Weinbau und in dem entsprechenden Verband, eher das Leben unabhängiger Landedelleute; das Hauptinteresse Friedrichs galt der Geschichte des Weinbaus, der er 1907, im Alter von fünfundreißig Jahren, ein dreibändiges Werk widmete, das bis heute in vielem nicht überholt ist. Daß der bayerische König den Brüdern, das heißt Friedrich und Ernst – Ludwig war 1914 fast unmittelbar nach Kriegsausbruch gefallen –, noch kurz vor der Revolution, im November 1917, den erblichen Adel verlieh, fügt sich in dieses Bild.

Undenkbar, daß sich Friedrich Ludwig, der Urgroßvater, oder ihr Großvater Friedrich Daniel zu einer solchen Ehrung verstanden hätten. Sie hätten wohl wie Gustav Freytag, der vielgelesene Autor von »Soll und Haben« und der »Ahnen«, reagiert, der auf eine entsprechende Anfrage verwundert gemeint hatte, er könne, Vertreter des Bürgertums und damit der wichtigsten und für die Zukunft bedeutungsvollsten gesellschaftlichen Gruppe seiner Zeit, den Sinn einer solchen Ehrung nicht recht einsehen.

Dieser Gestaltwandel der Familie war allerdings, und das ist das eigentlich Entscheidende, kein individueller, familienspezifischer

Vorgang. Er signalisierte und charakterisierte im Gegenteil eine allgemeine Entwicklung, und zwar in allen ihren Erscheinungsformen, sei es in den Beispielen des äußerlichen Abstieges und Mißerfolges, sei es in der deutlichen Verschiebung der beruflichen Schwerpunkte, sei es ganz allgemein in der fast durchgehenden Veränderung der Daseins- und Lebensperspektive. Freilich blieb diese Entwicklung den meisten Vertretern des Bürgertums zunächst noch weitgehend verborgen. Das galt auch für Männer wie Felix und Ernst Bassermann als Begründer von Familientagen, die durchaus auch als repräsentativ in einem standespolitischen Sinne verstanden wurden. Das Ziel war nicht zuletzt die Selbstdarstellung des Bürgertums in seiner ungebrochenen Kraft und inneren Geschlossenheit in einer seiner großen und erfolgreichen Familien.

Da paßte keine nachdenkliche Skepsis oder gar Abendstimmung hinein, wie sie dann etwa für den 1893 geborenen jüngsten Sohn Felix Bassermanns charakteristisch war, der die vom Vater begonnene Familienchronik in dem klaren Bewußtsein weiterführte, daß das von der eigenen Familie so beispielhaft repräsentierte »bürgerliche Zeitalter« mit dem Ersten Weltkrieg an sein Ende gelangt sei. Da war alles auf wechselseitige Ermunterung und positive Bilanz abgestellt. Die »Bassermann'schen Familien-Nachrichten«, die bei dieser Gelegenheit vorgelegt und dann gedruckt wurden, waren, wie die Geschichten von Fürstenhäusern oder die Geschichten des neuen preußisch-deutschen Nationalstaates, in solchem Sinne Aufstiegs- und Erfolgsgeschichten. Wie in der Architektur der bürgerlichen Wohnquartiere, wie im öffentlichen und gesellschaftlichen Leben dominierte dabei die Fassade, die formelhafte Geste, nicht selten die Phrase.

Zwar gab es eine Gegenbewegung. Aber sie blieb gerade in diesem Rahmen, wo unter den Augen der Verwandtschaft und so eindrucksvoller Familienrepräsentanten wie August oder Ernst Bassermann die herzeigbaren Erfolge, die vielversprechende Karriere gefragt waren, zunächst unsichtbar. Was sich in der Kunst, in der Literatur, in lebensweltlichen Reformbestrebungen, auch in politischen Neuorientierungsversuchen in dieser Hinsicht gerade seit der Jahrhundertwende regte, fand in einer solchen Atmosphäre kaum einen Niederschlag, zumindest nicht in direkt faßbarer Form.

Indirekt freilich, so wird man sagen können, war sie gerade in dieser Familie längst greifbar und der Fassadencharakter eines Unternehmens wie das der Familientage überdeutlich. Zu Recht hoben Ernst Bassermann und sein Neffe und Schwiegersohn Kurt, die beiden hauptsächlichen »Familienhistoriker«, immer wieder das Streben nach Selbständigkeit, nach bürgerlicher Unabhängigkeit, nach Befreiung von äußeren Zwängen als einen Hauptzug der Familiengeschichte, als ein ihre einzelnen Mitglieder seit Generationen verbindendes Element hervor. Aber sie gestanden sich, zumindest nach außen hin, nicht ein, was sich im Hinblick auf die Berufswahl vieler Familienmitglieder und angesichts der Lebensgestaltung und der Daseinsperspektiven einer noch weit größeren Zahl von ihnen daraus für die Gegenwart förmlich aufdrängte.

Denn die Lebenswirklichkeit in zentralen Bereichen - auf dem wirtschaftlichen Feld, im Rahmen der Gesellschaft, in Staat und Politik - bot offenbar einem solchen Streben immer weniger Raum. Vieles tendierte, bei aller Dynamik im einzelnen, sowohl ökonomisch und gesellschaftlich als auch politisch zur Verfestigung und Verhärtung. Von einer »unnatürlichen lakaienhaften Verknechtung der damaligen deutschen Verhältnisse« sprach rückblickend eines der Familienmitglieder, dem der Hauptstrom, in dem sich der tonangebende Teil der Familie unter Führung von Ernst Bassermann bewegte, mit vielen anderen Söhnen des damaligen Bürgertums längst getrübt und voller Brackwasser schien.

Nur die Kunst und die Wissenschaft schienen noch wirkliche Freiräume zu bieten. Ja, sie öffneten sich gerade in diesen Jahren zu immer neuen Bereichen. Und so war es kein Zufall, sondern auch hier wieder höchst charakteristisch, daß sich immer mehr Vertreter der Familie diesen Gebieten zuwandten, sei es dilettierend, sei es in zunehmendem Maße professionell.

Das war ein Rückzug und ein Aufbruch zugleich. Es war freilich ein Aufbruch, der seinem Wesen nach jeweils ganz individueller Natur war. Er konnte niemals das kompensieren, was mit dem Rückzug für die Zukunft des Bürgertums und für das Schicksal seiner Bestrebungen verbunden war. Der gleichsam natürliche Ort dieser Bestrebungen waren die Gesellschaft, die Wirtschaft, der Staat gewesen. Sie von Grund auf umzuwandeln, waren seine Vertreter

Lederers Denkmal für Ernst Bassermann in Mannheim

einst angetreten – nicht allein aus idealistischen Gründen, geleitet von allgemeinen Ideen und Programmen, sondern zugleich aus ganz handfesten Motiven, auf der Suche nach einer politischen und gesellschaftlichen Ordnung, die ihren materiellen Interessen, ihrem Streben nach wirtschaftlicher Selbständigkeit und freier Entfaltungsmöglichkeit Raum gewährte.

Dieses Ziel war offenbar verfehlt worden. An die Stelle der Gesellschaft mittlerer Eigentümer, die den Repräsentanten des neuen Bürgertums ursprünglich vorschwebte, war mehr und mehr eine Gesellschaft von Großeigentümern und Habenichtsen getreten. In ihr war, wie es eine zunehmende Zahl von Kritikern bis tief hinein ins bürgerliche Lager formulierte, das große Eigentum in Industrie und Handel, in Landwirtschaft und Finanzwelt bestrebt, das mittlere und teilweise auch das kleinere Bürgertum mit allerlei Ideologien und Versprechungen für sich auf die Schanzen zu rufen.

Ein Politiker wie Ernst Bassermann war dafür, mochte er sich auch in manchen Einzelheiten nicht in das Schema fügen, eine Art Symbolfigur. Sein Bestreben ging ganz offenkundig dahin, das Bürgertum bis hin zu den verschiedenen Zweigen der eigenen Familie in einem Bündnis zur offensiven Verteidigung der bestehenden Ordnung zusammenzufassen – vor allem gegen den »zersetzenden und verhetzenden Einfluß der Sozialdemokratie«, wie sein Schwiegersohn Kurt Bassermann es im Zusammenhang einer Lohnauseinandersetzung in der eigenen Firma einmal formulierte. Das galt all denjenigen, die dieser Ordnung sowie dem Kaiserreich und seiner inneren und äußeren Politik kritisch gegenüberstanden, als geradezu typisch für die Haltung des Bürgertums und für sein Versagen gegenüber den wirklich drängenden Problemen der Zeit. »Daß Herr Bassermann vor jeder revolutionären Bewegung eine gewisse Angst hat, dafür kann er nicht, die ist ihm vererbt«, spottete August Bebel im Reichstag: »Die Bassermannsche Familie galt schon zur Revolutionszeit in Baden als eine solche, die vor den revolutionären Vorgängen heillose Angst hatte.«

Damals ist, meist am schärfsten und am ätzendsten formuliert von den eigenen Söhnen, jenes Negativbild des Bürgertums entstanden, das das 20. Jahrhundert weithin, in seinen geistig und künstlerisch führenden Schichten, aber auch in dem dumpfen Protest gegen die Moderne beherrschen sollte, wie er dann vor allem im Nationalsozialismus seinen geschichtsmächtigen Ausdruck fand.

Niemand kann rückblickend sagen, ob die kritischen und reformerischen Kräfte, die sich im Schoß des Bürgertums nach der Jahrhundertwende zunehmend regten, sich am Ende durchgesetzt und die problematischen Bindungen und Koalitionen überwunden hätten, in die eine einseitige Formulierung »bürgerlicher« Interessen seine Mehrheit geführt hatte. Der Erste Weltkrieg und seine Folgen haben diesen Kräften praktisch die Initiative aus der Hand genommen und eine ganz neue Konstellation geschaffen. Immerhin zeigt die Entwicklung in vielen großen Städten in den letzten Jahrzehnten vor Kriegsausbruch, daß sich in der Tat ein entscheidender Kurswechsel nicht nur anbahnte, sondern auch durchzusetzen begann, und zwar unter Führung solcher reformerischer bürgerlicher Kräfte. Das gilt gerade auch für eine Stadt wie Mannheim.

Es ist bezeichnend, daß sich ein in seinem politischen Kurs auf der Ebene des Reiches so entschiedener Vertreter des rechten, des konservativen Flügels des Bürgertums wie Ernst Bassermann hier, wie bereits geschildert, erst einmal durchaus abwartend verhielt: Er ahnte, daß entschiedener Widerstand ihn auf dieser Ebene sehr rasch ins Abseits führen würde. Das aber hätte, dessen war und blieb er sich stets bewußt, das eigentliche Fundament seines Einflusses und seiner politischen Macht zerstört. Ohne die Stadt und ohne eine möglichst starke Stellung in ihr konnte er rasch zu einem politischen Antaios werden, dem die Berührung mit der entscheidenden Kraftquelle fehlte.

Der erfahrene Politiker wußte, daß dies nicht nur für ihn galt, sondern für das Bürgertum insgesamt. Sehr zu recht hat man rückblickend von der überragenden politischen, speziell auch parteipolitischen Bedeutung des sogenannten Milieus in dieser Zeit gesprochen, von der integrierenden, mobilisierenden und in vielfacher Hinsicht prägenden Wirkung, die von ihm ausging. Ernst Bassermanns Versuche, die auch räumlich immer stärker auseinanderstrebende Familie stets aufs neue auf Mannheim zu konzentrieren und mit der gemeinsamen Herkunft auf den Familientagen auch die Gemeinsamkeit des Ortes zu beschwören, sind ein zusätzliches Zeugnis für die Einsicht des politischen Praktikers in den engen Zusammenhang zwischen historisch gewachsenem Milieu und politischem Verhalten, fortdauerndem politischen Einfluß einer dort etablierten Gruppe. Gerade die Bassermanns lieferten dann allerdings ein immer deutlicheres Beispiel dafür, daß sich dieses Milieu ungeachtet aller Anstrengungen nicht erhalten ließ. Es löste sich unter den rasch wandelnden äußeren Bedingungen mehr und mehr auf, wurde ein Opfer der zunehmenden wirtschaftlichen und sozialen, aber eben auch rein räumlichen Mobilität. Der einige Jahre vor der Jahrhundertwende geborene jüngere Felix Bassermann konstatierte nüchtern, daß »der früher so enge Zusammenhang der weiteren Familie«, der sich durch die Familientage »noch einmal besonders stark bestätigen sollte«, sich »wenige Jahre« später »nahezu völlig löste«.

Das Jahr 1910 bildete mit der Übersiedlung Kurt Bassermanns nach Freiburg in dieser Hinsicht eine Art Markstein. Der Erbe des Hauses am Markt hatte die Bestrebungen des Schwiegervaters, die Familie zusammenzuhalten und auch räumlich immer wieder auf Mannheim zu konzentrieren, besonders nachdrücklich unterstützt. Nun gab er, als einer der letzten direkten Erben einer Bassermannschen Firma in Mannheim selbst, die Geschäftsleitung auf und übernahm als Filialdirektor der Süddeutschen Disconto-Gesellschaft die Stellung eines »leitenden Angestellten«. Er verließ damit nicht nur wie bereits viele aus seiner Familie vor ihm die Stadt, die sein Urgroßvater Reinhardt zu Beginn des vergangenen Jahrhunderts als Oberbürgermeister in eine ganz neue Zeit geführt und in der sein Urgroßvater, sein Großvater und sein Vater als selbständige Kaufleute und als Inhaber sehr verschiedenartiger Unternehmen jeweils den weitaus größten Teil ihres Lebens verbracht hatten. Er gab auch gleichsam den Wahlspruch zurück, unter den sein Urgroßvater Friedrich Ludwig in jungen Jahren sich und seine Familie gestellt hatte. »Sei dein eigner Herr und Knecht« – davon konnte von nun an höchstens noch in einem übertragenen Sinne die Rede sein. Ähnliches galt zu diesem Zeitpunkt erstmals seit Generationen für die Mehrheit der Familie.

Das, was in jener Devise pathetisch als »des Mittelstandes Recht«, als sein Palladium, als sein spezielles Standeszeichen, seine Standesehre in einem modernen Sinne bezeichnet worden war, wurde, wie immer man es ausdrücken wollte, aufgegeben, verspielt, den Zeitumständen geopfert. Und wie der einzelne sich dazu stellen mochte: für die Gruppe als solche, für die einst Selbständigen, die diese Selbständigkeit früher zugleich als Modell empfunden hatten, als Modell für die künftige Gesellschaft insgesamt, mußte diese Entwicklung eine tiefe Identitätskrise auslösen.

Wer war man? Zu wem gehörte man - sozial, politisch, wirtschaftlich? Zu den großen Eigentümern, den Unternehmern und erfolgreichen Bankiers und ihren Geschäftsführern, die sich wie diese aufführten und verstanden und die sich gern »Bürger« nannten, auch wenn sie einen Adelstitel nicht verschmähten und »bei Hof« zu verkehren oft als Krönung ihres Lebens ansahen? Oder zu denen, die sich, auf ganz verschiedenen Ebenen, ihren ebenso verschiedenen Aufgaben gegen Gehalt und Lohn widmeten und daraus bei allen Unterschieden ein wachsendes Gefühl der Gemeinsamkeit ableiteten? Es war dies vor allem das Gefühl gemeinsamer Abhängigkeit von einem immer komplexer und komplizierter werdenden wirtschaftlichen und sozialen System, das man, wenn überhaupt, künftig nur noch gemeinsam, und das hieß politisch, kontrollieren und in eine der Mehrheit erwünschte Richtung würde lenken können.

Was ein Bürger auch im sozialen Sinne sei, mußte dann wahrscheinlich ganz neu definiert werden. Nicht wirtschaftliche Selbständigkeit und Bürgerrecht in einer Stadt, nicht Herkunft und, wie man sah, von ständigen Wandlungen und Schwankungen bedrohter sozialer Status würden dann wohl die Kriterien sein. Entscheidend müßten dann wohl wieder, ganz im Geist der Aufklärung des 18. Jahrhunderts, Bildung, individuelle Leistung, Verpflichtung gegenüber dem Gemeinwesen sein. Und als allgemeine Voraussetzung, als materielle Grundlage einer solchen »Bürgergesellschaft« - auch das hatten einzelne bereits im 18. Jahrhundert formuliert -, müßte ein möglichst großes Maß an wirtschaftlicher und damit zugleich an sozialer Sicherheit für den einzelnen geschaffen werden. Nicht die, wie sich gezeigt hatte, niemals allgemein oder auch nur für eine Mehrheit zu erreichende wirtschaftliche und soziale Selbständigkeit, sondern die gemeinschaftlich zu schaffende wirtschaftliche und soziale Sicherheit für den einzelnen müßte also die Devise sein.

Für die große Mehrheit des Bürgertums zu Beginn unseres Jahrhunderts waren das freilich bloße Chimären, ja, mehr noch, sozialrevolutionäre Propagandaparolen. Sie hielt zäh an dem Gedanken fest, daß das historisch gewachsene Bürgertum trotz allem nach wie vor eine innere Einheit bilde und daß die Zahl seiner Vertreter ständig wachsen werde. Begierig nahm man die vor allem aus der Einkommensentwicklung abgeleiteten Thesen über die Entstehung eines »neuen Mittelstandes« auf, wie sie etwa Gustav Schmoller entwickelte. Gern ließ man sich von einem Teil der Vertreter der neuen sozialen Gruppe der Angestellten versichern, daß sie sich als Angehörige des Bürgertums verstünden – auch wenn sie sich in Besitz, Einkommen und Lebensstil offenkundig durch Welten von dem unterschieden, was schon rein äußerlich das Bild vom Bürgertum prägte.

Aber das galt ja auch für eine große, ja, ständig wachsende Zahl von Angehörigen des Bürgertums im herkömmlichen Sinne. Sein und Bewußtsein fielen, das haben viele Zeitgenossen gesehen und beschrieben, hier immer mehr auseinander. Man konnte geradezu den Eindruck gewinnen, als wachse mit dem Abstand zu den führenden und gesellschaftlich tonangebenden Repräsentanten der eigenen Schicht – was Vermögen, Einkommen und Lebensstil anging – die Bereitschaft, sich mit ihnen zu identifizieren und jenen Stil als bürgerlich, dem Geist und der Kultur des Bürgertums entsprechend, zu verteidigen, obwohl er doch nur die Prätentionen, die Vorlieben und die Daseinsvorstellungen einer kleinen großbürgerlichen, oft penetrant neureichen Schicht widerspiegelte.

Auch die Mehrzahl der Mitglieder der Familie Bassermann machte hiervon, soviel wir wissen, keine Ausnahme. Der Selbststilisierungsdruck, der gerade auch von der gezielten Pflege der eigenen Familiengeschichte ausging, war erheblich und wurde vor allem von Ernst Bassermann zielbewußt in eine bestimmte Richtung gelenkt. Es wiederholte sich hier das, worüber gerade die dynamischen und vorwärtsdrängenden Kräfte des aufstrebenden Bürgertums wie Johann Wilhelm Reinhardt oder auch Friedrich Ludwig Bassermann im Hinblick auf den Adel schließlich, im ausgehenden 18. und frühen 19. Jahrhundert, nur noch gespottet hatten: die immer starrere Festlegung dessen, was »man« tat und was nicht, was »man«

schätzte und was »man« ablehnte, was an Lebensformen, Verhaltensweisen, aber auch an Anschauungen und Grundvorstellungen bis hin zu der Gestaltung von Staat und Gesellschaft akzeptabel war und was nicht.

Diese Leute würden sich eines Tages vor lauter Konventionen und Vorurteilen, vor lauter Etikette und Selbststilisierung überhaupt nicht mehr bewegen können, hatte der alte Reinhardt oft gehöhnt. Und sein Schwiegersohn, der als Bankier manchen Vertreter des Adels zu seinen Kunden zählte, hatte hinzugefügt, man müsse abwarten, was als erstes eintrete: der Erstarrungstod oder der materielle Kollaps. Aufzuhalten sei wohl beides nicht mehr. »Er muß ja wohl von altem Hause sein, denn man befürchtet sehr, es falle demnächst ein«, notierte sich die achtzehnjährige Reinhardttochter Wilhelmine damals in ihrem »Schreibheft« einen Kalauer der Zeit, der ihr offensichtlich besonders gut gefiel.

Der junge Schiller, der vor allem in den achtziger Jahren die Figur des in Standesdünkel und Konvention eingefrorenen, ebenso selbstgerechten wie korrupten Repräsentanten der Adelsgesellschaft geradezu zum Typus erhoben hatte, hatte nicht zuletzt deswegen zu den Lieblingsautoren des Publikums des Mannheimer Nationaltheaters und des aufsteigenden Bürgertums überhaupt gezählt. Die Bilder, die er entwarf, hatten vom Negativen her die eigenen Daseinserwartungen umschrieben: die Gestaltung des Lebens aus eigener Kraft und nach eigenen Vorstellungen, unbehindert von Konventionen und starren Mustern; Befreiung vom Druck des Herkommens und fester Verhaltensschemata je nach Stand und Familie; das Hineinwachsen in neue, enger verbundene, spontanere Gemeinschaften ohne soziale Grenzen.

Auch das wiederholte sich nun nach rund hundert Jahren, in einer neuen Aufbruchs- und Jugendbewegung, allerdings nun nicht mit antiaristokratischer, sondern mit antibürgerlicher Tendenz, mit Stoßrichtung gegen das innerlich und äußerlich erstarrende Bürgertum der Zeit, das sich nicht zufällig in seinem Baustil, in Mobiliar und Einrichtungsformen am 18. Jahrhundert, an Barock und Rokoko orientierte. Die Veranstaltung von Familientagen enthielt auch in dieser Hinsicht ein demonstratives Element. Sie markierte neben vielem anderen, daß das Bürgertum oder doch ein erheblicher Teil von ihm jetzt gegen eine sich rasch verbreitende Zeitströmung, die Kunst, Literatur und Wissenschaft zunehmend beherrschte, gegen einen sich Schritt für Schritt durchsetzenden Zeitgeist also stand, der es doch einst gerade getragen und begünstigt hatte.

Drei Jahre vor dem ersten Bassermannschen Familientag, 1901, hatte ein damals sechsundzwanzigjähriger Autor eben dies zum eigentlichen Gegenstand eines Romans gemacht, der selbst das damalige Publikum zunächst durch seinen Umfang erschreckte, dann jedoch ein sehr großer, schließlich ein Jahrhunderterfolg werden sollte. Kunst und bürgerliche Welt, ja, Geist und Leben, so schilderte er anhand der Geschichte einer lübischen Kaufmannsfamilie im 19. Jahrhundert, seien zunehmend auseinandergefallen. Sie seien zu Gegensätzen geworden, zu Gegensätzen, unter denen vor allem die Seite des Geistes, der Kunst schmerzlich litte – die sie freilich auch brauche, die in der modernen Welt einen Teil ihres Wesens ausmache, samt der ewigen Sehnsucht, sie zu überwinden. Für den Gesunden, den »Blonden« und seine reinste Verkörperung, den wirtschaftlich erfolgreichen Bürger, hingegen seien Geist und Kunst von ihren Voraussetzungen her letztlich Dekadenzphänomene, so sehr er, vor allem rückblickend, im einzelnen bewundern mochte, was sie hervorbrachten. Und der Mensch des Geistes, der Künstler wiederum, der Außenstehende und Außenseiter, seinem ganzen Wesen nach in der Moderne sozial Heimatlose, empfinde – beherrscht von der Sehnsucht, die Kluft zu überwinden und zu schließen, gewissermaßen heimzukehren – die Gesellschaft, die bürgerliche Gesellschaft seiner Zeit seinerseits als dekadent, als geist- und kunstfern, als letztlich zum Untergang verdammt. Er beobachte in seiner Gegenwart, so hieß es schließlich in den »Betrachtungen eines Unpolitischen« desselben Autors, »die unvermittelte und wie durch den Stab der Circe bewirkte Verwandlung des deutschen Bürgers, seine Entmenschlichung und Entseelung, seine *Verhärtung* zum kapitalistisch-imperialistischen Bourgeois«. »Der *harte* Bürger: das ist der Bourgeois. Es gibt den geistigen Bürger nicht mehr.«

Es ist sehr die Frage, ob es dies war, was Thomas Manns »Buddenbrooks« zu einem so großen und dauerhaften Publikumserfolg verhalf, oder eine Art nostalgisches Mißverständnis, das sich bis hin zu Fernsehverfilmungen unserer Tage vor allem an das Bild der bürgerlichen Welt und der Welt des Bürgertums hielt, das hier in so vielfältigen Farben und Schattierungen entworfen wurde und gerade in den ironischen Brechungen vielfach noch zusätzlichen Glanz erhielt; wenn irgendwo, so veredelte hier die Kunst die oft banale Wirklichkeit.

So gesehen fügten sich die »Buddenbrooks« direkt in den Prozeß der historischen Identitätsvergewisserung und Identitätssicherung, wie er mit Familientagen und familiengeschichtlichen Studien von den Bassermanns und von manchen anderen betrieben wurde. Man kann sich durchaus vorstellen, daß Ernst oder Kurt Bassermann den Roman in diesem Sinne gelesen haben – das Vergleichbare in den Lebensschicksalen und Entwicklungen registrierend und akzentuierend, dem Andersartigen und den Unterschieden zwischen den Mannheimer Verhältnissen und denen in dem, wie Kurt Bassermann nach einer Reise notierte, »etwas zurückgebliebenen Lübeck« nachsinnend.

Bei den Bassermanns war, sieht man die Dinge aus dieser Perspektive, vor allem das Verhältnis zur Welt der Kunst, zur Welt des Geistes, zur Literatur, Wissenschaft und insbesondere zur Musik von Anfang an sehr anders. Kerngedanke, Leitmotiv in den »Buddenbrooks« und den frühen Novellen Thomas Manns war, daß sich diese Welt in einem Prozeß der »Verfeinerung«, der Schärfung der Empfindungen und der Empfindlichkeit, der Steigerung der »Nervosität« und der »Reizsamkeit«, überhaupt erst der Wahrnehmung öffne – in einem Prozeß, der den Betroffenen zugleich für das praktische, für das »bürgerliche« Leben immer unfähiger mache. Für die Geschichte der Bassermanns gilt dies nur in begrenztem Maße.

Sicher wurde dabei von Thomas Mann, dem Geist der Zeit entsprechend, ein sehr emphatischer Begriff von Geist und Kunst zugrunde gelegt, ein Bild vom Künstler, der Art seiner Existenz und seiner Schöpferkraft, dem kein Mitglied der Familie Bassermann auch nur annähernd entsprach. Aber auch Thomas Mann gibt ja dafür in den »Buddenbrooks« – wie in der großen Mehrzahl der Novellen und dann auch im »Zauberberg« – kein reales Beispiel. Stets geht es nur um Haltungen, um Einstellungen, um eine prinzipielle Weltsicht und Gestimmtheit, bisweilen auch um bloße Attitüden. Hannos Tod ist durchaus symbolisch: Er ist ja auch zu einem Leben in der Welt des Geistes und der Kunst letztlich nicht fähig, ist eine geistige, eine künstlerische Natur ohne eigentlich schöpferische Kraft.

Das war ein gesteigerter, ein in vielem übersteigerter Begriff des Künstlers im Medium der Kunst gewesen; im Falle der Bassermanns lag das Verhältnis von Kunst und Wirklichkeit, von Geist und Leben sehr deutlich anders. Kunst und Geist erschienen hier sehr viel weniger als Bereiche, die das praktische, das bürgerliche Leben ihrem Wesen nach transzendierten.

Das lag an dem Erbe der Stadt, der höfischen Residenz, ein Erbe, das ihre Bürger, insgesamt gesehen, so erfolgreich zu bewahren und in Formen und Institutionen sehr unmittelbarer Aneignung und Pflege zu überführen vermocht hatten. Das lag aber auch an der speziellen Tradition der Familie, die seit Friedrich Ludwig, dem Gründervater des »Hauses am Markt«, stets bestrebt gewesen war, sich den Zwängen der modernen Berufs- und Arbeitswelt, vor allem auch des geschäftlichen und wirtschaftlichen Lebens, nicht völlig zu unterwerfen. Sie ließen ihre Interessen nicht einseitig in eine einzige Richtung drängen, sondern waren bestrebt, sich - und das nicht bloß konsumierend, sondern aktiv anteilnehmend und dilettierend - gerade auch der Wissenschaft und der Kunst, der Literatur und vor allem der Musik offenzuhalten.

Kaum ein Mitglied der Familie, das nicht ein Leben lang ein oder zwei Instrumente gespielt hatte und vielfach auch öffentlich aufgetreten war, an Theateraufführungen mitgewirkt, sich sammelnd, fördernd, reisend mit der bildenden Kunst beschäftigt hatte. Viele hatten bestimmte Bereiche der Wissenschaft verfolgt und die Welt der Literatur nicht nur nach ihrem aktuellen Unterhaltungswert bemessen. Selbständig zu sein, hieß hier eben auch und nicht zuletzt: eine Existenz führen zu können, die dieses ermöglichte, die zugleich genügend Zeit und Kraft ließ, sich solchen Interessen wirklich und kontinuierlich zu widmen - was die, oft sehr bewußte, Hinnahme eines Konkurrenzvorsprunges derjenigen einschloß, die sich ganz und zunehmend ausschließlich auf ihr Geschäft, auf ihre Unternehmungen konzentrierten.

Eine solche Form der Selbständigkeit aufrechtzuerhalten aber wurde unter den Bedingungen des ausgehenden 19. und beginnenden 20. Jahrhunderts zunehmend schwieriger. Und von daher fällt auf den Entschluß vieler Mitglieder der Familie, den Kampf um die über Generationen so nachdrücklich erstrebte und verteidigte Selbständigkeit aufzugeben und sich von außen her gesehen in größere Abhängigkeiten zu begeben, ein wesentlich anderes Licht. Diese Bereitschaft rückt dadurch sehr viel näher an die Entscheidung anderer Familienmitglieder heran, jenen Bereich ihrer wissenschaftlichen oder künstlerischen Interessen, auf den sich ihre Neigungen und Begabungen konzentrierten, zu ihrem Lebensmittelpunkt, wenn nicht sogar zu ihrem Beruf zu machen.

Beide flohen nicht vor der Selbständigkeit, der Unabhängigkeit der bürgerlichen Existenz, ihren Risiken und Belastungen. Sie suchten sie gerade in der Substanz, in dem für sie wesentlichen zu bewahren in dem Bewußtsein, daß der Kampf um ihre formale Erhaltung sie von seinen Bedingungen her mit Vernichtung bedrohe. Hier vollzog sich ein Aufbruch »zwar nicht aus, wohl aber in dem Geist der bürgerlichen Kultur«, dessen Bedeutung für den säkularen Umbruch der Zeit der Jahrhundertwende, für das Entstehen einer spezifischen Moderne in der Kunst, in der Literatur, im Schauspiel, in der Musik, nicht zuletzt im ganzen Lebensgefühl man lange Zeit unterschätzt hat - nicht zuletzt mit Blick auf das dezidiert Antibürgerliche dieses Umbruchs. Dabei umschrieb das Antibürgerliche vielfach nur den Protest gegen den Verrat eines großen Teils des zeitgenössischen Bürgertums an seinen ursprünglichen Idealen, an den Lebenserwartungen und Zukunftsversprechungen der Generation der Väter und der Großväter.

In der Tat ließ sich nur schwer übersehen, daß Selbstbehauptung und Erfolg im modernen Wirtschafts- und Geschäftsleben, aber auch in der Politik nicht selten, ja, offenbar in zunehmendem Maße mit Vereinseitigung, fehlender innerer Unabhängigkeit und wachsender Urteilslosigkeit der daran maßgeblich Beteiligten Hand in Hand ging - zumindest in allen nicht unmittelbar das Geschäft und die unmittelbare Daseinsbewältigung berührenden Fragen. Das konnte sich bis zur eklatanten Banausenhaftigkeit steigern. Von manchen der sogenannten Wirtschaftskapitäne, den industriellen Gründervätern und vor allem ihren Söhnen und Enkeln erzählte man sich da die erstaunlichsten Dinge, denen gegenüber der Spott eines Theodor Fontane geradezu milde wirkte.

Thomas Manns »Gesunder«, »Blonder« war in diesem Sinne nicht derjenige, der die Tradition, das Erbe des Bürgertums und einer älteren bürgerlichen Welt erfolgreich bewahrte. Er war eine Abart, ja, eine Karikatur dieses Bürgertums und seiner Welt, die deren Werte und Ziele ad absurdum führte. Nicht wer ihrem Beispiel folgte, sondern wer sich davon zurückzog, in die Selbständigkeit scheinbarer Unselbständigkeit, in ein der Wissenschaft und der Kunst gewidmetes Dasein, konnte jene Werte und Ziele bewahren.

Sicher darf man auch hier nicht allzusehr verallgemeinern. Es gibt eine Fülle von Beispielen, wo die wirtschaftliche, die geschäftliche, die unternehmerische Selbständigkeit erhalten blieb und auch die alte, vielen Daseinsbereichen, den Künsten und Wissenschaften gegenüber offene und aufgeschlossene Existenzform. Fritz Bassermann, der promovierte Jurist, der 1913 von Vater und Onkel die alte »Drogen«-Firma mit ihren verschiedenen neuen Zweigen übernahm und so zu einem der letzten selbständigen Kaufleute und Unternehmer der Familie wurde, war als ein für seinen Sachverstand bekannter Sammler, als ein geachteter Freund und Förderer der Künste einer von ihnen.

Aber es ist doch bezeichnend, daß jene freie Existenzform noch einmal voll und in mancher Hinsicht exemplarisch von einem Vertreter der Familie ausgefüllt wurde, der die Kunst, das Theater, zu seinem Lebensberuf gemacht hatte. Mit ihrer Hilfe bewahrte er jene Form über die Krise des Bürgertums hinweg, die immer handgreiflicher wurde, und schließlich vor allem gegenüber dem, was sie in ihrem Kern, in ihren Grundwerten und Grundüberzeugungen radikal in Frage stellte: Ohne zu zögern, verließ der sechsundsechzigjährige Albert Bassermann, einer der gefeiertsten Schauspieler seiner Zeit, den das neue Regime nur zu gern für sich vereinnahmt hätte, 1934 das Land, in dem die Kunst wie die bürgerliche Welt und ihre Werte, so wie er beides verstand, keinen Platz mehr hatten.

Seine Vaterstadt hat ihm damals sogleich Bürger- und Ehrenbürgerrecht abgesprochen – und ihm dann später, nach 1945, feierlich wiederverliehen. Was sich freilich an das Bürgersein einst geknüpft hatte, war so oder so versunken. Albert Bassermann verkörperte es noch einmal, in seiner Person, in seiner ganzen Existenz und Erscheinung, in seiner menschlichen und politischen Haltung. Aber es war ein Abgesang, ein Nachspiel auf dem Theater, ein Nachspiel, von dem das »wirkliche Leben« bei Lichte besehen je länger, je weniger Notiz nahm.

Nachspiel

Es war eine merkwürdige Formulierung, die der Mannheimer Oberbürgermeister gebrauchte, als die Stadt am 15. Juni 1952 von ihrem Ehrenbürger, dem Schauspieler Albert Bassermann, Abschied nahm - merkwürdig, aber an den Kern rührend. Es habe ihn stets, bis zuletzt die »Luft des Bürgertums« »umweht«, und deren Wesen lasse sich in einem Wort zusammenfassen: Freiheit. Freiheit in der Gestaltung des eigenen Daseins, Unabhängigkeit der Existenz in jeder Beziehung, aber eben auch Freiheit für den jeweils anderen, persönlich wie in der Gesellschaft und damit zugleich in Staat und Politik.

Neunzehn Jahre zuvor hatte Albert Bassermann von dem, was dahinterstand, eine besonders eindrucksvolle Probe abgelegt. Goebbels persönlich hatte ihn für die Rolle des Generals in Hanns Johsts Propagandaschauspiel »Schlageter« zu gewinnen gesucht, das am 20. April 1933, am Geburtstag des neuen Reichskanzlers, im Preußischen Staatstheater mit Veit Harlan, Bernhard Minetti und Emmy Sonnemann, der späteren Frau Hermann Görings, Premiere haben sollte. Bassermann hatte von Anfang an gezögert, andere Verpflichtungen vorgeschoben. Er hatte sich aber dann auf mehrfache Interventionen des »Reichsministers für Volksaufklärung und Propaganda« doch bereitgefunden, zumindest die ersten Vorstellungen zu spielen. Erschüttert und tief deprimiert über das plötzliche Verschwinden eines jungen Schauspielers, der den Schlageter hatte spielen sollen - man munkelte, er habe sich, als Kommunist verdächtigt, nach einer Vernehmung durch die Gestapo aus dem Fenster gestürzt –, hatte er sich zwar an seine Verpflichtung gehalten und die Rolle, Publikumsliebling, der er seit Jahrzehnten war, höchst erfolgreich absolviert. Als dann freilich der Vorhang zum Schlußapplaus aufging und das ganze Ensemble den Größen des neuen Regimes mit dem »Führer« an der Spitze mit dem Hitlergruß huldigte, stand Bassermann wie stets mit übereinandergeschlagenen Armen da und ließ es bei der üblichen Verbeugung. Selbst den demonstrativen

Albert Bassermann (1867–1952)

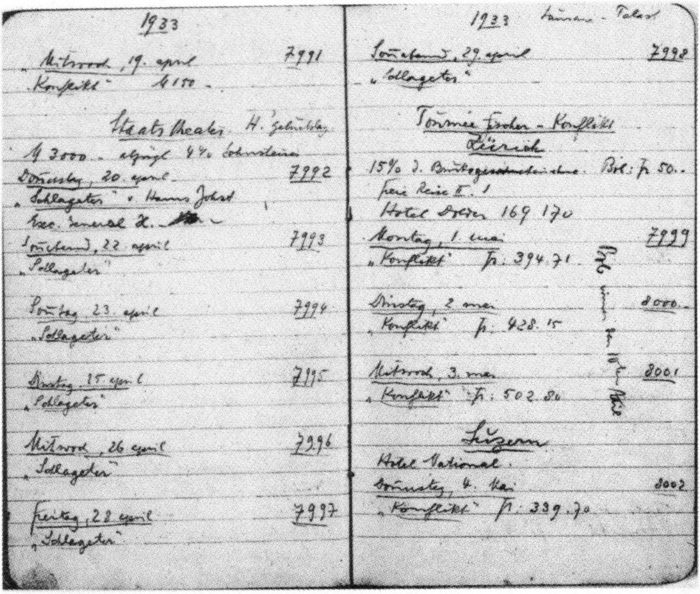

Aus den Notizbüchern Albert Bassermanns

Gegengruß des Propagandaministers, der sich, für jedermann sichtbar, mit weit ausgestrecktem Arm über die Balustrade der Kaiserloge reckte, übersah er geflissentlich. Seiner Frau, Else Schiff, Schauspielerin wie er und Jüdin – ein zusätzliches Druckmittel des Regimes –, blieb, wie sie später mehrfach berichtete, fast das Herz stehen. Wie viele im Theater fürchtete sie das Schlimmste, zumal nach dem, was man eben mit dem jungen Schauspieler erlebt hatte.

Seine außerordentliche Popularität hat Albert Bassermann damals geschützt. Aber eine Zukunft hatte er von nun an nicht mehr. Als die Partei vor einem Leipziger Gastspiel die SA gegen seine Frau mobil machte, mit der er seit Jahrzehnten fast immer gemeinsam auftrat, verließ das Ehepaar im Frühjahr 1934 Deutschland. Schon vorher war Bassermann demonstrativ aus der Deutschen Bühnengenossenschaft ausgetreten. »Sie, meine Herren, und die deutsche Regierung«, hieß es in dem entsprechenden Brief, »müßten mich als einen traurigen Charakter einschätzen, wenn ich unter diesen Umständen nicht die Konsequenzen zöge.« Die »Neue Zürcher Zeitung« kommentierte die Veröffentlichung der wesentlichen Teile dieses Briefes in ihrer Abendausgabe vom 7. Mai 1934 knapp: »Bassermann ist der gegenwärtige Träger des Iffland-Ringes, der sich seit hundert Jahren auf die bedeutendsten Schauspieler ihrer Zeit vererbt hat. Er ist dieses Ehrenzeichens nicht nur als Künstler würdig, sondern auch als Mensch.«

Mehr als dreieinhalb Jahrzehnte hatte Albert Bassermann jener 1871, im Jahr der Gründung des Deutschen Reiches, ins Leben gerufenen Berufsvereinigung als eines ihrer schließlich prominentesten Mitglieder angehört, seit er am 25. April 1887, neunzehnjährig, unter dem »Künstlernamen« E. Albert erstmals die Bühne des Mannheimer Nationaltheaters betreten hatte, buchstäblich nur betreten: Es war eine stumme Rolle in Uhlands »Ernst, Herzog von Schwaben«. Wir wissen das so genau, weil er das Datum, Sohn einer stets sorgfältig Buch führenden Kaufmannsfamilie, in ein schwarzes Heftchen notiert hat, in dessen Nachfolgern dann bis 1933 mehr als achttausend Bühnenauftritte penibel mit Tag, Wochentag, Stück, Bühne und Gage registriert wurden - bei Gastspielen bis hin zum Namen des Hotels und der Zimmernummer.

Es sind die Stichworte einer der glänzendsten Karrieren der neueren Theatergeschichte. Sie führte bereits den Siebenundzwanzigjährigen in das damalige Zentrum des deutschsprachigen Theaters, nach Berlin - zunächst an das »Berliner Theater«, dann an das »Deutsche Theater« zu Otto Brahm, dem er auch an das »Lessing-Theater« folgte, und schließlich zu Max Reinhardt, wieder ans »Deutsche Theater«. Durch den Film, zu dessen frühesten Protagonisten er als Partner von Asta Nielsen und später Elisabeth Bergner gehörte - er hat von 1913 an in über dreißig Stummfilmen mitgewirkt, unter anderem in »Erdgeist«, »Lukrezia Borgia« und »Fräulein Else« -, wurde er dann auch weit über Deutschland hinaus bekannt.

Angefangen freilich hatte seine Laufbahn alles andere als erfolgversprechend, geschweige denn glänzend. Am 7. September 1867 als zweiter Sohn und drittes Kind Wilhelm Bassermanns geboren, der sich, Sohn des Tabakkaufmanns Louis Alexander Basser-

MANNHEIM. 141

Großherzoglich Badisches Hof- u. Nationaltheater.

Montag, den 25. April 1887. 115. Vorstellung. Abonnement B.

Zur Feier des hundertjährigen Geburtstags von Ludwig Uhland.

Neu einstudirt:

Ernst, Herzog von Schwaben.

Trauerspiel in fünf Aufzügen von Ludwig Uhland.

Kunrad II., römischer Kaiser	Herr Neumann.
Gisela, seine Gemahlin	Frl. v. Rothenberg.
Heinrich, Kunrad's und Gisela's Sohn	Frau Robius.
Ernst, } Söhne der Gisela, erster Ehe	Herr Sturn.
Hermann, } Söhne der Gisela, erster Ehe	Herr Robius
Warmann, Bischof von Konstanz	Herr Bauer.
Odo, Graf von Champagne	Herr Eichrodt.
Hugo von Egisheim, Graf in Elsaß	Herr Tietsch.
Werner von Kiburg, } Grafen in Schwaben	Herr Rüttiger.
Mangold von Veringen, } Grafen in Schwaben	Herr Förster.
Adalbert von Falkenstein, } schwäbische Edle	Herr Jacobi.
Warin, } schwäbische Edle	Herr Ditt.
Ein Ritter	Herr Moser.
Erster } Kriegsmann	Herr Kirchner.
Zweiter } Kriegsmann	Herr Schilling.
Dritter } Kriegsmann	Herr Strubel.

Geistliche und weltliche Reichsstände, Pagen, Kriegsleute, Volk rc.

Die Handlung fällt in das Jahr 1030.

Anfang **halb 7** Uhr. Ende nach 9 Uhr. Kasseneröffnung **6** Uhr.

Mittel-Preise.

Sperrsitze in der Reservelogе des ersten Ranges 1. Reihe	5 Mark — Pf.
Sperrsitze in der Reservelogе des ersten Ranges 2., 3., 4. Reihe	4 Mark 50 Pf.
Sperrsitze in der Reservelogе des ersten Ranges 5. und 6. Reihe	4 Mark — Pf.
Sperrsitze im Parquet und in der Reservelogе des zweiten Ranges	3 Mark — Pf.
Stehplätze im Parquet	2 Mark 40 Pf.
Parterre und Reservelogе des zweiten Ranges	1 Mark 70 Pf.
Reservelogе des dritten Ranges	1 Mark 20 Pf.
Gallerieloge	— Mark 90 Pf.
Gallerie	— Mark 50 Pf.

Für Auswärtige nehmen Bestellungen an: die Bahnhofsverwaltung in Ludwigshafen durch Vermittlung sämmtlicher Stationen der Pfälzer Bahnen, und in Heidelberg: Herr A. Löwenthal, westl. Hauptstr. No. 96.

Letzte Eisenbahn-Fahrten.

Zug Nr. 23 v. Ludwigshafen nach Worms	10 Uhr 50	*Zug XXXI v. Mannheim n. Neckarau, Schwetzingen	9 Uhr 45
Zug Nr. 26 v. Ludwigshafen n. Neustadt, Landau	11 Uhr 28	*Zug 47 v. Mannheim nach Heidelberg	10 Uhr 25
*Zug Nr. 46 v. Mannheim n. Ladenburg, Weinheim	10 Uhr 12	Zug 9 v. Mannheim nach Heidelberg, Bruchsal	11 Uhr 15

*) Die Züge Nr. XXXI, 46 und 47 werden eine halbe Stunde nach Schluß der Theatervorstellung abgelassen; Zug **46** wartet jedoch nicht länger als bis **10.45** und Zug Nr. 47 nicht länger als bis **10.37**. Zug **26** geht an Mittwochen auch nach Speyer.

Trambahn-Fahrten.

Nach Schluß der Vorstellungen an die Bahnhöfe in Mannheim und Ludwigshafen, Haltestelle Breitestraße bei **B 1. 1.** Billette welche sichere Beförderung garantiren werden bis zum Beginn des letzten Actes vom Hoftheater-Portier abgegeben.

Dienstag, 26. April 1887. 116. Vorstellung. (Abonnement **A.**)

„Ein Tropfen Gift."

Schauspiel in 4 Acten von Oscar Blumenthal.

Druck der Mannheimer Vereins-Druckerei.

Theaterzettel des ersten Stückes, in dem Albert Bassermann auftrat mann und einer der inzwischen einundzwanzig Enkel des Konsuls, eben, 1865, dem Jahr des Todes des Großvaters, mit einer Nähmaschinenfabrik selbständig gemacht hatte, war er unter weit weniger glücklichen Umständen aufgewachsen als die Mehrzahl seiner Vettern und Kusinen. Als er gerade zehn Jahre alt war, brach bei seinem unter schwerem geschäftlichen Druck stehenden Vater – sein Unternehmen war schließlich zum Opfer der sogenannten Großen Depression nach der Krise von 1873 geworden – ein Nervenleiden aus. Es dauerte Jahre, bis der Vater, nach Abwicklung des Konkurses, wieder einigermaßen arbeitsfähig war – zunächst als Vertreter des Elektrizitätswerks H. G. Möhring in Frankfurt, dann der Allgemeinen Elektrizitätsgesellschaft, der AEG, in Berlin. Für den Lebensunterhalt der Familie kamen damals zu einem erheblichen Teil die Großeltern auf, die auch im weiteren immer wieder helfend einsprangen.

Entsprechendes Gewicht hatte denn auch ihr Rat im Hinblick auf die Berufsausbildung der Kinder. Er ging im Fall des zweitältesten Sohnes, der Familientradition entsprechend, dahin, ihn nach der Obersekunda aus der Schule zu nehmen und ihn in die Lehre zu geben; die Wahl fiel auf Jordan & Franz, ein Kaffeegeschäft. Das war freilich ganz gegen den Willen des Betroffenen. Und er setzte es dann auch durch, daß diese Entscheidung nach wenigen Monaten wieder rückgängig gemacht wurde und er, nunmehr als »Hospitant« mit Schwerpunkt auf den Fächern Physik, Chemie und Mathematik, für anderthalb Jahre an das Realgymnasium zurückkehren durfte. Wie zwei Jahre vorher sein 1864 geborener Bruder Adolf, begann der Siebzehnjährige danach, nun wieder mit nachdrücklicher Zustimmung der Großeltern, ein Chemiestudium, das damals, vor allem aus der Perspektive des Wirtschaftsbürgertums, als besonders zukunftsreich galt.

Wie der Bruder, der zunächst in Aachen studiert hatte, ließ freilich auch Albert, der an der Technischen Hochschule Karlsruhe begann, sehr rasch erkennen, daß seine eigentliche Neigung dem Schauspiel, der Bühne gehörte. Beiden war dabei der Onkel August Bassermann, der jüngere Bruder ihres Vaters, der nach Stationen in Dresden, Wien und Stuttgart – und vielen Gastspielen bis nach New York – seit Herbst 1886 als Schauspieler und Regisseur am Mannheimer Nationaltheater engagiert war, das große Vorbild.

Im Falle Adolfs hatten die Eltern - und Großeltern - rasch nachgegeben. Prinzipielle Vorbehalte gab es in einer so theaterbegeisterten und dem Theater verbundenen Familie kaum: Die Tatsache, daß der Intendant des seit Eduard Devrients Zeiten sehr angesehenen Hoftheaters in Karlsruhe dem noch nicht Zwanzigjährigen, der bei ihm vorgesprochen hatte, ein Engagement anbot, schien die Frage der Begabung eindeutig zu beantworten; er studierte später Gesang und entwickelte sich vom lyrischen zum Heldentenor mit Engagements und Gastspielen an vielen deutschen Bühnen, darunter so renommierten wie Frankfurt und Berlin.

Weniger eindeutig schien die Sache zunächst bei Albert Bassermann zu liegen. Er hatte, noch keine Zwanzig, nach einem viersemestrigen Studium zur größten Freude der Eltern eine glänzend bezahlte Stellung als Laboratoriumschemiker bei der Zellstoffabrik Waldhof erhalten, sie allerdings nach einem Streit mit dem Direktor ebenso rasch wieder verlassen, um seinem Lebenstraum, Schauspieler zu werden, zu folgen. Der Onkel machte erhebliche Bedenken geltend und riet eher ab: Mit seiner spröden, auch kleinen Stimme fehle dem Neffen eine entscheidende Voraussetzung. Rudolf Lange, ein berühmter Charakterdarsteller der Zeit, sagte es noch deutlicher: »Kinder! Der kleene Bassermann! Ein kolossales Talent! Und det Organ! - Einfach scheißlich!«

Der ließ sich davon freilich nicht beeindrucken. Er begann, neben dem gefeierten Onkel, als Volontär ohne Gage - seine Großtante Clementine, die Witwe Gustav Bassermanns, kam damals für seinen Lebensunterhalt auf - an der Bühne seiner Heimatstadt, einer Bühne, die das pflegte, was man die klassische Schauspieltradition nannte.

Was das konkret bedeutete, wie der unmittelbare, sinnliche Eindruck war, wissen wir nicht. Kein Tonträger - Edisons »Phonograph« stand noch ganz in den Anfängen - hat es festgehalten, geschweige denn ein Film. Noch immer galt Schillers Satz im Prolog des »Wallenstein«: »Und wie der Klang verhallet in dem Ohr/ Verrauscht des Augenblicks geschwinde Schöpfung.« Allein Photos vermitteln einen gewissen Eindruck von Bühnenbild und Gestik, von Kostüm und Mimik.

Aber so viel ist wohl sicher: Das Sprechtheater und das Musiktheater lagen damals noch sehr viel näher beieinander - die Schallplatte hat als einen letzten Reflex die arienhaft angelegten Monologe eines Josef Kainz festgehalten. Auch auf der Schauspielbühne kam in jener Zeit offenbar Entscheidendes auf Rhythmus, Melodie und festgelegte Tonführung an, wie das bis heute, für den Europäer zusätzlich exotisch verfremdet, etwa für das japanische Theater, für No und Kabuki, gilt. Das aber hieß, daß von der Stimme, ihrer Ausdruckskraft und ihrer Schönheit - und auch von der Reinheit der Sprache - weit mehr abhing als später. Und hier drohte der junge Albert Bassermann mit seinem rauhen, zunächst wenig tragfähigen Organ und seinem breiten Mannheimer Dialekt rasch zum Gespött zu werden. Er schien bald nur noch die Wahl zu haben, aus der unfreiwilligen Komik seiner Auftritte eine freiwillige zu machen, also sich auf das entsprechende Fach zu verlegen beziehungsweise sich auf das Gebiet des sogenannten Episodenschauspielers in Posse und Salonstück zu beschränken, die bereits modernere, uns vertrautere Darstellungsformen kannten.

Beides wollte Albert Bassermann nicht. Er strebte von Anfang an - sein großes Vorbild als Schauspieler war Friedrich Mitterwurzer - ins große, ins klassische Schauspiel. So zog er von Bühne zu Bühne. Zunächst war er in Heidelberg für, wie er spottete, »Chlor und keine Rollen« und 75 Mark Monatsgage engagiert; dann folgte Kaiserslautern. Später ging es von Lüneburg nach Wernigerode und schließlich für einige Monate nach Hannover. Nach einer Spielzeit am Stadttheater Bern fand er in Meiningen, wo er, vormittags, auch seine Militärdienstzeit ableistete und schließlich Reserveoffizier wurde - als der erste aktive Schauspieler in der preußischen Armee -, erstmals etwas festeren Boden, erhielt er größere und im Sinne seiner eigenen Ziele und Erwartungen ernstzunehmendere Rollen, den Franz Moor in Schillers »Räubern« beispielsweise oder den Mortimer in dessen »Maria Stuart«. Langsam begann er sich hier, ursprünglich für das Fach der »humoristischen Väter« engagiert, im Charakterfach zu etablieren, von Publikum und Kritik immer noch eher skeptisch betrachtet, von der Leitung des Hauses wie von vielen seiner bisherigen Intendanten und Regisseure wegen seiner Eigenwilligkeiten, aber auch seiner Ansprüche nicht gerade über alle Maßen geschätzt - ungeachtet seiner oft hervorgehobenen ausgeprägten persönlichen Liebenswürdigkeit. »Es war nicht ganz einfach im Anfang«, notierte er später lakonisch in einer autobiographischen Aufzeichnung, um gleich in der ihm eigenen Art hinzuzufügen: »Und später übrigens auch nicht. Es wurde eigentlich immer schwieriger.«

Seinen Aufstieg und schließlichen Durchbruch verdankte Albert Bassermann dann weniger der eigenen Entwicklung, sprich der Anpassung an die noch vorherrschende Schauspieltradition auch im Technisch-Handwerklichen - obwohl vor allem auch seine Stimme in diesen sehr wechselvollen Lehrjahren entschiedene Fortschritte machte. Sein Erfolg, der den seines Onkels schon bald überstrahlen sollte, war vielmehr aufs engste verbunden mit dem Umbruch zum sogenannten naturalistischen Theater, der Ende der achtziger Jahre vom Berliner Lessingtheater seinen Ausgang nahm.

Im April 1889 hatte sich in Berlin eine Reihe junger Journalisten und Theaterkritiker mit Theodor Wolff, Maximilian Harden und Otto Brahm an der Spitze zusammengefunden und mit anderen Interessierten, darunter dem Verleger Samuel Fischer, einen Verein »Freie Bühne« gegründet. Er setzte sich besonders die Förderung des jungen, gesellschaftskritischen und zugleich hochrealistischen Dramas im Stile Ibsens zum Ziel. In geschlossenen - und daher auch im Hinblick auf das noch bestehende sogenannte Sozialistengesetz zensurfreien - Vorstellungen sollte das Berliner Publikum gezielt mit dieser Richtung bekanntgemacht werden. Dabei war allen Beteiligten klar, daß Dramen dieser Art auch einen ganz neuen Darstellungsstil verlangten, wie er in Ansätzen bereits in dem 1882/83 von dem Schriftsteller Adolf L'Aronge gegründeten Deutschen Theater entwickelt worden war, das sich allerdings vornehmlich den Klassikern widmete.

Am 29. September 1889 fand die erste Aufführung statt, die von dem neuen Verein getragen wurde. Unter der Regie von Hans Meery spielte man Ibsens »Gespenster«, ein zwar in Berlin bereits mehrfach aufgeführtes, aber offiziell immer noch verbotenes Stück. Drei Wochen später folgte dann mit der Aufführung des Werkes eines bis dahin gänzlich unbekannten Autors, für das sich der Vorsitzende des Vereins, Otto Brahm, besonders eingesetzt hatte, der größte Theaterskandal, den Berlin seit Jahrzehnten erlebt hatte. Es hieß »Vor Sonnenaufgang« und markierte den Durchbruch des naturalistischen deutschsprachigen Dramas, eines Dramas, das, ganz gegenwartsbezogen und zumeist auf der Nachtseite der sogenannten bürgerlichen Gesellschaft angesiedelt, einen erheblichen Teil seiner Wirkung aus der drastischen und zugleich anklagenden Schilderung der Opfer, der Unterdrückten, der Geschlagenen dieser Gesellschaft bezog. Drei Jahre später ließ sein Autor, der damals gerade dreißigjährige Gerhart Hauptmann, mit den »Webern« das klassische Stück dieses Genus folgen, das eine ungeheure Wirkung hatte. Verlangt war dabei hier wie in den Dramen Sudermanns, Max Halbes, später Frank Wedekinds in der Nachfolge Ibsens und Björnsons ein ganz neuer Schauspielertypus, der den Nachtgestalten, den Bedrückten und halb Zerstörten, aber auch den innerlich Gespaltenen und Zerrissenen, den spezifisch Modernen realistisch, möglichst lebensnah Ausdruck zu geben vermochte - was dann wiederum nicht ohne Einfluß auf das klassische Theater blieb: Die Übernahme des Deutschen Theaters durch Otto Brahm im Jahre 1893, dem Jahr der Premiere der »Weber«, signalisierte die entscheidende Wende.

Sie wurde zur Stunde Albert Bassermanns. 1895 hatte ihn Aloys Prasch, der neue Direktor des »Berliner Theaters«, in die Hauptstadt geholt - er war der Vorgänger seines Onkels als Intendant des Mannheimer Nationaltheaters gewesen und kannte Albert Bassermann auch von daher, zuletzt aus einem Gastspiel als »Hamlet«.

Seine Berliner Karriere begann mit wechselndem Erfolg. Seine Idee, den Geßler in Schillers »Tell« als Betrunkenen zu geben und ihn so zu vermenschlichen, fand ein eher geteiltes Echo. »Nur ein genialer, seiner Mittel durchaus sicherer Künstler darf sich solche Kühnheiten erlauben«, notierte Fritz Mauthner, einer der gefürchteten Kritiker des »Berliner Tageblatts«: »Herr Bassermann wurde für die seine, die er tapfer durchführte, gründlich ausgelacht.«

Dann aber kam am 1. Dezember 1896 der Durchbruch. Prasch hatte ihm, trotz des Geßlers, den jungen Heinrich, den späteren Heinrich V., in Wildenbruchs »Kaiser Heinrich«, einem damals beliebten Historienstück, übertragen. Und aus dieser Rolle des zwischen Sohnesliebe und Machtinstinkt, zwischen Loyalität und dem Gefühl eigener Überlegenheit Hin- und Hergerissenen - eine Gestalt nicht ohne zeitgenössische Aktualität, vor allem da der Autor ein Hohenzollernenkel war - machte er eine Figur von eigentümlicher Faszination und vor allem außerordentlicher Bühnenwirksamkeit. »Heinrich V.«, notierte die alte Baronin Spitzemberg, Bismarcks langjährige Vertraute am Berliner Hof und eine entschiedene Kritikerin Wilhelms II., in ihr Tagebuch, »wurde von einem Schauspieler Bassermann ausgezeichnet gegeben«. »Herr Bassermann«, so Fritz Mauthner, »ist an diesem Abend ein Schauspieler geworden, von dem noch oft die Rede sein wird.«

Nach vielen großen Rollen - darunter der Malvolio in Shakespeares »Was Ihr wollt«, der Narziß in Brachvogels vielgespieltem gleichnamigen Stück und der Schmock in Gustav Freytags »Journalisten« - spielte er unter Praschs Nachfolger, Paul Lindau, der ihn »den besten Mann aus der Hinterlassenschaft meines Vorgängers« nannte, einen zum Arbeiterführer werdenden Pfarrer in Björnstjerne Björnsons damals vieldiskutiertem und auch heftig umstrittenen zweiteiligen Schauspiel »Über unsere Kraft«; damit hatte er es endgültig geschafft. Wenig später - die Premiere war am 24. März 1900 gewesen - holte ihn Otto Brahm ans »Deutsche Theater« in der Schumannstraße. Ihm folgte er 1904 auch an das »Lessing-Theater« am Prinz-Friedrich-Karl-Ufer, bis er im Herbst 1909 an das »Deutsche Theater« zurückkehrte, zu Max Reinhardt, seinem ehemaligen Schauspielerkollegen, der inzwischen der führende Mann des deutschsprachigen Theaters geworden war.

Otto Brahm war mehr als der Leiter einer der wichtigsten Bühnen Deutschlands. Der Name stand für ein Programm: für die Wiederbelebung des Theaters als »moralische Anstalt«, und zwar in einem sehr handfesten, sehr aktuellen Sinne, weit entfernt von jener Verdünnung ins Blutleere und Abstrakte, den der Schillersche Begriff inzwischen innerhalb des gebildeten Bürgertums erfahren hatte. Björnson, Ibsen und Hauptmann - Brahms bevorzugte Autoren neben Schnitzler - sprachen offen von der Verkommenheit, der Brutalität, ja, der Unmenschlichkeit der vorherrschenden Kräfte der Gesellschaft ihrer Zeit, der sogenannten bürgerlichen Gesellschaft, und das wurde mit größter Drastik, ganz »naturalistisch« in Szene gesetzt. »Zur Hölle« hieß die tiefe, von keinem Sonnenstrahl erreichte Schlucht, in der die Elendsquartiere der Arbeiter in Björnsons »Über unsere Kraft« angesiedelt waren, beherrscht von einer

Trutzburg im gotischen Stil, der Zitadelle des kapitalistischen Blutsaugers. »Von Zeit zu Zeit« sei ein »Aderlaß der Unruhestifter« nötig, wie seinerzeit bei der Niederschlagung des Kommuneaufstands 1871 in Paris, heißt es dort oben. Und unten predigt Bratt den Arbeitern und ihren Familien den Aufstand, nachdem eine Frau in tiefster Verzweiflung und Hoffnungslosigkeit erst ihre Kinder und dann sich selbst umgebracht hat. Kein Ausgleich, kein Kompromiß sei mehr möglich, sondern nur noch die Vernichtung jener, die denen unten »die Sonne genommen haben«.

Das war nicht nur eine Paraderolle, das reizte zur Identifikation, zu Verbindungen zwischen der Partie und der Person, wie sie dem Publikum, zumal bei aktuellen und stark emotionalen Stücken, seit je geläufig waren. Albert Bassermann, der Sohn aus bürgerlichem Hause, der Neffe des Führers der nationalliberalen Partei und Reichstagsfraktion, des Aufsichtsratsmitgliedes vieler großer Unternehmen – der übrigens ein begeisterter Theaterbesucher war –, lieh hier nicht nur einer beliebigen Figur Stimme und Gestalt. Brahm in Berlin, Stanislawski in Moskau, Antoine in Paris – sie alle lehrten, daß der Schauspieler kein Orchestermusiker sei, eine Rolle keine Notenstimme. In ihm müsse stets zugleich das Ganze lebendig werden, das Drama in seinen Grundlagen, in seinen individuellen, aber auch in seinen überindividuellen Voraussetzungen. Der Prozeß der inneren Aneignung müsse über das Gefühl und über den Verstand gehen und müsse so umfassend wie möglich sein. So würden die einzelnen zugleich zu einem Ensemble zusammenwachsen, zu einem Ensemble im Spiel, aber eben auch in der Sache, um die es bei diesem Spiel gehe.

Die neue Form der Schauspielkunst entfaltete sich so zugleich als engagiertes Theater, und der Schauspieler erhielt eine ganz neue Qualität, eine ganz neue Position, vor allem ein ganz neues Selbstverständnis. Das war nicht ohne Gefahren; es legte die Grundlagen für den modernen Starkult, der dann durch den Film und schließlich das Fernsehen mächtig vorangetrieben wurde, wie es andererseits missionarische Momente begünstigte. Zugleich aber schuf es eine Perspektive kritischer Distanz gegenüber der Gesellschaft und den in ihr vorherrschenden Konventionen und herkömmlichen Betrachtungsweisen. Es enthielt ein bisher hier weitgehend unbekanntes, von jener Gesellschaft dann zunehmend akzeptiertes und auf sie ausstrahlendes Element der Freiheit und verlieh dem Theater und den an ihm Tätigen in den folgenden Jahrzehnten einen ganz ungewöhnlichen Einfluß auf das geistig-kulturelle und über dieses auch auf das politisch-praktische Leben.

Die Art, wie der Nationalsozialismus und sein Minister für »Volksaufklärung und Propaganda« das Theater einzusetzen versuchten, zeigt, wie die schärfsten Gegner all dessen, worauf dieser Einfluß beruhte, ihn ganz nüchtern in seiner praktischen Bedeutung einschätzten und welche Kompromisse sie dementsprechend einzugehen bereit waren, um sich seine Träger als Instrument zu sichern. Albert Bassermann war einer der ersten, in dem sich diese neue Rolle des Schauspielers verkörperte. Und er hat davon in einer Art Gebrauch gemacht, die, gerade in kritischer Wendung gegen das Bürgertum seiner Zeit, den besten Traditionen dieses Bürgertums und seiner eigenen Familie entsprach - bis hin zu der entschlossenen Absage an jene, die dann so nachhaltig und mit für manchen verführerisch klingenden Argumenten um das Bürgertum warben.

Die kritische Wendung gegen das Bürgertum seiner Zeit zeigte sich außer auf der Bühne, wo er als einer der Hauptprotagonisten des naturalistischen, des sozialkritischen Theaters, zumal Ibsens, wirkte - als Doktor Stockmann, als Konsul Bernick, als Hjalmar in der »Wildente«, als Oswald in den »Gespenstern« - und damit vielfach auch identifiziert wurde, zunächst im Lebensstil bis hin zu reinen Äußerlichkeiten und Marotten. So pflegte schon der junge Schauspieler aus, wie man jetzt gern sagte, großbürgerlichem Milieu eine an Ludwig Thomas Filserbriefe erinnernde Lautschrift, und zwar durchaus ernsthaft, in Wendung gegen ein bildungsbürgerlich erstarrtes »Schriftdeutsch«: »Liber ser fererter her«, hieß es hier, von einer »kwälenden orenerkrankung« war die Rede, vom »tag Ires hirsains«, von dem Schauspiel »Schtain unter Schtainen« und den »schtüzen der geselschaft«.

Seine Urgroßmutter Wilhelmine, die Reinhardttochter, hätte ihn wohl auf Anhieb verstanden. In seiner Umgebung wie in der Familie sah man darin jedoch nur das Exzentrische, das bewußt Un- und Antibürgerliche, das nach inzwischen bereits allgemeinem Verständnis eben zum Schauspieler gehörte. Das galt auch für seine als

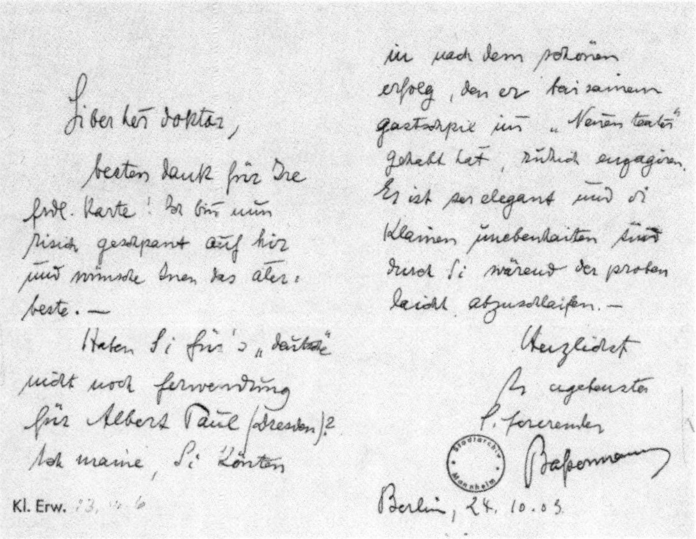

Liber her doktor,

besten dank für Ire frdl. Karte! Ich bin nun risich gespant auf hir und wünsche Inen das aller-beste. –

Haben Si für's „dachle" nicht noch ferwendung für Albert Paul (dresden)? Ich maine, Si könten in nach dem schönen erfolg, den er bei seinem gastspil im „Neuen teater" gehabt hat, ruhich engagiren. Er ist ser elegant und di kleinen unebenheiten sind durch Si wärend der proben leicht abzuschleifen. –

Herzlichst
Ir ergebenster
P. forerender
Bassermann

Berlin, 24. 10. 03

Kl. Erw.

Brief Albert Bassermanns

geradezu pathologisch erscheinende Abneigung, photographiert zu werden, wie für die Tatsache, daß er, nach manchen Amouren, zunächst in wilder Ehe lebte und seine Tochter Carmen – sie blieb sein einziges Kind – Ende Februar 1908, ausgerechnet am 29., unehelich zur Welt kam. Daß er die Mutter Ende des Jahres dann doch heiratete – und mit ihr über Jahrzehnte eine legendär glückliche Ehe führte –, hat die Familie schließlich sehr beruhigt: Das im März 1909 erschienene dritte Heft der »Bassermann'schen Familien-Nachrichten« verzeichnete, natürlich ohne die Tochter zu erwähnen, ganz förmlich-offiziell: »Albert Bassermann, Schauspieler am Lessingtheater in Berlin, heiratete am 30. Dezember 1908 Fräulein Elisabeth Schiff, Schauspielerin am Deutschen Theater in Berlin, geboren am 14. Januar 1878 zu Leipzig.«

Sicher, man war gerade in solchen persönlichen Dingen durchaus liberal, weit liberaler als im steifen Norden, aus dessen bürgerlicher Lebenswelt Thomas Mann in seinen »Buddenbrooks« Dinge

Albert Bassermann mit seiner Frau Else, geb. Schiff (1878–1961)

berichtete – man denke etwa an Tony Buddenbrook und die Verwirrungen ihres Lebens –, von denen man weit entfernt war. Aber man sollte es doch nicht übertreiben. Wenn man wie Albert Bassermann inzwischen die Vierzig überschritten und es unübersehbar zu etwas gebracht hatte, waren auch für einen Schauspieler wohl die

Sturm- und Drangjahre vorbei. Ein »unbürgerlicher« Lebensstil konnte dann leicht zur leeren, noch dazu von aller Verantwortung entlastenden Pose werden.

Das hat sich wohl auch Albert Bassermann selbst gesagt, dem nichts ferner lag, als auf solche Weise innere Unabhängigkeit und Ungebundenheit zu demonstrieren. Daß er über sie in großem, in für manchen auch unbequemem Maße verfügte, hatte er in den letzten Jahren mehr als einmal bewiesen. Er war, im Kern ein durchaus liebenswürdiger und von vielen geschätzter Kollege, auch in dem engagierten Milieu der Brahmschen Truppe alles andere als ein Angepaßter. Gerade die Angepaßtheit, das Schielen nach dem, was die anderen machten, dachten, für wichtig und wertvoll hielten, war ein Grundzug der bürgerlichen Gesellschaft und zumal des mittelständischen Bürgertums seiner Zeit, der ihm besonders problematisch erschien. Und er dachte gar nicht daran, das, was Theodor Mommsen damals aus einer ganz ähnlichen Haltung heraus den »Dienst im Gliede« nannte, nun auf der anderen, der vor allem auch dem Bürgertum und der bürgerlichen Welt gegenüber höchst kritisch eingestellten Seite zu leisten - so sehr er mit deren Grundüberzeugungen übereinstimmte. Ja, er begann immer deutlicher die Gefahr zu sehen, daß das naturalistische, das sozialkritische Theater zum bloßen Agitationstheater herabsank und damit das wieder einbüßte, was es sich als allseitig kritische Instanz an Wirksamkeit und Einfluß erworben hatte.

Darüber drohte es auch künstlerisch flach zu werden, aufgeregt-unaufregend, eine Staub ansetzende Mode. So hatte es nicht nur äußerliche Gründe - man bot ihm einen Vertrag mit sechsmonatiger Präsenzpflicht und eine Gagengarantie von sechsunddreißigtausend Mark, soviel wie das Gehalt eines preußischen Staatsministers -, daß er nach neun Jahren bei Brahm im Oktober 1909, nun Anfang Vierzig, an das »Deutsche Theater« zurückkehrte. Dessen Direktor war seit 1905 der jetzt sechsunddreißigjährige Max Reinhardt. Dieser nahm in seiner Arbeit alles auf, was sich in den letzten zwanzig Jahren künstlerisch getan hatte, aber er überwand zugleich die Verengungen und Erstarrungen, die damit schließlich einhergegangen waren. Er präsentierte Theater wieder in seiner vollen Breite, von den Klassikern bis zum modernen Kabarett, vom Lustspiel über das moderne Problemstück bis zur Operette.

Albert Bassermann in der Titelrolle von Lessings »Nathan der Weise«

Albert Bassermann als »Mephisto«

Albert Bassermann als »Hamlet«

Albert Bassermann als »Shylock«

Das war Theater in seiner ganzen Vielfalt, wie es Albert Bassermann nicht zuletzt aus der Theatergeschichte seiner Heimatstadt, vor allem der legendären Ära Dalberg, vertraut war. Es wurden, wie er selber gesagt hat, seine »schönsten Jahre«: »Was ich mir alle Jahre hindurch gewünscht hatte, seitdem ich zum Theater gegangen war, ist mir in meiner Reinhardt-Zeit beschieden worden.«

Hier war er nun ganz in seinem Element, als der große Charakterdarsteller in den unterschiedlichsten Rollen, als König Philipp in Schillers »Don Carlos«, seiner ersten großen Partie bei Reinhardt, als Mephisto in Goethes »Faust« – dessen zweiter Teil in der Inszenierung Reinhardts nicht weniger als zehn Stunden dauerte –, als Shylock in Shakespeares »Kaufmann von Venedig« innerhalb des berühmten Shakespeare-Zyklus, als Othello, als Lear, als Hamlet, als Nathan, als »Herr« in Strindbergs »Wetterleuchten« – in seinem Element aber auch in einem anderen, weitläufigeren Sinne.

Theater nahm bei Reinhardt und seinem »Deutschen Theater« wieder auf, was es in seiner bürgerlichen Frühzeit, nach dem Ende der höfischen Epoche hatte sein wollen – es war kein Zufall, daß im Bühnenbild und darüber hinaus im ganzen Zeitstil, dem sogenannten Jugendstil, die Anknüpfung an jene Zeit, an den Klassizismus und an seine dann speziell bürgerliche Spielart, das Biedermeier, immer unübersehbarer wurde. Hier sollten die Menschen zusammengeführt werden über alle Trennungen der sozialen Stellung, des Berufs, der jeweiligen Arbeitswelt, der Unterschiede in Besitz und Bildung, der Herkunft, der politischen und religiösen Glaubensüberzeugungen hinweg. Hier sollten sie wieder eine Gemeinschaft bilden, eine Gemeinschaft der prinzipiell Gleichen – gleich gegenüber der Kunst, gleich in ihrem Bestreben, sich über den Alltag zu erheben, ihrem Dasein Sinn und Würde zu erwerben, teilzuhaben an einer allgemeinen, allen gehörenden Kultur, ihrem Erbe wie ihrer Gegenwart und Zukunft.

Damit hatte es zu tun, daß Reinhardt, der mit einem ganz kleinen Theater angefangen hatte, in immer größere Räume drängte, schließlich, für seine Aufführungen der großen Tragödien der griechischen Antike, das Winterhaus eines Zirkus mietete, bevor ihm Hans Poelzig daraus das »Große Schauspielhaus« baute. Auch die Anfänge der »Salzburger Festspiele«, die dann eine so ganz andere Entwicklung nahmen, wurzelten in diesem Geist.

Durch die Kunst, durch das Theater, sollten die Menschen aus der Entfremdung gelöst werden, in die sie die moderne Arbeits- und Lebenswelt hineingeführt hatte und immer tiefer hineinführte – das war die große, die leitende Idee. Albert Bassermann konnte sich in ihr zugleich der Tradition seiner Familie und des aufsteigenden Bürgertums der deutschen Städte insgesamt sehr viel enger verbunden fühlen als sein Onkel Ernst, der diese Tradition so gezielt pflegte und der doch viel mehr das neue, das sich abschließende, das klassenkämpferische Bürgertum repräsentierte, gegen das in Björnsons »Über unsere Kraft« der von seinem Neffen verkörperte Arbeiterführer Bratt seine Anklagen geschleudert hatte.

Sein Großonkel Friedrich Daniel, der Achtundvierziger, hatte diese Tradition als Mitglied der dreiköpfigen Theaterintendanz des Mannheimer Nationaltheaters in den vierziger Jahren sehr unmittelbar verkörpert. In seinen politischen und gesellschaftlichen Idealen war die Ziel- und Zukunftsvorstellung noch ganz direkt greifbar gewesen, die sich damit verband. Wie hatte der warnende und mahnende Fabrikbesitzer Anker an der zentralen Stelle von Björnsons Drama gesagt, dem Albert Bassermann seinen Durchbruch verdankte? Seine Standesgenossen, die so selbstbewußten und dynamischen Unternehmer und Wirtschaftskapitäne, ja, das besitzende Bürgertum insgesamt lebe »über die Kraft«, über das, was rechtlich, billig und menschlich sei und beschwöre so den Sturm, die Katastrophe herauf, die Auflösung der menschlichen Gemeinschaft in Anarchie und Chaos.

Das war der Geist von damals – Anker ist einer von der »alten Art« –, dem sich Albert Bassermann und Max Reinhardt selber verpflichtet fühlten: Die Wiederentdeckung und gezielte Pflege der deutschen Klassiker gehört auch in diesen Zusammenhang.

Albert Bassermann hatte, als er zu Reinhardt ging, auch einen ganz aktuellen, äußerlichen Anlaß, sich an die Tradition seiner Familie und seiner Vaterstadt besonders zu erinnern. Ende März 1911 erhielt er aus der Hand des Testamentsvollstreckers von Friedrich Haase, einem schon legendär gewordenen Schauspieler und Schauspieldirektor des 19. Jahrhunderts, der eben im Alter von fünfundachtzig Jahren gestorben war, ein Schreiben des Verstorbenen und beigefügt einen Ring, der, in Eisen geschnitten und von einem

Kranz Diamanten umgeben, das Porträt August Wilhelm Ifflands zeigte, des berühmten Schauspielers und Berliner Theaterdirektors, dessen Karriere am Mannheimer Nationaltheater unter Dalberg begonnen hatte. Dieser Ring, so Haase, sei von Iffland über Ludwig und Emil Devrient und Theodor Döring an ihn gekommen mit der Auflage, ihn bei seinem Tode dem Schauspieler zu überlassen, »den ich zur Zeit für eine solche Ehrengabe als Würdigsten erachtete«; das tue er hiermit. Er übergebe, formulierte er feierlich, »diesen historisch gewordenen Ring Albert Bassermann, weil er unter den bekannt gewordenen deutschen Bühnenkünstlern aus gar mancherlei Gründen augenblicklich mir am bedeutsamsten erscheint, diesen Schmuck zu empfangen«.

Es ist bis heute umstritten, was es mit der von Haase beschriebenen Vorgeschichte des Ringes auf sich hat, und ob es sich nicht nur um eine Mystifikation Dörings und Haases in Analogie zu dem englischen Garrick-Ring handelte. Immerhin war schon 1911 von dem »legendären Ifflandring« als von einem lang bekannten Gegenstand die Rede. Entscheidend jedoch war, daß die Auszeichnung mit ihrer Widmung und ihrem Hintergrund allgemein akzeptiert wurde: Der Dreiundvierzigjährige galt inzwischen als einer der, wenn nicht als der bedeutendste deutschsprachige Schauspieler seiner Zeit.

Dazu hat sicher beim allgemeinen Publikum beigetragen, daß er mittlerweile, auf der Bühne wie im täglichen Leben, eine repräsentative Erscheinung geworden war, ein Mann, auf den sich die landläufigen Erwartungen der Zeit hinsichtlich der Souveränität und Weltläufigkeit des großen Künstlers projizieren ließen. »Noch in der verkommensten Gestalt«, so hat es Max Reinhardt rückblickend, kurz vor seinem Tode, einmal ausgedrückt, »blieben Sie, was Sie sind: ein Edelmann. Für Sie ist der Ifflandring, der«, wie Reinhardt in feiner Differenzierung hinzufügte, »die wundervolle Lessingsche Parabel einschließt, nur ein Symbol. Sie selbst haben die Gabe, sich vor Gott und den Menschen angenehm zu machen.« Und mit der ganzen Reinhardtschen Emphase: »Ich liebe Sie.«

Die bürgerliche Gesellschaft, das vermögend und mächtig gewordene Bürgertum der Zeit, das mit Ernst Bassermann für das Reich immer nachhaltiger und fordernder einen »Platz an der

Sonne« reklamierte, griff damals, in den Jahren unmittelbar vor dem Ersten Weltkrieg, begierig nach seinem in die Kunst entlaufenen Sohn, suchte den so erfolgreichen Nachkommen einer seiner großen Familien zu einer Galionsfigur zu machen. Ob ihnen das unter anderen Umständen gelungen, ob Albert Bassermann auf diese Weise frühzeitig zu einem Denkmal seiner selbst geworden wäre, steht dahin – alles, was wir an Zeugnissen über ihn besitzen, spricht eher dagegen. Aber es kam ohnehin alles anders. Schon wenig später brach der große Krieg aus, und mit ihm endete sehr bald nicht nur der Traum von einer europäischen Hegemonie des Deutschen Reiches, von einer weltbeherrschenden Stellung Deutschlands und mit ihm des deutschen Bürgertums, wie ihn mit vielen anderen auch Ernst Bassermann, der in Berlin so einflußreiche Onkel Alberts, geträumt hatte. Mit dem Krieg brach, selbst wenn viele es zunächst nicht wahrhaben wollten, auch die sogenannte bürgerliche Gesellschaft zusammen, was ihre materiellen und politischen Grundlagen anging.

Gleichzeitig freilich wurde ganz deutlich, was viele schon vor 1914, in Frontstellung gegen die bürgerliche Gesellschaft ihrer Zeit, betont hatten: daß diese bürgerliche Gesellschaft und die bürgerliche Kultur, das Erbe von Idealen und Werten, von unvergänglichen Werken und grandiosen Zukunftsentwürfen, von Hoffnungen und Versprechungen, die in ihr enthalten waren, keine untrennbare Einheit bildeten, daß die bürgerliche Kultur über die Realitäten der bürgerlichen Gesellschaft weit hinauswies. Max Reinhardts Theater erlebte wie so vieles, was bereits im ausgehenden 19. Jahrhundert, vor 1914, angelegt gewesen war, in den zwanziger Jahren eine die ganze Welt beeindruckende und faszinierende Hochblüte. Und bei Reinhardt hatte Albert Bassermann alles Pathetisch-Herkömmliche, alle manieristische Pose, von der auch das naturalistische Theater durchaus nicht frei war, endgültig abgelegt. Mit ihm war er jene große Schauspielerpersönlichkeit geworden, die, vor allem auch in den großen klassischen Partien, das 19. Jahrhundert aufnahm und zugleich überwand.

Reinhardt selbst, dem er trotz eines massiven Konflikts über dessen Gagenpolitik im Winter 1914/15 künstlerisch und menschlich aufs engste verbunden blieb – anders als bei manchem anderen markierte das Jahr 1933 hier keine Zäsur, im Gegenteil –, hat ihm wenige Monate vor seinem Tod im amerikanischen Exil ein Denkmal gesetzt, wie es eindrucksvoller nicht denkbar ist: »Wenn Sie als König Philipp auftraten und im Gedränge Ihres Hofstaates so entsetzlich allein waren, wenn Sie als Lear mit dem Sturm der Heide Ihr Herz rasen ließen, mit dem unbarmherzigen Regen Ihre Augen weinen ließen; wenn Sie als Petrucchio und Benedict im lustigen Gelächter funkelten, wenn Sie die Narrheit des Malvolio vermenschlichten, die zeitgemäße Tragik des Shylock, die unzeitgemäße Wahrheit des Nathan offenbarten, und in vielen anderen Gestalten immer ein vollkommen neuer Mensch wurden und doch zugleich der einmalige Bassermann blieben, dem eben nichts Menschliches fremd ist – dann jubelte ich jedesmal über die Grenzenlosigkeit des großen Schauspielers.« »Meine schönsten und bedeutendsten theatralischen Erinnerungen«, fügte ein anderer großer Sohn des deutschen Bürgertums damals an, auch er im freiwilligen Exil in Amerika, »sind mit Ihrem Namen verknüpft, mit Ihrer Person und Ihrer Kunst, die ja im Falle des großen Schauspielers so ganz ein und dasselbe sind.«

Die Einheit von Person und Kunst, von Person und Werk, die Thomas Mann hier beschwor, auch sie gehörte zu dem großen Erbe, das der in seiner Herkunft Albert Bassermann so ähnliche Lübecker Bürgersohn durch einen Mann wie Gustaf Gründgens, den einstigen Schwiegersohn, wie durch viele andere in seiner Zeit schmählich verraten sah: dem Erbe eines Menschenbildes, das spezifisch bürgerlich zu nennen gerade Thomas Mann nicht müde wurde. Das enthielt sicher romantische, nostalgisch-verklärende Elemente, gerade auch angesichts des so offenkundigen Versagens des deutschen Bürgertums, mit dem er dieses Erbe sehr bewußt konfrontierte; es gab zwischen diesem Erbe und dem Versagen ja mancherlei Verbindungslinien, und sie waren Thomas Mann nicht ganz unvertraut. Aber im Kern war damit eben schon das Gegenteil jenes Mommsenschen »Dienstes im Gliede« bezeichnet, der eben jetzt so schauerliche Triumphe feierte: Selbständigkeit, Individualität, Autonomie, »die rettende Ehrfurcht des Menschen vor sich selbst«, wie der Autor des Doktor Faustus es nannte – mit einem Wort, die freie, sich selbst verantwortliche bürgerliche Existenz. »Bassermanns

Kunst war human – er war ein Retter, ein Rühmer des Menschengeschlechtes«, so hat es sein Biograph formuliert.

Es hatte natürlich ganz pragmatische Gründe, daß Albert Bassermann nach fünf Jahren als festes Ensemblemitglied an Reinhardts Deutschem Theater praktisch nur noch Gastspiel- und Stückverträge einging: Nur so konnte er, inzwischen ein ausgesprochener Star des deutschsprachigen Theaters und bald auch des Films, wenigstens die reizvollsten Angebote annehmen, die von allen großen Bühnen bei ihm eingingen. Aber es fügte sich eben auch in jenen Zusammenhang. Die freie künstlerische Existenz bot in einer Welt, die den einzelnen immer mehr einband, ihn in immer größere Abhängigkeiten zwang, eine der letzten Rückzugsbastionen wirklicher Freiheit, jener Freiheit, die der Urgroßvater gemeint hatte, als er das Lichtwersche »Sei dein eigner Herr und Knecht« zu seiner Familiendevise wählte.

In der trockenen Buchhaltung der kleinen schwarzen Hefte, in denen Albert Bassermann Rollen und Gastspiele, Daten und Hotels notierte, erschien im August 1914 ein einziges knappes Wort: »Krieg«. Sein dreizehn Jahre älterer Onkel Ernst Bassermann, der gerade sechzig gewordene Vorsitzende der nationalliberalen Partei, hatte sich als Reserveoffizier mit seinen beiden Schwiegersöhnen, Kurt Bassermann und Waldemar von Roon, sogleich freiwillig gemeldet. Seine Vettern und Neffen eilten zu den Waffen, vielfach gleichfalls als Kriegsfreiwillige, wie sein zwei Jahre jüngerer Vetter Ludwig Bassermann-Jordan, der schon am 11. August 1914 bei Mühlhausen fiel – insgesamt wurden vier Mitglieder der engeren Familie Opfer des Krieges. Alexander Moissi erwarb die deutsche Staatsbürgerschaft, um für Deutschland in den Krieg ziehen zu können, Paul Wegener rückte als Offizier nach Flandern. Und Albert Bassermann? War er nicht in Meiningen als erster aktiver Schauspieler in der preußischen Armee Reserveoffizier geworden? Auch er wolle, meldeten die Zeitungen in die hochschäumende Woge der nationalen Stimmung und des Hurrapatriotismus, dem eingekreisten und tödlich bedrohten Vaterland, obwohl schon sechsundvierzig Jahre alt, zu Hilfe eilen. Das Dementi, das der Träger des Ifflandringes in einer persönlichen Erklärung der Presse zuleitete, entsprach in einer Hinsicht ganz dem Zeitgeist: Es war militärisch knapp. Ansonsten

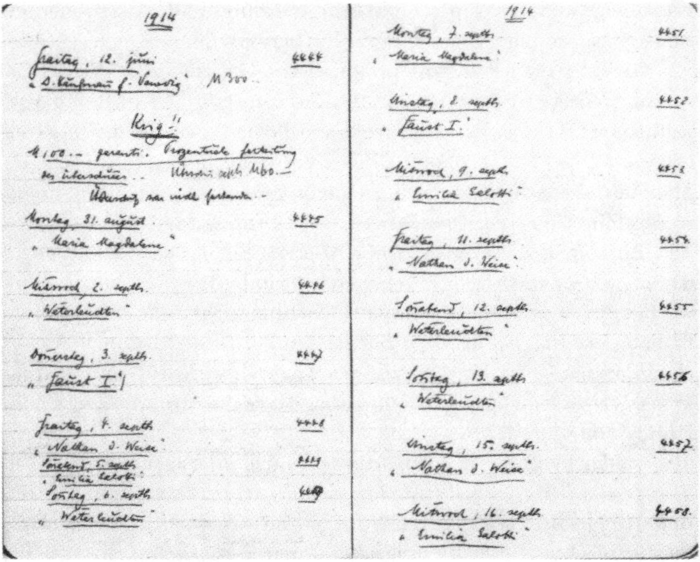

1914

Freitag, 12. Juni 4444
„D. Kaufmann v. Venedig“ M 300..

Krieg!!

Montag, 31. August 4445
„Maria Magdalene“

Mittwoch, 2. septb. 4446
„Wetterleuchten“

Donnerstag, 3. septb.
„Faust I.“

Freitag, 4. septb.
„Nathan d. Weise“

Sonnabend, 5. septb.
„Emilia Galotti“

Sonntag, 6. septb.
„Wetterleuchten“

1914

Montag, 7. septb. 4451
„Maria Magdalene“

Dienstag, 8. septb. 4452
„Faust I.“

Mittwoch, 9. septb. 4453
„Emilia Galotti“

Freitag, 11. septb.
„Nathan d. Weise“

Sonnabend, 12. septb. 4455
„Wetterleuchten“

Sonntag, 13. septb. 4456
„Wetterleuchten“

Dienstag, 15. septb. 4457
„Nathan d. Weise“

Mittwoch, 16. septb. 4458.
„Emilia Galotti“

Aus den Notizbüchern Albert Bassermanns

aber lautete es: »Die einzige militärische Rolle, in der ich in nächster Zeit aufzutreten gedenke, ist der Wallenstein in Schillers Trilogie.«

Albert Bassermanns Biograph, Julius Bab, der ihn über Jahrzehnte kannte und genau abzuschätzen vermochte, was dahinter an Überzeugungen stand, bemerkt dazu, ihm sei aus jenen aufgeregten und überhitzten Tagen und Wochen, die Europa im Juli und August 1914 erlebte, nur eine vergleichbare Äußerung bekannt, die des damals bereits bald fünfundsiebzigjährigen Rodin, der bemerkte: »Ja, das kenne ich schon von 1870. Jetzt geht diese Schweinerei wieder los, daß kein Mensch anständig arbeiten kann.«

Bassermann spielte in der Tat, ungerührt von dem öffentlichen Echo auf seine Erklärung, im Herbst 1914 den Wallenstein am »Deutschen Theater«. Der Krieg verlange von allen Opfer, hatte die Direktion dort zu Beginn der Spielzeit erklärt und unter Hinweis auf den mit Sicherheit zu erwartenden dramatischen Rückgang der Besucherzahlen die Gagen auf sage und schreibe ein Drittel gekürzt.

Von einem solchen Rückgang konnte allerdings keine Rede sein, die Theater wurden im Gegenteil immer voller und damit auch die Kassen – das »Deutsche Theater« war ja wie das »Lessing-Theater« und viele andere Berliner Bühnen kein Subventions-, sondern ein Privattheater. Als die Direktion trotzdem keine Anstalten machte, die Gagen wieder zu erhöhen, vielmehr weiterhin auf die dunkle Zukunft verwies, wartete Bassermann noch einige Wochen ab und warf dann in einem dramatischen Auftritt hin.

Auch das ist ihm, einem der höchstbezahlten Schauspieler der damaligen Zeit, hinter vorgehaltener Hand sehr übel angekreidet worden nach dem Motto: unpatriotisch und dazu noch geldgierig. Für ihn selber aber war das Ganze, wenn es dessen noch bedurfte, ein zusätzlicher Beleg dafür, wie in solchen Zeiten, lange vorbereitet, Wort und Wirklichkeit endgültig auseinanderfielen, wie sich hinter Pathos und großen Gesten die materiellen Interessen um so ungenierter entfalteten und die Relation zwischen Leistung und Ertrag auch hier einseitig zu verschieben suchten, wie das schon in so vielen Bereichen der Fall war – in der Tat sind die Verhältnisse niemals wieder auf breiter Front korrigiert worden: Der Durchschnittsschauspieler und der Durchschnittssänger ist seither in einer materiell eher gedrückten Lage geblieben, weit weg von den Einkünften der Direktion und der Verwaltung.

Für Albert Bassermann galt das natürlich nicht. Das »Lessing-Theater«, jetzt von Barnowsky geleitet, engagierte ihn sofort, ab Ende Januar 1915, für die doppelte Gage. Und er hatte auch weiterhin, bald nur noch Gastengagements eingehend, nie zu klagen, selbst nicht im Exil, wo er zunächst in Österreich und vor allem in der Schweiz, am Züricher Schauspielhaus, weiterhin Triumphe feierte und sich dann auch, trotz seines Mannheimer Englisch, im amerikanischen Film, als einer der ersten großen Protagonisten dieses Mediums schon in der Stummfilmzeit, zu behaupten vermochte. Aber der Vorgang hat ihn doch in der Überzeugung bestärkt, daß man in der Generation seiner Väter, Großväter und Urgroßväter bis hin zu dem Hanauischen Müller des 17. Jahrhunderts nur zu recht gehabt hatte, in der Selbständigkeit, in der auch materiellen Unabhängigkeit ein so hohes Gut zu sehen – weit über die Annehmlichkeiten des Tages und den unmittelbaren Lebensgenuß hinaus.

Auf sie kam es auch Albert Bassermann nicht in erster Linie an. Bis kurz vor seiner Heirat und seinem erneuten Übergang ans »Deutsche Theater«, zu Reinhardt, lebte er – dreizehn Jahre lang – bei dem Buchbindermeister Scheibe in der durch die »Amorsäle«, einem eher anrüchigen Tanzlokal, nicht gerade als vornehm geltenden Besselstraße, zunächst in einem, dann in zwei Zimmern und schließlich im vorderen Teil der Wohnung: Das »Berliner Theater« lag gleich um die Ecke, in der Charlottenstraße, und dann hatte er sich eben daran gewöhnt. Auch später trieb er in dieser Hinsicht kaum Aufwand, besaß mit Ausnahme weniger Jahre in Berlin eher nur provisorische Wohnungen, zumal seine Frau und er ihr Leben während der vielen Gastspielreisen sowieso meist im Hotel verbrachten. Nein, die auch materielle Unabhängigkeit bedeutete für ihn wie für seine Vorfahren in erster Linie Freiheit, Freiheit in jeder Hinsicht – als Künstler, als Mitglied der Gesellschaft, auch und nicht zuletzt im Hinblick auf die Politik, als Bürger eines Staates, der so dramatischen Veränderungen unterworfen war.

Albert Bassermann hat sich – wenn er überhaupt von sich sprach – gern als einen unpolitischen Menschen bezeichnet, als einen, dem die Politik und das politische Engagement fern liege. Aber schon seine Presseerklärung vom Sommer 1914 war natürlich nicht bloß ein sachliches Dementi, sondern ein politisches Bekenntnis. Und ein anderer Akt scheinbar bloßer Abwehr fünf Jahre später, der Zurückweisung äußerer Eingriffe und Zumutungen war es natürlich auch. Nach der Revolution hatte die neue, nun von Bismarcks »Reichsfeinden«, den Sozialdemokraten, gebildete Regierung Leopold Jeßner, den Herold des Expressionismus, an die Spitze des Berliner Staatstheaters berufen. Jude und Sozialist, war Jeßner sogleich zu einem bevorzugten Angriffsziel der nationalistischen Rechten geworden. Als er am 12. Dezember 1919 mit seiner ersten großen Neuinszenierung, Schillers »Tell« mit Fritz Kortner als Geßler und Albert Bassermann in der Titelrolle, herauskam – auf illusionsloser Szene nur mit wechselnden Hintergrundsvorhängen und wenigen Versatzstücken –, brach sogleich der Sturm los. In einer dem bisher Gewohnten besonders widersprechenden Szene, der »hohlen Gasse bei Küßnacht«, die bloß durch zwei große schwarze Vorhänge und eine Lichtschneise auf der Vorderbühne markiert

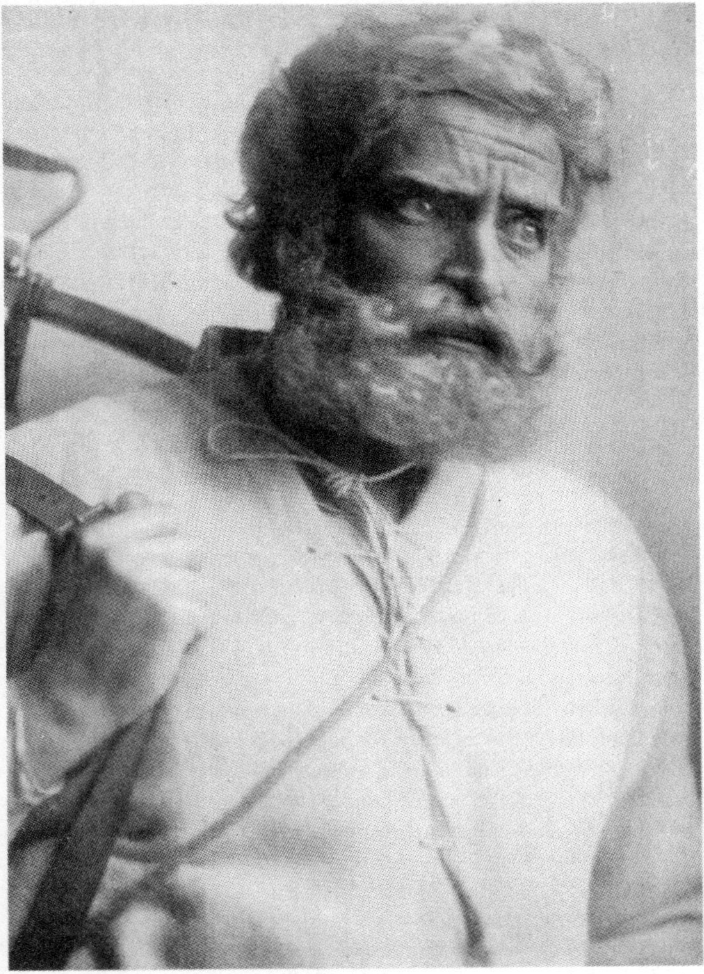

Albert Bassermann als »Wilhelm Tell«

war, begann ein Teil des Hauses, vor allem auf der Galerie, zu toben und zu johlen. Bassermann, künstlerisch durchaus nicht ein Mann Jeßners wie etwa Kortner, bemerkte zunächst trocken: »Na, dann brauch ich ja gar nicht erst anzufangen«, ging aber dann an die Rampe und rief ins Publikum: »Schmeißt doch diese Lausejungens raus!« und, als immer noch keine Ruhe wurde: »Werft doch diese bezahlten Lümmel endlich raus!«

Das war nicht halb, nicht »differenziert«, nicht nach der noch gar nicht deutlichen Mehrheitsmeinung schielend. Das war klar und eindeutig, so klar und eindeutig wie rund dreizehn Jahre später der Auftritt zum Schlußapplaus an gleicher Stelle, vor den Spitzen des neuen Reiches. 1919 war es zugleich ein Akt der Loyalität gegenüber dem Ensemble und vor allem gegenüber der neuen Direktion. Aber das war nicht das Entscheidende. Auch hier war es kein »Dienst im Gliede«. Es war die Überzeugung des Albert Bassermann von dem, was sich gehörte, von dem, was in der Ordnung war, ganz schlicht – aber unendlich weit weg von jenen, die, mit oft sehr klugen und pathetischen Begründungen, so gern dienten, sich einfügten, ihren Beitrag zu der jeweils großen Sache und gemeinsamen Aufgabe leisteten.

»Ruunt in servitium«, sie stürzen in die Knechtschaft, läßt Tacitus den Tiberius, den Kaiser, der davon den Vorteil hat, einmal verächtlich sagen. Das war auch der Eindruck, der sich dem Bürgersohn auf dem Theater, dem Nachkommen selbständiger Kaufleute, zunehmend aufdrängte. Kein Wunder, daß er mehr und mehr zum Einsiedler wurde, kaum jemand an sich und seine Familie heranließ, sich der Presse und Interview- und Gesprächswünschen weitgehend verschloß – nur wenige fanden noch einen wirklich engen Kontakt zu ihm, wie Siegfried Jacobsohn, der Publizist und spätere Herausgeber der »Schaubühne«, der nachmaligen »Weltbühne«, der ihn als junger Student einfach auf der Straße angesprochen und für sich gewonnen hatte, oder Julius Bab, sein späterer Biograph.

Er selber hat es damit begründet, daß die Öffentlichkeit wie alle Gesellschaft und Geselligkeit ihn irritiere, ihn von dem Eigentlichen, von seiner Kunst, abziehe und ihm andererseits als Künstler wie als Menschen kaum je etwas gebe. Aber eben darin steckte jenseits aller individuellen Erfahrung und Enttäuschung zugleich auch ein Allgemeines. Der Druck der Öffentlichkeit und der Gesellschaft, die Erwartungen, die sie an den einzelnen stellten, waren offenbar enorm gewachsen, und die Bilanz, die sich für denjenigen ergab, der auf seiner Individualität, auf seiner Unabhängigkeit, der Idee der freien Entfaltung der Persönlichkeit beharrte, war deutlich negativ. Der persönliche und der geistige wie künstlerische Gewinn durch Gesellschaft und Geselligkeit blieb, so sah es Albert Bassermann, eher gering. Statt dessen stieg in den jeweiligen Milieus, den verschiedenen sozialen und intellektuellen wie politischen Zirkeln und Gruppen die Neigung zum Konformismus, ja, zur Uniformität.

Diejenigen Figuren, die mit ihrer Zeit und ihrer Gesellschaft in Widerspruch lebten, an ihnen verzweifelten, ihnen zum Opfer fielen, waren denn auch die eigentlich großen, die aufwühlenden und bewegenden Rollen des Schauspielers Albert Bassermann. Wie er den Philipp gab, den Shylock, den Lear, den Othello, den Hamlet, den Wallenstein, den Nathan oder auch den Dr. Stockmann in Ibsens »Ein Volksfeind« - das prägte sich einer ganzen Generation ein, das gehörte zu ihren »schönsten und bedeutendsten theatralischen Erinnerungen«, wie Thomas Mann es gravitätisch ausdrückte. Wenn Bassermann die Rolle des »Schwierigen« übernehmen würde, so warb Hofmannsthal 1928 um den Sechzigjährigen, dann wäre das »wirklich eine der größten Freuden, die mir auf dem Gebiet des Theaters zuteil werden könnte«. Und Bert Brecht nannte ihn einen der ganz wenigen, der noch »Kenntnis und Schätzung dessen« gehabt habe, »was man einen *theatralischen Gedanken* nennen kann« - »was Garrick gemacht hat, wenn er als Hamlet dem Geist des Vaters begegnete; die Sorel, wenn sie als Phädra wußte, daß sie sterben würde«.

Freilich, das Theater war das eine und das Leben das andere, und hier war der Unbequeme, der Schwierige, der Problematische, der an seiner Umwelt und allen Verhältnissen Leidende weit weniger interessant, war er gerade für die Schicht, aus der Bassermann selbst stammte, für das Bürgertum, sozusagen ein Relikt besserer Zeiten, in denen man sich, mitempfindend, verstehend, helfend, dergleichen selbst im Alltag hatte leisten können. Die Tage eines Gustav Bassermann, des Schwetzinger Rentiers, oder seines Neffen Robert, Albert Bassermanns Onkel, der dem anderen, dem Theaterintendanten, nach dem Scheitern seiner Bankierslaufbahn das Haus hielt, waren endgültig vorbei. Inzwischen war über dieses mittelständische Bürgertum eine Katastrophe hereingebrochen, die nicht nur an die Substanz gegangen war, sondern ihm vielfach ganz einfach die Basis entzogen hatte.

Als eine solche Katastrophe hatten viele seiner Vertreter bereits den Ersten Weltkrieg und seinen Ausgang empfunden. Aber was folgte, war ungleich schlimmer, und Albert Bassermann, der dem nationalen Aufschwung wie der nationalen Katerstimmung eher distanziert und gleichmütig gegenübergestanden hatte, hat das sehr gut, auch sehr unmittelbar und persönlich nachvollziehen können. Er hatte, von Haus aus praktisch ohne Vermögen, von seinen ständig wachsenden Gagen, die es ihm unter anderem erlaubten, kurz vor dem Krieg nach vier Jahren in der Schlüterstraße in Charlottenburg nun doch eine sehr schöne Wohnung im Grunewald, in der Douglasstraße, nahe dem Hundekehlesee, zu nehmen, einen erheblichen Teil beiseite legen können. Bei Kriegsende besaß er schließlich eine halbe Million Goldmark – nach heutiger Kaufkraft einen Betrag von mehreren Millionen Mark. Durch die schleichende Inflation seit 1914 schon erheblich gemindert, verschwanden diese Ersparnisse, in beweglichen Werten angelegt, dann fast vollständig in den Strudeln der sogenannten Hyperinflation der Jahre 1922/23.

Wie ihm erging es Hunderttausenden, vor allem aus dem mittleren Bürgertum. Die privaten Rücklagen für das Alter, für den zurückbleibenden Ehegatten, für die Ausbildung der Kinder, für deren Aussteuer, für geplante Geschäftsgründungen, für die berufliche Ausstattung, für Krankheitsfälle und die Perspektive der Invalidität, für den lang beabsichtigten Hausbau und die Geschäftserweiterung, auch für diejenigen in der Familie, deren Karriere-, Berufs- und Lebenswünsche sich nicht erfüllten oder die zunächst lange Umwege brauchten – all das war binnen weniger Monate zunichte geworden, alle Zukunft tief verdüstert, ja, oft scheinbar gänzlich abgeschnitten.

1922 erschien, anläßlich des fünften und letzten Familientages, das letzte Heft der einst von Ernst Bassermann ins Leben gerufenen »Bassermann'schen Familien-Nachrichten«. Sie berichteten noch einmal eingehend über das persönliche und berufliche Lebensschicksal einzelner Familienmitglieder und vermittelten bis hin zu scheinbar unwichtigen Details ein Bild davon, wie eng die Geschichte der Familie nach wie vor in den verschiedensten Bereichen mit der Geschichte und Entwicklung des deutschen Bürgertums insgesamt verknüpft, für sie repräsentativ war. Daß das nun abbrach, wesentlich aus Finanzierungsgründen abbrach, war zugleich erneut symbolisch für diese Geschichte: Das materielle Fundament, auf dem, ständig ausgebaut und befestigt, der Familienverband über anderthalb Jahrhunderte beruht hatte, war binnen kurzem weitgehend zusammengebrochen; auch der Erlös aus dem Verkauf des Hauses am Markt im Jahre 1919 wurde durch die dramatische Geldentwertung der folgenden Jahre fast völlig aufgezehrt. Die große Mehrzahl der Mitglieder der Familie, vor allem ihrer jungen Mitglieder, lebte fortan von den unmittelbaren beruflichen Einkünften. Was noch an größeren Vermögenswerten, an Immobilien und Anlagen, vorhanden war, zersplitterte in den folgenden Jahren und Jahrzehnten zumeist in Erbteilungen, und den Rest besorgten der zweite Krieg und die zweite Inflation. Das galt allerdings nicht für die drei noch vorhandenen Wirtschaftsunternehmen, die mit dem Namen der Familie verbunden waren: für das Deidesheimer Weingut, für die Konservenfabriken und für die alte »Drogen«-Firma von Friedrich Daniel und dann von Julius Bassermann. Sie war nach dem Aufschwung unter dessen Söhnen Felix und Rudolf 1913, nach dem Ausscheiden von Kurt Bassermann und dem frühen Tod von Rudolfs ältestem Sohn Ludwig, in ihrem noch nicht verkauften Teil von dessen jüngerem Bruder Friedrich Bassermann übernommen worden, der ursprünglich Jurist hatte werden wollen und zu jenem Zeitpunkt auch bereits promovierter Gerichtsassessor war. Sie alle drei überstanden alle Katastrophen und erlebten dann nach dem Zweiten Weltkrieg, im Zeichen des sogenannten Wirtschaftswunders, einen neuen Aufschwung.

Insgesamt aber war das Schicksal der einzelnen Familienmitglieder ein getreuer Spiegel des Schicksals des mittelständischen Bürgertums in Deutschland. Weitgehend vermögenslos, auf die unmittelbaren Einkünfte aus der, meist abhängigen, beruflichen Tätigkeit angewiesen, war nun auch materiell kaum noch etwas von dem Ideal bürgerlicher Selbständigkeit übriggeblieben, das die

Familie über Generationen geleitet hatte. Von den Lebensformen Abschied zu nehmen, auch von den Ansprüchen und dem Selbstverständnis, die damit verknüpft waren, fiel vor allem den Älteren schwer. »Man versuchte dort fortzufahren, wo man 1914 aufgehört« hatte und den »vererbten und anerzogenen Lebensstil in den Strömungen der Zeit, ja vielfach gegen diese aufrechtzuerhalten«, so hat es ein Urenkel des Erbauers des Hauses am Markt, des Konsuls und Bankiers Friedrich Ludwig Bassermann, in den zwanziger Jahren formuliert. Das erwies sich als fruchtbarer Boden für diejenigen, die mit der Idee der sogenannten nationalen Wiedergeburt zugleich Erwartungen hinsichtlich einer Wiederherstellung der alten Stellung gerade auch des mittelständischen Bürgertums beschworen. Mit der Wirklichkeit und den Möglichkeiten, die in ihr steckten, hatte das nichts zu tun. Diese Wirklichkeit hieß, daß das bürgerliche Zeitalter, in einem handfesten, lebenspraktischen Sinne verstanden, nun auch von seinen materiellen Voraussetzungen her endgültig an sein Ende gelangt war – seine Krise war ja schon seit langem immer deutlicher sichtbar geworden.

Das Ende des bürgerlichen Zeitalters, das mußte freilich nicht das Ende aller seiner Werte, Überzeugungen und allgemeineren Zukunftserwartungen bedeuten, auch wenn die Feinde des Bürgertums – die sich zum Teil als seine Verteidiger und Freunde tarnten – sich nach Kräften darum bemühten. Im Gegenteil. Das, was man im ausgehenden 19. und beginnenden 20. Jahrhundert die bürgerliche Gesellschaft, das bürgerliche Zeitalter genannt hatte, war offenbar mit seinen Konventionen und Normen, seinen Fixierungen und Ängsten, seinem, wie Theodor Mommsen es nannte, »politischen Fetischismus« und seinem »Dienst im Gliede«, seinen Erstarrungen und Unbeweglichkeiten eher eine Fessel für die Entfaltung jener ursprünglichen, in Aufklärung und bürgerlichem Aufbruch wurzelnden Werte und Überzeugungen gewesen. In ihrem Namen war eine junge Generation von Künstlern und Schriftstellern, von Gelehrten und Publizisten damals aufgebrochen und gegen ihre eigene Gegenwart zu Felde gezogen. Nun entfaltete sich dies auf breiter Front. Es machte etwa das Berlin des »Deutschen Theaters«, der Jugendbewegung und des Jugendstils, der hinter herkömmlichen Fassaden verborgenen kühnen architektonischen Entwürfe, das Berlin der Sezession und der Musik eines Schönberg, aber auch eines Richard Strauß in den zwanziger Jahren zur geistigen und künstlerischen Metropole des damaligen Europa, ja, der damaligen Welt. Hier erlebte die Idee der Selbständigkeit, eines Lebens ganz aus eigener Kraft und Verantwortung, befreit von Sattheit und Selbstzufriedenheit, eine neue Metamorphose, und Thomas Mann konnte die Formulierung wagen, im Künstler erlebe der wahre Bürger, der wirkliche Erbe des bürgerlichen Zeitalters, seine Vollendung.

Dieser Bürger war nicht mehr Stadtbürger. Er war, wie in der Aufklärung und in der Zeit des Aufbruchs, zugleich Weltbürger, erfüllt von einer neuen, auch physischen Beweglichkeit. Albert Bassermann hat das, noch vor seiner Emigration, fast bis ins Extrem getrieben; seit er Mitte der zwanziger Jahre seine Berliner Wohnung Siegfried Jacobsohn, dem Freund, überlassen hatte, blieb er ein Nomade, ein »Fahrender«, wie die ältesten Vertreter seines Berufsstandes. Aber das galt in geringerem Ausmaß auch für viele andere. Der Beruf, die berufliche Chance, auf die man nach dem Verlust ererbter Vermögen mehr als je zuvor angewiesen war, löste eine neue Welle der Mobilität und der Mobilisierung aus mitsamt all dem, was damit an Bewegung und Beweglichkeit verbunden war. Auch die Familie Bassermann, über sechs Generationen im wesentlichen auf den Heidelberg-Mannheimer Raum konzentriert, hat sich zunehmend in alle Winde zerstreut - und damit zugleich den Kontakt, den Zusammenhalt im Familienverband zusätzlich eingebüßt; naturgemäß wurde auf diese Weise auch der Kreis der Familienverbindungen sehr viel weitläufiger, in geographischer wie in sozialer Hinsicht.

Die Situation, ganz auf sich selbst gestellt zu sein, von der Familie und von Verbindungen nur wenig erwarten zu können - eine Situation, die für die Aufbruchszeit des neuen Bürgertums charakteristisch gewesen war -, sie wurde nun wieder die weithin übliche, mit all den Risiken, aber auch all den Chancen, die darin steckten. Daraus wuchs bei denen, die sie nutzten, ein neues Selbstbewußtsein, ein neues Gefühl eigenständiger Kraft, neuer Selbständigkeit auch in formaler Abhängigkeit. Mancher mochte da den Abschiedsworten des alten Attinghausen in Schillers »Tell« im Hinblick auf die eigene Herkunft und Tradition und auf das zerrissene Netz bürgerlicher

Sicherheit und Protektion einen spezifischen Sinn unterlegen: »Hat er der eigenen Kraft so viel vertraut- / Ja, dann bedarf es unserer nicht mehr, / Getröstet können wir zu Grabe steigen, / Es lebt nach uns – durch andre Kräfte will / Das Herrliche der Menschheit sich erhalten.«

Eine Mehrheit des deutschen Bürgertums glaubte dann freilich doch zunächst an eine Zukunft in der Vergangenheit, an die Möglichkeit einer Rückkehr in die alten Ordnungen und die alten Sicherheiten. Dieser Illusion, die zu so schrecklichen Konsequenzen führte, ist Albert Bassermann, der große Protagonist und Repräsentant dieses Bürgertums in der Welt des Theaters, nie erlegen. Der Mannheimer Ehrenbürger schloß in seiner Person vielmehr den Kreis, der seine Vorfahren zunächst in immer größere Selbständigkeit, dann in neue, zunächst oft kaum bemerkte Abhängigkeiten in einer sich zunehmend verfestigenden und verhärtenden bürgerlichen Welt und schließlich, wenngleich nicht immer ganz freiwillig, in neue Formen der Unabhängigkeit und eines Lebens aus eigener Kraft geführt hatte. Das Vermögen, das er angesammelt hatte, war rasch wieder zerronnen. Die Existenz auf der Wanderschaft, von Gastspiel zu Gastspiel, die ihn mit seiner Frau seit den frühen zwanziger Jahren durch ganz Europa trug, ernährte zwar die Familie, erlaubte ihr ein angenehmes, sorgenfreies Leben, aber mehr auch nicht. Der Beruf, von dem sich durch wirtschaftlichen Erfolg auch wieder zu befreien eines der großen Ziele seiner Kaufmannsahnen gewesen war, wurde auch in materieller Hinsicht unentbehrlich – eine Tatsache, die zugleich hier wie anderswo die Gefahr enorm verstärkte, in verhängnisvolle Bindungen und Verstrickungen zu geraten. Sie schnitt vielfach die Rückzugslinien ab, die den materiell auf eigenen Füßen stehenden Vorfahren noch offen gewesen waren, ganz abgesehen davon, daß auch das Eigentum selber schließlich mehr und mehr in die Verfügungsgewalt eines sich aus allen rechtsstaatlichen Bindungen lösenden Staates geriet.

Sicher, der berühmte Schauspieler war ein Privilegierter. Ihn konnte man nicht so leicht, wie so viele seines Berufsstandes und hunderttausend andere, vor die Alternative stellen, sich anzupassen oder jegliche Existenzgrundlage einzubüßen. Österreich, die Schweiz, sie eröffneten auch nach der nationalsozialistischen

»Machtergreifung« und der Emigration wenige Monate später über viele Jahre sichere Lebensmöglichkeiten. Das heimische Regime zögerte sogar, den endgültigen Trennungsstrich zu ziehen: Erst am 21. Mai 1942 wurde Albert Bassermann »der deutschen Staatsangehörigkeit für verlustig« erklärt.

Aber die Privilegien hatten doch deutliche Grenzen. Als der Zweiundsiebzigjährige 1938 mit achthundert Mark Barvermögen in New York ankam, da ging es ihm und seiner Frau nicht sehr viel anders als Tausenden von Emigranten. Sechs Wochen pilgerte er von Agentur zu Agentur, aber was sollte man mit ihm, in dessen mühsamem Englisch das Mannheimerische gebieterisch durchschlug, letztlich anfangen? Wilhelm, nun William Dieterle, ein einstiger Schauspielerkollege aus dem Reinhardtensemble und inzwischen ein erfolgreicher Filmregisseur, an den er sich schließlich wandte, lieh ihm das Fahrgeld nach Hollywood und empfahl ihn Warner Brothers. Auch hier zögerte man aus verständlichen Gründen, und erst Dieterles entschiedenes Auftreten – »entweder mit Bassermann oder ohne uns beide« – verhalf ihm zu seiner ersten amerikanischen Filmrolle, zu der Partie des Robert Koch in »The magic bullit«.

Damit hatte er es noch einmal geschafft – nicht als der berühmte Bassermann, dem in Europa alle Türen offengestanden hatten, sondern als einer, der hier und jetzt überzeugte. Dem Robert Koch folgten viele andere kleine Filmrollen – insgesamt wirkte er schließlich in vierundzwanzig amerikanischen Filmen mit –, in New York spielte er sogar wieder Theater, gab den alten Ekdal in Ibsens »Die Wildente« auf englisch, den Baumeister Solneß, den Pastor Manders mit deutschen Ensembles, gastierte mit Werfels »Der veruntreute Himmel«, der ein sensationeller Erfolg wurde, am Broadway. Sogar im immer mehr von aller Umwelt abgeschnittenen heimischen Deutschland konnte ein aufmerksamer Zeitungsleser etwas von dieser erfolgreichen Selbstbehauptung in einer so ganz anderen Umwelt mitbekommen. Am 13. April 1941 berichtete die Zeitung »Das Reich«, eine Art journalistisches Aushängeschild des Regimes, in einem »Kino in Stockholm« überschriebenen höhnischen Artikel über den Film »Auslandskorrespondent«, den, wie es hieß, »großen Hetzfilm des kleinen dicken Herrn Hitchcock aus London«: »Die

Albert Bassermann in Hitchcocks »Auslandskorrespondent«

Schandtaten verübt im Film die Fünfte Kolonne und ihr Hauptopfer ist – Herr Bassermann. Er spielt tatsächlich diese irrsinnige Rolle des Opfers einer in Amerika ausgedachten, sehr blutrünstigen Filmgestapo, und es ist eine so verächtliche und lächerliche Rolle, daß man nicht zu begreifen vermag, wie ein großer Künstler so tief sich selbst vergessen kann.« Daß der gleiche Bassermann in New York den Mephisto spielte, seine alte Paraderolle, die in Berlin jetzt Gustaf Gründgens, der Intendant des Preußischen Staatstheaters, übernommen hatte, davon erfuhr man in Deutschland natürlich nichts, und schon gar nicht, daß sich das Publikum am Ende der Vorstellung feierlich erhoben hatte – nicht nur zu Ehren des großen alten Mannes des deutschen Theaters, sondern auch zu Ehren eines eindrucksvollen Repräsentanten des »anderen« Deutschland, seiner besseren Traditionen, auch und nicht zuletzt derjenigen seines Bürgertums.

Im November 1945 richteten Berliner Schauspieler an den nun bald Achtzigjährigen den Appell, zurückzukehren. Seine telegraphische Antwort bestand aus vier Worten: »Ich komme. Albert Bassermann.« Er spielte, wie stets mit seiner Frau, in halbzerstörten

Häusern, auf Behelfsbühnen, in Berlin, in Hamburg, in Wien – das ihm Anfang November 1946 die Ehrenbürgerwürde verlieh –, in Heidelberg und natürlich im heimatlichen Mannheim und selbstverständlich auch wieder in Zürich, das ihm nach 1934 für Jahre mehr als Arbeit und Brot gegeben hatte und das ihn nun, an seinem achtzigsten Geburtstag, am 7. September 1947, als Schauspieldirektor Striese im »Raub der Sabinerinnen« erneut stürmisch feierte. Lange bevor ein neues Deutschland erste tastende und höchst unsichere Versuche in dieser Richtung unternahm, lud man ihn, den Vertreter eines anderen Deutschland, zu Gastspielreisen in das entstehende Israel ein, damit dokumentierend, daß zwar der Teufel in zwölf langen Jahren ein Deutscher gewesen war, deutsch aber deswegen nicht die Sprache des Teufels sei.

Freilich ließ er sich auch jetzt durch niemanden gebrauchen. Er nahm die Erneuerung der ihm 1929 aus Anlaß des 150jährigen Bestehens des Nationaltheaters verliehenen und nach 1933 wieder aberkannten Ehrenbürgerwürde seiner Vaterstadt im September 1949 freundlich entgegen. Er hörte sich an, was man von Wiederherstellung, von Wiederanknüpfung im Hinblick gerade auch auf seine Person und seine Herkunft sagte. Und er widersprach nicht, wenn von dem Geist des alten Bürgertums, seiner Kultur und seiner Menschlichkeit die Rede war, die in ihm fortlebten und sich durch ihn, durch seine Kunst erneuerten. Aber als der Vierundachtzigjährige im Herbst 1951 bei der Einweihungsvorstellung des neuerbauten Berliner Schiller-Theaters den alten Attinghausen gab, da waren es doch nicht die vom Premierenpublikum stürmisch umjubelten Schlußworte: »Seid einig – einig – einig«, die für ihn selber den eigentlichen Akzent setzten, sondern jenes dunkle: »Was tu ich hier? Sie sind begraben alle, / Mit denen ich gewaltet und gelebt.«

Das galt im buchstäblichen, im biographischen Sinne. Es galt aber auch in überpersönlicher Hinsicht, für den Lebenszusammenhang, für die Welt, aus der er stammte, für das Bürgertum, dessen Sohn er war. Noch einmal nach New York zurückgekehrt, erkrankte er dort im Frühjahr 1952 schwer. Nach Wochen im Hotelbett buchte seine Frau für sie den Heimflug nach Zürich. Hier, im Flugzeug, ist er am 15. Mai 1952, fast fünfundachtzigjährig, gestorben. Die Maschine gehörte einer amerikanischen Gesellschaft, und deren

Albert Bassermann als Achtzigjähriger

Bestimmungen lauteten, daß in der Kabine kein Toter transportiert werden dürfe und der Kapitän im Fall eines plötzlichen Todes an Bord den nächsten Flughafen anzusteuern habe. So hat Else Bassermann weiterhin, für alle hörbar, mit ihm, dem schon Toten, gesprochen, Leben vortäuschend, bis man in Zürich angelangt war. Es war eine gespenstische Szene, aber sie war zugleich, wie so vieles in der Geschichte dieser Familie, von symbolischer Bedeutung: Auch jenes Bürgertum, dem Albert Bassermann entstammte und dem man jetzt, in den fünfziger Jahren, wieder so eifrig Leben zusprach, war in Wahrheit längst tot, lebte nur noch fort in Beschwörungsformeln, die schon bald verhallten.

Nachwort

Leistungen und Schwächen, Größe und Grenzen, Aufstieg und Niedergang des deutschen Bürgertums im Spiegel der Geschichte einer seiner großen Familien, das war der Gegenstand, das Thema dieses Buches. Beides hing oft auf das engste zusammen, und was zu Zeiten den Ruhm und die Bedeutung des Bürgertums ausmachte und bedingte, markierte zu anderen, in anderem Zusammenhang, unter anderen Zielsetzungen seine Schwächen, seine Grenzen und Niederlagen. Dazu gehört beispielsweise die Verabsolutierung des bürgerlichen Leistungsdenkens im Zeichen wachsender Unsicherheit über die Inhalte, über die Werte, über die Ziele, in deren Dienst es stehen soll. Mit Blick auf die Kunst und die Überschätzung des Handwerklichen, des solide Erlernten bei ihrer Einschätzung und Bewertung durch ein dem Eigentlichen der Kunst ganz ferngerücktes »bürgerliches« Publikum hat Karl Valentin das in der Maske des treuherzigen Biedermanns einmal in die lapidare Formel gefaßt: »Die Kunst ist schön, aber sie macht viel Arbeit.«

Auch die Wissenschaft macht »viel Arbeit«, und auch hier geht das eine nicht im anderen auf. Das aber kann kein Grund sein, den Anteil an Hilfe und Unterstützung zu verschweigen, den der Autor bei seiner Arbeit erfahren hat, zumal die Frage, wieweit er über das bloße Handwerk und die solide Mühe hinausgelangt ist, sich an ihn allein stellt.

An erster Stelle sei der Familie Bassermann, insbesondere Frau Irma Bassermann (†) und Herrn Michael Bassermann gedankt, die mir in großzügiger Weise das in ihrem Besitz befindliche, bisher praktisch unerschlossene Familienarchiv öffneten. Frau Hildegard Kattermann/Lahr, Frau Freya Halbaur/Karlsruhe und Herrn Alexander Rasor/Frankfurt am Main, die mir weitere Materialien und Nachlaßteile zugänglich machten, schließe ich in diesen Dank ausdrücklich ein. Er gilt, ohne sie namentlich nennen zu können, auch allen Mitarbeitern der vielen Archive und Bibliotheken, die mir, manchmal zu ungewöhnlichen Zeiten und bei ungewöhnlichen Fragen, behilflich waren, mir ihren Rat gaben, oft über das Übliche hinaus Recherchen anstellten und mich an ihren besonderen Kenntnissen teilhaben ließen.

Zu danken habe ich auch jenen studentischen Mitarbeitern, die im Verlauf der Jahre unzählige Buchtitel ausfindig machten und herbeischleppten, bestimmten ungenau notierten oder überlieferten Zitaten und Belegstellen nachjagten, sich um knifflige Detailfragen bemühten und manche Hypothese mit überprüften – Frau Birgit Marschall und den Herren Erhard Bus, Gisbert Schmieder, Andreas Schulz und Ralf Zerback.

Mit vielen konnte ich den Plan zu diesem Buch besprechen, viele haben es im Entwurf und in der Endfassung ganz oder in Teilen gelesen und mir ihre Meinung und ihren Rat dazu gesagt. Besonders genannt seien Elisabeth Fehrenbach, Dieter Hein, Klaus Hildebrand, Horst Möller, Dirk Rumberg und insbesondere Wolf Jobst Siedler, der dem Ganzen ein ungewöhnliches Maß an Zeit und Aufmerksamkeit zugewandt hat. Ihnen allen habe ich sehr zu danken.

Schließlich, aber keineswegs zuletzt, gilt mein Dank der Deutschen Forschungsgemeinschaft, die mir mit der Zuerkennung des Leibniz-Preises nicht nur in vielem geradezu ideal zu nennende Arbeitsbedingungen verschafft, sondern es mir auch ermöglicht hat, viele der in diesem Buch angeschnittenen Fragen systematisch weiterzuverfolgen und entsprechende vergleichende Untersuchungen anzuregen und voranzutreiben.

Frankfurt am Main, im Mai 1989 *Lothar Gall*

Anhang

Anmerkungen

An der Spitze des Anmerkungsteils zu den einzelnen Kapiteln wird jeweils eine knappe Auswahl der einschlägigen neueren Literatur zu den Vorgängen, Fragen und Problemzusammenhängen aufgeführt, die in diesem eine Rolle spielen. Die folgenden Anmerkungen beschränken sich dann auf den unmittelbaren Nachweis, sei es einzelner Zitate, sei es ganz konkreter Ereignisse, Sachverhalte und Fakten. Nur in Ausnahmefällen, wo es um die Akzentuierung eines bestimmten Argumentationsstranges oder um zusätzliche Informationen geht, die in dieser Form nicht in den Text Eingang finden konnten, wird von diesem Prinzip abgewichen. Der leitende Gedanke dabei war, einerseits den gelehrten Apparat zu entlasten, dem speziell interessierten Leser aber andererseits den gezielten Zugriff sowohl auf die jeweils weiterführende Literatur als auch auf einen einzelnen Vorgang beziehungsweise auf den Zusammenhang eines bestimmten Zitats zu ermöglichen. Die im Literaturverzeichnis aufgeführten Titel werden in den Anmerkungen in abgekürzter Form zitiert.

Einleitung

S. 17. »Mit dem Besten, was in mir ist«: Sog. Heringsdorfer Testamentsklausel, erstmals veröffentlicht in: Die Wandlung 3, 1948, 69f., wiederabgedruckt bei *A. Heuß*, Theodor Mommsen und das 19. Jahrhundert (1956), 282.

S. 18. »Eminent statische Natur«: *A. Heuß*, Theodor Mommsen und das 19. Jahrhundert (1956), 234.

S. 22. Antiaristokratischer Grundzug: Vgl. für die Verhältnisse im 18. Jahrhundert und ihre Bewertung durch einen führenden Vertreter des liberalen Bürgertums im 19. Jahrhundert etwa *K. Biedermann*, Deutschland im 18. Jahrhundert (1854/1979).

Ursprünge und Anfänge

Zur Epoche insgesamt *H. Duchardt*, Absolutismus (1989) (mit breiter Literaturübersicht); zur deutschen Geschichte des 17. und 18. Jahrhunderts vgl. v.a. die Gesamtdarstellungen von *H. Lutz*, Das Ringen (1983), u. *R. Vierhaus*, Staaten und Stände (1984).

Über Bevölkerung, Wirtschaft und Gesellschaft im 17. und 18. Jahrhundert s. *H. Aubin/W. Zorn* (Hrsg.), Handbuch der deutschen Wirtschafts- und Sozialgeschichte, Bd. 1 (1971); *C. M. Cipolla/K. Borchardt* (Hrsg.), Europäische Wirtschaftsgeschichte, Bd. 2-3 (1979/1976); *H.-U. Wehler*, Deutsche Gesellschaftsgeschichte, Bd. 1 (1987). Zur Gesellschaft vgl. ferner *D. Saalfeld*, Die ständische Gliederung (1980); *W. Schulze*, Vom Gemeinnutz (1986). Speziell zur Gesellschaft des Südwestens *W. von Hippel*, Die Gesellschaftsordnung (1985).

Zum 30jährigen Krieg und seinen Folgen zuletzt *R. Schormann*, Der 30jährige Krieg (1985).

Zur Entwicklung des modernen Staates vgl. v.a. *K. G. A. Jeserich/H. Pohl/G.-Chr. von Unruh* (Hrsg.), Deutsche Verwaltungsgeschichte, Bd. 1 (1983); *E. Hinrichs* (Hrsg.), Absolutismus (1986); *K. O. Frhr. von Aretin* (Hrsg.), Der Aufgeklärte Absolutismus (1974).

Zum Aufstieg des neuen Bürgertums s. den Überblick bei *H.-U. Wehler*, Deutsche Gesellschaftsgeschichte, Bd. 1 (1987), 177-217 (mit breiter Literaturübersicht). Ferner *U. Herrmann* (Hrsg.), »Die Bildung des Bürgers« (1982); *W. Ruppert*, Bürgerlicher Wandel (1981); *R. Vierhaus* (Hrsg.), Bürger und Bürgerlichkeit (1981). Zur Forschungssituation s. *M. R. Lepsius*, Bürgertum (1987).

Zur Geschichte der Familie vgl. als neueste Überblicksdarstellung *R. Sieder*, Sozialgeschichte der Familie (1987); ferner v.a. *P. Borscheid/H. J. Teuteberg* (Hrsg.), Ehe, Liebe, Tod (1983); *H. Möller*, Die kleinbürgerliche Familie (1969); *E. Shorter*, Die Geburt der modernen Familie (1977); *I. Weber-Kellermann*, Die deutsche Familie (1974).

Über Stadt und Stadtbürgertum des 17. und 18. Jahrhunderts vgl. v.a. die mit umfangreichem Literaturteil versehene Überblicksdarstellung von *K. Gerteis*, Die deutschen Städte (1986); zur Frage der Stadttypen ferner *H. Stoob*, Frühneuzeitliche Städtetypen (1979); speziell zu den Kleinstädten *M. Walker*, German Home Towns (1971); anschaulich zur Verfassungs- und Sozialgeschichte des Stadtbürgertums am Beispiel Frankfurts *R. Koch*, Grundlagen bürgerlicher Herrschaft (1983); zu Fragen der Führungsschichten zuletzt *H. Schilling/H. Diederiks* (Hrsg.), Bürgerliche Eliten (1985).

Zur Welt des alten Handwerks s. v.a. *R. S. Elkar* (Hrsg.), Deutsches Handwerk (1983); *M. Stürmer* (Hrsg.), Herbst des alten Handwerks (1986); *R. Wissell*, Des alten Handwerks Recht und Gewohnheit. 5 Bde. (1971-1986).

Zu den Verlusten des 30jährigen Krieges v.a. *G. Franz*, Der Dreißigjährige Krieg und das Deutsche Volk. Untersuchungen zur Bevölkerungs- und Agrargeschichte. 3. Aufl. Stuttgart 1961.

S. 28. Mannheim: *K. Kollnig*, Wandlungen im Bevölkerungsbild des pfälzischen Oberrheingebiets. Heidelberg 1952, 13f.

S. 29. Württemberg: *H. Lutz*, Das Ringen (1983), 420f.

S. 33. »Das elende verwüstete Land«: *M. Merian*, Theatri Europaei Contin. III: 1635. Frankfurt am Main 1670, 403. - Zur Geschichte der Grafschaft Hanau in dieser Zeit: *K. E. Demandt*, Geschichte des Landes Hessen. 2., neubearb. u. erw. Aufl. Kassel 1972, 288ff., u. *H.-H. Brandt*, Wirtschaft und Wirtschaftspolitik im Raum Hanau 1597-1962. Hanau 1963.

S. 34. Zur sozialen Schichtung der Zeit und ihren Kriterien zusammenfassend: *D. Saalfeld*, Die ständische Gliederung (1980), hier bes. 476.

S. 34. Kommunikantenliste: Bassermann'sche Familien-Nachrichten, H. 1, 5f.

S. 35. Zwei Regimenter Kroaten: *M. Merian*, Theatri Europaei Contin. III: 1635. Frankfurt am Main 1670, 458.

S. 36. Bauernhof: *J. W. Chr. Steiner*, Geschichte und Beschreibung der Stadt und ehemaligen Abtei Seligenstadt in der Großherz. Hess. Provinz Starkenburg. Aschaffenburg 1820, 229 (nach den »Währungsgerichtsprotokollen«).

S. 37. Tätigkeit als »Kirchenbaumeister«: Eigenhändige Ein- und Ausgabenrechnung von Dietrich Bassermann für 1669: Bassermannsches Familienarchiv.

S. 37. »Es bleibe bei dem«: Pfarr-Chronik unter dem 10. Mai 1674.

S. 39. Zu Kriegsfurcht und Kriegsnot in dieser Zeit: *H. Lehmann*, Das Zeitalter des Absolutismus. Gottesgnadentum und Kriegsnot. Stuttgart 1980.

S. 39. Zur Bedeutung der Erbfolge: *J. Kunisch* (Hrsg.), Der dynastische Fürstenstaat. Zur Bedeutung von Sukzessionsordnungen für die Entstehung des frühmodernen Staates. Berlin 1982.

S. 41. Hanauer Bürgerrecht: 27. September 1675. Bürgerbuch der Neustadt Hanau: Bassermann'sche Familien-Nachrichten, H. 3, 61.

S. 43. »Reisende Handwerksburschen«: Gedruckte Familienchronik, 8. Ganz ähnliches galt damals für viele Städte, vgl. etwa für Seligenstadt *J. W. Chr. Steiner*, Geschichte und Beschreibung der Stadt und ehemaligen Abtei Seligenstadt in der Großherz. Hess. Provinz Starkenburg. Aschaffenburg 1820, 236.

S. 45. Bürger und Einwohner: In Augsburg beispielsweise waren 1650 noch 28,6 % der Einwohner im Rechtssinne Bürger, 1730 nur noch 23,2 %

und 1796 nur noch 14,8 %: *P. Fassl*, Konfession, Wirtschaft und Politik, 55. Einen Extremfall stellte aufgrund der hier besonders zahlreichen »Exemtionen« (Militär, Hof- und Staatsbeamte, »Kolonisten« etc.) Berlin dar, von dessen 150 000 Einwohnern im Jahre 1795 nur noch 10 700 das Bürgerrecht besaßen: *H. Preuss*, Die Entwicklung des deutschen Städtewesens, Bd. 1 (1906/1965), 171f.

S. 45. Meistersöhne und Gesellenwanderung: Allerdings gab es durchaus Tendenzen zur Privilegierung von Meistersöhnen, vor allem seit dem ausgehenden 17. Jahrhundert: vgl. *R. Wissell*, Des alten Handwerks Recht und Gewohnheit, Bd. 1 (1971), 305ff., u. Bd. 2 (1974), 38ff. Weitere Beispiele bei *E. Mutschelkauß*, Die Entwicklung des Nürnberger Goldschmiedehandwerks von seinen ersten Anfängen bis zur Einführung der Gewerbefreiheit. Leipzig 1929, u. *H. Möller*, Die kleinbürgerliche Familie (1969), 96ff. – Zu den Gesellenwanderungen allgemein *R. S. Elkar*, Umrisse einer Geschichte der Gesellenwanderungen im Übergang von der Frühen Neuzeit zur Neuzeit. Problemskizze und Ergebnisse, in: ders. (Hrsg.), Deutsches Handwerk (1983), 85ff.

S. 45. Blüte des Handwerks: Vgl. dazu zuletzt *M. Stürmer* in der Einleitung des von ihm hrsg. Bandes: Herbst des alten Handwerks (1986).

S. 46. »Ich bin hier wie zu Hause«: *P. E. Schramm*, Neun Generationen, Bd. 1 (1963), 193.

S. 47. Johann Israel: Derartige Namenskombinationen, die im Zuge der Judenverfolgung durch die Nationalsozialisten der Stigmatisierung des jüdischen Bevölkerungsteils dienten und nicht zuletzt von daher vielen bis heute die jüdische Herkunft ihres Trägers zu signalisieren scheinen, waren damals – auch als Ersatz von Heiligennamen – in protestantischen Familien durchaus üblich: Vgl. *K. Heinrichs*, Studien über die Namengebung im Deutschen seit dem Anfang des XVI. Jahrhunderts. Straßburg 1908, u. *A. Bach*, Die deutschen Personennamen. Bd. 2: Die deutschen Personennamen in geschichtlicher, geographischer, soziologischer und psychologischer Betrachtung. 2. Aufl. Heidelberg 1953.

S. 47. Frankfurt: dazu im einzelnen, auch zur damaligen Stellung der Beisassen, *H. Duchardt*, Frankfurt am Main im 18. Jahrhundert, in: Geschichte Frankfurts am Main. Frankfurt am Main 1990.

S. 47. Bassermanns in Babenhausen: *Jakob Rühl*, Heimatbuch der Stadt Babenhausen. I. Teil. Babenhausen 1953, 70.

S. 48. Religiöse Minderheiten: Vgl. dazu allgemein *E. François*, De l'uniformité à la tolérance. Confession et société urbaine en Allemagne, 1650–1800, in: Annales 37, 1982, 783 ff., u. *J. Sydow* (Hrsg.), Bürgerschaft und Kirche. Sigmaringen 1980.

S. 51. »In ihrem Leben und Wandel«: Abzugattest für Johann Heinrich Bassermann: Bassermann'sche Familien-Nachrichten, H. 2, 17.

Vom zünftigen Handwerk zum freien Gewerbe

Zur allgemeinen Geschichte, zur Wirtschafts- und Sozialgeschichte und zur Entwicklung des absolutistischen Staates vgl. die oben bereits genannte Literatur sowie *E. Weis*, Der Durchbruch des Bürgertums (1975).

Über die Geschichte des Reisens s. *K. Beyrer*, Die Postkutschenreise (1985); *W. Griep*, Reisen im 18. Jahrhundert (1986); *W. Griep/H. W. Jäger* (Hrsg.), Reise und soziale Realität (1983); *A. Maczak/H. J. Teuteberg* (Hrsg.), Reiseberichte als Quellen europäischer Kulturgeschichte (1982).

Zur Rolle des Hofes und zur Bedeutung der Residenzstädte vgl. *N. Elias*, Die höfische Gesellschaft (1969); *J. Frhr. von Kruedener*, Die Rolle des Hofes (1973); *E. Ennen/M. von Rey*, Probleme der frühneuzeitlichen Stadt (1973).

Zum Merkantilismus zuletzt *F. Blaich*, Die Epoche des Merkantilismus (1973), u. *V. Press* (Hrsg.), Städtewesen und Merkantilismus (1983).

Über Absolutismuskritik sowie die Rechts- und Verfassungsvorstellungen des neuen Bürgertums vgl. *Z. Batscha/J. Garber* (Hrsg.), Von der ständischen zur bürgerlichen Gesellschaft (1981); *O. Dann*, Das Gleichheitspostulat (1980); *L. Gall*, Liberalismus und »bürgerliche Gesellschaft« (1975); *K. Gerteis*, Bürgerliche Absolutismuskritik (1983); *D. Grimm*, Deutsche Verfassungsgeschichte (1988); *U. Haltern*, Bürgerliche Gesellschaft (1985); *R. Koselleck*, Kritik und Krise (1973); *J. Schlumbohm*, Freiheit (1975).

Zur neuen bürgerlichen Öffentlichkeit zuletzt *R. van Dülmen*, Die Gesellschaft der Aufklärer (1986); *H. Möller*, Vernunft und Kritik (1986). Vgl. ferner *U. A. J. Becher*, Politische Gesellschaft (1978); *J. Habermas*, Strukturwandel (1962/1982); *U. Im Hof*, Das gesellige Jahrhundert (1982); *F. Kopitzsch* (Hrsg.), Aufklärung (1976).

S. *56*. 13 000 Gulden: Zu diesem Zeitpunkt galt auch hier der zunächst in den großen norddeutschen Territorien eingeführte sogenannte Leipziger Münzfuß, nach dem aus einer (kölnischen) Mark Feinsilber (=233,855 Gramm) 18 Gulden bzw. 12 Reichstaler geprägt wurden. Nach dem sogenannten süddeutschen Konventionsfuß, der, 1740 von Österreich eingeführt, 1763 von der großen Mehrheit der deutschen Reichsfürsten übernommen wurde, kamen seit 1764 auf eine kölnische Mark 24 Gulden, während der jetzt Konventionstaler genannte Reichstaler seinen ursprünglichen Wert behielt – der Gulden verlor also entschieden an Wert.

S. 58. Einnahmen von Worms: *H.-D. Hüttmann*, Untersuchungen zur Verfassungs-, Verwaltungs- und Sozialgeschichte der Freien und Reichsstadt Worms 1659–1789. Worms 1970, 138ff.

S. 59. Entwicklung des Hotel- und Gaststättengewerbes: Vgl. *F. Rauers*, Kulturgeschichte der Gaststätte. Teil I. Berlin 1941, bes. 370ff.

S. 61. Karl III. Philipp: Vgl. zu ihm *H. Schmidt*, Kurfürst Karl Philipp von der Pfalz als Reichsfürst. Mannheim 1963.

S. 61. »Gras vor ihren Häusern«: *F. Walter*, Geschichte Mannheims, Bd. 1 (1907/1977), 404.

S. 62. Die Bürger seien »alle elend«: *D. Hinnenschiedt*, Montesquieu in Heidelberg und Mannheim im August 1729, in: Zeitschrift für die Geschichte des Oberrheins 52, 1898, 442f.

S. 63. Karl-Theodor-Zeit: Dazu *F. Schnabel*, Die kulturelle Bedeutung der Carl-Theodor-Zeit (1925), in: ders., Abhandlungen und Vorträge 1914–1965. Freiburg 1970, 63ff., u. jetzt v.a. *Chr. Hess*, Absolutismus und Aufklärung in der Kurpfalz (1988), 213ff.

S. 64. Frankenthal: Vgl. *B. Kirchgässner*, Mannheim und Frankenthal (1972), 2ff., sowie *Chr. Hess*, Absolutismus und Aufklärung in der Kurpfalz (1988), bes. 226ff.

S. 65. Preußische Seidenindustrie: Vgl. dazu im einzelnen Acta Borussica. Die preußische Seidenindustrie im 18. Jahrhundert und ihre Begründung durch Friedrich den Großen. Bearb. v. *G. Schmoller* u. *O. Hintze*. 3 Bde. Leipzig 1892; *I. Mittenzwei*, Preußen nach dem Siebenjährigen Krieg. Auseinandersetzungen zwischen Bürgertum und Staat um die Wirtschaftspolitik. Berlin 1979.

S. 65. Maulbeerbaumanbau: Noch 1778 sah der Sohn *Rigal* sich veranlaßt, in einer offiziellen Werbeschrift – er war kurpfälzischer Hofkammerrat – dem »kurpfälzischen Landmann«, der »einiges Vorurtheil gegen Bäume hegt, deren Nutzen ihm noch unbekannt ist«, die Vorteile des Maulbeerbaumanbaus und seine materiellen Ertragsmöglichkeiten nachdrücklich vor Augen zu führen: An den Kurpfälzischen Landmann. Heidelberg 1778. Nach 1759 waren jährlich rund 20 000 Bäume angepflanzt worden und nach starken Rückgängen am Ausgang der sechziger und Mitte der siebziger Jahre nach 1778 etwa 50 000: *B. Scheifele*, Seidenbau und Seidenindustrie der Kurpfalz (1910), 199. Insgesamt gab es 1790 in der Pfalz rund 320 000 Maulbeerbäume: ebd., 253.

S. 65. Entschädigungsverhandlungen: Generallandesarchiv Karlsruhe 77: Pfalz, Generalia, Gewerbe 2547-2552; in der ansonsten gründlichen Arbeit von *B. Scheifele,* Die Einführung der Seidenindustrie (1910), ist irrtümlich eine Null weggefallen und nur von 18 500 statt von 185 000 Gulden Entschädigung die Rede.

S. 66. Zum Wandel der Kleidung: *E. Thiel,* Geschichte des Kostüms. 4. Aufl. Wilhelmshaven 1980.

S. 69. Partnerwahl: Vgl. immer noch *P. Kluckhohn,* Die Auffassung der Liebe in der Literatur des 18. Jahrhunderts und der Romantik. Halle 1922; s. auch *L. Schücking,* Die puritanische Familie. 2. Aufl. Bern 1964, u. *M. Gaus,* Das Idealbild der Familie in den moralischen Wochenschriften und seine Auswirkungen auf die deutsche Literatur des 18. Jahrhunderts. Rostock 1936.

S. 69. Bedeutung der Familienverbindungen: Dazu allgemein *H. Rosenbaum,* Formen der Familie (1982), hier bes. 263ff.

S. 71. Rolle des Wirts: Die auf die Lebenspraxis zielende Aufklärungsliteratur nahm sich verstärkt auch dieses Themas an. 1757 erschien beispielsweise in Braunschweig die erste Ausgabe von »Der Wirth und die Wirthin, eine ökonomische und moralische Wochenschrift«, deren Informationen und Kommentare weit über den Bereich des bloß Praktischen hinausreichten, den Leser geradezu universal unterrichten und bilden wollten - von der Aufklärung über Manufakturen und Hopfenbau, über Nutzen und Kultur der Maulbeerbäume und Wert und Funktion von Weihnachtsgeschenken bis hin zu der Erfindung der Leier und den Ursprüngen der Malerei und Darlegungen über »Weiberzimmer und Schulen in Athen« sowie Erörterungen darüber, »bey welchen Geschäften Geschlechtsmonopolien«, die inzwischen »meistens abgeschafft« seien, »noch beybehalten sind«.

S. 74. »Sey dein eigner Herr«: Aus »Der Hänfling«: *M. G. Lichtwer,* Das Recht der Vernunft, in fünf Büchern. Wien 1768, 74f. Wörtlich lautet der Satz hier: »So sey dein eigner Herr und Knecht/Dies bleibt des Mittelstandes Recht.«

S. 74. Selbstbewußtsein des Bürgertums: Vgl. dazu auch *W. Conze,* Mittelstand, in: O. Brunner u.a. (Hrsg.), Geschichtliche Grundbegriffe. Historisches Lexikon zur politisch-sozialen Sprache in Deutschland. Bd. 4. Stuttgart 1978, 49ff.

S. 76. Kritik am aufgeklärten Absolutismus: *K. Gerteis,* Bürgerliche Absolutismuskritik (1983).

S. 78. »Städtefreiheit«: Dazu allgemein *P. Blickle,* Kommunalismus (1986), 529ff., u. zur weiteren Entwicklung *R. Koch,* Staat oder Gemeinde? (1983), 73ff.

S. 78. »Der Mensch lebt zuerst in seiner Familie«: *L. Gall*, Benjamin Constant (1963), 339.

S. 79. »Mangel an Tatkraft und Gemeinsinn«: *K. Biedermann*, Deutschland im 18. Jahrhundert (1854/1979), 152.

S. 80. Bürgertum als Modell der Gesellschaft der Zukunft: Vgl. dazu *L. Gall*, Liberalismus und »bürgerliche Gesellschaft« (1975), 324ff.

S. 82. »Honoratiorengasthof«: *F. Rauers*, Kulturgeschichte der Gaststätte. Teil I. Berlin 1941, 405.

S. 83. Zur Bedeutung des Kaffeehauses: *H.-E. Bödeker*, Das Kaffeehaus als Institution aufklärerischer kommunikativer Geselligkeit, in: E. François (Hrsg.), Sociabilité et société bourgeoise (1986).

S. 84. Politische Rolle der Wirte: Sie ist schon in der sogenannten Frühen Neuzeit, also in den Jahrhunderten zwischen der Reformation und der Französischen Revolution, vielfach belegt und ebenso der überdurchschnittliche politische Einfluß, den sie besaßen: Vgl. etwa die speziell auch funktionsanalytische Fallstudie von *I. Bátori/E. Weyrauch*, Die bürgerliche Elite der Stadt Kitzingen. Stuttgart 1982, passim.

S. 84. Gastwirte und »Posthalter« im badischen Parlament: In der nächsten Sitzungsperiode waren es von nunmehr 68 sogar 10: *H.-P. Becht*, Die badische zweite Kammer (1985), 66f. u. 530.

S. 87. Klage gegen den »Administrationsrat« Bettinger: Ratsprotokoll 1780, gedruckte Familienchronik, 16.

S. 91. Erbe Friedrich Daniels: Zum Vergleich: Goethes Vater, der den Zeitgenossen als ein sehr wohlhabender Mann galt, verfügte – allerdings rund fünfzig Jahre früher – über ein zinstragendes Vermögen von rund 70 000 Gulden, was ihm Einkünfte verschaffte, die weit über dem Gehalt des Ersten Bürgermeisters der Freien Reichsstadt von jährlich 1 800 Gulden lagen – ein Dienstbote verdiente damals zwischen 15 und 24 Gulden im Jahr: *S. Damm*, Cornelia Goethe. Frankfurt am Main 1988, 24.

S. 92. Goethe über die Heilbronner »Sonne«: Werke (Artemis-Ausgabe). Bd. 12. Zürich 1949, 116.

»Sei dein eigner Herr und Knecht«

Gesamtdarstellungen zur Übergangszeit von 1789 bis 1815: *E. Fehrenbach*, Vom Ancien Régime zum Wiener Kongreß (2. Aufl. 1986) (mit breiter Literaturübersicht); *H.-U. Wehler*, Deutsche Gesellschaftsgeschichte, Bd. 1 (1987); *E. Weis*, Der Durchbruch des Bürgertums (1975).

Zur Kurpfalz unter Karl Theodor vgl. *G. Ebersold*, Rokoko, Reform und Revolution (1985).

Über Bürgertum und bürgerliche Gesellschaft außer den oben bereits genannten Titeln *U. Frevert*, »Tatenarm und gedankenvoll« (1989). Zur Bildung des Bürgers, insbesondere des Kaufmanns, vgl. ferner *W. Ruppert*, Bürgerlicher Wandel (1984); *E. Dauenhauer*, Kaufmännische Erwachsenenbildung (1964); *K. Iven*, Industrie-Pädagogik (1929); *J. G. Stephan*, Häusliche Erziehung (1891); *K. W. Stratmann*, Krise der Berufserziehung (1967).

Zum Neubau des badischen Staates vgl. *W. Andreas*, Geschichte der badischen Verwaltungsorganisation (1913); *P. Sauer*, Napoleons Adler über Württemberg, Baden und Hohenzollern (1987); *H.-P. Ullmann*, Staatsschulden und Reformpolitik (1986).

S. 97. »Der Patriot« I, 1724, 176f.: *W. Ruppert*, Bürgerlicher Wandel (1984), 79. Vgl. auch *J. G. Stephan*, Häusliche Erziehung (1891). Ein anschauliches Beispiel bei *P. E. Schramm*, Neun Generationen, Bd. 1 (1963), 177ff.

S. 97. Hauslehrer in Nürnberg: *W. Ruppert*, Bürgerlicher Wandel, 76.

S. 98. »Männliche Zöglinge aller Religionen«: Vgl. dazu und zum Folgenden: »Grundriß des, unter der unmittelbaren Oberaufsicht der kurpfälzischen hohen Landesregierung stehenden, öffentlichen Erziehungsinstituts in Mannheim«. Frankenthal o.J. (1783?); s. auch *E. Bassermann*, Ludwig Bassermann (1904), 19ff., u. *A. Meuser*, Aus der Schulgeschichte Mannheims (1891), 16.

S. 100. Bericht Grimmeißen: *K. A. Müller* (Hrsg.), Dreihundert Jahre Karl-Friedrich-Gymnasium (1972), 98.

S. 101. Überkonfessioneller Charakter: Dieses Element hat Winterwerber bis in den Titel, den er führte, immer besonders nachdrücklich herausgestellt. Er nannte sich »Direktor des rheinpfälzischen öffentlichen Erziehungsinstitutes für männliche Zöglinge aller Christen und Nichtchristen«: *Hamberger/Meusel*, Das gelehrte Teutschland. 5. Aufl. Bd. 11. Lemgo 1805.

S. 101. Konfessionen in Mannheim: In der gleichen Zeit überschritt erstmals der prozentuale Anteil der Protestanten an der Stadtbevölkerung (über 46 %) den der Katholiken (rund 45 %).

S. 101. Lutherisches Gymnasium: *F. Walter*, Geschichte Mannheims, Bd. 1 (1907/1977), 654.

S. 102. Schicksal des Winterwerberschen Instituts: Winterwerber selbst starb Anfang 1805, völlig verarmt, nachdem der neue Monarch, Karl Friedrich von Baden, ein Unterstützungsgesuch im Mai mit dem Argument abgelehnt hatte, daß es »wohlfeiler und gemeinnütziger sei, die gymnasiastischen Anstalten in die zweckmäßige Verfassung zu setzen«: *K. A. Müller* (Hrsg.), Dreihundert Jahre Karl-Friedrich-Gymnasium (1972), 98.

S. 103. Erziehungsziele: Das spiegelt sich auch in dem »Lehrbuch der Gewerbswissenschaft, in Ansehung der Manufakturen, Fabriken und aller Kunstanstalten, welche auf die Handlung Beziehung haben«, das Winterwerber 1790 herausbrachte. – Daneben galt sein besonderes Interesse der kurpfälzischen Geschichte und der Geschichte des Kurhauses, der er fünf Jahre später eine weitere Veröffentlichung widmete: »Versuch einer vollständigen Geschichtstabelle des durchlauchtigsten Churhauses der Herren Pfalzgrafen bey Rhein, Herzoge in Bayern u. s. f.«. Mannheim 1795.

S. 104. »Das reelle Verhältniß«: An Friedrich von Stein, 23. Oktober 1793: Sophien-Ausgabe. IV. Abt., Bd. 10. Weimar 1892, 123.

S. 104. »Casino« und »Museum«: Vgl. dazu ausführlicher unten Kap. »Bürger«.

S. 106. Pensionsgeld: Brief der Mutter Johann Ludwigs, Susanna Elisabeth Bassermanns, v. 1. September 1798: Bassermann'sche Familien-Nachrichten, H. 2, 51. Bei der Gründung des Instituts hatte der Pensionspreis noch 300 Gulden jährlich betragen, in heutigem Geld rund 1000,- DM im Monat.

S. 111. Versicherungsvertrag: *R. Elvers/H.-G. Klein* (Bearb.), Die Mendelssohns in Berlin (1983), 132.

S. 115. »Handel und Wandel in dero Landen«: So der diplomatische Vertreter des Kurfürsten in Frankfurt am Main, F. von Backhausen, in Verhandlungen mit Elberfelder und Barmener Kaufleuten im April 1723: *A. Blaustein*, Die Handelskammer Mannheim (1928), 9.

S. 117. »Kein Handwerk oder Handwerksleut«: Vgl. *E. Gothein*, Mannheim im ersten Jahrhundert seines Bestehens (1889), 129ff., hier 147.

S. 117. »Daß in Frankfurt«: *F. Walter*, Geschichte Mannheims, Bd. 1 (1907/1977), 458.

S. 117. Christliche Handelsleute: Die seit 1660 in Mannheim konzessionierten Juden erhielten erst 1810, zwei Jahre nachdem ihnen die Möglichkeit zum Erwerb des städtischen Bürgerrechts eröffnet worden war, Zugang zur Zunft: *A. Blaustein*, Die Handelskammer Mannheim (1928), 23.

S. 119. Widerstand gegen den Zunftbeitritt: *E. Bassermann*, Nachrichten über die Familie Frohn. Mannheim 1906, 36f.

S. 123. Lebensbedingungen des Mannheimer Bürgertums im 18. Jahrhundert: Vgl. dazu allgemein auch *B. Kirchgässner*, Kunst und Kultur (1982), 223ff.

S. 127. »Anjetzo so mit Geld entblößet«: Brief v. 6. September 1781.

S. 130. Rheinschiffahrt: Vgl. dazu allgemein *F. Facius*, Mannheim, Baden und der Oberrhein (1976), 32ff.

S. 130. Öffentliche Initiative mit Camphausen und Ditges: Vgl. *H. v. Feder*, Geschichte der Stadt Mannheim, Bd. 1 (1875), 366, u. Bd. 2 (1877), 55.

S. 130. Handelspolitische Aktionen: Vgl. auch *E. Bassermann*, Die Familie Reinhardt (1916), 136ff.

S. 131. Entwicklung des Mannheimer Hafens: Vgl. *K.-F. Ackermann*, Die Umschlagsentwicklung (1965), 127ff.

S. 131. Handelshäuser und Bankgeschäft: Vgl. für Hamburg beispielsweise *P. E. Schramm*, Neun Generationen, Bd. 1 (1963), 270ff.

S. 131. »Geldpolitik« Reinhardts: In späteren Jahren erzwang er in einem langen Verfahren, das erst 1826 vor dem Austrägal-Gericht in Celle entschieden wurde und bei dem Reinhardt alle seine Verbindungen mobilisierte – so unter anderem auch zu Simon Moritz von Bethmann in Frankfurt (vgl. seinen Briefwechsel mit diesem vom Januar/Februar 1825: Stadtarchiv Frankfurt am Main, Nachlaß Simon Moritz von Bethmann, Nr. 691) –, die Einlösung kurpfälzischer Staatsschulden, der in der Pfalz weit verbreiteten sogenannten Litera D-Obligationen, durch Bayern und den Erben des rechtsrheinischen Staatsgebiets, den badischen Staat: *E. Bassermann*, Die Familie Reinhardt (1916), 139, sowie Aufzeichnung von F. Bassermann jun. (Exemplare im Familienarchiv und im Reiß-Museum Mannheim), 117.

S. 133. Staatsanleihen: Vgl. auch *R. Haas*, Die Entwicklung des Bankwesens (1970), 27ff.

S. 133. Badische Finanzpolitik: Vgl. dazu im einzelnen *H.-P. Ullmann*, Staatsschulden und Reformpolitik (1986).

S. 133. »So unbedingt solide«: *H.-P. Ullmann*, Staatsschulden und Reformpolitik (1986), 725.

S. 146. »Handlungskomité«: Vgl. *A. Blaustein*, Die Handelskammer Mannheim (1928), 46ff.

S. 146. Verwaltungsreform und städtische Verfassung: Vgl. auch *G. Christ*, Die Aufhebung der städtischen Verfassung (1904), 111 u. 205ff.

S. 147. Aufschwung des Eisengeschäfts: Sein Rücktrittsgesuch als Ratsherr begründete er 1816 ausdrücklich damit, daß er »wegen seiner ausgebreiteten Handelsgeschäfte die Stelle nicht mehr versehen« könne: *E. Bassermann*, Ludwig Bassermann (1904), 6.

S. 147. Befreiung der Wirtschaft: Ein gerade für die Firma Reinhardt wichtiger Erfolg in dieser Richtung war die Verordnung des badischen Staats vom 7. Februar 1807, die den bisherigen Marktzwang für Halm- und Hülsenfrüchte aufhob und die uneingeschränkte Freiheit des Handels mit aller Art von Früchten, also insbesondere auch des Getreidehandels, einer der Säulen des Reinhardtschen Geschäfts, proklamierte: *G. Wybrecht*, Mannheimer Wirtschaft (o. J.), 12.

S. 147. Altes und neues Bürgertum in Frankfurt: Dazu im einzelnen *R. Koch*, Grundlagen bürgerlicher Herrschaft (1983).

S. 148. Überbesetzung der Zunft: *H. v. Feder*, Geschichte der Stadt Mannheim, Bd. 2 (1877), 54.

S. 149. »Wir haben keinen Adel«: Zit. nach *P. E. Schramm*, Neun Generationen, Bd. 1 (1963), 295.

S. 150. »Nur mit einerlei Gattung Waren«: *F. Walter*, Geschichte Mannheims, Bd. 1 (1907/1977), 460.

Bürger

Gesamtdarstellungen zur deutschen Geschichte von 1800 bis 1866 bzw. 1871: *H. Lutz*, Zwischen Habsburg und Preußen (1985); *Th. Nipperdey*, Deutsche Geschichte (1983); *R. Rürup*, Deutschland im 19. Jahrhundert (1984).

Zu den politischen, gesellschaftlichen und wirtschaftlichen Veränderungen der Rheinbundzeit vgl. darüber hinaus *H. Berding/H.-P. Ullmann* (Hrsg.), Deutschland zwischen Revolution und Restauration (1981); *E. Fehrenbach*, Vom Ancien Régime zum Wiener Kongreß (2. Aufl. 1986); *E. Weis* (Hrsg.), Reformen im rheinbündischen Deutschland (1984). Zu Außenhandel und Handelspolitik vgl. *M. Kutz*, Deutschlands Außenhandel (1974); *R. Dufraisse*, Französische Zollpolitik (1981); *D. Saalfeld*, Die Kontinentalsperre (1987).

Zur Entwicklung von 1815-1848 s. ferner *K. G. Faber*, Deutsche Geschichte im 19. Jahrhundert (1979); *W. Hardtwig*, Vormärz (1985); *D. Langewiesche*, Europa zwischen Restauration und Revolution (1984); *H.-U. Wehler*, Deutsche Gesellschaftsgeschichte, Bd. 2 (1987).

Zur Entwicklung des Bürgertums und zur bürgerlichen Kultur s. *L. Gall*, »... ich wünschte ein Bürger zu sein« (1987); *J. Kocka* (Hrsg.), Bürger und Bürgerlichkeit (1987), hier insbesondere den Beitrag von *H. Bausinger*, Bürgerlichkeit; *J. Kocka* (Hrsg.), Bürgertum im 19. Jahrhundert (1988), darin v.a. *ders.*, Bürgertum und bürgerliche Gesellschaft, sowie *W. Kaschuba*, Deutsche Bürgerlichkeit. Zu Literatur, Theater und Musik vgl. *L. Balet/*

E. Gerhard, Die Verbürgerlichung (1972); *C. Dahlhaus*, Musik des 19. Jahrhunderts (1980); *W. H. Bruford*, Kultur der Goethezeit (1965); *H. Knudsen*, Deutsche Theatergeschichte (1970); *M. Steinhauser*, Sprechende Architektur (1988). Zum bürgerlichen Wohnen s. *G. Benker*, Bürgerliches Wohnen (1984), u. *H.-G. Griep*, Kleine Kunstgeschichte des deutschen Bürgerhauses (1985).

Zur Rolle der Frau in der bürgerlichen Familie vgl. *U. Frevert*, Frauen-Geschichte (1986); *dies* (Hrsg.), Bürgerinnen und Bürger (1988); *U. Gerhard*, Verhältnisse und Verhinderungen (1978); *dies.*, Die Rechtsstellung der Frau (1988); *H. Rosenbaum*, Formen der Familie (1982). Zur Liebe im bürgerlichen Zeitalter vgl. *P. Gay*, Die zarte Leidenschaft (1987).

Zur Entwicklung des Frühliberalismus s. *L. Gall*, Benjamin Constant (1963); *ders.* (Hrsg.), Liberalismus (1976); *D. Langewiesche*, Liberalismus in Deutschland (1988); *ders.* (Hrsg.), Liberalismus im 19. Jahrhundert (1988); *W. Schieder* (Hrsg.), Liberalismus (1983); *J. J. Sheehan*, Der deutsche Liberalismus (1983).

Grundlegend zum Vereinswesen *Th. Nipperdey*, Verein als soziale Struktur (1976). Vgl. ferner *O. Dann* (Hrsg.), Vereinswesen (1984), u. *E. François* (Hrsg.), Sociabilité et société bourgeoise (1986).

Zum Schulwesen allgemein *M. Kraul*, Das deutsche Gymnasium (1984); *P. Lundgreen*, Sozialgeschichte der deutschen Schule (1980); *K. D. Müller*, Sozialstruktur und Schulsystem (1977). Speziell zu Baden *W. Koppenhöfer*, Bildung und Auslese (1984).

Zur kommunalen Selbstverwaltung s. *H. Heffter*, Selbstverwaltung (1950); *R. Koch*, Staat oder Gemeinde? (1983); *Chr. Engeli/W. Haus* (Hrsg.), Quellen zum modernen Gemeindeverfassungsrecht (1975).

S. 154. Getreidehandel: Hier zogen nach 1804 die Preise besonders stark an und damit zugleich die Gewinne von Großhandelsfirmen wie derjenigen Reinhardts: vgl. zu der Entwicklung allgemein *H.-U. Wehler*, Deutsche Gesellschaftsgeschichte, Bd. 1 (1987), 490ff.

S. 154. »Ich, der ich doch sonst«: 18. März 1807: Bassermannsches Familienarchiv.

S. 155. »Viele schränken sich mehr ein«: 2. Januar 1807: Bassermannsches Familienarchiv.

S. 156. Die Hungerjahre 1816/17: Der Preis für ein Vierpfundbrot stieg damals binnen Jahresfrist von 11,5 auf 24 Kreuzer und erhöhte sich von Januar bis Juli 1817 dann noch einmal um 11,5 auf schließlich 35,5 Kreuzer, verdreifachte sich also in anderthalb Jahren: *J. Ph. Walther*, Mannheims Denkwürdigkeiten (1855), 107.

S. 156. Vermittlung von Staatsanleihen: Vgl. dazu *H.-P. Ullmann*, Staatsschulden und Reformpolitik (1986).

S. 159. Mittagstisch: Daß die unverheirateten Angestellten einer »Handlung« zum Haushalt gehörten und am Mittagstisch teilnahmen, entsprach alter Zunftsitte und war auch zu Beginn des 19. Jahrhunderts noch allgemein üblich: vgl. für Hamburg *P. E. Schramm*, Neun Generationen, Bd. 1 (1963), 239.

S. 161. Köchin Jule: Später als Frau Schrödelsecker verheiratet, ließ sie ihren Töchtern eine sehr sorgfältige Erziehung angedeihen. Zwei von ihnen gingen als Lehrerinnen nach Amerika und beendeten ihre berufliche Laufbahn beide als Schuldirektorinnen: Minna Bassermannsche Chronik, 49.

S. 162. »Pomp und überflüssiges Wesen«: 31. März 1805, im Hinblick auf die Einrichtung der künftigen gemeinsamen Wohnung.

S. 166. »Wilhelmine war der leitende Geist«: Aufzeichnungen für Wilhelmine Baumann, geb. Bassermann, eine Tochter von Gustav Bassermann, die in den siebziger Jahren als erste eine »Hauschronik« der Familie zu Papier brachte – sie starb 1882, eben dreißig Jahre alt.

S. 167. Zur Entwicklung der Geschlechterbeziehungen im 19. Jahrhundert, die sich, vor allem in den bürgerlichen Schichten, immer mehr von dem zwar langsam, aber unaufhaltsam voranschreitenden Emanzipationsprozeß des männlichen Bevölkerungsteils abhob, bevor sich dann gegen Ende des Jahrhunderts eine Gegenbewegung Bahn brach, vgl. aus der inzwischen stark angewachsenen Literatur *K. Hausen*, Die Polarisierung der »Geschlechtscharaktere« (1976), 363ff. Die Autorin sieht den Vorgang im Rahmen der allgemeinen Tendenz, partikulare Zuordnungen, wie sie für die ständische Welt charakteristisch waren, durch universale zu ersetzen. Hier seien geschlechtsspezifische Rollenbilder entstanden, die eine spezielle, auch schichtenbegrenzte Situation im Übergang zur modernen Gesellschaft generalisierten, ja, teilweise verabsolutierten.

S. 171. Erbteilung: Es dauerte bis zum Herbst 1827, bis das endgültige »Inventar« erstellt war. Allein an »Staats-Papieren« hinterließ Reinhardt ein Portefeuille im Wert von rund neunhunderttausend Gulden mit Schwerpunkt auf badischen, bayerischen, hannoverschen und vor allem österreichischen Werten. Dazu kamen Hypotheken im Wert von über einhunderttausend Gulden und Waren sowie mobile und immobile Werte in noch einmal der gleichen Höhe. Das Gesamtvermögen des einstigen »Krämers« mit einem winzigen Laden und einem Hinterzimmer belief sich einschließlich der »Mitgaben« an die beiden Töchter auf rund 1,6 Millionen Gulden. Den beiden Töchtern und ihren Männern flossen also nach Abzug der erhaltenen »Mitgaben« noch einmal rund fünfhundertfünfzigtausend Gulden zu.

S. 171. Geschäftsführergehalt: Das mittlere Einkommen aller Haushalte der Stadt Weimar – über die wir in dieser Hinsicht am ausführlichsten unterrichtet sind – betrug in jener Zeit (1820) 284 Taler, rund fünfhundert Gulden. Mehr als vierhundert Taler, sprich etwa siebenhundert Gulden, verdienten damals neun Prozent der Steuerpflichtigen in Weimar, zwei Prozent mehr als 1 000 Taler oder 1 750 Gulden. Als Existenzminimum hat man für jene Jahre knapp zweihundert Gulden geschätzt: *D. Saalfeld*, Handwerkseinkommen in Deutschland (1978), 65ff.

S. 171. Vermögen Friedrich Ludwigs und seiner Frau: Um nur einen Eindruck der Größenordnungen zu vermitteln: Eine mittlere Wohnung kostete damals in Mannheim eine Jahresmiete von rund einhundert Gulden, ein Pfund Fleisch zwischen 6 und 8 Kreuzern – 1 Gulden entsprach 60 Kreuzern –, ein Pfund Butter 15 Kreuzer, eine Gans 55 Kreuzer, ein Zwei-Pfund-Brot 3 1/2 Kreuzer, ein Ei etwa einen Kreuzer: vgl. neben den Haus- und Haushaltungsbüchern im Bassermannschen Familienarchiv auch *E. Hofmann*, Höchst- und Richtpreise in Mannheim (1916). Bezieht man unsere Kenntnisse über die damaligen Löhne und Gehälter mit ein, so wird man – bei allen Vorbehalten gegenüber solchen Rechnungen – doch von einem Vermögen von zehn bis zwölf Millionen Mark heutigen Geldes sprechen können, wobei bestimmte Faktoren, wie etwa die damals im Verhältnis zu den sonstigen Preisen im Vergleich zu heute außerordentlich niedrigen Bau- und Grundstückpreise, gar nicht in die Rechnung einbezogen sind.

S. 171. Erfolgskurve: Bei seinem Tode Anfang Juni 1865 betrug das Vermögen nach der notariellen Aufnahme 2,139 Millionen Gulden, die »Errungenschaft«, d. h. der Ertrag abzüglich des jeweiligen Erbes – an dessen Mehrung Friedrich Ludwig im Falle seines Schwiegervaters ja bereits über ein Menschenalter kräftig mitgewirkt hatte – 1,325 Millionen, sprich, bei zurückhaltendster Schätzung, zumindest vierzig beziehungsweise fünfundzwanzig Millionen Mark heutiger Währung. Den größten Posten bildeten, wenn man das bereits den Kindern übertragene, also mit der »warmen Hand« gegebene Erbteil abzieht, mit rund fünfzig Prozent private Schuldforderungen. Staatspapiere folgten mit etwa fünfundzwanzig Prozent, wobei auffällt, daß annähernd zwei Drittel auf außerdeutsche Staaten, also auf Staaten außerhalb des Deutschen Bundes entfielen. Der Grundbesitz beschränkte sich auf rund fünfzehn, der Aktienbesitz auf etwa zehn Prozent.

S. 171. Höchstbesteuerter Bürger: Zwischen 1828 und 1838 wuchs sein Vermögen ohne den Grundbesitz noch einmal um rund vierhunderttausend Gulden, also um einen Betrag von jedenfalls zehn Millionen Mark heutigen Geldes, sprich um eine Million pro Jahr – und das trotz des kostspieligen Hausbaus, von dem gleich die Rede sein wird. Den Hauptanteil bildeten mit etwa achtunddreißig Prozent Staatspapiere, darunter mehr als die Hälfte österreichische. Annähernd gleich hoch war zunächst der Betrag, der in sogenannten »Rothschild Loosen« angelegt war, während die Summe der privaten Schuldforderungen um fünfundzwanzig Prozent schwankte. 1838, also wenige Jahre nach dem Anschluß Badens an den von Preußen geführten Deutschen Zollverein, war der Anteil des in österreichische Staatspapiere beziehungsweise in österreichische Bankaktien investierten Kapitals auf über fünfzig Prozent gestiegen.

S. 172. Gartenhäuser: Vgl. für Hamburg etwa *P. E. Schramm*, Neun Generationen, Bd. 1 (1963), 340ff., u. Bd. 2 (1964), 236ff.

S. 174. Hausbau: Vgl. dazu und zum Folgenden *K. Bassermann*, Das Bassermann'sche Haus am Markt (1920), 30ff.

S. 181. »Dreifuß«: So nannte sich ein Abendkränzchen von Wilhelmine, bei dem es, wie die Kinder und Enkel sich staunend berichteten, im übrigen stets nur klares Wasser gab.

S. 183. Wilhelmine Bassermann: Von der Art, wie sie mit sich und anderen umging, finden sich auch in ihren Briefen vielfältige Zeugnisse. Bei einer »Hitzewallung« habe sie sich, so schrieb sie beispielsweise einmal an eine Freundin, an die Gewohnheit ihrer Kindheit erinnert, den Kopf unter Brunnenwasser zu halten. Sie habe sich daher eine große Schüssel mit eisgekühltem Wasser bringen und dieses mit einem Schwamm über ihren Kopf laufen lassen: »Nun wurde der Kopf kalt, aber die übrige werte Person auch, kurz alles Blut trat zurück, ich hatte keinen Atem mehr, das Kopfweh war fort, aber ich war auch nächst fort. Luft! Luft! war alles, was ich noch sagen konnte, da kam das ganze Haus in Alarm, Doktor, Barbier, Blutegel, Wartfrau, Senfpflaster, alles war in Bewegung, man setzte mir ein Dutzend Blutegel auf die Brust, Senfpflaster auf Rücken und Magen und Leib, kurz, man malträtierte mich dergestalt, daß ich nach zwei Stunden entweder ganz tot oder ganz hergestellt sein mußte, das letztere geschah, und meines Mannes Aussicht zu zweiter Ehe war nur eine kurze Freude. Der Arzt gab ihm die Versicherung, wenn nicht wenigstens die ganze Fakultät zu Rate gezogen würde, ich nicht umzubringen sei.«

S. 184. Casinogesellschaft: Nach der Wiedervereinigung mit einer 1808 abgespaltenen Mitgliedergruppe, dem »Museum«, nannte sie sich ab 1814 »Harmonie«: Vgl. dazu *I. Makowski*, Emanzipation oder »Harmonie« (1988). – Die Gesellschaft zählte zu Beginn der zwanziger Jahre gegen 300, am Vorabend der Revolution von 1848 460 Mitglieder. Der Jahresmitgliedsbeitrag betrug zunächst 22 Gulden, sprich, bezogen auf Kaufkraft und Einkommen, ein Betrag von mindestens 600 Mark heutiger Währung. Auch von daher war eine gewisse soziale Exklusivität von vornherein gewährleistet.

S. 184. Dominanz des Wirtschaftsbürgertums: Sie zeigte sich außer an dem Zahlenverhältnis der Mitglieder auch an der Tatsache, daß Vertreter des Wirtschaftsbürgertums zunehmend in den Vorstand gewählt wurden – so auch die Vettern Bassermann, von denen Johann Ludwig 1816 und 1817 als stellvertretender Präsident und Schatzmeister sowie als Präsident, Friedrich Ludwig 1824 und 1825 sowie 1831 als Schatzmeister und stellvertretender Präsident fungierten; 1826 verzichtete er wegen des Todes seines Schwiegervaters, der 1815 Präsident gewesen war, auf die Präsidentschaft.

S. 185. Rheinhafen: Vgl. *A. Blaustein*, Die Handelskammer Mannheim (1928), 57ff. Es dauerte dann noch weitere fünfzehn Jahre, bis dieser schon Ausgang des 18. Jahrhunderts in dem Kreis um Reinhardt viel erörterte Plan verwirklicht und der neuerbaute Rheinhafen im Rahmen eines großen Volksfestes feierlich eröffnet wurde: Vgl. dazu *F. Facius*, Mannheim, Baden und der Oberrhein (1976), 32ff., u. *ders.*, Hafenbau und Flußkorrektion (1981), 65ff., sowie speziell zur Eröffnung *F. Schnabel*, Mannheim in der deutschen Bewegung (1940), 27ff.

S. 185. Handelspolitik: Vgl. auch noch *A. Traband*, Deux rivales rhénanes (1965), 80ff.

S. 186. »Kapitalien in einer Höhe«: *H.-U. Wehler*, Deutsche Gesellschaftsgeschichte, Bd. 2 (1987), 638.

S. 187. Mannheim-Frankfurt: Insgesamt blieb Mannheim bis in die fünfziger, ja, in die sechziger Jahre des 19. Jahrhunderts weitgehend von dem Finanzplatz Frankfurt abhängig, da die badische Regierung der Errichtung größerer Bankhäuser bis hin zu einer badischen Bank vielfältige Hindernisse in den Weg legte. »Man kann sagen, der Mannheimer Handel ist Frankfurt zinsbar«, pointierte Friedrich Daniel Bassermann, Friedrich Ludwigs ältester Sohn, 1846 die Situation in einer scharfen Attacke auf die Wirtschaftspolitik der Regierung im badischen Landtag: Verhandlungen der Stände-Versammlung des Großherzogtums Baden in den Jahren 1845 bis 1846. Protokolle der zweiten Kammer. 9. Protokollheft, 278.

S. 187. Bankgeschäft: Friedrich Ludwig nutzte allerdings - wie die Vermögensbilanz bei seinem Tode im Jahre 1865 erkennen läßt - seine Verbindungen bis zuletzt sehr erfolgreich, sein Geld direkt, ohne Vermittlung anderer, durch Vergabe von Darlehen und Hypotheken arbeiten zu lassen.

S. 196. Bildung und Verein: Ein erster Plan zur Begründung einer »Lesegesellschaft« in Mannheim war schon 1789 entwickelt, dann aber, wohl vor allem wegen der äußeren Umstände, nicht ausgeführt worden: Vgl. *A. Carlebach*, Plan einer Lesegesellschaft (1929), 189ff. - Die dann in der »Harmonie« 1814 wiedervereinigten beiden Gesellschaften unterhielten, wie *J. G. Riegers* »Historisch-topographisch-statistische Beschreibung von Mannheim und seiner Umgebung« von 1824 ausdrücklich vermeldete, eine »sehr zahlreiche und gute Bibliothek, die durch die Mitglieder für einen großen Teil der Bewohner Mannheims ein kostbares Gemeingut geworden ist« (355).

S. 196. Einladungsschreiben des »Museums«: *F. Walter*, Geschichte Mannheims, Bd. 2 (1907/1978), 87. In dem ersten Rundschreiben des »Casinos« vom 18. Oktober 1803 war noch sehr viel nüchterner von einem »Mittel, mehrere Menschen öfters zusammen zu bringen, um sich dadurch besser zu kennen, gemeinschaftlich zu belustigen und zu belehren«, die Rede gewesen: Harmonie Almanach (1928), 26.

S. 197. »Ein bewußt wahrgenommener sozialer Akt«: *C. Lipp*, Verein als politisches Handlungsmuster (1986), 290.

S. 198. Zum Nationaltheater: *E. L. Stahl*, Das Mannheimer Nationaltheater (1929); *H. Stubenrauch/W. Herrmann/C. H. Drese*, 175 Jahre Nationaltheater (1954); *P. Mertz/W. Magin*, Nationaltheater Mannheim (1970).

S. 198. Lessing: An seinen Bruder Karl, 25. Mai 1777; vgl. auch *M. Oeser*, Geschichte der Stadt Mannheim (1904), 492f.

S. 199. Alte Truppe: Ihre letzte Mannheimer Vorstellung gab sie am 13. September 1778 mit Lessings »Minna von Barnhelm«.

S. 200. Schiller in Mannheim: *A. Streicher*, Schillers Flucht von Stuttgart und Aufenthalt in Mannheim von 1782-1785. Eing. u. hrsg. v. G. Witkowski. Großborstel 1912.

S. 200. Spielplan des Nationaltheaters: Eine Statistik der aufgeführten Werke von 1779-1889 bei *M. Martersteig*, Rückblick und Statistischer Bericht über die 50jährige bürgerliche Verwaltungsperiode des Großherzogl. Hof- und Nationaltheaters zu Mannheim 1839-1869. Mannheim 1890.

S. 201. »Wo ist ein Publikum zu finden«: *F. Walter*, Geschichte Mannheims, Bd. 1 (1907/1977), 758.

S. 201. Sophie La Roche: Briefe über Mannheim. Zürich 1791, 20.

S. 203. Goethe: Zahme Xenien IX.

S. 203. Hof Stephanies: *R. Haas*, Die Bewohner des Mannheimer Schlosses (1978), 23ff.

S. 204. Katalog der Gemälde bei *J. G. Rieger*, Historisch-topographisch-statistische Beschreibung (1824), 372ff.

S. 204. Gründung des Gymnasiums: *K. A. Müller* (Hrsg.), Dreihundert Jahre Karl-Friedrich-Gymnasium (1972), 102ff.; zu der bei dieser Gelegenheit formulierten scharfen Kritik an den bestehenden Schulen (»Knaben, die mit Grazie tanzen, fertig französisch plaudern, ebenso fertig ein Instrument spielen, eine nachgestochene Antike nachzeichnen und über Deklamation, Stellung oder Minenspiel bedeutende Kunstwörter um sich herstreuen – wissen von ihren Pflichten weiter nichts, als was auch dem Tagelöhnerssohn aus den zehn Geboten her aufgezwungen ist«) s. auch noch *W. Caspari*, Zur Vorgeschichte (1907), 160ff. Zum allgemeinen Zusammenhang jetzt, allerdings unter starker Konzentration auf Preußen: *M. Kraul*, Das deutsche Gymnasium (1984).

S. 204. Zur weiteren Entwicklung des Lyzeums: *J. P. Behaghel*, Geschichte und Statistik (1857), und *W. Caspari*, Geschichte und Statistik (1907), 43ff.

S. 205. Neuhumanismus: S. auch *W. Ruf*, Der Neuhumanismus in Baden (1961).

S. 205. Brunner: *W. Caspari*, Geschichte und Statistik (1907), 51; *F. Walter*, Geschichte Mannheims, Bd. 2 (1907/1978), 19.

S. 205. Nüßlin: *F. Baumgarten*, Friedrich August Nüßlin. Programmbeilage des Gymnasiums Freiburg. Freiburg 1896.

S. 205. Tagung des »Vereins deutscher Philologen und Schulmänner«: Vgl. auch *F. Schnabel*, Mannheim in der deutschen Bewegung (1940), hier bes. 30f.

S. 206. Thiersch: Verhandlungen der 2. Versammlung deutscher Philologen und Schulmänner i. J. 1839. Mannheim 1840, 41ff.

S. 206. Zur sozialen Zusammensetzung der Schülerschaft und ihrem Wandel: *H. Probst*, Die soziale Herkunft der Schüler des Karl-Friedrich-Gymnasiums in Mannheim von 1807 bis 1970, in: K. A. Müller (Hrsg.), Dreihundert Jahre Karl-Friedrich-Gymnasium (1972), 149ff.

S. 207. Diskussion um Gymnasium und Bürgerschule: *W. Ruf*, Der Neuhumanismus in Baden (1961), bes. 44ff.

S. 207. »Höhere Bürgerschule«: *A. Meuser*, Aus der Schulgeschichte Mannheims (1891), 23; s. auch *G. Jacob*, W. H. Ladenburg & Söhne (1971), 33. Zur Entwicklung der Schule: *W. Höhler*, Das Realgymnasium Mannheim (1911). Zum allgemeinen Zusammenhang *K.-E. Jeismann*, Das höhere Knabenschulwesen, in: K.-E. Jeismann/P. Lundgreen (Hrsg.), Handbuch der deutschen Bildungsgeschichte. Bd. 3. München 1987, 152ff., bes. 161f. – Als Abgeordneter kämpfte Friedrich Daniel Bassermann dann in immer neuen Anläufen für die Gleichstellung der Höheren Bürgerschulen mit den Lyzeen und Gymnasien: vgl. etwa die Parlamentsdebatte vom 15. Juli 1846: Verhandlungen der Ständeversammlung etc., II. Kammer 1845/46, 8. Beilagenheft, 295ff. – Nachdrücklich trat er auch für die Aufhebung der Konfessionsschulen und für die Verbindung von Volks- und Bürgerschulen in Realschulen ein und setzte 1847 in Mannheim einen entsprechenden Beschluß des großen Bürgerausschusses durch: *A. Meuser*, Aus der Schulgeschichte Mannheims (1891). Eine entsprechende Neuorganisation des Volksschulwesens erfolgte allerdings erst im Zuge der – heftig umstrittenen – liberalen Schulreform der 60er Jahre, die den badischen Kulturkampf auf einen Höhepunkt führte.

S. 208. Zum kulturellen Vereinswesen in Mannheim bisher (sehr wenig ergiebig): *L. Jordan*, Zur Entwicklung der kulturellen Vereine (1923).

S. 209. Kunstverein: Die Bassermanns waren in ihm durch das ganze Jahrhundert hindurch immer mit mehreren Mitgliedern vertreten, Friedrich Ludwig Bassermanns Sohn Julius gehörte wie dann auch sein Großneffe Ernst, der spätere nationalliberale Parteiführer, über viele Jahrzehnte dem Vorstand an.

S. 209. Zum naturkundlichen Verein: Verein für Naturkunde Mannheim. Festschrift zur Hundertjahrfeier. Mannheim 1933.

S. 211. Finanzierung des Theaters: Seit langem erhob die Stadt zugunsten des Theaters einen besonderen Zuschlag zur Salz- und zur Biersteuer, der aber von Anfang an nur einen Bruchteil der nötigen Summen erbrachte.

S. 211. Musikverein: *H. Heréus*, 100 Jahre Musikverein (1929), 5. S. auch *W. Herrmann*, Musizieren um des Musizierens willen (1954), u. Der Musikverein Mannheim (1845).

S. 212. Musikvereinsorchester: Zu den Laien im Orchester zählte nach Friedrich Daniel über viele Jahre hin auch sein jüngerer Bruder Louis Alexander, der auch vielfach als Solist auftrat.

S. 212. Wagner: Im Juni 1871 entstand denn auch in Mannheim der erste der deutschen Wagnervereine, auf dessen Initiative hin Wagner am 20. Dezember ein ihm zur Ehre veranstaltetes Konzert dirigierte. »Das Echte, das Deutsche in Gesinnung und Tat«, bedankte Wagner sich, seine Festspielhauspläne und deren Finanzierung vor Augen, nach dem Konzert, »das findet man nicht in den größten Städten, nicht in den Residenzen, sondern in den Städten, wo echtes Bürgertum und echter Bürgersinn herrschen. ... Korporativ ist Mannheim der erste Ort gewesen, der mir in selbständiger Initiative entgegenkam. Die Mannheimer haben in mir zuerst den Glauben an die praktische Verwirklichung meiner Pläne befestigt, sie haben mir bewiesen, wo für den deutschen Künstler der wahre Boden zu suchen ist: im Herzen der Nation«: *M. Oeser*, Geschichte der Stadt Mannheim (1904), 654f.

S. 213. Liedertafel: *K. Hechler*, 90 Jahre Mannheimer Liedertafel (1930).

S. 213. Musik- und Sängerfeste: Zu ihnen zählte das zweite badische Sängerfest, das 1845 in einer Zeit sich verschärfender politischer und sozialer Unruhe mit großem Aufwand in Mannheim abgehalten wurde: Vgl. Zweites Badisches Sängerfest in Mannheim am 12. Mai 1845. Mannheim 1845.

S. 214. Theater: Vgl. dazu und zum Folgenden auch *H. v. Feder*, Geschichte der Stadt Mannheim, Bd. 2 (1877), 210ff.

S. 216. Theaterkomitee: Friedrich Daniels Nachfolger wurde 1848, als er aufgrund seiner nun außerordentlich angewachsenen politischen Belastungen zurücktrat, Carl Engelhorn, ein Bruder des späteren Gründers der Badischen Anilin- & Sodafabrik: Friedrich Daniel Bassermann als Mitglied des Mannheimer Theater-Komitees (1930), 93f.

S. 217. »Gemeinden als Minderjährige«: *F. Walter*, Geschichte Mannheims, Bd. 2 (1907/1978), 36.

S. 222. Polenbewegung: *M. Wawrykowa*, Das Polen-Motiv (1986), 20ff., u. *L. Trzeciakowski*, Die polnische Frage (1986), 53ff.

»Die Politik ist das Schicksal«

Zur allgemeinen politischen und gesellschaftlichen Entwicklung sowie zur Geschichte des Frühliberalismus vgl. die im vorangegangenen Kapitel zitierte Literatur.

Über die wirtschaftliche Entwicklung vgl. ferner *H. Aubin/W. Zorn*, Handbuch der deutschen Wirtschafts- und Sozialgeschichte, Bd. 2 (1976); *C. M. Cipolla/K. Borchardt* (Hrsg.), Europäische Wirtschaftsgeschichte, Bd. 3-4

(1976/1977); *K. Borchardt*, Die Industrielle Revolution (1972); *F.-W. Henning*, Die Industrialisierung (1973). Zum Zollverein vgl. *H.-W. Hahn*, Geschichte des Deutschen Zollvereins (1984). Speziell zur badischen Wirtschaftsgeschichte *W. Fischer*, Anfänge der Industrialisierung (1962); *H. Locher*, Wirtschaftliche und soziale Lage (1950).

Zur politischen Entwicklung in Baden vgl. *L. Gall*, Der Liberalismus als regierende Partei (1968); *H. Fenske*, Der liberale Südwesten (1981); *W. Fischer*, Staat und Gesellschaft (1970); *L. E. Lee*, The Politics of Harmony (1980). Zu Fragen der Verfassung und des Landtags *H.-P. Becht*, Die Abgeordnetenschaft (1980); *ders.*, Die Repräsentation (1984); *M. Hörner*, Die Wahlen zur badischen zweiten Kammer (1987); *P. M. Ehrle*, Volksvertretung im Vormärz (1979); *H. Kramer*, Fraktionsbindungen (1968); *A. Reinhardt*, Volk und Abgeordnetenkammer (1953). Zur Presse *H. Müller*, Liberale Presse (1986), u. *N. Deuchert*, Vom Hambacher Fest (1983). Zum Auseinandertreten von Liberalen und Demokraten vgl. *M. Tullner*, Differenzierungsprozeß (1977). Über die politischen Ziele der Demokraten vgl. v.a. *P. Wende*, Radikalismus (1975).

Zur zeitgenössischen Debatte über den Pauperismus vgl. *C. Jantke/D. Hilger* (Hrsg.), Die Eigentumslosen (1965). Zu Ursachen und Erscheinungsformen der Massenarmut s. zuletzt *H.-U. Wehler*, Deutsche Gesellschaftsgeschichte, Bd. 2 (1987). Speziell zu Süddeutschland: *K. Matz*, Pauperismus und Bevölkerung (1980). Über den Deutschkatholizismus s. *F. W. Graf*, Die Politisierung des religiösen Bewußtseins (1978).

Zum Vereinswesen s. die oben bereits genannte Literatur sowie *D. Düding*, Organisierter gesellschaftlicher Nationalismus (1984). Über Nationalismus und Nationalbewegung ferner *H. A. Winkler* (Hrsg.), Nationalismus (1978); *H. Schulze*, Der Weg zum Nationalstaat (1985); *O. Dann* (Hrsg.), Nationalismus und sozialer Wandel (1978).

S. 233. Verein Chemischer Fabriken: *E. Hintz*, Werden und Wirken des »Verein Chemische Fabriken Mannheim«. Mannheim o. J. [1954].

S. 234. Drogengeschäft: Vgl. 150 Jahre Bassermann & Co. (1974). Das »Adreß-Buch der Handels- und Gewerbsleute in Mannheim« von 1840 notierte unter Friedrich Bassermann: »Material- und Farbwaaren, Spezereiwaaren, italienische und französische Produkte en gros et en détail«.

S. 234. Feier des Zollvereinsbeitritts: *H. P. Müller*, Das Großherzogtum Baden (1984), 240. – Zur Einweihung des neuen Mannheimer Hafens 1840 höchst lebendig und zugleich in weitläufigen Perspektiven *F. Schnabel*, Mannheim in der deutschen Bewegung (1940), 27ff.

S. 234. Eigenes Haus: In N 7, 6, der sogenannten Saalbaustraße, wo eine Gedenktafel bis zur Zerstörung des Hauses im Zweiten Weltkrieg an den großen Parlamentarier erinnerte: Die »Bassermänner« und ihre Häuser, in: Mannheimer Morgen v. 19. September 1958. – »Im Frühjahr baue ich mir ein Haus in einem Garten, in Louis' Nähe«, hatte der eben neugewählte Abgeordnete im Dezember 1841 Franz Buhl in Deidesheim, einem engen persönlichen und politischen Freund, angekündigt: »Dort sind noch schöne Gärten frei; kaufe Dir einen, ehe sie vergriffen sind, zum gleichen Werke u wir wollen ein elisäisches Leben zusammen führen«: 21. Dezember 1841, Bundesarchiv, Abt. Frankfurt am Main, Nachlaß Buhl.

S. 235. Casinogesellschaft: Vgl. 90 Jahre Casino-Gesellschaft (1925), 7. Die Gesellschaft zählte 1837, knapp zwei Jahre nach ihrer Gründung, bereits 150 Mitglieder. 1839 wurde für 37 000 Gulden das frühere Hillesheimsche Palais am Markt, in dem nach 1808 schon die Museumsgesellschaft in der Zeit der Sezession vom alten »Casino« getagt hatte – es war von 1720-1731 die erste Residenz des von Heidelberg nach Mannheim übergesiedelten Kurfürsten Karl Philipp gewesen –, als Klubhaus erworben. Anfang der vierziger Jahre hielt der Klub nicht weniger als 27 »Journale«, von der Augsburger »Allgemeinen Zeitung« über die »Oberpostamtszeitung« und den »Schwäbischen Merkur« bis zur »Cölnischen Zeitung«, dem »National« und Lewalds »Europa«. Hauptträger des Vereins waren, noch ausgeprägter als bei der »Harmonie«, die Kaufleute der Stadt. – Daneben gab es im weiteren noch einen speziell jüdischen Verein dieser Art, die »Ressource«, die in den sechziger Jahren über 100 Mitglieder zählte: *A. Fecht*, Mannheim, Bd. 1 (1864), 51f.

S. 236. Treffen in Hallgarten: Vgl. *S. Schmidt*, Der Hallgarten-Kreis 1839-47. Zur Genese des bürgerlichen Parteiwesens im deutschen Vormärz, in: Wissenschaftliche Zeitschrift der Friedrich-Schiller-Universität Jena 13, 1964, Gesellschafts- und sprachwissenschaftliche Reihe, H. 2.

S. 239. Verkauf des Drogengeschäfts: Der zunächst auf zwölf Jahre terminierte »Handelsgesellschaft-Vertrag« zwischen beiden wurde am 12. Dezember 1841 geschlossen. Beide Partner verpflichteten sich darin, »wenigsten zwanzigtausend Gulden gleich beim Beginn des Geschäfts in dasselbe einzuschießen«, die zu fünf Prozent verzinst werden sollten.

S. 240. »So viel Musik da«: Bassermann'sche Familien-Nachrichten, H. 3, 41. Die Musikleidenschaft blieb im übrigen in der Familie notorisch. In gespielter Verzweiflung schrieb Wilhelmine einmal an eine Freundin: »Wir haben hier sogar einen musikalischen Walfisch, die ganze Militärmusik sitzt in seinem Bauch, das ist genug, daß ich ihn noch nicht gesehen habe (sic!), denn in meinem Haus habe ich des Gedudels genug. Zum Überfluß für mein Ohr lernt mein Fritz alle Abend die *Trompete* blasen, das hat noch gefehlt. Glücklicherweise ist mein Louis mit seinem Violoncello zu der Braut gezogen, und ich gönne meiner Schwester gerade diesen Ohrenschmaus. Seitdem die Catel bei der Bils Klavierstunde hat, spielt die alle Abend 3 Stunden die études von Cramer – das ist schön«: An Frau Kaiser, Heidelberg, 14. Januar 1837.

S. 240. Ausbildungsplan für Julius: Friedrich Daniel brachte ihn eigenhändig unter dem Datum des 15. September 1838 zu Papier: Bassermannsches Familienarchiv, Beilage zur handschriftlichen Familienchronik.

S. 241. Loskauf vom Militärdienst: Vgl. unten Kapitel »Gesellschaft«, 394f.

S. 243. Familie Gustav Bassermanns: Eltern und Geschwister bestanden freilich auf einem förmlichen Ehevertrag, der der neuen Schwiegertochter und Schwägerin im Falle des Todes von Gustav jeden Zugang zu dem Familienvermögen über die auf vierzigtausend Gulden festgesetzte »Mitgift« hinaus abschnitt: Minna Baumannsche Hauschronik. Hier wurde, in der strikten Wahrung der Interessen des Familienverbandes, etwas von der Härte des Geschäftsgebarens dieser Kaufmannsfamilie sichtbar, die man sonst sorgfältig zu verbergen suchte.

S. 244. »Noch einen leidlichen Küstenfahrer«: *K. Bassermann*, in: F. Waldeck (Hrsg.), Alte Mannheimer Familien, Bd. 4 (1923), 105.

S. 246. »Nur kein Staatsdiener«: Minna Baumannsche Hauschronik.

S. 247. »Vorbild politischer Tätigkeit: *F. D. Bassermann*, Denkwürdigkeiten (1926), 7.

S. 247. Urlaubsstreit: Vgl. *W. v. Hippel*, Friedrich Landolin Karl von Blittersdorff (1967), 112ff.

S. 248. »Durch die rückhaltlose Offenheit seiner Reden«: Deutsche Geschichte im Neunzehnten Jahrhundert. 5. Teil (1894). Leipzig 1927, 322.

S. 249. Eisenbahnlinie Frankfurt-Mannheim: Das war seit 1833 die immer wiederholte Forderung der Mannheimer Bürgerschaft, die 1835 auch Friedrich List mit seinem Vorschlag einer Bahnlinie Frankfurt-Mannheim-Basel aufgriff. Handelskammer und Stadtverwaltung setzten wenig später ein besonderes Komitee ein, das die Dinge vorantreiben sollte. Ihm gehörte auch Friedrich Daniels Vater an, der sich zugleich in einer Mannheimer Filialgesellschaft der von der hessen-darmstädtischen Regierung gegründeten Aktiengesellschaft zum Bau einer Bahnlinie Frankfurt-Darmstadt-Mannheim engagierte: *A. Blaustein*, Die Handelskammer Mannheim (1928), 94ff. Vgl. auch *J. Grumbach*, Die Bedeutung Heidelbergs (1921), 50ff.

S. 249. Gerade im Hinblick auf die Mannheim-Heidelberger Eisenbahnfrage wurde von den Liberalen damals und später gern darauf verwiesen, daß sich für die Position Bassermanns 23 »bürgerliche«, aber nur 3 Beamtenabgeordnete ausgesprochen hätten, gegen sie aber neben 8 »bürgerlichen« Abgeordneten 25 Beamte – ein Hinweis, der im übrigen deutlich macht, daß trotz der entschiedenen Stellungnahme für die – kleine Minderheit der – liberalen Beamtenabgeordneten im Urlaubsstreit das Verhältnis Bürgertum-Beamtenschaft weit spannungsreicher war, als es diejenigen oft darstellen, die von einer allgemeinen Führungsrolle des – meist beamteten – Bildungsbürgertums in jenen Jahrzehnten ausgehen; vgl. dazu auch *L. Gall*, »... ich wünschte ein Bürger zu sein« (1987), 601ff. – Zur Beamtenkritik im Lager der liberalen Bewegung in dieser Zeit v.a. *W. Bleek*, Von der Kameralausbildung zum Juristenprivileg. Berlin 1972; speziell für Baden *L. E. Lee*, The Politics of Harmony (1980).

S. 249. »Die Regierung ist um des Volkes willen da«: *L. Häusser*, Friedrich Daniel Bassermann (1858), 356. Im (zensurierten) amtlichen Protokoll ist die auch in der Tagespresse vielfach belegte Äußerung nicht verzeichnet.

S. 249. Parlamentsauflösung 1842: Vgl. dazu zuletzt *H.-P. Becht*, Die badische zweite Kammer (1985), 254ff.

S. 250. Wahlbeeinflussung durch die Regierung: »Die Regierung hat die Wahlumtriebe in kolossalem Maße organisiert«, erklärte Friedrich Daniel nach der Wahl in der Kammer, »die Presse für das Volk stumm und für sich zu einem Monopol gemacht; sie hat die Staatsdiener für Instrumente erklärt, die man zerbreche, wenn sie sich nicht fügen, und hat sie dann in Circularnoten zur Einmischung in die Wahlen nach vorgeschriebener Richtung aufgefordert«: Badische Biographien. Erster Teil. Heidelberg 1875, 38.

S. 250. »Kandidat im zwanzigsten Jahr«: *K. Zittel*, Die politischen Partheiungen in Baden, in: Jahrbücher der Gegenwart 1847, 377.

S. 250. Abgeordnetenfeste: Eines der berühmtesten dieser Feste war das sogenannte Itzsteinfest im September 1844 in Mannheim, auf dem der langjährige Abgeordnete, eines der Häupter der liberalen Opposition seit den Anfängen des Verfassungslebens, in großem Stile gefeiert und ihm eine schwere goldene Ehrenmünze mit der Umschrift »Adam von Itzstein Vertreter der Volksrechte« überreicht wurde. Hoffmann von Fallersleben hat extra zu diesem Anlaß ein Itzsteinlied geschrieben, das auf die Melodie »Noch ist Polen nicht verloren« von den Teilnehmern intoniert wurde: Das Itzsteinfest zu Mannheim (1847), 57ff. Zu den pfälzischen Abgeordnetenfesten der Zeit, speziell auch mit Blick auf diesen speziellen Festtypus *C. Foerster*, »Hoch lebe die Verfassung«? Die pfälzischen Abgeordnetenfeste im

Vormärz (1819–1846), in: D. Düding/P. Friedmann/P. Münch (Hrsg.), Öffentliche Festkultur. Politische Feste in Deutschland von der Aufklärung bis zum Ersten Weltkrieg. Hamburg 1988, 132ff.

S. 251. Eingehend beschäftigte Friedrich Daniel sich auch mit Problemen des Bahnhofbaus und sprach sich nachdrücklich gegen die Neigung zu »Prunkbauten« und gegen Versuche aus, mit besonderen Aufenthaltsräumen für »Standespersonen« Prinzipien der Vergangenheit in die moderne Welt zu schmuggeln.

S. 251. »Große Kluft zwischen dem Volk und den Regierungsgebäuden«: 9. Dezember 1845: Verhandlungen der Stände-Versammlung des Großherzogtums Baden in den Jahren 1845 bis 1846. Protokolle der zweiten Kammer. 1. Protokollheft, 124.

S. 252. »Die Arbeiter werden immer mehr die Leibeigenen«: Verhandlungen der Stände-Versammlung … 1843–44. 10. Beilagenheft, 110f.

S. 253. Friedrich Hecker: Vgl. zu ihm *U. Meister*, Friedrich Hecker (1976), 66ff.

S. 254. »Merkwürdig zarte Schonung«: Verhandlungen der Stände-Versammlung … 1843–44. 10. Beilagenheft, 111.

S. 255. »Zwei Aristokratien«: Verhandlungen der Stände-Versammlung … 1843–44. 8. Protokollheft, 324.

S. 255. Welcker: Artikel »Eigentum«, Zweiter Supplementband des Staatslexikons, 1846, 211f. »Allseitige Gerechtigkeit ist gebieterische Forderung, gleichsam der Hunger der Zeit«, erklärte Welcker im gleichen Jahr in der badischen Kammer: »Allseitige Gerechtigkeit fordert, daß das Vermögen im Verhältnis zur Freiheit und Gleichheit der Persönlichkeit, die man genießt, zu belasten sei. Das Vermögen ist der rechtliche Leib für die Freiheit, Selbständigkeit und Persönlichkeit, denn ohne einen Boden, auf dem ich stehe, ohne die Speise, die mich nährt, ohne das Kleid, das mich deckt, ohne diese Mittel kann ich nicht menschlich existieren«: Verhandlungen der Stände-Versammlung … 1845–46. 4. Protokollheft, 314.

S. 255. »Das Mißverhältnis zwischen dem Besitztum und dem Proletariat«: *F. D. Bassermann*, Denkwürdigkeiten (1926), 15f.

S. 255. Anträge auf Einführung einer Kapitalsteuer: 1842 und 1843. Ausführliche Begründung: Verhandlungen der Stände-Versammlung … 1843–44. 10. Beilagenheft, 109ff. Auch sein Freund Karl Mathy, der im Rotteck-Welkerschen Staatslexikon eine ganze Reihe von Artikeln zu Fragen des Steuerwesens verfaßt hatte und auch auf diesem Gebiet vielfach hervorgetreten war, hat diese Forderung nach einer Kapitalsteuer nachdrücklich unterstützt: vgl. *E. Angermann*, Karl Mathy (1955), 499ff., hier bes. 528f.

S. 256. »Die Völker so behandelt werden müssten«: Zit. nach *H. Gollwitzer*, Friedrich Daniel Bassermann (1955), 17f.

S. 256. »An sich nur Mittel«: *F. D. Bassermann*, Denkwürdigkeiten (1926), 16.

S. 259. Über die Treffen in Hallgarten: *F. D. Bassermann*, Denkwürdigkeiten (1926), 6f.

S. 259. »Wir haben hier nicht Deutschland zu organisieren«: Verhandlungen der Stände-Versammlung ... 1843–1844. 3. Protokollheft, 384. Die Rede Bassermanns 381ff.

S. 260. Hecker: Verhandlungen der Stände-Versammlung ... 1843–1844. 3. Protokollheft, 391.

S. 263. Mathys Schrift über die Vermögenssteuer: »So wie bei einer Handelsgesellschaft der Gewinn auf die Theilnehmer repartirt wird, nach Maaßgabe ihrer Einlagen, so theilen sich objectiv die Vortheile des Staatsverbandes nach dem Verhältnisse ihres Vermögens«, hieß es darin zum Grundsätzlichen: »Da aber das Vermögen der Maaßstab des Vortheils ist, welchen der Eigenthümer aus der Sicherheit des Besitzes, aus dem ungestörten Betrieb der Bewirthschaftung zieht, so muß es auch der Maaßstab der Lasten seyn, welche die Anstalten zu Erhaltung der Sicherheit, zu Beförderung des Betriebes nothwendig machen.«

S. 263. Mathy: Vgl. auch *G. Freytag*, Karl Mathy (1870), hier bes. 49ff.

S. 263. »Der Zeitgeist«: Er erschien vom 14. Juni 1834 bis Oktober 1834. Der als verantwortlicher Redakteur zeichnende Erasmus Bartlin war in Wahrheit der Packer und Ausläufer der Druckerei Hasper in Karlsruhe. Er erhielt als »Namenspatron« 36 Kreuzer pro Woche: *G. Freytag*, Karl Mathy (1870), 62. Zum Kampf um Pressefreiheit und gegen die Zensur in dieser Zeit *E. Naujoks*, Der badische Liberalismus im Vormärz (1983), 347ff.

S. 265. »Badische Zeitung« und »Landtagszeitung«: Vgl. dazu und zum Folgenden auch *H. Müller*, Liberale Presse (1986). Als Nachfolgerin der im September 1846 eingestellten »Landtagszeitung« gab Mathy ab Oktober desselben Jahres die »Rundschau« heraus.

S. 265. Mathys Wahl in Konstanz: Vgl. auch *M. Hörner*, Die Wahlen zur badischen zweiten Kammer (1987), 277f. Eine zunächst ins Auge gefaßte Kandidatur in Pforzheim scheiterte an der mangelnden Neigung der »reichen Bijouteriefabrikanten« der Stadt, »den etwas dürftig gekleideten Zeitungsredakteur« als ihren Vertreter zu akzeptieren: ebd., 389.

S. 265. Die »Deutsche Zeitung« als Aktiengesellschaft: »Ein einzelner Verleger hat ein zu großes, ausschließlich pekuniäres Interesse an der großen Verbreitung des Blattes, als daß er nicht aus Furcht vor einem Verbote - wie Cotta in Bezug auf Österreich - solcher Rücksicht den Inhalt des Blattes nachsetzte«, begründete Friedrich Daniel in einem Brief an Gervinus Anfang 1847 seine und Mathys Entscheidung zugunsten einer Aktiengesellschaft: 7. Januar 1847, Nachlaß Gervinus, Universitätsbibliothek Heidelberg, 2746, Nr. 19, z. T. gedruckt bei *P. Thorbecke* (Hrsg.), Aus Deutschlands Sturm- und Drangperiode (1909), 100f.

S. 265. Gründung der »Deutschen Zeitung«: Die Verlagsverträge vom 10. März und 18. April 1847 bei *A. Becker*, Zur Geschichte der »Deutschen Zeitung« (1937/38), 378ff. Das Betriebskapital betrug, in Anteile von je 3 000 Gulden gestückelt, 60 000 Gulden. Die Anteile sollten nur von Gesinnungsgenossen gehalten werden. Friedrich Daniel übernahm schließlich 12 000, sein Vater Friedrich Ludwig 6 000 Gulden, so daß die Familie Bassermann fast über ein Drittel des Aktienkapitals verfügte. Zu den übrigen Aktionären zählten unter anderen Gervinus, Mittermaier, der berühmte Jurist und langjährige Präsident des badischen Landtags, Hansemann, einer der führenden Männer des rheinischen Liberalismus, der bayerische Liberale Gustav von Lerchenfeld und der Mannheimer Oberhofgerichtsadvokat Leopold Ladenburg, ein enger Freund Friedrich Daniels. Vgl. im einzelnen *P. Thorbecke*, Aus Deutschlands Sturm- und Drangperiode (1909), bes. 97ff. - Anfang Februar 1848 hatte das Blatt nach Friedrich Daniels eigenen Angaben (an Gervinus, 6. Februar 1848: Nachlaß Gervinus, Universitätsbibliothek Heidelberg, 2746, Nr. 19) annähernd dreitausend Abonnenten, im Sommer 1848 viertausend (vgl. F. D. Bassermann an J. B. Bekk, 10. Juli 1848: Stadtarchiv Mannheim, Kleine Erwerbungen 474). - Allgemein zur »Deutschen Zeitung« auch noch *H. Müller*, Liberale Presse (1986), 229ff.; *L. Bergsträsser*, Die Heidelberger »Deutsche Zeitung« (1937/38), 127ff. u. 343ff. (eine Zusammenstellung der Artikel F. D. Bassermanns ebd., 129f.); *K. Koszyk*, Deutsche Presse im 19. Jahrhundert. Berlin 1966, 111ff.

S. 265. Ziele der »Deutschen Zeitung«: Das Programm bei *L. Müller*, Die politische Sturm- und Drangperiode Badens. Bd. 1. Mannheim 1905, 179ff.

S. 267. »Literarisches Proletariat«: Friedrich Daniel an Gervinus, 6. Februar 1848: Nachlaß Gervinus, Universitätsbibliothek Heidelberg, 2746.

S. 267. Anschluß an die Mehrheitsmeinung: *A. v. Harnack*, Friedrich Daniel Bassermann (1920), 18.

S. 267. Hansemann als Initiator des Treffens: Vgl. das Einladungsschreiben Friedrich Daniel Bassermanns an Heinrich von Gagern v. 21. September 1847: Bundesarchiv, Abt. Frankfurt am Main, Nachlaß Gagern.

S. 267. »Die Gemeinsamkeit der materiellen Interessen«: *F. D. Bassermann*, Denkwürdigkeiten (1926), 14.

S. 270. Mathy in der »Deutschen Zeitung«: Nr. 107.

S. 270. Bewußt vorsichtig: *F. D. Bassermann*, Denkwürdigkeiten (1926), 16.

S. 271. »An die Stelle der bisherigen Besteuerung«: Offenburger Programm vom 12. September 1847.

S. 271. Rede Bassermanns vom 18. November 1848 über seine Berliner Mission: Stenographischer Bericht über die Verhandlungen der deutschen constituirenden Nationalversammlung zu Frankfurt am Main. Hrsg. v. *F. Wigard*. Bd. 5, 3407ff.

S. 272. »Gestalten, die ich nicht schildern will«: In dem noch am gleichen Abend geschriebenen Brief an seine Frau setzte er die Akzente im übrigen wesentlich anders: »Berlin, das ich eben durchwanderte«, so hieß es da, »ist, einige magere Gruppen abgerechnet, ganz ruhig und der Mond scheint sehr friedlich auf die schönen Linden«: Stadtarchiv Mannheim, Kleine Erwerbungen 474.

S. 275. Mevissen: *K. Heinzen,* Einiges über teutschen Servilismus und Liberalismus (1847), nach *J. Hansen,* Gustav von Mevissen. Ein rheinisches Lebensbild 1815–1899. Bd. 1. Berlin 1906, 485.

S. 276. »Separations- und Oppositionsbewegung«: *Th. Nipperdey,* Deutsche Geschichte 1800–1866 (1983), 412.

S. 277. Bekenntnis zu den Deutschkatholiken: In einer Rede vor dem badischen Landtag vom 15. Dezember 1845 hat er noch einmal den ganzen Katalog der Argumente ausgebreitet, die die Liberalen bei dieser Auseinandersetzung ins Feld führten und die, in Gleichsetzung von Katholizismus und politischer und geistiger Reaktion und in Parallelisierung von Luther und Ronge, in dem Satz gipfelten: »Was hat die deutsche Kultur, die freie deutsche Gesittung und Bildung gerettet? Nur die Reformation und der Protestantismus«: Verhandlungen der Stände-Versammlung … 1845–46. 1. Protokollheft, 136ff. Vgl. auch seine Rede vom 12. August 1846: ebd., 9. Protokollheft, 44ff.

S. 277. Ronge in Mannheim: Vgl. auch – scharf kritisch – *H. Maas,* Geschichte der Katholischen Kirche (1891), 157f., 162f.

S. 277. Wiederwahl 1846: Sein Gegenkandidat war der evangelische Oberkirchenrat Heinrich Friedrich Muth, zu dessen Gunsten, so die Liberalen, die gesamte Geistlichkeit mit dem Satz aufgetreten sei: »Wenn Sie den Oberkirchenrat nicht wählen, so werden Sie es am Jüngsten Tage zu verantworten haben«: Verhandlungen der Stände-Versammlung... 1845-46. 3. Protokollheft, 37f.

S. 279. Maßnahmen gegen Struve: Der Regierung gelang es schließlich gemeinsam mit dem erzbischöflichen Ordinariat in Freiburg, am 9. Dezember 1846 seine Entlassung als Redakteur zu erzwingen: *H. Müller*, Liberale Presse (1986), 213.

S. 280. Vereinsgründungen Struves: 1847 folgten noch ein Frauenverein und eine »Handwerkerbank«.

S. 280. »Demonstration des Radikalismus«: *F. Walter*, Geschichte Mannheims, Bd. 2 (1907/1978), 306.

S. 285. In Zukunft »nicht jeder vereinzelt arbeiten«: 23. Juni 1846: Verhandlungen der Stände-Versammlung ... 1846. 5. Protokollheft, 213.

S. 286. Gesellenverein: Vgl. dazu *W. v. Hippel*, Der Mannheimer Gesellenverein (1977), 219ff.

S. 287. Krise: Anfang Mai erreichte der Brotpreis mit 30 Kreuzer für den Vier-Pfund-Laib fast wieder den Höhepunkt des Hungerjahres 1817: *J. Ph. Walther*, Mannheims Denkwürdigkeiten (1855), 126.

S. 287. Die Juden müßten vertrieben werden: Gegen die in der Tat im Frühjahr 1848 verstärkt zu beobachtende antijüdische Bewegung auf dem Lande, vor der viele Juden in die Städte, insbesondere nach Mannheim flohen, formulierten Hecker, Itzstein, Soiron, Mathy und Friedrich Daniel Bassermann mit anderen am 8. März 1848 einen Aufruf, der in dem Satz gipfelte: »Mit tiefem Schmerze, welchen alle wahren Freunde der Volksfreiheit und des Vaterlandes teilen, vernehmen wir die Nachricht, daß die Tage ..., welche unser ganzes Volk erlösen sollen von dem Druck der Knechtschaft von Jahrzehnten, ja von Jahrhunderten, entweiht werden sollten durch blinde Zerstörungswut und Gefährdung der Personen und des Eigentums unserer Mitbürger mosaischen Glaubens, daß das leuchtende Panier der Freiheit besudelt werden will durch schmähliche Excesse«; zit. nach *K. O. Watzinger*, Geschichte der Juden in Mannheim (2. Aufl. 1984), 31; vgl. auch *R. Rürup*, Emanzipation und Antisemitismus (1975), 160.

S. 287. »Die Mittel zum Wohlstand«: *F. Walter*, Geschichte Mannheims, Bd. 2 (1907/1978), 317.

S. 288. Führungsanspruch des liberalen Bürgertums: Es bildete sich allerdings im Zuge dieser Auseinandersetzungen bereits eine Partei »der Bürger im engeren Sinne«, die die Politik des Kompromisses und des Ausgleichs im Lager der liberalen Opposition, wie sie Friedrich Daniel Bassermann und Alexander von Soiron betrieben, kritisierten und einen Kurswechsel forderten. Mathys »Rundschau« nannte sie die »Kosaken des Rückschritts«: *H. v. Feder*, Geschichte der Stadt Mannheim, Bd. 2 (1877), 279f.

S. 288. Bassermanns Parlamentsantrag: Verhandlungen der Ständе-Versammlung ... 1847–48. 6. Beilagenheft, 311ff. Der Kommissionsbericht Welckers ebd., 7. Beilagenheft, 63ff. Die Debatte darüber – in einer politisch vollständig veränderten Situation – am 24. März 1848: ebd., 3. Protokollheft, 306ff.; vgl. dazu *M. Botzenhart*, Deutscher Parlamentarismus (1977), 93f.

S. 288. Vorgeschichte: Er selber hatte den dahinterstehenden Gedanken bereits neun Jahre vorher in seiner anonym erschienenen Schrift »Deutschland und Rußland« (Mannheim 1839) formuliert, in der er unter anderem der Frage nachging, wie Deutschland gegenüber einer äußeren Bedrohung wirksamer geschützt werden könne; vgl. bes. 223ff.

S. 289. Rede Mathys: Verhandlungen der Stände-Versammlung ... 1848, 2. Protokollheft, 268. Die Anspielung bezieht sich auf die tumultuarischen Volksversammlungen hier wie dort, in deren Gefolge Savoyen-Piemont und das Königreich Beider Sizilien nach einer Reihe von Einzelreformen schließlich Verfassungen erhielten, in Bayern König Ludwig I. im Anschluß an die sogenannte Lola-Montez-Affäre zurücktreten mußte. Vgl. zum Zusammenhang und zur Reaktion der Öffentlichkeit auch *L. Mathy* (Hrsg.), Aus dem Nachlaß (1898), 109ff.

Revolution

Zur Geschichte der deutschen Revolution s. neben den Werken von Nipperdey u. Wehler v.a. *W. Siemann*, Revolution (1985); *R. Stadelmann*, Soziale und politische Geschichte (1948/1982); *V. Valentin*, Geschichte der deutschen Revolution (1930–1931/1968); *M. Botzenhart*, Deutscher Parlamentarismus (1977), sowie den wichtigen Sammelband von *D. Langewiesche* (Hrsg.), Deutsche Revolution (1983).

Über das Revolutionsgeschehen in Baden s. *W. Real*, Die Revolution in Baden (1983). Zu den sozialen Unruhen *R. Wirtz*, Widersetzlichkeiten (1981). Über die badischen Abgeordneten in der Paulskirche *P. Lahnstein*, Die unvollendete Revolution (1982).

Zur Frankfurter Nationalversammlung neben den oben genannten Darstellungen *F. Eyck*, Deutschlands große Hoffnung (1973). Zu den Anfängen des Parteiwesens vgl. *W. Boldt*, Die Anfänge (1971), u. *D. Langewiesche*, Die Anfänge (1978).

Zur Spaltung von Liberalen und Demokraten vgl. den grundlegenden Aufsatz von *D. Langewiesche*, Republik, konstitutionelle Monarchie und »soziale Frage« (1980).

S. 291. »Vertreter des Volks«: »Petition vieler Bürger und Einwohner der Stadt Mannheim, betreffend die endliche Erfüllung der gerechten Forderungen des Volkes«, Mannheim, den 27. Februar 1848.

S. 291. Bassermann an Jolly: *Freiherr von Andlaw*, Aufruhr und Umsturz in Baden. Erste Abteilung. Freiburg 1850, 157.

S. 292. »Heute ist Sturm«: In der badischen Kammer am 29. Februar 1848: Verhandlungen der Stände-Versammlung ... 1848. 3. Protokollheft, 35f.

S. 292. Politische Bedeutung der Eisenbahn: 1845 transportierte die Post 36 500 Personen von Frankfurt am Main nach Heidelberg, 1847 die Main-Neckar-Bahn nicht weniger als 771 362. Das bedeutete schon in »normalen« Zeiten eine Steigerung von über 2 000 %. In der Revolution selber, die ohne die Eisenbahn in dieser Form gar nicht denkbar gewesen wäre, verdoppelte sich dann noch einmal schlagartig das gesamte Aufkommen im Bereich des Personenverkehrs: Achte Nachweisung über den Betrieb der Großherzoglich Badischen Eisenbahn. Für die Zeit vom 1. Januar bis 31. Dezember 1848. Karlsruhe 1851, 7ff. Zur Entwicklung des Verkehrswesens vgl. im einzelnen *K. Löffler*, Geschichte des Verkehrs in Baden (1910), sowie für Deutschland insgesamt, wo binnen 45 Jahren, vom Ende der Postkutschenzeit bis etwa 1880, die Zahl der Fahrgäste im überlokalen Verkehr auf das Zweihundertfache stieg, von einer auf über zweihundert Millionen, *F. Voigt*, Verkehr. 2 Bde. Berlin 1965/1973, u. die entsprechenden Abschnitte bei *H. Weigelt* (Hrsg.), Fünf Jahrhunderte Bahntechnik. Darmstadt 1986.

S. 292. »Beste Revolutionsmacherin«: *V. Valentin*, Geschichte der deutschen Revolution. Bd. 1 (1930/1968), 341. Der preußische Gesandte in Karlsruhe bedrängte in jenen Tagen den badischen Außenminister, die Züge einfach auf freiem Feld anhalten zu lassen, um so die Hauptstadt vor dem Zuzug der revolutionären Massen zu schützen.

S. 295. Märzministerien: Gagern und Römer eilten von Heidelberg direkt nach Darmstadt beziehungsweise Stuttgart, um dort in die neuen Regierungen einzutreten.

S. 299. »Wir wollen einen neuen Ton unter die Diplomaten bringen«: *F. D. Bassermann,* Denkwürdigkeiten (1926), 81. »Fast scheute man sich«, schrieb er über die erste Sitzung im Thurn- und Taxis'schen Palais, dem Sitz der Bundesversammlung, »auf denselben Sesseln, an demselben großen runden Tische Platz zu nehmen, woran die Ketten geschmiedet worden waren, die seit 1819 das Vaterland entwürdigten«: ebd., 120.

S. 302. Kandidatur in Stadtprozelten: Zunächst war hier der Appellationsgerichtsrat Seuffert zum Abgeordneten gewählt worden, der dann aus Gesundheitsrücksichten zugunsten Bassermanns verzichtete: *K. Obermann,* Die Wahlen zur Frankfurter Nationalversammlung (1987), 190.

S. 302. »Herz des Frankfurter Parlaments«: *V. Valentin,* Geschichte der deutschen Revolution. Bd.2 (1931/1968), 16.

S. 303. Perspektive des Rückblicks: Zumindest im Sommer 1848 war er, seiner Art entsprechend, noch voller Optimismus gewesen. »Er ist, wie Sie wissen, von denjenigen, die Alles rosiger sehen als Andere, sanguinische Hoffnungen tragen ihn«, schrieb seine Frau Mitte Juni 1848 an Josefine Buhl in Deidesheim, eine enge Freundin der Familie: 12. Juni 1848, Bundesarchiv, Abt. Frankfurt am Main, Nachlaß Buhl. Die eigentliche, ihn bis ins Physische tief treffende und alle Zukunft überschattende Zäsur bildete für ihn das Scheitern des Einigungswerkes im Frühjahr 1849. »*Mein* Verlust, als mich derselbe herbe Schlag getroffen, war groß, und in *einer* Hinsicht noch härter als der Ihrige«, heißt es in einem Kondolenzbrief Emilie Bassermanns zum Tode von Franz Buhl, dem Mann Josefines, vom Sommer 1862, sieben Jahre nach dem Tod Friedrich Daniels: »Aber es lag doch etwas Milderndes in dem Gedanken, daß das Ende von sechsjährigen, schweren Leiden für meinen armen Mann gekommen war«: 28. August 1862, ebd.

S. 306. Auseinandersetzung um Mathy: Vgl. auch – ganz aus der Sicht eines scharfen Kritikers der Linken – den zeitgenössischen Bericht bei *G. Jacob,* Mannheim im April 1848 (1906), 101ff. »Wie vollständig bei uns die Vernunft gesiegt, wirst Du schon wissen«, kommentierte Friedrich Daniel Bassermann in einem Brief an Heinrich von Gagern den Vorgang: »Mathy gab durch seine Mannestat das Zeichen und fühlt man sich wie erlöst«: 10. April 1848, Bundesarchiv, Abt. Frankfurt am Main, Nachlaß Gagern.

S. 307. »Die aus Frankreich importierte Unterscheidung«: *F. D. Bassermann,* Denkwürdigkeiten (1926), 25.

S. 307. »Gerade in dem Bürgertume«: 16. Februar 1849: Stenographischer Bericht über die Verhandlungen der deutschen constituirenden Nationalversammlung zu Frankfurt am Main. Hrsg. v. *F. Wigard.* Bd. 7, 5250.

S. 308. »Die stolzen Volksredner«: *F. Walter*, Geschichte Mannheims, Bd. 2 (1907/1978), 339.

S. 308. Katzenmusiken: Leopold Ladenburg, Tagebuch, 19. April 1848: *L. Mathy* (Hrsg.), Aus dem Nachlaß (1898), 199.

S. 308. Friedrich von Gagern: Gagerns Tod bei diesem Gefecht traf Friedrich Daniel Bassermann schwer, da er es war, der kurz vorher die Berufung Gagerns an die Spitze der badischen Armee vermittelt hatte: Bassermann an Heinrich von Gagern, 10. April 1848, Bundesarchiv, Abt. Frankfurt am Main, Nachlaß Gagern.

S. 310. »Antirevolutionäre Bürgergarde«: *F. Walter*, Geschichte Mannheims, Bd. 2 (1907/1978), 347.

S. 310. »Neuer Vaterländischer Verein«: Deutsche Zeitung, 18. Mai 1848.

S. 310. Landesausschuß aller vaterländischen Vereine: Vgl. »Der neue vaterländische Verein in Mannheim an den vaterländischen Verein in Hannover«, Druckschrift v. 29. Dezember 1848; Stadtarchiv Mannheim, Kleine Erwerbungen 628.

S. 310. Lokale Basis des nationalen Liberalismus: Vgl. L. Ladenburg an K. Mathy, 13. Mai 1848: *L. Mathy* (Hrsg.), Aus dem Nachlaß (1898), 260f.

S. 311. »Wenn ich die Einheit und künftige Größe«: 16. Februar 1849: Stenographischer Bericht über die Verhandlungen der deutschen constituirenden Nationalversammlung zu Frankfurt am Main. Hrsg. v. *F. Wigard*. Bd. 7, 5252.

S. 311. »Wie ein elektrischer Funke«: Das Nationalfest der Deutschen in Hambach. 1. Heft. Neustadt/Hardt 1832.

S. 312. Belastungen in Frankfurt: Beilagen zu *F. D. Bassermann*, Denkwürdigkeiten (1926), 298.

S. 312. Rückzug von der heimischen Bühne: Im September 1848 gab er auch sein Mandat im badischen Landtag auf, weil sich »der Dienst in Frankfurt mit dem in Karlsruhe nicht länger vereinigen läßt«: an J. B. Bekk, 19. September 1848, Stadtarchiv Mannheim, Kleine Erwerbungen 474.

S. 313. Leopold Ladenburg: Er spielte – von 1849 an fünfunddreißig Jahre lang Vorsitzender der jüdischen Gemeinde – im politischen und gesellschaftlichen Leben der Stadt in den folgenden Jahrzehnten eine nicht unerhebliche Rolle. In seinen Räumen wurde etwa am 6. April 1865 der Gesellschaftsvertrag der Aktiengesellschaft Badische Anilin- und Sodafabrik unterzeichnet: *G. Jacob*, Friedrich Engelhorn (1959).

S. 313. »Ekelhafte Mannheimer Zustände«: *F. D. Bassermann*, Denkwürdigkeiten (1926), 142.

S. 313. »Hauptlager der Anarchisten«: 4. Juni 1848: Bundesarchiv, Abt. Frankfurt am Main, Nachlaß Gagern.

S. 313. »Der Mannheimer Bürger kann mit seinem Pöbel nicht fertig werden«: 18. August 1848: *L. Mathy* (Hrsg.), Aus dem Nachlaß (1898), 368.

S. 314. »Nichts ist gefährlicher«: 9. April 1848: Verhandlungen der Stände-Versammlung ... 1848. 4. Protokollheft, 76. So sei, erklärte er zwei Monate später in der Paulskirche, auf 1789 die Herrschaft Napoleons, »auf die Tage der Freiheit ein Militärdespotismus« gefolgt. »Aus diesem Grunde erklärt es sich, daß unsere deutschen Spießbürger so lange mit dem Worte Freiheit immer nur den Begriff Guillotine verbanden, aus diesem Grunde folgte so bald auf das Hambacher Fest, von dem Metternich sagte: ›es kann auch noch ein Fest der Guten werden‹, die Reaktion in den 30er Jahren von 1835 bis 1848«: 19. Juni 1848, Stenographischer Bericht über die Verhandlungen der deutschen constituirenden Nationalversammlung zu Frankfurt am Main. Hrsg. v. *F. Wigard*. Bd. 1, 381.

S. 315. »Die Sehnsucht nach der Wiederkehr«: 12. September 1848: Ebd., Bd. 3, 1970.

S. 315. »Was Bassermann heißt«: *F. Waldeck* (Hrsg.), Alte Mannheimer Familien, Bd. 4 (1923), 102.

S. 315. »Schreckensjahr von 1848«: So seine Tochter Clara Thorbecke in einer autobiographischen Aufzeichnung.

S. 316. »Dämonische Gewalt der Roheit und Blutgier«: 16. Oktober 1848: Stenographischer Bericht über die Verhandlungen der deutschen constituirenden Nationalversammlung zu Frankfurt am Main. Hrsg. v. *F. Wigard*. Bd. 4, 2652.

S. 316. Überwachung der politischen Vereine: Vgl. *W. Siemann*, »Deutschlands Ruhe, Sicherheit und Ordnung«. Die Anfänge der politischen Polizei 1806–1866. Tübingen 1985, 224ff., u. *M. Botzenhart*, Deutscher Parlamentarismus (1977), 322.

S. 317. Rede über die provisorische Zentralgewalt vom 19. Juni 1848: Stenographischer Bericht über die Verhandlungen der deutschen constituirenden Nationalversammlung zu Frankfurt am Main. Hrsg. v. *F. Wigard*. Bd. 1, 379ff.

S. 317. »Die Hauptsache ist«: Ebd., 380. Vgl. auch seine Rede v. 28. Juli 1848: ebd., Bd. 2, 1257.

S. 319. Mission nach Berlin: Sein Bericht darüber an die Nationalversammlung vom 18. November 1848 mit der berühmt gewordenen Formulierung von den »Gestalten, die ich nicht schildern will« (vgl. oben Kapitel »Die Politik ist das Schicksal«): ebd., Bd. 5, 3407ff.

S. 320. »Brutus Bassermann«: Neue Rheinische Zeitung, 29. Oktober 1848: *K. Marx/F. Engels*, Werke. Bd. 5. Berlin 1964, 444.

S. 320. Das Frankfurter Ministerium wolle »einmal mit eigenen Augen sehen«: *F. D. Bassermann*, Denkwürdigkeiten (1926), 248.

S. 320. Gespräche mit Friedrich Wilhelm IV.: Die Rechte hat Bassermanns Auftreten denn auch nicht als einen Akt der Vermittlung, sondern als erfreuliche Parteinahme verstanden. »Bassermann hat sich vortrefflich ausgesprochen«, schrieb der junge preußische Diplomat Karl Friedrich von Savigny am 13. November an seinen Vater, »sowohl gegen die Regierung, welcher er nur noch neuen Mut zugesprochen, als gegen [den Präsidenten der preußischen Nationalversammlung] Unruh, dem er empfohlen, sich mit seinen Adhärenten dem König zu unterwerfen und ruhig nach Brandenburg zu gehen. Das Recht stehe auf Seiten der Krone. Frankfurt werde es auch so ansehen«: Karl Friedrich von Savigny 1814–1875. Briefe, Akten, Aufzeichnungen aus dem Nachlaß eines preußischen Diplomaten der Reichsgründungszeit. Ausgewählt u. hrsg. v. *W. Real*. Bd. 1. Boppard 1981, 389.

S. 321. »Obschon ich hell auflachen mußte«: *F. D. Bassermann*, Denkwürdigkeiten (1926), 282.

S. 321. Die Rolle des »Bedienten als Herrn«: 12. November 1848: *K. Marx/F. Engels*, Werke. Bd. 6. Berlin 1961, 9.

S. 321. »Aus Dreck und Letten«: *V. Valentin*, Geschichte der deutschen Revolution. Bd. 2 (1931/1968), 380.

S. 322. »Bevollmächtigter«: Auf den Titel eines »Reichskommissars« hatte man mit Rücksicht auf die Empfindlichkeiten, die ein solcher Titel wecken konnte, bewußt verzichtet.

S. 322. Zweite Mission nach Berlin: Vgl. dazu *P. Wentzcke*, Friedrich Bassermanns letzte politische Sendung (1954), 319ff. Abschrift seines Schreibens an den preußischen Ministerpräsidenten Brandenburg vom 2. Mai 1849 und dessen Antwort vom 3. Mai in: Nachlaß Camphausen, Historisches Archiv der Stadt Köln, 1023, Nr. G 144 u. 145.

S. 323. Bassermann »der Spökenkieker«: Neue Rheinische Zeitung, 2. Mai 1849: *K. Marx/F. Engels*, Werke. Bd. 6. Berlin 1961, 459.

S. 323. »Der Ausbruch der gewaltsamsten Revolution«: *V. Valentin*, Geschichte der deutschen Revolution. Bd. 2 (1931/1968), 461.

S. 323. Drohungen: Bassermann an von Beckerath, 26. Mai 1849: Ungedruckte Briefe Mathys und Bassermanns (1882), 179.

S. 323. Erklärung an seine Wähler: *L. Häusser*, Friedrich Daniel Bassermann (1858), 368.

S. 324. An Gervinus, 27. Juli 1849: Nachlaß Gervinus, Universitätsbibliothek Heidelberg, 2746, Nr. 19.

S. 325. Rede vom 15. April 1850: Stenographische Berichte über die Verhandlungen des Deutschen Parlaments zu Erfurt. Erfurt 1850, 156bf.

S. 325. Antwort Bismarcks: Ebd., 161bf.; s. auch *H. Kohl*, Die politischen Reden des Fürsten Bismarck 1847–1897. Historisch-kritische Gesamtausgabe. Bd. 1. Stuttgart 1892, 239ff.

S. 326. »Bahnhofspartei«: So genannt nach ihrem Tagungslokal am Erfurter Bahnhof: Vgl. *A. L. Rochau/G. Oelsner-Mommerqué*, Das Erfurter Parlament und der Berliner Fürsten-Congreß. Politische Skizzen aus der deutschen Gegenwart. Leipzig 1850, 65ff.

S. 326. »Das Programm von Gotha«: *G. Freytag*, Karl Mathy (1870), 336.

S. 327. Haltung des Mannheimer Bürgertums: »Die große Mehrzahl der Bürger sehnt sich nach den Preußen als ihren Errettern«, notierte Mathy in einem Brief vom 11. Juni 1849, »sie würde selbst den Baschkiren Blumen streuen, wenn sie das Land von den Freischaren erlösten«: an von Beckerath: Ungedruckte Briefe Mathys und Bassermanns (1882), 187. Zu der Stimmung im Mannheimer Bürgertum auch *L. Bergsträsser* (Hrsg.), Briefe aus der Belagerung Mannheims 1849, in: Mannheimer Geschichtsblätter 9, 1908, 126ff.; s. auch *G. Christ*, Aus Mannheims Revolutionstagen im Jahre 1849, in: Mannheimer Geschichtsblätter 18, 1917, 39ff.

S. 329. Entwicklung des Verlags: Bis zum Sommer 1848 hatte Friedrich Daniel Bassermann nicht weniger als 53 000 Gulden zugeschossen, Mathy 2 800. Beim Ausscheiden Mathys aus dem Verlag betrugen dessen Schulden annähernd 8 000 Gulden, die Friedrich Daniel dann zusätzlich übernahm: *O. Bassermann*, Geschichte des Bassermann'schen Verlags, in: Bassermann'sche Familien-Nachrichten. H. 3, hier bes. 8f. – Daß die »Deutsche Zeitung« trotz schließlich viertausend Abonnenten – für die damalige Zeit eine nicht unerhebliche Zahl – auch im Sommer 1848 nur Verlust machte, lag daran, daß das Anzeigengeschäft, nicht zuletzt angesichts der wirtschaftlichen Rückwirkungen der politischen Situation, ganz schwach blieb: Bassermann an J. B. Bekk,

10. Juli 1848: Stadtarchiv Mannheim, Kleine Erwerbungen 474. Im übrigen war Friedrich Daniel mit dem Kurs der »Deutschen Zeitung« immer weniger einverstanden. Ende Juli 1848 schrieb er an Gervinus: »Ich habe in der letzten Zeit allen Antheil an diesem Blatte verwünscht«: 26. Juli 1848, Nachlaß Gervinus, Universitätsbibliothek Heidelberg, 2746, Nr. 19.

S. 329. »Die bürgerliche Gesellschaft«: *M. Riedel*, Art. »Bürger«, in: *O. Brunner* u.a. (Hrsg.), Geschichtliche Grundbegriffe. Bd. 1. Stuttgart 1972, 707.

S. 332. »Ein Anderes ist«: *F. D. Bassermann*, Denkwürdigkeiten (1926), 301.

Zwischen Gestern und Morgen

Zur allgemeinen politischen Entwicklung *L. Gall*, Europa auf dem Weg in die Moderne (2. Aufl. 1989); *ders.*, Bismarck (6. Aufl. 1984); *H. Lutz*, Zwischen Habsburg und Preußen (1985); *Th. Nipperdey*, Deutsche Geschichte (1983); *H. Böhme* (Hrsg.), Probleme der Reichsgründungszeit (1968).

Zur wirtschaftlichen Entwicklung s. die im Kapitel »Die Politik ist das Schicksal« angegebene Literatur sowie *W. Fischer*, Wirtschaft und Gesellschaft Europas 1850–1914, u. *ders.*, Deutschland 1850–1914, in: ders. (Hrsg.), Europäische Wirtschafts- und Sozialgeschichte, Bd. 5 (1985). Speziell zu Baden vgl. *F. Kistler*, Die wirtschaftlichen und sozialen Verhältnisse (1954), u. *H. Sedatis*, Liberalismus und Handwerk (1979).

Zum Bürgertum und zur bürgerlichen Kultur vgl. neben den bereits genannten Titeln *W. Conze/J. Kocka* (Hrsg.), Bildungsbürgertum im 19. Jahrhundert (1985); *H. Henning*, Sozialgeschichtliche Entwicklungen (1977); *F. Zunkel*, Der rheinisch-westfälische Unternehmer (1962); *F. H. Tenbruck*, Bürgerliche Kultur (1986); *K. Tenfelde*, Die Entfaltung des Vereinswesens (1984).

Über die Entwicklung der Stadt s. v.a. *J. Reulecke* (Hrsg.), Die deutsche Stadt im Industriezeitalter (1978); *ders.*, Geschichte der Urbanisierung (1985).

Zur badischen Innenpolitik v.a. *L. Gall*, Der Liberalismus als regierende Partei (1968). Vgl. ferner *J. Becker*, Liberaler Staat und Kirche (1973).

Über die Nationalbewegung zuletzt *H. Schulze*, Der Weg zum Nationalstaat (1985), u. *S. Na'aman*, Der Deutsche Nationalverein (1987).

Zum Liberalismus der Reichsgründungszeit zuletzt *D. Langewiesche*, Liberalismus in Deutschland (1988). Vgl. ferner *K. G. Faber*, Realpolitik als Ideologie (1966).

S. 333. »Bis 1848 focht er rühriger und kraftvoller«: *L. Häusser*, Friedrich Daniel Bassermann (1858), 370.

S. 334. Rochau: Grundsätze der Realpolitik. Angewendet auf die staatlichen Zustände Deutschlands. Hrsg. v. H.-U. Wehler. Berlin 1972, 25.

S. 334. Die »gute oder die richtige Verfassung«: Ebd., 28.

S. 336. »Alle bürgerliche Gesellschaft«: Politik. Vorlesungen gehalten an der Universität Berlin. Hrsg. v. M. Cornicelius. Bd. 1. Leipzig 1897, 50.

S. 339. Morgengabe an die Kinder: Insgesamt erhielten sie aus der »warmen Hand«, also bis zum Tode des Vaters 1865 – worüber dieser in seinem »Geheim-Buch« sorgfältig Buch führte – je 215 000 Gulden, sprich einen mehrfachen Millionenbetrag heutigen Geldes. Dazu wurden ihnen beziehungsweise den Kindern Friedrich Daniels im Herbst 1855 zu gleichen Anteilen Immobilien und Grundstücke überschrieben, die die Eltern im Verlauf der Jahre angesammelt hatten. Beim Tod des Vaters erhielt dann jeder noch einmal rund vierundvierzigtausend, beim Tode der Mutter vier Jahre später rund einhunderttausend Gulden, so daß schließlich auf jeden rund dreihundertsechzigtausend Gulden kamen, d. h. ein Betrag von, selbst bei allervorsichtigster Schätzung, jedenfalls neun Millionen Mark heutiger Währung – von dem Kapital, das ein eingeführtes Geschäft wie im Falle von Julius und Louis Alexander Bassermann bedeutete, ganz zu schweigen. – Zur Entwicklung der Vermögensverhältnisse vgl. ausführlich oben im Kapitel »Bürger«.

S. 340. »Unglücklich weil ohne Beruf«: Handschriftliche Familienchronik, 55.

S. 344. Jurastudium August Bassermanns: Das war die Bedingung gewesen, an die die Eltern die Erlaubnis geknüpft hatten, einen so unbürgerlichen Beruf zu ergreifen.

S. 344. Ernst Bassermann: Vgl. *A. Langer*, Ferdinand Langer. Werden und Wirken eines deutschen Komponisten. Jagstfeld a. N. 1929, 32.

S. 344. Haus Louis Alexander Bassermanns: In O 4, 3 am sogenannten Gockelsmarkt. Das gleichfalls unter tatkräftiger Mitwirkung Wilhelmine Bassermanns, der Mutter Louis Alexanders, errichtete Gebäude machte zu Beginn unseres Jahrhunderts einem Neubau Platz: Die »Bassermänner« und ihre Häuser, in: Mannheimer Morgen, 19. September 1958.

S. 346. »Keine Kultur ohne Dienstboten«: Politik. Vorlesungen gehalten an der Universität zu Berlin. Hrsg. v. M. Cornicelius. Bd. 1. Leipzig 1897, 50f.

S. 350. Nationaleigentum: Mit der Durchsetzung dieses Befehls haperte es dann allerdings: Als Wilhelmine Bassermann bei der Rückkehr von einem Einkauf einen Trupp Freischärler damit beschäftigt fand, einen entsprechenden Anschlag an der Haustür anzubringen, brach sie sich resolut Bahn, riß das Dekret herunter und erklärte lautstark: »So! Wer jetzt dies Haus noch einmal für Nationaleigentum erklärt, hat's mit der alten Bassermännin zu tun« – eine Drohung, die auf die Freischärler offenbar erheblichen Eindruck machte: *O. Bassermann*, Erinnerungen (1911), 84.

S. 352. Gas, Wasser, Kanalisation: Vgl. *O. Moericke*, Die Gemeindebetriebe Mannheims (1909).

S. 352. Höhere Töchterschule: Die Initiative startete mit einem »Aufruf an die Bürger Mannheims zur Gründung einer höheren Lehr-Anstalt für unsere Töchter«, der wenige Wochen nach dem politischen Umschwung in Baden im Frühjahr 1860 erschien und mit dem Satz begann: »Seit alten Zeiten ist es als eine hohe Tugend der germanischen Völker gepriesen worden, daß das starke Geschlecht den Frauen eine würdige Stellung neben sich einräumte.« Das von einer größeren Bürgerversammlung eingesetzte achtköpfige Komitee trieb dann die Dinge mit großer Energie voran, wobei sich Louis Alexander ganz in der Tradition seines älteren Bruders Friedrich Daniel sah, der gerade auch auf dem Feld der Schulreform als einer der Väter der Bürgerschulen und als Wortführer der gemischt-konfessionellen Volksschule von früh auf sehr aktiv gewesen war.

S. 352. Entwicklung der Töchterschule: Vgl. Festschrift zur 100-Jahr-Feier (1963); s. auch noch *M. Walleser*, Zur Geschichte der Mädchenschule (1888) – Walleser gehörte zu den ersten Lehrern der Schule und war von 1872–1902 ihr Direktor. Im April 1863 eröffnet, zählte die »Mannheimer Töchterschule« bereits im ersten Jahr ihres Bestehens über 100 Schülerinnen; vgl. *A. Fecht*, Mannheim, Bd. 1 (1864), 32. Auf das übliche Wort »höhere« hatte man sehr bewußt verzichtet. »Das vornehme Epitheton ›höhere‹ haben wir gestrichen«, so der erste Direktor, Theodor Devrient, 1866 in einer Schulrede: »Wir wußten nicht recht, ob wir das ›höhere‹ auf die Töchter beziehen sollten – das hätte unserer Gesinnung durchaus nicht entsprochen – oder ob auf die Schule; auch die letztere Auffassung war nicht nach unserem Sinne, da wir des Glaubens sind, daß in jetziger Zeit *alle* Mädchenschulen im Vergleich zur Vergangenheit höhere Schulen werden müssen«: *A. Meuser*, Aus der Schulgeschichte Mannheims (1891), 27.

S. 354. Stadt der bürgerlichen Gesellschaft: Vgl. *L. Gall*, Die Stadt der bürgerlichen Gesellschaft (1986), 55ff.

S. 355. Mannheimer Musikleben: Vgl. *H. Herěus*, 100 Jahre Musikverein (1929), u. *W. Herrmann*, Musizieren um des Musizierens willen (1954).

S. 356. »Mit Beethoven und Mendelssohn«: Handschriftliche Familienchronik, 70. Der Sohn hingegen besuchte, ohne Wagnerianer zu sein, schon 1876 die Festspiele in Bayreuth und berichtete darüber sehr begeistert nach Hause.

S. 356. Schillerfeiern 1859: Vgl. zuletzt *R. Noltenius*, Schiller als Führer und Heiland. Das Schillerfest 1859 als nationaler Traum von der Geburt des zweiten deutschen Kaiserreichs, in: D. Düding/P. Friedmann/P. Münch (Hrsg.), Öffentliche Festkultur. Politische Feste in Deutschland von der Aufklärung bis zum Ersten Weltkrieg. Hamburg 1988, 237ff.

S. 356. Bestrebungen des kurpfälzischen Hofes: Vgl. *P. Fuchs*, Palatinus Illustratus. Die historische Forschung an der Kurpfälzischen Akademie der Wissenschaften. Mannheim 1963.

S. 357. »Das Ideal. Es gibt keins«: Tagebücher. Bd. 1: 1835–1843. Hrsg. v. K. Pörnbacher. München 1984, 14.

S. 358. Tabakindustrie: *F. Mussler*, Die Entwicklung der Zigarrenindustrie in Baden. Ms. Diss. Freiburg 1922.

S. 360. Julius Bassermann als Kaufmann: Seine materiellen Verhältnisse blieben allerdings bis zuletzt ausgezeichnet. Als er 1891 starb, hinterließ er ein Vermögen von rund drei Millionen Goldmark, wobei das Haus am Markt mit 230 000 zu Buche geschlagen wurde – gegenüber 96 000 Gulden zwanzig Jahre vorher beim Tod der Mutter. Rechnet man in diesen Relationen die Summen, die er insgesamt als Erbschaft von seinen Eltern erhalten hatte, ab, so hatte er, abzüglich Aussteuer und Erbe seiner Frau, einen Betrag von annähernd zwei Millionen erwirtschaftet, sprich bei zurückhaltendster Rechnung eine Summe von jedenfalls nicht weniger als 20 Millionen heutiger Währung. Seine fünf Kinder, die beiden Söhne Felix und Rudolf, beide erfolgreiche Kaufleute, und die drei Töchter, Bertha Diffené, Clara Thorbecke und Fanny Fürbringer, ihrerseits zum Teil mit wohlhabenden Männern verheiratet, konnten sich ein recht stolzes Erbe teilen.

S. 361. Wirtschaftliche Entwicklung Mannheims: Vgl. auch *E. Plewe*, Zur Entwicklungsgeschichte der Stadt (1955), 7ff., sowie *B. Weber*, Die wirtschaftliche Entwicklung Mannheims (1904).

S. 362. Friedrich Engelhorn: Vgl. zu ihm *G. Jacob*, Friedrich Engelhorn (1959).

S. 362. Anilinfarben: Der Grundstoff, der bis dahin scheinbar ganz nutzlose Teer, fiel in großen Mengen bei der Gasproduktion an. Engelhorn war einer der ersten, der die in England – hier durch den Liebigschüler A. W.

Hofmann – und Frankreich entwickelte Synthese der Teerfarbstoffe in Deutschland anwandte und schließlich in großem Maßstab industriell nutzte. Vgl. dazu demnächst *W. Wetzel*, Naturwissenschaften, Staat und Industrie in der zweiten Hälfte des 19. Jahrhunderts. Untersuchungen zum Aufstieg der chemischen Industrie in Deutschland. Diss. Frankfurt am Main 1990.

S. 362. Badische Gesellschaft für Gasbeleuchtung: Erst 1873 nahm die Stadt das Gaswerk und damit die gesamte Gasversorgung in die eigene Verwaltung.

S. 363. Heinrich Lanz: Vgl. dazu *W. Fischer*, Herkunft und Anfänge eines Unternehmers (1979), 27ff.

S. 363. Chemische Industrie: Vgl. *E. Hintz*, Werden und Wirken des »Verein Chemische Fabriken Mannheim«. Mannheim o. J. (1954) (Festschrift zum hundertjährigen Bestehen).

S. 363. Dividende: *G. Wybrecht*, Mannheimer Wirtschaft (o. J.), 75. Im Konkurrenzkampf mit der BASF und vor allem vor dem Hintergrund des wirtschaftlichen Einbruchs der siebziger Jahre ging die Dividende dann allerdings stark zurück, nach 15 % 1869 und nochmals 30 % im Reichsgründungsjahr auf 4,3 % 1877/78; von 1882 an zahlte das Unternehmen acht Jahre lang gar keine Dividende. – Mit einem solchen Auf und Ab hatte die Firma Lanz in weit geringerem Maße zu kämpfen: Zu Beginn unseres Jahrhunderts stiftete die Familie eine Million Goldmark zur Errichtung der Heidelberger Akademie der Wissenschaften, die in gewisser Weise die Tradition der kurpfälzischen Akademie in diesem Raum wiederaufnahm.

S. 363. Ludwig Achenbach: Vgl. auch *F. Waldeck*, Die Mannheimer Oberbürgermeister (1926), 94ff. Auch Achenbach führte das Amt wie alle seine Vorgänger und seine Nachfolger bis 1891 als Nebenamt neben seinem bürgerlichen Beruf.

S. 364. Auseinandersetzung um das Industriegelände: *G. Jacob*, Friedrich Engelhorn (1959), 18ff.

S. 364. Hundert Fabriken: 1872 meldete der Jahresbericht der Handelskammer das Erreichen dieser magischen Zahl.

S. 364. Eisenbahnanleihe: Vgl. *B. Kirchgässner*, Der Aufstieg Mannheims (1973), 70.

S. 364. Psychologische Öffnung gegenüber der neuen Zeit: Insofern neigen alle Autoren, die wesentlich quantifizierend verfahren, vor allem im regionalen und lokalen Rahmen eher dazu, den Beginn des wirtschaftlichen und gesellschaftlichen Umwandlungsprozesses, der schließlich die moderne

Industriegesellschaft hervorbrachte, relativ spät anzusetzen und unterschätzen die Bedeutung des die Zukunft an einzelnen Beispielen antizipierenden Bewußtseins: Vgl. für Mannheim etwa die in vielem sehr ertragreiche Arbeit von *H. Neubert*, Das Adreßbuch als Hilfsmittel der Soziographie (1955), der den Übergang Mannheims von einer reinen Handels- zu einer »Handels- und Industriestadt« erst seit den späten siebziger Jahren ansetzt.

S. 367. »Eine einheitlich ineinandergreifende«: *L. Gall*, Der Liberalismus als regierende Partei (1968), 190.

S. 368. »Ihre Interessen sachlich berührende Fragen«: Ebd., 184.

S. 371. Kulturkampf und sozialer Wandel: Vgl. *L. Gall*, Die partei- und sozialgeschichtliche Problematik (1965), 151ff.; s. auch *J. Becker*, Liberaler Staat und Kirche (1973).

S. 378. Zustimmungsadresse für Artaria: In ihr wurde dem Großherzog noch einmal für »seine entschiedene Wahrung der Rechte des Volkes« und seine »Bestrebungen« in der nationalen Frage gedankt: Text der Adresse und ausführliche Berichte in: Mannheimer Anzeiger, 10., 11., 13. u. 15. September 1863. Der örtliche Nationalverein bemächtigte sich im übrigen sogleich der Angelegenheit, um für sich und seine Ziele zu werben.

S. 378. »Die Büchsen müssen knallen«: Bassermann'sche Familien-Nachrichten, H. 4, 113 (Aufzeichnung Rudolf Bassermanns).

S. 379. »Handel und Industrie«: Zit. nach *F. Walter*, Geschichte Mannheims, Bd. 2 (1907/1978), 528. Als Hecker 1873, inzwischen Besitzer einer kleinen Farm in Illinois, noch einmal Mannheim besuchte, wurde er hier von Stadt und Bevölkerung mit großer Begeisterung empfangen. Die regierende Mehrheitspartei der Demokraten sah sich durchaus in der Tradition der politischen Linken von 1848/49. Vgl. *U. Meister*, Friedrich Hecker (1976), 72.

Die neue bürgerliche Gesellschaft

Zur Geschichte des Kaiserreichs vgl. besonders *L. Gall*, Europa auf dem Weg in die Moderne (2. Aufl. 1989), u. *G. Schöllgen*, Das Zeitalter des Imperialismus (1986) (beide Titel mit umfangreicher Literaturübersicht); weiter *L. Gall*, Bismarck (6. Aufl. 1984), *D. Langewiesche* (Hrsg.), Das deutsche Kaiserreich (1984); *M. Stürmer*, Das ruhelose Reich (1983); *H.-U. Wehler*, Das Deutsche Kaiserreich (5. Aufl. 1983).

Einen Überblick zum Parteiwesen im Kaiserreich geben: *Th. Nipperdey*, Die Organisation der deutschen Parteien (1961), *G. A. Ritter*, Die deutschen Parteien 1830-1914 (1985), u. *ders.* (Hrsg.), Deutsche Parteien vor 1918 (1973).

Zu den liberalen Parteien vgl. *L. Gall* (Hrsg.), Liberalismus (3. Aufl. 1983), *D. Langewiesche*, Liberalismus in Deutschland (1988), u. *G. Trautmann*, Zwischen Fortschritt und Restauration (1975).

Über Industrialisierung und sozialen Wandel in der »Gründerzeit« vgl. neben der oben zitierten Literatur *K. E. Born*, Wirtschafts- und Sozialgeschichte des deutschen Kaiserreichs (1985); *H. Kaelble*, Industrialisierung und soziale Ungleichheit (1983); *E. Maschke/J. Sydow* (Hrsg.), Zur Geschichte der Industrialisierung in den südwestdeutschen Städten (1977), darin zu Baden: *B. Kirchgässner*, Der Aufstieg Mannheims, 57–80.

Über die Formierung des Bürgertums als soziale Klasse vgl. zur Einführung mit weiterer Literatur: *J. Kocka* (Hrsg.), Bürgertum im 19. Jahrhundert (1988); sodann *D. Blackbourn*, The Mittelstand (1977); *W. Conze/J. Kocka* (Hrsg.), Bildungsbürgertum im 19. Jahrhundert (1985); *J. Kocka* (Hrsg.), Arbeiter und Bürger im 19. Jahrhundert (1986); *A. J. Mayer*, Adelsmacht und Bürgertum (1984); zu Baden: *P. Koppenhöfer*, Bildung und Auslese (1980).

S. 388. Karl Engelhorn: Er starb allerdings schon Ende 1872, noch keine fünfundvierzig Jahre alt.

S. 389. Übersiedlung Otto Bassermanns nach München: Wo seine Tochter Hedwig später, 1893, den Erben der Pschorrbrauerei, August Pschorr, heiratete, während die andere, Auguste, sich drei Jahr später mit dem badischen Fabrikanten Hermann Clemm verband.

S. 389. Der Bassermansche Verlag: Das materielle Fundament, »den wichtigsten und lukrativsten« Besitz der Firma »auf Jahrzehnte hinaus«, wie Otto Bassermann selber es im Rückblick formulierte, bildeten neben den Büchern Buschs seit Friedrich Daniels Zeiten die immer wieder neu aufgelegten Werke des berühmten Ferdinand Redtenbacher, lange Jahre hindurch der unbestrittene Papst auf dem Gebiet des Maschinenbaus in Deutschland.

S. 389. Krönung der theologischen Wissenschaft: Als sein wissenschaftliches Hauptwerk hat er in diesem Sinne sein vielfach neu aufgelegtes und höchst einflußreiches »Handbuch der Homiletik«, der geistlichen Beredsamkeit angesehen – es erschien erstmals 1883 und erreichte 1900 die fünfzigste Auflage.

S. 389. Kirchenpolitische Position Heinrich Bassermanns: Sie wird besonders deutlich in einem Vortrag, den er im März 1883 in Wiesbaden auf Einladung des dortigen Protestantenvereins zum Thema »Die Bedeutung des Liberalismus in der evangelischen Kirche« hielt (Wiesbaden 1883). Er wandte sich hier, sich grundsätzlich zum Liberalismus als politischer und geistiger Bewegung bekennend, gegen jeden Absolutheitsanspruch von dieser Seite, wie ihn etwa der Heidelberger Staatsrechtslehrer und Mitbegründer des Deutschen Protestantenvereins Johann Caspar Bluntschli in den sechziger Jahren formuliert hatte. »Es gibt«, betonte er, »eine liberale Kirchenpolitik, aber es gibt keine ... liberale Frömmigkeit«. Der Liberalismus sei »eine Partei in der Kirche neben anderen«, und gerade er sei in besonderem Maße zu Toleranz gegenüber anderen Strömungen und Richtungen in der Kirche aufgerufen.

S. 391. Eugen Bassermann: Auch in dem 1862 gegründeten Protestantenverein war er sehr aktiv tätig.

S. 394. Loskauf: Von dieser Möglichkeit wurde auch in der Familie Bassermann durchgängig Gebrauch gemacht. Aus dem Jahre 1839 hat sich ein sogenannter Einstands-Vertrag erhalten, in dem sich der »Quartiermeister Erster Klasse« Johann Schneider aus Mömmlingen gegen Zahlung von 530 Gulden verpflichtete, »die gesetzliche Capitulationszeit des Rekruten [Julius] Bassermann, welche den 1ten April 1839 anfängt und sich den 1. April 1845 endigt, zu übernehmen und getreulich auszudienen«.

S. 395. Reserveoffiziere: Die Rangliste der preußischen Armee – zu der auch die badischen Einheiten zählten – nennt für 1913 sieben Mitglieder der Familie als Reserveoffiziere.

S. 398. Zentrale Linie: Die männliche Linie zu betonen, war auch im Bürgertum des 19. Jahrhunderts notorisch. Dabei trugen gerade im Fall von Felix Bassermann die beiden ältesten Töchter durch entsprechende Partien erheblich dazu bei, das Ansehen und auch das materielle Fundament der Familie noch zusätzlich zu steigern. Die 1876 geborene Elisabeth heiratete mit dem späteren Oberamtmann Friedrich von Seubert – in Preußen entsprach seine Funktion der eines Landrats – ein Mitglied einer hochangesehenen und dazu noch sehr vermögenden badischen Familie. Und die ein Jahr jüngere Helene verband sich mit Otto Clemm, damals Direktor der Filiale der Pfälzischen Bank in Frankfurt und später wie sein Bruder, der Chemiker Hans Clemm, Vorstandsmitglied der Zellstoffabrik Waldhof; den dritten der Brüder Clemm hatte zwei Jahre vorher Helenes Kusine Auguste Bassermann, eine Tochter des Verlegers Otto Bassermann, geheiratet. Zu den Verschwägerungen der Familie Bassermann vgl. auch die Tafeln bei *H. Hesselmann*, Das Wirtschaftsbürgertum in Bayern (1985).

S. 399. Ein Lied zu singen wußte: Und später auch sang: s. *F. Hein*, Wille und Weg. Lebenserinnerungen eines deutschen Malers. Leipzig 1924, 237ff. »Der Kunsttrieb der Mannheimer« sei »vornehmlich auf die alte Kunst und nach der Weise der wohlhabenden Deutschen auf Italien gerichtet« gewesen, und »die ganze Familie Bassermann war und wurde kunstgeschichtlich gebildet – die beiden jungen Töchter wurden gerade durch einen verwandten Gymnasialprofessor für die Frühjahrs-Italienreise ausgerüstet«. Immerhin sei dann doch »das Interesse an dem lebendigen Stoff stärker gewesen als die angelernten Formeln«, und er habe seinen »Barbarenstandpunkt« als Maler der Gegenwart schließlich in vielen Punkten durchsetzen können.

S. 405. »Spießbürgerliche Bahnen der siebziger Jahre«: *A. Bassermann*, Vita Dantesca (1929), 54.

S. 405. Reserveoffizier: Als er im Frühjahr 1880 offiziell um die Hand seiner späteren Frau anhielt, da tat er dies, frischgebackener Anwalt und Sozius eines demokratischen Landtagsabgeordneten, in seiner Paradeuniform als Dragoneroffizier der Reserve.

S. 408. Straßburg: Vgl. dazu *J. E. Craig*, Scholarship and Nation Building. The Universities of Strasbourg and Alsatian Society 1870–1939. Chicago/London 1984.

S. 411. »Werde im Leben dein eigener Herr«: *E. Bassermann*, Aus der Jugendzeit (1913), 180.

S. 411. »Zum leisen Erstaunen der Mannheimer«: *K. Bassermann*, Ernst Bassermann (1919), 49.

S. 413. Ladenburg: Vgl. dazu *F. Waldeck*, Ladenburg, in: ders. (Hrsg.), Alte Mannheimer Familien, Bd. 1 (1920), 67ff., u. *G. Jacob*, W. H. Ladenburg & Söhne (1971), 20ff.

S. 413. Heirat: Daß Ernst Bassermann damit in eine jüdische Familie hineinheiratete, war niemandem in Mannheim auch nur einer Bemerkung, geschweige denn eines Kommentars wert. Solche Verbindungen gab es inzwischen im Bürgertum der Stadt in großer Zahl. Sie galten als völlig selbstverständlich, und wer dazu im Stile dessen, was in Berlin und im ostelbischen Preußen, aber auch in Wien durchaus üblich war, etwas sagen zu müssen meinte, der diskreditierte sich in der Vaterstadt August Lameys, der in den sechziger Jahren als badischer Innenminister und Führer der liberalen Partei die Judenemanzipation endgültig durchgesetzt hatte, zumindest innerhalb des Bürgertums selbst. Zur Entwicklung der jüdischen Gemeinde vgl. *K. O. Watzinger*, Die jüdische Gemeinde Mannheims (1981), 91ff., u. *ders.*, Geschichte der Juden in Mannheim (2. Aufl. 1984). – Ernst Bassermanns Onkel Friedrich Daniel hatte im übrigen zu jenen gehört, die im badischen Landtag schon früh – damals noch gegen eine Mehrheit seiner liberalen Parteifreunde – nachdrücklich für die volle Gleichberechtigung der Juden eingetreten waren: vgl. *R. Rürup*, Emanzipation und Antisemitismus (1975), 60.

S. 414. »Es waren die alten Mannheimer Familien«: *K. Bassermann*, Ernst Bassermann (1919), 50.

S. 414. Führende Stellung im Vereinsleben: 1885 Vizepräsident der Harmonie-Gesellschaft, 1887 im Vorstand des Kunstvereins, Mitglied des Vorstands und später Ehrenmitglied der Mannheimer Liedertafel, später Vorstandsmitglied des Altertumsvereins, Präsident des Mannheimer Ruderklubs und seit dessen Begründung Mitglied des Präsidiums des deutschen Luftflotten-Vereins, ferner u. a. Mitglied des Beirats des Realgymnasiums und des Aufsichtsrates der Höheren Mädchenschule sowie des Kuratoriums der Hochschule für Musik.

S. 415. Rolle in der Partei: »Er scheint innerhalb der nationalliberalen Partei auf dem äußersten rechten Flügel zu stehen«, notierte die linksliberale »Frankfurter Zeitung« bei der ersten Erwähnung seiner Person im September 1887: Bassermann'sche Familien-Nachrichten, H. 6, 74.

S. 415. Ungewöhnlich früh: Vgl. *Th. Nipperdey*, Die Organisation der deutschen Parteien (1961), 107.

S. 416. »Auch heute noch ist Deutschland«: *F. Waldeck* (Hrsg.), Alte Mannheimer Familien, Bd. 4 (1923), 162 f.

S. 417. »Wenn ich aller anderen politischen Tätigkeit«: Bassermann'sche Familien-Nachrichten, H. 6, 215.

S. 417. Dieser lebenslangen Verbundenheit mit seiner Heimatstadt entsprach es, daß diese Ernst Bassermann auf Initiative der Deutschen Volkspartei, der Nachfolgerin der Nationalliberalen Partei, ein Denkmal widmete, das, entworfen von Hugo Lederer – von dem unter anderem das Hamburger Bismarckdenkmal stammte – und finanziert durch Spenden aus Kreisen der Volkspartei und vor allem auch der Mannheimer Bürgerschaft, Ende März 1930 enthüllt wurde: vgl. *F. Waldeck*, Der Weg bis zur Enthüllung. Aus der Entstehungsgeschichte des Ernst Bassermann-Denkmals, in: Neue Mannheimer Zeitung, 22. März 1930. Wie das Standbild August Lameys, des Vaters der badischen Judenemanzipation, wurde auch das Denkmal für Bassermann nach 1933 von den Nationalsozialisten beseitigt. In unmittelbarer Nähe des ehemaligen Denkmals am oberen Luisenpark wurde 1950 auf einstimmigen Beschluß des Stadtrats eine Straße nach der, wie ausdrücklich betont wurde, Familie Bassermann insgesamt benannt: Amtsblatt der Stadt Mannheim, 17. März 1950, Stadtarchiv Mannheim, S 1, 1054.

S. 419. Unmittelbarer Vertreter des Besitzbürgertums: Das Wählerverzeichnis von 1890, im Hinblick auf seine materielle Situation sozusagen der »Gotha« des Bürgertums, registrierte Ernst Bassermann bereits wenige

Jahre, nachdem er sich in Mannheim niedergelassen hatte, mit seinem Onkel Julius und seinen Vettern Felix und Rudolf vom Haus am Markt in der ersten Klasse, der Klasse der »Höchstbesteuerten« – sein Vater, der Landgerichtspräsident, figurierte wie sein Vetter August, der neue Intendant des Nationaltheaters, in der zweiten, der Klasse der »Mittelbesteuerten«.

S. 422. Verwandtschaften: Auch mit Eckhard, der wie Julius Bassermann eine Röchling-Tochter geheiratet hatte, war er weitläufig verschwägert.

S. 422. Außenpolitische Haltung: Seine Positionen auf diesem Feld dokumentiert *F. Mittelmann* (Hrsg.), Ernst Bassermann (1914).

S. 424. »Ich gewann den Eindruck«: *R. Eickhoff*, Politische Profile (1927), 125.

S. 424. »Sie haben ihre Arbeit geleistet«: *M. Weber*, Der Nationalstaat und die Volkswirtschaftspolitik, in: ders., Gesammelte politische Schriften. Hrsg. v. J. Winckelmann. 3. Aufl. Tübingen 1971, 19.

S. 425. »Entscheidend für unsere Entwicklung«: Ebd., 23.

S. 425. Zu Weber in diesem Zusammenhang die klassische Untersuchung von *W. J. Mommsen*, Max Weber und die deutsche Politik (2. Aufl. 1974).

S. 425. »Wir müssen begreifen«: *M. Weber*, Der Nationalstaat und die Volkswirtschaftspolitik, in: ders., Gesammelte politische Schriften. Hrsg. v. J. Winckelmann. 3. Aufl. Tübingen 1971, 23.

S. 425. »Eine gerade Linie«: *G. Stresemann*, Macht und Freiheit. Vorträge, Reden und Aufsätze. Halle 1918, 100. Stresemann selber war ihm hierbei unbedingt gefolgt, ja, hatte ihn immer wieder nachdrücklich darin bestärkt. »Jetzt ist der große Moment der Weltgeschichte gekommen«, schrieb er ihm am 30. Dezember 1914, »wir werden zum Weltmeer vorrükken, wir werden uns in Calais ein deutsches Gibraltar schaffen können, mögen die Freisinnigen tun, was sie wollen«: *G. Stresemann*, Schriften. Hrsg. v. A. Hartung. Berlin 1976, 144. »Die Besorgnis vor einem faulen Bethmannschen Frieden wächst«, hatte Bassermann seinerseits zur gleichen Zeit an Eugen Schiffer geschrieben: »Wenn die schweren Opfer umsonst gebracht sein werden, dann wird die Bitterkeit unendlich sein«: Ende 1914, Bundesarchiv Koblenz, Kleine Erwerbungen, Teilnachlaß Ernst Bassermann. »Die Grundforderung ist Belgien, welches militärisch und wirtschaftlich uns verbleiben muß«, bemerkte er wenige Monate später in einem Brief an Friedrich Payer, einen der führenden Vertreter der Fortschrittlichen Volkspartei: »Darüber habe ich vollständige Übereinstimmung in all den vorerwähnten Kreisen [Konservative, Zentrum, Nationalliberale] gefunden. Bekommen wir Belgien - in welch' staatsrechtlicher Form das sein mag, muß dahingestellt sein bleiben - nicht, dann ist der Krieg verloren und der neue Krieg, der das, mit einer geringen Kriegsentschädigung und einem Stück Kongo abgespeiste Deutschland gänzlich niederwerfen soll, erfolgt unter viel ungünstigeren Verhältnissen«: Bundesarchiv Koblenz, Nachlaß Payer.

S. 425. Außenpolitische Grundhaltung: In diesem Sinne ist er auch schon früh nachdrücklich für die Tirpitzsche Flottenpolitik eingetreten und hat sich scharf dagegen gewandt, ihr Ausmaß und ihre Ziele in Verhandlungen mit England zur Diskussion zu stellen. »Deutschland muß das Maß seiner Seerüstung selbst bestimmen«, erklärte er 1907: »Der Verdacht, daß uns England darin Vorschriften machen könnte, ... wirkt erregend auf den deutschen Patrioten«: *M. Behnen*, Rüstung - Bündnis - Sicherheit. Dreibund und informeller Imperialismus 1900-1908. Tübingen 1965, 464f. Es entsprach dieser Haltung, daß Bassermann nach 1914 schon bald zu den entschiedensten Wortführern des unbeschränkten U-Boot-Krieges gehörte: vgl. *G. Ritter*, Staatskunst und Kriegshandwerk. Das Problem des »Militarismus« in Deutschland. Bd. 3: Die Tragödie der Staatskunst. Bethmann Hollweg als Kriegskanzler (1914-1917). München 1964, 196f.

S. 425. »Zerstückelung« Frankreichs: An Stresemann, 5. Januar 1915; s. auch 24. Dezember 1914 u. 12. Januar 1915, Politisches Archiv des Auswärtigen Amtes, Nachlaß Stresemann, Bd. 134 u. 135.

S. 425. »Daß bei den Vorgängen auf dem Welttheater«: So auf einer Sitzung des Zentralvorstandes seiner Partei: zit. nach Stresemann an Bassermann, 4. April 1913, Politisches Archiv des Auswärtigen Amtes, Nachlaß Stresemann, Bd. 135.

S. 426. Mandate und Beraterverträge: Vgl. auch *H. Hesselmann*, Das Wirtschaftsbürgertum in Bayern (1985), 236f. Die Kombination von Anwaltstätigkeit und Aktivitäten in der Wirtschaft brachte dem von Haus aus, im Unterschied zu seinen Vettern am Markt, in dieser Hinsicht eher bescheiden ausgestatteten Parteiführer ein Vermögen ein, das in den Jahren vor dem Ersten Weltkrieg auf etwa sechs Millionen Mark, sprich auf zumindest 70 bis 80 Millionen heutiger Währung geschätzt wurde.

S. 426. Aufsichtsratsposten: Eine Aufstellung seiner Mitgliedschaften aus dem Jahre 1909 bei *H. Nussbaum*, Unternehmer gegen Monopole. Über Struktur und Aktionen antimonopolistischer bürgerlicher Gruppen zu Beginn des 20. Jahrhunderts. Berlin (Ost) 1966, 192. Bei seinem Tode im Jahre 1917 gaben nicht weniger als siebzehn große Firmen Anzeigen für ihr Vorstands- bzw. Aufsichtsratsmitglied auf, darunter neun für ihren Vorsitzenden: Stadtarchiv Mannheim, S 1, 1055.

S. 426. Gründung der Süddeutschen Disconto-Gesellschaft: Vgl. *M. Pohl*, Festigung und Ausdehnung des deutschen Bankwesens (1982), bes. 273ff.; s. auch *G. Jacob*, W. H. Ladenburg & Söhne (1971), 20ff. Die Familie Ladenburg behielt mit 12 000 der 20 000 Aktien im Nennwert von je 1 000 Mark die eindeutige Mehrheit: vgl. *K. O. Watzinger*, Die jüdische Gemeinde Mannheims (1981), 106. - Zur schließlichen Vereinigung der Disconto-Gesellschaft mit der Deutschen Bank 1929 vgl. auch *F. Seidenzahl*, 100 Jahre Deutsche Bank (1970), 317f.

S. 426. Entwicklung der Bank: Ausgestattet mit einem Gründungskapital von zwanzig Millionen Mark, wurde dieses bis 1911 in schnellen Schritten auf fünfzig Millionen aufgestockt: *G. Wybrecht*, Mannheimer Wirtschaft (o. J.), 116f.

S. 427. »Mitglied der bürgerlichen Klassen«: *M. Weber*, Der Nationalstaat und die Volkswirtschaftspolitik, in: ders., Gesammelte politische Schriften. Hrsg. v. J. Winckelmann. 3. Aufl. Tübingen 1971, 20, das folgende Zitat ebd., 22.

S. 429. »Bassermannsche Jungliberalismus«: *K.-P. Reiß* (Bearb.), Von Bassermann zu Stresemann (1967), 25.

S. 432. Wachstum Mannheims: Vgl. dazu im einzelnen *A. Blaustein*, Tables and Diagrams (1913).

S. 432. Wahlniederlage in Karlsruhe: Erst elf Monate später, im Mai 1904, kam er im Zuge einer Nachwahl für Frankfurt an der Oder wieder in den Reichstag. »Wer das süße Gift des parlamentarischen Lebens einmal geschlürft, dem wird es bald zu des Lebens Gewohnheit, und trotz der vielen Mühen und Enttäuschungen ist selten Einer, der leichten Herzens und vergnügten Sinnes dem Reichstag endgültig den Rücken kehrt«, so hat er die Erfahrung dieser Monate in einer wohl für seine künftigen Memoiren gedachten Aufzeichnung zusammengefaßt: *K. Bassermann*, Ernst Bassermann (1919), 113.

S. 433. Mehrheit des allgemeinen Wahlrechts: In diesen Zusammenhang gehört, daß sich der als rechts geltende junge Reichstagsabgeordnete Bassermann als einer der ganz wenigen Nationalliberalen entschieden gegen die im Dezember 1894 eingebrachte sogenannte Umsturzvorlage wandte, sprich gegen den Versuch einer Wiederaufnahme der Bismarckschen Repressionspolitik gegenüber der Sozialdemokratie, und daß er dann fünf Jahre später, inzwischen Fraktionsvorsitzender, die sogenannte Zuchthausvorlage zu Fall brachte, mit der das Koalitionsrecht eingeschränkt werden sollte.

S. 433. »Die irregeleiteten Massen«: Am 20. Juni 1899: Verhandlungen des Deutschen Reichstags, 10. Legislaturperiode, I. Session 1898-1900, Bd. 3, 2664ff., Zit. 2672f.

S. 434. Großblocktendenzen: *Th. Eschenburg*, Das Kaiserreich am Scheideweg (1929), 10, Anm. 5.

S. 434. »Die inneren Schwierigkeiten in Deutschland«: 12. Februar 1913, abgedruckt bei *W. Spickernagel*, Fürst Bülow. Hamburg 1921, 172f.

S. 434. Skepsis gegenüber dem Adel: Nachdrücklich hat er sich bei mehreren Gelegenheiten etwa gegen die fortdauernde Bevorzugung des Adels in der Armee wie in der Diplomatie ausgesprochen, für die es längst keinen vernünftigen Grund mehr gebe: vgl. seine Reichstagsreden vom 29. März 1909 bzw. vom 8. April 1913, Verhandlungen des Deutschen Reichstags, Bd. 236, 7811f., bzw. Bd. 289, 4545f.

S. 435. Kritik an Wilhelm II.: Von einer »Adorantenstellung« vieler Besucher »nach bekanntem Liebenberger Rezept« sprach er in einer Reichstagsrede aus Anlaß der Daily-Telegraph-Affaire und zitierte den konservativen Politiker von Zedlitz, der von einer »treibhausartigen Entwicklung autokratischer Triebe in der Giftatmosphäre höfischen Byzantinismus« gesprochen hatte: »An allen Stellen« seien jetzt »Männer notwendig mit fester Meinung und festem Rückgrat, die auch auf die Gefahr der Ungnade hin ihre freie Meinung äußern«: 10. November 1908, Verhandlungen des Deutschen Reichstags, Bd. 233, 5374ff., Zit. 5378. Wilhelm II. seinerseits hat Bassermann seither konsequent geschnitten und es immer wieder abgelehnt, ihn zu politischen Gesprächen im engeren Kreis hinzuzuziehen.

S. 435. »Solche unselige Naturen«: 27. Januar 1915: *K. Bassermann*, Ernst Bassermann (1919), 174.

S. 436. Haltung zu Bethmann Hollweg: Die Gegensätze, die sowohl hinsichtlich des innen- als auch des außenpolitischen Kurses der Reichsregierung bei verschiedenster Gelegenheit zutage traten, reichten bis tief hinein ins Persönliche. »Der Süddeutsche mochte den Preußen, der Anwalt den Beamten, der Demokrat den Bürokraten nicht«, so hat Bassermanns Parteifreund Eugen Schiffer, der spätere Reichsfinanzminister in der Zeit der Weimarer Republik, das Verhältnis charakterisiert: Um Bassermann und Bethmann (1930), 199. »Wir treiben dem Weltkrieg zu«, prognostizierte Bassermann Anfang Juni 1914 in einem Brief an Schiffer. Das sei eines der »jammervollen« »Endergebnisse der Bethmann'schen Politik«, deren »Leitmotiv« im Inneren laute: »Sich im Amt halten, um jeden Preis«: 5. Juni 1914, Bundesarchiv Koblenz, Kleine Erwerbungen, Teilnachlaß Ernst Bassermann. – Als

Bethmann 1917 stürzte, teilte Stresemann seinem Parteiführer die Nachricht sogleich telegraphisch mit und kommentierte sein Telegramm unmittelbar danach mit den Worten: »Ich hoffe Ihnen damit eine Freude gemacht zu haben, denn im Laufe dieses Weltkrieges haben Sie mir wiederholt dargelegt, wie sehr Deutschland unter diesem Manne leidet. Deshalb glaubte ich auch in Ihrem Sinne gehandelt zu haben, wenn ich bei diesem Sturz eine aktive Rolle spielte«: Stresemann an Bassermann, 14. Juli 1917, Politisches Archiv des Auswärtigen Amtes, Nachlaß Stresemann, Bd. 133.

S. 436. Kritik an der Schwerindustrie: »Wenn wir uns beugen vor der Geldmacht der Westfälischen Industrie«, schrieb er einmal an Eugen Schiffer, »so haben wir die sittliche Daseinsberechtigung verloren. Wer an politische Ziele glaubt und sie notwendig erachtet, vor allem für eine liberale Partei, wird uns den Rücken wenden«: 24. Mai 1910, Bundesarchiv Koblenz, Kleine Erwerbungen, Teilnachlaß Ernst Bassermann.

S. 436. »Wir werden uns nicht tragen lassen«: Aufzeichnung Sommer 1917 während einer Kur in Bad Kissingen unmittelbar vor seinem Tode: Politisches Archiv des Auswärtigen Amtes, Nachlaß Stresemann, Bd. 131.

S. 436. Vizepräsidentenfrage: »Eine Sozialdemokratie, welche 1 100 Millionen für Wehrzwecke bewilligt, ist eine andere«, sah er sich einige Monate später in einem Brief an Bülow in seiner Haltung bestätigt: 18. Juli 1913, Bundesarchiv Koblenz, Nachlaß Bülow.

S. 436. Proteststurm im bürgerlichen Lager: *E. Schiffer*, Um Bassermann und Bethmann (1930). Einer der Hauptwortführer der Kritik an Bassermann von dieser Seite war Maximilian Harden, der nach der Abwahl Bassermanns die »Generalvertretung des deutschen Weltmachtfaktors Großindustrie plus Großfinanz« einer geeigneten starken Herrennatur übergeben wissen wollte: *H. D. Hellige*, Rathenau und Harden in der Gesellschaft des Deutschen Kaiserreichs. Eine sozialgeschichtlich-biographische Studie zur Entstehung neokonservativer Positionen bei Unternehmern und Intellektuellen, in: Walter Rathenau/Maximilian Harden, Briefwechsel 1897–1920. München/ Heidelberg 1983, 154.

S. 436. Wiederwahl zum Vorsitzenden: *Th. Nipperdey*, Die Organisation der deutschen Parteien (1961), 135.

S. 437. »So viel ist mein Name«: *K. Bassermann*, Ernst Bassermann (1919), 150. »Den ›süddeutschen Liberalen‹ Bassermann ließ man sich als Führer ganz gerne gefallen, solange er immer hübsch Anschluß nach rechts suchte«, kommentierte das »Berliner Tageblatt« am 25. März 1912: »Nun aber macht man die unangenehme Entdeckung, daß dieser Bassermann ein selbständiger Kopf sein will, der – als Parteiführer – Politik und nicht Geschäfte machen will«: zit. nach *K.-P. Reiß* (Bearb.), Von Bassermann zu Stresemann (1967), 96. Bassermann beharrte allerdings trotz des Druckes, den die Parteirechte und die der Schwerindustrie nahestehende Presse auf ihn zu machen suchten, auf seiner Position. »Ich fasse die Sache sehr kühl auf«, zog er Anfang 1913 in einem Brief an Stresemann eine Art Zwischenbilanz: »Entweder geht die Sache, wie sie eine Zukunft für uns verbürgt, weiter, oder sie geht schwarz-blau – dann ohne mich«: 31. Januar 1913, Politisches Archiv des Auswärtigen Amtes, Nachlaß Stresemann, Bd. 136.

S. 437. »In solchen Zeiten«: 3. April 1912, abgedruckt bei *W. Spickernagel*, Fürst Bülow. Hamburg 1921, 164.

S. 437. Alternative: Daß die Entwicklung immer stärker in diese Richtung drängte, darüber konnte sich auch Ernst Bassermann nicht hinwegtäuschen. Aber er sah seine zentrale Aufgabe bis zuletzt darin, die Partei zusammenzuhalten, und das schien ihm nur möglich durch entschiedenes Beharren auf dem bisherigen Kurs. Niemand könne die Augen davor verschließen, hieß es in seiner Grundsatzerklärung vom Sommer 1917, »daß diese Zeit Forderungen erzeugen wird, die in wildem demokratischen Überschwang weit hinausgehen über das, was eine Partei des gemäßigten Liberalismus mitmachen kann. Am Aufbau wollen wir helfen, aber solide Grundlagen einreißen, da gilt es ebenso fest, *nein* zu sagen. Und ertragen wir Meinungsverschiedenheiten: wir wissen, daß Kräfte am Werk sind, die auf der Zertrümmerung der Partei ihre Erbschleichergelüste aufbauen«: Politisches Archiv des Auswärtigen Amtes, Nachlaß Stresemann, Bd. 131.

S. 438. Politische Grundhaltung: Es gäbe für liberale Wahlrechtsreformen in den Ländern, so erklärte er im Reichstag einmal unverblümt, kein größeres Hindernis »als die sozialdemokratische Bewegung, wie sie sich nach und nach in Deutschland herausgebildet hat«, und verwies dabei insbesondere auch auf deren Haltung zu dem Umsturz in Rußland, zur Revolution von 1905: 7. Februar 1906, Verhandlungen des Deutschen Reichstags, 11. Legislaturperiode, 2. Session, 37. Sitzung, Bd. 3, 1082. Seine Rede, konterte August Bebel, der sozialdemokratische Fraktionsvorsitzende, sei ein weiteres Zeugnis, wie sehr die Liberalen und das Bürgertum ihren ursprünglichen Idealen untreu geworden seien: »Wäre das deutsche Bürgertum heute noch das alte, so würde es auch zur russischen Revolution ganz anders stehen, als es heute steht. Es würde mit der russischen Revolution genauso sympathisieren, wie es mit den polnischen Revolutionen 1831 und 1863 sympathisiert hat«: 14. Februar 1906, ebd., 1263.

S. 438. »Wir sind eine Mittelpartei«: 7. September 1908: Politisches Archiv des Auswärtigen Amtes, Nachlaß Stresemann, Bd. 137.

S. 439. Vorstellung von der Rolle der Familie: In ihrem Sinne lehnte Bassermann es zunächst auch ab, daß entsprechend dem neuen Vereinsgesetz auch Frauen dem Mannheimer »Nationalliberalen Verein«, der Ortsorganisation seiner Partei, beitraten, nahm es dann freilich lächelnd hin, daß ausgerechnet seine eigene Frau, als sich eine solche Frauengruppe dann doch gegen den Willen des Parteiführers gebildet hatte, deren Leitung übernahm. Auch war er, der sich bereits 1897 auf einer Parteiversammlung in Fulda nachdrücklich für das Frauenstudium eingesetzt hatte – das ihm offenbar weit weniger problematisch erschien als die parteipolitische Betätigung von Frauen –, nicht wenig stolz darauf, daß eine seiner Töchter als eine der ersten Frauen in Deutschland mit einer Arbeit über die Champagnemessen ihren Doktor in der Nationalökonomie machte.

S. 440. Reisen in den Norden: Mit vielen seiner Zeitgenossen bis hin zu Wilhelm II. teilte er die Begeisterung für Skandinavien, das in der Gunst des deutschen Bürgertums – auch über das Schauspiel und die Literatur – mit Italien gleichzuziehen begann. Teilnehmer mehrerer sogenannter Nordlandreisen, hob er 1913 die deutsch-schwedische Vereinigung mit aus der Taufe: Politisches Archiv des Auswärtigen Amtes, Deutschland Nr. 136, Bd. 4 (freundliche Mitteilung von Frau Birgit Marschall, die eine Doktorarbeit über die Nordlandreisen Wilhelms II. vorbereitet).

Die Krise

Zum Imperialismus im wilhelminischen Deutschland vgl. neben den schon genannten Darstellungen noch: *A. Hillgruber*, Die gescheiterte Großmacht (1980); weiter *K. J. Bade* (Hrsg.), Imperialismus und Kolonialmission (1982). Zum bürgerlichen Imperialismus *K. Holl/G. List* (Hrsg.), Liberalismus und imperialistischer Staat (1975).

Für die Phase der Hochindustrialisierung in Deutschland neben der oben angeführten Literatur *V. Hentschel*, Wirtschaft und Wirtschaftspolitik im wilhelminischen Deutschland (1978); *H. Pohl* (Hrsg.), Sozialgeschichtliche Probleme in der Zeit der Hochindustrialisierung (1979); *H.-P. Ullmann*, Der Bund der Industriellen (1976); *H. Winkel* (Hrsg.), Vom Kleingewerbe zur Großindustrie (1975).

Zur Krise des Bürgertums und zur Neustrukturierung der bürgerlichen Gesellschaft neben den bereits genannten Titeln *L. Gall*, »...ich wünschte ein Bürger zu sein« (1987); *J. Kocka*, Die Angestellten in der deutschen Geschichte (1981); *H. Mommsen*, Die Auflösung des Bürgertums seit dem späten 19. Jahrhundert (1987); *H.-U. Wehler*, Wie bürgerlich war das Deutsche Kaiserreich? (1987).

Zu Kultur und Selbstverständnis des wilhelminischen Bürgertums: *H. Bausinger*, Bürgerlichkeit und Kultur (1988); *M. Doerry*, Übergangsmenschen (1986); *H. Glaser*, Kultur der Wilhelminischen Zeit (1984); *H. Siegrist* (Hrsg.), Bürgerliche Berufe (1988); *K. Vondung* (Hrsg.), Das wilhelminische Bildungsbürgertum (1983). Zu Auflösungstendenzen in der bürgerlichen Familie: *K. Hausen*, Die Polarisierung der »Geschlechtscharaktere« (1976).

S. 446. »Nicht die Kraft hatten«: Bassermann'sche Familien-Nachrichten, H. 3, 57.

S. 446. Alfred Bassermann: Vgl. seine Autobiographie: Vita Dantesca (1929), 53ff., sowie *J. H Beckmann*, Alfred Bassermann (1938), 1ff., u. *H. Hellwig*, Alfred Bassermann 1856-1956. Zum hundertsten Geburtstag des Dante-Forschers und -Übersetzers. Als Manuskript vervielfältigt. Mannheim 1956 (für die Überlassung des Exemplars danke ich Frau Kattermann, Lahr).

S. 447. Rothschildtochter: Sie, Florence Bassermann, war selbst eine bei Carl Heymann und Clara Schumann ausgebildete Pianistin.

S. 448. Zurückgehendes Geschäft: Die Bilanz des Jahres 1908 war außerordentlich ernüchternd gewesen. Es ergab sich, wie Kurt Bassermann im Jahresrückblick in der handschriftlichen Familienchronik notierte, ein »Nettoverdienst von nur 4 Prozent, ohne Vergütung für die Mühewaltung der tätigen Teilhaber«. Hinzu kam, daß Rudolf Bassermann, der Onkel, sich zur Ruhe setzen und seine Einlage von einer halben Million aus dem Unternehmen herausziehen wollte. Vor die Aufgabe gestellt, diese Summe von der Basis der wenig befriedigenden Bilanzzahlen zu ersetzen, resignierte Kurt Bassermann.

S. 449. »Um die Straßenfront besser auszunützen«: »Die Parterreräume nach dem Marktplatz waren zu wertvoll geworden, um weiterhin als Büro- und Lagerräume zu dienen«, notierte *Kurt Bassermann* im Rückblick: Das Bassermann'sche Haus am Markt (1920), 36. Die Vermietung der Läden erbrachte bei der äußerst günstigen Lage direkt am Markt dann in der Tat 30 000 Goldmark im Jahr, eine Summe von mehreren hunderttausend Mark heutiger Währung.

S. 450. Aufgabe des Hauses am Markt: Anna Bassermann, die Witwe Felix Bassermanns, der in das Haus am Markt in jeder Hinsicht noch einmal so viel investiert hatte, baute sich 1912/13 eine kleine Villa in der Collinistraße, die sie in den nächsten Jahren bewohnte, bevor sie 1921 zu einer Tochter nach Freiburg zog.

S. 450. »Eine stolze Überlieferung«: Felix Bassermann: Handschriftliche Familienchronik, 415.

S. 452 Ende des bürgerlichen Zeitalters: Handschriftliche Familienchronik, 384 u. ö.

S. 453. »Unnatürliche lakaienhafte Verknechtung«: *A. Bassermann*, Vita Dantesca (1929), 54.

S. 453. Rückzug und Aufbruch: Vgl. dazu jetzt v.a. *Th. Nipperdey*, Wie das Bürgertum die Moderne fand (1988).

S. 455. »Daß Herr Bassermann«: 14. Februar 1906, Verhandlungen des Deutschen Reichstags, 11. Legislaturperiode, 2. Session, 37. Sitzung, Bd. 3, 1263.

S. 456. Zur politischen, insbesondere auch parteipolitischen Bedeutung des Milieus grundlegend und die weitere Diskussion in vielfältiger Weise bestimmend: *M. Rainer Lepsius*, Parteiensystem und Sozialstruktur (1966/1973), 56ff.

S. 457. »Der früher so enge Zusammenhang«: Handschriftliche Familienchronik, 385.

S. 459. Schmoller: Was verstehen wir unter dem Mittelstande? Hat er im 19. Jahrhundert zu- oder abgenommen? Göttingen 1897.

S. 461. »Die unvermittelte Verwandlung«: Gesammelte Werke in Einzelbänden. Frankfurter Ausgabe. Frankfurt am Main 1983, 137.

S. 462. »Etwas zurückgebliebene Lübeck«: Handschriftliche Familienchronik, 226.

S. 464. »Zwar nicht aus, wohl aber in dem Geist der bürgerlichen Kultur«: *Th. Nipperdey*, Wie das Bürgertum die Moderne fand (1988), 75.

Nachspiel

Zur Geschichte des wilhelminischen Deutschland und des ersten Weltkriegs vgl. außer den oben bereits genannten Titeln *J. Kocka*, Klassengesellschaft im Krieg (1973), u. *G. Schöllgen*, Das Zeitalter des Imperialismus (1986) (mit weiterer Literatur); zur Weimarer Republik v.a. *H. Schulze*, Weimar. Deutschland 1917-1933 (1982); *E. Kolb*, Die Weimarer Republik (2. Aufl. 1988) (mit breiter Literaturübersicht), u. *D. J. K. Peukert*, Die Weimarer Republik (1987).

Über Bürgertum und Liberalismus vgl. zusätzlich zur schon erwähnten Literatur *H. Lebovics*, Social Conservatism and the Middle Class (1969); *H. Henning*, Das westdeutsche Bürgertum (1972); *H. A. Winkler*, Mittelstand,

Demokratie und Nationalsozialismus (1972); *K. Vondung* (Hrsg.), Das wilhelminische Bildungsbürgertum (1983), u. zuletzt *H. Mommsen*, Die Auflösung des Bürgertums (1987).

Über die Inflation und ihre sozialen Wirkungen vgl. aus der Fülle der neueren Forschung v.a. *G. D. Feldman/ C.-L. Holtfrerich* (Hrsg.), Die deutsche Inflation (1982), u. *G. D. Feldman* (Hrsg.), Die Nachwirkungen der Inflation auf die deutsche Geschichte (1985).

Zur Kultur der Weimarer Republik *P. Gay*, Die Republik der Außenseiter (1970); *W. Laqueur*, Weimar. Die Kultur der Republik (1976), u. *J. Hermand/ F. Trommler*, Die Kultur der Weimarer Republik (1978); speziell zum Theater ferner *J. Bab*, Das Theater der Gegenwart (1928), u. *G. Rühle*, Theater für die Republik (1967).

S. 466. Rede des Oberbürgermeisters: Text im Nachlaß Heimerich, Stadtarchiv Mannheim, Zug. 1963, Nr. 316. Zur Trauerfeier vgl. auch Mannheimer Morgen, 16. Juni 1952.

S. 466. Schlageter: Das Stück trug die Widmung: »Für Adolf Hitler in liebender Verehrung und unwandelbarer Treue«.

S. 468. Reaktion seiner Frau: Die letzten Jahre Albert Bassermanns: Mannheimer Morgen, 11. Juni 1957ff.

S. 468. Emigration: Es hat von seiten der neuen Machthaber noch mehrere Versuche gegeben, Bassermann zu halten, wobei unter anderen Emil Jannings als Vermittler auftrat. Schließlich stellte man Frau Bassermann sogar einen »Ehren-Arier-Ausweis« in Aussicht: *I. Richter-Haaser*, Die Schauspielkunst Albert Bassermanns (1964), 23. – »Es wurden ihm von keiner Seite Steine hinterher geworfen«, notierte Ende März 1935 der »Berliner Lokalanzeiger«, und es hätte »damals auch nur an ihm gelegen, den veränderten Verhältnissen in Deutschland nach der nationalen Erhebung gebührend Rechnung zu tragen«: *J. Wulf*, Theater und Film im Dritten Reich. Eine Dokumentation. 2. Aufl. Frankfurt am Main/Berlin 1983, 264.

S. 468. Brief an die Bühnengenossenschaft: Vom 31. März 1934, Theatermuseum der Universität zu Köln, abgedruckt in dem in der übernächsten Anmerkung genannten Katalog.

S. 469. »Wissen das so genau«: Ausgerechnet das Datum seines ersten Auftritts hat Albert Bassermann allerdings, wie eine Recherche im Zusammenhang mit der in der folgenden Anmerkung genannten Ausstellung ergeben hat, falsch notiert – wahrscheinlich weil er hier im Unterschied zu später die Notiz aus dem Gedächtnis gemacht hat, als sich abzeichnete, daß seine ersten jedenfalls nicht seine letzten Auftritte bleiben würden.

S. 469. Bassermann hat seinen Nachlaß der Stadt Berlin vermacht. Er befindet sich heute, noch weitgehend ungeordnet, in der dem theaterwissenschaftlichen Seminar der Freien Universität angeschlossenen »Theaterhistorischen Sammlung Walter Unruh«. Erstmals wurde er in größerem Umfang bei der Vorbereitung einer vom Reiss-Museum Mannheim 1987 aus Anlaß des einhundertjährigen Bühnenjubiläums Albert Bassermanns veranstalteten Ausstellung herangezogen und ausgewertet. Der maschinenschriftliche Katalog dieser Ausstellung enthält eine Fülle wichtigen Materials zum Lebensweg und zur Karriere Bassermanns.

S. 469. Film: Auch im Tonfilm war er von Anfang an ein vielbegehrter Star. So spielte er etwa 1931 in »1914. Die letzten Tage vor dem Weltbrand«, einem weitverbreiteten und vieldiskutierten Streifen, den von seinem Onkel Ernst Bassermann seinerzeit so sehr befehdeten Reichskanzler Bethmann Hollweg.

S. 471. Opfer der Großen Depression: Das Wahlbürgerverzeichnis von 1878, das die steuerlichen Verhältnisse der vorangegangenen Jahre widerspiegelt, weist ihn als »Fabrikanten« wie seinen Vater Louis Alexander und seinen Onkel Julius sowie dessen ältesten Sohn Felix noch in der Klasse der »Höchstbesteuerten«, der ersten Klasse, aus, das Verzeichnis von 1890 nennt ihn als »Ingenieur« in der dritten Klasse, der Klasse der »Niederstbesteuerten«.

S. 471. Chemiestudium: In der Tat wuchs damals die Zahl der Stellen für Chemiker sprunghaft an; vgl. *H. H. Müller* (Hrsg.), Produktivkräfte in Deutschland 1870–1917/18. Berlin (Ost) 1985, 345, Tabelle 92. Zu Ausbildung und Laufbahn vgl. den zeitgenössischen Bericht von *C. Duisberg*, The Education of Chemists, in: Journal of the Society of Chemical Industry 15, 1896, 427ff.

S. 472. »Der kleene Bassermann«: Autobiographische Aufzeichnung, abgedruckt bei *H. Ihering*, Albert Bassermann. Berlin o. J., 16.

S. 473. »Chlor und keine Rollen«: Ebd.

S. 473. Reserveoffizier: Das Patent vom 17. Dezember 1896, das den bisherigen »Vicefeldwebel vom Landwehrbezirk Mannheim« zum »Secondlieutenant der Reserve des 2. Thüringischen Infanterie-Regiments No. 32« ernannte, hat Bassermann über alle Wechselfälle seines Lebens bewahrt; Theaterhistorische Sammlung Walter Unruh, Freie Universität Berlin, Nachlaß Albert Bassermann.

S. 474. »Es war nicht ganz einfach«: Abgedruckt bei *H. Ihering*, Albert Bassermann. Berlin o. J., 15.

S. 475. Berliner Karriere: Sie spiegelt sich nicht zuletzt in seinen Gagen, die der Kaufmannssohn zeit seines Lebens mit penibler Sorgfalt notierte. Er begann 1895 mit einer Jahresgage von 3 600 Mark, die sich in den nächsten Jahren auf 6 500 steigerte. Als ihn Otto Brahm 1900 ans »Deutsche Theater« holte, zahlte er ihm bereits 12 000 Mark, sprich das Gehalt eines preußischen Regierungspräsidenten. Mit der Steigerung auf 24 000 im Jahre 1904 übertraf es bereits das eines Oberpräsidenten, des Chefs einer preußischen Provinzialregierung, um schließlich nach 1909 mit einer für hundert Abende garantierten Abendgage von 300 Mark und einer Gastspielgage von 1 000 das Gehalt des Reichskanzlers von offiziell rund 60 000 Mark weit hinter sich zu lassen – um wenigstens einige Bezugspunkte zu geben. In den zwanziger Jahren, in denen er praktisch nur noch Gastspiele gab, vereinbarte er zwischen 20 und 25 Prozent der Bruttoeinnahmen des Abends, »abzüglich Vergnügungssteuer und Tantiemen«.

S. 475. »Nur ein genialer«: *J. Bab*, Albert Bassermann (1929), 853.

S. 476. »Heinrich V.«: Das Tagebuch der Baronin Spitzemberg geb. Freiin von Varnbüler. Aufzeichnungen aus der Hofgesellschaft des Hohenzollernreiches. Ausgewählt u. hrsg. v. *R. Vierhaus*. 4. Aufl. Göttingen 1976, 349.

S. 476. »Herr Bassermann ist an diesem Abend ein Schauspieler geworden«: *J. Bab*, Albert Bassermann (1929), 92. »Von dem Tage an, als ich in Wildenbruchs ›Kaiser Heinrich‹ den jungen Heinrich spielte, war ich hier anerkannt«, vermerkte Albert Bassermann selbst 1925 im Rückblick auf dreißig Jahre Berliner Theaterleben: Albert Bassermann erzählt (1925), 44.

S. 476. »Der beste Mann aus der Hinterlassenschaft«: *F. Waldeck* (Hrsg.), Alte Mannheimer Familien, Bd. 4 (1923), 133.

S. 479. Familiennachrichten: S. 71. Unter »Geburten« registrierte dann das im Mai 1910 erscheinende nächste Heft unter Weglassung des Datums lapidar: »Albert Bassermann und Frau in Berlin: Tochter Carmen«.

S. 486. »Was ich mir alle Jahre hindurch gewünscht hatte«: Albert Bassermann erzählt (1925), 48f.

S. 487. Brief Haases: Weihnachten 1908: Bühne und Welt, XIII. Jahrgang, 2. Halbjahr, April–September 1911, 69. Vgl. auch Ifflands Ring. Ein Brief Albert Bassermanns an den UHU, Oktober 1927, 204ff.

S. 488. Ifflandring: Bassermann hat den Ring zunächst Alexander Girardi (†1918), dann Max Pallenberg und schließlich Alexander Moissi zugedacht. Als auch dieser – Max Pallenberg war 1934, siebenundfünfzigjährig, bei einem Flugzeugunglück ums Leben gekommen – plötzlich mit erst sechsundfünfzig Jahren starb, legte ihm Bassermann im Wiener Krematorium den Ring auf den Sarg. Nachdem der damalige Wiener Burgtheaterdirektor Hermann Röbbeling ihn in letzter Minute an sich genommen hatte - »dieser Ring gehört einem lebenden Schauspieler, nicht einem toten«, soll er in großer Erregung hervorgestoßen haben -, übergab ihn Bassermann schließlich im Mai 1935 der Theatersammlung der Österreichischen Nationalbibliothek: vgl. Brief des Bundesministeriums für Unterricht, Bundestheaterverwaltung v. 11. Mai 1935, Theaterhistorische Sammlung Walter Unruh, Freie Universität Berlin, Nachlaß Albert Bassermann. Nach Regelung durch eine entsprechende Satzung und längerer Pause wird er seither quasi offiziell vergeben. Der erste Träger nach Bassermann war Werner Krauß: vgl. *V. Reimann*, Der Iffland-Ring. Wien/Stuttgart/Basel 1962, Zit 5.

S. 488. »Noch in der verkommensten Gestalt«: Zit. nach Mannheimer Hefte 1952, H. 2, 14.

S. 490. »Wenn Sie als König Philipp auftraten«: Deutsches Bühnen-Jahrbuch 1953, 46.

S. 490. »Meine schönsten und bedeutendsten theatralischen Erinnerungen«: *Th. Mann*, Briefe 1937-1947. Hrsg. v. E. Mann. Frankfurt am Main 1963, 278: 4. September 1942, aus Anlaß von Albert Bassermanns 75. Geburtstag. In seinem Dankesbrief nahm Bassermann Gelegenheit, Thomas Mann ausdrücklich für die Reden zu danken, die dieser seit geraumer Zeit unter dem Titel »Listen Germany« über die BBC nach Deutschland richtete: 10. September 1942, Thomas-Mann-Archiv, ETH Zürich. »Wir bewundern in Ihnen«, schrieb er Thomas Mann zu dessen 70. Geburtstag am 6. Juni 1945, »gleichermaßen den großen Schriftsteller wie den Mann, der mit beispiellosem Mut den Nazismus bekämpft hat«: ebd. (Für die freundliche Vermittlung beider Briefe danke ich Herrn Prof. Dr. Peter Stadler, Zürich).

S. 491. »Bassermanns Kunst war human«: *J. Bab*, Kränze dem Mimen (1954), 318.

S. 492. »Die einzige militärische Rolle«: *J. Bab*, Albert Bassermann (1929), 184.

S. 496. »Schmeißt doch diese Lausejungens raus«: Ebd., 198.

S. 497. Hofmannsthal an Bassermann, 29. Februar 1928: Theaterhistorische Sammlung Walter Unruh, Freie Universität Berlin, Nachlaß Albert Bassermann.

S. 497. Brecht über Bassermann: Vorwort zu: Aufbau einer Rolle (1947), in: Gesammelte Werke, Bd. 17. Frankfurt am Main 1967, 1117.

S. 499. Erlös des Hausverkaufs: Handschriftliche Familienchronik, 418.

S. 500. »Man versuchte dort fortzufahren«: Handschriftliche Familienchronik, 314.

S. 500. Politische Optionen des Bürgertums: Bezeichnenderweise engagierten sich der Schwiegersohn Ernst Bassermanns und seine Tochter nicht etwa bei der Deutschen Volkspartei des Nachfolgers von Bassermann im Parteivorsitz der Nationalliberalen, Gustav Stresemann, sondern, unter Abweichung von aller Familientradition, bei den Deutschnationalen. »Ich bin unterdessen der deutsch-nationalen Partei beigetreten«, begründete Karola Bassermann Anfang 1919 Stresemann gegenüber diesen Schritt, »die nach der Verschmelzung der Nationalliberalen mit den Demokraten auf breitere Grundlage gestellt wurde und jetzt hier in der Hauptsache von früheren Nationalliberalen geführt wird«: 4. Januar 1919, Politisches Archiv des Auswärtigen Amtes, Nachlaß Stresemann, Bd. 127. Ein »Zusammengehen der deutsch-nationalen Partei und der deutschen Volkspartei«, ließ sie Stresemann vierzehn Tage später wissen, würde man in ihren Kreisen »sehr begrüßen«: 20. Januar 1919, ebd.

S. 502. »Hat er der eigenen Kraft so viel vertraut«: Vierter Aufzug, zweite Szene.

S. 503. Verlust der Staatsangehörigkeit: Deutscher Reichsanzeiger und Preußischer Staatsanzeiger, 23. Mai 1942. Noch bis zum Krieg hatte es, meist von deutschen Kollegen getragen, Vermittlungsversuche gegeben. »Bassermann möchte in Deutschland spielen«, notierte Goebbels am 26. August 1938 in sein Tagebuch »Aber er stellte dabei ziemliche Bedingungen. Die sind wahrscheinlich unerfüllbar. Ich werde dennoch mit ihm verhandeln lassen«: Die Tagebücher von Joseph Goebbels. Sämtliche Fragmente. Hrsg. v. E. Fröhlich. Teil I. Aufzeichnungen 1924–1941. Bd. 3: 1.1.1937 – 31.12.1939. München/New York/London 1987, 518.

S. 503. »Entweder mit Bassermann oder ohne uns beide«: *Else Bassermann,* Die letzten Jahre Albert Bassermanns, in: Mannheimer Morgen, Juni 1957, hier 14. Juni 1957.

S. 504. »Ich komme«: Der Morgen, 13. November 1945: Theaterhistorische Sammlung Walter Unruh, Freie Universität Berlin, Nachlaß Albert Bassermann.

S. 505. Ehrenbürgerwürde 1929: Diejenigen, die die Sache 1929 betrieben, waren offenbar schon damals nicht ganz sicher gewesen, ob die mit dem Namen Bassermann verknüpfte liberale Tradition nicht zu grundsätzlichen Widerständen »in unserer so ganz von der Politik beherrschten Kommunalverwaltung« führen werde. Erleichtert schrieb der Hauptwortführer einer entsprechenden Auszeichnung Albert Bassermanns, der Mannheimer Rechtsanwalt und Landtagsabgeordnete Florian Waldeck, am 1. Juni 1929 an Bassermann: »Die Befürchtung, daß an der liberalen Belastung des Namens Bassermann die Verwirklichung der Idee schließlich noch scheitern könnte, ist glücklicherweise nicht begründet gewesen«: Theaterhistorische Sammlung Walter Unruh, Freie Universität Berlin, Nachlaß Albert Bassermann.

S. 505. Erneuerung 1949: Dem Text der Erneuerung der Urkunde »nach langen Jahren der Abwesenheit« waren aus Rilkes Sonetten an Orpheus die Zeilen hinzugefügt: »Er ist einer der bleibenden Boten, / Der noch weit in die Türen der Toten / Schalen mit rühmlichen Früchten hält«: Theaterhistorische Sammlung Walter Unruh, Freie Universität Berlin, Nachlaß Albert Bassermann. – Frau und Tochter erhielten bis zu ihrem Tode – Carmen Bassermann kam 1970 bei einem Verkehrsunfall ums Leben, die Mutter starb 1961 in einem Baden-Badener Altersheim – von der Stadt Mannheim zu ihren kärglichen eigenen Einkünften einen »Ehrensold«.

S. 507. Tod Albert Bassermanns: Als Ort des Todes erschien dann auch überall Zürich.

Quellen- und Literaturverzeichnis

Ungedruckte Quellen

Bassermannsches Familienarchiv, Eurasburg

Generallandesarchiv Karlsruhe
Dieneraktenn
Pfalz Generalia

Stadtarchiv Mannheim
Nachlaß Hermann Heimerich
Bestand Kleine Erwerbungen
S 1 Personen

Bundesarchiv Koblenz
Kleine Erwerbungen: Teilnachlaß Ernst Bassermann
Nachlaß Fürst von Bülow
Nachlaß Friedrich Payer

Bundesarchiv, Abt. Frankfurt am Main
FN 7 V, Nachlaß Heinrich von Gagern
FN 4, Nachlaß Buhl

Politisches Archiv des Auswärtigen Amtes, Bonn
Nachlaß Gustav Stresemann

Theaterhistorische Sammlung Walter Unruh, Freie Universität Berlin
Nachlaß Albert Bassermann

Sammlungen des Städtischen Reiss-Museums Mannheim

Stadtarchiv Frankfurt am Main
Nachlaß Simon Moritz von Bethmann

Stadtarchiv Köln
Nachlaß Ludolf Camphausen

Universitätsbibliothek Heidelberg
Nachlaß Georg Gottfried Gervinus
Nachlaß Heinrich Bassermann

Thomas-Mann-Archiv, Eidgenössische Technische Hochschule Zürich

Freya Halbaur, Karlsruhe
Hauschronik der Familie Bassermann

Hildegard Kattermann, Lahr
Teilnachlaß Bassermann

Gedruckte Quellen und Literatur

Zur Geschichte der Familie Bassermann

Theodor Alt/Hugo John u.a., Heinrich Bassermann, in: Bassermann'sche Familien-Nachrichten 4, 1910, 75-108.

Erich Angermann, Friedrich Daniel Bassermann, in: Neue Deutsche Biographie 1, 1953, 624f.

Julius Bab, Albert Bassermann. Weg und Werk eines deutschen Schauspielers um die Wende des 20. Jahrhunderts. Leipzig 1929.

Richard Bahr, Ernst Bassermann. Zu seinem 60. Geburtstag. Berlin 1914.

150 Jahre Bassermann & Co. Mannheim 1974.

Adolf Bassermann, Albert Bassermann, in: Bassermann'sche Familien-Nachrichten 4, 1910, 135-148.

Albert Bassermann, Albert Bassermann erzählt, in: Uhu 1925, H. 4, 42-49.

Albert Bassermann, in: Die Gegenwart 7, 1952, 324f.

Alfred Bassermann, Vita Dantesca, in: Deutsches Dante-Jahrbuch 11, 1929, 53-96.

Dieter Bassermann zum Gedächtnis. Mannheim 1957.

Dieter Bassermann, Einige Angaben aus meinem Leben, in: ders., Der andere Rilke. Gesammelte Schriften aus dem Nachlaß. Hrsg. v. H. Mörchen. Bad Homburg 1961, 231-238.

Else Bassermann, Die letzten Jahre Albert Bassermanns, in: Mannheimer Morgen v. 11.6.-22.6.1957.

Ernst Bassermann, Ludwig Bassermann 1781-1828. Eine Lebensskizze. Mannheim 1904.

Ernst Bassermann, Wilhelm Bassermann. 1744-1811. Kaufmann in Heidelberg und seine Nachkommen. Mannheim 1905.

Ernst Bassermann/Kurt Bassermann, Bassermann'sche Familien-Nachrichten. H. 1-7. Mannheim 1906-1922.

Ernst Bassermann, Ahnentafel des Rechtsanwalts und Stadtrats in Mannheim Ernst Bassermann, Mitglied des deutschen Reichstags. Frankfurt am Main 1910.

Ernst Bassermann, Aus der Jugendzeit. Lebens-Erinnerungen. Mannheim 1913.

Ernst Bassermann, Die Familie Reinhardt, in: Mannheimer Geschichtsblätter 17, 1916, 136-141.

Felix Bassermann, Kriegstagebuch Felix Bassermanns 1870-1871, in: Bassermann'sche Familien-Nachrichten 4, 1910, 21-73.

Friedrich Daniel Bassermann als Mitglied des Mannheimer »Theater-Komitees«, in: Mannheimer Geschichtsblätter 31, 1930, 93f.

Friedrich Daniel Bassermann, Denkwürdigkeiten. Frankfurt am Main 1926.

Heinrich Bassermann, Die Bedeutung des Liberalismus in der evangelischen Kirche. Vortrag gehalten am 11. März 1883 in Wiesbaden. Wiesbaden 1883.

Karola Bassermann, Ernst Bassermann. Das Lebensbild eines Parlamentariers aus Deutschlands glücklicher Zeit. Mannheim 1919.

Karola Bassermann/Anton Lindeck u.a., Ernst Bassermann 1854-1917, in: Bassermann'sche Familien-Nachrichten 6, 1919, 11-228.

Kurt Bassermann, Das Bassermannsche Haus am Markt, in: Mannheimer Geschichtsblätter 21, 1920, 30-36.

Otto Bassermann, Erinnerungen an kleine Erlebnisse aus den Jahren 1848/49, in: Bassermann'sche Familien-Nachrichten 5, 1911, 83-87.

Josef Hermann Beckmann, Alfred Bassermann. Ein Leben für Dante, in: Neue Heidelberger Jahrbücher N.F. 1938, 1-22.

Ludwig W. Böhm, Friedrich Daniel Bassermann an seine Eltern. Ein unveröffentlichter Brief aus dem Jahre 1849, in: Mannheimer Hefte 1958, 40-43.

Ungedruckte Briefe Mathy's und Bassermann's an von Beckerath, in: Deutsche Revue 7/1, 1882, 168-186.

Elisabeth Brock-Sulzer, Albert Bassermann, in: Shakespeare-Jahrbuch 89, 1953, 242f.

Richard Eickhoff, Politische Profile. Erinnerungen aus vier Jahrzehnten. Dresden 1927.

Eugen Fehrle, Alfred Bassermann, in: Oberdeutsche Zeitschrift für Volkskunde 9, 1935, 176f.

Otto Frommel, Heinrich Bassermann, in: Badische Biographien 6, 1935, 525–527.

Hans Goldschmidt, Ernst Bassermann, in: Deutsches Biographisches Jahrbuch. Überleitungsband II: 1917–1920. Stuttgart 1928, 13–18.

Heinz Gollwitzer, Friedrich Daniel Bassermann und das deutsche Bürgertum. Mannheim 1955.

Rudolf Haas, Die Nachkommen von Julius Heinrich Bassermann und Caroline Bassermann geb. Roechling. Görlitz 1932.

Ludwig Häusser, Friedrich Daniel Bassermann, in: Karl von Rotteck/Karl Theodor Welcker (Hrsg.), Staatslexikon. Enzyklopädie der sämtlichen Staatswissenschaften für alle Stände. 3. Aufl. Bd. 2. Leipzig 1858, 354–370.

Axel von Harnack, Friedrich Daniel Bassermann und die deutsche Revolution von 1848/49. München/Berlin 1920.

Carl Hartmann, Heinrich Bassermann. Karlsruhe 1912.

Hellmuth Helwig, Alfred Bassermann 1856–1956. Zum hundertsten Geburtstag des Dante-Forschers und -Übersetzers. Mannheim 1956.

Heinrich Holtzmann, Heinrich Bassermann, in: Protestantische Monatshefte 13, 1909, 377–383.

Ricarda Huch, Friedrich Daniel Bassermann, in: Die Pyramide 20, 1931, Nr. 16.

Herbert Ihering, Albert Bassermann. Berlin o. J.

P. W. Jacob, Albert Bassermann, in: Heute und morgen 1952, 601–608.

Friedrich John, Heinrich Bassermann, in: Kirche und Heimat. Ein Buch von der evangelischen Kirche in Baden. 2. Aufl. Karlsruhe 1931, 226–233.

Hugo John, Heinrich Bassermann als akademischer Lehrer, in: Protestantisches Monatsheft 14, 1910, 12–23.

Kurt Kostelnik, Alfred Bassermann. Ein Leben für Dante, in: Mannheimer Hefte 1968, 38–40.

Theodor Loos, Albert Bassermann, in: Mannheimer Hefte 1952, H. 2, 14–16.

Eudo C. Mason, Dieter Bassermann an Rilke, in: The Modern Language Review 46, 1951, 38–57.

Otto Maurenbrecher, Albert Bassermann, in: Neue Literarische Welt 3/10, 1952, 9.

Paul Mehlhorn, Erinnerungen an Heinrich Bassermann, in: Bassermann'sche Familien-Nachrichten 5, 1911, 61-75.

Fritz Mittelmann (Hrsg.), Ernst Bassermann. Sein politisches Wirken, Reden und Aufsätze. Bd. 1: Zur auswärtigen Politik. Berlin 1914.

Ernst de Nesle, Albert Bassermann, in: Die Gegenwart 7, 1952, 324f.

Karl Obser, Felix Bassermann, in: Badische Biographien 6, 1935, 460f.

Reiss-Museum Mannheim (Hrsg.), Albert Bassermann (1867-1952). Sonderschau anläßlich seines ersten Bühnenauftritts vor 100 Jahren in Mannheim. Mannheim 1987.

Inge Richter-Haaser, Die Schauspielkunst Albert Bassermanns, dargestellt an seinen Rollenbüchern. Berlin 1964.

Elisabeth von Roon, Ernst Bassermann. Eine politische Skizze. Berlin 1925.

Eugen Schiffer, Um Bassermann und Bethmann, in: Historisch-politisches Archiv zur deutschen Geschichte 1, 1930, 193-203.

Günter Schulz, Der Nachlaß Albert Bassermanns, in: Kleine Schriften der Gesellschaft für Theatergeschichte 13, 1955, 28-30.

Gerhard Storz, Gedenken an Albert Bassermann, in: Mannheimer Hefte 1967, 39ff.

Paul Thorbecke (Hrsg.), Aus Deutschlands Sturm- und Drangperiode. Bilder in Briefen an Gervinus, Mathy und Fr. D. Bassermann, in: Deutsche Revue 34, 1909, 92ff. u. 208ff.

Paul Wentzcke, Friedrich Daniel Bassermanns letzte politische Sendung. Beiträge zum Verständnis des Endkampfs zwischen Berlin und Frankfurt im Frühjahr 1849, in: Zeitschrift für die Geschichte des Oberrheins 102, 1954, 319-374.

Paul Wilhelm, Bei Albert Bassermann, in: Neues Wiener Journal v. 11.6.1909.

Hans Leopold Zollner, »Ich denke mir ein deutsches Parlament«. Zur Erinnerung an den badischen Liberalen Friedrich Daniel Bassermann, in: Badische Heimat 66, 1986, 569-576.

Zur Geschichte Mannheims

Karl Ackermann, Das Lied der Freiheit. Die Jahre 1848 und 1849 in Mannheim, in: Rhein-Neckar-Land, Mannheim 1963, 66-69.

Karl-Friedrich Ackermann, Die Umschlagsentwicklung des Mannheim-Ludwigshafener Hafengebietes im 19. Jahrhundert, in: Raumordnung im 19. Jahrhundert. T. 1. Hannover 1965, 127-143.

Adreß-Buch der Handels- und Gewerbsleute in Mannheim. Mannheim 1840.

Adreßbuch für Handel, Industrie und Großgewerbe des Großherzogthums Baden. Mannheim 1866.

Wilma R. Albrecht, Von der Zollburg zum Cityrand. Ein Kapitel Stadtgeschichte am Beispiel der Mannheimer Schwetzingerstadt, in: Die Alte Stadt 11, 1984, 17-40.

Aufruf an die Bürger Mannheims zur Gründung einer höheren Lehr-Anstalt für unsere Töchter. Mannheim 1860.

Johann Peter Behaghel, Geschichte und Statistik des Lyceums zu Mannheim von der Gründung desselben im Jahr 1807 bis Herbst 1857. Mannheim 1857.

Beiträge zur Statistik der Stadt Mannheim. Im Auftr. d. Stadtrates hrsg. v. Statistischen Amt. H. 1-15. Mannheim 1897-1906.

Heinrich Valentin Bender, Plan einer Lesegesellschaft zu Mannheim aus dem Jahre 1789, in: Mannheimer Geschichtsblätter 30, 1929, 190-192.

Arthur Blaustein, Tables and Diagrams Showing the Economic Development of Mannheim during the Last Fifty Years. Mannheim 1913.

Arthur Blaustein (Hrsg.), Die Handelskammer Mannheim und ihre Vorläufer 1728-1928. Mannheim/Berlin/Leipzig 1928.

Arthur Blaustein, Die Mitglieder der Mannheimer Handelskammer 1728-1830-1907, in: Mannheimer Geschichtsblätter 8, 1907, 110-116, 133-139 u. 232-237.

Carl Blümlein, Aus Mannheims Schreckenstagen 1795, in: Mannheimer Geschichtsblätter 23, 1922, 230-235.

Ludwig W. Böhm, Mannheim und der Rhein-Neckar-Raum. Studien zu Kunst und Geschichte der Pfalz. Hrsg. v. Erich Gropengießer u. Herbert Meyer. Mannheim 1965.

Alfred Bräunig (Bearb.), Sammlung der für die Stadt Mannheim erlassenen Orts-Statuten und der damit zusammenhängenden Satzungen und Bestimmungen. Mannheim 1887.

Heinrich Brandt, Das Handwerk der Handels- und Industriestadt Mannheim von der Gründung der Stadt bis zur Gegenwart unter besonderer Berücksichtigung der Zeit von 1900-1923. Diss. (masch.) Frankfurt am Main 1925.

Albert Carlebach, Plan einer Lesegesellschaft zu Mannheim aus dem Jahre 1789, in: Mannheimer Geschichtsblätter 30, 1929, 189-192.

90 Jahre Casino-Gesellschaft Mannheim e.V. Als Festgabe unseren Mitgliedern und Freunden zum 90jährigen Jubiläum gewidmet (1835-1925). Mannheim 1925.

Wilhelm Caspari, Geschichte und Statistik des (Lyceums) Gymnasiums zu Mannheim 1857-1907, in: Großh. Gymnasium Mannheim, Festschrift zum hundertjährigen Jubiläum der Anstalt. Mannheim 1907, 43-110.

Wilhelm Caspari, Zur Vorgeschichte der Gründung des Mannheimer Lyceums, in: Mannheimer Geschichtsblätter 8, 1907, 160-165.

Gustav Christ, Die Aufhebung der städtischen Verfassung im Jahre 1804, in: Mannheimer Geschichtsblätter 5, 1904, 111-113, 205-210.

Claus Helmut Drese, Mannheim als Theaterstadt, in: 350 Jahre Mannheim. Mannheim 1957, 17-22.

Carl Eckhard, Erinnerungen aus meinem Leben. Mannheim 1908.

Die Ehrenbürger der Stadt Mannheim, in: Mannheimer Geschichtsblätter 32, 1931, 218-220.

Moritz Eisenlohr, Die Flußkorrektion bei Mannheim und deren Einwirkung auf die Entwicklung der Stadt, in: Jahrbuch der Hafenbautechnischen Gesellschaft 4, 1921, 220-267.

Die Ernennung von Itzstein, Mohr und Föhrenbach zu Ehrenbürgern der Stadt Mannheim, in: Mannheimer Geschichtsblätter 32, 1931, 252-253.

Friedrich Facius, Mannheim, Baden und der Oberrhein. Mannheim in der badischen Rheinschiffahrtspolitik 1802-1920, in: Mannheimer Hefte 1976, 32-43.

Friedrich Facius, Wegbereiter und Gestalter der Mannheimer Hafenanlagen im 19. und 20. Jahrhundert, in: Mannheimer Hefte 1978, 94-110.

Friedrich Facius, Der sogenannte Mannheimer Neckarstapel. Baden und Württemberg im Ringen um die freie Schiffahrt auf dem Neckar 1805 bis 1842, in: Bausteine zur geschichtlichen Landeskunde von Baden-Württemberg. Hrsg. v. d. Kommission für geschichtliche Landeskunde in Baden-Württemberg. Stuttgart 1979, 407-433.

Friedrich Facius, Hafenbau und Flußkorrektion. Zur Entstehungsgeschichte der Schiffslandestellen und Hafenanlagen in Mannheim von 1607 bis 1845, in: Mannheimer Hefte 1981, 65-86.

Friedrich Facius, Die Mannheimer Hafenanlagen im 19. und 20. Jahrhundert. Entstehung - Entwicklung - Ausbau, in: Badische Heimat 62, 1982, 181-189.

Alfred Fecht, Mannheim. I: Topographie und Statistik. II: Geschichte der Stadt in übersichtlicher Darstellung. 2 Bde. Mannheim 1864.

Heinrich von Feder, Geschichte der Stadt Mannheim. 2 Bde. Mannheim/Straßburg 1875/1877.

Festschrift zur 100-Jahr-Feier des Elisabethgymnasiums Mannheim. Mannheim 1963.

Johannes Fischer, Erinnerungen eines Alt-Mannheimers aus der zweiten Hälfte des 19. Jahrhunderts, in: Mannheimer Geschichtsblätter 31, 1930, 3-16, 137-143, 158-165, 196-207 u. 248-255.

Helmut Friedmann, Alt-Mannheim im Wandel seiner Physiognomie, Struktur und Funktionen (1606-1965). Diss. Mannheim 1968.

Helmut Friedmann, Der Grundriß Alt-Mannheims. Muster einer idealtypischen Stadtanlage, in: Geographie heute 1973, 163-176.

Lothar Gall, Die Stadt der bürgerlichen Gesellschaft - das Beispiel Mannheim, in: Forschungen zur Stadtgeschichte. Drei Vorträge. Hrsg. v. d. gemeinsamen Kommission d. Rheinisch-Westfälischen Akademie der Wissenschaften u. d. Gerda-Henkel-Stiftung. Opladen 1986, 55-71.

Karl Geib, Malerisch-historische Schilderung der Neckargegenden von Mannheim bis Heilbronn. Frankfurt am Main 1847. ND Kelkheim 1986.

Zur Geschichte der Sozialdemokratischen Partei in Mannheim 1867-1906. Mannheim 1975.

Gewerbeverein und Handwerkerverband Mannheim. Festbericht zur Feier des 70jährigen Bestehens. Mannheim 1912.

Luise Gilde, Persönlichkeiten um Schiller. Der Mannheimer Kreis. London 1973.

Werner Gilles, Mannheims ruhmreiche Theatergeschichte, in: Rhein-Neckar-Land. Mannheim 1963, 128-131.

Eberhard Gothein, Mannheim im ersten Jahrhundert seines Bestehens, in: Zeitschrift für die Geschichte des Oberrheins 43, 1889, 129-211.

Joachim Grumbach, Die Bedeutung Heidelbergs für die wirtschaftliche und kulturelle Entwicklung der Stadt Mannheim seit der Mitte des 19. Jahrhunderts. Diss. phil. Heidelberg 1921.

Großherzogliches Gymnasium Mannheim. Festschrift zur Einweihung des Neubaues, 29. Juli 1899. Mannheim 1900.

Großherzogliches Gymnasium Mannheim. Festschrift zum hundertjährigen Jubiläum der Anstalt. Mannheim 1907.

Rudolf Haas, Die Prägung der Mannheimer Münzstätten. Ca. 1390, 1608-1610, 1735-1826. Mannheim/Wien/Zürich 1974.

Rudolf Haas, Stephanie Napoleon, Großherzogin von Baden. Ein Leben zwischen Frankreich und Deutschland, 1789-1860. Mannheim 1976.

Rudolf Haas, Die Bewohner des Mannheimer Schlosses 1725-1975, in: Mannheimer Hefte 1978, 23-29.

Rudolf Haas, Die Entwicklung des Bankwesens im deutschen Oberrheingebiet. Mannheim o. J. (1970).

Handel- und Gewerbetreibende in Mannheim 1775, in: Mannheimer Geschichtsblätter 11, 1910, 63-67.

Harmonie Almanach 1928. Als Festschrift zum 125jährigen Bestehen. Hrsg. v. d. Harmonie-Gesellschaft Mannheim. Mannheim 1928.

Karl Hauck, Geschichte der Stadt Mannheim zur Zeit ihres Uebergangs an Baden. Leipzig 1899.

Ferdinand Haug, Lehrplan und Schulordnung des Mannheimer Gymnasiums nach Aufhebung des Jesuitenordens, in: Mannheimer Geschichtsblätter 8, 1907, 147-160.

Heinz Hauser (Verantw.), 100 Jahre SPD in Mannheim. Eine Dokumentation. Hrsg. v. d. Sozialdemokratischen Partei Deutschlands, Kreis Mannheim. Mannheim 1967.

Karl Hechler, 90 Jahre Mannheimer Liedertafel e. V. 1840-1930. Mannheim 1930.

Felix Hecht, Die Mannheimer Banken 1870 bis 1900. Beiträge zur praktischen Bankpolitik. Leipzig 1902.

Siegfried Heinzelmann, Evangelische Kirche in Mannheim. Aus der Kirchengeschichte einer leidgeprüften Stadt. Mannheim 1965.

Friedrich Heréus, Rückblick auf ein halbes Jahrhundert. Denkschrift zur 50jährigen Stiftungsfeier des Musikvereins in Mannheim. 27./28. Juli 1879. Mannheim 1879.

Heinrich Heréus, 100 Jahre Musikverein Mannheim. Nach den Akten und unter Benutzung älterer Zusammenstellungen. Mannheim 1929.

Wilhelm Herrmann, Musizieren um des Musizierens willen. 125 Jahre Mannheimer Liebhaber-Orchester. Mannheim 1954.

Wilhelm Herrmann, Mannheimer Theaterzensur im 19. Jahrhundert, in: Mannheimer Hefte 1976, 74–78.

Wilhelm Herrmann (Bearb.), Das Nationaltheater Mannheim im 19. Jahrhundert. Ausstellung zum 200jährigen Bestehen des Nationaltheaters Mannheim vom 6.10.-31.12.1979. Mannheim 1979.

Bernhard Heuken, Zur Soziologie barocker Städteplanungen in Süddeutschland. Mannheim, Erlangen, Ludwigsburg, Karlsruhe, in: Zeitschrift für Ästhetik und allgemeine Kunstwissenschaft 13, 1968, 146–177.

Wolfgang von Hippel, Der Mannheimer Gesellenverein und seine Auflösung (1844/47). Ein Beitrag zum Vereinswesen in der Zeit des Vormärz, in: Historia integra. Festschrift für Erich Hassinger zum 70. Geburtstag. Hrsg. v. Hans Fenske, Hans Reinhard u.a. Berlin 1977, 219–244.

Wolfgang von Hippel, Binnenwanderung und Verstädterung. Zur Herkunft der Bevölkerung von Ludwigshafen und Mannheim im Zeichen der Industrialisierung, in: Rhein-Neckar-Raum an der Schwelle des Industriezeitalters. Mannheim 1984, 27–47.

Brigitte Höft, Gottfried Weber (1779–1839) und das Mannheimer Musikleben des frühen 19. Jahrhunderts, in: Mannheimer Hefte 1981, 31–41.

Wilhelm Höhler, Das Realgymnasium Mannheim 1840–1910. Mannheim 1911.

Emil Hofmann, Höchst- und Richtpreise in Mannheim sowie die Preise in Mannheim in den Jahren 1796, 1806, 1816, 1826, 1836, 1846, 1856, 1870 und 1871. 2. Ausgabe Mannheim 1916.

Emil Hofmann, Der Mannheimer Konsumverein 1866–1875. Ein Beitrag zur Geschichte der deutschen Konsumvereinbewegung, in: Zeitschrift für die gesamte Staatswissenschaft 76, 1921, 495–516.

Hans Huth, Eine Beschreibung der Festung Mannheim aus dem Jahre 1782, in: Mannheimer Hefte 1974, 17–30.

Das Itzsteinfest zu Mannheim am 22. September 1844, in: Deutsches Taschenbuch 1, 1847, 57-102.

Gustaf Jacob, Friedrich Engelhorn. Der Gründer der Badischen Anilin- & Soda-Fabrik. Mannheim 1959.

Gustaf Jacob, Die kurpfälzische Residenz Mannheim, in: Zeitschrift für württembergische Landesgeschichte 25, 1966, Anh. 39f.

Gustaf Jacob, W. H. Ladenburg & Söhne. Aus der Geschichte eines Mannheimer Bankhauses, in: Mannheimer Hefte 1971, 220-237.

Gustaf Jacob, Aus der Geschichte der Mannheimer Elektroindustrie, in: Aus Stadt- und Wirtschaftsgeschichte Südwestdeutschlands. Festschrift für Erich Maschke zum 75. Geburtstag. Stuttgart 1975, 237-254.

Helmuth Janson, 45 Lesegesellschaften um 1800 bis heute. Harmonie-Almanach. Bonn/Mannheim 1963.

Lisa Jordan, Zur Entwicklung der kulturellen Vereine in Mannheim. Diss. phil. Heidelberg 1923.

Jüdisches Gemeindezentrum Mannheim F 3. Festschrift zur Einweihung am 13. September 1987, 19. Ellul 5747. Hrsg. v. Oberrat der Israeliten Badens, Karlsruhe, v. d. Jüdischen Gemeinde Mannheim u. v. Stadtarchiv Mannheim. Mannheim 1987.

Johanna Kinkel, Erinnerungsblätter aus dem Jahre 1849, in: Deutsche Monatsschrift 2, 1851, 39-108.

Joseph Kinkel, Erinnerungen eines Alt-Mannheimers aus den 1860er und 1870er Jahren, in: Mannheimer Geschichtsblätter 26, 1925, 61-64, 155-158, 251-254; 27, 1926, 89-95, 128-131, 179-183, 195-200, 222-225; 28, 1927, 5-10, 71-76.

Bernhard Kirchgässner, Mannheim und Frankenthal. Zwei kurpfälzische Städte und ihre Entwicklung im Merkantilismus, in: Westfälische Forschungen 24, 1972, 22-32.

Bernhard Kirchgässner, Der Aufstieg Mannheims als Bank- und Versicherungsplatz im deutschen Kaiserreich, in: Zur Geschichte der Industrialisierung in den südwestdeutschen Städten. Hrsg. v. Erich Maschke u. Jürgen Sydow. Sigmaringen 1977, 57-79.

Bernhard Kirchgässner, Die Gründung der Handelshochschulen Frankfurt und Mannheim als Leistung des Besitz- und Bildungsbürgertums, in: Stadt und Hochschule im 19. und 20. Jahrhundert. Hrsg. v. Erich Maschke u. Jürgen Sydow. Sigmaringen 1979, 123-139.

Bernhard Kirchgässner, Kunst und Kultur zwischen Hof und Bürgertum: Die kurfürstliche Residenzstadt Mannheim im 18. Jahrhundert, in: Städtische Kultur in der Barockzeit. Hrsg. v. Wilhelm Rausch. Linz 1982, 223-234.

Bernhard Kirchgässner, Von der Handelshochschule zur Universität Mannheim, in: Die Universität Mannheim in Vergangenheit und Gegenwart. Hrsg. v. Heinz König u.a. 2., neubearb. Aufl. Mannheim 1982, 11-29.

Conrad Kleefeld von Wüstenhoff, Gründung und Entwicklung der Kreditinstitute in Mannheim und Ludwigshafen von der Mitte des 19. Jahrhunderts bis 1911. Diss. Heidelberg 1968.

Walter Koehler, Mannheimer Rechtsanwälte nach 1870, in: Mannheimer Hefte 1967, H. 2, 29-38.

Heinz König u.a. (Hrsg.), Die Universität Mannheim in Vergangenheit und Gegenwart. 2., neubearb. Aufl. Mannheim 1982.

Karl Kollnig, Mannheim. Volkstum und Volkskunde einer Großstadt in ihren geschichtlichen Grundlagen. Karlsruhe 1938.

Wilhelm Kreutz, Die Mannheimer »Gesellschaft von Freunden der Menschenrechte«, 1792, in: Jahrbuch des Instituts für deutsche Geschichte 13, 1984, 59-78.

Jürgen Frhr. v. Kruedener, Die Bevölkerung Mannheims im Jahre 1719, in: Zeitschrift für die Geschichte des Oberrheins 116, 1968, 291-347.

Peter Kühn, Materialien zu einer Geschichte der Mannheimer Unterschichten in der Zeit von 1835-1862 (1871). Bern/Frankfurt am Main 1974.

Wolfgang Leiser, Mannheim und verwandte Stadtgründungen des 17./18. Jahrhunderts, in: Aus Stadt- und Wirtschaftsgeschichte Südwestdeutschlands. Festschrift für Erich Maschke zum 75. Geburtstag. Stuttgart 1975, 172-187.

Anna-Maria Lindemann, Mannheim im Kaiserreich. Mannheim 1986.

Detlev Lorentz, Die 48er Revolution in Mannheim aus der Sicht eines einfachen Bürgers, in: Badische Heimat 62, 1982, 239-253.

Ilse Makowski, Emanzipation oder »Harmonie« - zur Geschichte der gleichnamigen Mannheimer Lesegesellschaft in der ersten Hälfte des 19. Jahrhunderts. München/London/New York 1988.

Mannheim und seine Bauten. Hrsg. v. Unterrheinischen Bezirk des Badischen Architekten- und Ingenieurvereins Mannheim-Ludwigshafen. Mannheim 1906.

Mannheimer Sehenswürdigkeiten im Jahre 1770, in: Mannheimer Geschichtsblätter 9, 1908, 6-18.

Die Mannheimer Zünfte und Zunftmeister nach einem Verzeichnis von 1833, in: Mannheimer Geschichtsblätter 34, 1933, 61f.

Johannes Maresch, Die Wallonisch-Französische Gemeinde in Mannheim, in: Der deutsche Hugenott, 1939, 72-81.

Wilhelm Mayher, Die bauliche Entwicklung der Stadt Mannheim von der Gründung bis zur Gegenwart, 1606-1905. Mannheim o.J. [1905].

Ulrich Meister, Friedrich Hecker. Der Mannheimer Advokat am Badischen Oberhofgericht und Führer der badischen Revolution 1848, in: Mannheimer Hefte 1976, 66-73.

Peter Mertz/Wolf Magin (Bearb.), Das Nationaltheater Mannheim 1779-1970. Mannheim 1970.

Adolf Meuser, Aus der Schulgeschichte Mannheims. Mannheim 1891.

Herbert Meyer, Schillers »Wallenstein« auf der Mannheimer Bühne 1807-1960, in: Jahrbuch der Deutschen Schillergesellschaft 17, 1973, 304-317.

Die Mitglieder der Mannheimer Handlungs-Innung 1791, in: Mannheimer Geschichtsblätter 16, 1915, 46-48.

Otto Moericke, Die Gemeindebetriebe Mannheims. Leipzig 1909.

Karl Albert Müller (Hrsg.), Dreihundert Jahre Karl-Friedrich-Gymnasium. Vergangenheit und Gegenwart einer Mannheimer Schule. Mannheim 1972.

Der Musikverein Mannheim in seinen ersten fünfzehn Jahren. Von einem Mitgliede desselben. Mannheim 1845.

175 Jahre Nationaltheater. Mannheimer Hefte 1954, H. 2.

Heinz Neubert, Das Adreßbuch als Hilfsmittel der Soziographie, dargestellt am Beispiel Mannheims (1870-1907). Diss. phil. (masch.) Heidelberg 1955.

Max Oeser, Geschichte der Stadt Mannheim. Mannheim 1904.

Ernst Plewe, Zur Entwicklungsgeschichte der Stadt Mannheim, in: Wirtschaftshochschule Mannheim. Festschrift zur Einweihung ihres Gebäudes. Mannheim 1955, 7-52.

Marianne Pöltl/Jörg Schadt, Die schriftlichen Nachlässe im Stadtarchiv Mannheim, in: Badische Heimat 62, 1982, 215-225.

Wolfgang Poensgen, Mannheimer Bürgerbuch. Ein Wegweiser zum Verständnis der Geschichte und der Verwaltung unserer Stadt. 4., erw. Aufl. Mannheim 1968.

J. G. Rieger, Historisch-topographisch-statistische Beschreibung von Mannheim und seiner Umgebung. Mannheim 1824.

Berthold Roland, Das Mannheimer Grundrißbüchlein von 1796, in: Die BASF 14, 1964, 3-10.

Meinrad Schaab, Mannheim. Typus und Individualität einer oberrheinischen Festungs-, Residenz- und Industriestadt, in: Mannheimer Hefte 1977, 7-17.

Meinrad Schaab, Das Mannheimer Schloß - von der Residenz zur Universität, in: Die Universität Mannheim in Vergangenheit und Gegenwart. Hrsg. v. Heinz König u.a. 2., neubearb. Aufl. Mannheim 1982, 72-81.

Manfred Schlenke, Der Beitrag Mannheims zur kulturellen Entwicklung des Rhein-Neckar-Raumes, in: Die Universität Mannheim in Vergangenheit und Gegenwart. Hrsg. v. Heinz König u.a. 2., neubearb. Aufl. Mannheim 1982, 49-61.

Franz Schnabel, Mannheim in der deutschen Bewegung des Jahres 1840, in: Mannheimer Geschichtsblätter 41, 1940, 27-31.

Sigmund Schott, Alte Mannheimer Familien. Ein Beitrag zur Familienstatistik des XIX. Jahrhunderts. Mannheim/Leipzig 1910.

Sigmund Schott, Mannheim. Ein Stadtschicksal im Schattenriß. Mannheim 1925.

Karl Schwab, 150 Jahre Karl-Friedrich-Gymnasium, in: Mannheimer Hefte 1957, H. 2, 36-44.

Carl Seeger (Bearb.), Sammlung der für die Stadt Mannheim gültigen Ortsstatuten und der damit zusammenhängenden Satzungen und Gemeindebeschlüsse. Mannheim 1899.

Die Stadt- und die Landkreise Heidelberg und Mannheim. Amtliche Kreisbeschreibung. Bd. 3: Die Stadt Mannheim und die Gemeinden des Landkreises Mannheim. Karlsruhe 1970.

Ernst Leopold Stahl, Das Mannheimer Nationaltheater. Ein Jahrhundert deutscher Theaterkultur im Reich. Mannheim 1929.

Ernst Leopold Stahl, Die klassische Zeit des Mannheimer Theaters. T. 1: Das Europäische Mannheim. Die Wege zum deutschen Nationaltheater. Mannheim 1940.

Herbert Stubenrauch u.a. (Bearb.), 175 Jahre Nationaltheater Mannheim. Dokumente zur Theatergeschichte. Mannheim 1954.

Karl J. Svoboda, Residenz aus Trotz - und Trotzdem: Das Mannheimer Schloß. Mannheim 1977.

Karl J. Svoboda, Galerien und Gala am kurpfälzischen Hof zu Mannheim: Kunstsammlungen, Oper und Konzert. Heidelberg 1977.

André Traband, Deux rivales rhénanes: Strasbourg et Mannheim, in: Revue d'Alsace 108, 1965, 80-95.

Verein für Naturkunde Mannheim. Festschrift zur Hundertjahrfeier. Mannheim 1933.

Florian Waldeck (Hrsg.), Alte Mannheimer Familien. 6 Teile. Mannheim 1920-1925.

Florian Waldeck, Parlamentarische Tradition in Mannheimer Bürgerfamilien, in: Mannheimer Geschichtsblätter 23, 1922, 140-141.

Florian Waldeck, Die Mannheimer Oberbürgermeister von 1810-1891, in: Kurpfälzer Jahrbuch 1926, 94-99.

Florian Waldeck, Die Ehrenbürger der Stadt Mannheim, in: Mannheimer Geschichtsblätter 32, 1931, 218f.

Hermann Waldeck, Erinnerungen an Alt-Mannheim. Mannheim 1919.

Max Walleser, Zur Geschichte der Großherzoglichen Höheren Mädchenschule in Mannheim. Festschrift zur Feier des 25jährigen Bestehens der Anstalt. Mannheim 1888.

Friedrich Walter, Alte Mannheimer Wirtshäuser, in: Mannheimer Geschichtsblätter 2, 1901, 113-115.

Friedrich Walter, Die Drucke der Mannheimer Stadtprivilegien 1607-1785, in: Mannheimer Geschichtsblätter 8, 1907, 13-19.

Friedrich Walter, Karlsruhe oder Mannheim badische Residenz? Denkschrift des Regierungsrats Friederich von 1804 und Erwiderung hierauf, in: Mannheimer Geschichtsblätter 14, 1913, 10-16, 34-42.

Friedrich Walter, Geschichtliche und kulturelle Entwicklung, in: Mannheim, das Kultur- und Wirtschaftszentrum Südwestdeutschlands. Mannheim 1928, 15-44.

Friedrich Walter, Schicksal einer deutschen Stadt. Geschichte Mannheims 1907-1945. 2 Bde. Frankfurt am Main 1950.

Friedrich Walter, Aufgabe und Vermächtnis einer deutschen Stadt. Drei Jahrhunderte Alt-Mannheim. Frankfurt am Main 1952.

Friedrich Walter, Mannheim in Vergangenheit und Gegenwart. Bd. 1: Geschichte Mannheims von den ersten Anfängen bis zum Übergang an Baden (1802); Bd. 2: Geschichte Mannheims vom Übergang an Baden bis zur Gründung des Reiches. Unv. Nachdruck d. Ausg. v. 1907. Frankfurt am Main 1977/1978.

J. Philipp Walther, Mannheims Denkwürdigkeiten seit dessen Entstehung bis zur neuesten Zeit. Mannheim 1855.

Karl Otto Watzinger, Der jüdische Anteil an der Entwicklung Mannheims, in: Mannheimer Hefte 1960, H. 1, 20-31.

Karl Otto Watzinger, Die jüdische Gemeinde Mannheims in der Großherzoglichen Zeit (1803-1918), in: Mannheimer Hefte 1981, 91-114.

Karl Otto Watzinger, Geschichte der Juden in Mannheim 1650-1945. 2., verb. Aufl. Stuttgart/Berlin/Köln/Mainz 1984.

Bernhard Weber, Die wirtschaftliche Entwicklung Mannheims von 1870 bis 1900. Mannheim 1904.

Karl Wolf, Zur Gründungsgeschichte von Stadt und Festung Mannheim, in: Mannheimer Geschichtsblätter 38, 1937, 85-90.

Günther Wybrecht, Die strukturellen Veränderungen der Mannheimer Wirtschaft von 1830 bis 1914. Diss. (masch.) Freiburg o.J.

Wilhelm Zeiler, Mannheims Handel im 17. und 18. Jahrhundert. Mannheim 1892.

Allgemeine und übergreifende Darstellungen

Willy Andreas, Geschichte der badischen Verwaltungsorganisation und Verfassung in den Jahren 1802-1818. Bd. 1: Aufbau des Staates im Zusammenhang der allgemeinen Politik. Leipzig 1913.

Erich Angermann, Karl Mathy als Sozial- und Wirtschaftspolitiker, in: Zeitschrift für die Geschichte des Oberrheins 103, 1955, 499-622.

Anziehungskräfte. Variété de la mode 1786-1986. Hrsg. v. Münchener Stadtmuseum. München 1986.

Karl Otmar Freiherr von Aretin (Hrsg.), Der Aufgeklärte Absolutismus. Köln 1974.

Herrmann Aubin/Wolfgang Zorn (Hrsg.), Handbuch der deutschen Wirtschafts- und Sozialgeschichte. 2 Bde. Stuttgart 1971/1976.

Pierre Ayçoberry, Cologne entre Napoléon et Bismarck – la croissance d'une ville rhénane. Paris 1981.

Julius Bab, Das Theater der Gegenwart. Geschichte der dramatischen Bühne seit 1870. Leipzig 1928.

Julius Bab, Kränze dem Mimen. Dreißig Porträts großer Menschendarsteller im Grundriß einer Geschichte der Schauspielkunst. Emsdetten 1954.

Klaus J. Bade (Hrsg.), Imperialismus und Kolonialmission. Kaiserliches Deutschland und koloniales Imperium. Wiesbaden 1982.

Baden. Land – Staat – Volk 1806–1871. Hrsg. v. Generallandesarchiv Karlsruhe in Verb. m. d. Gesellschaft für kulturhistorische Dokumentation. Bearb. v. *Kurt Andermann, Konrad Krimm* u. *Hansmartin Schwarzmaier*. Karlsruhe 1980.

Badische Geschichte. Vom Großherzogtum bis zur Gegenwart. Hrsg. v. d. Landeszentrale für politische Bildung Baden-Württemberg. Stuttgart 1979.

Leo Balet/Eberhard Gerhard, Die Verbürgerlichung der deutschen Kunst, Literatur und Musik im 18. Jahrhundert. Frankfurt am Main 1972.

Ingrid Bátori, Das Patriziat der deutschen Stadt. Zu den Forschungsaufgaben über das Patriziat besonders der süddeutschen Städte, in: Zeitschrift für Stadtgeschichte, Stadtsoziologie und Denkmalpflege 2, 1975, 1–30.

Zwi Batscha, Christian Garves politische Philosophie, in: Jahrbuch des Instituts für deutsche Geschichte 14, 1985, 113–155.

Zwi Batscha/Jörn Garber (Hrsg.), Von der ständischen zur bürgerlichen Gesellschaft. Politisch-soziale Theorien im Deutschland der zweiten Hälfte des 18. Jahrhunderts. Frankfurt am Main 1981.

Adalbert Bauer (Hrsg.), Badens Volksvertretung in der Zweiten Kammer der Landstände von 1819 bis 1891. Karlsruhe 1891.

Hermann Bausinger, Bürgerlichkeit und Kultur, in: Bürger und Bürgerlichkeit im 19. Jahrhundert. Hrsg. v. Jürgen Kocka. Göttingen 1987, 121–142.

Dorothee Bayer, O gib mir Brot. Die Hungerjahre 1816 und 1817 in Württemberg und Baden. Ulm 1966.

Ursula A. J. Becher, Politische Gesellschaft. Studien zur Genese bürgerlicher Öffentlichkeit in Deutschland. Göttingen 1978.

Hans-Peter Becht, Die Abgeordnetenschaft der badischen zweiten Kammer von 1819 bis 1840. Beiträge zu Abgeordnetenbild, Abgeordnetentypus und Wahlverhalten im deutschen Vormärz, in: Zeitschrift für die Geschichte des Oberrheins 128, 1980, 345-401.

Hans-Peter Becht, Die Repräsentation von Handel, Gewerbe und Industrie in der badischen Zweiten Kammer, 1819-1848, in: Rhein-Neckar-Raum an der Schwelle des Industrie-Zeitalters. Mannheim 1984, 255-277.

Hans-Peter Becht, Die badische zweite Kammer und ihre Mitglieder, 1819 bis 1841/42. Untersuchungen zu Struktur und Funktionsweise eines frühen deutschen Parlaments. Ms. Diss. Heidelberg 1985.

Albert Becker, Zur Geschichte der »Deutschen Zeitung«. Ihr Gründer K. J. A. Mittermaier (1787-1867), in: Historische Vierteljahresschrift 31, 1937/38, 378ff.

Josef Becker, Liberaler Staat und Kirche in der Ära von Reichsgründung und Kulturkampf. Geschichte und Strukturen ihres Verhältnisses in Baden 1860-1876. Mainz 1973.

Gertrud Benker, Bürgerliches Wohnen. Städtische Wohnkultur in Mitteleuropa von der Gotik bis zum Jugendstil. München 1984.

Gustav Adolf Benrath, Die Vereinigung der lutherischen und der reformierten Kirche in Baden (1821), in: Kirche und Staat im 19. und 20. Jahrhundert. Hrsg. v. Wolfgang Eger. Neustadt 1968, 113-131.

Helmut Berding (Hrsg.), Napoleonische Herrschaft und Modernisierung. (Geschichte und Gesellschaft 6, H. 4.) Göttingen 1980.

Helmut Berding/Hans-Peter Ullmann (Hrsg.), Deutschland zwischen Revolution und Restauration. Düsseldorf 1981.

Jürgen Bergmann, Ökonomische Voraussetzungen der Revolution von 1848: Zur Krise von 1845 bis 1848 in Deutschland, in: 200 Jahre amerikanische Revolution und moderne Revolutionsforschung. Hrsg. v. Hans-Ulrich Wehler. Göttingen 1976, 254-287.

Jürgen Bergmann, Wirtschaftskrise und Revolution. Handwerker und Arbeiter 1848/49. Stuttgart 1986.

Ludwig Bergsträsser, Die Heidelberger »Deutsche Zeitung« und ihre Mitarbeiter, in: Historische Vierteljahrschrift 31, 1937/38, 343-374.

Ludwig Bergsträsser, Geschichte der politischen Parteien in Deutschland. München/Wien 1965.

Françoise de Bernardy, Stephanie de Beauharnais, 1789-1860. Fille adoptive de Napoléon, grand-duchesse de Bade. Paris 1977.

Heinrich Best, Politische Modernisierung und parlamentarische Führungsgruppen in Deutschland 1867-1918, in: Historical Social Research 13, 1988, 5-74.

Klaus Beyrer, Die Postkutschenreise. Tübingen 1985.

Karl Biedermann, Deutschland im 18. Jahrhundert (1854). Ausgabe in einem Band. Hrsg. u. eingel. v. Wolfgang Emmerich. Berlin 1979.

David Blackbourn, The Mittelstand in German Society and Politics 1871-1914, in: Social History 2, 1977, 409-433.

David Blackbourn/ Geoff Eley, Mythen deutscher Geschichtsschreibung. Die gescheiterte bürgerliche Revolution von 1848. Frankfurt 1980.

Fritz Blaich, Die Epoche des Merkantilismus. Wiesbaden 1973.

August-Wilhelm Blase, Die Einführung der konstitutionellen Selbstverwaltung im Großherzogtum Baden. Diss. phil. Berlin 1938.

Helmut Bleiber/ Walter Schmidt (Hrsg.), Männer der Revolution von 1848. Bd. 2. Berlin 1987.

Peter Blickle, Kommunalismus, Parlamentarismus, Republikanismus, in: Historische Zeitschrift 242, 1986, 529-556.

Hans H. Blotevogel, Faktorenanalytische Untersuchungen zur Wirtschaftsstruktur der deutschen Großstädte nach der Berufszählung 1907, in: Wilhelm Heinz Schröder (Hrsg.), Moderne Stadtgeschichte. Stuttgart 1979, 74-111.

Werner Boldt, Die Anfänge des deutschen Parteiwesens. Fraktionen, politische Vereine und Parteien in der Revolution von 1848/49. Paderborn 1971.

Jan C. Bongaerts, Financing Railways in the German States, 1840-1860. A Preliminary View, in: Journal of European Economic History 14, 1985, 331-345.

Bernhard H. Bonkhoff, Geschichte der Vereinigten Protestantisch-Evangelisch-Christlichen Kirche der Pfalz 1818-1861. München 1986.

Knut Borchardt, Die industrielle Revolution in Deutschland. München 1972.

Karl-Erich Born, Wirtschafts- und Sozialgeschichte des Deutschen Kaiserreichs (1867/71-1914). Stuttgart 1985.

Peter Borscheid, Naturwissenschaft, Staat und Industrie in Baden (1848-1914). Stuttgart 1976.

Peter Borscheid/Hans J. Teuteberg (Hrsg.), Ehe, Liebe, Tod. Zum Wandel der Familie, der Geschlechts- und Generationsbeziehungen in der Neuzeit. Münster 1983.

Wolf von Both/Hans Vogel, Landgraf Wilhelm VIII. von Hessen-Kassel. Ein Fürst der Rokokozeit. München/Berlin 1964.

Manfred Botzenhart, Baden in der deutschen Revolution 1848/49, in: Oberrheinische Studien. Bd. 2: Neue Forschungen zu Grundproblemen der badischen Geschichte im 19. und 20. Jahrhundert. Hrsg. v. Alfons Schäfer. Karlsruhe 1973, 61-91.

Manfred Botzenhart, Deutscher Parlamentarismus in der Revolutionszeit 1848-1850. Düsseldorf 1977.

Hartwig Brandt, Parlamentarismus in Württemberg 1819-1870. Anatomie eines deutschen Landtags. Düsseldorf 1987.

Rudolf Braun/Wolfram Fischer u.a. (Hrsg.), Gesellschaft in der industriellen Revolution. Köln 1978.

Wolfgang Brönner, Die bürgerliche Villa in Deutschland 1830 bis 1890 unter besonderer Berücksichtigung des Rheinlandes. Düsseldorf 1987.

Gottfried Brückner, Der Bürger als Bürgersoldat. Ein Beitrag zur Sozialgeschichte des Bürgertums und der bürgerlichen Gesellschaft des 19. Jahrhunderts. Dargestellt an den Bürgermilitärinstitutionen der Königreiche Bayern und Hannover und des Großherzogtums Baden. Diss. Bonn 1968.

Gustav Brünnert, Das Erfurter Unions-Parlament im Jahre 1850. Erfurt 1913.

Walter Horace Bruford, Deutsche Kultur der Goethezeit (1770-1830). Konstanz 1965.

Karl Brunner (Hrsg.), Die badischen Schulordnungen. Bd. 1: Die Schulordnungen der badischen Markgrafschaften. Mannheim 1902.

Das deutsche Bürgerhaus. Begr. v. A. Bernt, hrsg. v. G. Binding. Bisher 34 Bde. Tübingen 1959ff.

Neithard Bulst u.a. (Hrsg.), Familie zwischen Tradition und Moderne. Studien zur Geschichte der Familie in Deutschland und Frankreich vom 16. bis zum 20. Jahrhundert. Göttingen 1981.

Joachim Heinrich Campe (Hrsg.), Allgemeine Revision des gesammten Schul- und Erziehungswesens von einer Gesellschaft praktischer Erzieher. Hamburg/Wolfenbüttel/Wien/Braunschweig 1785-1788.

Ralph C. Canevali, The »False French Alarm«: Revolutionary Panic in Baden, 1848, in: Central European History 18, 1985, 119-142.

Carlo M. Cipolla/Knut Borchardt (Hrsg.), Europäische Wirtschaftsgeschichte. Bd. 2: Sechzehntes und siebzehntes Jahrhundert. Bd. 3: Die Industrielle Revolution. Stuttgart/New York 1976/1979.

Werner Conze (Hrsg.), Staat und Gesellschaft im deutschen Vormärz, 1815-1848. 2. Aufl. Stuttgart 1970.

Werner Conze (Hrsg.), Sozialgeschichte der Familie in der Neuzeit Europas. Neue Forschungen. Stuttgart 1975.

Werner Conze/Jürgen Kocka (Hrsg.), Bildungsbürgertum im 19. Jahrhundert. Teil I: Bildungssystem und Professionalisierung in internationalen Vergleichen. Stuttgart 1985.

Gordon A. Craig, Geld und Geist. Zürich im Zeitalter des Liberalismus 1830-1869. München 1988.

Carl Dahlhaus, Die Musik des 19. Jahrhunderts. Wiesbaden 1980.

Otto Dann, Gleichheit und Gleichberechtigung. Das Gleichheitspostulat in der alteuropäischen Tradition und in Deutschland bis zum ausgehenden 19. Jahrhundert. Berlin 1980.

Otto Dann (Hrsg.), Lesegesellschaften und bürgerliche Emanzipation. Ein europäischer Vergleich. München 1981.

Otto Dann (Hrsg.), Vereinswesen und bürgerliche Gesellschaft in Deutschland. München 1984.

Erich Dauenhauer, Kaufmännische Erwachsenenbildung in Deutschland im 18. Jahrhundert. Diss. Erlangen/Nürnberg 1964.

Herbert Derwein, Heidelberg im Vormärz und in der Revolution 1848/49. Ein Stück badischer Bürgergeschichte. Heidelberg 1958.

Herbert Derwein, Die Stadt Heidelberg. Geschichte der Stadt, in: Die Stadt- und die Landkreise Heidelberg und Mannheim. Amtliche Kreisbeschreibung. Hrsg. v. d. Staatlichen Archivverwaltung Baden-Württemberg. Bd. 2. Heidelberg 1968, 8-82.

Norbert Deuchert, Vom Hambacher Fest zur badischen Revolution. Politische Presse und Anfänge deutscher Demokratie 1832-1848/49. Stuttgart 1983.

Jeffry M. Diefendorf, Businessmen and Politics in the Rhineland, 1789-1834. Princeton 1980.

Rudolph Dietz, Die Gewerbe im Großherzogthum Baden. Ihre Statistik, ihre Pflege, ihre Erzeugnisse. Karlsruhe 1863.

Martin Doerry, Übergangsmenschen. Die Mentalität der Wilhelminer und die Krise des Kaiserreiches. Weinheim/München 1986.

Klaus Dohrn, Von Bürgern und Weltbürgern. Eine Familiengeschichte. Pfullingen 1983.

Wolfgang Dreßen (Bearb.), 1848-1849: Bürgerkrieg in Baden. Chronik einer verlorenen Revolution. Berlin 1975.

Wolfgang Drews, Die großen Zauberer. Bildnisse deutscher Schauspieler aus zwei Jahrhunderten. 3., erw. Aufl. Wien/München 1953.

Heinz Duchardt, Das Zeitalter des Absolutismus. München 1989.

Dieter Düding, Organisierter gesellschaftlicher Nationalismus (1808-1847). Bedeutung und Funktion der Turner- und Sängervereine für die deutsche Nationalbewegung. München 1984.

Dieter Düding, Deutsche Nationalfeste im 19. Jahrhundert. Erscheinungsbild und politische Funktion, in: Archiv für Kulturgeschichte 69, 1987, 371-388.

Fritz Dürr, Die geschichtliche Entwicklung der Gemeindevertretung in Baden. Diss. jur. Heidelberg 1933.

Roger Dufraisse, Französische Zollpolitik, Kontinentalsperre und Kontinentalsystem im Deutschland der napoleonischen Zeit, in: Deutschland zwischen Revolution und Restauration. Hrsg. v. Helmut Berding u. Hans-Peter Ullmann. Königstein/Düsseldorf 1981, 328-352.

Günther Ebersold, Rokoko, Reform und Revolution. Ein politisches Lebensbild des Kurfürsten Karl Theodor. Frankfurt am Main 1985.

Erich Egner, Der Verlust der alten Ökonomik. Seine Hintergründe und Wirkungen. Berlin 1985.

Wilfried Ehbrecht (Hrsg.), Städtische Führungsgruppen und Gemeinde in der werdenden Neuzeit. Köln/Wien 1980.

Peter Michael Ehrle, Volksvertretung im Vormärz. Studien zur Zusammensetzung, Wahl und Funktion der deutschen Landtage im Spannungsfeld zwischen monarchischem Prinzip und ständischer Repräsentation. Frankfurt am Main/Bern 1979.

Norbert Elias, Die höfische Gesellschaft. Untersuchungen zur Soziologie des Königtums und der höfischen Aristokratie. Neuwied/Berlin 1969.

Rainer S. Elkar (Hrsg.), Deutsches Handwerk in Spätmittelalter und Früher Neuzeit. Sozialgeschichte - Volkskunde - Literaturgeschichte. Göttingen 1983.

Moritz John Elsas, Umriß einer Geschichte der Preise und Löhne in Deutschland. Vom ausgehenden Mittelalter bis zum Beginn des 19. Jahrhunderts. 2 Bde. Leiden 1936-1940.

Rudolf Elvers/Hans-Günter Klein (Bearb.), Die Mendelssohns in Berlin. Eine Familie und ihre Stadt. Berlin 1983.

Ulrich Engelhardt, »Bildungsbürgertum«. Begriffs- und Dogmengeschichte eines Etiketts. Stuttgart 1986.

Christian Engeli/Wolfgang Haus (Hrsg.), Quellen zum modernen Gemeindeverfassungsrecht in Deutschland. Stuttgart 1975.

Edith Ennen/Manfred von Rey, Probleme der frühneuzeitlichen Stadt, vorzüglich der Residenzstädte, in: Westfälische Forschungen 25, 1973, 168-212.

Theodor Eschenburg, Das Kaiserreich am Scheideweg. Bassermann, Bülow und der Block. Nach unveröffentlichten Papieren aus dem Nachlaß Bassermanns. Berlin 1929.

Richard J. Evans/W. Robert Lee (Eds.), The German Familiy. Essays on the Social History of the Familiy in Nineteenth and Twentieth-Century Germany. London 1981.

Frank Eyck, Deutschlands große Hoffnung. Die Frankfurter Nationalversammlung. München 1973.

Karl Georg Faber, Realpolitik als Ideologie. Die Bedeutung des Jahres 1866 für das politische Denken in Deutschland, in: Historische Zeitschrift 203, 1966, 1-45.

Karl Georg Faber, Deutsche Geschichte im 19. Jahrhundert. Restauration und Revolution. Von 1815 bis 1851. Wiesbaden 1979.

Friedrich Facius, Badische Häfen am Oberrhein und Bodensee in der Frühzeit der Dampfschiffahrt. Grundlagen und Entwicklungstendenzen 1800-1840, in: Aus Stadt- und Wirtschaftsgeschichte Südwestdeutschlands. Festschrift für Erich Maschke zum 75. Geburtstag. Stuttgart 1975, 207-236.

Peter Fassl, Konfession, Wirtschaft und Politik. Von der Reichsstadt zur Industriestadt, Augsburg 1750-1850. Sigmaringen 1988.

Elisabeth Fehrenbach, Traditionale Gesellschaft und revolutionäres Recht. Die Einführung des Code Napoléon in den Rheinbundstaaten. 3., unveränd. Aufl. Göttingen 1983.

Elisabeth Fehrenbach, Vom Ancien Régime zum Wiener Kongreß. 2., überarb. Aufl. München/Wien 1986.

Gerald D. Feldman (Hrsg.), Die Nachwirkungen der Inflation auf die deutsche Geschichte 1924-1933. München 1985.

Gerald D. Feldman/ Carl-Ludwig Holtfrerich u.a. (Hrsg.), Die deutsche Inflation. Berlin/New York 1982.

Hans Fenske, Der liberale Südwesten. Freiheitliche und demokratische Traditionen in Baden und Württemberg 1790-1933. Stuttgart 1981.

Adam Ferguson, Versuch über die Geschichte der bürgerlichen Gesellschaft. Hrsg. u. eingel. v. Zwi Batscha u. Hans Medick. Frankfurt am Main 1986.

Ilse Fischer, Industrialisierung, sozialer Konflikt und politische Willensbildung in der Stadtgemeinde. Ein Beitrag zur Sozialgeschichte Augsburgs 1840-1914. Augsburg 1977.

Wolfram Fischer, Handwerksrecht und Handwerkswirtschaft um 1800. Studien zur Sozial- und Wirtschaftsverfassung vor der industriellen Revolution. Berlin 1957.

Wolfram Fischer, Der Staat und die Anfänge der Industrialisierung in Baden 1800-1850. Berlin 1962.

Wolfram Fischer, Staat und Gesellschaft Badens im Vormärz, in: Staat und Gesellschaft im deutschen Vormärz 1815-1848. Hrsg. v. Werner Conze. 2. Aufl. Stuttgart 1970, 143-171.

Wolfram Fischer, Planerische Gesichtspunkte bei der Industrialisierung in Baden, in: ders., Wirtschaft und Gesellschaft im Zeitalter der Industrialisierung. Aufsätze - Studien - Vorträge. Göttingen 1972, 75-85.

Wolfram Fischer, Ansätze zur Industrialisierung in Baden 1770-1870, in: ders, Wirtschaft und Gesellschaft im Zeitalter der Industrialisierung. Aufsätze - Studien - Vorträge. Göttingen 1972, 358-391.

Wolfram Fischer, Herkunft und Anfänge eines Unternehmers: Heinrich Lanz 1859-1870. Vom Landmaschinenhändler zum Fabrikanten, in: Zeitschrift für Unternehmensgeschichte 24, 1979, 24-44.

Etienne François, Des républiques marchandes aux capitales politiques. Remarques sur la hierarchie urbaine du Saint-Empire à l'époque moderne, in: Revue d'histoire moderne et contemporaine 26, 1978, 578-603.

Etienne François, Koblenz im 18. Jahrhundert. Zur Sozial- und Bevölkerungsstruktur einer deutschen Residenzstadt. Göttingen 1982.

Etienne François (Hrsg.), Sociabilité et société bourgeoise en France, en Allemagne et en Suisse 1750-1850 - Geselligkeit, Vereinswesen und bürgerliche Gesellschaft in Frankreich, Deutschland und der Schweiz, 1750-1850. Paris 1986.

Klaus Franken, Hochschulpolitik in Baden zwischen 1819 und 1848. Göttingen 1976.

Rainer Fremdling, Technologischer Wandel und internationaler Handel im 18. und 19. Jahrhundert. Die Eisenindustrien in Großbritannien, Belgien, Frankreich und Deutschland. Berlin 1986.

Ute Frevert, Frauen-Geschichte. Zwischen Bürgerlicher Verbesserung und Neuer Weiblichkeit. Frankfurt am Main 1986.

Ute Frevert (Hrsg.), Bürgerinnen und Bürger. Geschlechterverhältnisse im 19. Jahrhundert. Göttingen 1988.

Gustav Freytag, Karl Mathy. Geschichte seines Lebens. Leipzig 1870.

Friedrich Fröhlich, Die badischen Gemeindegesetze. 2. Aufl. Karlsruhe 1860.

Bodo Fründt, Alfred Hitchcock und seine Filme. München 1986.

Lothar Gall, Benjamin Constant. Seine politische Ideenwelt und der deutsche Vormärz. Wiesbaden 1963.

Lothar Gall, Die partei- und sozialgeschichtliche Problematik des badischen Kulturkampfes, in: Zeitschrift für die Geschichte des Oberrheins 113, 1965, 151-196.

Lothar Gall, Der Liberalismus als regierende Partei. Das Großherzogtum Baden zwischen Restauration und Reichsgründung. Wiesbaden 1968.

Lothar Gall, Liberalismus und »bürgerliche Gesellschaft«. Zu Charakter und Entwicklung der liberalen Bewegung in Deutschland, in: Historische Zeitschrift 220, 1975, 324-356.

Lothar Gall (Hrsg.), Liberalismus. 3. Aufl. Königstein 1983.

Lothar Gall, Bismarck. Der weiße Revolutionär. 6. Aufl. Berlin 1984.

Lothar Gall, Frankfurt als deutsche Hauptstadt?, in: Akten des 26. Deutschen Rechtshistorikertages. Frankfurt am Main, 22. bis 26. September 1986. Hrsg. v. Dieter Simon. Frankfurt am Main 1987, 1-18.

Lothar Gall, »... ich wünschte ein Bürger zu sein«. Zum Selbstverständnis des deutschen Bürgertums im 19. Jahrhundert, in: Historische Zeitschrift 245, 1987, 601-623.

Lothar Gall, Europa auf dem Weg in die Moderne 1850-1890. 2. Aufl. München 1989.

Lothar Gall/Rainer Koch (Hrsg.), Der europäische Liberalismus im 19. Jahrhundert. Texte zu seiner Entwicklung. 4 Bde. Berlin 1981.

Peter Gay, Die Republik der Außenseiter. Geist und Kultur in der Weimarer Zeit 1918-1933. Frankfurt am Main 1970.

Peter Gay, Erziehung der Sinne. Sexualität im bürgerlichen Zeitalter. München 1986.

Peter Gay, Die zarte Leidenschaft. Liebe im bürgerlichen Zeitalter. München 1987.

Ute Gerhard, Verhältnisse und Verhinderungen. Frauenarbeit, Familie und Rechte der Frauen im 19. Jahrhundert. Frankfurt am Main 1978.

Ute Gerhard, Die Rechtsstellung der Frau in der bürgerlichen Gesellschaft des 19. Jahrhunderts. Frankreich und Deutschland im Vergleich, in: Bürgertum im 19. Jahrhundert. Deutschland im europäischen Vergleich. Hrsg. v. Jürgen Kocka. Bd. 3. München 1988, 439-468.

Alois Gerlich (Hrsg.), Hambach 1832. Anstöße und Folgen. Wiesbaden 1984.

Klaus Gerteis, Bürgerliche Absolutismuskritik im Südwesten des Alten Reiches vor der Französischen Revolution. Trier 1983.

Klaus Gerteis, Die deutschen Städte in der Frühen Neuzeit. Zur Vorgeschichte der »bürgerlichen Welt«. Darmstadt 1986.

Hans H. Gerth, Bürgerliche Intelligenz um 1800. Zur Soziologie des deutschen Frühliberalismus. Göttingen 1976.

Albert Gier, Die bürgerliche Individualität im Spiegel der Sprache. Zu den Ableitungen von Personennamen im Französischen des 19. Jahrhunderts, in: Romanistisches Jahrbuch 36, 1985, 68-86.

Hermann Glaser, Die Kultur der Wilhelminischen Zeit. Topographie einer Epoche. Frankfurt am Main 1984.

Alfred Graf, Schülerjahre. Erlebnisse und Urteile namhafter Zeitgenossen. Berlin 1912.

Ferdinand Albert Graf, Südwestdeutsche Schulreform im 19. Jahrhundert. Der Einfluß I. H. v. Wessenbergs auf die Gestaltung des Schulwesens (1802-1827). Meisenheim 1968.

Friedrich Wilhelm Graf, Die Politisierung des religiösen Bewußtseins. Die bürgerlichen Religionsparteien im deutschen Vormärz: Das Beispiel des Deutschkatholizismus. Stuttgart 1978.

Hans-Günther Griep, Kleine Kunstgeschichte des deutschen Bürgerhauses. Darmstadt 1985.

Wolfgang Griep, Reisen im 18. Jahrhundert. Heidelberg 1986.

Wolfgang Griep/Hans Wolf Jäger (Hrsg.), Reise und soziale Realität am Ende des 18. Jahrhunderts. Heidelberg 1983.

Wolfgang Griep/Hans Wolf Jäger (Hrsg.), Reisen im 18. Jahrhundert. Neue Untersuchungen. Heidelberg 1987.

Dieter Grimm, Recht und Staat der bürgerlichen Gesellschaft. Frankfurt am Main 1987.

Dieter Grimm, Deutsche Verfassungsgeschichte 1776-1866. Vom Beginn des modernen Verfassungsstaats bis zur Auflösung des deutschen Bundes. Frankfurt am Main 1988.

Heiner Haan, Prosperität und 30jähriger Krieg, in: Geschichte und Gesellschaft 7, 1981, 91-118.

Jürgen Habermas, Strukturwandel der Öffentlichkeit. Untersuchungen zu einer Kategorie der bürgerlichen Gesellschaft. 13. Aufl. Darmstadt/Neuwied 1982.

Rolf Gustav Haebler, Badische Geschichte. Die alemannischen und pfälzisch-fränkischen Landschaften am Oberrhein in ihrer politischen, wirtschaftlichen und kulturellen Entwicklung. Karlsruhe 1951.

Utz Haltern, Bürgerliche Gesellschaft. Sozialtheoretische und sozialhistorische Aspekte. Darmstadt 1985.

1832 - 1982. Hambacher Fest. Freiheit und Einheit, Deutschland und Europa. Eine Ausstellung des Landes Rheinland-Pfalz zum 150jährigen Jubiläum des Hambacher Festes. Katalog zur Dauerausstellung. Neustadt 1983.

Wolfgang Hardtwig, Strukturmerkmale und Entwicklungstendenzen des Vereinswesens in Deutschland 1789-1848, in: Vereinswesen und bürgerliche Gesellschaft in Deutschland. Hrsg. v. Otto Dann. München 1984, 11-50.

Wolfgang Hardtwig, Vormärz. Der monarchische Staat und das Bürgertum. München 1985.

Günther Haselier, Das Land Baden und der Ursprung der Revolutionsideen von 1848/49, in: Ausstellung der badischen Städte Mannheim, Heidelberg,

Karlsruhe ... aus Anlaß des 125. Jahrestages des Endes der Revolution 1848/49. Hrsg. v. Walter Ziegler. Rastatt 1974, 5-12.

Günther Haselier, Liberale, Demokraten, Revolutionäre. Über die geistigen Grundlagen der Revolution von 1848/49 in Baden, in: Beiträge zur Landesgeschichte 1974, H. 4, 8-13.

Karin Hausen, Die Polarisierung der »Geschlechtscharaktere« - Eine Spiegelung der Dissoziation von Erwerbs- und Familienleben, in: Sozialgeschichte der Familie in der Neuzeit Europas. Neue Forschungen. Hrsg. v. Werner Conze. Stuttgart 1976, 363-393.

Karin Hausen, Große Wäsche. Technischer Fortschritt und sozialer Wandel in Deutschland vom 18. bis ins 20. Jahrhundert, in: Geschichte und Gesellschaft 13, 1987, 273-303.

Beverly Heckart, From Bassermann to Bebel. The Grand Bloc's Quest for Reform in the Kaiserreich 1900-1914. New Haven 1974.

Friedrich Hecker, Aus den Reden und Vorlesungen von Friedrich Hecker. Ausgew. v. Helmut Bender. Waldkirch 1985.

Eli F. Heckscher, Der Merkantilismus. 2 Bde. Jena 1932.

Heinrich Heffter, Die deutsche Selbstverwaltung im 19. Jahrhundert. Stuttgart 1950.

Herbert Helbig (Hrsg.), Führungskräfte der Wirtschaft im neunzehnten Jahrhundert 1790-1914. Limburg 1977.

Friedrich-Wilhelm Henning, Die Industrialisierung in Deutschland 1800 bis 1914. Paderborn 1973.

Hansjoachim Henning, Das westdeutsche Bürgertum in der Epoche der Hochindustrialisierung 1860-1914. Soziales Verhalten und soziale Strukturen. T. 1: Das Bildungsbürgertum in den preußischen Westprovinzen. Wiesbaden 1972.

Hansjoachim Henning, Sozialgeschichtliche Entwicklungen in Deutschland von 1815 bis 1860. Paderborn 1977.

Volker Hentschel, Wirtschaft und Wirtschaftspolitik im wilhelminischen Deutschland. Organisierter Kapitalismus und Interventionsstaat? Stuttgart 1978.

Volker Hentschel, Erwerbs- und Einkommensverhältnisse in Sachsen, Baden und Württemberg vor dem Ersten Weltkrieg (1890-1914), in: Vierteljahrschrift für Sozial- und Wirtschaftsgeschichte 66, 1979, 26-73.

Jost Hermand/Frank Trommler, Die Kultur der Weimarer Republik. München 1978.

Hans-Walter Herrmann, Residenzstädte zwischen Oberrhein und Mosel, in: Rheinische Vierteljahrsblätter 38, 1974, 273-300.

Ulrich Herrmann (Hrsg.), Schule und Gesellschaft im 19. Jahrhundert. Weinheim/Basel 1977.

Ulrich Herrmann (Hrsg.), »Die Bildung des Bürgers«. Die Formierung der bürgerlichen Gesellschaft und die Gebildeten im 18. Jahrhundert. Weinheim 1982.

Hans Herzfeld, Johannes von Miquel. 2 Bde. Detmold 1938.

Christel Hess, Presse und Publizistik in der Kurpfalz in der zweiten Hälfte des 18. Jahrhunderts. Frankfurt am Main/Bern/New York 1987.

Christel Hess, Absolutismus und Aufklärung in der Kurpfalz, in: Zeitschrift für die Geschichte des Oberrheins 136, 1988, 213-245.

Hans Hesselmann, Das Wirtschaftsbürgertum in Bayern 1890-1914. Ein Beitrag zur Analyse der Wechselbeziehungen zwischen Wirtschaft und Politik am Beispiel des Wirtschaftsbürgertums im Bayern der Prinzregentenzeit. Stuttgart 1985.

Adam Ignaz V. Heunisch, Beschreibung des Großherzogtums Baden. Stuttgart 1836.

Robert Heuser, Die Bedeutung des Ortsbürgerrechts für die Emanzipation der Juden in Baden 1807-1831. Diss. Heidelberg 1972.

Alfred Heuß, Theodor Mommsen und das 19. Jahrhundert. Kiel 1956.

Andreas Hillgruber, Die gescheiterte Großmacht. Eine Skizze des Deutschen Reiches 1871-1945. Düsseldorf 1980.

Ernst Hinrichs (Hrsg.), Absolutismus. Frankfurt am Main 1986.

Wolfgang von Hippel, Friedrich Landolin Karl von Blittersdorff 1792-1861. Ein Beitrag zur badischen Landtags- und Bundespolitik im Vormärz. Stuttgart 1967.

Wolfgang von Hippel, Die Gesellschaftsordnung in Deutschland zur Zeit des Barock, in: Barock am Oberrhein. Hrsg. v. Volker Press. Karlsruhe 1985, 107-131.

Karl Heinrich Höfele, Selbstverständnis und Zeitkritik des deutschen Bürgertums vor dem Ersten Weltkrieg, in: Zeitschrift für Religion und Geistesgeschichte 8, 1956, 40-56.

Ernst Hölzle, Das Napoleonische Staatensystem in Deutschland, in: Historische Zeitschrift 148, 1933, 277-293.

Manfred Hörner, Die Wahlen zur Badischen Zweiten Kammer im Vormärz (1819-1847). Göttingen 1987.

Hildegard Hoffmann, Handwerk und Manufaktur in Preußen 1769. Berlin 1969.

Moritz Hoffmann, Geschichte des deutschen Hotels. Heidelberg 1961.

Peter Uwe Hohendahl, Literarische Kultur im Zeitalter des Liberalismus, 1830-1870. München 1985.

Karl Holl/ Günther List (Hrsg.), Liberalismus und imperialistischer Staat. Der Imperialismus als Problem liberaler Parteien in Deutschland 1890-1914. Göttingen 1975.

William H. Hubbard, Familiengeschichte. Materialien zur deutschen Familie seit dem Ende des 18. Jahrhunderts. München 1983.

Gangolf Hübinger, Georg Gottfried Gervinus. Historisches Urteil und politische Kritik. Göttingen 1984.

Karl-Joseph Hummel, München in der Revolution von 1848/49. Göttingen 1987.

Franz Hundsnurscher/ Gerhard Taddey, Die jüdischen Gemeinden in Baden. Denkmale, Geschichte, Schicksale. Stuttgart 1968.

Ehrhard Illner, Bürgerliche Organisierung in Elberfeld 1785-1850. Neustadt an der Aisch 1982.

Ulrich Im Hof, Das gesellige Jahrhundert. Gesellschaft und Gesellschaften im Zeitalter der Aufklärung. München 1982.

Kurt Iven, Die Industrie-Pädagogik des 18. Jahrhunderts. Eine Untersuchung über die Bedeutung des wirtschaftlichen Verhaltens für die Erziehung. Langensalza 1929.

Hans Jaeger, Unternehmer in der deutschen Politik (1890-1918). Bonn 1967.

Carl Jantke/ Dietrich Hilger (Hrsg.), Die Eigentumslosen. Der deutsche Pauperismus und die Emanzipationskrise in Darstellungen und Deutungen der zeitgenössischen Literatur. Freiburg/München 1965.

André Jardin, Histoire du libéralisme politique. De la crise de l'absolutisme à la constitution de 1875. Paris 1985.

Karl-Ernst Jeismann, Das preußische Gymnasium in Staat und Gesellschaft (1787-1817). Stuttgart 1974.

Kurt G. A. Jeserich/Hans Pohl/Georg-Christoph von Unruh (Hrsg.), Deutsche Verwaltungsgeschichte. Bd. 1-3. Stuttgart 1983-1985.

Werner Jochmann/Hans-Dieter Loose (Hrsg.), Hamburg. Geschichte der Stadt und ihrer Bewohner. 2 Bde. Hamburg 1982/1986.

Hartmut Kaelble, Industrialisierung und soziale Ungleichheit. Europa im 19. Jahrhundert. Eine Bilanz. Göttingen 1983.

Hermann Kalkhoff (Hrsg.), Nationalliberale Parlamentarier 1867-1917 des Reichstags und der Einzellandtage. Berlin 1917.

Wolfgang Kaschuba, Deutsche Bürgerlichkeit nach 1800. Kultur als symbolische Praxis, in: Bürgertum im 19. Jahrhundert. Deutschland im europäischen Vergleich. Hrsg. v. Jürgen Kocka. München 1988, Bd. 3, 9-44.

Wolfgang Kaschuba/Carola Lipp, Zur Organisation des bürgerlichen Optimismus - Regionale Formierungsprozesse des Bürgertums im Vormärz und in der Revolution 1848, in: Sozialwissenschaftliche Information für Studium und Unterricht 8, 1979, 74-82.

Jacob Katz, Aus dem Ghetto in die bürgerliche Gesellschaft. Jüdische Emanzipation 1770-1870. Königstein 1986.

Karl Heinrich Kaufhold, Umfang und Gliederung des deutschen Handwerks um 1800, in: Handwerksgeschichte in neuer Sicht. Hrsg. v. Wilhelm Abel. Göttingen 1978, 27-63.

Karl Heinrich Kaufhold, Erwerbstätigkeit und soziale Schichtung im Deutschen Reich um 1900. Quantitative Aspekte nach den Berufszählungen von 1895 und 1907, in: Wirtschafts- und sozialgeschichtliche Forschungen und Probleme. Festschrift für Karl Erich Born. Hrsg. v. Hansjoachim Henning, Dieter Lindenlaub u.a. St. Katharinen 1987, 175-224.

Franz Kistler, Die wirtschaftlichen und sozialen Verhältnisse in Baden 1849-1870. Freiburg 1954.

Hans Knudsen, Deutsche Theatergeschichte. Stuttgart 1959.

Rainer Koch, Grundlagen bürgerlicher Herrschaft. Verfassungs- und sozialgeschichtliche Studien zur bürgerlichen Gesellschaft in Frankfurt am Main (1612-1866). Wiesbaden 1983.

Rainer Koch, Staat oder Gemeinde? Zu einem politischen Zielkonflikt in der bürgerlichen Bewegung des 19. Jahrhunderts, in: Historische Zeitschrift 236, 1983, 73-96.

Rainer Koch, Liberalismus und soziale Frage im 19. Jahrhundert, in: Sozialer Liberalismus. Hrsg. v. Karl Holl, Günter Trautmann u. Hans Vorländer. Göttingen 1986, 17-33.

Jürgen Kocka, Klassengesellschaft im Krieg. Deutsche Sozialgeschichte 1914-1918. Göttingen 1973.

Jürgen Kocka, Die Angestellten in der deutschen Geschichte 1850-1980. Vom Privatbeamten zum angestellten Arbeitnehmer. Göttingen 1981.

Jürgen Kocka (Hrsg.), Arbeiter und Bürger im 19. Jahrhundert. Varianten ihres Verhältnisses im europäischen Vergleich. München 1986.

Jürgen Kocka (Hrsg.), Bürger und Bürgerlichkeit im 19. Jahrhundert. Göttingen 1987.

Jürgen Kocka, Bürgertum und Bürgerlichkeit als Probleme der deutschen Geschichte vom späten 18. zum frühen 20. Jahrhundert, in: Bürger und Bürgerlichkeit im 19. Jahrhundert. Hrsg. v. dems. Göttingen 1987, 21-63.

Jürgen Kocka (Hrsg.), Bürgertum im 19. Jahrhundert. Deutschland im europäischen Vergleich. 3 Bde. München 1988.

Jürgen Kocka u.a., Familie und soziale Plazierung. Studien zum Verhältnis von Familie, sozialer Mobilität und Heiratsverhalten im späten 18. und 19. Jahrhundert. Köln/Opladen 1980.

Wolfgang Köllmann, Sozialgeschichte der Stadt Barmen im 19. Jahrhundert. Tübingen 1960.

Eberhard Kolb, Die Weimarer Republik. 2., durchges. u. erg. Aufl. München/Wien 1988.

Johann Baptist Kolb, Historisch-statistisch-topographisches Lexikon von dem Großherzogtum Baden. 3 Bde. Karlsruhe 1813-1816.

Franklin Kopitzsch (Hrsg.), Aufklärung, Absolutismus und Bürgertum in Deutschland. München 1976.

Peter Koppenhöfer, Bildung und Auslese. Untersuchungen zur sozialen Herkunft der höheren Schüler Badens 1834/36-1890. Weinheim/Basel 1980.

Reinhart Koselleck, Kritik und Krise. Eine Studie zur Pathogenese der bürgerlichen Welt. 2. Aufl. Frankfurt am Main 1973.

Reinhart Koselleck, Preußen zwischen Reform und Revolution. Allgemeines Landrecht, Verwaltung und soziale Bewegung von 1791 bis 1848. 2. Aufl. Stuttgart 1975.

Wolfgang R. Krabbe, Kommunalpolitik und Industrialisierung. Die Entfaltung der städtischen Leistungsverwaltung im 19. und frühen 20. Jahrhundert. Stuttgart/Berlin 1985.

Helmut Kramer, Fraktionsbindungen in den deutschen Volksvertretungen 1819-1849. Berlin 1968.

Boris Krasnobaev/ Gert Robel (Hrsg.), Reisen und Reisebeschreibungen im 18. und 19. Jahrhundert als Quellen der Kulturbeziehungsforschung. Berlin 1980.

Margret Kraul, Gymnasium und Gesellschaft im Vormärz. Göttingen 1980.

Margret Kraul, Das deutsche Gymnasium 1780-1980. Frankfurt am Main 1984.

Albert Krieger (Bearb.), Topographisches Wörterbuch des Großherzogtums Baden. Hrsg. v. d. Badischen Historischen Kommission. 2 Bde. 2. Aufl. Heidelberg 1903-1905.

Albert Krieger, Badische Geschichte. Berlin 1921.

Jürgen Freiherr von Kruedener, Die Rolle des Hofes im Absolutismus. Stuttgart 1973.

Jörg-Detlef Kühne, Die Reichsverfassung der Paulskirche. Vorbild und Verwirklichung im späteren deutschen Rechtsleben. Frankfurt am Main 1985.

Martin Kutz, Deutschlands Außenhandel von der Französischen Revolution bis zur Gründung des Zollvereins. Eine statistische Strukturuntersuchung zur vorindustriellen Zeit. Wiesbaden 1974.

Leopold Ladenburg, Die rechtlichen Verhältnisse der Israeliten in Baden. Eine Abhandlung aus dem Gebiete des badischen öffentlichen Rechts. Mannheim 1832.

Peter Lahnstein, Die unvollendete Revolution 1848/49. Badener und Württemberger in der Paulskirche. Stuttgart 1982.

Dieter Langewiesche, Die Anfänge der deutschen Parteien. Partei, Fraktion und Verein in der Revolution von 1848/49, in: Geschichte und Gesellschaft 4, 1978, 324-361.

Dieter Langewiesche, Republik, Konstitutionelle Monarchie und »soziale Frage«. Grundprobleme der deutschen Revolution von 1848/49, in: Historische Zeitschrift 230, 1980, 529-548.

Dieter Langewiesche (Hrsg.), Die deutsche Revolution von 1848/49. Darmstadt 1983.

Dieter Langewiesche (Hrsg.), Das deutsche Kaiserreich 1867/71 bis 1918. Bilanz einer Epoche. Freiburg 1984.

Dieter Langewiesche, Europa zwischen Restauration und Revolution 1815-1849. München 1985.

Dieter Langewiesche, Liberalismus in Deutschland. Frankfurt am Main 1988.

Dieter Langewiesche (Hrsg.), Liberalismus im 19. Jahrhundert. Deutschland im europäischen Vergleich. Göttingen 1988.

Walter Laqueur, Weimar. Die Kultur der Republik. Frankfurt am Main 1976.

Hermann Lebovics, Social Conservatism and the Middle Classes in Germany 1914-1933. Princeton 1969.

Loyd E. Lee, The Politics of Harmony. Civil Service, Liberalism, and Social Reform in Baden, 1800-1850. Newark 1980.

Andrew Lees, Cities Perceived. Urban Society in European and American Thought, 1820-1940. Manchester 1985.

Friedrich Lenger, Zwischen Kleinbürgertum und Proletariat. Studien zur Sozialgeschichte der Düsseldorfer Handwerker 1816-1878. Göttingen 1986.

Friedrich Lenger, Sozialgeschichte der deutschen Handwerker seit 1800. Frankfurt am Main 1988.

M. Rainer Lepsius, Parteiensystem und Sozialstruktur: zum Problem der Demokratisierung der deutschen Gesellschaft (1966), wiederabgedr. b. *Gerhard A. Ritter* (Hrsg.), Deutsche Parteien vor 1918. Köln 1973, 56-80.

M. Rainer Lepsius, Zur Soziologie des Bürgertums und der Bürgerlichkeit, in: Bürger und Bürgerlichkeit im 19. Jahrhundert. Hrsg. v. Jürgen Kocka. Göttingen 1987, 79-100.

M. Rainer Lepsius, Bürgertum als Gegenstand der Sozialgeschichte, in: Sozialgeschichte in Deutschland. Entwicklung und Perspektiven im internationalen Zusammenhang. Hrsg. v. Wolfgang Schieder u. Volker Sellin. Bd. 4. Göttingen 1987, 61-80.

Carola Lipp, Bräute, Mütter, Gefährtinnen - Frauen und politische Öffentlichkeit in der Revolution 1848, in: Grenzgängerinnen. Frauen im 18. und 19. Jahrhundert. Hrsg. v. Helga Grubitzsch, Hannelore Cyrus u. Elke Haarbusch. Düsseldorf 1985, 71-92.

Carola Lipp (Hrsg.), Schimpfende Weiber und patriotische Jungfrauen. Frauen im Vormärz und in der Revolution 1848/49. Moos/Baden-Baden 1986.

Carola Lipp, Verein als politisches Handlungsmuster. Das Beispiel des württembergischen Vereinswesens von 1800 bis zur Revolution 1848-1849, in:

Sociabilité et société bourgeoise en France, en Allemagne et en Suisse 1750-1850. Hrsg. v. Etienne François. Paris 1986, 275-296.

Wolfgang Lipp, Natur - Geschichte - Denkmal. Zur Entstehung des Denkmalbewußtseins der bürgerlichen Gesellschaft. Frankfurt am Main/New York 1987.

Hubert Locher, Die wirtschaftliche und soziale Lage in Baden am Vorabend von 1848. Freiburg 1950.

Robert R. Locke, The End of the Practical Man. Entrepreneurship and Higher Education in Germany, France, and Great Britain, 1880-1940. Greenwich/London 1984.

Karl Löffler, Geschichte des Verkehrs in Baden, insbesondere der Nachrichten- und Personenbeförderung (Boten-, Post- und Telegraphenverkehr) von der Römerzeit bis 1872. Heidelberg 1910.

Winfried Löschburg, Von Reiselust und Reiseleid. Eine Kulturgeschichte. Frankfurt am Main 1977.

Bedrich Loewenstein, Der Entwurf der Moderne. Der Geist der bürgerlichen Gesellschaft. Essen 1987.

Peter Lundgreen, Sozialgeschichte der deutschen Schule im Überblick. T. I.: 1770-1918. Göttingen 1980.

Peter Lundgreen u.a., Bildungschancen und soziale Mobilität in der städtischen Gesellschaft des 19. Jahrhunderts. Göttingen 1988.

Heinrich Lutz, Das Ringen um deutsche Einheit und kirchliche Erneuerung. Von Maximilian I. bis zum Westfälischen Frieden 1490-1648. Berlin 1983.

Heinrich Lutz, Zwischen Habsburg und Preußen. Deutschland 1815-1866. Berlin 1985.

Heinrich Maas, Geschichte der Katholischen Kirche im Großherzogtum Baden. Freiburg 1891.

Antoni Maczak/Hans J. Teuteberg (Hrsg.), Reiseberichte als Quellen europäischer Kulturgeschichte. Aufgaben und Möglichkeiten der historischen Reiseforschung. Wolfenbüttel 1982.

Erich Maschke/Jürgen Sydow (Hrsg.), Stadterweiterung und Vorstadt. Stuttgart 1969.

Erich Maschke/Jürgen Sydow (Hrsg.), Zur Geschichte der Industrialisierung in den südwestdeutschen Städten. Sigmaringen 1977.

Karl Mathy, Vorschläge über die Einführung einer Vermögenssteuer in Baden. Karlsruhe 1831.

Ludwig Mathy (Hrsg.), Aus dem Nachlaß von Karl Mathy. Briefe aus den Jahren 1846-1848. Leipzig 1898.

Ludwig Mathy (Hrsg.), Briefe von und an Karl Mathy aus dem Frühling 1849, in: Deutsche Revue 33/2, 1908, 265-281.

Horst Matzerath, Grundstrukturen städtischer Bevölkerungsentwicklung in Mitteleuropa im 19. Jahrhundert, in: Die Städte Mitteleuropas im 19. Jahrhundert. Hrsg. v. Wilhelm Rausch. Linz 1983, 25-45.

Arno J. Mayer, Adelsmacht und Bürgertum. Die Krise der europäischen Gesellschaft 1848-1914. München 1984.

Mary Jo Maynes, Schooling for the People. Comparative Local Studies of Schooling History in France and Germany. New York/London 1985.

Karl Heinz Metz, Liberalismus und Soziale Frage. Liberales Denken und die Auswirkungen der Industrialisierung im Großbritannien des 19. Jahrhunderts, in: Zeitschrift für Politik 32, 1985, 375-392.

Michael Mitterauer/Reinhard Sieder, Vom Patriarchat zur Partnerschaft. Zum Strukturwandel der Familie. 2. Aufl. München 1980.

Michael Mitterauer/Reinhard Sieder (Hrsg.), Historische Familienforschung. Frankfurt am Main 1982.

Helmut Möller, Die kleinbürgerliche Familie im 18. Jahrhundert. Verhalten und Gruppenkultur. Berlin 1969.

Horst Möller, Vernunft und Kritik. Deutsche Aufklärung im 17. und 18. Jahrhundert. Frankfurt am Main 1986.

Hans Mommsen, Die Auflösung des Bürgertums seit dem späten 19. Jahrhundert, in: Bürger und Bürgerlichkeit im 19. Jahrhundert. Hrsg. v. Jürgen Kocka. Göttingen 1987, 288-315.

Wolfgang J. Mommsen, Max Weber und die deutsche Politik 1890-1920. 2., überarb. u. erw. Aufl. Tübingen 1974.

Giuseppe Moricola, Pour l'étude du profil patrimonial de l'élite bourgeoise du XIXe siècle à partir des premiers relevés des actes notariés à Avellino, in: Mélanges de l'Ecole française de Rome 97, 1985, 399-412.

Hans Peter Müller, Das Großherzogtum Baden und die deutsche Zolleinigung 1819-1835/36. Frankfurt am Main 1984.

Hildegard Müller, Liberale Presse im badischen Vormärz. Die Presse der Kammerliberalen und ihre Zentralfigur Karl Mathy 1840-1848. Heidelberg 1986.

Jürgen von Müller, Der öffentliche Dienst in Baden im 19. Jahrhundert. Diss. Heidelberg 1974.

Klaus Detlev Müller, Sozialstruktur und Schulsystem. Aspekte zum Strukturwandel des Schulwesens im 19. Jahrhundert. Göttingen 1977.

Leonhard Müller, Die politische Sturm- und Drangperiode Badens. 2 Teile. Mannheim 1905/06.

Heinz Musall, Die Entwicklung der Kulturlandschaft der Rheinniederung zwischen Karlsruhe und Speyer vom Ende des 16. bis zum Ende des 19. Jahrhunderts. Heidelberg 1969.

Shlomo Na'aman, Der Deutsche Nationalverein. Die politische Konstituierung des deutschen Bürgertums 1859-1867. Düsseldorf 1987.

Eberhard Naujoks, Der badische Liberalismus im Vormärz im Kampf für Pressefreiheit und gegen Zensur (1832/47), in: Zeitschrift für die Geschichte des Oberrheins 131, 1983, 347-381.

Lutz Niethammer (Hrsg.), Wohnen im Wandel. Beiträge zur Geschichte des Alltags in der bürgerlichen Gesellschaft. Wuppertal 1979.

Thomas Nipperdey, Die Organisation der deutschen Parteien vor 1914. Düsseldorf 1961.

Thomas Nipperdey, Verein als soziale Struktur in Deutschland im späten 18. und frühen 19. Jahrhundert, in: ders., Gesellschaft, Kultur, Theorie. Gesammelte Aufsätze zur neueren Geschichte. Göttingen 1976, 174-205.

Thomas Nipperdey, Deutsche Geschichte 1800-1866. Bürgerwelt und starker Staat. München 1983.

Thomas Nipperdey, Wie das Bürgertum die Moderne fand. Berlin 1988.

Karl Obermann, Die Wahlen zur Frankfurter Nationalversammlung im Frühjahr 1848. Berlin (Ost) 1987.

Hugo Ott, Die ersten Bemühungen um eine Lockerung des Kulturkampfes in Baden im Jahre 1879, in Freiburger Diözesan-Archiv 101, 1981, 304-313.

Hans Ottomeyer (Hrsg.), Biedermeiers Glück und Ende. ... die gestörte Idylle 1815-1848. München 1987.

Friedrich Paulsen, Geschichte des gelehrten Unterrichts. Bd. 2. 3. Aufl. Leipzig 1921. ND Berlin 1960.

Jael B. Paulus (Bearb.), Juden in Baden, 1809-1984. 175 Jahre Oberrat der Israeliten Badens. Hrsg. v. Oberrat der Israeliten Badens. Karlsruhe 1984.

Detlev J. K. Peukert, Die Weimarer Republik. Krisenjahre der klassischen Moderne. Frankfurt am Main 1987.

Stephan Pflicht, Kurfürst Carl Theodor von der Pfalz und seine Bedeutung für die Entwicklung des deutschen Theaters. Köln 1976.

Hans Pohl (Hrsg.), Sozialgeschichtliche Probleme in der Zeit der Hochindustrialisierung (1870-1914). Paderborn/München/Wien/Zürich 1979.

Manfred Pohl, Festigung und Ausdehnung des deutschen Bankwesens zwischen 1870 und 1914, in: Deutsche Bankengeschichte. Bd. 2. Frankfurt am Main 1982, 223-351.

Ossip Demetrius Potthoff, Kulturgeschichte des deutschen Handwerks. Hamburg 1938.

Volker Press (Hrsg.), Städtewesen und Merkantilismus in Mitteleuropa. Köln/Wien 1983.

Hugo Preuss, Die Entwicklung des deutschen Städtewesens. Bd. 1: Entwicklungsgeschichte der deutschen Städteverfassung (mehr nicht erschienen). Leipzig 1906. ND Aalen 1965.

Regine Quack-Eustathiades, Der deutsche Philhellenismus 1821-1827. München 1984.

Friedrich Raners, Kulturgeschichte der Gaststätte. T. 2. Berlin 1941.

Willy Real, Die Revolution in Baden 1848/49. Stuttgart 1983.

Mathias Reimann, Der Hochverratsprozeß gegen Gustav Struve und Karl Blind. Der erste Schwurgerichtsfall in Baden. Sigmaringen 1985.

Anneliese Reinhardt, Volk und Abgeordnetenkammer in Baden 1819-1831. Göttingen 1953.

Karl Heinz Reinhardt, Der deutsche Binnengüterverkehr 1820 bis 1850, insbesondere im Stromgebiet des Rheins. Eine historisch-statistische Studie über die Entwicklung des Güterverkehrs auf Rhein, Neckar, Main, Mosel, Saar, Lahn, Ruhr und Lippe. Diss. phil. Bonn 1969.

Klaus-Peter Reiß (Bearb.), Von Bassermann zu Stresemann. Die Sitzungen des nationalliberalen Zentralvorstandes 1912-1917. Düsseldorf 1967.

Jürgen Reulecke (Hrsg.), Die deutsche Stadt im Industriezeitalter. Wuppertal 1978.

Jürgen Reulecke, Geschichte der Urbanisierung in Deutschland. Frankfurt am Main 1985.

Günter Richter, Revolution und Gegenrevolution in Baden 1849, in: Zeitschrift für die Geschichte des Oberrheins 119, 1971, 387-426.

Manfred Riedel, Bürger, Staatsbürger, Bürgertum, in: Geschichtliche Grundbegriffe. Historisches Lexikon zur politisch-sozialen Sprache in Deutschland. Hrsg. v. Otto Brunner, Werner Conze u. Reinhart Koselleck. Bd. 1. Stuttgart 1972, 672-725.

Jakob Riesser, Die deutschen Großbanken und ihre Konzentration im Zusammenhang mit der Entwicklung der Gesamtwirtschaft in Deutschland. Jena 1912.

Gerhard A. Ritter (Hrsg.), Deutsche Parteien vor 1918. Köln 1973.

Gerhard A. Ritter, Die deutschen Parteien 1830-1914. Parteien und Gesellschaft im konstitutionellen Regierungssystem. Göttingen 1985.

Heidi Rosenbaum, Formen der Familie. Untersuchungen zum Zusammenhang von Familienverhältnissen, Sozialstruktur und sozialem Wandel in der deutschen Gesellschaft des 19. Jahrhunderts. Frankfurt am Main 1982.

Hans Rosenberg, Politische Denkströmungen im deutschen Vormärz. Göttingen 1972.

Hans Rosenberg, Große Depression und Bismarckzeit. Wirtschaftsablauf, Gesellschaft und Politik in Mitteleuropa. 3. Aufl. Berlin 1976.

Günther Rühle, Theater für die Republik 1917-1933. Im Spiegel der Kritik. Frankfurt am Main 1967.

Reinhard Rürup, Emanzipation und Antisemitismus. Studien zur »Judenfrage« der bürgerlichen Gesellschaft. Göttingen 1975.

Reinhard Rürup, Deutschland im 19. Jahrhundert, 1815-1871. Göttingen 1984.

Werner Ruf, Der Neuhumanismus in Baden und seine Auswirkungen auf die Gelehrtenschulen. Diss. München 1961.

Wolfgang Ruppert, Bürgerlicher Wandel. Die Geburt der modernen deutschen Gesellschaft im 18. Jahrhundert. Frankfurt am Main 1981.

Diedrich Saalfeld, Handwerkseinkommen in Deutschland vom ausgehenden 18. bis zur Mitte des 19. Jahrhunderts. Ein Beitrag zur Bewertung von Handwerkerlöhnen in der Übergangsperiode zum industriellen Zeitalter, in: Handwerksgeschichte in neuer Sicht. Hrsg. v. Wilhelm Abel. Göttingen 1978, 65-120.

Diedrich Saalfeld, Die ständische Gliederung der Gesellschaft Deutschlands im Zeitalter des Absolutismus. Ein Orientierungsversuch, in: Vierteljahrschrift für Sozial- und Wirtschaftsgeschichte 67, 1980, 457–483.

Diedrich Saalfeld, Die Kontinentalsperre, in: Die Auswirkungen von Zöllen und anderen Handelshemmnissen auf Wirtschaft und Gesellschaft vom Mittelalter bis zur Gegenwart. Hrsg. v. Hans Pohl. Stuttgart 1987, 121–139.

Wieland Sachse, Zur Sozialstruktur Göttingens im 18. und 19. Jahrhundert, in: Niedersächsisches Jahrbuch für Landesgeschichte 58, 1986, 27–54.

Wieland Sachse, Göttingen im 18. und 19. Jahrhundert. Zur Bevölkerungs- und Sozialstruktur einer deutschen Universitätsstadt. Göttingen 1987.

Paul Sauer, Napoleons Adler über Württemberg, Baden und Hohenzollern. Südwestdeutschland in der Rheinbundzeit. Stuttgart/Berlin/Köln/Mainz 1987.

Meinrad Schaab, Die Wiederherstellung des Katholizismus in der Kurpfalz im 17. und 18. Jahrhundert, in: Zeitschrift für die Geschichte des Oberrheins 114, 1966, 147–206.

Bernhard Scheifele, Die Einführung der Seidenindustrie in der Kurpfalz durch Karl Theodor. Heidelberg 1910.

Bernhard Scheifele, Seidenbau und Seidenindustrie der Kurpfalz. Ein Beitrag zur Industriepolitik des Merkantilismus. Auf Grund des vorhandenen Aktenmaterials, in: Neue Heidelberger Jahrbücher 16, 1910, 193–256.

Wolfgang Schieder (Hrsg.), Liberalismus in der Gesellschaft des deutschen Vormärz. Göttingen 1983.

Heinz Schilling/Herman Diederiks (Hrsg.), Bürgerliche Eliten in den Niederlanden und in Nordwestdeutschland. Studien zur Sozialgeschichte des europäischen Bürgertums im Mittelalter und in der Neuzeit. Köln/Wien 1985.

Norbert Schindler, Jenseits des Zwangs? Zur Ökonomie des Kulturellen innerund außerhalb der bürgerlichen Gesellschaft, in: Zeitschrift für Volkskunde 81, 1985, 192–219.

Jürgen Schlumbohm, Freiheit. Die Anfänge der bürgerlichen Emanzipationsbewegung in Deutschland im Spiegel ihres Leitwortes. Düsseldorf 1975.

Franz Anselm Schmidt, Bedeutende Nachlässe aus fünf Jahrhunderten in der badischen Landesbibliothek Karlsruhe, in: Tradition und Erneuerung. Erinnerungsgabe für Friedrich Hengst zum 80. Geburtstag. Hrsg. v. Erwin Stein. Frankfurt am Main 1972, 53–68.

Gustav Schmoller, Die Einkommensverteilung in alter und neuer Zeit, in: Schmollers Jahrbuch 19, 1895, 1067-1094.

Franz Schnabel, Sigismund von Reitzenstein, der Begründer des badischen Staates. Heidelberg 1927.

Franz Schnabel, Deutsche Geschichte im neunzehnten Jahrhundert. 4 Bde. Freiburg i. Br. 1929-1937. ND München 1987.

Hans-Peter Schneider, Der Bürger zwischen Stadt und Staat im 19. Jahrhundert, in: Res publica. Bürgerschaft in Stadt und Staat. Hrsg. von Gerhard Dilcher. Berlin 1988, 143-160.

Gregor Schöllgen, Das Zeitalter des Imperialismus. München 1986.

Rainer Schöttle, Staatsorganismus und Gesellschaftsvertrag - die Staatstheorie Carl Theodor Welckers. Eine Skizze, in: Zeitschrift für die Geschichte des Oberrheins 135, 1987, 207-215.

Gerhard Albert Schormann, Der 30jährige Krieg. Göttingen 1985.

Percy Ernst Schramm, Neun Generationen. Dreihundert Jahre deutscher »Kulturgeschichte« im Lichte der Schicksale einer Hamburger Bürgerfamilie (1648-1948). 2 Bde. Göttingen 1963/1964.

Eckart Schremmer, Die badische Gewerbesteuer und die Kapitalbildung in gewerblichen Anlagen und Vorräten in Baden und in Deutschland, 1815 bis 1913, in: Vierteljahrschrift für Sozial- und Wirtschaftsgeschichte 74, 1987, 18-61.

Hagen Schulze, Weimar. Deutschland 1917-1933. Berlin 1982.

Hagen Schulze, Der Weg zum Nationalstaat. Die deutsche Nationalbewegung vom 18. Jahrhundert bis zur Reichsgründung. München 1985.

Winfried Schulze, Vom Gemeinnutz zum Eigennutz. Über den Normenwandel in der ständischen Gesellschaft in der frühen Neuzeit, in: Historische Zeitschrift 243, 1986, 591-626.

Hans-Gerd Schumann, Die soziale und politische Funktion lokaler Eliten. Methodologische Anmerkungen zum Forschungsstand, in: Kommunale Selbstverwaltung - Idee und Wirklichkeit. Hrsg. v. Bernhard Kirchgässner u. Jörg Schadt. Sigmaringen 1983, 30-38.

Helmut Sedatis, Liberalismus und Handwerk in Südwestdeutschland. Wirtschafts- und Gesellschaftskonzeptionen des Liberalismus und die Krise des Handwerks im 19. Jahrhundert. Stuttgart 1979.

Friedrich Seidenzahl, 100 Jahre Deutsche Bank 1870-1970. Frankfurt am Main 1970.

Fred Sepaintner, Die Badische Presse im Kaiserreich - Spiegelbild der Parteiverhältnisse vor dem Ersten Weltkrieg, in: Zeitschrift für die Geschichte des Oberrheins 128, 1980, 403-413.

James J. Sheehan, Liberalismus und Gesellschaft in Deutschland 1815-1848, in: Liberalismus. Hrsg. v. Lothar Gall. Köln 1976, 208-231.

James J. Sheehan, Der deutsche Liberalismus. Von den Anfängen im 18. Jahrhundert bis zum Ersten Weltkrieg 1770-1914. München 1983.

Edward Shorter, Die Geburt der modernen Familie. Hamburg 1977.

Reinhard Sieder, Sozialgeschichte der Familie. Frankfurt am Main 1987.

Hannes Siegrist (Hrsg.), Bürgerliche Berufe. Zur Sozialgeschichte der freien und akademischen Berufe im internationalen Vergleich. Göttingen 1988.

Wolfram Siemann, Die deutsche Revolution von 1848/49. Frankfurt am Main 1985.

Rudolf Stadelmann, Soziale und politische Geschichte der Revolution von 1848. München 1948.

Rudolf Stadelmann/Wolfram Fischer, Die Bildungswelt des deutschen Handwerkers um 1800. Studien zur Soziologie des Kleinbürgers im Zeitalter Goethes. Berlin 1955.

Dirk Stegmann, Die Erben Bismarcks. Parteien und Verbände in der Spätphase des Wilhelminischen Deutschlands. Sammlungspolitik 1897-1914. Köln/Berlin 1970.

Monika Steinhauser, »Sprechende Architektur«. Das französische und deutsche Theater als Institution und *monument public* (1760-1840), in: Bürgertum im 19. Jahrhundert. Deutschland im europäischen Vergleich. Hrsg. v. Jürgen Kocka. München 1988, Bd. 3, 287-333.

Paul Hans Stemmermann, Die badisch-pfälzische Familie Buhl. Biographie einer Familie von Industriepionieren und liberalen Politikern, in: Oberrheinische Studien. Bd. 2: Neue Forschungen zu Grundproblemen der badischen Geschichte im 19. und 20. Jahrhundert. Hrsg. v. Alfons Schäfer. Karlsruhe 1973, 285-334.

Johann Gustav Stephan, Die häusliche Erziehung in Deutschland während des 18. Jahrhunderts. Wiesbaden 1891.

Heinz Stoob, Frühneuzeitliche Städtetypen, in: Die Stadt. Gestalt und Wandel bis zum industriellen Zeitalter. Hrsg. v. dems. Köln/Wien 1979, 195-228.

Karl Wilhelm Stratmann, Die Krise der Berufserziehung im 18. Jahrhundert als Ursprungsfeld pädagogischen Denkens. Ratingen bei Düsseldorf 1967.

Michael Stürmer (Hrsg.), Das kaiserliche Deutschland. Politik und Gesellschaft 1870-1918. Kronberg/Ts. 1977.

Michael Stürmer, Das ruhelose Reich. Deutschland 1866-1918. Berlin 1983.

Michael Stürmer (Hrsg.), Herbst des Alten Handwerks. Quellen zur Sozialgeschichte des 18. Jahrhunderts. 2. Aufl. München 1986.

Friedrich H. Tenbruck, Bürgerliche Kultur, in: Kultur und Gesellschaft. Hrsg. v. F. Neidhardt. Opladen 1986, 263-285.

Klaus Tenfelde, Die Entfaltung des Vereinswesens während der industriellen Revolution in Deutschland (1850-1873), in: Vereinswesen und bürgerliche Gesellschaft in Deutschland. Hrsg. v. Otto Dann. München 1984, 55-114.

Hans J. Teuteberg/Clemens Wischermann, Wohnalltag in Deutschland, 1850-1914. Bilder - Daten - Dokumente. Münster 1985.

Jürgen Thiel, Die Großblockpolitik der Nationalliberalen Partei Badens 1905 bis 1914. Ein Beitrag zur Zusammenarbeit von Liberalismus und Sozialdemokratie in der Spätphase des Wilhelminischen Deutschlands. Stuttgart 1976.

Richard H. Tilly, German Banking, 1850-1914: Development Assistance for the Strong, in: Journal of European Economic History 15, 1986, 113-152.

Ingo Tornow, Das Münchener Vereinswesen in der ersten Hälfte des 19. Jahrhunderts, mit einem Ausblick auf die zweite Jahrhunderthälfte. München 1977.

Günter Trautmann, Zwischen Fortschritt und Restauration. Liberale Doktrin und Parteientwicklung in Deutschland 1861-1933. Hamburg 1975.

Günter Trautmann, Die industriegesellschaftliche Herausforderung des Liberalismus. Staatsintervention und Sozialreform in der Politökonomie des 18./19. Jahrhunderts, in: Sozialer Liberalismus. Hrsg. v. Karl Holl, Günter Trautmann u. Hans Vorländer. Göttingen 1986, 34-56.

Lech Trzeciakowski, Die polnische Frage in Ideologie und Politik der deutschen Liberalen vor 1870, in: Jahrbuch für die Geschichte Mittel- und Ostdeutschlands 35, 1986, 53-71.

Mathias Tullner, Der Differenzierungsprozeß zwischen Liberalen und Demokraten in Baden am Vorabend der Revolution von 1848, in: Bourgeoisie und bürgerliche Umwälzung in Deutschland 1789-1871. Hrsg. v. Helmut Bleiber. Berlin 1977, 169-192.

Hans-Peter Ullmann, Der Bund der Industriellen. Organisation, Einfluß und Politik klein- und mittelbetrieblicher Industrieller im Deutschen Kaiserreich 1895-1914. Göttingen 1976.

Hans-Peter Ullmann, Staatsschulden und Reformpolitik. Die Entstehung moderner öffentlicher Schulden in Bayern und Baden 1780-1820. 2 Teile. Göttingen 1986.

Veit Valentin, Geschichte der deutschen Revolution von 1848-49. 2 Bde. Berlin 1930/31. ND Aalen 1968.

Rudolf Vierhaus (Hrsg.), Deutsche patriotische und gemeinnützige Gesellschaften. München 1980.

Rudolf Vierhaus (Hrsg.), Bürger und Bürgerlichkeit im Zeitalter der Aufklärung. Heidelberg 1981.

Rudolf Vierhaus, Höfe und höfische Gesellschaft in Deutschland im 17. und 18. Jahrhundert, in: Kultur und Gesellschaft in Deutschland von der Reformation bis zur Gegenwart. Hrsg. v. Klaus Bohnen u. a. Kopenhagen/München 1981, 36-56.

Rudolf Vierhaus, Staaten und Stände. Vom Westfälischen bis zum Hubertusburger Frieden 1648-1763. Berlin 1984.

Franz X. Vollmer, Vormärz und Revolution 1848/49 in Baden. Strukturen, Dokumente, Fragestellungen. Frankfurt am Main/Berlin/München 1979.

Klaus Vondung (Hrsg.), Das wilhelminische Bildungsbürgertum. Zur Sozialgeschichte seiner Ideen. Göttingen 1983.

Mack Walker, German Home Towns. Community, State, and General Estate 1648-1871. Ithaca 1971.

Maria Wawrykowa, Das Polen-Motiv in der Ideologie der deutschen Oppositionsbewegung in den zwanziger Jahren des 19. Jahrhunderts, in: Jahrbuch für die Geschichte Mittel- und Ostdeutschlands 35, 1986, 20-28.

Ingeborg Weber-Kellermann, Die deutsche Familie. Versuch einer Sozialgeschichte. Frankfurt am Main 1974.

Hans-Ulrich Wehler, Das Deutsche Kaiserreich 1871-1918. 5. Aufl. Göttingen 1983.

Hans-Ulrich Wehler, Deutsche Gesellschaftsgeschichte. Bd. 1: Vom Feudalismus des Alten Reiches bis zur defensiven Modernisierung der Reformära

1700-1815. Bd. 2: Von der Reformära bis zur industriellen und politischen Deutschen Doppelrevolution 1815-1848. München 1987.

Hans-Ulrich Wehler, Wie bürgerlich war das deutsche Kaiserreich?, in: Bürger und Bürgerlichkeit im 19. Jahrhundert. Hrsg. v. Jürgen Kocka. Göttingen 1987, 243-280.

Martin Wein, Die Weizsäckers. Geschichte einer deutschen Familie. Stuttgart 1988.

Eberhard Weis, Der Durchbruch des Bürgertums 1776-1847. Frankfurt am Main/Berlin/Wien 1975.

Eberhard Weis, Gesellschaftsstrukturen und Gesellschaftsentwicklung in der frühen Neuzeit, in: Karl Bosl/Eberhard Weis, Die Gesellschaft in Deutschland I. Von der fränkischen Zeit bis 1848. München 1976, 131-266.

Eberhard Weis (Hrsg.), Reformen im rheinbündischen Deutschland. München 1984.

Peter Wende, Radikalismus im Vormärz. Wiesbaden 1975.

Frank-Michael Wiegand Die Notabeln. Untersuchungen zur Geschichte des Wahlrechts und der gewählten Bürgerschaft in Hamburg 1859-1919. Hamburg 1987.

Karl Wild, Karl Theodor Welcker, ein Vorkämpfer des älteren Liberalismus. Heidelberg 1913.

Harald Winkel (Hrsg.), Vom Kleingewerbe zur Großindustrie. Quantitativregionale und politisch-rechtliche Aspekte zur Erforschung der Wirtschafts- und Gesellschaftsstruktur im 19. Jahrhundert. Berlin 1975.

Heinrich August Winkler, Mittelstand, Demokratie und Nationalsozialismus. Die politische Entwicklung von Handwerk und Kleinhandel in der Weimarer Republik. Köln 1972.

Heinrich August Winkler (Hrsg.), Nationalismus. Königstein 1978.

Clemens Wischermann, Wohnung und Wohnquartier. Zur innerstädtischen Differenzierung der Wohnbedingungen in deutschen Großstädten des späten 19. Jahrhunderts, in: Innerstädtische Differenzierung und Prozesse im 19. und 20. Jahrhundert. Geographische und historische Aspekte. Hrsg. v. Heinz Heineberg. Köln/Wien 1987, 57-84.

Rudolf Wissell, Des alten Handwerks Recht und Gewohnheit. 2., erw. u. bearb. Ausg. hrsg. v. Ernst Schraepler. Berlin 1971-1981.

Bernd Wunder, Geschichte der Bürokratie in Deutschland. Frankfurt am Main 1986.

Bernd Wunder, Die badische Beamtenschaft während der Revolution von 1848, in: Zeitschrift für die Geschichte des Oberrheins 135, 1987, 273-290.

Friedrich Zunkel, Der rheinisch-westfälische Unternehmer 1834-1879. Köln 1962.

Abbildungsnachweis

Deutsches Institut für Filmkunde, Frankfurt a. M.: 504

Generallandesarchiv, Karlsruhe: 54, 55, 328 unten

Dr. Hans Peters Verlag, Hanau: 33

Landesbildstelle Baden, Karlsruhe: 285, 309

Privatbesitz: 35, 42, 43, 49, 57, 68, 70, 72, 75, 85, 93, 98, 99, 116, 128, 132, 134, 138, 145, 162, 163, 166, 169, 172, 173, 175, 177, 179, 182, 188, 189, 231, 238, 241, 243, 313, 328 oben, 338, 340, 343, 347, 349, 385, 397, 399, 407, 412, 418, 435, 445, 449, 450, 495

Stadtarchiv Frankfurt a. M.: 303, 318

Stadtarchiv Mannheim: : 345, 390, 394, 396

Stadtarchiv Worms: 50

Städtisches Reiss-Museum, Mannheim: 114, 118, 140, 157, 178, 185, 199, 221, 228, 235, 237, 247, 252, 254, 262, 266, 268, 278, 282, 293, 307, 361, 383, 402, 430/31, 454, 470, 479, 506, Schutzumschlag

Theaterhistorische Sammlung Walter Unruh, Berlin: 467, 468, 480, 482, 483, 484, 485, 492

Universitätsbibliothek Heidelberg: 409

Personenregister

Kursiv gedruckte Zahlen weisen auf Abbildungen hin

Hauptlinien der Familie Bassermann I

Bassermann am Markt

Johann Wilhelm Reinhardt (1752-1826)
Kaufmann, Oberbürgermeister von Mannheim
⚭
Barbara Koob
(1753-1827)

- **Barbara Friederike** (1806-1877) ⚭ **Wilhelm Bassermann** (1804-1833) Kaufmann, Mannheim
- **Friedrich Daniel** (1811-1855) Kaufmann, Verleger, liberaler Politiker, Mannheim ⚭ **Emilie Karbach** (1811-1872)
  - **Emil Bassermann-Jordan** (1835-1915) Weinguts-besitzer, Deidesheim ⚭ **Auguste Jordan** (1841-1899)
    - **Ludwig Bassermann-Jordan** (1869-1914) Weinguts-besitzer, Deidesheim
    - **Friedrich von** (s. 1917) **Bassermann-Jordan** (1872-1959) Weinguts-besitzer, Deidesheim ⚭ **Elisabeth Wand** (1899-1975)
    - **Ernst von** (s. 1917) **Bassermann-Jordan** (1876-1932) Kunsthistoriker, Privatgelehrter, München ⚭ **Maria Bassermann** (1876-1910)
  - **Otto** (1839-1916) Verleger, München ⚭ **Marie Nietzschke** (1847-1917)
  - **Emma** (1842-1912) ⚭ **Heinrich Thorbecke** (1837-1890) Professor für Orientalistik, Heidelberg
  - **Max** (1844-1911) Gutsbesitzer, Schwetzingen ⚭ **Sophie Frey** (1853-1936)
  - **Heinrich** (1849-1909) Professor für praktische Theologie, Heidelberg ⚭ **Helene Alt** (1850-1913)
- **Louis Alexander** (1814-1884) Kaufmann, Mannheim ⚭ **Elise Reinhardt** (1815-1894)
  - **Eugen** (1838-1870) Jurist, Mannheim
  - **Wilhelm** (1839-1906) Fabrikant, Industrie–vertreter, Mannheim ⚭ **Anna Pfeiffer** (1841-1902)
    - **Albert** (1867-1952) Schauspieler ⚭ **Else Schiff** (1878-1961) Schauspielerin
  - **Robert** (1846- Banka stellte Privati Mannh

Dietrich Bassermann
(1635-1682)
Müller, Ostheim
⚭
Christine ...
(1635-1674)

Johann Weygel
(1639-1671)
Bäcker, Schullehrer, Windecken, Bönstadt
⚭
Anna Elisabeth Bürgers

Johannes
(1648-1704)
Bäcker, Babenhausen
⚭
Amalie Stein
(geb. 1650)

Velten
(1654-1703)
Müller, Ostheim
⚭
Christine Brod
(1654-1731)

Johann Philipp
(1677-1727)
Bäcker, Mehlhändler, Frankfurt am Main, Worms
⚭
Maria Veronika Bretschneider
(1676-1738)

Johann Israel
(1681-1735)
Bäcker, Babenhausen
⚭
Anna Maria Lang
(† 1744)

Johann Christoph
(1709-1762)
Gastwirt, Heidelberg
⚭
Sarah Katharina Lang
(1699-1754)

Friedrich Daniel
(1738-1810)
Gastwirt, Heidelberg
⚭
Maria Katharina Kissel
(1739-1808)

Johann Adam
(1740-1785)
Tuchhändler, Heidelberg
⚭
Katharina Elisabeth Gabel

Johann Wilhelm
(1744-1811)
Tuchhändler, Heidelberg
⚭
Marie Elisabeth Erb
(1754-1789)

Eisen-Bassermann
folgende Doppelseite

Friedrich Ludwig
(1782-1865)
Kaufmann, Bankier, bayer. Konsul, Mannheim
⚭
Wilhelmine Reinhardt
(1787-1869)

Julius Heinrich
(1818-1891)
Kaufmann, Mannheim
⚭
Karoline Röchling
(1826-1884)

Katharina Wilhelmine
(1819-1900)
⚭
Friedrich von Lade
(1821-1893)
Gutsbesitzer, Geisenheim

Gustav
(1820-1875)
Privatier, Schwetzingen
⚭
Clementine Sommer
(1825-1910)

-1931)
spieler,
ant,
heim,
uhe
Benaz
-1943)

Ernst
(1852-1925)
Kapellmeister, Mannheim

Bertha
(1847-1919)
⚭
Karl Diffené
(1836-1902)
Kaufmann, Mannheim

Felix
(1848-1902)
Kaufmann, Mannheim
⚭
Anna Grohe
(1857-1934)

Rudolf
(1850-1910)
Kaufmann, Mannheim
⚭
Anna Weyland
(1857-1938)

Clara
(1852-1940)
⚭
Franz Thorbecke
(1843-1892)
Tabakfabrikant, liberaler Politiker, Mannheim

Fanny
(1856-1921)
⚭
Max Fürbringer
(1846-1920)
Professor für Anatomie, Heidelberg

Pauline
(1853-1935)
⚭
Alexander von Dusch
(1851-1923)
badischer Ministerpräsident, Karlsruhe

Alfred
(1859-1935)
Jurist
⚭
Marie Scipio
(1859-1938)

Kurt
(1880-1937)
Kaufmann, Bankdirektor, Freiburg
⚭
Karola Bassermann
(1884-1934)

Felix
(1893-1956)
Bankdirektor, zuletzt München
⚭
Irma Wolff
(1896-1988)

Friedrich
(1882-1965)
Jurist, Kaufmann, Mannheim
⚭
Hilde Herrschel
(1896-1980)

Dietrich Bassermann
(1615-1682)
Müller, Ostheim
⚭
Christine ...
(1635-1674)

Johann Weygel
(1639-1671)
Bäcker, Schullehrer, Windecken, Bönstadt
⚭
Anna Elisabeth Bürgers

Johannes
(1648-1704)
Bäcker, Babenhausen
⚭
Amalie Stein
(geb. 1650)

Velten
(1654-1703)
Müller, Ostheim
⚭
Christine Brod
(1654-1731)

Johann Philipp
(1677-1727)
Bäcker, Mehlhändler, Frankfurt a. Main, Worms
⚭
Maria Veronika Bretschneider
(1676-1738)

Johann Israel
(1681-1735)
Bäcker, Babenhausen
⚭
Anna Maria Lang
(† 1744)

Johann Christoph
(1709-1762)
Gastwirt, Heidelberg
⚭
Sarah Katharina Lang
(1699-1754)

Friedrich Daniel
(1738-1810)
Gastwirt, Heidelberg
⚭
Maria Katharina Kissel
(1739-1808)

Johann Adam
(1740-1785)
Tuchhändler, Heidelberg
⚭
Katharina Elisabeth Gabel

Bassermann am Markt
vorhergehende Doppelseite

Wilhelm
(1804-1833)
Kaufmann, Mannheim
⚭
Barbara Friederike Bassermann
(1806-1877)

Heinrich
(1806-1856)
Kaufmann, Mannheim

Friedrich
(1813-1859)
Kaufmann, Mannheim

Wilhelmine
(1827-1885)
⚭
Cornelius Travers
(1822-1881)
Kaufmann, Mannheim

Friedrich
(1828-1899)
Kaufmann, London
⚭
Barbara Salomon
(1839-1918)

Susanne
(1829-1922)
⚭
Karl Heinrich Engelhorn
(1828-1872)
Kaufmann, Mannheim

Carl
(1831-1915)
Kaufmann, Paris
⚭
Louise Brunet-Deloger
(1848-1908)

Hauptlinien der Familie Bassermann II

Eisen–Bassermann

Johann Jakob Frohn
(1713-1770)
Kaufmann, Mannheim
⚭
Marie Elisabeth Kußell
(1715-1776)

Johann Wilhelm
(1744-1811)
Tuchhändler, Heidelberg
⚭
Marie Elisabeth Erb
(1754-1789)

Johann David Frohn
(1745-1806)
Kaufmann, Mannheim
⚭
Maria Cramer
(1755-1816)

Johann Ludwig
(1781-1828)
Kaufmann, liberaler Politiker, Mannheim
⚭
Susanna Elisabeth Frohn
(1782-1869)

Karl
(1817-1884)
Kaufmann, Mannheim
⚭
Josefine Köhler
(1821-1908)

Anton
(1821-1897)
Oberlandesgerichts-präsident, Mannheim
⚭
Marie Eisenlohr
(1832-1900)

Friedrich
(1850-1926)
Soloviolinist, Frankfurt am Main
⚭
Florence Rothschild
(1863-1942)
Pianistin

Ernst (1854-1917)
Rechtsanwalt, nationalliberaler Politiker, Mannheim
⚭
Julie Ladenburg
(1860-1940)

Hans Erich
(1885-1967)
Soloviolinist

Elisabeth
(1882-1969)
⚭
Waldemar von Roon
(1876-1916)
Offizier

Karola
(1884-1934)
⚭
Kurt Bassermann
(1880-1937)
Kaufmann, Bankdirektor, Freiburg

Hans Dietrich
(1887-1919)